HEYNE <

ALAITZ LECEAGA

DIE TÖCHTER DER VILLA SOLEDAD

ROMAN

Deutsch von
Sybille Martin

WILHELM HEYNE VERLAG
MÜNCHEN

Die Originalausgabe *El bosque sabe tu nombre* erschien 2018
bei Ediciones B, Penguin Random House, Grupo Editorial, Barcelona

FSC www.fsc.org
MIX
Papier aus verantwortungsvollen Quellen
FSC® C083411

Verlagsgruppe Random House FSC® N001967

Deutsche Erstausgabe 03/2020

Redaktion: Sven-Eric Wehmeyer
Umschlaggestaltung: Nele Schütz Design, München,
unter Verwendung von © Trevillion Images (Mark Owen) und © Shutterstock
(Mariusz Switulski, Mimadeo, TJmedia, Lev Kropotov, Naria_P)
Satz: Uhl + Massopust, Aalen
Druck und Bindung: CPI books GmbH, Leck
Printed in Germany
ISBN: 978-3-453-42307-7

www.heyne.de

Für meinen Mann,
auf ewig

Wo wir auch hingehen,
ein Schatten trottet hinter uns her –
und immer einer auf vier Beinen.

Clarissa Pinkola Estés,
Die Wolfsfrau

Inhaltsverzeichnis

ERSTER TEIL

FEUER

Das unsichtbare Band

Das Feuer spürte ich zum ersten Mal, als ich elf Jahre alt war. Am selben Nachmittag sprang Großmutter Soledad von der Klippe hinter unserem Haus. Meine Schwester Alma konnte schon mit den Toten reden, bevor das eiskalte Wasser des Kantabrischen Meeres unsere Großmutter für immer verschlang, aber ich musste bis zu jenem Nachmittag warten.

Wenn die Tage nach einem langen Winter endlich wieder heller wurden, gingen Alma und ich gewöhnlich in den Wald gegenüber unserem Haus. Wir kannten jede hundertjährige Eiche, jede Wurzel und die Spuren der Wildschweine auf dem feuchten Waldboden, weil wir uns nach der Siesta, auf die unsere Mutter bestand, gern aus dem Haus stahlen und bis Einbruch der Dunkelheit durch den Wald stromerten.

»Du blutest, Estrella«, sagte Alma, ohne mich anzusehen.

In der Nacht meiner Geburt war ein Komet über den Himmel geschossen und hatte einen Schweif aus Feuer, Eis und Sternenstaub hinterlassen, weshalb meine Mutter den Namen Estrella für mich wählte: Stern.

»Pass bloß auf«, fügte sie hinzu. »Wenn du dir das Kleid schmutzig machst, schimpft Mama wieder. Du weißt doch, dass es ihr und Carmen überhaupt nicht gefällt, dass wir im Wald spielen, weil sie finden, so etwas schickt sich nicht für kleine Señoritas.«

»Falsch, es ist wegen der Wölfe. Mama und Carmen haben Angst, dass sie uns bei lebendigem Leib auffressen und man nur noch unsere blutverschmierte, zerfetzte Kleidung und unsere Schuhe im Unterholz findet«, erwiderte ich, um ihr Angst zu machen.

»Du meinst, wie bei der Tochter der Dorflehrerin. Die Wölfe haben so wenig von ihr übrig gelassen, dass die Arme sie nicht mal anständig begraben konnte. Wie schrecklich«, ergänzte Alma und klang kein bisschen mitfühlend.

Wie alle in Basondo hatte auch ich diese Geschichte schon oft gehört, doch bei dem Gedanken an die zerfleischte Tochter der Lehrerin lief mir stets ein Schauer über den Rücken.

»Du blutest immer noch«, raunte Alma.

Ich schaute auf meine rechte Hand und sah den Kratzer auf dem Zeigefinger.

»Das ist nichts weiter, wahrscheinlich bin ich irgendwo hängen geblieben«, erwiderte ich gereizt.

Nur einzelne Sonnenstrahlen gelangten durch die hohen Baumwipfel, die eine weite, grüne Kuppel bildeten, und das hellrote Blut fühlte sich heiß an, es brannte unter meiner Haut. Der Anblick von Blut hatte mir nie etwas ausgemacht, aber in dem Moment fand ich es schrecklich, fast unerträglich. Es schnürte mir den Magen zu, und ich schüttelte meine Hand, um dieses rote Feuer loszuwerden. Ein paar Tropfen fielen auf den Waldboden, doch die meisten spritzten auf mein blaues Kleid.

»Ich habe dir doch gesagt, du sollst aufpassen«, sagte Alma, als sie um den Stamm einer riesigen Kiefer herumging. »Stell dich nicht so an, du ziehst schon die ganze Zeit eine Flunsch. Mir ist langweilig. Und wenn du schmollst, bist du wirklich nicht witzig, Estrella.«

»Ich schmolle nicht«, maulte ich. »Du bist einfach unerträglich.«

»Unerträglich? Aber ich bin doch die heilige Alma«, flötete sie.

Die angebliche »Heiligkeit« meiner Schwester war in Basondo ein offenes Geheimnis. Manche Bewohner glaubten, Alma sei eine Art Auserwählte, die ihnen einen Kontakt mit ihren Lieben im Jenseits herstellen könnte.

»Wenn du es ihr nicht erzählst, wird Mama auch nicht erfahren, dass wir im Wald waren«, antwortete ich und starrte auf die verräterischen Blutstropfen auf meinem Rock. »Ich gebe Carmen das Kleid zum Waschen. Sie verrät mich bestimmt nicht – im Gegensatz zu dir.«

Alma drehte sich um und sah mich an. In unserem Wald glänzten ihre gelben Augen noch intensiver.

»Ich verrate dich auch nicht, Dummkopf.«

Meine Schwester verbrachte oft Stunden mit verlorenem Blick, der auf irgendeinen Punkt in ihrem eigenen Universum gerichtet zu sein schien. Mich störte das nicht, denn Alma war meine Zwillingsschwester, und ich wusste eigentlich immer, was sie dachte, außer in den Momenten, wenn sie diesen verhexten Gesichtsausdruck hatte. Wir waren sechs Jahre alt, als sie mir gestand, dass sie Wesen sehe könne, »die nicht mehr lebten«, aber unser Haus bevölkerten. Gespenster. Sie erzählte mir, dass sie durch die unbewohnten Räume und langen Flure der Villa Soledad zu schleichen pflegten und vor sich hinmurmeln oder lautlos weinen würden.

»Hast du kürzlich einen Geist gesehen?«, fragte ich, tat aber so, als würde mich ihre Antwort nicht wirklich interessieren.

Alma wich einer knorrigen Wurzel aus. Als wir zum ersten Mal den Wald erkundet hatten, war sie über genau diese Wurzel gestolpert, weil diese unter dem trockenen Laub verborgen gewesen war. Sie hatte sich an der Stirn verletzt, Mama aber erzählt, ich hätte sie beim Spielen im Garten geschubst. Dafür waren mir zwei Wochen Stubenarrest aufgebrummt worden.

»Weißt du, das Reden mit den Toten ist gar nicht so gut, wie es scheint«, erwiderte sie, als wir unsere geheime Lichtung beinahe erreicht hatten. »Carmen meint, es sei ein schlechtes Zeichen, wenn die Toten meine Gesellschaft suchen, und Mama, na ja, mit Mama kann ich nicht über Gespenster reden, also bleibst nur noch du.«

Ich strich mir eine Haarsträhne aus dem Gesicht. Trotz der Kälte schwitzte ich vom Gehen, und das Haar klebte mir an der Stirn.

»Mir ist das alles egal. Vergiss, dass ich dich gefragt habe«, erwiderte ich herablassend. »Ich glaube eigentlich nicht, dass du sie wirklich sehen kannst. Du willst doch nur angeben und etwas Besonderes sein.«

Ich war eifersüchtig auf alles, was Alma konnte und ich nicht. Und sie legte es liebend gern darauf an. Wenn sie glaubte, ich schliefe schon, hörte ich sie nachts in unserem gemeinsamen Zimmer manchmal flüstern. Alma führte lange und geheimnisvolle Gespräche mit Menschen, die nicht in unserem Zimmer waren, manchmal lachte sie leise, andere Male weinte sie in ihr Kissen, es kam offenbar darauf an, welches Gespenst sie gerade heimsuchte.

»Sei nicht eifersüchtig, Estrella.«

»Ich bin überhaupt nicht eifersüchtig, schönen Dank auch«, log ich. »Du kannst andere hinters Licht führen mit deiner Behauptung, was Besonderes zu sein oder mit Toten reden zu können, aber ich bin deine Zwillingsschwester und weiß ganz genau, wie du wirklich bist: nämlich genau wie ich.«

Alma strich mit der Hand über den Efeu, der am Stamm einer Eiche emporwucherte. Kleine blaue Wildblüten sprossen wie eine Perlenkette aus dessen Ästen.

»Ja, wir sind Zwillinge, aber wir sind nicht identisch. Du hast zwei verschiedenfarbige Augen, ein grünes und ein gelbes«, erinnerte sie mich. »Ich habe zwei gelbe Augen.«

»Lächerlich. Wir sind identisch in allem, was wichtig ist.«

Wir waren bei der Lichtung angekommen. Ich erkannte es an den verkrüppelten Buchen und den großen Farnen. Auch das Plätschern des Flüsschens war zu hören. Hinter vier Kiefern, die so hoch waren wie Leuchttürme und eine fast gerade Linie bildeten, erkannte ich schon unsere Wiese mit dem hohen Gras und den Wildblumen. Hier schien die Sonne und ließ alles golden schimmern wie Almas Augen, es roch nach Blumenwiese, die noch nie gemäht worden war. Ein paar Samenkronen vom Löwenzahn tanzten in der Sonne und verloren sich dann im dunklen Wald.

»Wenn du so große Angst vor den Toten hast, warum beichtest

du es nicht Padre Dávila? Vielleicht bist du nach ein paar Vaterunsern und Gebeten geheilt und siehst keine Gespenster mehr«, schlug ich boshaft vor.

»Beichten? Niemand wird mir glauben, oder schlimmer noch, man glaubt mir und verbrennt mich als Hexe auf dem Scheiterhaufen«, klagte Alma und setzte sich im Schneidersitz ans Flussufer. »Nein, das kann ich niemandem erzählen.«

Alma verbarg ihr Gesicht in den Händen, als würde sie weinen, aber ich wusste, dass sie nur so tat.

»Wir haben das Jahr 1927, Alma, heutzutage wird niemand mehr als Hexe verbrannt«, versicherte ich ihr. »Außerdem hat Carmen mir mal erzählt, dass nur arme Frauen verbrannt wurden, wir beide sind praktisch schon Marquisen. Niemand, der noch bei Verstand ist, würde es wagen, uns der Hexerei zu bezichtigen und erst recht nicht, uns auf dem Dorfplatz zu verbrennen.«

Bei der Vorstellung musste ich lachen, doch Alma starrte mich erschrocken an.

»Was ist daran so lustig? Erinnerst du dich nicht an die Geschichte von Jeanne d'Arc, die uns Miss Lewis erzählt hat? Hinterher hatte ich wochenlang schreckliche Albträume, in denen ich von den Flammen verschlungen wurde.«

Auch ich hatte schon vom Feuer geträumt, aber anders als bei Jeanne d'Arc oder meiner Schwester war das Feuer in meinem Traum in mir und loderte unter meiner Haut.

»Niemand wird dich verbrennen, Alma«, sagte ich und setzte mich neben sie auf den Boden. »Du bist schließlich die Gute von uns beiden. Sollte also eine von uns in den Flammen sterben, dann ich.«

Alma lächelte sichtlich erleichtert, und ich begriff, dass sie wie alle anderen glaubte, ich sei die Schwester, auf die man hätte verzichten können.

»Ich habe irgendwo gelesen, wenn ein Zwilling stirbt, hat der andere ein Leben lang das Gefühl, als fehle ihm ein Arm oder ein

Auge«, sagte ich. »Kannst du dir das vorstellen? Dein ganzes Leben lang herumzulaufen mit dem Gefühl, dir fehlt etwas? Ich will so was nicht erleben, nur weil du so dumm warst und dem Priester erzählen musstest, dass du mit den Toten reden kannst.«

»Das war deine Idee«, brachte mir Alma in Erinnerung, pflückte eine blaue Wildblume, die neben ihrem Lackschuh blühte, und legte sie in ihre flache Hand. »Wenn man mich tötet, bist du schuld daran.«

Ein Schauer lief mir über den Rücken, was aber nichts mit der Kälte zu tun hatte, die von der weichen, feuchten Wiese aufstieg. Nein. Es schwang etwas Finsteres in Almas Worten mit, eine Vorahnung, das düstere Versprechen an die Schwester: *Wenn man mich tötet, bist du schuld daran.*

Ich starrte auf die blaue Blüte in ihrer Hand und glaubte für einen Moment, sie hätte sich bewegt. Zuerst dachte ich, es sei der Nordwind, der auf der Suche nach uns durch den Wald pfiff. Derselbe eiskalte Wind, der vom Meer über die Klippen aufstieg und in unser Zimmer drang, wenn uns nachts die Toten heimsuchten. Aber es war nicht der Wind. Ich spürte ein Kribbeln unter meiner Haut, eine fiebrige Hitze, die aus meiner Brust aufstieg und sich wie heißes Gift rasch in meinen Adern ausbreitete, und in dem Augenblick begann sich das Blümchen auf seinem Stängel so anmutig zu drehen wie die Tänzerin einer Spieluhr.

»Bist du das, Alma?«, fragte ich mit trockenem Mund. »Bist das du?«

»Nein. Ich glaube, das bist du, Estrella«, flüsterte sie und starrte gebannt auf die tanzende Blume in ihrer Hand.

Die Blume drehte sich immer schneller und schwebte schließlich ein paar Zentimeter über Almas Handfläche.

»Das glaube ich nicht, du bist das, du machst das nur, um mich zu verhöhnen. Hör auf damit!«, schrie ich, und die Blume drehte sich noch schneller. »Du sollst aufhören!«

Je wütender ich wurde, desto schneller drehte sich die Blume. Ich spürte ein Glühen und Kribbeln unter der Haut wie Elektrizität bis in meine Fingerspitzen, als würde man mit einer Lupe Sonnenstrahlen einfangen und auf einen bestimmten Punkt richten.

»Das bist du, Estrella, du kannst zaubern.«

»Das bin nicht ich, es ist das Feuer.«

Während Alma mit ihren unmöglichen gelben Augen zu den Toten sprach oder Botschaften aus dem Jenseits an die Lebenden überbrachte, die sie gerührt oder weinend umarmten, wenn sie die Worte ihrer lieben Verstorbenen hörten, musste ich elf lange Jahre warten. Bis zu jenem Nachmittag.

Wir verließen unseren Wald und nahmen den längeren Weg nach Hause, der sich an den Klippen entlangschlängelte.

»Mach dir nichts draus, wenn dieses Feuer, das du spürst, echt ist, wirst du das bestimmt noch öfter machen können«, brüllte Alma über das Tosen der Wellen hinweg.

Verstohlen warf ich einen Blick auf meine Hand, aber da war nur der Kratzer auf dem Zeigefinger, sonst nichts, weder Brandwunden noch Blasen. Dennoch spürte ich die Hitze in mir, ganz ähnlich der Restwärme einer Glut als Erinnerung an das Feuer.

»Du hast doch keine Ahnung, wie das mit dem Feuer funktioniert, also rede nicht so, als wüsstest du alles«, sagte ich, obwohl ich ebenfalls keine Ahnung hatte. »Ich bin die Ältere, falls du das vergessen haben solltest.«

»Zwei Minuten«, murmelte Alma und zog einen Schmollmund.

»Zwei Minuten reichen, ist nicht zu ändern.«

Ich glaubte, Alma würde weiterstreiten, doch plötzlich veränderte sich ihr Gesichtsausdruck. Sie blieb wie angewurzelt stehen und starrte auf den Lastenkran an den Klippen, mit dem das Eisenerz aus unserem Bergwerk auf die Schiffe verladen wurde, die unten an der Steilküste vor Anker lagen.

»Da steht Großmutter Soledad«, sagte sie.

Ich sah mich um, weil ich dachte, unsere Großmutter spazierte an den Klippen entlang und hätte uns aus dem Wald kommen sehen, in dem wir eigentlich nicht spielen durften.

»Was? Wo denn?«

»Dort«, antwortete Alma. »Sie steht direkt an der Klippe, als wolle sie ins Meer springen. Siehst du sie denn nicht?«

Der Kran stand nicht weit entfernt, aber darunter war niemand zu sehen.

»Du spinnst, ich kann Großmutter nicht sehen. Um diese Zeit sitzt sie bestimmt im Wintergarten und trinkt ihren Amaretto Sour, wie jeden Abend vor dem Essen.«

Aber Almas Katzenaugen waren noch immer auf den Lastenkran gerichtet und erspähten etwas für mich Unsichtbares, wobei sie mit den Tränen kämpfte.

»Ich sehe sie so deutlich wie dich«, sagte Alma mit einem Hauch von Stimme, und mir begann zu dämmern, was das zu bedeuten hatte. »Ihr silbriges Haar ist nass und wirkt länger als heute Morgen, es reicht ihr bis zur Taille. Jetzt sieht sie mich an, sie trägt ihre Perlenkette und das elegante lange Kleid aus blutroter mexikanischer Seide. Kannst du sie wirklich nicht sehen, Estrella?«

Wütend und entschlossen stapfte ich zum Rand der Klippen, obwohl meine Beine zitterten und mein Magen krampfte. Es roch stark nach Salpeter, der mit jedem Atemzug in die Nase stach.

»Du lügst und bist nur eifersüchtig auf mich, weil du das Feuer nicht spüren kannst.«

»Ich lüge nicht. Großmutter Soledad steht dort an der Klippe, direkt vor dir. Jetzt sagt sie etwas.« Alma verstummte und lauschte. »Sie sagt, dass sie es leid war, hier zu leben, so fern von ihrem geliebten Land, weil Großvater sie als junges Mädchen dazu gezwungen hat. Sie erträgt es nicht länger.«

Ich war erst elf Jahre alt, aber ich wusste sofort, was das zu bedeuten hatte: Unsere Großmutter war tot.

»Großmutter sagt, dass es ihr sehr leidtut«, sprach Alba weiter und konnte die Tränen nicht mehr zurückhalten. »Sie bedaure sehr, uns allein zu lassen, aber sie wolle wieder nach Hause. Sie sagt, wenn sie hier in Basondo stirbt, wird Vater sie auf unserem Familienfriedhof beerdigen, und dann könnte sie nie wieder nach Hause, in ihre wahre Heimat.«

»Sie ist hier zu Hause. Sei endlich still!«, rief ich. »Großmutter Soledad ist daheim, und es geht ihr gut. Ich will nichts mehr hören.«

»Großmutter lässt dir ausrichten, dass sie dir die Kette mit dem Smaragd-Anhänger vermacht, die du immer haben wolltest. Sie weiß, dass du sie dir heimlich umgelegt hast, wenn sie nicht da war, und im Spiegel der Frisierkommode geprüft hast, ob sie zu deinem grünen Auge passt. Sie liegt auf deinem Kopfkissen, sie gehört jetzt dir«, sagte Alma schluchzend, dann schüttelte sie den Kopf, als würde sie etwas Schreckliches hören. »Nein …!«

»Was ist? Was hat Großmutter noch gesagt?«, fragte ich mit dem salzigen Geschmack der Tränen im Mund.

Alma blinzelte mehrmals und sah dann zu Boden. Ich musste nichts mehr fragen, ich wusste, dass Großmutter Soledad gegangen war.

»Eine von uns beiden wird ihr folgen, vor unserem fünfzehnten Lebensjahr«, murmelte Alma, als würde sie den Fluch einer Zauberin aussprechen. »Eine von uns wird sterben.«

Ich trat von der Klippe zurück und ging zu meiner Schwester.

»Hat sie gesagt, wer von uns beiden?«, fragte ich und hielt den Atem an, weil ich mich vor jeder der beiden möglichen Antworten fürchtete.

Alma zögerte.

»Nein, das hat sie nicht gesagt.«

Ich wusste, dass sie log, ich wusste es, als ich in ihre tränenerfüllten Augen blickte.

Dann lief ich durch das hohe Gras zum Haus, durchquerte ohne innezuhalten Vorgarten und Vestibül und stürmte die Treppe hinauf in unser Turmzimmer, meine Lungen brannten, aber ich musste es mit eigenen Augen sehen. Als ich vor meinem Bett ankam, lag sie auf dem Kopfkissen, wie Alma gesagt hatte. Großmutter Soledad hatte mir die Kette mit dem Smaragd-Anhänger vermacht, bevor sie von der Klippe ins Meer gesprungen war.

Das war der Beweis für mich, dass meine Schwester Alma wirklich mit den Toten reden konnte.

»Halt still, Estrella. Sonst kann ich dir das Kleid nicht zuknöpfen. Es ist schon kompliziert genug, und du machst es mit deinem Gezappel nur noch schwieriger«, schimpfte Carmen, die mit den Knöpfen meines schwarzen Kleides kämpfte. »Du bist ja kaum zu bändigen, Mädchen.«

Ich zog eine Grimasse, denn Carmen konnte mein Gesicht nicht sehen. Das Kleid aus schwarzer Rohseide und Organza, das ich zu Großmutter Soledads Trauerfeier anziehen musste, war wirklich unbequem, dennoch hörte ich zu zappeln auf.

»Ich mag das Kleid nicht, ich habe viel schönere Kleider. Warum kann ich nicht eins von denen anziehen?«, maulte ich.

Carmen strich sich eine Strähne ihres kastanienbraunen Haars hinters Ohr und seufzte. Es war nicht das erste Mal, dass ich diese Frage stellte.

»Weil dieses extra für die Trauerfeier der Señora Marquise genäht wurde«, erklärte sie mir geduldig. »Es kommen sehr wichtige Leute zur Trauerfeier. Sie werden dich begrüßen und dir kondolieren, deshalb müsst ihr beide anständig aussehen. Sieh dir Alma an, wie hübsch sie ist. Du willst doch wohl nicht abstreiten, dass sie richtig elegant wirkt mit ihrem Seidenkleid und den Lackschuhen. Sie sieht aus wie eine Porzellanpuppe.«

Ich sah zu Alma hinüber, die auf der Bettkante saß und mit den Beinen baumelte. Carmen hatte sie zuerst angekleidet, weil sie wusste, dass sie hinterher stillsitzen und nicht in den Garten laufen und sich schmutzig machen würde, wie ich es zu tun pflegte.

»Ja, wie ein Püppchen«, räumte ich zähneknirschend ein. »Machst du mir auch so eine Zopfkrone wie ihr?«

Almas glänzendes schwarzes Haar war zu einem schönen Zopf geflochten und auf dem Kopf festgesteckt.

»Natürlich, aber dann musst du wirklich stillhalten«, sagte Carmen, als sie endlich den letzten bezogenen Knopf auf meinem Rücken geschlossen hatte. »Eines Tages werden Alma und du die Marquisen de Zuloaga sein. Ihr müsst euch langsam daran gewöhnen, im Zentrum der Aufmerksamkeit zu stehen. Ihr dürft nicht mehr so wild herumtoben und müsst lernen, euch wie anständige Señoritas zu benehmen, verstanden?«

Ich zog eine Flunsch, aber Alma schenkte ihr ein reizendes Lächeln.

»Miss Lewis sagt, dass wir beide eines Tages *wonderful ladies* sein werden, glaubst du das auch, Carmen?«, fragte Alma. »Glaubst du, dass wir auch so gute Marquisen sein werden wie Großmutter Soledad?«

»Natürlich, Kindchen, bessere sogar. Eure Großmutter war eine gute Frau, sie war schön und hatte Stil, das kann man nicht mit Geld kaufen, aber die Arme war nie glücklich hier.« Carmens braune Augen wurden traurig, was ich nicht verstand. »Ich hoffe, dass die Señora Marquise jetzt an einem Ort ist, wo sie glücklich sein kann.«

Darauf schwiegen wir drei, als befürchteten wir, Großmutter Soledad befände sich im Zimmer und könnte uns hören.

»Jetzt ist sie heimgegangen. Ich bin traurig, aber ich freue mich auch für sie,« sagte Alma, die gern die Sensible spielte, die sie aber keineswegs war, wie ich wusste.

»Sei nicht traurig wegen deiner Großmutter, Schätzchen. Die Señora Marquise hätte das nicht gewollt, nicht einmal heute.« Carmen ging zu Alba, die mit gesenktem Kopf auf dem Bett saß. »Du wirst sehen, schon bald wirst du dich besser fühlen. Eure Großmutter kannte euch gut und liebte euch sehr, ihr habt ihr in den letzten Jahren viel Freude bereitet.«

»Und trotzdem werde ich sie sehr vermissen«, fügte Alma hinzu.

Seufzend kehrte Carmen zu mir zurück und begann mich zu frisieren.

»Bewahre Haltung, so gut du kannst, Mädchen«, sagte sie abschließend. »Wenn du Schwäche zeigst, werden andere das ausnutzen.«

Alma erwiderte nichts darauf, aber ich erkannte an ihrem missmutigen Gesichtsausdruck im Spiegel, wie sehr es sie störte, dass Carmen sich wieder mit mir beschäftigte.

Wir drei befanden uns hoch über dem Kantabrischen Meer in unserem Turmzimmer, in das eine Wendeltreppe aus der dritten Etage führte.

»Wenn Alma und ich Marquisen sind, können wir dann tun und lassen, was wir wollen, wie Vater?«, fragte ich unser Kindermädchen.

»Wir Frauen dürfen nie tun, was wir wollen, nicht einmal eine Marquise darf das. Es ist den Männern vorbehalten«, antwortete sie resigniert. »Halt still, damit ich dir den Zopf flechten kann. Euer Vater wird gleich hochkommen und es gar nicht mögen, wenn ihr nicht fertig seid.«

»Klar, er muss ja auch nicht so viele Knöpfe schließen«, murrte ich und griff mir an den Rücken. »Das ist vielleicht lästig.«

»Du tust ja geradeso, als hättest du sie selbst zuknöpfen müssen, Mädchen«, tadelte mich Carmen.

Alma kicherte, und ich bedachte sie mit einem vernichtenden Blick in den Spiegel.

»Ich mag dieses Kleid nicht, es ist steif und schnürt mir die Luft ab«, klagte ich weiter. »Diese blöde Schneiderin hat sich bestimmt mit den Maßen geirrt. Oder du hast die Kleider vertauscht und mir das von Alma angezogen, die ist nämlich dicker als ich.«

Carmen kämmte mein langes Haar aus.

»Ich habe gar nichts vertauscht«, erwiderte sie, ohne mich anzublicken. »Und selbst wenn, ihr beide habt dieselbe Kleidergröße, also sei nicht so empfindlich, Mädchen.«

»Wir sind nicht gleich«, protestierte ich, aber ein Blick in den

Spiegel genügte, um mir das Gegenteil zu beweisen; es war, als würde ich mich doppelt sehen. »Ich habe zwei unterschiedliche Augenfarben.«

Ich sah Carmen den Kopf schütteln, während sie mein Haar in drei Strähnen teilte.

»Vielleicht hast du das Gefühl, dass das Kleid dich beim Atmen behindert, weil du schon bald eine junge Frau sein wirst«, sagte sie.

Ich verstand nicht, was Carmen damit meinte, starrte aber auf meine Brust in der Befürchtung, meine Brüste könnten gewachsen sein, während Carmen das Kleid zuknöpfte.

»Ich weiß nicht, was du damit sagen willst«, murmelte ich ein wenig beschämt, obwohl ich nicht wusste, warum.

»Ich schon. Sie will damit sagen, dass wir uns bald entwickeln und keine Kinder mehr sein werden, stimmt's, Carmen? Das wolltest du doch damit sagen?«, fragte Alma mit einem zufriedenen Grinsen auf den rosafarbenen Lippen. »Miss Lewis hat mir davon erzählt und mir sogar ein Buch mit ekelhaften Zeichnungen vom weiblichen Körper gezeigt, aber sie hat auch gesagt, dass eine Señorita niemals darüber spricht. Das sei ein Geheimnis.«

»Von wegen Geheimnis, Kindchen. Man merkt wirklich, dass Miss Lewis Ausländerin ist und aus guter Familie stammt. Gleich wirst du noch behaupten, dass Gebären auch ein Geheimnis ist.«

Carmen Barrio war knapp dreißig Jahre alt und unser Kindermädchen, solange ich denken konnte. Eine meiner ersten Erinnerungen war, dass sie im Turmzimmer mit uns auf dem Boden saß und das Gänse-Spiel spielte, während draußen über dem Kantabrischen Meer ein Unwetter tobte und den alten eisernen Lastenkran aus den Klippen riss, als handle es sich um ein Blatt Papier. Später erfuhren wir, dass zwei Männertrupps in Schichtarbeit vier Monate benötigten, um den neuen aufzubauen.

»Bin ich hübsch? Wirke ich älter?«, fragte ich Carmen, als ich versuchte, mich im Spiegel zu betrachten und nicht mit Alma zu verwechseln.

»Du bist sehr hübsch, Kindchen. Genau wie deine Schwester« erwiderte sie resigniert. »Und hab's nicht so eilig mit dem Älterwerden, es ist gar nicht so schön, wie immer behauptet wird.«

Carmen hatte gebräunte Haut und rosige Wangen, als wäre ihr immer warm. Sie war eine junge Frau – selbst für ein Mädchen wie mich, für die alle Erwachsenen über zwanzig alt schienen –, aber zugleich wirkte sie irgendwie verbraucht, geschlagen vom Leben. Sie hatte warme und liebenswürdige braune Augen, obwohl sich ihr Blick bisweilen jenseits des Horizonts verlor. Manchmal weinte Carmen auch. An einem Nachmittag vor sieben Jahren – ein paar Monate bevor ihre Tochter Catalina geboren wurde – hatten Alma und ich sie weinend in ihrem Kellerzimmer angetroffen, sie saß an die Wand gelehnt auf dem Boden und hatte die Arme um die Knie geschlungen.

»Warum hat sich Großmutter Soledad umgebracht?«, fragte Alma plötzlich. »War es unsere Schuld? War sie nicht zufrieden mit uns?«

Zwei Tage zuvor hatte Mama uns erzählt, dass es ein Unfall gewesen sei, dass Großmutter Soledad zu dicht an den Klippen entlangspaziert und ins Meer gestürzt wäre.

»Wie kommst du darauf? Wer hat dir gesagt, dass sie sich umgebracht hat?«, fragte Carmen, die im Flechten innehielt und sie überrascht ansah. »Der Marquis?«

Alma schüttelte den Kopf und stand vorsichtig auf, um das schwarze Trauerkleid nicht zu zerknittern.

»Nein, Großmutter hat es mir gesagt«, sagte sie und kam zum Frisiertisch. »An dem Nachmittag, als Großmutter Soledad starb, haben wir sie am Kran gesehen, stimmt doch, oder, Estrella?«

Ich war noch nicht frisiert und nickte ungnädig.

»Ja.«

»Eigentlich habe nur ich sie gesehen, denn Estrella kann die Toten nicht sehen«, korrigierte sich Alma, als sie sich auf die Stuhllehne hinter mir stützte. »Großmutter hat gesagt, dass sie es leid ist, hier zu leben, weit weg von ihrem geliebten Land, das zu verlassen Großvater sie gezwungen hat, als sie ein junges Mädchen war. Was bedeutet das, Carmen? War sie traurig und liebte uns nicht mehr? Hat sie sich deshalb umgebracht?«

Wir beide sahen Carmen erwartungsvoll an. Sie war die einzige Erwachsene im Haus der Zuloagas – bestimmt im ganzen Tal von Basondo –, die uns wie Menschen behandelte und nicht wie lästige Porzellanpüppchen. Carmen stützte die Hände in die Hüften und sah zur gewölbten Decke unseres Zimmers hinauf, als würde sie über eine Antwort nachdenken, die wir verstünden, ohne uns anlügen zu müssen.

»Das bedeutet, dass eure Großmutter auch nicht tun und lassen konnte, was sie wirklich wollte, selbst als Señora Marquise de Zuloaga nicht«, sagte sie schließlich. »Das erzählt ihr aber niemandem, ist das klar? Der Marquis wäre sehr ärgerlich, wenn das Dorf erführe, dass eure Großmutter freiwillig von den Klippen gesprungen ist. Das wäre für ihn und die ganze Familie eine große Schande. Versteht ihr das?«

»Wir werden es niemandem erzählen«, versprach ich und kreuzte die Finger in meinem Schoß, damit Carmen es nicht sah.

Es war uns verboten, beim Kran zu spielen oder uns zu nah am Rand der Klippen zu bewegen, aber manchmal, wenn Carmen ihrer Tochter das Lesen beibrachte, stahlen Alma und ich uns davon, um in den Abgrund zu blicken, der nur einen halben Kilometer vom Haus entfernt war, und wetteten, wer von uns beiden sich näher an den Rand der Klippen traute. Wir schlossen die Augen und zählten laut, wir brüllten gegen das Tosen der Wellen an, die sich weit unten an den Felsen brachen. Es war eines meiner Lieblingsspiele, weil ich immer gewann, aber einmal ging ich zu dicht an die Kante und wäre fast abgestürzt, weil eine ekelhafte Möwe laut krächzend an mir vorbeiflog. Ich rutschte aus und verlor einen meiner eigens für uns angefertigten Spangenschuhe. Als ich voller Angst wieder die Augen öffnete, sah ich den Schuh gerade im Meer versinken.

Zähneklappernd und schreckensstarr kehrte ich mit schmutzigem Fuß nach Hause zurück.

»Was meinte Großmutter damit, dass hier nicht ihr Zuhause ist?«, hakte ich nach, als Carmen endlich den Zopf flocht. »Die Villa war doch ihr Zuhause, sie trägt sogar ihren Namen: Villa Soledad. Hat Großvater das Haus nicht so genannt, weil er Großmutter sehr liebte?«

Die Liebesgeschichte von Großvater Martín und Großmutter Soledad war ein Epos, eine Familienlegende, die Alma und ich unzählige Male von aller Welt außer von Großmutter Soledad erzählt bekommen hatten: Sie selbst sprach nie davon, nicht einmal nach Großvaters Tod, sie erzählte auch nie von ihrer Hochzeit und wie sie sich kennenlernten oder von ihrem Leben in Mexiko, bevor Großvater in ihr Leben getreten war.

»Carmen?«

Als Carmen ihre Hand nach den Haarklemmen auf dem Frisiertisch ausstreckte, zitterte sie leicht.

»Euer Großvater Martín lernte Doña Soledad in einem winzigen Dorf in Mexiko kennen. Er war schon Marquis, doch sein Vater hatte wegen eines schlechten Geschäfts das gesamte Vermögen der Familie verloren, weshalb eurem Großvater nichts anderes übrig blieb, als nach Amerika auszuwandern«, begann Carmen zu erzählen, wobei sie meinen Zopf hochsteckte. »Sie haben schon bald geheiratet, und einige Zeit später kehrte er mit Doña Soledad nach Basondo zurück.«

Alma und ich hatten uns die Hochzeitsfotos unserer Großeltern oft angeschaut, sie hingen im Flur in der zweiten Etage. Großmutter Soledad war blutjung und sehr schön gewesen, obwohl sie seltsamerweise auf keinem der Fotos lächelte. Ihr Hochzeitskleid aus weißer Spitze brachte ihre zimtfarbene Haut wunderbar zur Geltung. Anstelle eines Schleiers trug sie einen Kranz aus roten Rosen auf dem rabenschwarzen Haar, das ihr fast bis zur Hüfte reichte. Dazu eine sündhaft teure, siebenreihige Naturperlenkette. Wir wussten genau, dass es sieben waren, weil Alma und ich sie immer wieder gezählt hatten.

»Eure Großmutter ist eine mexikanische Prinzessin, die nicht mehr in ihrem trockenen und von Gott verlassenen Land leben wollte. Deshalb kam sie hierher«, sagte Vater, wenn wir ihn nach Großmutters Herkunft oder ihrer dunkleren Hautfarbe fragten.

»Hat Großmutter Soledad denn nicht gern in Basondo gelebt?«, fragte Alma, während sie mit dem silbernen Parfümbestäuber auf dem Frisiertisch spielte. »Als wir sie auf den Klippen gesehen haben, sagte sie, sie wolle nach Hause. Ist ihr Zuhause in Mexiko? Warst du schon mal in Mexiko, Carmen? Wie ist es dort? Ist es anders als in Basondo? Regnet es dort auch die ganze Zeit wie hier?«

»In Mexiko regnet es nicht, Dummkopf«, belehrte ich sie.

»Nein, ich war noch nie in Mexiko oder an einem anderen Ort, aber eure Großmutter hatte Heimweh nach ihrem Land«, erwiderte Carmen. »Stellt euch vor, man würde euch zwingen, weit weg von diesem Haus und diesem Wald an einem anderen Ort zu leben – dann wärt ihr auch sehr traurig.«

»Aber sie wurde doch nicht gezwungen«, insistierte Alma. »Großvater hat das Haus nach ihr benannt, um allen zu zeigen, wie sehr er sie liebte, und ihr die Kette mit dem Smaragd geschenkt. Warum wollte Großmutter dann weg?«

»Weil manche Dinge auf dieser Welt, wenn auch nur wenige, nicht für Geld zu haben sind«, antwortete Carmen.

»Auch nicht für Smaragde?«, wollte ich wissen.

»Nein.« Carmen legte die restlichen Haarklemmen auf den Frisiertisch und gab mir mit einem liebevollen Klapps zu verstehen, dass ich aufstehen konnte.

»Jetzt bist du fertig. Lasst euch mal ansehen.«

Ich stellte mich neben meine Schwester, um mich zu vergewissern, dass sie uns wirklich die gleiche Frisur gemacht hatte, und betrachtete unser Spiegelbild. Abgesehen von der Augenfarbe, sahen wir uns zum Verwechseln ähnlich.

»Ihr seid sehr hübsch. Schade, dass eure Kindheit schon bald vorbei sein wird. Eines nicht allzu fernen Tages werde ich euch in genau diesem Zimmer das Brautkleid anziehen«, sagte Carmen mit einem traurigen Lächeln.

Carmens Worte beunruhigten mich, ohne dass ich wusste, was der Grund dafür war.

»Kann ich die Kette mit dem Smaragd zu Großmutters Trauerfeier tragen?«, fragte ich plötzlich. »Es würde ihr bestimmt gefallen, mich damit zu sehen.«

Seit ich die Kette auf meinem Kopfkissen gefunden hatte, hatte Vater erfolglos versucht, sie mir wegzunehmen, um sie zu Mamas Schmuck und seinen Wertpapieren in den Safe seines Arbeitszimmers zu legen. Deshalb hatte ich die Kette in einer Hutschachtel in unserem Schrank versteckt.

»Nein, die kannst du nicht tragen, Kindchen. Diese Kette passt nicht zu einer Trauerfeier«, erklärte mir Carmen. »Schmuck ist nichts für Kinder, und diese Kette ist sehr wertvoll – du könntest sie verlieren, wenn du draußen herumrennst.«

»Aber dann erfährt ja niemand, dass Großmutter die Kette mir und nicht Alma geschenkt hat«, protestierte ich.

Mit großen Schritten ging ich zu dem großen Einbauschrank.

»Lass das sein, der Marquis kommt gleich«, warnte mich Carmen. »Wenn du deine Frisur zerstörst, werde ich dich nicht noch einmal kämmen, du weißt also Bescheid.«

Trotz ihrer Drohung riss ich alle Schranktüren auf, bis ich den Turm aus bunten Hutschachteln gefunden hatte.

»Ich kann mit der Kette machen, was ich will. Sie gehört jetzt mir, und wenn ich sie tragen will, dann tue ich das auch«, sagte ich trotzig und öffnete eine Hutschachtel. »Du bist nur unser Kindermädchen, du kannst mir gar nichts verbieten.«

Carmen seufzte ergeben und kam zu mir herüber.

»Deine Großmutter hat dir die Kette vererbt, damit du sie trägst, wenn du erwachsen bist.«

Ungerührt öffnete ich eine weitere Hutschachtel und schleuderte den Deckel unter mein Bett.

»Und was ist, wenn ich nie erwachsen werde?«, maulte ich und wühlte in dem Seidenpapier. »Was, wenn ich vor meinem fünfzehnten Lebensjahr sterbe?«

»Du wirst nicht vor deinem fünfzehnten Lebensjahr sterben, Kindchen. Wie kommst du denn darauf, wenn man fragen darf?« In Carmens Stimme schwang Furcht mit.

Ich warf Alma einen raschen Blick zu.

»Da ist sie ja!«, rief ich zufrieden. »Los, mach sie mir zu, ich will sie zur Trauerfeier tragen.«

»Nein. Auch wenn du traurig und verärgert bist, kannst du diese Kette nicht zur Trauerfeier deiner Großmutter tragen. Du willst immer deinen Kopf durchsetzen, Mädchen«, schimpfte Carmen. »Leg sie sofort wieder in die Schachtel, damit dein Vater sie nicht entdeckt, und wenn ihr in der Kapelle seid, räume ich das Durcheinander hier auf.«

»Großmutter Soledad hat mir erzählt, dass Großvater ihr diese Kette geschenkt hat, weil ihre Augen so grün wie Smaragde sind«, erinnerte ich mich. »Ich habe nur ein grünes Auge, vielleicht hat sie sie deshalb mir vermacht und nicht Alma.«

Carmen kniete sich auf den Boden und nahm mir sanft die Kette aus der Hand.

»Es ist nicht eure Schuld, dass sich die Señora Marquise umgebracht hat, Kinder. Du kannst jemanden zwingen, an einem bestimmten Ort zu leben, aber nicht dazu, sich an diesem Ort heimisch zu fühlen. Heimat ist etwas, das man immer im Herzen trägt«, erklärte uns Carmen. »Wenn ihr größer seid, werdet ihr das verstehen, aber es gibt keine Möglichkeit, die Gefühle eines anderen Menschen zu beherrschen, sie sind das Einzige, über das niemand Macht ausüben kann. Nicht einmal der Señor Marquis.«

Als hätte Vater bei diesen Worten unvermittelt Gestalt angenommen, stand José de Zuloaga in der Tür.

»Sind die Mädchen fertig?«, fragte er anstelle eines Grußes. »Ihre Mutter wartet unten, wir gehen jetzt in die Kapelle.«

Wir hatten ihn nicht kommen hören und wussten nicht, wie lange er schon in der Tür stand, aber er wirkte nicht gerade zufrieden, obwohl unser Vater nie sonderlich zufrieden wirkte. Carmen verzog den Mund, weil auch sie nicht wusste, wie viel er gehört hatte.

Der Marquis de Zuloaga hatte dasselbe schwarze Haar wie wir und unsere Großmutter, aber seine Augen waren dunkel und klein wie die eines Waldtieres. Auch wenn Alma und ich noch Kinder waren, spürten wir, dass unser Vater ein Mann war, der anderen Angst einflößte, nicht nur uns, auch den Arbeitern des Bergwerks, den Hausangestellten und unserer Mutter. Vater schüchterte praktisch alle Welt ein, weil er *wusste*, dass er es konnte.

»Ja, sie sind fertig«, sagte Carmen und spielte mit der Kette in ihrer Hand.

»Was hast du da?«, fragte Vater, als er das sah. »Gib mir sofort die Kette. Du hast keine Ahnung, wie man mit solchen Dingen umgeht.«

»Soledad war auch nicht von Geburt an Marquise«, entgegnete Carmen, als sie ihm das Schmuckstück aushändigte.

Vaters Augen sprühten unter den dichten Augenbrauen Funken. Ich spürte seine Gewalttätigkeit und war davon überzeugt, dass er Carmen gleich ohrfeigen würde.

»Vater …«, wagte ich mich vor.

»Steht endlich auf, Kinder. Nur Barbaren und Lumpengesindel sitzt auf dem Boden«, sagte er und steckte die Kette in seine Jackentasche. »Beeilt euch, eure Mutter wartet unten im Vestibül auf euch.«

Obwohl der Marquis zur Trauerfeier für seine Mutter einen schwarzen Anzug angezogen hatte, trug er zumeist maßgeschneiderte Jagdgarderobe: wasserfeste Regenmäntel, grüne oder beige Tweed-Jacken, Hosen mit Schildpattknöpfen am Schlitz, Lederstiefel, die ihm bis zu den Waden reichten und die Beine vor Dornengestrüpp schützen sollten, sowie elegante Baskenmützen. Vater liebte es, sich wie ein englischer Lord zu kleiden – oder was er sich darunter vorstellte –, weshalb er sich ausschließlich von einem bekannten Herrenschneider in der Regent Street in London ausstatten ließ, der Grafen, Fabrikanten, Bankiers und Herzöge in ganz Europa belieferte. Doch mit seinem gewellten schwarzen Haar, seinen kleinen unsteten Augen unter buschigen Brauen und seinen schlechten Manieren wirkte der Marquis eher animalisch und provinziell, was wenig mit dem distinguierten Erscheinungsbild des von ihm bewunderten britischen Adels gemein hatte.

»Geht schon mal vor, ich muss noch was mit Carmen besprechen.«

Alma und ich liefen aus dem Zimmer, drehten uns aber noch einmal um und sahen, dass Carmen am Frisiertisch saß und still weinte.

Die Trauerfeier für Großmutter Soledad fand in der Familienkapelle statt, die in einiger Entfernung zur Villa am westlichen Rand des Anwesens stand. Der Weg aus grauen Steinplatten führte am Teich mit den leuchtenden japanischen Fischen vorbei zu einer Gruppe Feigenbäume mit grüngelblicher Rinde, wo permanent der süße Duft reifer Früchte in der Luft hing. In der Kapelle wurden sämtliche Taufen, Trauerfeiern, Kommunionen und Hochzeiten der Familie de Zuloaga begangen. Dahinter war auf einem Felsvorsprung ein kleiner Friedhof angelegt, auf dem Großvater Martín und ein als Kind verstorbener Bruder unseres Vaters begraben waren.

»Die Kapelle hat euer Großvater zusammen mit der Villa bauen lassen«, erklärte uns Mama, als wir an den Feigenbäumen mit ihrem betörenden Duft vorbeigingen. »Großvater Martín war ein sehr gläubiger Mann, ein wahrer Christ. In den Jahren, die er auf Kuba und in Mexiko verbrachte, wurde er von einem Priester begleitet, der ihm half, die richtigen Entscheidungen für seine Geschäfte und sein Leben zu treffen. Deshalb hat er hier, auf seinem Grundstück in Basondo, diese Kapelle errichten lassen.«

Vater ging ein Stückchen voraus. Wir hatten je eine Hand von Mama ergriffen, die mit ihrem kastanienbraunen, wassergewellten Bob sehr schön aussah. Sie trug ein wadenlanges schwarzes Seidenkleid, das trotz des Angora-Mantels darüber ihre Figur betonte. Dessen Kragen und Ärmel waren mit flauschigem, ebenfalls schwarzem Hermelin besetzt, und auf dem Kopf trug sie ein schwarzes Hütchen mit Schleier, der ihre Augen bedeckte.

»Werden wir Großmutter auch auf dem Friedhof begraben?«, fragte Alma, die vorsichtig den Steinweg entlangging, um sich nicht die Lackschuhe schmutzig zu machen. »Vielleicht will sie gar nicht hierbleiben.«

»Kinder, ich habe euch doch schon erklärt, dass man den Körper eurer Großmutter nicht aus dem Meer bergen konnte. Es gibt nichts, was man begraben könnte, das Kantabrische Meer hat sie verschlungen«, antwortete unsere Mutter lauter als beabsichtigt. »Wir tun nur so, als würden wir sie begraben, damit wir um sie weinen können, versteht ihr das?«

Mama hatte uns erklärt, dass wir für Großmutter eine Trauerfeier ohne Sarg abhalten würden. Deshalb war sie ja von den Klippen gesprungen: damit das Meer ihren Körper verschlang und wir sie nicht auf dem Friedhof der Zuloagas begraben konnten.

Am Ende des Weges stand die Kapelle, vor der sich eine beachtliche Menschentraube gebildet hatte.

»Haben all diese Leute Großmutter gekannt?«, fragte ich.

Mama ließ uns los und rückte sich das Hütchen zurecht.

»Nein, natürlich nicht. Du weißt doch, dass eure Großmutter zuletzt das Haus nur verlassen hat, um im Dorf Likör zu kaufen. Die Arme hat den Tod eures Großvaters nie verwunden, sie liebten sich sehr und waren ein so schönes Paar …«, erwiderte meine Mutter und strich über ihren Angora-Mantel. »Diese Leute sind wegen eurem Vater hier, weil sie ihm kondolieren wollen, viele von ihnen sind aus Madrid oder England angereist, sie machen Geschäfte mit ihm und kaufen das Erz aus unserem Bergwerk, um Schiffe, Eisenbahnen oder Waffen zu bauen.«

»Wenn sie Großmutter gar nicht kannten, warum sind sie dann gekommen? Ihre Trauerfeier kann ihnen doch egal sein«, insistierte ich stur.

»Was du immer für Fragen stellst, Estrella! So macht man das eben bei wichtigen Leuten, man geht zu ihrer Beerdigung, auch wenn man sie nicht kannte«, erklärte Mama geduldig und lächelte. »Wenn jemand Wichtiges oder ein Familienmitglied stirbt, gehen anständige Leute zu dessen Beerdigung und drücken den Angehörigen ihr Mitgefühl aus. So etwas nennt man Höflichkeit. Deshalb müsst ihr beide euch während der Feier anständig benehmen und stillsitzen, ja? Ihr wollt doch nicht bei diesen Leuten, die von weit her kommen, einen schlechten Eindruck hinterlassen, oder?«

Alma und ich schüttelten gleichzeitig den Kopf.

»Schön«, schloss Mama. »Jetzt lasst euch mal anschauen, ihr seht sehr hübsch aus. Ich wusste doch, dass sich schwarze Seide für diesen Schnitt am besten eignet. Benehmt euch, und redet nicht mit den Erwachsenen, es sei denn, sie sprechen euch zuerst an, und denkt daran, Mädchen: immer lächeln. Ich werde mich zu eurem Vater gesellen, der Arme ist sehr traurig über den Tod von Großmutter.«

Dann betrat Mama langsam, damit ihre schwarzen samtbezogenen Pumps keinen Schaden nahmen, die Kapelle.

»Wie schön Mama ist und immer so elegant. Hoffentlich sehen wir genauso schön aus, wenn wir groß sind«, sagte ich, als ich sah, wie sie von unbekannten Menschen lächelnd begrüßt und mit Komplimenten bedacht wurde.

»Wir beide ähneln Großmutter Soledad, nicht Mama. Wir haben die gleiche helle Haut wie Mama, mehr nicht, alles andere haben wir von Großmutter«, erwiderte Alma und strich sich eine unsichtbare Falte am Rock glatt. »Vor allem du.«

In der Kapelle roch es nach Weihrauch und Wachskerzen, aber

auch nach Feuchtigkeit und einer Mischung aus teuren Parfüms. Padre Dávila wartete, bis alle Platz genommen hatten. Er stand vor dem Altar aus geschnitztem Holz, den Großvater Martín seinerzeit von einem venezianischen Kunsttischler hatte anfertigen lassen und der zu Ehren unserer Großmutter mit weißen Lilien und brennenden Kerzen geschmückt war. Die Kapelle war gut besucht, aber uns grüßte niemand, als wären wir beide unsichtbar. In der ersten Bankreihe kniete unser Vater neben Mama auf einem Mahagonibänkchen mit rotem Samtbezug, das aus einer sehr alten Kirche in Italien stammte. Er hatte die Augen geschlossen und die Hände zum Gebet gefaltet.

»Hast du gesehen, wie elegant alle gekleidet sind?«, fragte ich Alma leise.

»Ja. Mama hat gesagt, einige Gäste seien aus London angereist. Dort hat man gewiss mehr Stil als in Basondo«, flüsterte Alma.

Zum Schutz gegen die hohe Luftfeuchtigkeit am Meer, die durch sämtliche Ritzen in die Kirche drang, trugen die Frauen Samt-Jäckchen oder Chinchilla-Stolen über den schwarzen Kleidern. Und alle hatten ihren Kopf bedeckt, um die Kirche betreten zu können, manche mit Schleierhütchen wie unsere Mutter, andere trugen zarte Mantillen aus wunderschönen handgeklöppelten Spitzen.

»Ich habe noch nie so elegante Menschen gesehen«, flüsterte ich meiner Schwester ins Ohr. »Nicht mal, als wir uns hinuntergeschlichen haben, um die Gäste von Mamas Neujahrsfeier zu sehen, erinnerst du dich?«

Meine Mutter liebte es, in Villa Soledad Feste zu veranstalten: zu Silvester, zu Karneval, zum Geburtstag des Marquis … Jeder Vorwand war willkommen, um das Haus mit Menschen, Musik und Cocktails zu beleben, aber Alma und ich mussten immer mit Carmen in unserem Zimmer ausharren, wenn unten die Gäste tanzten, im kleinen Salon spirituelle Sitzungen mit einem falschen Medium abhielten oder auf der Veranda russischen Kaviar schlemmten. Vor zwei Jahren hatte Carmen uns ein Märchen vorgelesen und war darüber eingeschlafen, was wir genutzt hatten, um zur Treppe zu schleichen und die Gäste zu beobachten, aber Mama hatte uns erwischt und wieder in unser Zimmer geschickt. Wir bekamen zwei Wochen Stubenarrest, aber schon wegen der Kleider der Gäste hatte es sich gelohnt.

»Wenn ich sterbe, möchte ich auch, dass alle so elegant zu meiner Beerdigung kommen«, sagte ich zu Alma, fasziniert von den in Seide und Spitzen gehüllten Frauen in den vorderen Bänken. »Hast du gehört, Alma? Ich will auch, dass meine Beerdigung wie ein Silvesterfest wirkt.«

Wir saßen in der letzten Bank gleich neben dem Seitenausgang, der zum Friedhof führte. Ich hatte hinübergeschielt und überlegt, aus der Kapelle zu verschwinden, wenn Padre Dávila mit der Andacht begann.

»Sollen wir abhauen?«, fragte Alma, ohne den Blick vom Priester abzuwenden. »Wenn du ganz leise bist, könnten wir uns rausstehlen, ohne dass es jemand merkt.«

»Und selbst wenn, das ist mir egal, ich will nicht hierbleiben, es riecht nach Weihrauch und ist so kalt.«

Leise stand ich auf und schlich zu der Tür. Alma folgte mir wie eine Tänzerin. Mein Seidenkleid raschelte bei jedem Schritt, doch die Aufmerksamkeit der Trauergemeinde war auf Padre Dávila gerichtet, weshalb niemand unser Verschwinden bemerkte.

»Wurde auch Zeit, mir ist schon ganz schlecht von dem Weihrauchgestank«, log ich und rieb meine Schläfen, als hätte ich Kopfschmerzen, um es dramatischer wirken zu lassen. »Sollen wir zum Friedhof gehen? Ich habe Großmutters Grab noch nicht gesehen.«

Angeblich hatte man Großmutter Soledad an Vortag beerdigt, obwohl nur ein leerer Sarg in die Erde versenkt und eine Grabplatte mit ihrem Namen daraufgelegt worden war.

»Ich auch noch nicht. Mama sagt, Kinder hätten an einem Grab nichts verloren, sie könnten Angst und schreckliche Albträume bekommen.«

»Ich habe keine Angst vor den Toten«, erwiderte ich, doch je näher wir dem Friedhof kamen, desto stärker schnürte sich mir die Kehle zu.

Der kleine Friedhof der Familie Zuloaga lag ein wenig versteckt hinter der Kapelle auf einem Felsvorsprung über dem Meer und war umgeben von einer Mauer aus unbehauenem Stein.

»Hier draußen ist es noch kälter als in der Kirche«, meinte Alma. Dann kicherte sie albern, als wollte sie mutig wirken und die Toten verjagen.

Ich wich einer Pfütze aus und entdeckte eine einzelne Blume auf dem Rasen. Sie war blau.

»Sie sieht aus wie die kürzlich im Wald«, sagte ich und bückte mich, um sie zu pflücken. »Ich habe hier noch nie Blumen gesehen, ich dachte immer, hier könne nichts wachsen, weil der hohe Salpetergehalt der Luft die Wurzeln abtötet und den Boden vergiftet.«

Abgesehen von dem kurzen Rasen gedieh auf dem Familienfriedhof nur ein Baum, eine reizlose Trauerweide, deren tief hängende Äste über den Boden strichen.

»Ich habe auch noch nie Blumen hier gesehen. Vielleicht ist das die Blume von unserer Lichtung, die dir gefolgt ist, damit du sie wieder tanzen lässt«, überlegte Alma und sah mich mit glänzenden gelben Augen an.

»Das glaube ich nicht.«

Dennoch starrte ich auf die Blume in meiner Hand und spürte, wie mein Blut unter der Haut zu brodeln begann und mich innerlich versengte.

»Da hinten steht Großmutter Soledad, gleich neben dem Grab«, sagte Alma plötzlich.

Ich vergaß die Blume und das Brennen und sah zu dem frischen Grab. Auf dem Stein lag ein großer Kranz aus roten Rosen.

»Fang nicht schon wieder damit an, Alma. Ich will deine Gespenstergeschichten jetzt nicht hören.«

»Es ist keine Geschichte. Großmutter ist wieder blutjung und trägt ihr Brautkleid wie auf den Fotos im Flur«, fuhr Alma mit starrem Blick auf den Stein fort. »Und darüber ihre siebenreihige Perlenkette.«

Genau in dem Augenblick ließ eine Brise die Äste der Trauerweide erzittern, sie scharrten über den Boden wie die Krallen eines Tieres.

»Ich glaube dir kein Wort«, murmelte ich, aber das war gelogen.

»Großmutter sagt, sie möchte, dass wir die Wahrheit über sie und Großvater Martín erfahren, obwohl es eine hässliche Wahrheit ist, eine, über die man nur spricht, wenn die Betroffenen tot sind.« Alma verzog den Mund und versuchte die Tränen zurückzuhalten. »Nein …«

»Was ist? Was sagt sie?«, schrie ich über das Heulen des Windes hinweg.

»Großmutter Soledad war als kleines Mädchen so hübsch, dass alle im Umfeld ihres mexikanischen Dorfes über ihre Schönheit redeten. Es hieß auch, sie sei eine Zauberin, eine Hexe, die sich mit der Erde auskenne und vorhersagen könne, wann es Gewitter oder Unglücksfälle in den Familien gebe. Deshalb haben wir beide auch magische Kräfte, wir haben diese Gabe von ihr«, erklärte Alma. »Schließlich kam das Gerede über ihre Schönheit und ihre magischen Kräfte dem Spanier zu Ohren, der auf der Suche nach seinem Glück nach Mexiko gekommen war: Großvater Martín.«

»Das denkst du dir alles aus. Großmutter war eine mexikanische Prinzessin, das erzählt Vater doch immer«, widersprach ich.

»Der Spanier wurde neugierig und lud den Vater mit dem Mädchen auf seine Hacienda ein. Er war nicht der erste Mann, der sich für Soledad interessierte, aber der erste reiche. Großvater verliebte sich Hals über Kopf in sie«, fügte sie hinzu. »Sie heirateten an dem Tag, als Großmutter Soledad fünfzehn Jahre alt wurde.«

»Fünfzehn?« Ich betrachtete die blaue Blume in meiner Hand und dachte über Almas Worte nach.

Großmutter Soledad verfügte tatsächlich über magische Kräfte, sie redete in einer Geheimsprache mit den Vögeln, sie wusste, wann die Rosen im Garten blühen würden, und ließ die Bäume die besten Äpfel tragen. Sie spürte das Feuer in sich, genau wie ich.

Ich erinnerte mich daran, wie Großmutter im Dezember mit einem Korb in den Garten gegangen war, um von dem amerikanischen Apfelbaum, den Großvater gepflanzt hatte, Äpfel zu pflücken. Auch außerhalb der Saison kam Großmutter mit einem Korb voller roter glänzender Äpfel zurück.

Alma winkte ihr zum Abschied.

»Jetzt ist sie fort«, sagte sie mit tränenerstickter Stimme. »Großmutter ist für immer gegangen, wir sind allein.«

Ich legte die blaue Blume auf Großmutters Grab. Sie wurde augenblicklich vom Nordwind davongetragen.

»Hat Großmutter dir gesagt, wer von uns beiden zuerst stirbt?«

»Nein«, antwortete Alma und ergriff meine Hand. »Sei nicht böse mit mir, Estrella. Wer weiß, wie lange wir noch zusammen sein können, bis eine von uns den Toten Gesellschaft leisten muss.«

Ich drückte ihre Hand, die so kalt war wie meine.

»Wir werden noch viel Zeit zusammen verbringen, denn sollte ich vor unserem fünfzehnten Geburtstag sterben, wirst du mich immer sehen können, wie die anderen Toten. Es wird sein, als wäre ich nie gestorben«, flüsterte ich.

Alma lächelte und hob unsere Hände.

»Ich werde dich niemals verlassen. Wir sind verbunden durch ein unsichtbares Band, das so stark ist, dass ich es spüren kann, genau hier, an meinem Handgelenk«, sagte sie leise. »Ein Ende ist an mein Handgelenk geknüpft und das andere an deins, so können wir nie getrennt werden, ganz egal, wer von uns beiden zuerst stirbt. Für immer verbunden. Unzertrennlich.«

Ich schaute noch einen Moment auf unsere Hände und konnte das unsichtbare Band, das Alma um mein Handgelenk geschlungen hatte, ebenfalls spüren.

»Schwörst du?«, fragte ich mit zittriger Stimme. »Und denk dran, dass wir uns auf einem Friedhof dieses Versprechen geben.«

»Ich schwöre. Und will auf der Stelle tot umfallen, wenn ich lüge.«

Die Sternenhöhle

Wir konnten erst eine Woche nach Großmutters Beerdigung wieder in den Wald. Das Haus mit ihrem Namen trug Trauer, weshalb uns verboten war, die Fenster zu öffnen oder in den Garten zu gehen, und wir mussten sieben Tage lang, in denen Mama auch ihr Grammofon nicht spielte, schwarze Kleidung tragen. Vater war zwar nicht abergläubisch, hatte aber trotzdem angeordnet, die Spiegel mit großen Tüchern zu verhängen, um zu verhindern, dass Großmutters Seele in ihnen gefangen bliebe. Nur wir Schwestern wussten, dass sie schon längst gegangen war.

»Es wird was Schlimmes passieren«, sagte Alma, als sie mit ihren Honigaugen in den Wald starrte.

»Es ist schon was Schlimmes passiert. Großmutter Soledad ist tot, reicht das nicht?«

Doch Alma schüttelte den Kopf, den Blick noch immer auf die Bäume gerichtet.

»Nein, das ist es nicht. Von heute an beginnt alles zu verfaulen, ich kann spüren, wie sich die Wurzeln im Waldboden zersetzen«, flüsterte sie, ohne mich anzublicken. »Schon bald wird der Tag kommen, an dem wir beide bedauern, dass wir heute Nachmittag in unseren Wald gegangen sind.«

Im Rücken spürte ich die Wärme des Hauses, aber die feuchte Waldluft strich mir schon zur Begrüßung über die Wangen wie die Pfote einer unsichtbaren Kreatur.

»Bei Dunkelheit wirkt der Wald anders, irgendwie wilder«, murmelte ich, als wir die erste Baumreihe hinter uns gelassen hatten, welche die Grenze zu Basondo markierte.

»Vielleicht sollten wir zurück, so spät waren wir noch nie im Wald.«

»Angsthase«, sagte ich, während ich den Waldboden nach blauen Blumen absuchte. »Wenn du Angst hast, kannst du ja zurückgehen, ich komme gut allein zurecht, vielen Dank auch.«

»Ich habe keine Angst.«

»Natürlich hast du Angst, du verirrst dich nicht gern im Wald, ich auch nicht«, sagte ich zufrieden grinsend. »Im Grunde bist du wie ich, auch wenn du allen immer die Gute vorspielst, aber ich bin deine Zwillingsschwester, mich kannst du nicht täuschen. Ich weiß, was in deinem Kopf vorgeht.«

Ich wusste es wirklich und war manchmal richtig erschrocken. Ich kannte den Abgrund, der das Mädchen Alma von der Person trennte, die sie zu sein vorgab. Andere Male – eigentlich die meisten – war Alma nur meine kleine Schwester, und ich tat so, als wüsste ich nicht, was ihr im Kopf herumspukte. So wurde das familiäre Gleichgewicht aufrechterhalten – die gute Alma, die böse Estrella.

»Ich bin nur äußerlich wie du, Estrella. Du bist aus Stein und Feuer, ich nicht«, sagte sie ernst. »Wir beide tragen die Namen, die wir verdienen.«

»Das ist Blödsinn. Du hast doch nur grässliche Angst davor, dass die anderen dich behandeln könnten, wie sie mich behandeln. Du würdest keine Woche in meiner Haut stecken wollen«, erwiderte ich. »Deshalb tust du so, als wärst du besser.«

Als ich noch etwas hinzufügen wollte, hörte ich plötzlich eine Stimme. Alma hatte sie auch gehört, denn sie legte mir eine Hand auf die Schulter, und ich spürte eine Kälte durch den Stoff meines Kleides, als hätte mich ein Gespenst angefasst und nicht meine Schwester.

»Was war das? Ist das der schwarze Wolf, der dir überallhin folgt?«, flüsterte Alma heiser. »Hast du ihn gerufen, Estrella?«

»Wölfe können nicht sprechen, nur im Märchen, Dummkopf«, zischte ich. »Sei still.«

Ich versuchte herauszufinden, woher die geheimnisvolle Stimme kam, aber bei den vielen nächtlichen Geräuschen im Wald war das gar nicht einfach.

»Vielleicht kann dein Wolf doch sprechen«, flüsterte Alma und ergriff meine Hand. »Ich habe dich im Schlaf mit dem Wolf reden hören.«

»Das ist kein Wolf, da ruft jemand um Hilfe. Los, komm.«

Es war eine menschliche Stimme, und sie kam aus dem Jagdrevier unseres Vaters. Ohne Almas Hand loszulassen, damit wir uns in der Dunkelheit nicht verloren, ging ich zwischen den Bäumen weiter. Das Sternenfunkeln drang nicht durch die dichtbelaubten Baumwipfel, weshalb ich kaum etwas sehen konnte.

»Weißt du, wo wir hingehen?«, fragte Alma und sah sich nach allen Seiten um. »In diesem Teil des Waldes waren wir noch nie.«

»Ich glaube schon. Vaters Jagdrevier ist nicht weit, vielleicht ist dort jemand und hat sich verletzt«, antwortete ich keuchend. »Wäre nicht das erste Mal, dass jemand aus dem Dorf dort Kaninchen jagt, sich verirrt oder Schlimmeres.«

Zu unserer eigenen Sicherheit hatte man uns verboten, das Jagdrevier zu betreten. Ein paar Jahre zuvor waren ein paar Burschen aus dem Dorf in das Revier eingedrungen, weil sie glaubten, niemand würde es merken, wenn sie ein paar Kaninchen jagten, aber Vater hatte sie für Wildschweine gehalten und auf sie geschossen. Er hatte sie zwar nicht getötet, aber einem der Jungen hatten die Schrotkugeln den Arm zerfetzt, der amputiert werden musste, weshalb der Junge nicht mehr im Bergwerk arbeiten konnte.

»Wir dürften nicht hier sein, Estrella, es ist verboten. Dieser Ort ist gefährlich«, sagte Alma mit bebender Stimme.

»Ich weiß, aber Vater ist im Augenblick nicht da, und er wäre hier die einzige Gefahr.«

»Es gibt auch wilde Tiere«, entgegnete sie. »Und du behauptest, die seien nicht gefährlich, aber ich wette, dass die Wilderer das damals auch glaubten, und du weißt ja, was passiert ist.«

»Die Wilderer haben es sich selbst zuzuschreiben, wenn sie verbotenerweise hier eindringen und uns bestehlen, denn die Kaninchen, Wildschweine und alles andere gehören Vater«, sagte ich überzeugt. »Und uns.«

»Kaninchen gehören niemandem, Estrella. Und schon gar nicht Vater.«

In diesem Teil des Waldes standen die Bäume weniger dicht. Das Gelände war uneben, mit vielen Hügeln und Mulden, und man konnte auf dem feuchten Boden leicht ausrutschen und hinfallen. Zwischen den Kronen der Eichen und Kiefern schimmerte der Sternenhimmel. Etwas weiter vorn, keine hundert Schritte von uns entfernt, sah ich plötzlich einen Schatten, vor dichtem Buschwerk lag etwas auf dem Boden.

»Hallo!«, rief ich und erschrak selbst über meine Stimme. Dann lief mir ein kalter Schauer über den Rücken.

Alma neben mir zuckte zusammen, vielleicht war der Schauer auf sie übergesprungen. Plötzlich fiel mir wieder ein, was meine Schwester gesagt hatte, und mir wurde klar, dass dies der Moment sein würde, den wir unser ganzes Leben lang bereuen sollten.

»Wer ist da?«, rief ich trotzdem.

Der Schatten bewegte sich.

»Hilfe, bitte«, erklang eine schwache Stimme aus den Büschen, die Stimme eines Jungen.

Alma stieß laut Luft aus, weil sie den Atem angehalten hatte, und ließ meine Hand los, um näher zu gehen.

»Was tust du hier? Das Jagdrevier gehört unserem Vater, hier darf sonst niemand jagen«, sagte sie zu dem Jungen.

Als ich ebenfalls näherging, sah ich etwas Metallisches im Laub aufblitzen. Es war eine der Fallen, die der Marquis für Rehböcke auslegte. Ein Fangeisen.

»Was für ein Glück, dass ihr gekommen seid, ich stecke schon seit Stunden fest und sterbe vor Kälte. Es tut sehr weh«, stammelte der Junge. »Als ich eure Stimmen hörte, wusste ich nicht, ob ich vor

Hunger und Schmerzen verrückt werde oder ob der Teufel kommt, um mich zu holen.«

Ich schätzte den Jungen ungefähr auf unser Alter, hatte ihn aber noch nie in Basondo gesehen. Sein kastanienbraunes Haar war schmutzig, und auf seinen Wangen waren Spuren von getrockneten Tränen und Blut zu erkennen.

»Wir sind nicht der Teufel«, erklärte ich im Brustton der Überzeugung.

»Ich wollte nur ein paar Äpfel einsammeln, dabei bin ich in die Falle getreten«, jammerte der Junge und wies auf seinen Fuß im Fangeisen. »Dann habe ich stundenlang um Hilfe gerufen und hatte mich schon damit abgefunden, die Nacht hier verbringen zu müssen, bis der Marquis mich morgen gefunden und erschossen hätte. Oder der Wolf, den ich vorhin gehört habe, hätte sich einen Festschmaus aus mir gemacht.«

»Das wäre aber ein armseliger Festschmaus für ihn gewesen«, sagte ich scharf. Sein ausgemergelter, dünner Körper ließ darauf schließen, dass er schon länger nicht genug zu essen bekam.

»Du Armer.« Alma lächelte ihn mitleidig an, und ihre Stimme klang, als hätte sie ein verwundetes Vögelchen im Garten gefunden.

Ich ging neben dem Jungen in die Hocke, um mir die Wunde an seiner Fessel genauer anzusehen. Die Zähne des Fangeisens hatten die Hose zerfetzt und sich in sein Fleisch gebohrt, weshalb um die gezackte Wunde herum alles rot gefärbt war. Auch auf den Blättern war getrocknetes Blut zu erkennen.

»Du hattest Glück, dass die Waldtiere nicht dein Blut gerochen haben, sonst hätten sie dich bei lebendigem Leib gefressen«, sagte ich, während ich nach einem Stock suchte, um das Laub beiseitezuschieben und das Fangeisen besser inspizieren zu können. »Vater legt diese Fallen wegen der Rehböcke, die hier durchziehen, denn er ist kein guter Jäger, auch wenn er sich das einbildet. Deshalb muss er ein bisschen nachhelfen.«

»Ihr seid die Töchter vom Marquis?«, fragte der Junge überrascht. »Und was macht ihr um diese Zeit im Wald?«

»Dasselbe wie du, uns Probleme einhandeln«, antwortete ich. »Hast du schon versucht, sie mit den Händen zu öffnen?«

Der Junge bewegte sich vorsichtig, damit die Zähne sich nicht noch tiefer in sein Fleisch bohrten.

»Klar habe ich das versucht, schaffe es aber nicht allein, ich habe nicht genug Kraft«, sagte er. »Aber zusammen kriegen wir das Ding vielleicht auf. Ich will auch keine Äpfel mehr, die könnt ihr behalten. Ich will nur noch raus aus der Falle und nach Hause.«

»Bist du aus Basondo? Ich habe dich noch nie gesehen«, sagte Alma, als auch sie den Mechanismus des Fangeisens inspizierte.

»Ich glaube nicht, dass die Töchter vom Marquis sich in unser Dorf verirren«, erwiderte der Junge gepresst. »Helft mir aus dem Ding da raus, und ich verspreche euch, dass ihr mich nie wiedersehen werdet.«

Alma und der Junge ergriffen die eine Seite der Falle und ich die andere. Das Eisen war kalt, aber ich spürte die Hitze der pochenden Wunde.

»Auf drei … Eins, zwei … und drei!«, sagte ich und zog.

Das Fangeisen schnappte mit einem metallischen Quietschen auf, und der Junge zog sein verletztes Bein heraus, bevor sich die Zähne wieder schlossen.

»Uff, das war aber knapp«, sagte Alma mit Blick auf das Fangeisen. »Was ist mit deinem Bein? Glaubst du, du kannst nach Hause gehen?«

Der Junge untersuchte seinen geschwollenen Knöchel und die Wunde in Form eines Monsterbisses.

»Ich weiß es nicht«, sagte er schließlich. »Helft ihr mir aufzustehen? Ich glaube, allein schaffe ich es nicht.«

Ich sah, wie Alma ihm die Hand reichte, also tat ich es ihr gleich, und gemeinsam zogen wir ihn hoch. Der Junge stand einen Moment auf dem verletzten Bein, musste sich aber auf uns abstützen.

»Tut mir leid, ich dachte, ich schaffe es allein«, sagte er beschämt. »Würdet ihr Hilfe holen? Das Dorf ist nicht weit.«

Ich spürte das Gewicht seiner Hand auf meiner Schulter. Er roch nach Schweiß und salzigen Tränen. Außerdem war seine Hand heiß, so heiß, dass ich es durch mein Kleid spüren konnte; seine Haut fühlte sich anders an als meine oder Almas. Ich mochte diese Berührung.

»Wenn wir Hilfe holen, wird unser Vater es erfahren, und du wirst was erleben«, sagte ich und legte seinen Arm über meine Schulter, um sein Gewicht besser zu verteilen. »Alma und ich bringen dich nach Basondo, wir kennen eine Abkürzung durch den Wald, danach musst du allein klarkommen. Wenn uns im Dorf um diese Zeit jemand sieht, gibt es gewaltigen Ärger, und ich will nicht dafür bestraft werden, dass du uns Äpfel stehlen wolltest.«

Der Junge sah mich an und wusste nicht, was er sagen sollte. Seine braunen Augen hatten einen freundlichen Ausdruck, sie erinnerten mich an die Augen von Patsy, den englischen Setter unserer Mutter. Patsy schaute immer dankbar, wenn man sie kraulte, statt sie zu schlagen. Der Junge schaute genau wie Patsy.

»Danke, aber ich will euch nicht zur Last fallen«, sagte er. »Ihr habt schon genug getan. Ihr habt mir heute Nacht wahrscheinlich das Leben gerettet.«

»Ja, wahrscheinlich«, bestätigte ich.

In diesem Jagdrevier hatte unser Vater Patsy erschossen. Er pflegte sie mit auf die Jagd zu nehmen, obwohl das Mama nicht gefiel, weil sie wusste, dass der Marquis nur schlecht zielen konnte. Wie Vater bei seiner Rückkehr erzählte, war Patsy ihm vor den Lauf geraten, als er mit Großvaters Winchester auf einen Fuchs zielte. Der Fuchs war entkommen, aber Patsy hatte er an Ort und Stelle vergraben.

»Wie heißt du?«, fragte Alma und sah ihn mit ihren leuchtenden gelben Augen an. »Ich bin Alma, und das ist meine Schwester Estrella.«

»Tomás. Ich heiße Tomás.«

Alma lächelte.

»Freut mich, Tomás.«

»Los, lasst uns endlich gehen, bevor Carmen oder Mama merken, dass wir nicht daheim sind«, sagte ich.

Mit Tomás zwischen uns verließen wir das Jagdgelände. Ich fürchtete, dass auch wir in eine von Vaters Fallen treten könnten, weshalb ich aufmerksam auf den Boden starrte und nach etwas Schimmerndem Ausschau hielt.

»Jetzt ist es nicht mehr weit, stimmt's, Estrella?«, sagte Alma, als die Bäume immer höher und dichter wurden. »Estrella kann sich im Wald besser orientieren, auch wenn wir beide ihn wie unsere Westentasche kennen.«

Ich erkannte die Kiefer, in die im letzten Sommer der Blitz eingeschlagen hatte. Der Stamm war verkohlt, und es roch immer noch verbrannt, wenn man nah daran vorbeiging.

»Ja, das Jagdrevier haben wir hinter uns. Hier müssen wir nicht mehr auf Vaters Fallen achten«, sagte ich erleichtert darüber, nicht mehr auf den Waldboden starren zu müssen.

»Danke, ohne eure Hilfe hätte ich das nicht geschafft«, sagte Tomás. Und ich spürte, wie sein warmer Atem die losen Strähnen meines geflochtenen Haars in Bewegung setzte.

»Schon gut, wir hätten dich sowieso nicht dort liegen lassen können, nachdem du uns gesehen hast«, erwiderte ich und wich seinem Blick aus. »Wenn man dich am Morgen noch lebend gefunden hätte, hättest du allen erzählt, dass die Töchter des Marquis verbotenerweise im Wald waren.«

Tomás lachte leise auf. Sein warmer Körper an meinem verursachte eine seltsame Hitze in meinem Unterleib, die ich noch nie verspürt hatte.

»Nein, ich hätte euch nicht verraten«, sagte er ernst. »Ich hätte euer Geheimnis auch gewahrt, wenn ihr mir nicht aus der Falle herausgeholfen hättet.«

Ich wusste nicht, ob ich ihm glauben sollte, weil Carmen immer behauptete, alle Männer seien Lügner, die unter dem Vorwand der Liebe nur wollen, dass du alles für sie tust. Aber damals verstand ich noch nicht, was sie damit meinte, weshalb ich ihm glaubte.

Wir gelangten zur letzten Baumreihe, die den Wald von der Straße trennte.

»Wie alt bist du?«, fragte Alma, die stehen geblieben war, um wieder zu Atem zu kommen.

»Fast dreizehn. In zwei Jahren bin ich mit der Schule fertig und werde mit meinem Vater im Bergwerk arbeiten. In eurem Bergwerk. Ich habe ein bisschen Angst davor, aber ich kann nicht länger zur Schule gehen«, erklärte Tomás resigniert. »Das Wichtigste habe ich schon gelernt: Lesen, Schreiben, ein bisschen Mathematik … Ich bin zwar klug, das Lernen fällt mir leicht, aber mehr muss ich nicht wissen, wenn ich wie mein Vater im Bergwerk arbeite und wahrscheinlich jung im Stollen sterbe.«

»Nein, ich glaube nicht, dass du jung im Stollen sterben wirst«, entgegnete Alma ernst.

Tomás sah sie mit flüchtigem Lächeln an.

»Ich habe schon von dir gehört, in Basondo sagt man, dass du was Besonderes bist und mit den Toten reden kannst.«

Was Besonderes. Als ich ihn das sagen hörte, kroch die Eifersucht in mir hoch wie eine Schlingpflanze, die sich um einen Rosenstock windet und ihn erstickt. Ich wollte, dass Tomás aufhörte, meine Schwester anzuschauen, als hätte er ein wundersames, einzigartiges Wesen vor sich, während ich für ihn unsichtbar war.

»Hast du immer noch Hunger?«, fragte ich, weil mir ein böser Gedanke kam.

»Ja, klar«, sagte er. »Mein Bein tut weh, und mir ist ziemlich kalt, aber der Hunger ist stärker als alles andere.«

»Willst du etwas wirklich Unglaubliches sehen?«, fragte ich ihn provozierend. »Etwas, das du nie wirst erklären können, auch wenn du hundert Jahre alt wirst?«

»Estrella … Was hast du vor?« Ich hörte ein leichtes Beben in

Almas Stimme und glaubte, es sei Eifersucht, weil ich Tomás' Aufmerksamkeit auf mich gezogen hatte. Obwohl es auch etwas ganz anderes sein konnte, nämlich Angst.

Ich grinste zufrieden in die Dunkelheit, ging weiter und musterte die Bäume um mich herum, bis ich schließlich den gesuchten Baum gefunden hatte.

»Kannst du auch mit den Toten sprechen?«, fragte Tomás, der mir auf Alma gestützt gefolgt war.

»Jeder kann mit den Toten sprechen, aber ich kenne einen besseren Trick. Du bist doch ins Jagdrevier vom Marquis eingedrungen, um Äpfel zu stehlen, oder? Rote Herbstäpfel, süß und saftig. Magst du die?«, fragte ich geheimnisvoll.

»Ich habe seit drei Tagen nichts gegessen, ich würde sogar verfaulte Äpfel essen«, sagte er beschämt.

Ich blieb vor einer Kiefer stehen, die am höchsten und wildesten gewachsen war, und die beiden hielten ebenfalls inne.

»Siehst du diese Kiefer?«, fragte ich und legte meine Hand an den Stamm. »Das ist eine ganz normale Kiefer, eine von vielen in diesem Wald.«

Ich spürte die raue Rinde in der Handfläche und ein Kitzeln, als winzige Insekten durch meine Finger krabbelten wie durch ein Riesenlabyrinth.

»Schon möglich«, erwiderte Tomás nicht sehr überzeugt. »Es ist eine normale Kiefer. Ich sehe ihre Nadeln und weiter oben die Zapfen.«

»Gut, dann schau weiter zu den Zapfen hoch«, sagte ich lächelnd.

»Estrella, nein …«

Aber ich konnte bereits spüren, wie unter der Rinde und den vielen Jahresringen der Saft des Baumes zu fließen begann. Ich spürte die Hitze, die der Baum abstrahlte wie im Sommer, wenn die Sonne ihn stundenlang aufgeheizt hatte und er sie über Nacht konservierte, nur war sie diesmal viel stärker und mächtiger. Es war das Feuer.

»Die Zapfen …«, murmelte Tomás vor sich hin. »Mit den Zapfen an dem Zweig dort oben stimmt was nicht, sie sehen aus … Sie sehen aus wie Äpfel.«

In Tomás' Gesicht stand Verblüffung. Ich hatte diesen Ausdruck schon bei anderen gesehen, aber immer war Alma der Grund dafür gewesen. Es war das erste Mal, dass mich jemand so anschaute.

»Die Zapfen haben sich in Äpfel verwandelt«, wiederholte Tomás.

»Rote Herbstäpfel«, korrigierte ich ihn, obwohl ich vor Anstrengung kaum sprechen konnte.

Meine Handfläche kribbelte, und mein Arm brannte bis zur Schulter hinauf, als hätte ich hohes Fieber.

»Wie ist das möglich?«, murmelte Tomás. »Ist das ein Traum? Einer dieser merkwürdigen Träume, in denen unmögliche Dinge wahr werden? Ja, das muss es sein, ich träume.«

»Du träumst nicht«, widersprach ich.

Alma trat zu der Kiefer und blickte in die Äste hinauf, an denen jetzt leuchtend rote Äpfel hingen. Vorsichtig streckte sie den Arm aus und pflückte einen, dann schnupperte sie daran und biss schließlich hinein.

»Er schmeckt wie die Äpfel von Großmutter Soledad«, sagte sie.

Tomás pflückte ebenfalls einen Apfel, betrachtete ihn einen Moment lang fasziniert und biss dann gierig hinein. Ich sah, wie er sich mit der Zunge über die Lippen leckte und der süße Saft über sein Kinn auf das schmutzige Hemd tropfte, und ich roch den Duft der reifen Frucht, vermischt mit seinem Eigengeruch.

»Estrella, du blutest«, sagte Alma plötzlich.

Ich griff an meine Nase und spürte das warme, dickflüssige Blut, das zum Mund hinablief.

»Das ist nichts weiter, kommt wohl von der Kälte«, winkte ich ab.

Doch Alma schüttelte den Kopf und sah mich mit ihren Honigaugen an, als hätte ich gerade etwas Schreckliches, Unaussprechliches getan. Trotz unserer vielen Missetaten konnte ich mich nicht daran erinnern, dass meine Schwester mich je so angeblickt hätte.

»So was darfst du nicht machen, Estrella, es ist nicht gut. Du darfst nicht ungestraft etwas tun, was gegen die Natur ist«, sagte sie erschrocken. »Deshalb hast du Nasenbluten. Du hast dir etwas genommen, das nicht dir gehört, und musst etwas dafür zurückgeben. Dein Blut als Opfergabe.«

»So ein Blödsinn«, widersprach ich, starrte aber auf das Blut an meinen Fingern, das in der Dunkelheit des Waldes fast schwarz wirkte. »Jedenfalls sind ein paar Tropfen Blut kein großes Opfer für ein paar Äpfel, finde ich.«

Aber ich konnte noch immer spüren, wie der heiße Saft unter der Baumrinde zirkulierte. Plötzlich war Tomás oder mein Bedürfnis, ihn mit meiner Gabe zu beeindrucken, nicht mehr wichtig. Ich hatte Kopfschmerzen und schmeckte mein eigenes Blut, als ich schluckte.

Tomás legte mir seine Hand auf die Schulter. Er stand so dicht vor mir, dass mir sein Apfelatem entgegenschlug, als er sprach.

»Ich habe noch nie ein Wunder gesehen. Danke, dass du mir den Glauben geschenkt hast.«

Stumm begleiteten wir Tomás zum Waldrand, der Trennlinie zur restlichen Welt, wo man von der Landstraße aus das Dorf sehen konnte. Ich erkannte die Kirchturmspitze, die die flachen, ungleichen Hausdächer von Basondo überragte.

»Sehen wir uns wieder?«, wollte Tomás wissen. »Oder seid ihr beide Waldfeen? Diese mythischen Wesen, die im Wald herumstreifen, um Männern und armen Jungen aufzulauern und ihnen die Seele zu rauben?«

»Waldfeen lassen keine Äpfel wachsen«, erwiderte ich.

»Wir werden uns wiedersehen«, versicherte ihm Alma.

Tomás verabschiedete sich mit einem Lächeln auf den Lippen und einem Glanz in den Augen, den sie vorher nicht hatten. Wir sahen ihn ins Dorf hinunterhumpeln und dabei das verletzte Bein nachziehen, bis die Schatten ihn verschluckt hatten.

»Ist es wegen Tomás? Werden wir wegen ihm bereuen, nachts in den Wald gegangen zu sein?«, fragte ich Alma, obwohl ich die Antwort bereits kannte.

Die unmöglichen Augen meiner Schwester waren noch auf den Punkt gerichtet, an dem Tomás verschwunden war.

»Ja. Es wird der Tag kommen, an dem wir beide bereuen, ihm heute Nacht das Leben gerettet zu haben.«

Zum dreizehnten Geburtstag schenkte uns Mama ein Puppenhaus. Es war eine Kopie der Villa Soledad im kleinsten Maßstab, mit ihrem glänzenden grünen Dach aus brasilianischem Schiefer, der grauen Rohsteinfassade mit unterschiedlich großen Fenstern – eine Marotte von Großvater Martín –, dem Balkon, der sich über die gesamte zweite Etage erstreckte und die Schlafzimmer miteinander verband, unserem Turmzimmer mit seinen Ochsenaugen und der doppelflügeligen grünen Haustür mit goldenen Beschlägen.

»Und, gefällt es euch?«, wollte Mama wissen und zündete sich eine ihrer französischen Zigaretten an. »Ist es nicht wunderschön?«

»Ja, wunderschön«, murmelte ich.

»Das will ich auch hoffen, denn es steckt viel Arbeit und noch mehr Geld darin, damit alles perfekt unserem Haus entspricht, und wenn man das Ergebnis betrachtet, hat sich die Mühe wirklich gelohnt.«

»Aber es fehlt der Vorgarten, Großmutters Wintergarten und die Grundstücksmauer«, zählte Alma auf. »Und auch den Teich mit den japanischen Fischen sehe ich nicht.«

Mama erwiderte nichts, nahm lediglich einen Zug von ihrer Zigarette und blies Rauchkringel in die Bibliothek.

»Wen interessieren schon diese albernen Fische«, sagte ich, obwohl ich manchmal ein wenig trockenes Brot aus der Küche stibitzte und die Krümel in den Teich warf. Ich sah gern dabei zu, wie die ungeschickten, dicken Fische in schillernden Farben an die Oberfläche kamen, um sich mit ihrem zahnlosen Maul die Krumen zu schnappen.

»In feinen Puppenhäusern gibt es keine Gärten, Schatz«, erklärte Mama Alma verständnisvoll. »In Gärten werden Feste gefeiert oder von den Damen Rosen gezüchtet, ein Garten voller Pflanzen und Viechern ist nicht sehr fein. Wichtig sind nur das Interieur und der Raumschmuck des Hauses, daran misst sich der gute Geschmack der Besitzer.«

Es war Siesta-Zeit am letzten Oktobertag, und alle im Haus schliefen nach dem üppigen Geburtstagsessen, das Dolores, unsere Köchin, für den Anlass zubereitet hatte: kalte Kürbissuppe, gebackener Kochschinken, Schweizer Käsefondue – oder *Fondü*, wie es der Marquis aussprach – sowie eine riesige Pavlova-Torte mit Sahne und frischen Erdbeeren, Almas Lieblingstorte, von der noch fast die Hälfte übrig war.

Die meisten Geschenke hatten wir schon am Morgen bekommen, darunter zwei schicke Lederkoffer und dazu passende Necessaires mit unseren Initialen in Goldbuchstaben. Mama hatte uns außerdem einen Satz lächerlich kleiner Frotteehandtücher geschenkt. Als ich sie fragte, wofür man die benutzen sollte, sagte sie, das würden wir in *diesem oder im nächsten Jahr* schon erfahren. Außer den mysteriösen Handtüchern und den Koffersets schenkte Mama uns zwei Pakete Wertpapiere, die Vater sofort wieder im Safe seines Arbeitszimmers einschloss. Am Nachmittag, als alle in der Villa Soldedad schliefen, hatte Mama uns zur letzten Überraschung in die Bibliothek geführt, wo das Puppenhaus auf dem Schachtisch stand, damit wir es gut einsehen konnten.

»Der weiße Marmor der Treppe ist derselbe, den Großvater Martín für die echte Treppe benutzt hat, oder?«, fragte ich, als ich durch das Oberlicht im Dach auf die Miniaturtreppe hinuntersah. »Ist der auch aus Italien?«

»Nein, euer Vater fand es unsinnig, ein so kleines Stück Marmor aus dem Ausland zu bestellen«, antwortete Mama und konnte ihre Enttäuschung nicht verbergen. »Doch wenn ihr es nicht verratet, wird es niemand erfahren.«

»Es ist sehr schön, danke Mama«, sagte Alma. »Ich kann es gar nicht erwarten, damit zu spielen.«

»Das ist kein Spielzeug, das ist ein Kunstwerk in Miniatur«, korrigierte Mama sie sanft. »Etwas Schönes und Zerbrechliches, an dem ihr euch an verregneten Nachmittagen erfreuen könnt. Ich habe es bei einem Geschäft für Miniaturen in Barcelona anfertigen lassen, eines der führenden auf der ganzen Welt. In diesem Geschäft kaufen europäische Königinnen und berühmte Schauspielerinnen ihre Puppenhäuser.«

»Königinnen und Schauspielerinnen, wirklich?«, fragte ich überrascht. »Auch Gloria Swanson?«

Wenn Carmen beschäftigt war, schlichen Alma und ich oft in ihr Kellerzimmer und blätterten in ihren Kinomagazinen. Am liebsten mochten wir die Schwarz-Weiß-Fotografien von Kinostars, Schauspielerinnen, Opernsängerinnen oder europäischen Adeligen. In den meisten war auch Gloria Swanson abgebildet.

»Wenn ich groß bin, will ich sein wie Gloria Swanson, ich werde tun und lassen, wozu ich Lust habe, auch wenn es den anderen nicht passt«, hatte ich eines Nachmittags ganz ernst zu Alma gesagt, als wir die Kleider bestaunten.

»Nun ja, ich weiß nicht, ob sich Miss Swanson für Puppenhäuser interessiert. Erinnert ihr euch an diese Herrschaften, die vor ein paar Monaten hier waren und das Haus fotografierten? Ich habe euch gesagt, dass sie für eine Zeitschrift für Wohninterieur arbeiten und eine Reportage über das Haus machen wollen, aber in Wirklichkeit haben sie das Haus fotografiert, um es in der Werkstatt in allen Einzelheiten nachzubauen.«

»Und die Puppen? Sind das Alma und ich?«

Zusätzlich zum Puppenhaus hatte Mama kleine Duplikate von uns anfertigen lassen. Sie hatte Carmen gebeten, Haar aus unseren Bürsten und Stoffreste unserer Kleider zu besorgen, die sie dann der Miniaturwerkstatt in Barcelona schickte, damit sie die Püppchen identisch ausstaffieren konnten.

»Ja, das seid ihr zwei, und wenn ihr brav seid, werde ich schon bald weitere Kleider und Hüte bestellen, damit ihr eure Puppen umziehen könnt. Vielleicht sogar zwei Ballkleider für euren nächsten Geburtstag«, versprach Mama.

»Machen wir dann ein großes Fest?«, fragte ich aufgeregter als beabsichtigt. »Hier im Haus? Dann könnten alle den Garten, die Antiquitäten, das Piano im Musikzimmer sehen … Alma möchte das bestimmt auch, stimmt's, Alma? Sag, dass du es auch willst.«

»Ja, das wäre bestimmt lustig«, antwortete sie, wirkte aber nicht sonderlich begeistert. »Wir könnten es draußen im Garten machen.«

»Dürfen wir, Mama?«, fragte ich. »Los, komm schon, sag ja.«

»Ich werde mit dem Marquis darüber sprechen«, lautete die Antwort.

»Wir werden vorsichtig mit dem Puppenhaus umgehen, das verspreche ich dir«, sagte Alma und gab unserer Mutter einen Kuss.

Mama stand auf und ging zur Tür.

»Herzlichen Glückwunsch zum Geburtstag, Kinder«, sagte sie und verließ den Raum.

Als ihre Schritte die Treppe hinauf verhallten, nahm Alma die Püppchen und kämmte mit den Fingern das lange, schwarze Haar, das von uns stammte.

»Wie schade! Sie haben die Augen vergessen, schau mal«, sagte sie plötzlich enttäuscht. »Sie haben beiden Puppen die gleichen Augen gegeben, und deshalb können wir sie jetzt nicht unterscheiden. Wir werden nie wissen, welche von ihnen wer ist.«

»Weil sie uns nicht fotografiert haben«, sagte ich. »Sie haben das alte Geschirr, die Gardinen im Musikzimmer und Mamas Badewanne fotografiert, aber uns nicht, deshalb wissen sie nicht, dass wir unterschiedliche Augenfarben haben.«

Die gemalten Augen der Pappmache-Puppe starrten mich geringschätzig an, also legte ich sie verkehrt herum auf den Boden, damit ich ihren leblosen Blick nicht sehen musste.

»Das macht nichts.« Alma setzte beide Puppen wieder an den

Esstisch, damit Mama nicht merkte, dass wir sie herausgenommen hatten. »Noch zwei Geburtstage, und wir brauchen sowieso nur noch eine Puppe.«

Bevor ich etwas erwidern konnte, war Alma aufgestanden und hinausgegangen. Ich nahm eine der Puppen und versteckte sie hinter der zwölfbändigen Enzyklopädie der Pflanzen und Blumen, damit Alma sie nie finden würde.

»Bist du sicher, dass es hier langgeht? Vielleicht hast du dich im Weg geirrt, und wir müssen die Nacht im Wald verbringen«, sagte ich zu Tomás.

Er ging zwei Schritte vor mir, aber so dicht neben Alma, dass sich ihre Schultern berührten. Tomás drehte sich um und grinste mich schief an.

»Es geht ganz sicher hier entlang«, sagte er. »Du solltest mir und meiner Orientierung zur Abwechslung mal vertrauen, ich habe in den letzten Jahren gelernt, mich im Wald zu bewegen, als wäre ich einer seiner tierischen Bewohner.«

Ich verdrehte die Augen und umrundete einen Haufen spitzer Felsen, die aus dem hohen Gras ragten.

»Genau. Deshalb steckte dein Fuß auch in einem Fangeisen, als wir dich kennengelernt haben«, konterte ich.

Ich flachste gern mit Tomás und widersprach ihm bei der geringsten Gelegenheit. Alma tat das nie, sie stritt nicht gern, sonst hätte sich ja ihr Bild des guten Mädchens in Wohlgefallen auflösen können.

»Waldtiere tappen auch in die Fallen deines Vaters«, erwiderte Tomás, ohne mich anzublicken. »Was aber nicht bedeutet, dass sie sich in ihrem Lebensraum nicht auskennen. Sie können bloß nicht wissen, dass der Marquis überall Fallen auslegt.«

Es war heiß, und ich war es leid, hinter Alma und Tomás her zu trotten. Außerdem beobachtete ich schon ein Weilchen, dass sie sich bei jeder Berührung am liebsten bei den Händen ergriffen hätten. Wenn Almas Arm ihn streifte, hatte Tomás schon mehrmals die Faust geballt, weil er wusste, dass er sie nicht berühren durfte.

»Was Vater mit den Tieren macht, ist grauenhaft, er tötet sie nur, um sie dann in seiner Trophäensammlung zur Schau zu stellen«, sagte Alma.

»Ich bezweifle stark, dass er sie selbst tötet«, sagte ich. »Die Winchester hat einen verbogenen Lauf, mit der kann man unmöglich etwas Kleineres als einen Elefanten treffen.«

Großvater Martín hatte das alte Jagdgewehr aus Amerika mitgebracht. Es handelte sich um eine personalisierte Winchester 1894 mit Doppellauf und einem Gewehrkolben aus Nussbaum mit Perlmuttverzierungen. Der Marquis liebte das Gewehr so sehr, dass er es gut sichtbar über dem Kamin im Jagdzimmer an die Wand gehängt hatte. Laut Familienlegende hatte Großvater mit diesem Gewehr an der Grenze zu New Mexiko einen Jaguar erlegt.

Besagter Jaguar hatte sich auf Großvaters Ranch herumgetrieben und bereits fünf seiner Sklaven und einen Aufseher getötet, von dem nur noch der Hut, die Peitsche und die zerbissenen Stiefel gefunden wurden. Großvater Martín hatte die ganze Nacht mit dem Gewehr auf der Lauer gelegen, bis er ihn im Morgengrauen heranschleichen sah. Zuerst dachte er, das Tier sei der Teufel höchstpersönlich, der übers Meer und das unfruchtbare Land Arizonas gekommen sei, um ihn nach Basondo zurückzuholen, bis er die glänzenden Augen des Tieres sah und abdrückte.

Großvater Martín hat mir diese Geschichte oft erzählt, und nach seinem Tod erzählte mein Vater sie ebenfalls, wenn auch mit gewissen Abwandlungen. Manchmal waren es sieben Sklaven, die der Jaguar getötet hatte, manchmal geschah es nicht nachts, und wieder andere Male war es kein Jaguar, sondern ein riesiger Braunbär, von dessen Pranken Blut triefte. Ich erinnere mich, dass ich nach Großvaters Tod einmal Großmutter Soledad nach der Geschichte mit dem Jaguar fragte. »Weder dein Vater noch dein Großvater haben je einen Jaguar erlegt; andere schöne Kreaturen schon, aber keinen Jaguar. Und auch nur mit Fallen.«

»Und seit wann verteidigst du Vater?«, wollte Alma wissen.

Inzwischen waren wir schon eine ganze Weile unterwegs und hatten uns ziemlich weit von dem Waldgebiet entfernt, in dem wir uns am besten auskannten.

»Ich verteidige ihn nicht, aber wenn alle Mädchen in Basondo so ein Puppenhaus wie das in der Bibliothek hätten, wäre es nichts Besonderes mehr. Es ist was Besonderes, weil es nur wenige gibt, so wie uns. Oder ist dir etwa noch nicht aufgefallen, dass Tomás nur Zeit mit uns verbringt, weil wir was Besonderes sind? In Basondo gibt es viele Mädchen, und bestimmt würde mehr als nur eine ihm gern zuhören, wenn er über Politik und tote Dichter redet, aber Tomás wartet jeden Nachmittag im Wald auf uns.« Als ich sah, dass meine Worte sie kränkten, grinste ich zufrieden. »Und weißt du auch, warum? Weil wir beide die einzigen Marquisen weit und breit sind.«

Wir redeten oft in seinem Beisein über Tomás, als wäre er gar nicht anwesend.

»Das sagst du nur, um mir wehzutun. Du bist wie einer dieser wilden Brombeersträucher im Wald, der alles blutig kratzt, was mit ihm in Berührung kommt, das ist dein Naturell«, erwiderte Alma.

Meine Schwester hatte nur teilweise recht.

»Du bist immer so egoistisch, Estrella. Aber ich verzeihe dir deine Gemeinheiten, keine Angst«, fügte Alma salbungsvoll hinzu. »Ich bin mir sicher, dass du es inzwischen bereust, so gemein über Tomás und mich gesprochen zu haben, oder etwa nicht? Hast du schon Schuldgefühle, Estrella? Ich wette, du hättest lieber geschwiegen, statt uns den Nachmitttag zu verderben.«

»Nein, Schuldgefühle sind Zeitverschwendung«, entgegnete ich ernst.

Tomás schnaubte laut und marschierte weiter.

»Los, kommt schon, bis zur Höhle ist es noch ein gutes Stück

Weg, und ich will nicht im Wald sein, wenn es dunkel wird«, sagte er, ohne mich anzublicken. »Ich muss morgen früh raus, um meinem Vater im Haus zu helfen, und anschließend in die Schule.«

Alma holte Tomás ein und ging Seite an Seite mit ihm weiter. Ich sah sie in den Büschen verschwinden und folgte ihnen nur, weil ich diese dämliche Höhle sehen wollte, von der Tomás seit Tagen redete. Als er meine Schritte hinter sich hörte, drückte er Almas Hand. Das tat er absichtlich. Er wollte mich für meine Worte bestrafen. Ich starrte auf ihre Hände und wünschte mir von Herzen, tatsächlich ein dorniger Brombeerstrauch zu sein, um sie ihnen blutig zu kratzen.

So gingen wir schweigend weiter. Ich sah die beiden miteinander tuscheln, konnte aber nichts verstehen, sondern hörte nur ihr komplizenhaftes Flüstern und Almas leises Lachen. Die Büsche wurden spärlicher, und wir gelangten auf eine Lichtung, auf der nur graue spitze Felsen aus der Erde ragten und den Waldboden aufzubrechen schienen.

»Ich glaube, hier muss es sein, an diese Felsen kann ich mich erinnern«, sagte Tomás. »Ja, ich bin mir sicher, dass es hier ist.«

Die Herbstsonne war noch nicht gesunken, aber die Schatten wurden länger, sie wirkten wie dunkle, spitz zulaufende Gestalten, die mir anzeigten, dass die Nacht hereinbrach. Nach unserem Geburtstag wurden die Tage stetig kürzer, und das Sommerlicht schien sich in der Erde zu verstecken, um auf den nächsten Frühling zu warten.

»Bist du wirklich ganz sicher, dass es hier ist?«, fragte ich boshaft. Ich war noch immer beleidigt und würde ihm nicht so schnell vergeben. »Ich sehe nirgendwo eine Höhle.«

»Sie ist nah, ich bin mir ganz sicher«, wiederholte Tomás mit triumphierendem Lächeln. »Es war nur etwas schwierig, sie zu finden, weil alle immer nur von dieser Höhle reden, wenn sie ihre Angst in Schnaps ertränkt haben. Kein noch so mutiger Mann in Basondo wagt es, im nüchternen Zustand von der Höhle zu reden.«

Alma blickte sich mit ihren rastlosen gelben Augen um. Der Wald hatte sich verändert. Je tiefer wir in ihn eindrangen, desto steiler und felsiger wurde das Gelände, der Boden war an manchen Stellen aufgebrochen, und je mehr Felsen herausragten, desto grauer wirkte er. Ein Stückchen weiter vorn erblickte ich einen mit Moos überwachsenen Steinhaufen, der mich an ein schlafendes Tier denken ließ, das unter einer grünen Decke kauerte.

»Wundert mich nicht, dass niemand von diesem Ort reden mag. Wir haben uns sehr weit vom Haus und von Vaters Jagdrevier entfernt«, sagte Alma mit leicht bebender Stimme, was nur ich hören konnte. »Ich wusste gar nicht, dass der Wald so groß ist, er scheint sich über die ganze Welt zu erstrecken.«

»Was ist hinter diesen Bäumen dort, was meint ihr?«, fragte ich.

»Bestimmt noch weitere acht oder zehn Kilometer Wald«, antwortete Tomás überzeugt. »Kommt, lasst uns nach dem Höhleneingang suchen. Es wird bald dunkel, und ich will nicht, dass mein Vater merkt, dass ich nicht zu Hause bin. Außerdem gibt es im Wald Wölfe und andere nachtaktive Kreaturen.«

Ich lachte herzlich auf.

»Nachtaktive Kreaturen. Sag bloß, du denkst schon wieder an Waldfeen, Hexen und Zauberinnen. Ich dachte, du glaubst nicht an so was.«

Tomás wechselte die Kerosinlampe – die er mitgenommen hatte, falls uns die Dunkelheit überraschen sollte – in die andere Hand und kratzte sich nervös im Nacken.

»Ich glaube nicht an diese Dinge, aber diejenigen, die mir von der Höhle erzählt haben, sprachen von einer geheimnisvollen Frau, die den Vorbeikommenden erscheint, wenn sie es wagen, die Höhle zu betreten. Es heißt, sie sei der geheime Unterschlupf einer Waldfee, den zu betreten Menschen verboten ist, weil sie sonst ein Unglück ereilt. Vor allem Männer«, erzählte er. »Sie sei kein menschliches Wesen und ernähre sich vom Geist der Pechvögel, die es wagten, in ihren Bau einzudringen.«

Ich sah wieder zu dem Steinhaufen, der tatsächlich etwas von einem Bau hatte.

»Also gut, du kannst ja draußen bleiben, wenn du Angst hast. Alma und ich sind keine Männer, also können wir problemlos reingehen. Komm, Alma«, sagte ich forsch.

Tomás stand am Rande der Lichtung auf einem grauen Steinhaufen, der fast so groß war wie er. Bei den Felsen verlief ein breiter Spalt auf Bodenhöhe, der nur teilweise mit Moos überwachsen war.

»Das scheint der Eingang zu sein«, sagte ich. »Man muss sich ein wenig bücken, aber ich glaube, das geht schon.«

Ich trat näher und späte vorsichtig in die Öffnung. Drinnen war es dunkel und nichts zu erkennen, aber der Spalt ließ mich an ein zahnloses Lächeln denken.

»Jetzt hast du Angst«, sagte Tomás.

Ich sah auf, und er grinste zufrieden, als er meinen besorgten Ausdruck sah.

»Das glaubst auch nur du«, erwiderte ich und ließ mich von dem wilden Lächeln in der Erde verschlucken.

Durch den Spalt fielen die letzten Sonnenstrahlen, als sich meine Augen an die Dunkelheit gewöhnt hatten und ich mich umsehen konnte. Ich spürte etwas Kaltes und Haariges am Arm und schüttelte ihn heftig, bis das Moos abfiel, das beim Eintreten an meinem Ärmel hängen geblieben war.

»Vielleicht versteckt sich dein Wolf hier drin, Estrella«, sagte Alma. »Vielleicht ist dies sein Bau, und er lauert jetzt in der Dunkelheit, um über uns herzufallen und bei lebendigem Leib zu verschlingen.«

Alma imitierte das Heulen des Tieres mit einem gutturalen Laut. Ich war froh über die Dunkelheit, weil sie meine Gänsehaut vor meiner Schwester verbarg.

»Red keinen Blödsinn, der Wolf ist nicht hier. Er muss sich nicht unter der Erde verstecken«, erwiderte ich, um Almas düstere Worte abzuschwächen.

Aber meine Schwester lachte nur, während ich forschend in die Dunkelheit starrte und nach funkelnden Augen suchte.

Nach einem Zischen wurde es in der kühlen Kammer hell. Tomás hielt vorsichtig ein Streichholz an den Lampendocht.

»Mensch, die ist ja richtig groß. Viel größer, als ich dachte«, sagte er und hielt die Lampe höher, um die Höhle besser auszuleuchten. »Wer weiß, über wie viele Kilometer sie sich erstreckt. Ich wette, dass ihre unterirdischen Gänge durch das gesamte Tal von Basondo führen. Hier scheint es weiterzugehen.«

Je tiefer wir in die Höhle eindrangen, desto stärker neigte sich die Felsendecke.

»Weißt du, wo der hinführt?«, fragte ich mit Blick auf einen Gang.

»Keine Ahnung«, erwiderte Tomás. »Aber Padre Dávila sagt, dieser Ort sei verflucht.«

»Verflucht?«, wiederholte ich und versuchte meine Stimme fest klingen zu lassen.

»Ja, Padre Dávila behauptet, dass früher Heiden und Kelten in diesem Tal siedelten und mit ihren Gesängen, ihren alten Göttern und ihren blasphemischen Wandmalereien den Ort geschändet hätten. Vielleicht finden sich die Malereien noch irgendwo.« Tomás betrat eine Art Tunnel, der ihn und den schwachen Lichtschein verschluckte. »Obwohl diese alte Höhle bestimmt nur ein alter römischer Stollen ist, der stillgelegt wurde.«

Ich folgte dem Schein der Kerosinlampe wie eine Motte dem Licht.

»Blasphemische Wandmalereien?«, fragte ich.

Mir war nicht ganz klar, was Tomás und Dávila damit meinten. Ich sah Alma an und entnahm ihrem Gesichtsausdruck, dass sie es auch nicht wusste. Da fiel mir plötzlich wieder ein, was an einem heißen Augustnachmittag im letzten Sommer geschehen war, als

Alma und ich mit einem Glas Apfelsaft in den Keller gegangen waren. Wir hatten lediglich der stickigen Hitze in unserem Zimmer entfliehen wollen, weil der Turm von Villa Soledad so gebaut war, dass er in den langen, grauen Wintermonaten viel Licht absorbierte, sich aber im Sommer in einen Ofen verwandelte. Der Keller war der einzige Ort, an den nie ein Sonnenstrahl gelangte, weshalb Alma und ich, wenn oben alle Siesta hielten, häufig dort hinab gingen.

Wir schlichen unbemerkt zum Personaltrakt und erwischten Carmens Tochter Catalina dabei, mit angehaltenem Atem durchs Schlüsselloch in das gemeinsame Zimmer zu spähen. Sie hatte uns nicht kommen hören und fuhr erschrocken und ertappt herum. Ich wollte sie gerade fragen, warum sie im Nachthemd und mit strubbeligem Haar vor der Tür stand, als Alma den Finger auf die Lippen legte und mir bedeutete, still zu sein. Aus dem Zimmer drang ein Stöhnen, das ich noch nie gehört hatte, und Catalinas Gesichtsausdruck veränderte sich. Ich glaubte die Stimme unseres Vaters erkannt zu haben und schob Catalina geräuschlos beiseite, damit ich durchs Schlüsselloch spähen konnte. Unser Vater lag auf Carmen. Seine Hosenträger hingen herab, die Gürtelschnalle klirrte leise, und seine Ledermokassins lagen auf dem Boden neben seinem Sommerhemd und Carmens zerknittertem Kleid. Seine Hände fuhren ihre Schenkel entlang und hielten an der Hüfte inne. Dann sah ich, wie Carmen mit geschlossenen Augen den Hals unseres Vaters küsste, und die zerwühlte Bettwäsche am Fußende des Bettes.

Ich erinnere mich daran, dass ich zurückgewichen bin, ohne genau zu begreifen, was ich gerade gesehen hatte. Alma nahm meinen Platz ein und beobachtete die beiden etwas länger, während ich stumm neben Catalina saß, die mit angezogenen Beinen auf dem Boden saß. Das Stöhnen in Carmens Zimmer wurde lauter und der Apfelsaft in den Gläsern warm. Als Alma und ich uns schließlich trauten, Miss Lewis zu erzählen, was wir gesehen hatten, schimpfte sie und sagte, das sei eine Sünde und Blasphemie und dass wir niemals darüber reden dürften, weil wir anständige Señoritas seien. Ich sah noch einmal zu Alma hinüber und wusste, dass auch sie daran dachte, was wir an jenem Augustnachmittag gesehen hatten.

Der Tunnel war eng und die Steindecke sehr flach, doch wir drei drangen immer tiefer in die Erde ein. Das spärliche Licht der Kerosinlampe ließ uns beide dicht hinter Tomás gehen, um nicht von der Dunkelheit verschluckt zu werden.

»Was glaubst du, was es dort unten gibt?«, fragte Alma neugierig. »Es klingt, als wären wir nah am Wasser.«

Über dem Echo unserer Stimmen war tatsächlich das Rauschen von Wasser zu hören. Ich legte meine Hand an die Steinwand. Sie war kalt und feucht, aber ich spürte das Wasser genauso intensiv in den Eingeweiden der Erde sprudeln wie den Saft unter der Kiefernrinde an jenem Abend, als wir Tomás kennenlernten.

»Ich weiß es nicht. Vielleicht ist es eine unterirdische Quelle, und wir kommen nicht weiter.« Tomas zuckte die Schultern. »Die Kelten und alten Römer, die hier vor Jahrhunderten lebten, haben auch schon Eisenerz aus dem Boden geholt. Es handelt sich anscheinend wirklich um einen verlassenen Stollen. Vielleicht ist sie weiter hinten sogar mit unserem Bergwerk verbunden.«

»Dávila unterrichtet dich gut, und du lernst schnell«, sagte Alma lobend. »Glaubst du, er lässt dich noch länger in der Kirchengemeinde arbeiten?«

Tomás verzog den Mund.

»Ich weiß es nicht. Es waren zwei Jahre vereinbart, und die sind fast rum. Wenn Dávila mich weiter unterrichtet und mir Bücher ausleiht, macht es mir nichts aus, noch ein Jahr länger die Kirche und die Sakristei zu putzen. Alles ist besser, als im Bergwerk zu arbeiten«, erklärte er. »Aber ich weiß nicht, wie lange mein Vater es noch erlaubt, mein Onkel kann nämlich nicht mehr arbeiten, und wir brauchen das Geld.«

»Du willst doch nicht etwa Priester werden, oder?«, platzte ich heraus.

»Doch. Dávila hat gesagt, wenn ich das Priesterseminar besuchen will, würde er mir eine Empfehlung schreiben.«

Abrupt blieb ich stehen, obwohl Tomás und das Lampenlicht sich dadurch entfernten.

»Du willst ins Priesterseminar? Wann hast du das entschieden?«, fragte ich lauter als beabsichtigt.

Ein Blick zu Alma machte mir klar, dass sie es bereits wusste.

»Ich bin nicht der Sohn eines Marquis, Estrella. Meine einzige Chance, nicht wie mein Vater und mein Großvater im Bergwerk arbeiten zu müssen, ist, Dávilas Angebot anzunehmen und ins Priesterseminar einzutreten.«

»Aber warum hast du mir nichts gesagt?«, bohrte ich nach. »Und wie kommst du bloß auf diese Idee? Das ist ja lächerlich, wenn du zum Priester geweiht wirst, können wir nicht mehr …«

»Können wir nicht mehr was?«

Tomás' Frage hing noch einen Augenblick in der feuchten Höhlenluft.

»Nichts, egal. Ihr beide habt das also schon entschieden. Glückwunsch.«

Ich setzte mich mit großen Schritten in Bewegung.

»Versteh doch, ich muss tun, was das Beste für mich ist«, verteidigte sich Tomás. »Ich bin bald erwachsen und muss Geld verdienen, aber es gibt nicht viele Möglichkeiten für den Sohn eines Bergarbeiters. Entweder wirst du auch Bergarbeiter oder eben Priester. Solange sich an dieser Situation nichts ändert, gibt es keine andere Zukunft für mich.«

Ich schnaubte laut.

»Hast du das auch von Padre Dávila?«

»Nein, natürlich nicht. Dávila bekreuzigt sich immer, wenn von der Republik die Rede ist. Das hat mir Esteban erklärt, der von der Gewerkschaft, der jedem, der es hören will, von den Rechten der Arbeiter, der Politik und so erzählt«, fuhr Tomás fort. »Das würde ich auch gern machen.«

»Dann wirst du dich entscheiden müssen, du kannst nicht Gewerkschaftler und zugleich Priester sein«, sagte ich, als wir am Ende des Tunnels angelangten.

Wir standen in einer kleineren Kammer, die enger und beklemmender wirkte als jene am Eingang.

»Ich glaube, da hinten ist noch eine Kammer.« Alma zeigte auf eine schmale Öffnung im Felsen. »Hier unten ist das Wasserrauschen viel lauter, findet ihr nicht?«

Ich wusste nicht, wie weit abwärts wir gegangen und wie tief wir ins Erdinnere vorgedrungen waren, aber das Rauschen des Wassers hallte tatsächlich von den Felswänden wider. Die Öffnung in der Wand war so schmal, dass ich mich seitlich durchquetschen musste und spürte, wie ich mir an dem scharfkantigen Felsen die Ellbogen aufkratzte. Dahinter befand sich eine große Kammer, die größte, die wir bisher gesehen hatten. Bis zur Mitte der Grotte, die von einem Flüsschen in zwei perfekte Hälften geteilt wurde, war der Boden abschüssig.

»Da ist der Fluss«, sagte Alma.

»Die Höhle ist riesig, sie misst bestimmt zweihundert Quadratmeter«, schätzte Tomás, der sich verwundert umschaute. »Und die Decke … könnte über zehn Meter hoch sein. Trotz des langen Weges und Estrellas Gejammer hat es sich gelohnt, sie zu finden.«

»Ja, nicht schlecht«, räumte ich unwillig ein. »Das wäre ein gutes Versteck, wenn einem die Feuchtigkeit und Kälte nichts ausmachten oder man keine Angst hat, von einem dieser spitzen Felsbrocken erschlagen zu werden.«

Von der hohen Decke hingen unzählige Stalaktiten herab, von denen unaufhörlich Wasser tropfte.

»Sie fallen nicht runter, Estrella. Das Wasser tritt schon seit Jahren in die Höhle ein und bildet dabei diese Tropfsteine«, belehrte mich Alma. »Wahrscheinlich schon seit Jahrzehnten. Es wäre ein großer Zufall, wenn sie genau in diesem Augenblick herunterfallen würden.«

Ich zog eine missmutige Grimasse und achtete darauf, dass meine Schwester es sah, dann ging ich die Böschung hinunter. Alma sprang über das Flüsschen, und Tomás tat es ihr gleich. Ich sprang ihnen hinterher und wurde dabei auf etwas aufmerksam.

»Wenn wir eine Karte hätten, würden wir bestimmt durch einen dieser Tunnel einen Weg zum Bergwerk finden, sie müssen miteinander verbunden sein …«, hörte ich Tomás sagen.

An die Höhlenwand war mit einer Art schwarzer Tinte eine Landschaft gemalt. Man hatte weder Pinsel noch Stöcke dafür benutzt, sondern Finger. Ich wusste das, weil an einigen Stellen ganz ähnliche Spuren zu sehen waren wie die, die ich mit rußigen Fingern hinterließ.

»Du kannst Dávila beruhigen – ich glaube nicht, dass diese Malereien irgendwen ins Verderben stürzen«, sagte ich.

Etwas an der Wandmalerei zog mich magisch an. Ich konnte meinen Blick nicht von den ungelenken, dicken Linien abwenden, bevor ich nicht jedes Detail im Gedächtnis gespeichert hatte.

»Sie wirkt sehr alt, wie diese Bilder von Wisenten und Pferden, die man vor einiger Zeit ganz in der Nähe gefunden hat.« Tomás ging etwas näher. »Ich habe mal einen Artikel darüber gelesen, in einem alten amerikanischen Wissenschaftsmagazin, das Vicente, der Postangestellte, für mich aufbewahrt hatte, weil er weiß, dass ich mich sehr für solche Dinge interessiere. Da war die Rede von einer Höhle in Arizona, wo spielende Kinder zufällig antike Wandmalereien von geheimnisvollen Männern mit sehr langen Armen und Beinen entdeckten … Das hier sieht ganz ähnlich aus.«

»Was soll das bedeuten, was meinst du?«, fragte Alma und hielt den Atem an.

»Ich glaube, das ist ein Wald, und in der Mitte steht eine Frau, allein«, sagte Tomás. »Das sind doch Bäume, oder?«

»Ja, das sind Bäume, aber das über der Frau sind Sterne«, sagte ich überzeugt. »Da steht eine Frau unter einem Sternenhimmel auf einer Waldlichtung.«

Ich tippte Tomás auf die Schulter, damit er die Lampe näher an die Wand hielt, und die Schatten der Höhle bewegten sich mit ihm. In der Mitte des Bildes war wirklich eine Frau zu erkennen. Eine weibliche Figur mit ausgestreckten Armen in einem langen Kleid, das ihre Füße bedeckte, und offenem Haar, das bis zur Hüfte herabfiel. Sie stand auf einer Lichtung, die von Bäumen gesäumt war. Ich war mir sicher, dass es Kiefern waren, weil die Äste nach oben ragten und die Stämme hoch wie Türme waren. Doch das Auffälligste waren die Sterne am Himmel: Sie befanden sich direkt über der Frau und den Baumwipfeln und waren in einem helleren Ton gemalt. Im Schein der Lampe wirkten sie auf mich, als würden sie leuchten.

»Ja, jetzt sehe ich die Sterne auch«, sagte Alma. »Sie funkeln.«

»Das kommt vom Erz im Felsgestein«, sagte Tomás. »Das Licht reflektiert sich an der Wand, und deshalb wirkt es, als würden sie funkeln. Die Frau erinnert mich flüchtig an dich, Estrella.«

»Rede keinen Blödsinn, das kann ich nicht sein, ich bin doch zum ersten Mal in dieser Höhle.«

Obwohl sie mir wirklich ein bisschen ähnlich war. Ich streckte die Hand nach dem Bild aus, als würde eine unbekannte Macht mich dazu zwingen, diese Linien zu berühren. Plötzlich brannten meine Fingerspitzen, als hätte ich Funken oder Feuer unter der Haut. Doch bevor ich mit den Fingern über das geheimnisvolle Bild fahren konnte, hielt mich Tomás zurück.

»Fass es besser nicht an, es ist schon sehr alt und könnte zerstört werden«, sagte er und umklammerte meine Hand. »Es ist fast ein Wunder, dass diese Malereien noch existieren. Nur Gott weiß, wie lange sie schon der Kälte, der Feuchtigkeit und dem Lauf der Zeit trotzen.«

»Vielleicht sind wir die ersten Menschen, die diese Bilder seit Jahrzehnten oder gar Jahrhunderten erblicken«, flüsterte Alma, doch dann sah sie, dass Tomás noch immer meine Hand umklammerte, und verzog den Mund. »Wir dürfen niemandem davon erzählen, weder Mama noch Miss Lewis noch sonst jemandem, ist das klar, Estrella?«

»Und warum sagst du das ausgerechnet mir? Du bist doch diejenige, die ein Geheimnis kaum länger als zehn Minuten für sich behalten kann, sonst verbrennst du dir die Zunge.«

»Alma hat recht, wir dürfen es niemandem erzählen.« Tomás ließ meine Hand los. »Wenn die Dorfbewohner davon erfahren, werden schon bald jede Menge Doktoren und andere Neugierige die Höhle erforschen wollen und den ganzen Wald durchkämmen nach weiteren Höhlenmalereien. Nein, das muss unser Geheimnis bleiben. Schwöre es, Estrella.«

»Genau, schwöre es, Estrella, oder es wird etwas Schreckliches passieren«, sagte Alma herausfordernd.

Ich starrte noch einmal auf das Bild. Die Sterne aus Tinte und Erz zuckten wie echte Sterne.

»Oder es wird etwas Schreckliches passieren«, wiederholte ich, um den Schwur zu besiegeln.

Brücke in die Vergangenheit

Wir feierten unseren fünfzehnten Geburtstag einen Tag früher. Nicht aus Aberglauben oder aus Angst vor einem Fluch, nein, es war reiner Zufall. Mama musste das Fest einen Tag vorverlegen, damit ein Gast von Papa, ein wichtiger deutscher Fabrikant, auch daran teilnehmen konnte.

In der Nacht davor war ich derart aufgeregt, dass ich nicht einschlafen konnte, denn wir hatten schließlich noch nie an einem Fest teilgenommen. Normalerweise mussten Alma und ich uns damit begnügen, von der Treppe aus zuzuschauen oder die Gäste durchs Fenster zu beobachten, aber dieses Jahr war Mama nach langem Drängen endlich dazu bereit, eine große Geburtstagsfeier für uns auszurichten.

»Wach endlich auf, Mädchen, oder du verpasst deine eigene Geburtstagsfeier. Das wäre schade, weil sich die Marquise so viel Mühe gegeben hat, und auch um das viele Geld, das sie für das Fest des Jahres ausgegeben hat«, sagte Carmen, als sie mir das Haar kämmte. »Du hättest gestern Abend gegen deine Aufregung besser einen Kräutertee getrunken, aber nein, du bist so stur wie ein Maultier.«

»Ist ja gut, ich habe dir doch gesagt, dass ich nicht müde war, und außerdem habe ich wunderbar geschlafen, obwohl Alma so geschnarcht hat«, log ich und schenkte dem Spiegel am Frisiertisch mein schönstes Lächeln. »Aber es ziept, ich mag nicht mehr.«

»Rede nicht so über deine Schwester«, tadelte mich Carmen wie gewohnt. »Einen schlechten Ruf kriegt man nicht mehr los. Wenn bekannt wird, dass die junge Marquise schnarcht …«

»Aber es stimmt doch! Alma schnarcht wie ein Nilpferd«, behauptete ich starrsinnig und blickte meine Schwester im Spiegel an.

Alma sagte nichts, aber ich sah ihre Augen wütend funkeln und wusste, dass sie mir das später irgendwie heimzahlen würde.

Alle Fenster unseres Zimmers standen weit offen, die laue Nachmittagsbrise trug den salzigen Geruch des Meeres ins Zimmer. Auch die Musik der Jazzband, die im Garten probte; hier und da eine Note, dann eine schnelle Abfolge auf dem Klavier, um die Finger geschmeidig zu machen, und eine weitere auf der Trompete. Musik in Wellenbewegungen, die Bilder von Geheimclubs voller Zigarettenqualm und Restaurants mit gedämpftem Licht in mir aufsteigen ließen, wie ich sie aus Carmens Romanen kannte. Vater hasste Jazz, aber Mama hatte die Band trotzdem engagiert, als sie erfuhr, dass diese auf dem Silvesterfest des britischen Botschafters in Madrid gespielt hatte.

»Für euer erstes großes Fest nur das Beste«, hatte sie zu uns gesagt.

»Ich begreife nicht, warum euer Vater euch erlaubt, das Haar so lang zu tragen, ihr seht aus wie Zigeunerinnen oder Schlimmeres. Außerdem dauert es eine Ewigkeit, euch zu frisieren.« Carmen schüttelte den Kopf, als sie zum zigsten Mal mit dem Kamm durch mein Haar fuhr. »Was ein Glück, dass wenigstens deine Schwester schon fertig ist, und sieh nur, wie hübsch sie ist, eine wunderschöne zukünftige Marquise.«

Alma saß auf der Bettkante und achtete darauf, ihr weißes Spitzenkleid mit den silbernen Seidenfäden nicht zu zerknittern. Das Kleid war bis ins letzte Detail mit meinem identisch.

»Was macht das schon? Das ganze Fest ist eine grässliche Verschwendung und dient nur als Vorwand, um Vater gut vor seinen Geschäftspartnern dastehen zu lassen, deswegen hat er es sogar vorverlegt«, protestierte Alma. »Außerdem läuft das Geschäft mit dem Bergwerk nicht so gut, weil Papa wegen der Wirtschaftskrise nicht an die Briten verkaufen kann; es ist nur eine Frage der Zeit, bis das

Zuloaga-Werk schließen muss. Oder hast du etwa noch nichts von der Großen Depression gehört?«

Ich verdrehte die Augen, um zu verdeutlichen, dass mich das Thema nicht interessierte, und spielte mit dem silbernen Parfümbestäuber. Dann sprühte ich mir ein wenig auf die Handgelenke, wie ich es bei Mama oft gesehen hatte.

»Wie kannst du nur so blind sein, Estrella? Sind dir die Leute im Dorf mit ihren Nöten egal? Wenn die Zuloagas nicht den gesamten Gewinn für sich allein einstreichen würden …«

»Mir sind Vaters Geschäfte oder das Bergwerk herzlich egal. Es ist mein Geburtstag, und ich will auf unserem Fest bis Mitternacht tanzen. So lange, bis mir die Füße wehtun«, erwiderte ich eingehüllt in den Duft von Jasmin.

»Ach Estrella, du denkt immer nur an dich.« Alma schürzte die Lippen. »Wie gern würde ich manchmal sein wie du!«

»Wenn du dich anstrengst, schaffst du es vielleicht eines Tages, Schwesterherz«, sagte ich verächtlich.

Alma streckte mir die Zunge heraus.

»Hör endlich auf, dir über die Lippen zu lecken, sonst ist der Lippenstift verschmiert«, schimpfte Carmen mit ihr. »Du willst doch nicht aussehen, als hättest du junge Männer geküsst wie irgendein dahergelaufenes Mädchen, oder?«

Wir beide schwiegen einen Augenblick. Alma starrte auf ihre weißen Schuhe mit Absatz, aber ich hatte einen Schatten über ihr Gesicht huschen sehen.

»Und wenn ich immer denselben Jungen küsse, bin ich dann auch irgendein dahergelaufenes Mädchen, Carmen?«, fragte sie leise und wagte nicht, den Kopf zu heben. »Ist das auch schlecht?«

Als Carmen das hörte, ließ sie den Kamm sinken und drehte sich zu ihr um.

»Was hast du gemacht, Kindchen? Warst du wieder mit diesem Jungen aus dem Dorf zusammen, dem Sohn des Bergarbeiters?«, fragte sie und stützte eine Hand die Hüfte. »Du bist noch jung, musst aber vorsichtig sein, denn alle Jungen sind gleich, und alle versuchen dich zu ködern, jeder mit einer anderen Geschichte, von der Liebe, dem Sozialismus, mit Schmuck oder dem Märchen von der Prinzessin … Aber ich kann dir versichern, alle wollen etwas von dir für ihre schönen Worte und ihre Aufmerksamkeit.«

»Das stimmt nicht, du kennst ihn nicht. Tomás ist anders«, verteidigte sich Alma.

»Hör auf mich, mein Kind. Ich habe das alles hinter mir, wie alle anderen Frauen auch«, erklärte sie Alma liebevoll. »Hör nicht auf das schöne Gerede der Männer, es sind nur Worte. Sie nutzen aus, dass du ihnen beweisen willst, wie hübsch oder erwachsen du bist, damit du tust, was sie wollen.«

»Was dir mit dem Marquis passiert ist, muss mir nicht auch passieren«, entgegnete Alma boshaft. »Ich bin schlau, ich werde nicht vom Erstbesten, der mich anlächelt, schwanger.«

»Ich nehme dir das das nicht übel, weil du nicht weißt, wie es ist, wenn der Herr des Hauses einem nachstellt. Das hat nichts damit zu tun, ob du schlau oder dumm bist, du kannst nichts dagegen tun«, antwortete Carmen sichtlich verletzt. »Hast du mit diesem Jungen aus dem Dorf etwas angestellt? Etwas, das nicht mehr rückgängig zu machen ist?«

»Ich habe nichts angestellt, aber …«

»Aber was?«, schnitt Carmen ihr das Wort ab. »Hat er dir etwas getan? Weiß es deine Mutter?«

Alma sprang vom Bett.

»Nein, Mama weiß nichts von Tomás. Wenn sie es wüsste, würde sie es bestimmt Vater erzählen, damit er verhindert, dass wir uns treffen«, erklärte sie und stellte sich hinter mich. »Ich habe nur gehört, dass die Tochter von den Ibarras auf ein Internat in der Schweiz geschickt wurde, weil sie einen Freund hatte, der ihren Eltern nicht gefiel, und ich will nicht in irgendein Internat geschickt und von Tomás getrennt werden. Ich will dieses Haus nie verlassen müssen, also hüte bitte mein Geheimnis.«

Seufzend senkte Carmen den Kopf und spielte mit den Haarklemmen in ihrer Hand. Die Jazzband spielte inzwischen ein anderes Stück, und seine Melodie wehte durch den Garten in unser Zimmer.

»Ich habe dir gesagt, dass dieser Junge nichts für dich ist, für keine von euch beiden. Und ich wiederhole, dass es mir nicht gefällt, wenn ihr jeden Nachmittag im Wald verbringt. Der Wald ist etwas für Wilde, nichts für zukünftige Marquisen«, sagte Carmen, als sie mein Haar für den Zopf teilte.

»Aber Vater geht auch in den Wald, er streift jede Woche durch sein Jagdrevier«, entgegnete ich, während ich mir einen der Perlenohrringe einsteckte, die zum Armband von Großmutter Soledad passten, das ich in einer Schublade gefunden hatte. »Ist er dann auch ein Wilder?«

Ich wusste, dass es Carmen schwerfiel, über unseren Vater zu sprechen, aber ich hasste es, nicht am Gespräch beteiligt zu sein.

»Ja. Euer Vater ist wilder als alle Tiere, die im Wald leben, und wenn er erfährt, dass ihr euch mit diesem Jungen trefft, werden wir Ärger bekommen«, antwortete sie mit ungewöhnlicher Kälte. »Ihr kennt ja den Marquis, er mag es gar nicht, wenn man etwas tut, das ihm nicht gefällt.«

Alma lächelte und umarmte Carmen von hinten, als wäre sie sechs Jahre alt. Das war ihre Art, sich dafür zu entschuldigen, wie sie mit ihr geredet hatte.

»Aber der Marquis wird nichts erfahren, nicht wahr? Weil du auch nicht willst, dass ich in ein schreckliches Schweizer Internat geschickt werde, wo ich zusammen mit anderen traurigen Mädchen, die von ihrem Vater bestraft wurden, bestimmt erfrieren werde.« Alma ließ Carmen los und lachte. »Außerdem gibt es in der Schweiz nur Schokolade und Kühe, ich würde mich dort zu Tode langweilen.«

Doch Carmen lächelte nicht. Ich sah, wie ihre Hände zitterten, als sie meinen Zopf flocht.

»Du tätest gut daran, dich von diesem Jungen fernzuhalten, das wäre für uns alle das Beste. Ich weiß, dass du es jetzt nicht einsehen magst, aber er bringt dir nur Unglück«, sagte sie ernst. »Nimm dir ein Beispiel an deiner Schwester, sie knutscht nicht mit den Söhnen von Bergarbeitern herum, das gehört sich nicht für euren Stand.«

»Würde mir im Traum nicht einfallen, wie ekelhaft«, fügte ich rasch hinzu.

Vor ein paar Tagen hatte ich gesehen, wie Tomás meine Schwester auf der Lichtung geküsst hatte. Ich brauchte länger für die Hausaufgaben von Miss Lewis, weshalb ich erst zwanzig Minuten nach Alma die Bibliothek verlassen durfte, um mich mit ihnen im Wald zu treffen. Aber als ich auf der Lichtung ankam, sah ich, wie Alma mit geschlossenen Augen und auf Zehenspitzen stehend Tomás küsste. Ich sah, wie Tomás seine Arme um sie schlang und sie an sich zog, als würde ihm ein Kuss nicht genügen. Ich hatte noch nie einen Jungen auf den Mund geküsst, noch nie hatte mich jemand so fest umschlungen im Wunsch, regelrecht mit mir zu verschmelzen.

Als ich sie sah, spürte ich, wie die Eifersucht in meiner Brust ihre langen, scharfen Krallen ausfuhr und sich in meinem Herzen einnistete, wo sie geduckt auf den geeigneten Moment wartete. Wir waren in allem gleich, und trotzdem zog Tomás sie mir vor, genau wie alle anderen.

»Ärgere dich nicht, Estrella. Wir haben heute Geburtstag, und du willst doch nicht alles verderben, oder?«, drohte mir Alma lächelnd. »Lass uns nicht streiten.«

»Unser Geburtstag ist morgen«, erinnerte ich sie.

Alma warf den Kopf zurück und lachte laut.

»Heute, morgen … Wo ist der Unterschied?«

Der Unterschied lag – wie eine unüberwindliche Grenze – in den Worten, die Großmutter Soledad am Tag, als sie von den Klippen sprang, Alma zugeflüstert hatte: Eine von uns würde sie vor ihrem fünfzehnten Geburtstag wiedersehen, und bis dahin fehlte nur noch ein Tag.

»Schön, jetzt seid ihr fertig. Lasst euch ansehen, bevor ihr rausgeht und beim Charleston-Tanzen im Garten eure Frisuren und Kleider ruiniert«, sagte Carmen. »Stellt euch nebeneinander.«

»Wir haben das Jahr 1931, Carmen, Charleston ist längst aus der Mode«, erwiderte Alma sanft. »Heutzutage tanzt man Swing.«

»Na schön, was auch immer heutzutage auf noblen Festen getanzt werden mag. Ich wette, schon bald werde ich hier in diesem Zimmer einer von euch das Brautkleid anziehen. Mir wäre lieber, wenn das noch Zeit hätte, aber hübsche Mädchen müssen heiraten, wenn die Männer vor der Tür Schlange stehen«, erwiderte Carmen mit einem traurigen Lächeln. »Ihr seid wirklich bildhübsch, richtige Señoritas.«

»Ich werde nie heiraten«, sagte Alma.

»Natürlich wirst du heiraten, Kindchen, hübsche Mädchen werden keine alten Jungfern. Die jungen Männer da unten kommen aus sehr guten Familien: Söhne von Botschaftern, Bankiers oder Großgrundbesitzern, die mit ihren Eltern aus halb Europa zu eurem Fest eingeladen sind«, fuhr Carmen fort, als sie die Schminkutensilien in die Frisierkommode zurücklegte. »Und wenn nicht heute, dann beim nächsten Fest. Ihr werdet nicht mehr lange allein sein, also nutzt die Zeit und genießt sie, denn wenn ihr erst gebunden seid, müsst ihr eurem Ehemann gehorchen.«

»Du übertreibst mal wieder, Carmen. Das klingt, als würde die Welt untergehen, wenn man heiratet«, widersprach ich. Obwohl die Vorstellung, schon bald verheiratet zu sein und einem Mann *gehorchen* zu müssen, mich augenblicklich in Unruhe versetzte. »Du zum Beispiel hast auch nicht geheiratet und bist nicht gestorben.«

Ich sagte das nicht in böser Absicht, aber als ich ihr Gesicht sah, bereute ich meine Worte zutiefst. Das war mir in fünfzehn Jahren noch nie passiert.

»Die Frisur ist schön geworden, danke«, fügte ich rasch hinzu, um mich besser zu fühlen.

Doch Carmen sagte nichts.

»Komm, ich will dir was zeigen«, sagte Alma und zog mich in den Flur.

»Ich dachte, das Fest interessiert dich nicht. Wozu dann plötzlich diese Eile?«, fragte ich, als wir die Treppen hinunterliefen.

In der zweiten Etage blieben wir vor den Hochzeitsfotos der Großeltern stehen.

»Schau mal.« Alma wies auf eines der Fotografien. »Siehst du es nicht?«

Durch das Glas erwiderte Großmutter Soledad meinen Blick.

»Wir sehen ihr sehr ähnlich«, flüsterte ich, beeindruckt von dieser Ähnlichkeit. »Mit diesem Kleid und dieser Frisur sehen wir genauso aus wie Großmutter Soledad an ihrem Hochzeitstag.«

»Wir werden fünfzehn, in dem Alter hat sie geheiratet. Auf dem Foto ist sie so jung wie wir jetzt«, flüsterte Alma. »Kannst du dir das vorstellen?«

Ja, das konnte ich mir vorstellen. Und spürte dabei ein leichtes Zittern in den Beinen.

»Du siehst ihr ähnlicher«, fügte Alma hinzu. »Du hast die gleichen Augen wie Großmutter und kannst nach Lust und Laune in die Natur eingreifen wie sie.«

Ich sah mich im Glas des Bilderrahmens gespiegelt: Das Mädchen im Hochzeitskleid hätte wirklich ebenso gut ich selbst sein können.

»Blödsinn«, stammelte ich, klang aber nicht sehr überzeugt.

»Ich weiß, dass du auch das unsichtbare Band spürst, das uns an Großmutter und ihr Schicksal fesselt. Wir beide haben eine Brücke in die Vergangenheit geschlagen, ohne es zu bemerken.«

Ich spürte das Band und wie es mich in der Zeit zurückzog, immer weiter zurück in die Vergangenheit, um den Kreis zu schließen.

»Dort unten wird ein Fest für uns veranstaltet, und ich will es wegen dir nicht verpassen«, murmelte ich und spürte, wie mir ein Schauer über den Rücken lief.

»Ist ja gut. Geh du schon runter, und stell dich den Bankiersöhnen vor, ich komme gleich nach«, erwiderte Alma, ohne mich anzublicken.

Ich ging an ihr vorbei die Treppe hinab. Die Musik und das Stimmengewirr zogen mich magisch an, dennoch drehte ich mich noch einmal um. Als ich meine Schwester in ihrem weißen Kleid mit verlorenem Blick vor den Fotos unserer toten Großmutter stehen sah, schien mir, als sähe ich zum ersten Mal in meinem Leben ein Gespenst.

Auf meinem ersten Fest wurden mir viele junge Männer aus guter Familie mit ellenlangen Namen vorgestellt, die ich sofort wieder vergessen hatte. Ich bemühte mich auch nicht, weil mir keiner sonderlich interessant erschien, wenn er mich mit nervösem Blick anstarrte, als wäre ich nur ein lästiges Hindernis zwischen ihm und dem Titel Marquis de Zuloaga y Llano. Deshalb wurde mir auf meiner eigenen Geburtstagsfeier schon bald ziemlich langweilig, ich war enttäuscht. Und Alma hatte sich immer noch nicht blicken lassen.

Auch Mama hatte bereits mehrmals nach ihr gefragt.

»Sie kommt bestimmt gleich runter. Die Arme ist halt schüchterner als du und wahrscheinlich ziemlich nervös, weil sie so viele neue Leute kennenlernen soll«, entschuldigte Mama sie, ohne ihr Lächeln zu verlieren.

Ich wusste, dass sie sich Sorgen machte, Alma könnte das Fest verpassen; ich erkannte es an den feinen Falten auf ihrer Stirn, wenn sie ein Lächeln vortäuschte. Und ich ärgerte mich ebenfalls über meine Schwester. Als ich – ganz vorsichtig, damit der Lippenstift nicht verschmierte, wie Carmen es mir gezeigt hatte – meinen Eistee trank, überlegte ich, wie ich mich an meiner Schwester dafür rächen könnte, dass ich die ganze Zeit mit ihr verwechselt wurde, denn ich hasste es, wenn man Alma in mir sah.

Als sie endlich auftauchte, stand die Sonne schon tief. Lächelnd bahnte sich Mama in ihrem wunderschönen marmorweißen Pailletten-Kleid mit V-Ausschnitt einen Weg durch die Gäste. Sie nahm die Zigarettenspitze aus dem Mund, beugte sich zu Alma hinunter und tadelte sie leise, damit niemand es hören konnte.

Sogar an einem Tag wie heute muss sie sich interessant machen, dachte ich, als ich sie unverhohlen anstarrte und hoffte, dass Mama ernsthaft mit ihr schimpfte.

»... der Kanal zwischen der Karibik und dem Pazifischen Ozean«, sagte gerade jemand hinter mir.

Ich drehte mich um. Vor mir stand ein dunkelhaariger Junge, der ein paar Jahre älter war als ich und dessen Namen ich natürlich schon wieder vergessen hatte, aber da kam mir eine Idee.

»Möchtest du meine Zwillingsschwester kennenlernen? Sie ist gerade gekommen«, sagte ich zu ihm. »Sie hört sich deine Geschichten bestimmt gern an. Alma wünscht sich nichts sehnlicher, als von hier zu flüchten und die Welt kennenzulernen. Gut möglich, dass sie schon bald auf ein Internat in der Schweiz geht. Komm, sie wird dir gefallen.«

Bevor ihm Zeit zu einer Antwort blieb, hatte ich seine Hand ergriffen und führte ihn unter den Blicken der Gäste aus dem Saal. Ich wusste, dass er nichts dagegen haben würde, öffentlich von mir an die Hand genommen zu werden, denn ich sah ihn zufrieden lächeln, als er gewahr wurde, dass nun alle sahen, wie gut er sich mit der zukünftigen Marquise verstand.

In der warmen Nachmittagsluft hing der Duft nach feinen Likören und Langusten mit Kräuterbutter in Blätterteig, die die Kellner auf großen Tabletts herumreichten, sowie nach teuren ausländischen Parfüms. Die Kellner trugen weiße Anzüge – darauf hatte Mama bestanden –, selbst der Junge, der die leeren Gläser einsammelte. Unter den Rundbögen spielte die Band berühmte Stücke von George Gershwin.

Die Hand meines Begleiters schwitzte, und ich sehnte mich danach, sie endlich loslassen zu können.

Von der Veranda aus blickte man in den mit weißen Blumen und

Papierlaternen geschmückten Garten. Noch nie hatte der Garten so schön ausgesehen: die Lichter in Trauerweiden und Feigenbäumen, die hübsch gestutzten Büsche und der gemähte Rasen. Dazu hatte Mama an den Steinfliesen entlang Kerzen aufstellen lassen, die jetzt wie Glühwürmchen auf dem Rasen tanzten.

»Da bist du ja endlich, Alma. Ich dachte schon, du kommst gar nicht mehr«, sagte ich, als wir endlich bei ihr ankamen. »Hat Mama sehr mit dir geschimpft?«

Alma hielt ein Glas Limonade in der Hand, aber ich wusste, dass sie noch nicht davon getrunken hatte, denn das Glas wies keine Lippenstiftspuren auf.

»Tut mir leid. Ich habe die Zeit ganz vergessen, denn als ich aus dem Fenster schaute, habe ich gesehen, dass die Wale zurück sind«, erklärte sie.

Jedes Jahr zogen die Wale mit ihren Jungtieren durch den Ozean, und wenn an wolkenlosen Tagen das Meer ruhig dalag, konnte man unter der Wasseroberfläche ihre riesigen Schatten erkennen. Manche tauchten sogar hin und wieder auf, um Luft zu holen oder mit ihrem mysteriösen Gesang die Jungtiere anzulocken. Alma und ich liebten es, die Wale vorbeiziehen zu sehen.

»Mein Name ist Mario Acosta-Ocaña, ich bin der älteste Sohn des Botschafters von Panama in Madrid«, sagte der Junge feierlich. »Sehr erfreut.«

Alma starrte den Jungen an, der meine Hand nicht losgelassen hatte, als hätte sie ihn erst jetzt bemerkt.

»Hallo. Ich bin Alma de Zuloaga.«

»Also wirklich, ihr seht absolut gleich aus«, rief er. »Estrella hat mir gesagt, dass ihr Zwillinge seid, aber es ist, als sähe man doppelt. Alles gleich, bis auf die Augen. Estrellas haben verschiedene Farben, so was habe ich bisher nur bei wilden Tieren gesehen.«

Ich schnitt eine Grimasse und entzog ihm meine Hand.

»Das liegt daran, dass meine Schwester etwas von einem Wolf hat«, erklärte Alma mit angedeutetem Lächeln.

In dem Moment entdeckte ich am anderen Ende des Gartens Tomás. Er stand an der Steinmauer, die das Grundstück begrenzte. Da ich ihm nichts von dem Fest erzählt hatte, war ich ziemlich überrascht, ihn zu sehen.

»Ich muss kurz mit meiner Mutter sprechen, bin gleich wieder zurück. Magst du meiner Schwester solange Gesellschaft leisten?«, fragte ich Mario mit meinem schönsten Lächeln. »Alma hört sich deine Geschichte über Panama bestimmt gern an. Erzähl ihr alles ganz genau.«

Das war meine kleine Rache dafür, dass sie mich zwei Stunden allein gelassen hatte, denn ich wusste ganz genau, dass sie Mario nicht einfach stehen lassen würde. Und das verschaffte mir die Möglichkeit, allein mit Tomás zu reden.

»Du bist aber hübsch heute! Du siehst aus wie eine Braut«, sagte Tomás, als ich vor ihm auftauchte.

»Was hast du hier verloren? Und wie bist du reingekommen?«, fragte ich.

Tomás trug die Kleidung für die Sonntagsmesse, wenn er für Padre Dávila die Psalmen heraussuchte und die Sammelbüchsen aufstellte.

»Es sollte eigentlich ein Geheimnis sein, dich habe ich wirklich nicht erwartet«, erklärte Tomás mit schuldbewusstem Lächeln.

Mich … Klar, Tomás war wegen Alma da. Wie dämlich von mir, dass ich geglaubt hatte, er sei wegen mir zu dem Fest gekommen.

»Ich bin mit Alma verabredet«, fügte er hinzu.

Alma und ich hatten vereinbart, Tomás nichts von der Feier zu erzählen. Eigentlich war es meine Idee gewesen, aber Alma hatte mich in dem Glauben gelassen, damit einverstanden zu sein. Wozu es ihm auch erzählen – unser Vater hätte ihn niemals eingeladen.

»Weißt du es von Alma? Hat sie dir von der Feier erzählt?« Wenn ich meine Schwester in die Finger kriegte, würde ihr etwas ganz anderes blühen als eine erzwungene Plauderei mit dem langweiligsten aller Jungen.

»Ja, sie hat es mir erzählt, aber sie wollte nicht, dass du deshalb böse mit ihr bist. Ich habe ihr Geheimnis gehütet, also bin ich schuld«, erwiderte Tomás sanft. »Nimm es ihr nicht übel, du weißt doch, dass Alma mehr an andere als an sich selbst denkt. Sie wollte mir ersparen, dass ich es von jemandem aus dem Dorf erfahre, und was ein Glück, denn euer Geburtstagsfest ist in Basondo Tagesgespräch.«

»Natürlich, meine Schwester, die heilige Alma.« Ich spürte Wut in mir aufsteigen, die mein Blut zum Kochen brachte. »Ich wette, ihr beide habt mich hinter meinem Rücken schlechtgemacht und euch auf meine Kosten bestens amüsiert, wenn ich so tat, als gäbe es keine Feier. Jetzt stehe ich da wie ein Dummkopf, vielen Dank auch.«

Tomás nahm seine Mütze ab und kam näher, sodass mir sein Geruch in die Nase stieg: eine Mischung aus Büchern, Kerzenwachs und der feuchten Erde unseres Waldes.

»Sei nicht böse, Estrella. Für mich bist du kein Dummkopf, und ich kann dir versichern, dass wir dich nicht schlechtgemacht haben«, sagte er. »Aber Alma wollte mir das Haus zeigen, und heute ist die beste Gelegenheit, um mir die japanischen Fische, den Wintergarten eurer Großmutter und die Feigenbäume anzusehen. Alma hat so viel von eurem Haus erzählt, dass ich es ganz genau kenne. Ich wette, ich könnte durch die Räume der Villa gehen, ohne mich zu verlaufen.«

Auf der anderen Seite des Gartens verklang die Musik, weil die Band eine Pause einlegte.

»Ja klar, das Haus …«, stammelte ich und musste an ihren Kuss denken. »Ich weiß ganz genau, dass du Alma lieber magst als mich, aber das ist mir schnuppe, viel Glück euch beiden.«

»Ich weiß zwar nicht, warum du das sagst, aber es stimmt nicht«, verteidigte er sich mit einer Stimme, die so tief wie die eines Mannes war. »Ich mag Alma nicht lieber, sie verhält sich einfach anderen Menschen gegenüber herzlicher und rücksichtsvoller.«

Ich drehte mich um und sah zu ihr hinüber. Umringt von Gästen, starrte sie uns an, war aber viel zu gut erzogen, um ihren langweiligen Gast einfach stehen zu lassen.

»Du hast keine Ahnung, wie meine Schwester wirklich ist«, flüsterte ich. »Ich kann auch herzlicher und rücksichtsvoller sein, wenn du das willst. Ich könnte auch aufhören, meine Gabe einzusetzen, ich weiß, wie sehr du Feuer verabscheust und es dir missfällt, dass ich nach Lust und Laune die Natur manipulieren kann, aber ich würde es sein lassen, wenn ich dir dann besser gefalle als Alma.«

Tomás schüttelte den Kopf.

»Ich verabscheue deine Gabe keineswegs, ich verstehe sie nur nicht. Und je länger ich die heiligen Schriften studiere und mit Padre Dávila über Wunder spreche, desto mehr zweifle ich daran, dass du sie zum Guten nutzt«, sagte er sanft. »Du bist außergewöhnlich, Estrella. Du hast große Macht, ich habe gesehen, wie diese Macht mit den Jahren wächst und dass du die unglaublichsten Dinge tun kannst, aber …«

»Aber was?«, fragte ich ungeduldig, weil mir nicht gefiel, was Tomás da andeutete.

»Aber ich bin mir nicht sicher, ob es lediglich dein Wille ist, der an einer Kiefer Äpfel wachsen lässt.«

»Es ist mein Wille und nur meiner.«

Tomas ergriff meine Hand, und unsere Finger schlangen sich ineinander. Ich spürte seinen Herzschlang.

»Aber das ist falsch, es muss der Wille Gottes sein«, flüsterte er, und an seinem schmerzlichen Gesichtsausdruck konnte ich ablesen, dass er viele Nächte wach gelegen und darüber nachgegrübelt hatte. »In dir steckt etwas Böses, Estrella. Und früher oder später wird dieses Böse die Oberhand gewinnen und dich vernichten, dich und alle an deiner Seite.«

Ich war noch keine fünfzehn Jahre alt, aber bereits daran gewöhnt, dass alle behaupteten, ich hätte etwas Unreines oder Böses in mir. Nicht wegen meiner magischen Kräfte, davon wussten nur

Alma und Tomás, sondern wegen meines Geschlechts. Mädchen sind hinterhältig. Jungen sind edelmütiger und nicht so heimtückisch wie Mädchen. Ein Sohn wäre besser gewesen, Söhne sind gehorsamer als Mädchen. Pass auf, was du tust, mach deinem Vater keinen Verdruss. Solche Sätze hörte ich schon mein Leben lang von Großvater Martín, von Vater, Miss Lewis, Dolores und einer ganzen Reihe Personen, die das Recht und die Autorität zu haben glaubten, mir weiszumachen, dass es schlecht war, ein Mädchen zu sein.

»Mir sind deine Religion und der verdammte Wille Gottes schnurzegal«, sagte ich und sah, wie sich Tomás über die Lippen leckte. »Wollen wir das Thema wechseln? Ich bin es leid, immer über dasselbe zu reden. Ist dir das wirklich so wichtig? Es ist, als würde man mir für meine Augen- oder Haarfarbe die Schuld geben. Ich bin wie ich bin, es ist mein Charakter, ich habe ihn mir nicht ausgesucht.«

»Aber mir ist es wichtig, und zwar sehr, Estrella. Es ist mir wichtig, weil ich einfach nicht verstehe, wie Gott einem launischen Mädchen wie dir solch große und gefährliche Macht verleihen konnte«, entgegnete Tomás.

Ich ließ ihn los, als würde die Berührung mir plötzlich die Haut verbrennen, und ich spürte das Feuer in mir auflodern.

»Ich wette, wenn du meine Macht hättest, würdest du nicht an Gottes Willen zweifeln, aber mich macht sie zur Sünderin und Hexe, weil ich ein Mädchen bin.« Ich spuckte ihm die Worte regelrecht ins Gesicht. »Und was ist mit Alma? Sie kann mit den Toten reden. Ist sie etwa keine Sünderin?«

Tomás Lippen verzogen sich zu einem humorlosen Grinsen.

»Doch, das ist sie wohl, aber wir beide wissen, dass Alma der bessere Mensch ist«, erwiderte er mit Bedauern. »Du bist egoistisch und flatterhaft und wirst in deinem Leben bestimmt viele Männer um den Verstand bringen.«

»Aber dich nicht«, schloss ich.

»Nein, mich nicht.«

Die Band spielte *Happy Birthday* in einer Swing-Version. Ich drehte mich um und sah Mama ein Heer von Kellnern anführen, die eine riesige Baiser-Torte mit brennenden Kerzen heraustrugen. Fünfzehn Kerzen. Alma folgte ihnen am Arm von Mario.

»Estrella, mein Schatz, wo warst du denn? Ich habe dich überall gesucht, wir wollen die Torte anschneiden, du weißt doch, dass wir das nur mit euch beiden können«, sagte Mama mit einem gezwungenen Lächeln, als sie bei uns ankam. »Stell dich neben deine Schwester, ich will ein Foto von euch beiden in diesen Spitzenkleidern für meinen kleinen Salon.«

Tomás stand neben mir, und ich spürte die neugierigen Blicke der Gäste.

»Und wer bist du?« Der Marquis de Zuloaga war plötzlich aus dem Kreis der Gäste aufgetaucht und mit großen Schritten auf Tomás zugegangen. »Ich kann mich nicht erinnern, dich eingeladen zu haben. Bist du mit deiner Familie hier oder etwa der Sohn einer Kellnerin? Antworte, Bürschchen!«

Der Marquis war an jenem Nachmittag sehr elegant gekleidet, statt der üblichen Jagdgarderobe trug er einen Smoking mit Weste, einer Schärpe aus roter Atlasseide und einer Fliege derselben Farbe, aber seine dunklen Augen unter den dichten Brauen funkelten bedrohlich.

Tomás antwortete nicht.

»Estrella? Was hat der hier verloren?«

Vater kam auf uns zu wie ein Mann, der daran gewöhnt ist, Befehle zu erteilen, und sein Zorn hing buchstäblich in der Abendluft, die vorher nach Jasmin und Baiser geduftet hatte.

»Ich habe ihn eingeladen«, antwortete ich mit fester Stimme.

Dann flog mein Kopf zur Seite und ich spürte einen brennenden Schmerz auf der Wange. Vater hatte mich geohrfeigt.

Ich hörte die Gäste tuscheln, einer räusperte sich und ging davon, als hätte er nichts gesehen. Meine Mutter gab den Kellnern ein Zeichen, die riesige Torte mit den brennenden Kerzen wieder zurückbringen.

»Jetzt erinnere ich mich, du bist doch der Kerl, der immer im Wald herumstreunt. Der schmutzige Sohn eines Bergarbeiters! Wie kannst du es wagen, in mein Haus zu kommen?«, schrie Vater.

»Tut mir leid, Señor«, stammelte Tomás.

»Du entschuldigst dich auf der Stelle bei meiner Frau für deine Unverschämtheit, oder dein Vater steht mit seiner Familie ab morgen auf der Straße!«

Tomás sah hilfesuchend zu Alma, aber sie sagte kein Wort.

»Entschuldigen Sie, dass ich ungeladen zu Ihrem Fest erschienen bin, Señora Marquise, aber von draußen sah es so schön aus mit den Lichtern und Laternen, dass ich nicht widerstehen konnte«, sagte Tomás schließlich. »Sie müssen weder meinen Vater noch sonst jemanden rauswerfen, Señor. Ich verspreche Ihnen, Ihr Grundstück nie wieder zu betreten.«

»Und jetzt verschwinde. Und zwar schnell, sonst hole ich das Gewehr und erschieße dich an Ort und Stelle, verstanden?«, drohte der Marquis.

Tomás nickte und verließ mit hängendem Kopf den Garten.

»Bist du jetzt zufrieden?«, fragte mich Vater, als er seine Fliege zurechtrückte. »Warum musst du dich immer so aufspielen? Nimm dir ein Beispiel an Alma, sie kann sich anständig und wie eine Señorita benehmen. Du weißt nicht, was sich gehört, aber das wird dir das Leben schon beibringen, du Luder.«

Meine Eltern und die Gäste, die das Familiendrama neugierig verfolgt hatten, kehrten zum Haus zurück und feierten weiter, als wäre nichts geschehen. Nur Alma stand noch neben mir und sah mich mit ihren goldenen Augen stumm an. In diesem Moment wusste ich, dass sie unserer Mutter verraten hatte, wo ich war, dass sie ihr vorgeschlagen hatte, mitsamt Gästen und Torte zu mir zu kommen, damit wir die Kerzen ausbliesen. Sie hatte es aus Rache getan, weil ich allein mit Tomás gesprochen hatte.

Da fing es unvermittelt an zu regnen, die Gäste flüchteten sich auf die Veranda, und der Regen verwandelte den Garten in wenigen

Minuten in eine Schlammwüste. Die Kerzen entlang des Weges erloschen eine nach der anderen, und die weißen Laternen zwischen den Bäumen drehten sich wie Kreisel im böigen Nordwind, der mit seinem kalten Atem über den Garten fegte.

»Das bist du!«, schrie Alma über das Prasseln des Regens hinweg. »Hör auf damit!«

Ein Blitz zerriss den grauen Himmel und schlug neben meiner Schwester in den Boden ein, die einen Satz zur Seite machte. Ihm folgte ein Donnern, das die Erde, das Meer und jeden Stein von Villa Soldedad erbeben ließ.

Etwas Böses

Das Fest ging weiter, aber ich hatte mich in unser Zimmer verkrochen, wo ich als Erstes sämtliche Fensterläden geschlossen hatte, um das Stimmengewirr und das Klirren der Champagnergläser auszuschließen. Ich hörte Carmens vertraute Schritte auf der Wendeltreppe und gleich darauf ihr Klopfen an der Tür.

»Estrella? Kann ich reinkommen?«

Ich warf einen schnellen Blick auf mein Spiegelbild: die Zopfkrone war noch intakt, Wind und Regen hatten nur ein paar Strähnen gelöst, und auch die Schminke war trotz der Ohrfeige nicht verschmiert.

»Was willst du, Carmen? Ich bin müde«, antwortete ich, öffnete aber trotzdem die Tür.

Carmen war in Begleitung ihrer Tochter Catalina.

»Wie geht es Ihnen, Señorita?« In Catalinas Beisein siezte mich Carmen immer respektvoll, damit sie lernte, welcher Platz ihr im Haus gebührte, auch wenn wir denselben Vater hatten. »Ich habe gehört, was draußen passiert ist. Brauchen Sie Hilfe, um das Kleid auszuziehen oder die Frisur zu lösen? Ich kann Ihnen die Haarklemmen herausziehen.«

Ich griff an meine Wange, die nach dem Schlag noch immer heftig brannte.

»Ich brauche deine Hilfe nicht, du kannst wieder gehen«, sagte ich und wollte ihnen schon die Tür vor der Nase zuknallen, als mir etwas einfiel. »Weißt du, wo Alma ist? Ich habe noch ein Hühnchen mit ihr zu rupfen.«

Carmen wand sich in ihrem Sonntagskleid.

»Nein, Señorita. Ich habe Ihre Schwester nirgendwo gesehen«, sagte sie nach kurzem Zögern.

Catalina starrte mich mit großen Augen an.

»Bist du dir sicher?«, hakte ich nach. »Ich verspreche dir auch, keine Dummheiten zu machen.«

»Gefällt Ihnen dieser Junge so sehr, dass Sie sich mit Señorita Alma wegen ihm streiten?« Carmen senkte die Stimme, damit Catalina sie nicht verstand. »Oder geht es gar nicht um den Jungen, sondern darum, dass Sie nicht ertragen können, dass er sich nicht für Sie interessiert?«

»Das geht dich nichts an«, erwiderte ich mit rauer Stimme. »Lasst mich jetzt in Ruhe, alle beide.«

Doch Carmen rührte sich nicht vom Fleck. Stattdessen kräuselte sie resigniert die Lippen.

»Ich habe Sie doch gewarnt, dieser Junge ist für Sie beide nichts. Jetzt haben Sie sich vor all diesen feinen Leuten lächerlich gemacht und Ihre Eltern blamiert, weil sie ihn in Schutz genommen haben«, entfuhr es ihr plötzlich aufgebracht. »Und das alles für einen Burschen, der arm ist wie eine Kirchenmaus.«

»Sei endlich still!«, fauchte ich. »Für ein Kindermädchen hast du ein ziemlich loses Mundwerk. Du hast ja keine Ahnung, was ich wegen meiner Schwester die ganze Zeit aushalten muss.«

Carmen schwieg, aber ihre Augen, denen Catalinas sehr ähnlich, blickten mich vorwurfsvoll an, als wolle sie mir Schuldgefühle einreden. Und das gelang ihr auch, denn nur sie hatte diesen Einfluss auf mich.

»Weißt du wirklich nicht, wo Alma steckt?«, wiederholte ich deutlich weniger gereizt.

»Nein, Señorita. Ich habe sie schon eine ganze Weile nicht mehr gesehen.«

»Besser für sie, denn wenn sie zurückkommt, kann sie was erleben«, murmelte ich.

Ich erinnerte mich wieder an die Genugtuung in Almas Blick, als

Vater mich auf unserer Geburtstagsfeier vor allen Gästen geohrfeigt hatte. Es war immer schmerzlich für mich, wenn Alma ihr wahres Gesicht zeigte. Meistens gab ich vor, nichts zu merken – wie Carmen auch –, aber manchmal verhielt sie sich richtig seltsam oder flüsterte Gemeinheiten vor sich hin. Jedes Mal, wenn ich hinter eine ihrer Schwindeleien kam – wie beispielsweise, dass sie Tomás von dem Fest erzählte, obwohl wir uns versprochen hatten, es nicht zu tun – oder wenn sie Mama etwas vorlog, damit sie nach ihrer Pfeife tanzte, fragte ich mich, ob außer mir niemand wahrhaben wollte, wie Alma wirklich war.

»Ihr alle habt mir ständig eingeredet, dass meine Schwester in allem besser sei als ich, und ihr habt mich damit eifersüchtig auf sie gemacht.« Mir fiel wieder ein, wie oft ich mit Alma verwechselt wurde und wie sehr ich das hasste. »Aber sie ist genau wie ich, vielleicht sogar schlimmer, und sie ist genauso eifersüchtig. Was sagst du jetzt?«

»Ich weiß schon, dass ich Sie oder Ihre Schwester nicht immer richtig eingeschätzt habe, aber streiten Sie sich nicht mit Ihrer Schwester wegen eines jungen Burschen. Es gibt viele junge Männer auf dieser Welt, aber Schwestern …«, Carmen verstummte und warf einen kummervollen Blick auf ihre Tochter. »Schwestern gibt es nicht so viele.«

Da zupfte mich Catalina, die bisher keinen Ton gesagt hatte, am Kleid.

»Ich weiß, wo Señorita Alma hingegangen ist«, sagte sie schüchtern.

»Wohin?«

»Ich stand zufällig im Tee-Salon am Fenster und habe sie weggehen sehen. Ich habe ihr aber nicht nachspioniert«, erklärte Catalina. »Señorita Alma ist in den Wald gelaufen.«

»Du hast versprochen, keine Dummheiten zu machen, Estrella«, sagte Carmen, als sie die Rachsucht in meinen Augen aufflackern sah.

Aber ich war bereits auf dem Weg zur Treppe, nahm immer zwei Stufen auf einmal und rannte zu unserer Lichtung.

Niemand hatte mich das Haus verlassen sehen. Ich lief über den nassen Rasen zur eisernen Gartenpforte und überquerte die Straße, wo ich mich zwischen den geparkten Wagen der Gäste hindurchschlängeln musste.

Ich kämpfte mich durch die großen Farne hindurch, die unter den turmhohen Bäumen gediehen, und musste mein Kleid bis zu den Knien hochraffen, um nicht über die knorrigen Wurzeln zu stolpern, die nach dem Platzregen, den ich bewirkt hatte, überall aus dem feuchten Boden ragten. Ein Zweig versperrte mir den Weg und schnitt mir tief in die Hand, als ich ihn zur Seite drückte. Der Schmerz brannte auf meiner Haut wie rot glühendes Eisen, und heißes Blut tropfte auf mein weißes Kleid, das für immer ruiniert war. Ein Stückchen weiter kam ich an der Kiefer vorbei, in deren Natur ich eingegriffen hatte, und warf ihr einen wütenden Blick zu: Nach fast vier Jahren trug dieser dämliche Baum immer noch rote Äpfel.

Beim Gedanken an Tomás fielen mir seine Worte wieder ein. »In dir steckt etwas Böses, Estrella.«

Ich sah die Brombeersträucher, deren Beeren Alma und ich im Sommer gepflückt hatten, um Marmelade zu kochen, die wir aber auf dem Heimweg alle aufgegessen hatten. Als ich an ihnen vorbeiging, juckte die Narbe einer Wunde, die ich mir damals zugezogen hatte, weil ich unbedingt die Brombeeren von einem hochragenden Ast pflücken wollte, um mehr Ausbeute zu haben als Alma.

Als ich das Plätschern des Flüsschens hörte, wusste ich, dass ich in Bälde angekommen war.

Und dann sah ich sie.

Alma und Tomás lagen am Flussufer im dichten, hohen Gras. Ich versteckte mich hinter einem Baum an derselben Stelle, wo ich sie vor ein paar Tagen dabei erwischt hatte, wie sie sich küssten.

Tomás lag auf meiner Schwester. Er hatte sein Hemd ausgezogen und es zusammengerollt unter Almas Kopf gelegt. Ich sah, wie seine

Hand an Almas Bein nach oben fuhr und ihr Kleid hochschob. Sie stöhnte leise und lachte auf, als sich ihre Lippen voneinander lösten. Dann schlang meine Schwester ihre Arme um seinen Hals, zog ihn an sich und küsste ihn.

Von meinem Versteck aus konnte ich sehen, wie sich Tomás' Rücken krümmte und seine Muskeln anspannten, als er sich mit einem Arm auf den Boden abstützte und seine andere Hand unter Almas Kleid verschwand.

Ich fragte mich, ob sie zum ersten Mal miteinander schliefen oder es schon früher auf unserer geheimen Lichtung getan hatten. Ich wusste es nicht, obwohl ich mich immer damit gebrüstet hatte, die Gedanken meiner Schwester lesen zu können. Ich hielt den Atem an wie an jenem Augustnachmittag, als ich Carmen und Vater durch das Schlüsselloch beobachtete, und schlich noch etwas näher, um besser sehen zu können.

»... Alma.«

Tomás raunte ihren Namen, wie er meinen nie aussprechen würde – als wäre er aus heißem Wachs.

In dem Augenblick hasste ich meine Schwester zutiefst und wollte zugleich an ihrer Stelle sein. Die anständige Alma war im Begriff, etwas zu tun, das ich noch nicht getan hatte. Ich war noch nicht mal auf den Mund geküsst worden.

Als könnte sie meine Gedanken lesen, lachte sie auf und flüsterte dann etwas, das ich nicht verstand. Tomás lachte ebenfalls und versenkte sein Gesicht in ihrer Halsbeuge, ich sah sein schönes lockiges Haar über den Ausschnitt meiner Schwester wandern, als er sie bis zum Brustansatz küsste.

Tomás hatte in der letzten Zeit ständig von meinen Sünden geschwafelt, und jetzt lag er auf Alma, und seine Hand befand sich unter ihrem Kleid. Ich hasste auch ihn, aber anders, weil sein Verrat ein anderer war. Tomás hatte mich glauben lassen, dass er mich nicht lieben könnte, weil ich etwas Böses an mir hatte, weil ich nichts wert war. Aber als ich sah, wie er meine Schwester auf den

Mund küsste und sie nach dem Verschluss seiner Hose tastete, wurde mir klar, dass ihm die eigenen oder Almas Sünden völlig egal waren.

Ich machte kehrt und lief nach Hause. Dabei fasste ich den Entschluss, dem Marquis alles zu erzählen, damit dieselben Gäste, die mich nach Vaters Ohrfeige verächtlich oder mitleidig angeblickt hatten, erfuhren, dass Alma keinen Deut besser war als ich.

Ich stapfte über den weichen Waldboden und kümmerte mich nicht darum, dass die Zweige mir die Arme zerkratzten. Ich spürte das Feuer unter meiner Haut, es war gefangen, wollte aber entweichen, tausende Funken sprühen und einen großen Brand entfachen. Wegen des Verrats hatte ich Herzklopfen und spürte nicht gleich, dass ich einen Schuh verloren hatte.

Ich hielt inne und sah meinen Fuß im Moos versinken und gleich darauf das trockene Laub des Waldbodens in der Abendluft schweben. Insekten und Kleintiere wurden aufgescheucht und flohen in alle Richtungen. Ich fragte mich, ob auf unserer Lichtung das Laub auch über dem Boden schwebte. Ich stellte mir vor, wie Alma und Tomás nackt und erschrocken in ihrer Umarmung innehielten und begriffen, dass ich ihr kleines Geheimnis entdeckt hatte. Mit dieser Vorstellung ging ich weiter, während Laub, Kiefernadeln, Beeren, Tannenzapfen und alles, was gemeinhin auf dem Waldboden lag, hinter mir in der Luft schwebten.

Der schwarze Wolf heulte so nah, dass ich schon glaubte, seinen kalten Atem im Nacken zu spüren. Ich floh vor dem Tier mit den leuchtenden Augen und mächtigen Krallen, das ich im Traum gesehen hatte. Ein abgeknickter Zweig zerkratzte mir die Wange, aber ich lief weiter, ich war auf der Flucht, und um mich herum schwebte der ganze Wald.

Endlich vernahm ich die Musik und das Stimmengewirr und sah, dass noch alle Lichter brannten. Entschlossen verließ ich den Wald, und sofort fiel alles, was ich zum Schweben gebracht hatte, mit einem dumpfen Geräusch wieder zu Boden. Als ich mich umdrehte, sah ich im letzten Abendlicht die aufgewirbelten Staubkörner tanzen.

Ich ging direkt auf das Haus zu, ohne den Teich eines Blickes zu würdigen, in dem die Fische gerade die Reste der Kanapees fraßen, die ihnen ein Gast hineingeworfen hatte. Als ich ins Vestibül trat, hörte ich Klaviermusik. Mama spielte im Musiksalon *Mood Indigo.*

»Was ist passiert, Estrella?«, fragte sie, als ich in der Tür auftauchte. »Was ist mit dir? Ich dachte, du hättest dich in dein Zimmer zurückgezogen.«

Meine Mutter spielte auf dem sündhaft teuren Steinway, den Vater in London erstanden hatte. Sie beherrschte nur wenige Stücke, diese dafür aber ganz ausgezeichnet.

»Es ist wegen Alma …«, stotterte ich und gab mich voller Angst. »Ich glaube, dieser Wolf, der immer auf der Landstraße herumstreunt, hat sie in den Wald verschleppt.«

Mama blieb ungerührt sitzen. Der Marquis stand mit einem Glas Whiskey in der Hand neben ihr.

»Estrella, das hast du dir aber nicht ausgedacht, um dich an deiner Schwester für das, was vorhin passiert ist, zu rächen, oder?« Mama hob eine ihrer perfekt nachgezogenen Augenbrauen, wie immer, wenn sie sich über mich ärgerte. »Wölfe schleppen keine Menschen in den Wald und schon gar nicht ein Mädchen in eurem Alter.«

Ich wollte, dass meine Eltern und alle Gäste mit zu unserer Lichtung kamen und sehen könnten, was Alma mit Tomás zwischen ihren Beinen auf der wilden Blumenwiese trieb.

»Natürlich nicht«, erwiderte ich beleidigt. »Schau nur, wie ich aussehe, ich habe sogar einen Schuh verloren auf der Flucht vor dieser Bestie.«

Meine Mutter starrte auf mein schmutziges Kleid, die zerfetzten Spitzenärmel, den zerrissenen Rock.

»Ja, ich sehe es. Das Ausbessern wirst du selbst bezahlen, Señorita«, sagte Mama und spielte dann das Stück an genau der Stelle weiter, bei der ich sie unterbrochen hatte. Wenn sie böse auf mich war, nannte sie mich immer Señorita. »Es wird besser sein, wenn du deine Schwester in Ruhe lässt, ich kenne dich und weiß, dass du nichts Gutes im Schilde führst.«

Die Gäste lächelten nachsichtig, der eine oder andere sah mich kopfschüttelnd an, aber das war alles. Keinerlei Anzeichen von Empörung oder Sorge um Alma, wie ich es mir vorgestellt hatte. Nichts. Und dabei wäre es geblieben – mein erstes großes Fest, mein Abenteuer im Wald und die Entdeckung von Almas und Tomás' Geheimnis auf der Lichtung –, wenn Vater nicht unvermittelt sein Glas auf Mamas Steinway abgestellt und dabei Whiskey verschüttet hätte, als er sagte:

»Ich komme mit. Diesem verdammten Wolf will ich schon lange einen Schuss zwischen die Augen verpassen, ich höre ihn nachts oft an der Gartenpforte herumschleichen. Geh schon mal vor, ich hole das Gewehr.«

Mama unterbrach ihr Klavierspiel und sprang auf, um ihn aufzuhalten. Sie folgte ihm ins Vestibül, wo er sich Patronen in die Jackentaschen stopfte. Er tat es ungeschickt und hektisch, weshalb die Hälfte davon zu Boden fiel, was er gar nicht merkte.

»Geh jetzt bitte nicht da raus«, flehte Mama ihn an, und ich hörte die Angst in ihrer Stimme, auch wenn sie versuchte, vor den Gästen, die ebenfalls ins Vestibül gekommen waren, den Schein zu wahren. »Es ist schon spät, und der Wald ist nachts tückisch, das weißt du doch. Außerdem könntest du dich verlaufen oder über etwas stolpern und dich verletzen.«

»Was redest du für einen Unsinn! Ich werde mich nicht verlaufen. Estrella wird mich begleiten, um diesen dreckigen Wolf ein für alle Mal zu erledigen.« Der Marquis lud Großvaters Jagdgewehr, legte es an und kniff ein Auge zu, als er durch den Sucher schaute und dabei auf Mama zielte. »Nur ein Schuss, und dieser Wolf ist Geschichte. Peng!«

Meine Mutter in ihrem Paillettenkleid zuckte so heftig zusammen, als fürchtete sie, der Marquis würde tatsächlich auf sie schießen.

»Eine spontane Jagd ist nichts für ein junges Mädchen. Warum bereitest du nicht alles vor und machst dich morgen auf die Suche, wenn du wieder nüchtern bist?« Mama versuchte ihn mit einem angespannten Lächeln zu überzeugen. »Wir haben noch Gäste, und du willst doch nicht, dass sie denken, wir seien unhöfliche Hinterwäldler, oder? Wie wär's, wenn du dich mit den Herren in dein Arbeitszimmer zurückziehst und ihnen deine Whiskey-Sammlung zeigst?«

Aber der Marquis war bereits mit dem Gewehr über der Schulter auf dem Weg zur Haustür.

»Kommt nicht in Frage, das Fest ist zu Ende. Komm, Estrella!«, rief er mir zu. »Wenn wir ihn erlegt haben, ziehen wir ihm das Fell ab und hängen seinen Kopf zu den anderen Trophäen. Da wird er sich gut machen. Dann kann ich jeden Tag in seine glasigen Augen sehen, und dich werden sie daran erinnern, dass du an deinem Mann gezweifelt hast«, schloss er mit Blick zu Mama.

Mama hasste die Jagd und die Tierköpfe, die Vaters Arbeitszimmer zierten. Jedes Mal, wenn der Marquis nach feuchter Erde, Blut und Schweiß stinkend von der Jagd zurückkehrte, verdonnerte sie ihn dazu, das Badezimmer fürs Personal zu benutzen.

»Bitte, bleib hier. Das Kind hat sich das alles nur ausgedacht, um sich wegen der Sache mit der Torte an ihrer Schwester zu rächen«, bettelte Mama, der es jetzt egal war, dass die Gäste die Panik in ihrer Stimme hören konnten. »Es geht um diesen Jungen, er gefällt ihnen beiden, und Estrella ist eifersüchtig auf ihre Schwester, das ist alles. Bitte, geh nicht in diesem Zustand mit dem Gewehr in den Wald, du bist betrunken, und der Lauf ist verbogen, das weiß du doch.«

Mit dem verbogenen Lauf von Großvaters alter Winchester war es unmöglich, die Beute zu treffen, selbst wenn sie sich nicht bewegte, und deshalb hatten die Wildschweine, Hirsche, Füchse und Rehe, deren Köpfe an den Wänden hingen, wegen der schlechten

Zielgenauigkeit des Marquis sterben müssen. Man musste immer ein wenig weiter nach rechts zielen, um mit dem eleganten doppelläufigen Gewehr etwas zu erlegen.

»Es reicht, Julia. Mach dich doch nicht vor allen Gästen lächerlich, bei allem, was uns das Fest gekostet hat«, erwiderte Vater mit schwerer Zunge. »Komm, mein Kind, wir gehen jetzt, sonst wird es zu spät, ich will den toten Wolf nicht im Dunkeln durch den Wald schleppen müssen.«

Ich folgte dem Marquis zur Tür, aber Mama lief uns nach und packte mich am Arm.

»Sieh nur, was du angerichtet hast, Estrella. Los, sag deinem Vater endlich, dass du dir das alles nur ausgedacht hast.«

»Überhaupt nicht, diesmal hat sich Alma schlecht benommen«, erwiderte ich und spürte erneut das Feuer in mir auflodern.

Ich entzog Mama meinen Arm und folgte Vater aus dem Haus, während sie uns mit Tränen in den Augen auf die Eingangstreppe folgte.

»Wenn ein Unglück geschieht, ist es deine Schuld, Estrella.«

Noch nie hatte ich solche Verzweiflung in Mamas Stimme gehört.

Als wir den Garten verließen, hörte ich noch Carmen und das Stimmengewirr der besorgten Gäste, die Mama umringten. Ich drehte mich um und sah, wie zwei Männer im Smoking sie stützten, damit sie nicht ohnmächtig auf den venezianischen Fliesenboden sank.

»Bist du sicher, dass das der richtige Weg ist? Für mich sieht hier alles gleich aus«, sagte Vater mit alkoholschwerer Zunge. »Wäre besser für dich, wenn deine Mutter nicht recht hätte mit diesem Hungerleider und du nur eifersüchtig bist, andernfalls …«

»Ich bin nicht eifersüchtig auf Alma, das fehlte noch«, log ich, als ich einem Kaninchenbau auswich. »Es hat nichts mit diesem Jungen zu tun.«

Es war nicht die Eifersucht oder die Tatsache, dass Alma hinter meinem Rücken mit Tomás schlief, es war der Verrat, der mich antrieb: Alma hatte ihr Leben lang die gute Schwester gespielt, obwohl sie in Wirklichkeit viel schlechter war als ich. Ich wollte ihr vor meinen Eltern – und auch vor Tomás – die Maske herunterreißen, damit alle sehen konnten, was ich sah.

»Das will ich dir auch geraten haben, denn ich höre nirgendwo einen Wolf«, knurrte der Marquis. »Ich habe mich schon den ganzen Nachmittag über deine Kindereien ärgern müssen, und du hast deiner Mutter wirklich Verdruss bereitet mit dieser Sache. Wenn wir den Wolf nicht finden, muss ich mir wieder tagelang ihre Vorwürfe anhören.«

»Keine Sorge, wir sind gleich da«, log ich grinsend und malte mir schon die Gesichter der Gäste aus, wenn sie Alma mit zerknittertem, schmutzigem Kleid auftauchen sähen, und wie Vater sie anbrüllte und lächerlich machte wie zuvor mich. »Ich habe Sie nicht angelogen, Sie werden es gleich sehen. Dort vorn ist es schon.«

Wir konnten das Flüsschen plätschern hören, und in der Nachtluft hing der feine Duft der Wildblumen, als wir bei der Lichtung ankamen.

»Versteck dich hinter einem Baum und sei leise, ich will nicht, dass der Wolf dich sieht und uns anfällt.«

Plötzlich war Tomás' Stimme zu hören, mir schien, er lese ein Gedicht vor, ich konnte die Worte nicht verstehen, aber seine Stimme klang wunderschön und melodiös. Dabei fiel mir ein, dass Alma Miss Lewis nach britischen Dichtern der Romantik gefragt und seit ein paar Wochen ständig von einem gewissen Shelley und seinen Gedichten über Leben und Tod geschwärmt hatte.

Vater hatte Tomás' Stimme ebenfalls gehört, denn sein vom Alkohol gerötetes Gesicht änderte plötzlich den Ausdruck. Wie ein Elefant und ohne sich darum zu kümmern, dass die Äste unter seinen Schuhen knackten, trat er auf die Lichtung. Tomás war augenblicklich verstummt.

Von meinem Standort aus konnte ich den Marquis mit seiner bedrohlichen Gestalt auf der Lichtung stehenbleiben und verblüfft die Augen aufreißen sehen. Er hatte sie entdeckt. Mein Plan war aufgegangen, und ich stellte mir vor, wie Vater losbrüllte und über die Wiese stürmte, um Alma ohne großes Federlesen von dort wegzuzerren, wie seine Unterlippe vor Wut zitterte und er mit seiner Smoking-Hose an den Brombeersträuchern hängen blieb.

Aber stattdessen legte Vater das Gewehr an und zielte auf sie.

Das Donnern des Schusses schreckte die Raben auf, die in den umstehenden Bäumen geschlafen hatten und jetzt mit einem grässlichen Kreischen wie ein Chor aus dem Jenseits hochstieben. Ich begriff erst, was passiert war, als ich Tomás über das Kreischen der Vögel hinweg schreien hörte.

Die Luft roch nach Schießpulver, und der Schuss hallte in meinen Ohren wider, aber ich rannte an meinem Vater vorbei auf die Lichtung, ohne daran zu denken, dass er noch einmal schießen könnte.

Tomás schluchzte und stammelte unverständliche Worte. Almas Kopf lag auf seinem Schoß, sie hielt ein Buch in den Händen, ihr weißes Spitzenkleid war blutgetränkt, und ihre gelben Augen starrten in den Sternenhimmel.

»Alma …«, rief ich mit zittriger Stimme.

Sie bewegte die Lippen und versuchte mir etwas zu sagen, aber ihr fehlte die Luft. Aus der Wunde in ihrer Brust sprudelte Blut. Ich hatte vorher noch nie so viel Blut gesehen, unter dem Sternenhimmel wirkte es dunkelblau, fast schwarz, und es lief ohne Unterlass aus dem Körper meiner Schwester.

»Alma?« Ich kniete mich neben sie und sah zu unserem Vater hinüber. »Was hast du getan? Was hast du bloß getan?«

Der Marquis stand regungslos auf der Lichtung. Der Gewehrlauf blitzte kurz, als er sich die Waffe wieder über die Schulter hängte, aber er sagte kein Wort, sondern drehte sich lediglich um und verschwand umgeben von einer Rauchwolke im Wald.

Um zu verhindern, dass sämtliches Blut aus ihrem Körper wich, drückte ich beide Hände auf Almas Brust. Ich spürte die pulsierende, heiße Fleischwunde, die der Schuss in ihren Körper gerissen hatte.

»Bitte, Alma …«, flüsterte ich.

Das Blut meiner Schwester tränkte die zarten Spitzen des Kleides und ließ sie wie unzählige feine Adern wirken. Großmutter Soledads Perlenarmband an meinem Handgelenk färbte sich ebenfalls rot. Dann hörten wir den schwarzen Wolf heulen, und der gesamte Wald versank in Stille.

Almas Lippen bewegten sich wieder, sie versuchte mir etwas zu sagen, aber sie hatte kaum noch die Kraft dazu, weshalb ich mein Ohr an ihre Lippen hielt.

»Ich habe mich geirrt, Estrella. Der Wolf …« Ihr Atem streifte meine tränennasse Wange. »Der schwarze Wolf verfolgt dich nicht. Du bist der Wolf.«

Das Spiel mit dem Feuer

Zwei Tage nach unserem Geburtstag beerdigten wir Alma auf dem Friedhof der Familie Zuloaga.

Als meine Zwillingsschwester für immer unter der Erde lag, fand in der kleinen Kapelle eine Trauerfeier statt. Meine Eltern saßen allein in der ersten Bank, stumm und ganz in Schwarz. Ich musste hinter ihnen sitzen, denn sie hatten mir trotz meiner tränenreichen Bitten nicht erlaubt, mich zu ihnen in die erste Reihe zu gesellen. Mama weigerte sich, mit mir zu reden oder mich anzusehen, und soweit ich weiß, sprach sie auch mit dem Marquis nicht. Trotzdem ging sie an seinem Arm zur Kapelle und nahm neben ihm Platz.

Vor dem alten Barockaltar stand Padre Dávila. Er trug ein auffälliges gold- und elfenbeinfarbenes Messgewand über der Soutane, was verdeutlichte, dass es sich nicht um irgendeine Trauerfeier, sondern um die der Tochter des Marquis de Zuloaga handelte.

Ein paar Freunde unserer Eltern waren auch gekommen. Viele Gäste waren in Basondo geblieben, als sie erfuhren, was passiert war, um der Marquise und den Marquis zur Beerdigung ihrer Tochter beizustehen.

Padre Dávila las ein Kapitel aus der Bibel, in dem von Sünde und Strafe die Rede war, während ich mich in meinem Kleid unbehaglich fühlte. Ich hatte keine schwarzen Kleider – Mama pflegte immer zu sagen, schwarz sei nur was für Alte und Witwen, aber nicht für junge Marquisen –, weshalb ich ein Kleid von ihr trug, das kleinste, das Carmen in ihrem Schrank hatte finden können. Es reichte mir fast bis zu den Knöcheln, und die Ärmel wurden von Gummibändern gehalten, damit sie mir nicht über die Hände hingen. Carmen sagte kein Wort, als sie mir den Stoff mehrmals hochwickelte, bis meine weißen Hände sichtbar wurden.

Als Vater aus dem Wald gekommen war, hatte er allen erzählt, auch Mama, dass die Sache mit Alma ein Unfall gewesen wäre. Niemand hatte es gewagt, den Marquis zu fragen, ob er seine Tochter absichtlich erschossen hatte, obwohl Mama seine geliebte Whiskey-Sammlung zerschlug, als er sich auf den Weg zu Padre Dávila machte.

Der Priester beendete seine Predigt mit feierlicher Stimme und zählte die Vorzüge des ewigen Lebens auf. Danach erhoben sich die Trauergäste, um meinen Eltern zu kondolieren. Carmen saß am anderen Ende derselben Bank wie ich und stand ebenfalls auf. Dann sah ich sie mit Mamas schwarzer Mantille auf dem Kopf und ihrem einzigen Paar Schuhe mit Absatz unsicher den schmalen Gang entlanggehen.

Ich rutschte unruhig auf der Bank herum und schielte zur Seitentür der Kapelle, dieselbe, durch die Alma und ich uns bei der Trauerfeier für unsere Großmutter hinausgeschlichen hatten. Da sah ich sie. Sie stand in der offenen Tür und trug das weiße Spitzenkleid mit Silberfäden und die Zopfkrone, die Carmen ihr am Tag unseres Festes geflochten hatte. Ich wollte ihr sagen, wie sehr ich es bedauerte, ich wollte ihr sagen, dass ich nicht ahnen konnte, dass Vater auf sie schießen würde, und ich wollte ihr beichten, dass ich ihr nur eine Lektion erteilen wollte, weil sie mich angelogen und dazu beigetragen hatte, dass ich auf unserem Geburtstagsfest gedemütigt wurde, aber ich wusste, dass Alma tot war, weil ihre letzten Worte mir gegolten hatten.

»Du bist der Wolf, Estrella.«

Ich glaubte, dass ich vielleicht verrückt geworden war, nachdem ich hatte mit ansehen müssen, wie Vater Alma erschoss, dass es sich vielleicht um eine Halluzination handelte, ausgelöst von meinen Schuldgefühlen. Sie sah genauso aus wie am Tag ihres Todes, aber auf ihrem Kleid war kein Blut, auch ihre Lippen oder ihre Augen waren nicht eingefallen wie in dem Moment, als sie unter meinen Händen verblutete.

Ohne nachzudenken stand ich auf und ging zu ihr. Alma verschwand mit ihrem tänzelnden Gang zum Rhythmus einer für andere unhörbaren Melodie. Draußen strahlte die Sonne am Himmel, und es war noch die Wärme der letzten Sommertage zu spüren. Alma tänzelte den schmalen Weg zum Friedhof der Familie Zuloaga entlang, der auf einem Felsvorsprung über dem Kantabrischen Meer lag. Ich folgte ihr, meine geliehenen schwarzen Schuhe versanken im frischen Schlamm. Ich hörte Stimmen, ersticktes Weinen und tröstende Worte aus der Kapelle, aber ich ging weiter bis zum Eisentor, das den Friedhof von der Welt der Lebenden trennte.

»Tote berühren Eisen nicht gern, es fühlt sich so kalt an«, hatte Großmutter Soledad beim Anblick dieses Tores oft gesagt.

Als ich den Friedhof betrat, spürte ich sogleich die Meeresbrise, die über das Felsgestein und die Grabplatten der dort beerdigten Zuloagas strich.

»Alma, bist du da?«

Ich fühlte mich komisch, allein vor mich hinzureden, aber Alma hatte sich bestimmt auch so gefühlt, wenn sie mit einem Geist sprach. Auf dem Friedhof lag eine neue Platte aus poliertem Marmor, in den mit feinen Goldbuchstaben eingraviert war:

Alma de Zuloaga y Llano (1916–1931)
Geliebte Tochter und Schwester
Du wirst in unserer Erinnerung weiterleben

Alma lag in derselben braunen Erde wie der unseres Waldes. Ich konnte ihren Körper unter meinen Füßen beinahe spüren, und obwohl ich sie nicht im Sarg gesehen hatte, konnte ich mir ganz genau vorstellen, wie sie aussah in ihrem eleganten elfenbeinfarbenen Kleid, mit dem auf dem Satinkissen ausgebreiteten schwarzen Haar und ihren für immer geschlossenen goldenen Augen. Ich ging zu der Platte und las noch einmal die letzten Worte: Du wirst in unserer Erinnerung weiterleben.

Da wusste ich, dass ich eines Tages heiraten und neben meinem Mann an einem anderen Ort begraben sein würde, weit weg von der braunen Erde unseres Waldes. Nur Alma wäre auf dem Familienfriedhof beigesetzt. Sogar darin hatte sie mich geschlagen.

Ich sah sie mit ihrem knöchellangen Spitzenkleid und der Zopfkrone, schwarz wie die Nacht, unter der Trauerweide stehen. Und ich wusste, dass sie mich nie wieder in Ruhe lassen würde.

Alma hatte gesagt, das unsichtbare Band würde uns immer verbinden; aber sie hatte mir nicht gesagt, dass dieses unsichtbare Band auch nach ihrem Tod an meinem rechten Handgelenk verbleiben würde.

»Vereint für immer. Unzertrennlich«, hatte Alma gesagt.

Das eine Ende des unsichtbaren Bandes war noch da, ich wusste es, weil ich spürte, wie es mir im Schlaf die Blutzufuhr abschnitt, und manchmal hatte ich morgens eine leichte Druckstelle auf der Haut, als hätte ich ein zu enges Armband getragen. Mein Band-Ende würde mir ewig erhalten bleiben. Doch das andere Ende war von Almas Handgelenk abgerissen, ich schleifte es hinter mir her, es verhedderte sich in allem und hielt mich auf, es fesselte mich trotz meiner Versuche, mich zu befreien. Manchmal dachte ich, das andere Ende des unsichtbaren Bandes hätte den zarten Schleier zwischen Lebenden und Toten zerrissen und Alma zöge mit Vergnügen daran, um mich zu ärgern, wie sie es schon zu Lebzeiten getan hatte.

Nach Almas Beerdigung hing lastende und düstere Stille über der Villa Soledad. Mama hatte sich in ihr Zimmer eingeschlossen und verließ es nur im Morgengrauen, um durch die verwaisten Flure zu geistern. Tagelang kam niemand ins Turmzimmer, um zu erfahren, wie es mir nach dem Tod meiner Zwillingsschwester ginge, weshalb ich ziemlich überrascht war, als es leise an die Tür klopfte.

Im Glauben, es sei vielleicht Carmen, die endlich wieder mit mir sprechen würde, öffnete ich die Tür, aber da war niemand. Ich hatte mich nie vor Gespenstern gefürchtet, weshalb ich barfuß in den Flur trat und plötzlich spürte, wie sich etwas in meine Fußsohle bohrte. Als ich mich danach bückte, erkannte ich das Figürchen aus dem Puppenhaus, das uns Mama zum dreizehnten Geburtstag geschenkt hatte. Ich hob es auf und kämmte sein Haar mit den Fingern, aber ich wusste nicht, welche von uns beiden es war. Ich hatte dieses dämliche Püppchen von Anfang an gehasst und hasste es noch immer.

Ich wusste zwar nicht, wie es vor meine Zimmertür gelangt war – obwohl ich einen Verdacht hatte –, wollte es aber ins Puppenhaus zurücklegen, damit Mama nicht merkte, dass es verschwunden war. In der zweiten Etage war alles still, und das Knacken der Holzdielen klang, als würde ein Elefant übers Parkett trampeln.

Das Puppenhaus stand noch immer auf dem Schachtisch in der Bibliothek. Ich ging auf die Tür zu, merkte aber zu spät, dass Licht brannte.

»Was machst du hier um diese Zeit, Estrella?«, fragte Mama, ohne mich anzublicken. »Du weißt doch, dass dein Vater es gar nicht mag, wenn ihr im Morgengrauen im Haus herumschleicht.«

Mama saß in einem Sessel, und auf dem Tisch neben dem Puppenhaus brannte eine Kerosinlampe. Almas kleines Bett war aus unserem Zimmer verschwunden.

»Das Püppchen hier lag vor meiner Tür«, sagte ich. »Ich wollte es nur zurücklegen.«

Ich legte die Figur neben das Haus. Dabei fiel mein Blick auf das andere Püppchen, das nackt und mit herausgerissenen Haaren auf dem Boden lag. Ich wusste sofort, dass diese Puppe ich war.

»Du hattest sie also? Ich habe sie überall gesucht«, sagte Mama und strich zärtlich über Almas Puppe. »Wie kannst du es wagen, sie wegzunehmen? Hast du denn nicht einen Funken Schamgefühl?«

Ich starrte noch immer auf das nackte Püppchen auf dem Boden.

»Ich habe sie nicht erschossen und wusste auch nicht, was Vater vorhatte, bis der Schuss losging.«

»Aber du wusstest, dass er etwas tun würde!«

Mama sah mich mit weit aufgerissenen Augen an. Nie zuvor hatte ich diesen Ausdruck in ihnen gesehen. Ich spürte, dass sie sich vor mir grauste.

»Ich dachte, ihr würdet sie bestrafen oder ihr keine neuen Kleider kaufen«, verteidigte ich mich. »Ich hätte nie gedacht, dass Vater sie erschießt!«

»Das war ein Unfall, Estrella. Der Lauf des Gewehrs ist verbogen, und dein Vater ist ein schlechter Schütze. Mach es nicht noch schlimmer mit deinen Geschichten und bösartigen Behauptungen, die Familie hat schon genug gelitten.«

»Das war kein Unfall, Mama. Der Marquis wollte sie beide töten, erst Tomás und dann Alma.«, sagte ich mit bebender Stimme. »Aber dann fehlte ihm wie üblich der Mut und die Zielgenauigkeit.«

Als ich sah, wie sich Mamas blasse Lippen verzogen, begriff ich, dass sie alles wusste.

»Du weißt es!«, rief ich. »Du weißt, dass es kein Unfall war, aber du schützt ihn und gibst mir die Schuld an allem. Warum tust du das? Er hätte auch Tomás und mich töten können.«

»Ja, und trotzdem schützen wir den Marquis«, antwortete sie. »Es bleibt uns nichts anderes übrig, als deinem Vater seine Version abzunehmen. Also noch einmal, mach nicht alles noch schlimmer, als es schon ist.«

»Aber er hat sie absichtlich getötet, seine eigene Tochter. Es war Mord. Wir müssen es der Polizei melden«, schrie ich, weil es mir inzwischen egal war, ob Carmen und auch Vater mich hören konnten. »Wie kannst du mir das antun? Wie kannst du schweigen und zulassen, dass mir die ganze Schuld angelastet wird, obwohl ihr alle die Wahrheit kennt?«

»Die Wahrheit ist nur das, was ein Mann sagt.« Mama vergaß für einen Moment die Puppe, sah mich aber nicht an. »Im Gegensatz zum Wort deines Vaters ist mein oder dein Wort nichts wert. Er ist ein Mann und zudem Marquis. Frag Carmen, wenn du mir nicht glaubst, sie hat das begriffen, und du wirst diese Lektion früher oder später auch noch lernen.«

Mama war in diesen vierzehn Tagen um zehn Jahre gealtert. Ihr kastanienbraunes Haar, sonst immer sorgfältig mit Wasserwellen in Form gebracht, war jetzt zerzaust und schmutzig. Unter ihren Augen hatten sich dunkle Schatten gebildet, und auf der Stirn war eine tiefe Furche entstanden. Sie trug einen dicken granatfarbenen Frotteebademantel, der nur halb geschlossen und so groß war, dass sie regelrecht in ihm versank. Darunter trug sie ein zerknittertes Satin-Nachthemd, das sie schon länger nicht gewechselt hatte. Ich konnte mich nicht daran erinnern, sie seit der Geburtstagsfeier ordentlich angezogen gesehen zu haben.

»Warum gebt ihr dann alle mir die Schuld?«, fragte ich verletzt. »Du hättest mir helfen können. Wenn du weißt, dass Vater es war, warum bestrafst du mich für seine Tat?«

»Weil ich mit dir böse sein kann.«

Ich riss ihr Almas Puppe aus der Hand.

»Alma braucht diese dämliche Puppe nicht mehr. Weißt du, dass sie sie hasste?«, sagte ich, wobei mir die aufsteigenden Tränen den Hals zuschnürten. »Sie hasste dieses blöde Puppenhaus mit seinen Miniaturmöbeln, seinen Brokatvorhängen, seinem winzigen chinesischen Porzellan und maßgefertigten Teppichen. Alma hasste das alles und spottete oft darüber, dass du uns das verfluchte Haus geschenkt hast. Sie meinte, es sei das ideale Geschenk für oberflächliche und egoistische Dummköpfe, die ihr Geld zum Fenster rauswerfen. So war unsere geliebte Alma in Wirklichkeit.«

Ich begann, der Puppe das schwarze Haar herauszureißen, aber das war schwieriger, als ich gedacht hatte.

»Was machst du denn da? Lass das sein!«, rief Mama und versuchte, mir die Puppe zu entreißen. »Hör auf, Estrella!«

Ich riss eine weitere Strähne heraus und schleuderte sie dann wütend auf den Boden zu meiner Puppe.

»Jetzt sind wir wieder gleich«, sagte ich abfällig.

Mama sank auf den Boden, hob die zerfledderte Puppe auf und streichelte sie.

»Du bist schlecht, Estrella«, murmelte sie, ohne mich anzublicken. »Du willst anderen weh tun. Warum hat er nicht dich getroffen?«

»Ja, warum bloß?«

Mama sah auf, als würde sie endlich begreifen, wie sehr sie mir wehtat, aber da flog die Tür auf, und der Bronzegriff schlug eine Kerbe in die Wand.

»Was ist hier los? Darf man erfahren, was der Lärm um diese Uhrzeit soll?«, dröhnte Vater. »Sind denn alle verrückt geworden?«

Der Marquis hatte die Tür zur Bibliothek mit dem Fuß aufgestoßen, sein rundes Gesicht war rot vor Wut, genau wie in dem Moment, als er Alma und Tomás auf der Waldlichtung erblickte. Ich sah, dass er die Fäuste ballte.

»Es ist nichts weiter, José. Das Kind konnte nicht schlafen und ist runtergekommen, um sich ein Buch zu holen. Sie geht schon wieder«, sagte Mama, Gelassenheit vortäuschend. »Es ist alles in Ordnung, geh wieder ins Bett.«

»Du sagst mir nicht, was ich tun soll. Und vielleicht ziehst du dich endlich mal wieder anständig an. Du bist die Marquise, siehst aber aus wie eine Schlampe, wenn du den ganzen Tag im Bademantel und mit schmutzigem Haar herumläufst«, warf er Mama an den Kopf. Dann war ich an der Reihe. »Und du, was glotzt du so? Hättest du den Mund gehalten, wäre deine Schwester noch bei uns. Bist du jetzt zufrieden?«

Ich war versucht, ihm zu sagen, dass Alma noch bei uns war. In genau dem Moment saß sie wie jeden Dienstag und Freitag, wenn uns Miss Lewis in Englisch und Literatur unterrichtete, auf ihrem Stuhl in der Bibliothek.

»Sie haben sie getötet. Sie wollten Tomás erschießen, haben aber nicht daran gedacht, dass das Gewehr einen verbogenen Lauf hat. Ich werde allen erzählen, was Sie getan haben«, drohte ich ihm.

»Mir ist egal, dass Sie Marquis und mein Vater sind, von mir aus könnten Sie der Papst von Rom sein, aber Sie haben meine Schwester getötet.«

Obwohl es mir gelang, meine Stimme klar und fest klingen zu lassen, zitterten mir die Knie. Ich rechnete damit, dass Vater einen Wutanfall bekam, auch, dass er mich erneut schlagen würde; stattdessen warf der Marquis den Kopf in den Nacken und lachte schallend.

»Und was willst du jetzt machen? Es allen erzählen? Niemand wird dir glauben«, höhnte er. »Ganz Basondo weiß, dass du deine Schwester gehasst hast. Du warst so dumm, wegen dieses Dorftrottels auf Alma eifersüchtig zu sein, und zwar so sehr, dass du dir gewünscht hast, ich würde sie auf eurem Geburtstagsfest töten.«

»Tomás kennt die Wahrheit. Er war dabei, als Sie auf Alma geschossen haben, er hat alles gesehen und wird es bestätigen, wir beide werden erzählen, was auf der Lichtung wirklich passiert ist.«

»Estrella…« Mama ergriff meinen Arm. »Geh in dein Zimmer, um diese Zeit solltest du schlafen. Wir überlegen morgen, was wir mit dir machen.«

Aber ich entzog mich ihrer Hand und ging auf meinen Vater los. Ich stellte mich so dicht vor ihn, dass ich seinen Whiskeydunst riechen konnte, vermischt mit Rasierwasser.

»Ich werde alles erzählen«, wiederholte ich. »Möglich, dass Sie nicht ins Gefängnis wandern, aber wenn Tomás es Padre Dávila erzählt, dann werden Sie…«

»Du warst schon immer ein Großmaul«, unterbrach er mich. »Das Bürschchen hat es Padre Dávila schon erzählt, er ist mit eingezogenem Schwanz sofort in die Kirche gelaufen, dieser Feigling…«

»José, das Kind ist doch nur wütend. Sie weiß nicht, was sie sagt. Siehst du denn nicht, dass sie um ihre Schwester trauert?«, versuchte Mama ihn zu beschwichtigen.

»Das Kind, das Kind«, äffte der Marquis sie nach. »Sie sind keine Kinder mehr, wenn sie sich vom erstbesten dahergelaufenen Kerl befummeln lassen. Du hast sie regelrecht verzogen mit diesem ganzen Privatunterricht, den schönen Kleidern und dämlichem Spielzeug wie diesem Ding da.«

Mit zwei Sätzen war Vater beim Puppenhaus und hatte mit einem Handstreich die winzigen Möbel des Salons und des Esszimmers auf den Boden gefegt.

»Gott sei Dank weiß Padre Dávila genau, wer dieses Dorf ernährt, und hat mir erzählt, was dieser Vogel ihm berichtet hat«, fuhr er fort. »Denn ohne mich, ohne das Zuloaga-Werk und meine Geschäfte würde Basondo im Elend versinken. Die Männer müssten sich woanders Arbeit suchen, die Dorfläden müssten schließen, der Zug nach Norden würde nicht mehr im Dorf halten … Und alles nur wegen dieses Lumpen. Aber ich habe mich schon um ihn gekümmert.«

»Was haben Sie mit ihm gemacht?«, fragte ich mit einem Knoten im Hals.

Ich hatte Tomás seit Almas Tod nicht mehr gesehen. Als sie sterbend auf unserer Lichtung lag, war Tomás einfach davongerannt. Seit zwei Wochen hatte ich nichts von ihm gehört, stellte mir aber vor, dass er um Alma trauerte oder in der Sakristei büffelte, um sich abzulenken. Bis zu dem Augenblick war mir nicht in den Sinn gekommen, dass Vater ihm etwas angetan haben könnte.

»Ich habe mir seinen Vater vorgeknöpft und ihm klargemacht, was seinem Sohn blüht, wenn er jemandem was erzählt.«

»Sie haben ihm gedroht, ihn zu entlassen, wenn Tomás die Wahrheit sagt?«, fragte ich, obwohl ich die Antwort schon kannte.

»Ja. Und dass ich seinen Bruder, diesen Krüppel, und die Gewerkschaftler bei der Guardia Civil anzeigen werde. Wenn Tomás nicht den Mund hält, wird sein Vater seine Arbeit verlieren, und sein Onkel und alle anderen werden verhaftet. Ohne Arbeit krepieren die wie elendige Ratten.«

»Und Tomás war damit einverstanden?«, fragte ich mit dünner Stimme. »Er wird für Sie schweigen?«

Ich konnte kaum noch sprechen, weil in meinem Kopf alles durcheinanderwirbelte und unter meiner Haut das Feuer zu lodern begann. Alma war tot und begraben, aber statt sie zu rächen oder Gerechtigkeit für sie zu fordern, betrog der Junge, der wie kein anderer ihren Namen geflüstert und sie geküsst hatte, sie mit seinem Schweigen.

»Natürlich wird er den Mund halten, er ist ja nicht blöd. Er schwadroniert zwar gern über Politik und Arbeiterrechte, aber er weiß ganz genau, was passiert, wenn er redet. Er hat sich für seine Familie entschieden«, erwiderte Vater. »Was hast du denn gedacht? Hast du etwa geglaubt, dieser Junge liebt euch oder wird eine von euch heiraten? Es ist nicht zu fassen, wie leicht ihr Frauen zu täuschen seid, wenn man euch an die Wäsche will, Marquisen eingeschlossen.«

Ich stürzte mich ohne nachzudenken auf ihn. Vater war viel größer, doch es gelang mir, ihn zu überrumpeln, und er wich zurück, als ich ihm mit aller Kraft meine Fingernägel in den Hals schlug. Dabei trat er auf einen der winzigen Stühle aus dem Puppenhaus, der unter seinem Schuh laut knackte, während ich spürte, wie sich meine Nägel in die faltige und fettige Haut an seinem Hals bohrten.

Mama schrie, aber Vater packte mich am Nachthemd und stieß mich von sich. Im Fallen schlug ich mit dem Hinterkopf auf den Griff der offenstehenden Tür.

»Bist du verrückt geworden? Du bist genauso verrückt wie deine Großmutter!«, schrie er und fasste sich an den Hals. »Deine Mutter wollte nicht, dass du es schon erfährst, aber wir haben dich in einem englischen Mädcheninternat angemeldet. Nächste Woche verlässt du das Haus.«

»England? Nein!«, protestierte ich. »Das hier ist auch mein Haus, und ich gehe nirgendwo hin. Sie können mich nicht rauswerfen.«

Vater ging vor mir in die Hocke, ich spürte seinen wütenden Atem im Gesicht und sah in seine Fratze, als er sagte:

»Du wirst aber von hier weggehen. Und solltest du irgendwas

ausplaudern, bringe ich diesen Nichtsnutz ebenfalls unter die Erde, genau wie deine dumme Schwester, das verspreche ich dir! Und dich holen wir aus der Schule und stecken dich in ein Irrenhaus. Verstanden?«

Mama stand hinter ihm, sie konnte die Tränen nicht mehr zurückhalten, sagte aber kein Wort und half mir auch nicht; sie umklammerte lediglich Almas Puppe und starrte auf die kaputten Miniaturmöbel auf dem Boden.

Sie würden mich nach England schicken, damit ich schwieg, bis die Gerüchte über Almas Tod versandeten und der Skandal vergessen wäre. Ich spürte, wie Zorn in mir hochstieg, vom Bauch durch die Brust bis in die Kehle: ein dumpfer, glühender Zorn, der mir in den Lungen brannte. Da fiel mein Blick auf die Kerosinlampe, die Mama angezündet hatte. Das Feuer zuckte durch meinen Arm und entwich in Form von Funken aus meinen Fingerspitzen.

Als der Marquis dies sah, machte er einen Satz. Mama ließ die Puppe fallen und hielt sich den Mund zu, als wollte sie einen Schreckensschrei ersticken. Als ich den Boden berührte, verwandelten sich die Funken in Flammen, sie züngelten über die Holzdielen und folgten einem unsichtbaren Weg bis zu den Füßen meines Vaters. Mama reagierte am schnellsten, sie schnappte sich die Wolldecke vom Sessel und warf sie auf die Flammen, die darunter schnell erstickt waren, aber eine schwarze Brandspur auf dem Holz hinterließen.

Erschrocken starrte ich auf meine Hände und erwartete, grässliche Brandwunden oder verbranntes Fleisch zu sehen, aber sie waren so weiß wie immer: keine Spur von Wunden oder Blasen auf meiner Haut, die darauf hingedeutet hätten, dass ich mit dem Feuer gespielt hatte.

»Du Monster«, keuchte Vater und bekreuzigte sich. »Hoffentlich erkennt bald jemand, der barmherziger ist als ich, wie du wirklich bist, und macht dir ein Ende.«

ZWEITER TEIL

WASSER

Löwenzahn

Die St. Mary's Boarding School for Girls war ein feines, exklusives Internat in Surrey, ungefähr fünfzig Kilometer von London entfernt.

Im ersten Schuljahr bekam ich keinen einzigen Brief von zu Hause, weder zu Weihnachten noch zu meinem sechzehnten Geburtstag, nichts. Ich hatte auch nicht damit gerechnet, denn Mama hatte mich auf der Fahrt von Basondo zum Hafen von Bilbao, wo ich die Fähre nach England nahm, kein einziges Mal angesehen. Bei der Gelegenheit hatte sie wieder rot lackierte Fingernägel und Lippenstift, ein dunkelblaues Kleid mit Glockenrock sowie einen passenden Filzhut auf dem ordentlich frisierten Haar getragen. Es war eine Woche vergangen, seit ich den Parkettboden der Bibliothek in Brand gesteckt hatte.

»Deine restlichen Sachen schicken wir dir nach, wenn du dich eingerichtet hast. Im Internat wird Schuluniform getragen, also wirst du anfangs nicht viel brauchen, aber ich werde Carmen sagen, sie soll dir das Notwendigste zusammenpacken«, hatte Mama am Anleger gesagt. »Bücher, Hefte, Uniform und alles, was du sonst noch brauchst, ist bereits in der Schule.«

Ein junger Bursche der Fährgesellschaft hatte meinen kleinen Koffer aus dem Wagen geholt, und Mama hatte ihm fünfzig Centimos gegeben, war aber nicht ausgestiegen, um sich von mir zu verabschieden oder mich zur Gangway zu begleiten. Sie hatte mich zum Abschied kurz angelächelt und dann dem Fahrer ein Zeichen gegeben, dass er umkehren könnte.

Ich war noch nie von Basondo weggewesen, hatte mich höchstens zehn Kilometer vom Haus entfernt, weshalb ich beschloss, nie wieder dorthin zurückzukehren, als ich auf der Zugfahrt nach Surrey London vorüberziehen sah. Diese moderne laute Großstadt mit ihren Gebäuden, die höher waren als die Bäume in unserem Wald, und den vielen Autos mit großen Leuchtreklamen auf dem Dach, die wie ein schlecht synchronisiertes Ballett über die Straßen kreuzten, hatten nichts mit dem zu tun, was ich mir in meinen kühnsten Träumen ausgemalt hatte.

Mein Leben im Mädcheninternat St. Mary's gestaltete sich völlig anders als in der Villa. Wald gab es keinen, nur Felder zwischen sanften Hügeln, die mit dichtem, kurz gemähtem Gras überwachsen waren, und Bäume – hauptsächlich Linden und Eichen –, die weit auseinanderstanden. Es gab auch kein Meer, weder geheimnisvolle Höhlen mit alten Wandmalereien noch geschlossene Bergwerke, in denen man sich verstecken und die Welt vergessen konnte. Aber es regnete viel, fast so viel wie in Basondo, und es war kalt, eine graue, feuchte Kälte, die einem buchstäblich in die Knochen kroch. Es war ein ähnlich unbeständiges Klima wie jenes, an das ich gewöhnt war. Manche Mitschülerinnen froren immerzu und trugen unter der blauen Schuluniform mit dem Schulwappen zwei Wollpullover, um sich nicht zu erkälten. Die meisten waren Engländerinnen mit milchweißer Haut, blondem Haar und blauen Augen, aber es gab auch ein paar Mädchen aus anderen Ländern: ein Dutzend aus den Vereinigten Staaten, ein französisches Zwillingspaar, das mit starkem Akzent Englisch sprach, und eine Italienerin mit riesigen Augen, die bereits im letzten Schuljahr war. Die Mitschülerinnen aus der Sekundarstufe erzählten, sie sei die Tochter eines mächtigen Mafiabosses aus Mailand, der sie auf dieses Internat geschickt hätte, um sie vor seinen Feinden zu schützen.

Meine Zimmergefährtin stammte aus Chicago und hieß Lucy Welch. Lucy hatte das röteste Haar, das ich je gesehen hatte, schöne braune Augen, viele Sommersprossen auf der Nase und einen Körper, der sie älter wirken ließ. Sie erzählte mir, dass ihre Eltern eine kleine Landmaschinenfabrik besäßen, in der Traktoren und Mähdrescher hergestellt wurden, obwohl sie mir auch anvertraute, dass der Familienbetrieb wegen der Großen Depression nicht mehr so gut lief. Lucy war die älteste von vier Schwestern. Auf ihrem Nachttisch stand ein Foto von ihnen, das ich mir oft anschaute, wenn sie es nicht merkte. Vier Male dasselbe sommersprossige Gesicht und dasselbe karottenfarbene Haar. Die eher anmutslose und etwas provinzielle Lucy war bei den kultivierten Schülerinnen der St. Mary's School – alle hatten mindestens drei Generationen reicher Vorfahren aufzuweisen – nicht sehr beliebt, weshalb sie meine Gesellschaft suchte, wenn sie sich nicht gerade weinend in der Toilette einschloss. Wir hatten nicht in allen Fächern gemeinsam Unterricht, bei den außerschulischen Aktivitäten hatte Lucy Theater und Tanz gewählt, während ich mich für Rechnungswesen eingeschrieben hatte. Abgesehen von diesen Stunden, wich sie mir nicht von der Seite.

»Diesen Sommer darf ich mit meinen Eltern zur Weltausstellung, weißt du? Das Motto lautet *Ein Jahrhundert des Fortschritts*, weil Chicago hundertjähriges Gründungsjubiläum feiert«, erzählte mir Lucy aufgeregt, als wir in der Bibliothek saßen und eigentlich Deutsch lernen sollten. »Ich hoffe, es ist bald Juli, ich muss hier raus. Dich werde ich natürlich vermissen, aber ich möchte endlich meine Eltern wiedersehen, vor allem meine Schwestern.«

»Sie vermissen dich bestimmt auch«, sagte ich, um sie zu trösten, doch insgeheim beneidete ich Lucy um ihre große rothaarige Familie.

Alma war mir in die St. Mary's School gefolgt. Während Lucy und ich uns unterhielten, saß meine Schwester am anderen Ende des langen Bibliothekstisches und spielte mit der Lampe, die sie fortwährend ein- und ausschaltete.

»Ich vermisse den Trubel von zu Hause, das kannst du dir ja vorstellen bei vier Mädchen. Hier ist es immer so still, viel zu still.« Lucy starrte auf die Lampe, die ständig an- und ausging. »Das Kabel scheint defekt zu sein.«

»Ja, das wird es sein«, murmelte ich.

Alma stand auf und schlenderte an den langen Bücherregalen entlang. Hin und wieder blieb sie stehen, um den Titel auf einem Buchrücken zu lesen. Ich sah sie nicht immer. Manchmal vergingen Wochen, ohne dass sie auftauchte, weshalb ich zwischendurch schon die Hoffnung hegte, sie sei für immer gegangen, doch dann saß sie plötzlich auf der Mauer vor der Schule und beobachtete die Mädchen beim Softball-Spielen, oder sie saß unverhofft an einem der langen Bibliothekstische. Alma sprach nicht mit mir, wenn sie mir durch die Schulflure folgte, sie beantwortete nie meine Fragen, so sehr ich es auch versuchte – mit Geschrei bis zu verzweifeltem Flehen. Einmal hatte ich ihr sogar mit dem Finger eine Nachricht auf den beschlagenen Spiegel der Gemeinschaftsbäder geschrieben, aber auch damit entlockte ich ihr keinerlei Reaktion. Sie starrte mich nur mit ihren weit aufgerissenen Honigaugen an, wie sie es schon zu Lebzeiten getan hatte. Hätte sie außer mir noch jemand anderes sehen können, hätte er oder sie bestimmt gedacht, Alma sei eine weitere Schülerin, auch wenn sie keine dunkelblaue Uniform mit dem Schulwappen trug. Ein gutes Jahr nach ihrem Tod trug Alma noch immer das lange weiße Spitzenkleid und die Zopfkrone.

»… diesen Sommer?«, fragte Lucy.

Ich riss meinen Blick von Alma los und sah meine Zimmergefährtin an, die auf eine Antwort wartete.

»Verzeihung, was hast du gesagt?«

Statt beleidigt zu sein, lächelte Lucy mich freundlich an.

»Ob du diesen Sommer nach Hause fährst? Deine Mutter freut sich bestimmt schon auf dich. Du bist jetzt über ein Jahr im Internat und warst noch kein einziges Mal daheim«, sagte sie gutgelaunt. »Bei mir ist das was anderes, weil Chicago auf der anderen Seite des Atlantiks liegt, aber bei dir … Du brauchst nur einen Zug nach Portsmouth zu nehmen und dann die Fähre nach Bilbao, eine Reise von zwei, höchstens drei Tagen.«

»Ich werde nie wieder zurückkehren«, erklärte ich entschlossen.

Alma war zwischen den Eichenholzregalen verschwunden, in

denen der Geruch nach Feuchtigkeit und Büchern hing, die schon seit Jahren nicht mehr aufgeschlagen worden waren.

»Du willst nie wieder zurück? Und was willst du machen, wenn du mit der Schule fertig bist?« Lucy hielt den Kopf schief, und die Spitzen ihres Pferdeschwanzes berührten die Tischplatte. »Willst du für immer in England bleiben? Wovon willst du leben?«

»Das weiß ich noch nicht genau und will auch nicht darüber reden«, beendete ich das Thema brüsk. »Und du, was willst du machen, wenn du hier fertig bist? Weißt du es schon?«

Lucy seufzte so laut, dass es in der leeren Bibliothek widerhallte.

»Ich werde vermutlich heiraten, viel mehr können wir schließlich nicht erreichen, oder? In meinem Alter war meine Mutter schon mit mir schwanger, daran erinnert sie mich in ihren Briefen ständig. Ich habe versucht, etwas fraulicher zu werden und weniger verrückt zu sein, aber nicht einmal dadurch gelingt es mir, einen Jungen auf mich aufmerksam zu machen, erst recht nicht in einem Mädcheninternat …«

Es gab keinen einzigen Jungen in der St. Mary's School, auch keinen Mann. Selbst für Wartung, Reparaturen und Gartenarbeiten waren Frauen zuständig. Die Internatsdirektorin Miss Richardson – eine elegante, große und schlanke Frau mit einem grauen Haarknoten, die ihre Brille an einer Kette trug – hatte uns erklärt, dass es in der St. Mary's School keine Männer gäbe, um »peinliche Situationen zu vermeiden und uns zu schützen«. Die Mädchen der ersten Klasse spekulierten im Gemeinschaftsraum stundenlang darüber, was Miss Richardson eigentlich damit meinte, aber ich wusste es: Ich hatte es herausgefunden an dem Abend, als Alma starb. Die Direktorin – wie alle Lehrerinnen, Schülerinnen, Köchinnen und Arbeiterinnen der Schule – wusste natürlich, dass bei »peinlichen Situationen« immer wir Frauen den Kürzeren zogen.

»Glaub ja nicht, dass *er* dafür bestraft wird, wenn ihr euch küsst: Schuld ist immer das Mädchen, da kannst du Gift drauf nehmen. Sie ist schuld und er entschuldigt«, hatte uns Carmen immer wieder eingeschärft. Ich hatte das erst richtig verstanden, als wir Alma begraben mussten, während Tomás frei in Basondo herumlief, als wäre nichts geschehen.

»Vielleicht finde ich auf der Weltausstellung in Chicago einen Ehemann«, sagte Lucy und kicherte albern. »Oder vielleicht haben meine Eltern schon längst einen Kandidaten, den sie mir vorstellen wollen, und drängen deshalb so darauf, dass ich heimkomme, wer weiß.«

»Schon bald werde ich hier in diesem Zimmer einer von euch das Brautkleid anziehen.« Carmens Worte hallten plötzlich in meinem Kopf wider, als hätte ich sie vor einer kleinen Ewigkeit gehört.

»Ich werde nie heiraten«, sagte ich ernst. »Mein Kindermädchen hatte recht. Männer sind die Pest, sie zerstören alles und scheren sich nicht darum, wenn sie anderen Schaden zufügen.«

»Es sind doch nicht alle Männer so«, entgegnete Lucy, wenn auch nicht sehr überzeugt.

Ich musste an Großvater Martín denken, der Großmutter Soledad gekauft und zur Heirat gezwungen hatte, weil er es so wollte; an Vater, der meine Mutter und Carmen unglücklich gemacht hatte, und an Tomás, der über den Mord an Alma einfach schwieg.

»Aber die Männer, die ich kenne, sind so«, schloss ich.

Tomás hatte mir kein einziges Mal geschrieben, seit ich im Internat war. Vaters Drohung dürfte die entsprechende Wirkung gezeigt haben, denn er beantwortete keinen meiner Briefe, bis auch ich es schließlich aufgab. Wenn er nichts mehr von mir wissen wollte, nach allem, was passiert war – sein Pech. Ich hielt Tomás inzwischen für einen herzlosen Feigling, der weder Alma noch mich wirklich geliebt hatte. Doch immer, wenn ich zurückblickte, verspürte ich ein mulmiges Gefühl, wie bei der Erinnerung an einen Albtraum, der sich einfach nicht verflüchtigen will, sondern immer weiter im Kopf herumspukt und jeden anderen Gedanken in dichten Nebel hüllt. Tomás, Villa Soledad, der Wald, unsere geheime Lichtung, die Sternenhöhle … Alma.

»Was willst du dann machen?« Lucys Stimme holte mich in die Wirklichkeit zurück.

Ich zuckte die Achseln.

»Ich bin gut in Buchhaltung und Bilanzen, vielleicht werde ich Unternehmerin, Buchhalterin, Sekretärin oder so was, ich weiß es noch nicht.«

Lucy lachte laut, und ihr roter Pferdeschwanz wippte auf und ab.

»Unternehmerin? Das klingt vielleicht langweilig. Nein, zu dir passt besser Schauspielerin, Opernsängerin … Du bist doch Marquise oder so was Ähnliches, nicht wahr? Ich dachte immer, so einen Titel trägt man ein Leben lang.«

»Meine Mutter ist die Marquise de Zuloaga.«

»In den Vereinigten Staaten haben wir keine Marquisen, Grafen oder so; falls du also weder Arbeit noch einen Mann findest, kannst du mit mir nach Chicago kommen, wenn wir mit der Schule fertig sind.« Ihre Augen strahlten begeistert angesichts dieser Idee. »Das wäre wunderbar. Du könntest bei uns wohnen und als Gouvernante für meine Kinder da sein, wenn ich welche kriege, und ihnen alles beibringen, was du hier gelernt hast. Ich würde dich natürlich bezahlen, und wir könnten Freundinnen bleiben.«

Ich stand abrupt auf und scherte mich nicht darum, dass das Zurückschieben des Stuhls ein lautes Quietschen verursachte.

»Ich werde bestimmt nicht für dich oder deine rothaarige Familie arbeiten, vielen Dank auch. Ich werde für deine Sippe weder das Kindermädchen noch die Gouvernante spielen«, sagte ich und raffte eilig meine Deutsch-Bücher und die anderen Sachen zusammen. »Wie kommst du bloß auf solchen Quatsch, mich bezahlen zu wollen? Ich brauche deine verdammte Hilfe wirklich nicht.«

Dann rauschte ich aus der Bibliothek, verspürte aber eine diffuse Angst bei dem Gedanken, als gewöhnliche Gouvernante wie Miss Lewis mein Leben fristen zu müssen, oder schlimmer noch, als einfaches Kindermädchen wie Carmen, den Kindern und dem Hausherrn stets zu Diensten.

Im Sommer war das Mädcheninternat praktisch verwaist. Lehrerinnen, Köchinnen und Putzfrauen fuhren in ihre Dörfer oder Städte und fast alle Schülerinnen nach Hause, um die Ferien bei ihrer Familie zu verbringen. Hinter den dicken Steinmauern der Schule blieben nur die Direktorin Richardson, die Gouvernante Miss Amelia – die Gerüchten zufolge eine sündige Beziehung zur Direktorin unterhielt –, eine Gärtnerin und zwei Schülerinnen, die ihre Eltern schlicht vergessen hatten. Und ich natürlich.

Ich hatte bereits einen Sommer in der St. Mary's School verbracht, aber diesmal zogen sich die sonnigen, leuchtenden Tage endlos in die Länge und waren schrecklich langweilig. Ich versuchte mich mit Lesen abzulenken. Die anderen beiden Mädchen mochte ich nicht und sie mich auch nicht, und ich wollte auch die Direktorin und die Gouvernante nicht ausspionieren, um herauszufinden, ob an den Gerüchten über ihre Beziehung etwas dran war, weshalb ich mich auf den Unterricht des nächsten Schuljahres vorbereitete, viel spazieren ging und alles las, was mir gerade in die Hände fiel.

Die große Schulbibliothek war für die Schülerinnen immer zugänglich, aber ich las am liebsten Abenteuer- und Fantasy-Romane, die an fernen, exotischen Orten spielten. In den ersten Ferientagen las ich meinen Roman noch in der stillen Bibliothek, aber dort schlenderte zumeist Alma zwischen den Regalen herum, stieg manchmal sogar auf die Schiebeleiter der Regalwand und setzte sich gelangweilt auf die oberste Sprosse. Schon bald war ich es leid, ständig den Blick ihrer goldenen Augen auf mir zu spüren.

»Ich habe es langsam satt, dass du mich überall hin verfolgst, kannst du mich nicht einmal jetzt, da du tot bist, in Ruhe lassen? Ich habe dich nicht getötet, warum schleichst du nicht um Tomás herum? Oder um den Marquis? Er hat abgedrückt, nicht ich!«, schrie ich einmal, als ich die blauen Strümpfe meiner Uniform in der Kommode suchte.

Wie üblich antwortete Alma nicht, sondern starrte mich nur überheblich an.

»Du wusstest, dass du sterben würdest, du wusstest es, seit Großmutter Soledad dir auf unserer Lichtung erschienen ist, aber du hast es mir nicht erzählt, weil du wolltest, dass ich mich nach deinem Tod schuldig und unglücklich fühle. Damit du es weißt, es ist mir egal. Sogar als Tote bist du noch eine falsche Schlange, die andere manipuliert.«

Ich hatte es satt, leise vor mich hinzumurmeln wie Großvater Martín, als er den Verstand verlor und den ganzen Tag im Morgenmantel durch die dunklen Flure des Hauses geschlichen war und die Namen und Ladenummern von Schiffen, die vor langer Zeit ausgelaufen waren, vor sich hin gebrabbelt hatte. Wenn es nicht regnete, verbrachte ich die Zeit auf der Wiese hinter der Schule. Es war nicht wie in meinem Wald, aber ich saß mit einem Buch unter einem Ahornbaum und ließ die gelesenen Worte in meinem Kopf nachhallen.

An manchen Tagen jener einsamen Sommerferien war ich versucht, Tomás zu schreiben, weil ich wissen wollte, wie es ihm ginge – und tatsächlich schrieb ich ihm einen bösen Brief, in dem ich ihn beschuldigte, Alma mit seinem Schweigen ein zweites Mal getötet zu haben –, aber ich wusste, dass mich mein Stolz daran hindern würde, den Brief zur Post zu bringen, weil mir sein Schweigen wehtat.

Irgendwann ließ ich an meinem Platz unter dem Ahorn eine Handvoll Löwenzahn wachsen. Das machte mir keinerlei Mühe. Ich legte einfach die flache Hand auf den Boden, und ein paar Sekunden später begann ein Löwenzahn aus dem dichten kurzen Rasen zu sprießen. Ich blutete weder aus der Nase noch wurde mir nach der dritten Pflanze schwindlig, weshalb ich annahm, dass das Sprießen eines harmlosen Löwenzahns nicht der Natur zuwiderlief wie eine Kiefer rote Äpfel tragen zu lassen. An jenem Nachmittag lernte ich meine Gabe zu kontrollieren. Vorher war mir nicht bewusst gewesen, was geschah, wenn ich eine Blume oder einen ganzen Waldboden schweben ließ oder ein Feuer entfachte, aber an jenem Nachmittag in dem schönen Schulgarten wurde mir klar, dass ich nicht wütend sein musste, um nach Lust und Laune in den Lauf der Natur einzugreifen.

Alma, meine Schuldgefühle, die Bücher und der Löwenzahn, mit dem ich die ganze westliche Seite des Gartens überzog, waren in jenem langweiligen endlosen Sommer meine einzige Gesellschaft, weshalb ich mich riesig freute, als Lucy und die anderen Mitschülerinnen endlich zurückkehrten. Aber meine Zimmergefährtin hatte sich verändert. Ich merkte es erst, als sie ihre Reisetruhen öffnete und ihre Kleider und Sachen auspackte.

»Und du? Wie ist es dir den ganzen Sommer allein ergangen?«, fragte sie mich, ohne mich anzusehen. »Bestimmt besser als mir.«

Ich saß mit den Buchhaltungsübungen auf meinem Bett, hatte aber Bilanzen und Rechenbücher vergessen, weil ich die ganze Zeit Lucy beobachtete.

»Gar nicht so schlecht«, log ich, damit sie nicht merkte, wie sehr ich sie vermisst hatte. »Und wie geht es deiner Familie? Wart ihr auf der Weltausstellung? Du hast vor den Ferien über nichts anderes gesprochen.«

»Ja, die Weltausstellung war gut«, antwortete sie achselzuckend. »Aber meine Familie ist nicht mehr so, wie ich sie in Erinnerung hatte. Sie ist irgendwie anders, oder vielleicht habe ich mich verändert, ich weiß es nicht, aber es ist nichts mehr wie früher.«

»Ist was passiert?« Ich verspürte keine große Neugier auf Lucys Familiendrama, eigentlich nicht die geringste, war aber dankbar, zur Abwechslung eine andere Stimme als meine eigene zu hören. »Geht es allen gut?«

Lucy hängte eine gebügelte Bluse in den Schrank, doch bevor sie auch die Winterstrümpfe einräumte, ließ sie sich seufzend auf ihr Bett sinken.

»Die Geschäfte meiner Eltern laufen schlecht«, räumte sie ein. »Sie mussten fast alle Arbeiter entlassen und wissen nicht, ob es die Fabrik nächstes Jahr noch gibt und wie es weitergehen soll.«

Plötzlich fiel mir auf, dass Lucy keine neuen Kleider mitgebracht hatte. Zum Ende des Schuljahres schickten uns unsere Eltern normalerweise Geld, um je nach Jahreszeit bei der Kleiderbeauftragten der Schule neue Schuluniformen zu bestellen. Carmen hatte mir im Namen meiner Mutter schon dreimal telegrafisch Geld angewiesen: zweimal für neue Uniformen, als mir die ersten zu klein wurden, und einmal zu meinem Geburtstag. Doch Lucys Strümpfe waren gestopft – das war an der Ferse deutlich zu erkennen –, und ich sah auch, dass der Saum ihres dunkelblauen Rocks noch immer aufgerissen war, denn sie war vor den Ferien versehentlich an einem Stuhl hängen geblieben.

»Das tut mir leid«, sagte ich und fragte mich insgeheim, wie lange das Zuloaga-Werk noch bestehen würde. »Verfluchte Wirtschaft und verfluchte Depression, die kein Ende nimmt.«

»Ja, keine Ahnung, was nächstes Jahr sein wird, aber es gibt nicht nur schlechte Nachrichten. Der Sommer in Chicago hatte auch eine Überraschung für mich parat.« Ein Lächeln huschte über Lucys Lippen. »Ich habe einen Mann kennengelernt. Er ist ein paar Jahre älter als ich, eigentlich viel älter, aber seine Familie hat viel Geld, altes Geld, und er besitzt eine riesige Ranch in Kalifornien mit vielen Schafen, Kühen und so weiter. Und ich glaube, dass ich ihm gefalle.«

»Oh, das freut mich für dich«, sagte ich und glättete eine unsichtbare Falte auf dem neuen Uniformrock. »Und wie heißt der glückliche Cowboy?«

Mir war der Name des Mannes herzlich egal, aber ich mochte mir nicht eingestehen, dass es mich störte, dass Lucy mit ihren Pausbacken, ihrem lockigen Karottenhaar und ihren Umgangsformen einer Landpomeranze einen Mann kennengelernt hatte, während ich einen langweiligen Sommer in der Gesellschaft von Löwenzahn verbringen musste.

»Er heißt Mason, Mason Campbell. Er sieht sehr gut aus, wie ein Schauspieler. Er hat blondes Haar, blaue Augen und gebräunte Haut. Er sieht aus wie Gary Cooper«, schwärmte Lucy. »Wir haben uns auf der Weltausstellung zusammen die Pavillons angesehen und ein Zitroneneis gegessen, und ich habe ihn sogar zum Postamt begleitet, wo er Material für seine Ranch abholen musste.«

Ich lächelte aus Höflichkeit. Sie hatten ein Zitroneneis gegessen. Ich fragte mich, ob das eine Art Geheimcode dafür war, dass sie miteinander geschlafen hatten, und erinnerte mich an Alma und Tomás auf unserer Lichtung im Wald. Aber nein, ich wusste, dass für Lucy ein Zitroneneis essen eben nur das war.

»Das klingt ja, als wäre es dir in Chicago richtig gut gegangen«, sagte ich.

»Sehr gut, und das Beste von allem ist, dass Mason genug Geld hat, damit meine kleinen Schwestern weiter zur Schule gehen können, wenn meine Eltern die Fabrik aufgeben müssten, Gott bewahre.«

Lucy hatte mir vor einem Jahr erzählt, dass ihre Familie den Evangelisten angehörte und sehr konservativ sei. Ihr Vater sah es nicht gern, dass seine Töchter weiter zur Schule gingen, seiner Meinung nach reichte es nämlich aus, wenn Frauen lesen und schreiben konnten. Lucy war eine Art rothaariges Versuchskaninchen. Ihre Eltern hatten sie in der St. Mary's School angemeldet, als die Geschäfte mit Landwirtschaftsgeräten noch florierten, um das Image der Familie aufzupolieren. Eine Tochter auf einem ausländischen Internat war, wie einen Vollblüter oder ein Haus an der Französischen Riviera zu besitzen. Wenn sich Lucy anstrengte und gute Noten bekam, könnten ihre kleinen Schwestern weiter zur Schule gehen. Doch als die Geschäfte schlechter liefen, wollte Lucys Vater plötzlich, dass ihre Schwestern von der Schule abgingen und sich eine Arbeit oder einen Mann suchten, um der Familie nicht länger auf der Tasche zu liegen.

»Ich freue mich für dich und deine Schwestern«, sagte ich und meinte es ehrlich.

»Ja, ich auch«, erwiderte Lucy erleichtert. »Ich will nicht, dass sie die Schule verlassen und jetzt schon heiraten müssen, sie sind viel zu jung. Die kleinste ist erst zwölf, aber mein Vater hört nicht auf mich, nicht einmal auf meine Mutter, es zählt nur, was er entscheidet.«

Ich betrachtete das Foto auf dem Nachttisch, von dem die vier Schwestern mich mit ihren Hasenzähnen und ihren Karottenlocken anlachten.

»Das tut mir leid, ich kenne das.«

»Es ist wirklich ungerecht. Ich habe mich hier so angestrengt, um gute Noten zu bekommen und meinem Vater zu beweisen, dass ich genauso klug bin wie ein Junge, dass ich es verdiene, später zu studieren, wenn ich will, und meine Schwestern auch«, fügte sie hinzu. »Papa möchte, dass Mason in seine Fabrik investiert, um ihm zu beweisen, dass er es ernst mit mir meint, dass er gute Absichten hat, du verstehst schon, aber ich weiß nicht genau, ob ich das will. Man sollte Familie und Geschäfte nicht vermischen, oder?«

Ich war versucht, Lucy zu sagen, dass ihr Vater das bereits tat, wenn er sie an diesen Rancher verkaufen wollte wie auf einer Viehauktion, wo die Tiere an den besten Bieter gingen, aber ich biss mir im letzten Moment auf die Zunge, um sie nicht zu verletzen.

»Gefällst du ihm denn? Diesem Mason, meine ich. Hat er schon um deine Hand angehalten?«

»Ja, ich glaube schon, dass ich ihm gefalle und er mich heiraten will«, gestand sie, und ihre Wangen schimmerten rosiger als sonst. »Es ist natürlich noch nicht offiziell, aber ich weiß, dass er beabsichtigt, mir einen Antrag zu machen, denn ich habe erfahren, dass er die Ranch renovieren lässt, neue Gardinen, elegante Sofas, einen Plattenspieler und sogar eine neue Küche kaufen will. Warum sollte ein Mann das tun, wenn er nicht vorhat, bald zu heiraten?«

»Dann herzlichen Glückwunsch.«

Es wäre angemessen gewesen, aufzustehen und sie zu umarmen, aber ich blieb einfach sitzen.

»Danke, ich bin ein bisschen nervös. Ich bin nicht wie du, Estrella, ich bin weder hübsch noch elegant noch kann ich mich wie eine Marquise benehmen, ich habe auch nicht diese geheimnisvolle Aura wie du. Ich bin ein Landei, wie mein Vater zu sagen pflegt.«

»Vielleicht sollte dein Vater seine Meinungen öfter mal für sich behalten«, murmelte ich.

»Ja, schon möglich.«

Statt sich über meinen Kommentar zu ärgern, lächelte Lucy mich erleichtert an. Daran merkte ich, dass auch sie es satthatte, dass ihr Vater – und die gesamte Familie – ihr ständig vorschrieben, was sie zu tun und zu lassen hatte.

»Ich mache mir ein bisschen Sorgen, dass Mason einen Rückzieher machen oder es sich anders überlegen könnte. Wir haben uns erst vor Kurzem kennengelernt, und er könnte seine Meinung ändern«, sagte sie und wrang die Hände im Schoß. »Ich möchte nicht, dass Mason merkt, dass ich nicht aus dem Holz geschnitzt bin, die Frau eines Großgrundbesitzers zu sein. Feiern, Tanzen und all das ist nicht so meine Sache, und seine Ranch liegt in Kalifornien, ganz in der Nähe von Los Angeles, wo die Filme gedreht werden, die wir uns im Reginald anschauen. Kannst du dir das vorstellen? Ich könnte sogar nach Los Angeles fahren.«

Das Reginald war ein kleines Kino in Surrey. Wenn Miss Richardson uns erlaubte, das Schulgelände zu verlassen, gingen Lucy und ich gewöhnlich einmal im Monat sonntags ins Kino. Mich hatten Filme oder Filmstars nie sonderlich interessiert, obwohl ich mit Alma oft stundenlang fasziniert Carmens Magazine angeschaut hatte. Doch im letzten Jahr hatte ich Gefallen daran gefunden, auf der großen Leinwand Filme zu schauen. Ich saß gern in den abgewetzten Sesseln, deren Federn sich mir in den Rücken bohrten, wenn ich mich bewegte, ich stand gern für die Eintrittskarte Schlange und mochte den Geruch von Staub, Süßigkeiten und frischem Popcorn. Inzwischen wartete ich immer sehnsüchtig auf den einzigen Sonntag im Monat, an dem Miss Richardson Lucy und mir erlaubte, zu Fuß nach Surrey ins Kino zu gehen.

»Mason will im Herbst wegen einer geschäftlichen Angelegenheit nach London kommen. Er hat mir nicht gesagt, um was genau es sich handelt, aber es ist viel Geld im Spiel. Deshalb kommt er persönlich, obwohl er eigentlich nicht gern reist«, erzählte Lucy mit leuchtenden Augen. »Meine Eltern haben die Direktorin um eine Sondererlaubnis gebeten, dass ich mich mit ihm treffen kann.«

»Und was willst du von mir?«

Lucy beugte sich vor und ergriff meine Hand.

»Du sollst mir helfen. Geh mit uns ins Kino, geh mit uns in London spazieren oder was auch immer wir machen werden. Dann habe ich weniger Angst davor, mit ihm zusammen zu sein, und muss mir nicht die ganze Zeit Sorgen machen, dass Mason mich für ein Landei halten könnte.«

In meiner Vorstellung war Mason Campbell lediglich ein Bauer in Jeans, der nach Kuhmist stank, und ich hatte keinerlei Interesse daran, ihn kennenzulernen.

»Gefällt er dir?«, fragte ich, diesmal wirklich neugierig.

»Ich weiß nicht so recht und bin mir auch nicht sicher, ob ich ihn wirklich heiraten will, aber ich brauche ihn, damit meine Schwestern weiter zur Schule gehen können. Und du weißt ja, dass die reichen Männer nicht unbedingt bei mir Schlange stehen. Mason ist meine einzige Chance.« Lucy seufzte resigniert. »Was meinst du? Kommst du mit? Los, sag schon ja.«

Ich würde jede Gelegenheit nutzen, um aus dem Internat rauszukommen, egal, ob zu einem Kinobesuch oder einer Fahrt nach London.

»Ja klar, ich spiele deine Anstandsdame«, gab ich schließlich eher lustlos nach.

Lucy schrie begeistert auf und umarmte mich fest, wobei mich ihre roten Locken in der Nase kitzelten.

»Danke, danke …«, wiederholte sie, ohne mich loszulassen. »Du bist eine wahre Freundin.«

Ich konnte es damals nicht wissen, aber so lernte ich meinen zukünftigen Ehemann kennen.

Es geschah in einer Nacht

Mason Campbell war keineswegs der schmutzige, nach Kuhmist stinkende Bauer, den ich mir vorgestellt hatte. Er war, wie Lucy ihn mir an jenem Nachmittag in der St. Mary's School beschrieben hatte, groß und blond und sah aus wie ein Hollywood-Schauspieler. Mason hatte die blauesten Augen, die ich je gesehen hatte, sie erinnerten mich an die Farbe des Kantabrischen Meeres an einem Sommernachmittag, wenn sich die Wellen zurückzogen und das Meer zur Ruhe kam. Er sprach kein feines oder förmliches Englisch wie wir in der Schule, nein, er sprach ein Englisch der knappen Worte: direkt und ohne jegliche Ausschmückungen oder Schnörkel, und natürlich mit amerikanischem Akzent.

Mason gefiel mir vom ersten Moment an. Miss Richardson war nichts anderes übrig geblieben, als dem wiederholten Drängen von Lucys Eltern nachzugeben und ihrer Tochter – und deren Zimmergefährtin – die Erlaubnis zu erteilen, ein paar Stunden in der Woche das Internat zu verlassen. Wie mir Lucy erzählte, hatten ihre Eltern der Richardson damit gedroht, ihre nicht ganz geheime Liebschaft mit der Gouvernante publik zu machen, wenn sie die Erlaubnis nicht erteilte. Ich fürchtete, Miss Richardson wäre böse auf uns und würde uns bestrafen, nachdem sie das Telegramm von Lucys Eltern gelesen hatte, aber sie nahm nur ihre Brille ab, die immer an einer Goldkette hing, und sah uns mit ihren grauen Augen eindringlich an.

»Wollen Sie das wirklich, Misses? Mitten in der Woche den Unterricht versäumen, um einen Herrn zu treffen?«, fragte sie bei geschlossener Tür im Direktorenzimmer.

Ich spürte, dass sie von uns hören wollte, dass wir das nicht wollten, dass es sich nur um eine wahnwitzige Idee von Lucys Eltern handelte, die ihre Tochter um jeden Preis zu verheiraten planten.

»Ja, das wollen wir«, antwortete Lucy resigniert.

Miss Richardson seufzte. Seit ich im Internat war, hatte ich die Direktorin nie seufzen hören.

»Gut, wenn Sie beide damit einverstanden sind, kann man nichts machen. Sie können diesen Herrn an zwei Nachmittagen in der Woche treffen, wie mich Ihre Eltern so freundlich gebeten haben, Miss Welch«, erklärte Miss Richardson dann in distanziert-professionellem Tonfall. »Aber ich möchte Sie daran erinnern, dass Sie die Zeit in unserem Internat unter meiner Fürsorge stehen, wie alle meine Schülerinnen. Wenn Sie jedoch das Gelände verlassen, trage ich keine Verantwortung mehr für Sie.«

Sie sagte nicht, was genau sie mit Fürsorge meinte, ich ahnte jedoch, dass es etwas mit den peinlichen Situationen zu tun haben musste. Lucy nickte stumm, und ich schielte zu ihr hinüber. Ich kannte sie gut genug, um zu wissen, dass sie sich erbärmlich fühlte, weil sie mitgeholfen hatte, die Direktorin zu erpressen, um diese Sondererlaubnis zu erhalten.

»Ich wollte es eigentlich nicht, weil ich Miss Richardson sehr mag, aber ich musste sie damit unter Druck setzen, meine Eltern haben es von mir verlangt«, gestand sie mir, als wir auf den Hof hinausgingen. »Das Schicksal meiner Schwestern und auch meins hängt davon ab, dass diese Verbindung zu einer Heirat führt. Wenn man keine Wahl hat, fällt es einem leichter, Verrat zu begehen.«

Seit Lucys Rückkehr aus Chicago waren zwei Monate vergangen. Mason und sie hatten sich mehrmals geschrieben, aber er hatte noch nicht formell um ihre Hand angehalten, und Lucy wurde langsam ungeduldig. In wenigen Monaten würde das letzte Schuljahr in der St. Mary's School zu Ende gehen, und Lucy wusste nicht, ob sie das geplante Jahr zur Spezialisierung noch anhängen könnte. Sie wusste auch nicht, ob ihre kleinen Schwestern weiter zur Schule gehen durften. Lucy erfüllte ihren Teil der Abmachung und bekam die besten Noten der ganzen Klasse, aber als sie ihre Mutter nach der Möglichkeit eines weiteren Schuljahres fragte, antwortete diese ihr nur ausweichend.

Ich wusste meinerseits nicht, was ich machen sollte, wenn das Schuljahr zu Ende ging. Es wäre eine gute Gelegenheit, nach Hause zurückzukehren. Carmen hatte mir in einem Brief mitgeteilt, dass ich am zweiundzwanzigsten Dezember in der Villa Soledad erwartet würde und die Señora Marquise mir einen Chauffeur zum Hafen von Bilbao schicken würde, um mich abzuholen. Ich wollte weder nach Basondo zurück noch an meine Zukunft denken – wie auch immer die aussehen mochte –, weshalb sich mir an dem Nachmittag, als Lucy mir Mason vorstellte, die perfekte Gelegenheit bot, alle meine Sorgen erst einmal beiseitezuschieben.

»Lucy hat mir gar nicht erzählt, dass Sie so ein stattlicher Mann sind, wie ein Kinostar«, sagte ich zu Mason, als wir drei die Straße entlanggingen. »Das hat sie mir bestimmt aus Angst verschwiegen.«

Mason lachte. Sein Lachen war dunkel und sonor, es war das erste männliche Lachen, das ich seit Monaten hörte, und es ließ eine seltsame Hitze in meiner Brust aufsteigen.

»Das glaube ich nicht; wo ich herkomme, sind alle groß und blond und haben blaue Augen. Ich kann Ihnen versichern, ich bin wirklich nichts Besonderes, im Gegenteil, ich glaube eher, dass ich ziemlich langweilig bin«, erwiderte Mason lächelnd, aber ohne Lucy anzublicken. »Jedenfalls habe ich noch nie jemanden kennengelernt, der zwei unterschiedliche Augenfarben hat wie Sie. Keine Ahnung, wie so was zustande kommt, aber es ist einzigartig.«

Ich lächelte ihn an, als hätte mir das noch kein Junge oder Mann je gesagt.

»Danke, ich weiß es auch nicht. Sie sind seit meiner Geburt so«, antwortete ich lächelnd.

Surrey war knapp anderthalb Kilometer vom Internat entfernt, aber es ging immer geradeaus und gab kaum Verkehr, weshalb der

Weg kürzer wirkte. Von der St. Mary's School bis zu den ersten zweistöckigen Häusern von Surrey führte eine Schotterstraße, und jeder vorbeifahrende Wagen wirbelte Staub auf. Der Weg war gesäumt von sanften Hügeln, auf denen Schafherden weideten, und manchmal traf man Leute, die zu Fuß in den Ort gingen, um den Zug nach London zu nehmen, aber das war alles.

»Ich möchte nicht indiskret sein, Mister Campbell, aber was führt Sie nach England?«, fragte ich. »Abgesehen von unserer Lucy natürlich.«

Seit sie uns einander vorgestellt hatte, hatte Lucy kein Wort mehr gesagt. Stumm ging sie neben uns her und starrte auf den Schotterweg, als wollte sie sich unsichtbar machen.

»Das ist keineswegs indiskret. Ich wette, wenn man so lange Zeit mit denselben Menschen zusammen ist, kennt man alle Geheimnisse«, behauptete Mason im Brustton der Überzeugung. »Dann ist es ganz normal, dass man neugierig auf Unbekannte ist – ich an Ihrer Stelle wäre verrückt geworden.«

»Stimmt. Das Zusammenleben mit hundert Mädchen und dreißig Frauen kann manchmal unerträglich sein. Am Ende kennen wir uns alle in- und auswendig und könnten ein Buch über uns schreiben.« Ich verdrehte die Augen, um meinen Worten mehr Nachdruck zu verleihen. »Aber Sie haben mir nicht geantwortet … Weshalb sind Sie in London? Ich kann mir vorstellen, dass es bei Ihnen zu Hause in Kalifornien ganz anders ist als hier, wo das Klima tückisch sein kann.«

Mason lachte und sah zum Himmel hinauf, dann streckte er die Hand aus, als wollte er testen, ob es regnete.

»Das habe ich auch gehört, aber ich bin seit zwei Tagen im Land und habe noch keinen einzigen Regentropfen fallen sehen.«

Es war Ende Oktober, aber noch nicht sehr kalt, die Uniformjacke über dem Pullover schützte ausreichend vor dem Wind. Der Himmel war klar, am Horizont erkannte man ein paar tief hängende Wattewolken, die aber nicht nach Gewitter aussahen.

»Haben Sie etwas Geduld, Mister Campbell, es wird schon bald regnen«, erwiderte ich lächelnd.

»Ich bin hier, um ein paar geschäftliche Dinge der Familie zu erledigen, nichts besonders Interessantes, fürchte ich«, antwortete Mason. »Sie wissen ja, wie das in Familien läuft: Alle glauben sich im Recht, und man sollte sie besser nicht enttäuschen, sonst halten sie es einem ein Leben lang vor. Es ist ein bisschen lästig.«

»Und alle haben eine Meinung darüber, was das Beste für einen ist, ohne auf dessen Wünsche zu achten«, ergänzte ich.

Ich wusste nicht, warum ich das gesagt hatte, denn ich neigte eigentlich nicht dazu, mich in der Öffentlichkeit über meine Familie zu beklagen. »Schmutzige Wäsche wird zu Hause gewaschen«, pflegte meine Mutter immer zu sagen. Nach diesem Motto wurde auch mit Almas Tod umgegangen.

»Nun ja, auch wenn es lästig für Sie ist, ich freue mich, dass Ihre Familienangelegenheiten Sie nach England geführt haben, somit kann ich Sie endlich kennenlernen, denn Lucy hat mir viel von Ihnen und Ihrem Besuch der Weltausstellung im Sommer erzählt.« Ich schaute zu Lucy hinüber und hoffte, dass sie sich endlich am Gespräch beteiligte, aber sie schien an den Schafen mehr interessiert zu sein als an einer Unterhaltung mit Mason. »Fahren Sie morgen nach London?«

»Ja, heute Nacht habe ich mich hier in Surrey in einer Pension mit merkwürdigem Namen einquartiert, aber morgen fahre ich mit dem Zug nach London, wo ich ein paar Tage zu tun haben werde.«

»Verstehe. Und wie heißt diese Pension?«, fragte ich mit einem schiefen Grinsen. »Sie sagten, ihr Name sei seltsam, aber nicht, wie er lautet.«

Ich kannte den Namen ganz genau, denn in ganz Surrey gab es nur eine anständige Pension, aber ich wusste auch, dass Männer gern reden, vor allem, wenn sie glauben, dass sie was Interessantes zu sagen hätten, auch wenn dem überhaupt nicht so war.

»Männer reden gern, hören aber nicht gern zu«, hatte uns Carmen einmal beim Kämmen erzählt. »Lasst sie nur reden, das stärkt ihr Selbstbewusstsein.«

Mason lachte, und ich fiel in sein Lachen ein. Ich war schließlich nicht dumm. Als ich noch in Basondo lebte, hatte ich mich schon mit den verschiedensten Männern unterhalten, mit jüngeren und älteren als Mason, mit reichen und weniger reichen, mit anderen Augenfarben und anderen Akzenten. Darunter waren Söhne von Diplomaten, Erben von argentinischen Großgrundbesitzern, Neffen von hochrangigen Militärs und Geschäftsmänner gewesen, und dieses dunkle, warme Lachen hatte ich schon öfter gehört. Deshalb wusste ich, noch bevor wir in Surrey ankamen, dass ich Mason Campbell gefiel.

Hinter dem Hügel tauchten die ersten Pultdachhäuser auf, dann der Kirchturm und noch ein bisschen weiter hinten die gepflasterten Straßen von Surrey.

»Mir wurde empfohlen, einen Wagen zu mieten, aber ich hielt das nicht für nötig«, sagte Mason. »In diesem Land liegt alles so nah beieinander, es ist fast ein Witz, dass wir zu Fuß ins Dorf gehen können. Wenn man zu Fuß über meine Ranch ginge, würde man vor Hitze sterben. Diese Enge ist ziemlich ungewohnt für mich.«

»Wie ist es in Kalifornien, wie in den Filmen?«, fragte ich, diesmal mit echtem Interesse. »Dort wollte ich schon immer mal hin.«

Mason lachte erheitert auf.

»Ich kann mir gut vorstellen, dass eine junge Frau wie Sie das Leben in Kalifornien sehr genießen würde: die Strände, Menschen aus aller Herren Länder, moderne Shopping Malls und natürlich Hollywood. Außerdem scheint das ganze Jahr über die Sonne.«

»Das ist wirklich ganz anders. Klingt doch gut, was meinst du, Lucy?« Ich knuffte sie leicht in die Seite, um sie zu einer Reaktion zu bewegen. »Klingt das Leben in Kalifornien nicht wunderbar? Es wäre doch genial, wenn wir beide zusammen nach Los Angeles reisen könnten.«

Lucy hob zum ersten Mal den Kopf und schaute mich an. Als ich ihr Gesicht sah, wusste ich nicht, ob sie sich über mich, über Mason – weil er eine leichte Beute für mich war – oder sich selbst ärgerte, dass sie nicht vorhergesehen hatte, was passieren könnte, wenn sie mich zu dem Treffen mitnahm.

»Ja, das wäre genial«, lautete die knappe Antwort.

Dann verstummte Lucy wieder, und wir gelangten ins Zentrum von Surrey. Das Reginald-Kino war noch ein Stückchen entfernt, aber ich konnte schon den Duft des Popcorns riechen, der in der Oktoberluft hing.

»Was ein Glück, dass man hier nicht Schlange stehen muss. Vor dem Kino in San Bernadino bilden sich freitagabends Schlangen, die einmal um den Häuserblock reichen, wenn es sehr heiß ist«, sagte Mason.

In zehn Minuten begann die Vorstellung, aber vor der Kasse standen nur ein paar Dutzend Menschen. Da Lucy und ich Schuluniform trugen, starrten uns die Leute neugierig an. Sie dachten bestimmt, wir wären ausgerissen.

»Hier gibt es nur ein Kino, und die Filme sind meist ein Jahr alt oder älter. Um Premieren sehen zu können, muss man nach London fahren«, erklärte ich.

»Und welchen Film sehen wir heute?«, fragte Mason und blickte über die Köpfe der Leute hinweg.

»*Es geschah in einer Nacht*. Ich weiß nicht, worum es geht, aber diesen Film zeigen sie den ganzen Monat.«

Die Leute rückten vor, und wir mit ihnen, jetzt konnte ich schon den Kinoeingang und den Tresen erkennen, an dem Süßigkeiten und Popcorn verkauft wurde.

»*Es geschah in einer Nacht*. Clark Gable und Claudette Colbert lernen sich kennen, als die Colbert, ein verwöhntes und widerspenstiges Mädchen, den Fehler begeht, aus Verachtung für ihren Vater einen anderen Mann zu heiraten«, erklärte Mason, der sehr nah bei mir stand. »Aber im letzten Moment ändert sie ihre Meinung, verschwindet von ihrer eigenen Hochzeit und lernt Clark Gable kennen, einen unverschämten mittellosen Mann, mit dem sie sich auf eine Affäre einlässt, damit sie nicht zu ihrem Vater zurückkehren muss.«

»Und dann verlieben sie sich ineinander?«, wollte ich wissen. »Verlieben sich der unverschämte Mann und das widerspenstige Mädchen am Ende?«

Mason lächelte, und ich spürte abermals diese Hitze in der Brust.

»Um das herauszufinden, müssen Sie sich den Film ansehen«, sagte er mir fast ins Ohr. »Ich gehe die Eintrittskarten kaufen, bleiben Sie in der Schlange.«

Ich starrte Mason nach, der seelenruhig zur Kasse ging, wo ein Junge in roter Uniform und Mütze in derselben Farbe – was ihn wie einen Zugschaffner oder einen Pagen aussehen ließ – hinter einer Glasscheibe die Eintrittskarten verkaufte, als wäre es die schwierigste Aufgabe der Welt.

»Was bildest du dir eigentlich ein?«, fauchte Lucy, als wir allein waren. »Du weißt ganz genau, was ich hierfür aufs Spiel setze, was meine Schwestern aufs Spiel setzen, und du flirtest vor meiner Nase mit ihm?«

»Großer Gott, Lucy, nun übertreib mal nicht«, verteidigte ich mich. »Ich habe dir mehrfach Gelegenheit gegeben, dich am Gespräch zu beteiligen, aber du hast lieber den Mund gehalten und auf den Boden gestarrt wie ein verbocktes kleines Mädchen.«

»Ich dachte, du seist meine Freundin! Ich weiß zwar, was die Mitschülerinnen über dich erzählen, aber ich dachte, das sei nur Getratsche«, fuhr sie fort. Jetzt redete sie so laut, dass sich das Pärchen vor uns umdrehte. »Genau deshalb wollte ich, dass du heute mitkommst: um mich zu unterstützen und mir zu helfen, dass Mason endlich um meine Hand anhält, nicht, um ihn auf dich aufmerksam zu machen. Er gefällt dir doch gar nicht! Du machst das nur, um mich zu ärgern, aus reinem Egoismus. Du kannst jeden Jungen haben, den du willst.«

Mason gefiel mir tatsächlich nicht, aber seine Aufmerksamkeit oder seine Art, mit den Händen zu reden und sein wenig ausgefeiltes Englisch zu unterstreichen, gefielen mir. Und mir gefiel auch, dass mich Mason nicht ansah wie Tomás, als wäre ich nicht gut genug für ihn, sondern ganz im Gegenteil. Das Gefühl, auserwählt und diejenige zu sein, die derart viel Aufmerksamkeit verdiente, sowie das hinreißende männliche Lächeln machten mich beschwingt, ein Gefühl, das ich in Tomás' Gesellschaft nie verspürt hatte. Möglich, dass ich mich eigentlich nicht für Mason Campbell interessierte und ihm Lucys Zuwendung nicht streitig machen wollte, aber ich genoss es, wie ich mich in seiner Gesellschaft fühlte.

»Du musst nicht gleich melodramatisch werden, Lucy. Ich weiß jetzt, warum du Schauspielerin werden willst«, entgegnete ich, ohne auf die Anspielung über die Gerüchte, die in der Schule über mich kursierten, einzugehen. »Es war nur ein Zeitvertreib, mehr nicht, ich habe mich nur ein bisschen amüsiert nach der langen Zeit, in der ich keinen Mann gesehen habe. Mason gehört dir.«

»Melodramatisch? Wenn es mir nicht gelingt, von einem ungebildeten Cowboy geheiratet zu werden, ist meine Familie am Ende. Begreifst du, was das bedeutet? Das ganze Gewicht der Zukunft meiner Familie lastet auf meinen Schultern, es hängt alles von mir ab«, sagte sie, den Tränen nahe. »Ist dir das etwa egal?«

Ich antwortete nicht, verschränkte nur die Arme und schnaubte kindisch.

»Meine Schwestern werden den erstbesten heiraten müssen, der um ihre Hand anhält, auch wenn es ein brutaler Kerl oder ein armer Schlucker ist. Meine Eltern werden die Fabrik verkaufen müssen und nach Norden zu meinem Onkel ziehen, und ich ...« Lucy verstummte, als müsse sie Kraft schöpfen. »Nachdem ich wie eine Verrückte gelernt habe und in diesem widerlichen Internat eingesperrt war, muss ich jetzt warten, bis irgendein Blödmann meint, dass ich es wert sei, von ihm geheiratet zu werden, oder mir eine schlecht bezahlte Arbeit suchen und eine schmutzige Wohnung mit anderen

Menschen teilen. Denn mehr Möglichkeiten gibt es für uns nicht, Estrella. Du bist nur viel zu stolz, um zuzugeben, dass du auch bald in einer ähnlichen Situation sein wirst.«

Ich lächelte Lucy herablassend an, obwohl ich wieder diese Angst aufsteigen spürte, wie Miss Lewis zu enden und mein Leben lang schmutzige und vorlaute Gören zu unterrichten.

»Nein, das wird mir nie passieren«, sagte ich im Versuch, mich selbst davon zu überzeugen.

Die Schlange rückte weiter, das Paar wandte sich ab und ergriff sich bei den Händen.

»Wenn du mir das versaust, werde ich dir nie verzeihen, hörst du?« Lucy schaute rasch zur Kasse, um sich zu vergewissern, dass Mason noch weit genug entfernt war und sie nicht hören konnte. »Er ist nicht der Mann, den ich mir ausgesucht hätte, aber ich habe keine Wahl. Du weißt ganz genau, wie schwer es mir fällt, mit anderen zu plaudern, vor allem mit Jungen, und du hast das ausgenutzt, um auf dich aufmerksam zu machen.«

»Ich habe nichts getan!«, protestierte ich, jetzt wirklich verärgert. »Ist das etwa meine Schuld? Angeblich ist doch Mason ganz verrückt nach dir, so verrückt, dass er dich heiraten will. Warum schenkt er dann mir seine ganze Aufmerksamkeit und behandelt dich wie Luft? *Er* benimmt sich schlecht.«

Während unseres Streits war Lucy immer röter angelaufen, weshalb ihre Wangen jetzt dieselbe Farbe hatten wie ihr Haar.

»Er ist eben ein Mann, und Männer können tun und lassen, was sie wollen, hast du das immer noch nicht kapiert?«, schnaubte sie. »Sie können entscheiden, während wir nur ertragen dürfen. Das mag ungerecht sein, aber so ist das eben, Estrella.«

»Ich bin böse mit dir, weil ich mit dem Marquis nicht böse sein kann«, hatte meine Mutter nach Almas Tod zu mir gesagt, und erst jetzt verstand ich, was sie damit gemeint hatte.

Ich hasste die Vorstellung, mein Leben und mein Schicksal in die Hände eines Mannes zu legen, nur um überleben zu können, und dennoch wusste ich seit spätestens meinem zwölften Lebensjahr, dass dieser Tag irgendwann kommen würde. Alles, was ich in der Villa Soledad bei Miss Lewis oder in Mamas Unterricht über Tanz und Manieren gelernt hatte, diente ausschließlich dazu, einem Mann zu gefallen. Bevor ich in die St. Mary's School kam, hatte mir niemand etwas beigebracht, das mich wirklich interessierte, wie mein Unterricht in Rechnungswesen oder Geschichte.

»Du kannst andere Menschen gut manipulieren, vor allem Männer, du machst sie verrückt und sie tun, was du von ihnen verlangst, also suche dir einen anderen und zerstöre mir das nicht«, schloss Lucy.

Ich sah Mason mit drei Kinokarten in der Hand und einem mir gewidmeten, strahlenden Lächeln zurückkommen.

»Keine Sorge, du kannst ihn behalten. Ich bin nicht interessiert«, erwiderte ich.

Im Reginald-Kino kauften wir Popcorn und Limonade und schwiegen verlegen, was Mason nicht einmal bemerkte. Der Film hatte noch nicht begonnen, als wir den Saal betraten, aber das Licht war schon erloschen, und über die Leinwand flimmerte eine Werbung für Pomade, untermalt mit einer unerträglich süßlichen Melodie. Wir zeigten unsere Karten und wurden mit einer Taschenlampe zu unseren Sitzplätzen geführt.

»Hier sind Ihre Plätze, viel Vergnügen«, sagte der Mann leise.

Plötzlich stand Alma neben uns. Sie war noch immer fünfzehn Jahre alt, ich hingegen fast achtzehn. Sie schenkte mir das grausame, geheimnisvolle Lächeln, das sie nur aufsetzte, wenn wir beide allein waren und es ihr egal war, ihr wahres Wesen zu zeigen. Mit diesem Lächeln bewies sie mir, dass sie genau wusste, dass ich Lucy belogen hatte.

Eine Woche nach unserem Kinobesuch erhielt ich einen Brief von Mason aus London. Ich dachte, er wolle mir seine baldige Eheschließung mit Lucy mitteilen oder mich um Unterstützung für eine weitere Verabredung bitten, weshalb ich ihn ungeöffnet weglegte und mich wieder in meine Rechenbücher vertiefte.

Bis zum Schuljahresende und zu den Abschlussprüfungen in der St. Mary's School blieben nur wenige Monate. Nach unserem Streit half mir Lucy nicht mehr bei den Französischaufgaben, weshalb ich mich jetzt allein damit abmühen musste. Ihr Verhalten und die Ablehnung meiner Hilfe in Rechnungswesen überraschten mich – schließlich hatten wir uns immer gegenseitig unterstützt, und dies wegen eines dummen Streits aufzugeben, schien mir lächerlich –, deshalb stürzte ich mich ins Lernen und hatte keine Zeit mehr zum Grübeln, was ich nach dem Schulabschluss machen sollte.

Carmen hatte mir ebenfalls geschrieben. Sie wollte wissen, ob es mir gut ginge und ich ihren ersten Brief erhalten hätte. Sie fragte, wann ich heimkommen würde – meine Mutter wolle wissen, wann genau das Schuljahr zu Ende ginge, um die Zugfahrkarte und das Fähren-Ticket nach Bilbao bestätigen zu können. Allein der Gedanke, in die Villa Soldedad zurückzukehren und den Marquis und die Brandspuren auf dem Parkett in der Bibliothek wiederzusehen, ließ mich schaudern.

Vielleicht hat Mama den Boden inzwischen erneuern lassen, damit der Marquis nicht ständig daran erinnert wird, dass du ihn beinahe abgefackelt hast, dachte ich. Aber dann fiel mir wieder ein, dass man diesen Parkettboden nicht erneuern konnte; er war schlicht unersetzlich, weil er aus einem alten russischen Palais stammte, das seinerzeit einem berühmten russischen Schriftsteller gehört hatte. In seiner Begeisterung für dessen Romane hatte Großvater Martín dessen Besitz in Sankt Petersburg für einen Spottpreis erworben – nachdem seine Nachfahren das Erbe ausgeschlagen hatten – und dann lediglich das Parkett verwendet. Die Brandspuren waren bestimmt noch da.

Vor lauter Langeweile klappte ich die Rechenbücher zu und streckte mich auf dem unbequemen Holzstuhl unseres Zimmers, in dem ich die letzten anderthalb Jahre verbracht hatte. Abgesehen von diesem verdammten Stuhl, würde ich vieles aus der St. Mary's School for Girls vermissen. Da fiel mein Blick auf Masons Brief unter meinen Mitschriften und dem aufgeschlagenen Französischheft. Ich öffnete ihn lustlos und begann zu lesen.

Sehr geehrte Miss de Zuloaga,
London ist genauso beeindruckend, wie Sie es mir beschrieben haben. Ich freue mich schon darauf, Ihnen von meinen Erlebnissen in der Hauptstadt zu berichten, denn ich würde Sie gern wiedersehen, wenn möglich allein, denn ich möchte etwas mit Ihnen besprechen, das mir nicht mehr aus dem Kopf geht, seit wir uns kennengelernt haben. Am kommenden Mittwoch nehme ich den Zug nach Surrey und werde bis Sonnenuntergang auf dem Bahnhof auf Sie warten. Sollten Sie nicht kommen, gehe ich davon aus, dass Sie nicht interessiert sind.

Mason A. Campbell

Ich blinzelte überrascht und las den Brief noch einmal. Das hatte ich wirklich nicht erwartet. Ich hatte angenommen, Mason wolle über Lucy sprechen oder sich mit ihr allein treffen, aber auf die Idee, dass er mich allein sehen wollte, wäre ich nicht gekommen.

»Am kommenden Mittwoch nehme ich den Zug nach Surrey und werde bis Sonnenuntergang auf dem Bahnhof auf Sie warten.« Es war Mittwoch. Ein Blick zum Fenster hinaus bestätigte mir, dass die Sonne in knapp einer Stunde untergehen würde, weshalb Mason bestimmt schon eine ganze Weile auf dem Bahnhof stand. Ich sprang mit einem Satz auf, zog meine dunkelblaue Jacke über die Schuluniform und band mein Haar zum Pferdeschwanz. Als ich gerade gehen wollte, flog die Tür auf, und Lucy stürmte wutentbrannt ins Zimmer. Sie hatte die Kiefer zusammengebissen, als würde sie auf ihrem Zorn herumkauen, statt ihn herauszulassen.

Ich wollte nicht alles noch schlimmer machen. Unsere Freundschaft hatte sichtlich gelitten, seit Mason und Clark Gable mit ihrem reizenden Lächeln und ihren schönen Worten in unser Leben getreten waren, weshalb ich Masons Brief, den ich noch in der Hand hielt, schnell wieder in den Umschlag schob.

»Es ist schon spät, wo willst du denn jetzt noch hin?«, fragte Lucy mit demselben verletzten Tonfall, den sie seit dem Kinobesuch pflegte.

»Zur Post nach Surrey. Ich muss meiner Mutter dringend ein Telegramm schicken, aber die Zeit ist mir einfach durch die Finger geronnen. Da ich jetzt allein lernen muss ...«, log ich leichthin. Wenn Lucy mich behandelte, als wäre ich wieder die böse Zwillingsschwester, konnte ich sie auch problemlos anlügen. »Sie muss das Fähren-Ticket reservieren und weiß noch immer nicht das genaue Datum. Wir sehen uns später.«

Dann verließ ich das Zimmer, ohne auf eine Antwort zu warten oder sie zu fragen, worüber sie sich eigentlich aufgeregt hatte.

Ich erzählte Miss Amelia, der Gouvernante, dieselbe Geschichte wie Lucy. Normalerweise hätte sie mich in Millionen Jahren nicht mehr so spät vom Schulgelänge gelassen, aber ich ahnte, dass ihr die Direktorin von der Drohung seitens Lucys Eltern erzählt hatte, weil sie mich mit vorwurfsvollem Blick ansah.

»In Direktorenzimmer steht ein Telefon. Wenn es sich um eine dringende Familienangelegenheit handelt, wird Miss Richardson keine Einwände dagegen haben, dass Sie zu Hause anrufen.«

»Es hat auch mit Lucy und ihrer Zukunft zu tun. Ich möchte nicht, dass sie zu früh davon erfährt, sonst ist es keine Überraschung mehr«, log ich mit meinem schönsten Lächeln. »Sie wissen ja, dass ihre Eltern in dieser Sache ziemlich Druck machen.«

Bei der Erwähnung von Lucys Eltern schüttelte sie den Kopf und zog den schweren Schlüsselbund hervor. Dann begleitete sie mich zum Ausgang und schloss das schwere Eisentor auf.

»Seien Sie vorsichtig, Miss Zuloaga«, warnte sie mich und sprach meinen Familiennamen in ihrem typischen Singsang aus. »So manches, was gut anfängt, kann schlecht enden.«

Sie schloss hinter mir ab und ging ins Hauptgebäude zurück. Ich stand auf der Schotterstraße und sah ihr nach. Fast hätte ich sie gerufen, damit sie mich wieder einließ. Ich wäre in mein Zimmer zurückgekehrt und hätte meine Französischhausaufgaben erledigt, aber irgendwie wog Masons Brief schwer in meiner Jackentasche. Ich sah zum Horizont. Die Sonne war im Begriff unterzugehen; wenn ich mich allerdings beeilte, konnte ich es noch rechtzeitig bis zum Bahnhof schaffen. Also machte ich mich auf den Weg. Plötzlich stand Alma am Straßenrand. Sie wusste, dass ich notgedrungen an ihr vorbeigehen musste.

»Verflucht nochmal, Alma. Bilde dir bloß nichts darauf ein, recht behalten zu haben, es war doch klar, dass ich ihn treffen würde«, sagte ich zu meiner toten Schwester, als ich an ihr vorbeihastete.

Alma grinste zufrieden, folgte mir aber nicht.

Obwohl ich in den vielen Nächten, die ich in der St. Mary's School verbrachte, nie Wölfe hatte heulen hören, geschah in diesem Moment genau das, und ich beschleunigte meinen Schritt.

Eine knappe halbe Stunde später traf ich am Bahnhof ein und hörte den Wolf noch immer heulen. Mason stand mit seinem Koffer und einem breiten Lächeln im Gesicht unter der einzigen Laterne auf dem Bahnsteig.

»Sie sind gekommen! Ich wollte gerade wieder gehen«, sagte er anstelle eines Grußes.

Ich lächelte, um meine Angst zu überspielen, die ich auf der verwaisten Landstraße empfunden hatte.

»Ja, Ihr Brief klang etwas verzweifelt und auch ein bisschen geheimnisvoll.«

»Ja, entschuldigen Sie die Geheimnistuerei«, sagt er mit einem Lächeln des Bedauerns. »Aber ich wollte lieber mit Ihnen persönlich sprechen.«

Mason trug einen altmodischen braunen Anzug und einen knielangen Mantel, der bei seiner Größe und Statur zu kurz wirkte. Wahrscheinlich war das für einen Mann wie ihn – der gewöhnlich unter freiem Himmel arbeitete und nur mit Kühen zu tun hatte – so etwas wie »elegante« Kleidung.

»Jetzt bin ich ja hier. Was ist denn passiert?«, wollte ich wissen. »Ich hoffe, dass Sie Ihre Angelegenheiten in London erledigen konnten und Zeit gefunden haben, das Naturhistorische Museum zu besuchen, wie ich Ihnen empfohlen habe.«

Ich war nie in diesem Museum gewesen, eigentlich hatte ich alles, was ich darüber wusste, in einem Touristenführer gelesen, der auf der Fähre herumlag, aber da ich vermeiden wollte, dass Mason mich für eine Landpomeranze hielt, sondern die »weltgewandte, elegante Señorita« in mir sah, wie Mama zu sagen pflegte, hatte ich ihn damit beeindrucken wollen. Ich kannte ihn kaum – noch vor Kurzem hätte ich ihn keines Blickes gewürdigt –, aber aus irgendeinem unerfindlichen Grund wollte ich ihm plötzlich gefallen und beweisen, dass ich etwas Besonderes war. Wie dumm von mir.

»Ja, ist alles gut gelaufen, aber nach den endlosen Gesprächen mit Herren in Anzügen über Geschäfte, Preise und Investitionen bin ich der Zahlen ziemlich überdrüssig. Das war noch nie meine Stärke. Ich arbeite lieber mit meinen Tieren auf meiner Ranch, als eine Stunde mit diesen Blutsaugern von Verwaltern und Bankiers zu verbringen.«

Ich lachte freudlos, denn ich liebte diese Zahlen, wie Mason sie abfällig nannte. Wäre ich ein Junge gewesen, hätte ich ihn ohne zu zögern nach einer Anstellung als Verwalterin gefragt, konnte mir aber vorstellen, dass er kein Interesse daran hatte oder es in Kalifornien schon jemanden gab, der sich um diese Dinge kümmerte.

»Sie haben geschrieben, dass Sie über etwas Wichtiges mit mir reden wollen. Was ist los?«, fragte ich. »Geht es um Lucy? Werden Sie endlich um ihre Hand anhalten?«

Mason trat aus dem Lichtkegel der Laterne und kam auf mich zu. Um diese Zeit war der Bahnsteig verwaist, doch auf dem Informationsschild neben der großen Bahnhofsuhr stand, dass noch ein letzter Zug aus London erwartet wurde.

»Nein, es hat nichts mit Lucy zu tun«, sagte er zögerlich und fügte dann hinzu: »Irgendwie hat es doch mit ihr und ihren Eltern zu tun. Einer meiner Kontakte in Chicago hat mir berichtet, dass die Welchs bankrott sind. Sie haben ihre Mitarbeiter entlassen und werden die Fabrik verkaufen müssen, um ihre Steuerschulden zu begleichen, deshalb drängen Lucys Eltern darauf, dass ich mein Geld in ihre Fabrik investiere und Lucy heirate. Sie wollen sich auf meine Kosten vor dem Ruin retten.«

»Sie sind bankrott? Das tut mir leid zu hören, die arme Lucy.« Ich meinte es ehrlich, denn bisher war mir nicht ganz klar gewesen, in welch heikler Lage Lucy sich befand. »Aber das ändert doch nichts zwischen Ihnen, oder? Ihre Verlobung …«

»Unsere Verlobung war nie offiziell«, unterbrach mich Mason. »Die Welchs haben mich belogen und ließen mich in dem Glauben, dass ihre Geschäfte gut gingen, und Lucy hat mich ebenfalls angelogen oder mir vielleicht auch nur verschwiegen, wie schlecht die finanzielle Situation ihrer Eltern in Wahrheit ist. Es heißt, sie könnten nicht einmal mehr dieses Schuljahr bezahlen.«

Da fiel mir wieder ein, wie wütend Lucy in unser Zimmer gestürmt war – vermutlich hatte sie gerade von ihren Eltern erfahren, dass sie die Schule abbrechen musste, und demzufolge auch ihre Schwestern. Es tat mir leid für sie, aber auch für mich: Lucy war in einer verzweifelten Lage, aber mir würde es bald ebenso ergehen, wenn das Zuloaga-Werk weiterhin Verluste machte wie in den letzten Jahren.

»Vielleicht hat Lucy Sie aus gutem Grund belogen. Vielleicht haben ihre Eltern sie dazu gezwungen«, erwiderte ich. »Ich finde, Sie sollten nicht so hart über sie urteilen und auch Ihre Meinung über die Eheschließung nicht ändern, denn schließlich können Ihre Gefühle für sie doch nicht einfach verschwinden, weil ihre Eltern bankrott sind.«

Mason lächelte mich an, als hätte ich etwas Verrücktes gesagt.

»Ich bin nicht so nachsichtig wie Sie, aber ich verstehe, dass Sie Ihre Freundin in Schutz nehmen«, sagte er herablassend. »Jedenfalls habe ich wegen der Eile ihrer Eltern, in ihre Firma zu investieren und unsere Verlobung bekanntzugeben, bereits vermutet, dass etwas nicht stimmt. Lucy scheint kein ernsthaftes Interesse an mir zu haben und hat uns einander vorgestellt … Wer nimmt schon die Konkurrentin zu einer Verabredung mit?«

»Konkurrentin?«, wiederholte ich. »Lucy hat mich gebeten, sie zu begleiten, weil sie schüchtern ist und es ihr schwerfällt, ihre Gefühle zu zeigen.«

Konkurrentin. Ich hasste jeden einzelnen Buchstaben dieses Wortes, nach allem, was mit Alma und Tomás passiert war. Ich wollte nie mit meiner Schwester – oder mit Lucy oder sonst wem – um die Zuneigung von Tomás oder jetzt Mason konkurrieren, ich wollte nur ein wenig männliche Aufmerksamkeit, wie sie Tomás Alma geschenkt hatte, ich wollte mich auch begehrt fühlen, aber das hatte nichts mit den Männern zu tun. Und dennoch hatte ich das unangenehme Gefühl, dass diese – sowohl Tomás als auch Mason – weibliche Rivalität geradezu genossen.

»Aber natürlich sind Sie für Lucy eine Konkurrentin, und verzeihen Sie, wenn ich das so direkt sage, ich möchte keinesfalls, dass Sie sich verantwortlich für Lucys Lage fühlen, aber …« Er unterbrach sich kurz. »Aber ich verstehe nicht, wie Lucy so naiv sein konnte, ich meine, Sie sind hübsch, witzig und auch ein wenig respektlos, aber das stört mich nicht an einer Frau, und außerdem Marquise …«

»Meine Mutter ist Marquise«, murmelte ich.

Mir war heiß. Ich war den ganzen Weg zum Bahnhof gerannt, aus Angst, dass der schwarze Wolf mir nach Surrey folgen und hinter einem Hügel auflauern würde, um sich dann auf mich zu stürzen und für alles Schlechte, das ich getan hatte, bezahlen zu lassen. Mein Herz schlug heftig unter meiner Bluse, und aus meinem Pferdeschwanz hingen ein paar Strähnen, aber trotz der Hitze lief mir ein Schauer über den Rücken, als ich begriff, was gerade geschah.

»Aber du wirst eines Tages Marquise sein, nicht wahr?« Unvermittelt war Mason zum Du übergegangen. Er kam noch näher, und ich spürte seine Wärme. »Ich habe seit jenem Nachmittag die ganze Zeit an dich denken müssen, ich habe den Kinobesuch und unseren Spaziergang sehr genossen. Vielleicht wollte es das Schicksal, dass Lucy dich zu unserer Verabredung mitgebracht hat.«

»Es war nicht das Schicksal, das mich darum gebeten hat, mit dir ins Kino zu gehen, das kann ich dir versichern«, erwiderte ich mit meiner gewohnten Herablassung. »Und ich hätte heute Abend auch nicht herkommen dürfen. Ich muss gestehen, dein Brief hat mich neugierig gemacht, aber es ist schon spät, und ich habe morgen eine wichtige Prüfung. Ich gehe jetzt besser.«

Ich machte Anstalten zum Aufbruch und nahm mir vor, Lucy nie von diesem Treffen zu erzählen, aber Mason ergriff meine Hand.

»Warte bitte, ich wollte dich nicht verärgern. Es ist nicht gut, mit dem Kopf voller Sorgen schlafen zu gehen«, sagte er lächelnd. »Außerdem weißt du noch gar nicht, was ich dir sagen wollte, ich dachte, du seist neugierig.«

Seine Haut fühlte sich heiß und ein wenig rau an – bestimmt wegen seiner Arbeit auf der Ranch –, aber ich mochte ihre Berührung, als er seine Finger in meine schlang.

»Ich weiß es schon, aber es ist besser, wir belassen es dabei. Denk an Lucy.«

»Ich denke lieber an dich«, antwortete er. »Sieh mal, seit dem Tod meiner Eltern lebe ich allein auf der Ranch. Mich hat das Alleinsein nie gestört, vielleicht, weil ich immer die Gesellschaft von Tieren vorgezogen habe, aber seit ein paar Jahren fühle ich schrecklich einsam und suche eine Frau, die eine Familie mit mir gründet und all das … Was meinst du, willst du mich heiraten?«

»Was? Du willst, dass ich dich heirate?« Meine Zunge fühlte sich pelzig an. »Aber du kennst mich doch gar nicht und ich dich auch nicht.«

»Ich muss dich nicht kennen, wir haben ein ganzes Leben Zeit, um uns kennenzulernen«, entgegnete er mit einem strahlenden

Lächeln. »Ich weiß genug über dich, um zu wissen, dass du eine gute Ehefrau und die beste Gesellschaft sein wirst. Du müsstest auch nicht arbeiten, dafür habe ich meine Leute, aber du könntest mich auf meinen Reisen zu Viehauktionen im ganzen Land begleiten und zu Hause Cocktail-Partys für meine Kunden veranstalten, mich zu den Festen anderer Viehzüchter begleiten ... Ich bin davon überzeugt, dass du in der High Society Kaliforniens eine Sensation darstellen würdest. Du bist so anders.«

Während sich Mason in Begeisterung redete, schossen mir unzählige Bilder durch den Kopf. Ich im Brautkleid, in einem eleganten Reitanzug auf einem Pferd wie in den amerikanischen Filmen, die im Reginald gezeigt wurden, gelangweilt auf Viehauktionen, während Mason Geschäfte abwickelte, beim Organisieren eines offiziellen Barbecues auf einer schönen, modernen Ranch, damit Mason seine Kunden beeindrucken konnte, bei der Auswahl der Kellner-Uniformen wie Mama ...

»Nein, kommt nicht in Frage. Das kann ich nicht annehmen«, sagte ich trotz der vielen Bilder von einem anderen Leben vor meinem geistigen Auge.

»Ist es wegen Lucy? Ich kann dir versichern, dass zwischen Lucy und mir nichts ist«, erklärte Mason. »Ich habe ihren Eltern geschrieben und mitgeteilt, dass ich von ihrem Bankrott weiß und es keine Hochzeit geben wird.«

»Du hast es ihnen bereits mitgeteilt? Klar, deshalb war Lucy vorhin so wütend«, erwiderte ich. »Jedenfalls kann ich den Antrag nicht annehmen, nicht nur wegen Lucy.«

»Hat es mit meinem Alter zu tun? Ich weiß, dass ich ein paar Jahre älter bin als du, aber ich fühle mich noch immer jung.« Mason lächelte versöhnlich. »Ich bin schließlich kein hinfälliger Greis, der mit einem Bein im Grab steht und ein junges Mädchen heiraten will. Ich bin erst achtunddreißig.«

Ein Pfeifen kündigte den einfahrenden Zug an, und ich spürte, wie mein Rock und mein Haar in Bewegung gerieten.

»Also doppelt so alt wie ich. Ich bin noch nicht mal achtzehn.«

Das strahlende Lächeln auf Masons Lippen erlosch, aber meine Hand ließ er nicht los.

»Ich verstehe. Es gibt da jemanden, nicht wahr? Lucy hat zwar nichts Genaues erzählt, aber angedeutet, dass deine Eltern dich ins Internat geschickt haben, um dich von einem Jungen fernzuhalten, der nichts für dich ist. Aber ich passe zu dir«, versicherte er im Brustton der Überzeugung. »Du brauchst keinen Jungen in deinem Alter, der keine Ahnung von der Welt hat, sondern einen Mann mit Erfahrung. Ich habe weniger Zeit mit dir verbringen können, als mir lieb ist, aber ich kenne dich gut genug, um zu wissen, dass ein erwachsener Mann der richtige für dich ist, kein junger Bursche, der dich nicht versorgen kann, wie du es verdienst.«

»Und du bist dieser Mann?«, fragte ich spöttisch.

»Ich könnte es sein, wenn du willst«, rief Mason über das Getöse des einfahrenden Zuges hinweg.

Ich versuchte mir vorzustellen, wie Tomás inzwischen aussah. Ich hatte in der Zeit, die ich in England verbrachte, sein Gesicht, seine großen treuen Augen und sogar seine Stimme vergessen.

»Und warum sollte ich dir vertrauen? Vor kaum einer Woche wolltest du noch meine Freundin heiraten. Deine Zuneigung scheint so kurzlebig zu sein wie die eines jeden Burschen meines Alters.«

Jetzt tauchten die starken Scheinwerfer der Lokomotive den Bahnsteig in grelles Licht. Ich spürte den Boden unter meinen Füßen beben.

»Diesmal werde ich meine Meinung nicht ändern, das verspreche ich dir«, sagte er.

Ich sah Mason in die Augen, diese schönen blauen Augen, mit denen er wie einer der Kinostars aussah, die Alma und ich in Carmens Magazinen gesehen hatten. Ich konnte mir gut vorstellen, wie Lucy in diese Augen geblickt hatte, als er ihr dasselbe Versprechen gab.

»Ja, und ich wette, das glaubte die arme Lucy auch.« Ich entzog ihm meine Hand. »Ich kann und will deinen Antrag aus mehreren Gründen nicht annehmen, aber vor allem, weil ich dich nicht heiraten will.«

Der letzte Zug aus London fuhr ein und kam an dem Bahnsteig, auf dem wir standen, mit quietschenden Rädern zum Stehen. Ein Mann im braunen Anzug und mit Hut sprang heraus und starrte uns neugierig an, als er an uns vorbeiging.

»Ist das ein endgültiges Nein?«, fragte Mason ernst. »Kannst du nicht wenigstens ein paar Tage darüber nachdenken? Tu es für mich. Ich bin noch ein paar Wochen in England und treffe mich mit anderen Bankern und Bürohengsten, bevor ich nach Kalifornien zurückkehre. Bespreche dich mit deinen Eltern, wenn du willst. Schreib ihnen, wenn es dich beruhigt.«

Wir wurden in weißen Rauch gehüllt, als die Lokomotive sich erneut in Bewegung setzte und schließlich in der Dunkelheit verschwand. Dann herrschte wieder Stille auf dem Bahnsteig.

»Ich weiß, dass ich ein guter Ehemann sein werde und bin davon überzeugt, dass deine Familie unsere Heirat gutheißen wird«, fügte er hinzu.

»Zum Glück bin ich nicht in einer ähnlichen Situation wie die arme Lucy, ich muss keine Familie unterhalten. Adios, Mason.«

Ohne mich noch einmal umzudrehen, verließ ich den Bahnhof in der Überzeugung, mir eine unglückliche Ehe wie die meiner Mutter erspart zu haben.

Auf dem Heimweg ging mir durch den Kopf, was soeben geschehen war: Mason hatte mir einen Heiratsantrag gemacht. Er wollte mich nach Kalifornien mitnehmen und mit mir auf seiner Ranch leben, ich sollte ihn auf seinen Reisen begleiten und für ihn und seine Kunden Feste veranstalten. Mit anderen Worten: Er hatte mir vorgeschlagen, wie meine Mutter zu werden. Vor vielen Jahren, bevor ich von meiner Gabe oder meinen buchhalterischen Fähigkeiten wusste, hätte ich alles dafür gegeben, wie sie zu werden und ein solches Leben zu führen. Doch nach der Zeit, die ich weit weg von zu Hause gelebt, viel gelernt und herausgefunden hatte, dass ich noch mehr konnte, außer mich in Schwierigkeiten zu bringen, war ich mir nicht mehr sicher, ob ich dieses Leben wollte. Deshalb hatten Masons Worte für mich so lächerlich geklungen. Willst du mich heiraten? Nein. Wollte ich natürlich nicht, vielen Dank auch.

Das Wolfsgeheul hörte ich auf dem Heimweg nicht mehr, was mir aber erst hinterher auffiel. Es war stockdunkel, und die Hügel zu beiden Seiten der Straße waren nur als Schemen zu erkennen. Als ich vor der Schule ankam, stand Alma an der Eisenpforte. Ich ging an ihr vorbei, und sie blieb wie üblich stumm, aber um ihre Lippen spielte ein überhebliches Lächeln, das besagte: Jetzt hast du dir richtig was eingebrockt, ich habe Mama erzählt, was du getan hast, dafür wirst du bestraft.

»Du jagst mir keine Angst ein, du kannst noch so lange hier herumgeistern, ich werde dich nicht um Vergebung bitten. Das kannst du mit dem Marquis machen, wenn du dich traust, er hat dich umgebracht«, sagte ich, ohne sie anzusehen.

Kaum hatte ich das Schulgelände betreten und gesehen, dass in der Vorhalle sowie im Direktorenzimmer im ersten Stock alle Lichter brannten, wusste ich, dass etwas nicht stimmte. Ich beschleunigte meinen Schritt, überquerte den dichten, weichen Rasen und betrat das Hauptgebäude, ohne zu ahnen, was mich erwarten würde.

»Miss Zuloaga, da sind Sie ja endlich«, rief die Direktorin sichtlich erleichtert. »Es freut mich zu sehen, dass Sie trotz allem wohlbehalten zurück sind.«

Miss Richardson trug einen grünblaukarierten Morgenmantel über dem Nachthemd. Ihr graues Haar hatte sie für die Nacht zum Pferdeschwanz gebunden und den grauen Lidschatten abgeschminkt. Ihr Anblick machte mir klar, dass sie gerade zu Bett gehen wollte, als sie aus irgendeinem dringenden Grund ihr Zimmer verlassen musste. Miss Amelia stand ebenfalls in der Vorhalle, trug aber noch ihr schwarzes Kleid wie zuvor, als sie mir die Gartenpforte aufgeschlossen hatte.

»Trotz allem? Ich habe Miss Amelia doch erklärt, dass ich dringend nach Surrey musste, um meiner Mutter zu telegrafieren, wann ich nach Spanien komme. Ich habe nicht daran gedacht, dass es schon bald dunkel wird, es tut mir leid, wenn Sie sich Sorgen gemacht haben«, sagte ich mit bravem Lächeln. »Es wird nicht wieder vorkommen.«

Die Wände der Eingangshalle waren mit feinen Kirschholzpanelen ausgekleidet. Das Holz hatte noch seinen dunklen, leicht rötlichen Farbton, aber der Zahn der Zeit hatte ihm seinen Glanz genommen und ließ es altmodisch wirken. Die einzigen Einrichtungsgegenstände waren zwei identische Bänke mit mottenzerfressenen Armlehnen, die auf je einer Seite vor den Fenstern standen.

»Natürlich wird das nicht wieder vorkommen«, sagte Miss Amelia. »Ich habe Ihnen doch gesagt, dass so manches gut anfängt, aber schlecht enden kann.«

»Was ist passiert?« In mir stieg eine düstere Ahnung auf.

»Miss Welch hat uns unter Tränen gestanden, dass Sie die Schule verlassen haben, um sich mit einem Mann zu treffen, einem Mann, der offensichtlich der Verlobte Ihrer Freundin ist, den Sie aber regelrecht verführt hätten, um seine Zuneigung zu gewinnen«, erklärte Miss Richardson mit ernster Miene. »Schön, mich interessieren die Liebesgeschichten meiner Schülerinnen nicht, doch wenn eine Mitschülerin eine andere derart hintergeht, ist es meine Pflicht, einzugreifen.«

»Ich habe Lucy nicht hintergangen, auch die Schule nicht.« Ich verstummte, weil ich zwar Lucys Vertrauen nicht missbraucht, aber dafür Miss Amelia angelogen hatte, damit sie mich gehen ließ. »Das alles ist ein Missverständnis. Lucy hatte mich gebeten, sie zu einer Verabredung mit ihrem Verlobten zu begleiten, weil sie nicht allein gehen wollte, und vielleicht habe ich zu viel geredet oder war zu freundlich zu ihm, aber ich habe Lucy wirklich nicht hintergangen. Sollte Mason da etwas missverstanden haben, ist das sein Problem.«

Miss Richardson seufzte, als ich mit meiner Erklärung fertig war, und verschränkte die Arme vor der Brust.

»Missverständnisse können zu ernsten Konsequenzen führen, wenn Herren im Spiel sind. Hätten Sie doch auf mich gehört.« Sie machte eine Pause, als würde sie sich an ein schmerzliches Missverständnis mit einem bestimmten Herrn erinnern. »Miss Amelia sagt, dass Sie sie angelogen haben, um die Schule verlassen zu können, und Lucy hat mir das bestätigt. Sie waren weder auf dem Postamt, noch hatten Sie eine dringende Familienangelegenheit zu erledigen.«

»Doch, natürlich, meine Mutter musste …«

»Es reicht, Miss Zuloaga, hören Sie bitte auf zu lügen!« Miss Richardson fuchtelte in der Luft herum, um mich zum Schweigen zu bringen. »Nachdem ihre Zimmergefährtin uns alles erzählt hatte, haben wir Ihre Mutter in Spanien angerufen, um uns zu vergewissern, dass alles in Ordnung ist. Ihre Mutter wusste nichts von einer dringenden Familienangelegenheit oder einem Telegramm. Und Sie wissen ja, womit Lügen und unerlaubtes Verlassen der Schule bestraft wird.«

»Mit dem Ausschluss«, flüsterte ich mit trockenem Mund. »Die Strafe für das unerlaubte Verlassen der Schule ist der Ausschluss.«

»Mit sofortiger Wirkung«, schloss die Direktorin, als sie sah, dass ich nicht weitersprechen konnte. »Ich verweise Sie hiermit der St. Mary's School for Girls. Es ist schon spät, deshalb lasse ich Sie heute Nacht noch einmal hier schlafen. Miss Amelia hat Ihnen ein Einzelzimmer hergerichtet, damit Sie Lucy nicht stören, aber morgen früh werden Sie Ihre Sachen packen und die Schule verlassen.«

Alma stand ebenfalls in der Halle und schaute von der Holztreppe im ersten Stock auf mich herab. Sie lächelte, als handle es sich bei der Sache um einen Kinderstreich, bei dem sie wie immer als Siegerin hervorging.

»Aber was ist mit meinen Prüfungen und Zeugnissen? Ich habe

so intensiv gebüffelt, und das Schuljahr ist noch nicht zu Ende, was soll ich denn jetzt machen?«, fragte ich den Tränen nah. »Lassen Sie mich doch wenigstens die Prüfungen ablegen und meinen Abschluss machen, dann können Sie …«

»Nein, ich fürchte, das ist nicht möglich. Die Vorschriften sind klar, Miss Zuloaga, wir können für niemanden eine Ausnahme machen«, sagte Miss Richardson voller Bedauern. »Sie sind eine ausgezeichnete Schülerin und hätten eine große Zukunft vor sich gehabt, aber es gibt Wichtigeres im Leben als Zeugnisse, und genau das versuchen wir unseren Schülerinnen zu vermitteln. Sie können nicht bleiben, nachdem Sie Ihre Zimmergefährtin wegen eines Mannes hintergangen haben.«

Ich lachte freudlos auf.

»Das war's also? Ich soll für den Scherbenhaufen den Kopf hinhalten? Mason ändert seine Meinung und löst die Verlobung mit Lucy, weil er herausgefunden hat, dass Lucys Familie bankrott ist, aber jetzt ist es meine Schuld, weil ich freundlich zu ihm war?« Ich sah zu Alma hoch, die noch immer dieses Lächeln auf den Lippen trug. »Das ist nicht gerecht, es ist nicht meine Schuld.«

»Was auch immer geschieht und was auch immer sie tun, Männer werden immer von jedweder Schuld freigesprochen, vergiss das nie. Aber dich werden die bösen Zungen und Gerüchte verfolgen, also sei immer schön vorsichtig mit dem, was du tust«, hatte mir Carmen tausend Male gesagt.

»Nein, das ist natürlich nicht gerecht, und mir wäre es auch lieber, wenn wir das nicht tun müssten.« Miss Richardson kam zu mir und drückte mir herzlich die Hand. »Aber ich glaube, es wird für Sie eine Lektion sein, die Sie ein Leben lang nicht vergessen werden.«

Die Rosen von Großmutter Soledad

Der von Mama bestellte Wagen erwartete mich am Fähranleger in Bilbao direkt an der Gangway. Ich musste eine Weile warten, bis mein Koffer ausgeladen wurde, den ich in aller Eile gepackt hatte.

Nachdem wir den Hafen mit seinen Kränen und dem Trubel der Passagiere hinter uns gelassen hatten, die in meiner Fantasie zu exotischen Zielen aufbrachen, schaute ich auf der dreistündigen Fahrt nach Basondo aus dem Fenster. Die Landstraße war noch genauso schmal, wie ich sie in Erinnerung hatte, weshalb der Wagen auf den schlammigen Straßenrand ausweichen musste, wenn uns ein Fahrzeug entgegenkam. Die Kurven wurden immer enger und die Bäume zu beiden Seiten immer höher und üppiger.

Als wir endlich vor der schmiedeeisernen Gartenpforte der Villa Soledad anhielten, wurde es bereits dunkel. Ich stieg aus und betrachtete das Haus. Der Fahrer – den meine Mutter in letzter Minute engagiert hatte, weil sie mein Ticket für die Fähre hatte umtauschen müssen – lud meinen Koffer mit den Lederecken aus.

»Wir sind da, Señorita. Hier ist es doch, oder?« fragte er, als er ihn vor mir abstellte. »Ich hatte keine genaue Adresse, aber das ist das einzige Haus weit und breit.«

»Ja. Heimat, süße Heimat«, murmelte ich mit starrem Blick auf das Haus.

»Ihre Mutter hat im Voraus bezahlt, auch das Trinkgeld, soll ich Ihnen den Koffer ins Haus tragen?«, erbot er sich, obwohl das nicht zu seinen Aufgaben gehörte.

»Nein, vielen Dank.«

»Wie Sie wünschen. Auf Wiedersehen, Señorita.«

Der Mann stieg wieder in seinen Wagen, wendete und fuhr auf die Landstraße zurück. Ich rührte mich nicht von der Stelle und wartete, bis sich das Motorengeräusch in der Ferne verloren hatte. Ich wollte endlich wieder hören, wie sich die Wellen an der Steilküste brachen oder die Vögel im Wald sangen und mich willkommen hießen, als wüssten sie, dass ich heimgekehrt war. Ich spürte den feuchten, wilden Wald, der mich auf tausend verschiedene Arten zu rufen und meinen Namen zu flüstern schien, was nur ich vernehmen konnte. Ich sah zu den Bäumen hinüber, die eine natürliche Grenze zur restlichen Welt markierten. Alma stand mit ihrem weißen Spitzenkleid und ihren ewigen fünfzehn Jahren unter einer hohen Kiefer. Sie wirkte zufrieden, wieder zu Hause zu sein.

»Wenigstens eine freut sich über die Heimkehr«, flüsterte ich, als ich mich wieder dem Haus zuwandte.

Die Fassade der Villa Soldedad war mit Efeu überwuchert. Die monströse Pflanze rankte vom Küchenfenster im ersten Stock über die Fenster des Tanzsalons und des Esszimmers bis in die zweite Etage und das smaragdgrüne Dach hinauf. Mir schien, als hätte sich der Efeu das Haus einverleibt wie eine Riesenschlange, die sich um ihre ahnungslose Beute windet und ihr alle Knochen bricht, bevor sie sie verschlingt. Mich wunderte, dass Mama es zugelassen hatte, dass sich eine Kletterpflanze des Hauses bemächtigte.

In dem Moment ging die Haustür auf, und Carmen kam herausgelaufen.

»Estrella, da bist du ja! Ich meinte, ein Auto gehört zu haben, aber Dolores meinte, es sei noch zu früh, aus Bilbao dauere die Fahrt länger.« Carmen kam durch den Garten zur Pforte gelaufen. »Du bist aber groß geworden, lass dich anschauen. Wäre da nicht das Haar, ich hätte dich nicht wiedererkannt.«

Carmen schloss die Pforte auf und umarmte mich. Sie roch wie in meiner Erinnerung nach einer Mischung aus Waschseife und Talkumpuder. Die Umarmung dauerte ein wenig länger als nötig, und ich begriff, dass sie mich stärker vermisst hatte als ich sie.

»Hallo, Carmen«, sagte ich mit einem Hauch von Lächeln, das erste seit Tagen.

»Hör schon auf und dreh dich mal, damit ich dich richtig anschauen kann, Kindchen«, sagte sie. »Du bist vielleicht hübsch und elegant geworden! Viel hübscher, als ich gedacht hätte, fast so schön wie deine Großmutter Soledad. Sie muss als junge Frau wie eine Sirene auf deinen Großvater gewirkt haben, denn er war vollkommen vernarrt in sie, obwohl er nicht gerade ein gefühlvoller Mann war.«

»Du hast mit zwar geschrieben, aber ich war mir nicht sicher, ob du noch im Haus lebst«, sagte ich erleichtert darüber, sie zu sehen. »Ich habe befürchtet, du seist weggegangen, weil es keine Kinder mehr zu versorgen gibt.«

»Wo sollte ich denn hin?«, erwiderte sie mit traurigem Lächeln. »Nein, ich lebe schon länger in diesem Haus als du, und es dürfte nicht einfach sein, mit einer halbwüchsigen Tochter von einer anderen Familie eingestellt zu werden. Wo sollte ich schon hin in meinem Alter?«

Carmen war ein paar Jahre jünger als Mama, konnte sich aber im Gegensatz zu ihr nicht erlauben, ihre Haut zu pflegen oder sich das Haar zu färben. Jetzt zogen sich zwei weiße Strähnen und vereinzelte Silberfäden durch ihr kastanienbraunes Haar, die sie bei meinem Weggang vor knapp zwei Jahren noch nicht gehabt hatte. Ihre Mundwinkel zeigten nach unten, und auf ihrer Stirn hatten sich Falten gebildet. Erst jetzt wurde mir bewusst, wie lange ich von zu Hause weg gewesen war.

»Nun komm schon, steh doch nicht wie ein Tölpel mitten auf der Straße herum, Kindchen, sonst wirst du noch von einem Auto angefahren.« Carmen nahm den Koffer.

Ich gehorchte, ohne zu murren, und ging mit ihr durch den Garten. Als ich dem Haus näherkam, roch ich das bittere Aroma des Efeus und sah, dass sich seine kräftigen Triebe wie ein Spinnennetz ineinander verschlungen hatten.

Carmen schloss die Haustür auf.

»Komm rein, in einer Stunde gibt es Abendessen, und du willst dich vorher bestimmt ein wenig frisch machen.«

»Was macht denn dieser Efeu an der Fassade? Mama hat doch immer gesagt, dass sie Kletterpflanzen hasst.«

Carmen schnaubte.

»Der Marquis behauptet, diese scheußliche Pflanze verleihe dem Haus Charakter, und er will nichts von Beschneiden hören, obwohl der gute Emilio sogar angeboten hat, es gratis zu erledigen. Dein Vater denkt wahrscheinlich, es sei eine Glyzinie und bekomme schöne violette Blüten, aber solche Pflanzen gedeihen hier nicht, sie sind viel zu empfindlich für das feuchte Klima.«

Ich wusste, von welcher Pflanze Carmen sprach, ich hatte sie an manchen Hausfassaden in Surrey oder auf den langweiligen Landschaftsbildern gesehen, die uns Miss Lewis im Kunstunterricht gezeigt hatte.

»Zum Glück ist der Efeu im Sommer etwas heller mit all den frischen Blättern und blauen Blüten«, fügte sie hinzu. »Das Einzige, wozu diese grässliche Pflanze dient, ist, jede Menge Viecher ins Haus zu locken.«

»Blaue Blüten«, fragte ich hellhörig geworden. Ich musste wissen, ob es dieselben waren wie auf unserer Lichtung. »Wie wilde Glockenblumen?«

Carmen nickte, und ich schaute mir den Efeu etwas genauer an.

Carmen stellte den Koffer auf den schwarzweißen Bodenfliesen des Vestibüls ab, und ich setzte mich einen Augenblick. Als ich mich umschaute, stellte ich fest, dass im Erdgeschoss alle Zimmertüren geschlossen waren und der persische Teppich fehlte.

»Deiner Mutter ist ein Nagellackfläschchen runtergefallen, wir mussten den Teppich wegwerfen, sehr schade. Wir haben den Fleck einfach nicht herausgekriegt, da war nichts zu machen«, erklärte Carmen, als hätte sie meine Gedanken gelesen. »Die Señora Marquise wollte einen neuen kaufen, wenn auch einen kleineren, aber dieses und letztes Jahr liefen die Geschäfte nicht gut. Du wirst außerdem den venezianischen Spiegel im zweiten Stock vermissen oder die Kerzenleuchter aus mexikanischem Silber, die deine Großmutter mitgebracht hat. Der Marquis behauptete, sie seien schwarz geworden, weil Dolores sie zu oft geputzt hätte, aber die Señora Marquise vermutet, dass dein Vater sie unter Wert verkauft hat, um seine schlechten Angewohnheiten zu finanzieren.«

Das Oberlicht war noch an seinem Platz, das wusste ich, bevor ich nach oben sah, weil das Mondlicht hereinfiel.

»Als das Bergwerk noch gut lief, merkte keiner, dass dein Vater hier und da Geld für sich abzweigte, aber jetzt zählt jede Pesete, und Männer wie dein Vater verzichten nur ungern auf ihre Marotten«, schloss Carmen. »Aber mach dir keine Sorgen um die Familiengeschäfte, es wird schon wieder besser werden, du wirst sehen.«

»Bestimmt«, murmelte ich, fragte mich aber, ob es bei Lucys Eltern auch so angefangen hatte.

Abgesehen von dem, was Carmen mir erzählt hatte, entdeckte ich keine einschneidende Veränderung im Haus, und dennoch wirkte alles fremd. Ich sah mich um und versuchte herauszufinden, woran es lag. Mit Worten hätte ich es nicht beschreiben können, aber ich empfand etwas Ähnliches, wie es manchmal im Traum geschieht, wenn der schlafende Geist einen dir bekannten Raum heraufbeschwört, um dich irrezuführen, du aber irgendwie weißt, dass er nicht der echte ist.

»Nun komm und hilf mir«, sagte Carmen und nahm den Koffer. »Und dabei erzählst du mir, was du in diesem Luxusinternat alles gelernt hast, das Gute und das Schlechte, denn über das Schlechte zu sprechen ist gut für die Seele. Nun sag mir endlich, was du so Schlimmes angestellt hast, dass diese hochnäsigen Engländer dich rausgeworfen haben. Aber wenn ich sehe, wie hübsch du geworden bist, kann ich mir gut vorstellen, dass es Streit um einen Jungen gegeben hat, stimmt's?«

Der vertraute Klang von Stöckelschuhen auf den italienischen Fliesen ließ mich herumfahren.

»Hallo, Mama.«

Nach so langer Zeit klang das Wort laut ausgesprochen merkwürdig.

»Estrella, da bist du ja. Wie groß du geworden bist!«, rief Mama mit einem Lächeln auf ihren roten Lippen. »Jetzt bist du eine richtige Señorita. Wie war die Überfahrt? Ich hoffe gut. Ich bin auch einmal mit diesem Schiff gefahren, als ich deinen Vater auf einer Geschäftsreise nach England begleitet habe, und musste die ganze Überfahrt erbrechen. Wegen des Wellengangs, weißt du? Darauf reagiert mein Magen sehr empfindlich.«

Wie üblich, wenn Mama etwas nicht gefiel oder wenn sie versuchte, ihr Missfallen zu überspielen, redete sie wie ein Wasserfall, bis ihre Worte nichtssagend und langweilig wurden, aber es war ihre Art zu vermeiden, dass sie etwas sagte, was sie hinterher bedauern müsste. Ich hatte sie diese Technik schon beim Marquis anwenden sehen, bis Vater den Raum verlassen hatte in der Überzeugung, mal wieder davongekommen zu sein, und Mama mit den Tränen kämpfte.

»Mama, es war nicht meine Schuld, ehrlich …« setzte ich an. »Ich habe nichts Schlimmes getan, aber …«

»Ja, ich weiß, Estrella: Alles war nur ein Missverständnis, und es war nicht deine Absicht, rausgeworfen zu werden.«

»Natürlich war es nicht meine Absicht!«, rief ich aufgebracht. »Ich habe richtig gebüffelt und mich so angestrengt … Warum sollte ich das alles aufs Spiel setzen?«

»Ich habe dich schon dümmere Sachen anstellen sehen, Estrella.«

Mama schaute in den langen Flur, der zu den Zimmern führte. Alle Türen waren geschlossen, aber ich wusste, dass ihr Blick auf die des Musikzimmers gerichtet war, wo sie beim Fest zu unserem fünfzehnten Geburtstag *Mood Indigo* auf dem Klavier gespielt hatte.

»Es ist nicht so, wie du glaubst, es war nicht wegen ihm«, sagte ich, wohlwissend, dass ich sie nie überzeugen könnte. »Lucys Eltern sind völlig verzweifelt und haben die Direktorin Richardson unter Druck gesetzt, mich rauszuwerfen.«

»Ich dachte, du seist intelligenter, Estrella, zumindest intelligenter als ich«, räumte Mama traurig lächelnd ein. »Und dass deine Ausbildung das Wichtigste für dich sei, weil du wusstest, was auf dem Spiel steht.«

»Das ist sie auch! Ich war eine der besten Schülerinnen im Internat, ausschließlich Einsen. Du kannst Miss Richardson ja fragen, wenn du mir nicht glaubst«, verteidigte ich mich. »Ich will weiter lernen, das Schuljahr beenden, das kann ich auch hier in Spanien, und dann würde ich gern auf die Universität gehen. An einigen werden Frauen bereits zugelassen.«

»Auf die Universität? Wir werden nicht noch mehr Geld für dich ausgeben. Für dich wird es keinen Unterricht mehr geben, weder Schulen noch Klavierstunden noch Englischlehrerinnen. Wir haben schon genug Geld in deine Ausbildung gesteckt, und mit welchem Ergebnis? Sogar in einem Mädcheninternat hast du es geschafft, dich wegen eines Jungen in Schwierigkeiten zu bringen«, sagte Mama in schneidendem Tonfall, den sie nur bei mir erklingen ließ. »Wenn du nicht das Internat verlassen hättest, um dich mit ihm zu treffen, hätten sie dich auch nicht rausgeworfen. Aber nein, du musstest tun, wonach dir gerade der Sinn stand, wie immer. Die Aufseherin belügen und mitten in der Nacht abhauen ... Und alles nur, um dich mit einem Jungen zu treffen.«

»So war das nicht. Ich habe das Schulgelände verlassen, ja, aber er ist ein erwachsener Mann, und ihm war es egal, dass ich lügen musste, um ihn zu treffen.«

Als ich das sagte, fühlte ich mich noch dämlicher als in dem Moment, in dem die Direktorin und Miss Amelia mich in der Eingangshalle des Internats in Empfang nahmen. Mason war achtunddreißig Jahre alt und hatte keinen Gedanken daran verschwendet, dass ich Probleme bekommen könnte, wenn ich mich mit ihm treffe. Oder vielleicht doch, und es war ihm schlicht egal gewesen.

»Und noch dazu mit dem Verlobten deiner Zimmergefährtin«, fügte Mama enttäuscht hinzu. »Ich dachte, du hättest aus der Sache mit deiner Schwester und diesem … armen Schlucker aus dem Dorf etwas gelernt, aber ich sehe, du bist doch nicht so schlau, wie du denkst.«

Mama schüttelte den Kopf, als könne sie nicht über Alma sprechen, und wandte sich ab. Ich sah sie im Musikzimmer verschwinden und die Tür zuschlagen.

»Nimm es ihr nicht übel. Der Armen ging es gar nicht gut, als du fort warst, aber in letzter Zeit wurde es etwas besser. Sie hat sogar wieder etwas gegessen, statt das Essen irgendwo im Haus zu verstecken, und irgendwann hat sie auch wieder mit deinem Vater gesprochen, wenn sie allein waren«, erklärte Carmen. »Komm, jetzt packen wir deinen Koffer aus und hängen die Kleider in den Schrank, sonst zerknittern sie noch stärker, und die faltigen Sachen bringe ich Dolores zum Aufbügeln runter.«

»Da gibt es nichts zu bügeln; die meisten Teile gehören zur Schuluniform, und die werde ich nie wieder brauchen.«

Ich ärgerte mich über mich selbst, ich war wütend darüber, nicht vorsichtig genug gewesen zu sein, und auch auf Mason – vor allem auf ihn –, weil sein dämlicher Sinneswandel zu meinem Ausschluss von der Schule geführt und mir meine Zukunft verbaut hatte, womit er mich zum selben Schicksal wie Lucy und ihre Schwestern verdammte.

»Sei nicht traurig, Kindchen. Der Ärger deiner Mutter wird schon wieder vergehen, sie muss sich erst daran gewöhnen, dass du wieder da bist«, sagte Carmen. »Die Señora Marquise war die ganze Zeit sehr allein, sie hat sogar angefangen, mit Catalina zu reden, stell dir mal vor.«

Mama pflegte früher so zu tun, als existiere Catalina gar nicht, genau wie ich es mit Almas Geist hielt, seit er mich überall hin zu verfolgen begann. Sie sah sie nicht und sprach auch nicht mit ihr, nicht einmal, wenn Catalina versuchte, auf sich aufmerksam zu machen. Für sie war der Bastard ihres Mannes lediglich eine Sinnestäuschung, ein weiteres Gespenst, das durch die Flure der

Villa Soledad geisterte. Jahrelang hatten es Alma und ich ebenso gemacht: Wir hatten unsere kleine Halbschwester ignoriert, weil Mama sie ignorierte. Die kleine Catalina folgte uns mit Tränen in den Augen überall hin oder kam zum Teich mit den japanischen Fischen, wenn Alma und ich dort saßen, aber wir verhielten uns, als wäre sie gar nicht anwesend, wir bestraften sie für die Sünden unseres Vaters. Großmutter Soledad war der einzige Mensch gewesen, der sich um das Kind gekümmert hatte, und wenn Catalina verzweifelt über unser Verhalten weinte, erzählte sie ihr zum Trost Geschichten von Mexiko.

Lange Zeit fand ich es nicht falsch, Catalina zu ignorieren oder leiden zu lassen. Mama und der Marquis verhielten sich schließlich auch so. Warum sollten wir uns anders verhalten? Erst mit zwölf Jahren fragte ich Mama, warum sie eigentlich böse mit ihr sei: »Ich bin nicht böse mit ihr, ich kann nur nicht ertragen, dass sie da ist«, antwortete sie.

Erst Jahre später verstand ich den Grund, denn meine Mutter hatte etwas Ähnliches zu mir gesagt, als ich in der Bibliothek Feuer entfacht hatte: »Ich bin böse mit dir, weil ich mit dem Marquis nicht böse sein kann.« Meine Mutter war sich bewusst, dass ihr Überleben – und in gewisser Weise auch unseres – vom Marquis abhing. Auch wenn es schrecklich und erniedrigend für sie war, eine tote und eine illegitime Tochter zu haben, blieb ihr nichts anderes übrig, als zu ihm zu stehen und ihm zu verzeihen.

»Ich wollte dir das Gästezimmer im zweiten Stock herrichten, falls du Angst hast, allein im Turmzimmer zu schlafen«, sagte Carmen und riss mich damit aus meinen Gedanken. »Aber jetzt ist das Zimmer besetzt, also komm schon und hilf mir mit deinem Koffer.«

»Besetzt? Wer schläft denn im Gästezimmer? Mama?«, wollte ich wissen.

»Nein, sie schläft wie immer in ihrem schönen Himmelbett. Wir haben einen Gast, einen schottischen Lord oder so, der mit deinem Vater Geschäfte machen will.«

Wir gingen in die erste Etage, und Carmen blieb kurz stehen, um Luft zu holen. »Der Herr ist vor einer Woche eingetroffen, und da die einzige Pension in Basondo geschlossen ist, hat der Marquis darauf bestanden, ihn hier einzuquartieren. Jetzt ist er mit deinem Vater in der Hauptstadt, um was weiß ich welche Register aufzusuchen.«

Wir gingen am Gästezimmer im zweiten Stock vorbei, dessen Tür geschlossen war.

»Ein Lord? Und wie ist er?«, fragte ich, als wir weiter hinaufgingen.

»Nun ja, er sieht ganz anders aus als die Männer hier. Er hat feuerrotes Haar, wie ich es nur bei Frauen und Künstlern gesehen habe, schöne Augen … Aber Dolores meint, er sei zu freundlich und ordentlich, um reich zu sein.«

Ich lachte überrascht auf.

»Zu sauber und zu ordentlich, um reich zu sein?«, fragte ich. »Was soll das denn heißen?«

»Ich habe noch nie im Leben einen Señorito kennengelernt, der sich ohne eine Heerschar von Dienern die Schuhe selbst zubinden oder die Nase putzen konnte. Je reicher, desto unfähiger«, erklärte sie. »Aber Dolores hat mir versichert, dass der geheimnisvolle Lord sein Zimmer selbst aufräumt und jeden Morgen sein Bett macht.«

Wir waren bei der Wendeltreppe angekommen, die zum Turmzimmer hinaufführte, und ich stellte den Koffer ab.

»Jedenfalls ist außer dem Necessaire und dem Schlafanzug nicht viel im Koffer, was ich noch benutzen kann«, sagte ich, und mir fiel ein, dass selbst im Schlafanzug das Wappen der St. Mary's School eingestickt war. »Verfluchter Mason, wie konnte ich nur so dämlich sein und nicht an die Folgen denken. Ich kann es nicht fassen, dass ich wieder in diesem Haus bin.«

Carmen setzte sich auf den Koffer und seufzte erleichtert.

»Natürlich wusstest du um die Folgen, Mädchen, du musst zumindest geahnt haben, dass du dich in Schwierigkeiten bringst. Du bist wie die Wellen des Kantabrischen Meeres, die immer wieder auf dasselbe Felsgestein aufschlagen und versuchen, es zu brechen«, sagte sie zärtlich. »Du kannst das Unglück nicht verhindern, weil du immer wieder aufschlagen musst. Und wehe dem, der versucht, sich zwischen Wellen und Felsen zu stellen. Der hat keine Ahnung, was ihm blüht.«

»Ich weiß nicht, was ich jetzt tun soll, Carmen.« Meine Stimme klang brüchig.

Carmen legte mir den Arm über die Schulter und zog mich an ihren warmen, vertrauten Körper, um mich zu trösten.

»Es wird sich etwas ergeben, Mädchen, du wirst schon sehen. Das Schwerste hast du schon gelernt.«

In der ersten Nacht in meinem alten Zimmer wurde ich von Albträumen heimgesucht, aber geweckt wurde ich vom Wolf. Ich schlug die Augen auf und dachte zuerst, ich befände mich mit Lucy in unserem gemeinsamen Zimmer, aber anstelle ihres leisen Atmens hörte ich nur das Heulen des schwarzen Wolfes im Wald.

Es dämmerte bereits, das erkannte ich an dem kalten, grauen Licht, das durchs Fenster hereinfiel und Schatten an die Wände malte.

»Alma, bist du wach?«, flüsterte ich, erhielt aber keine Antwort.

Ich sah zu ihrem Bett hinüber, aber es war leer. Nicht einmal Almas Gespenst war in dieser Nacht um mich herumgeschlichen.

Der schwarze Wolf heulte wieder, diesmal allerdings näher. Ich stand auf, ging zu einem der runden Fenster und starrte im Schutz der Dunkelheit in den Wald. Milchiges Dezemberlicht hing über den Wipfeln, doch ich glaubte, direkt am Waldrand einen Schatten zu erkennen. Einen großen Schatten, fast so groß wie ein Auto. Ich hielt mein Gesicht so dicht an die kalte Glasscheibe, dass sie von meinem hektischen Atem beschlug, konnte aber noch sehen, wie der Schatten im dichten Unterholz verschwand.

Vom Turmzimmer aus konnte ich auch den Wintergarten sehen,

er befand sich an einer der wenigen Stellen im Garten, auf die das Haus nicht seinen großen Schatten warf. Als Großvater Martín aus Südamerika heimkehrte, musste er unbedingt diesen bombastischen Kolonialbau errichten lassen, hatte aber nicht bedacht, dass ein Haus dieser Größenordnung einen noch größeren Schatten warf. Deshalb hatte Großmutter Soledad die einzige Stelle, an der die Sonne schien, für ihren Wintergarten gewählt, in dem sie ihre berühmten Rosen kultivierte – die größten und seidigsten, die ich je gesehen hatte –, wo sie vor der Witterung und vor allem vor dem kalten Nordwind geschützt waren, der manchmal durch den Garten fegte und den Geruch des Meeres herantrug.

Durch das Glasdach des Wintergartens konnte ich eine weibliche Gestalt erkennen, die auf dem großen Arbeitstisch mit Blumentöpfen hantierte. Zuerst dachte ich, es sei Mama oder vielleicht Carmen, die etwas suchte, doch als sie sich bückte und etwas aufhob, erkannte ich, dass sie das gleiche lange, dunkle Haar hatte wie ich.

Das ist Alma, sie will Großmutters Rosen verhexen, dachte ich und verlor das Interesse. Doch dann fiel mir auf, dass die Frau kein weißes Spitzenkleid trug, also schlüpfte ich rasch in das erstbeste Kleid, das ich finden konnte, zog eine graue Strickjacke darüber und verließ das Zimmer.

Im Haus herrschte Stille. In der ersten Etage hörte ich jemanden mit einem Löffel in einer Tasse rühren. Wahrscheinlich Dolores, die gern allein in der Küche frühstückte, bevor die anderen aufwachten, wie sie es immer getan hatte, als ich noch hier lebte.

Ich bog in den Flur ab, die Türen zu den Zimmern waren alle geschlossen: Esszimmer, Bibliothek, Wohnzimmer … Als ich am Musikzimmer vorbeikam, glaubte ich, die gespenstischen Klänge von *Mood Indigo* durch die eisige Morgenluft schweben zu hören.

Ich öffnete die Glastür und betrat die Galerie, die an der gesamten hinteren Fassade entlangführte. Unter den Rundbögen hatte zu unserem Geburtstagsfest den ganzen Nachmittag die Swing-Band Gershwin gespielt. Dorthin hatte ich den widerwärtigen Sohn des

Botschafters von Panama geschleppt – an dessen Namen ich mich nicht mehr erinnerte –, um Alma zu ärgern. Jetzt war die Galerie, abgesehen von ein paar leeren Blumenkübeln, verwaist. Im Garten führte ein Plattenweg zum Seitenflügel des Hauses. Der Garten – früher Mamas ganzer Stolz mit seinem ordentlich gemähten Rasen und den exotischen Bäumen aus Amerika – wirkte trostlos. Zwischen den Platten wucherte das Unkraut, und die Bäume waren nicht beschnitten. Sie sahen aus wie finstere, nackte Holzskelette, die sich im Nordwind wiegten.

Als ich beim Wintergarten ankam, beugte sich die mysteriöse Gestalt über den Arbeitstisch. Ich konnte sie nicht genau erkennen, sah aber, wie sich ihre Silhouette hin und her bewegte. Entschlossen öffnete ich die Tür.

»Alma?«

Sie unterbrach ihre Tätigkeit und drehte sich überrascht zu mir um.

»Hast du mich erschreckt!«, sagte sie und lachte nervös auf. »Ich bin nicht Alma, ich bin …«

»Catalina«, flüsterte ich. »Verzeih, ich habe dich von oben gesehen und dachte, du seist … Egal. Ich wollte dich nicht erschrecken.«

»Ist schon gut, niemand weiß, dass ich jeden Morgen herkomme, und ich Dummkopf habe mich nur erschrocken, weil ich mich ertappt fühlte.« Catalina lachte, um ihre Angst zu verscheuchen. »Ich weiß ja, dass du gestern zurückgekommen bist. Meine Mutter hat recht – du bist groß geworden.«

»Du auch«, sagte ich mit angedeutetem Lächeln. Es war ein komisches Gefühl, mit ihr zu sprechen, nachdem ich sie ein Leben lang wie Luft behandelt hatte. »Du bist sehr hübsch und wirkst richtig erwachsen, wie alt bist du jetzt?«

»Fünfzehn, ich bin drei Jahre jünger als ihr … Als du, meine ich«, korrigierte sie sich.

Catalina schien es nicht zu stören, dass ich mich daran nicht mehr erinnern konnte. Bei ihrem Anblick verstand ich plötzlich, warum Mama mit ihr sprach, obwohl sie jahrelang so getan hatte, als würde die dritte Tochter ihres Mannes gar nicht existieren: Sie ähnelte ein wenig Alma und mir. Deshalb hatte ich sie vom Fenster aus mit meiner Schwester verwechselt. Catalina hatte fast so langes Haar wie ich, allerdings war ihres kastanienbraun. Ihre lebhaften, schönen Rehaugen waren umrahmt von dichten dunklen Wimpern wie die ihrer Mutter, obwohl sie weniger traurig wirkten. Sie ähnelte dem jungen Marquis auf den Fotos, die in seinem Jagdzimmer hingen. Hätte Vater eine Schwester gehabt, hätte sie wie Catalina ausgesehen.

»Du kommst jeden Morgen her?«, fragte ich. »Wozu?«

Erst dann sah ich, dass ihre Hände voller Erde waren und auf dem Tisch mit Großmutters kleinen Gartenwerkzeugen Blumentöpfe standen.

»Ich kümmere mich um Großmutter Soledads Rosen, wenn die anderen noch schlafen. Bevor sie von den Klippen sprang, hat sie mir die Pflege ihrer Blumen anvertraut, sie sagte: ›Obwohl du auch meine Enkelin bist, darf ich dir nichts hinterlassen, deshalb vertraue ich dir die Pflege meiner Rosen und Pflanzen im Wintergarten an, damit du siehst, wie die Natur arbeitet und alles lernst, was ich dir nicht beibringen konnte.‹«

Ich blickte mich um. Nicht nur die Rosen blühten genauso prächtig wie zu Großmutters Zeiten, in einem Blumenkasten gediehen auch weiße Orchideen, und vom Dach rankten jede Menge Glockenblumen in verschiedenen Farben herab, deren Blüten fast meine Schultern berührten. Ich sah auch Stecklinge, kleine Triebe und seltsame bunte Blüten, von denen ich nicht einmal den Namen kannte.

»Du hast einen grünen Daumen«, stellte ich fest.

»Ich tue, was ich kann.«

»Großmutter hat mit dir gesprochen, bevor sie sprang?«, fragte ich und starrte wieder auf die perfekten Rosen, die schienen, als wären sie aus rotem Samt.

»Ja«, erwiderte Catalina ganz natürlich. »Von dir hat sie sich doch bestimmt auch verabschiedet, oder nicht?«

Ihre Hände waren voller Erde, dieselbe dunkle Erde wie auf dem Arbeitstisch und in den Blumentöpfen. Es roch wie im Wald. Catalina schien Großmutters Vermächtnis gern zu pflegen, dasselbe Mädchen, das ich jahrelang ignoriert hatte, obwohl ich wusste, dass sie deshalb heimlich weinte.

»Nein. Großmutter hat sich nicht von mir verabschiedet.«

Sie hatte sich von Alma verabschiedet und sogar von Catalina, aber nicht von mir.

»Das tut mir leid.« Catalina zog vorwurfsvoll die Nase kraus, wie ich es unzählige Male bei ihrer Mutter beobachtet hatte. »Aber sie hat dir doch etwas hinterlassen, nicht wahr?«

»Ja, eine Kette, von der sie wusste, dass sie mir gefällt. Sie hat sie mir aufs Kopfkissen gelegt, bevor sie sprang.« Seit geraumer Zeit hatte ich nicht mehr an die Kette mit dem Smaragdanhänger in der Größe einer Babyfaust gedacht. »Aber der Marquis hat sie mir am Tag ihrer Trauerfeier weggenommen. Inzwischen hat er sie bestimmt verkauft.«

»Ja, gut möglich. Wenn deine Mutter nicht wäre, würde er eines Tages noch das Haus samt seinen Bewohnerinnen verkaufen, um seine Schulden zu tilgen«, erwiderte Catalina und wollte sich schon dem Rosenstock zuwenden, als sie gewahr wurde, was sie soeben gesagt hatte. »Entschuldige, ich wollte den Marquis nicht schlechtmachen, schon gar nicht vor dir. Vermutlich muss ich ihm dankbar sein, dass er uns noch in diesem Haus wohnen lässt, obwohl Mama nicht mehr für die Familie arbeitet.«

Nach all den Jahren, die der Marquis sie ignoriert und sich geweigert hatte, ihr seinen Namen zu geben, wunderte es mich, dass Catalina glaubte, ihm dankbar sein zu müssen. Ich war ihm nicht dankbar und hatte auch keine Lust, meinen Vater wiederzusehen.

»Nach dem Zustand des Gartens und dieses enormen Efeus an der Fassade zu urteilen, würde ich sagen, dass auch Emilio schon länger nicht mehr für die Familie arbeitet.«

»Nein, der arme Emilio kommt nur noch im Frühjahr und im Sommer alle vierzehn Tage, um den Rasen zu mähen und das Unkraut zu jäten, dass überall wuchert«, sagte Catalina resigniert. »Kein Chauffeur, kein Gärtner, kein Laufbursche – von dem gesamten Personal, das du kanntest, sind nur Dolores und meine Mutter übrig geblieben.«

»Ja, ist mir schon aufgefallen, dass viele Dinge im Haus extrem vernachlässigt wirken.« Ich blickte mich um und sah mehrere gesprungene Glasscheiben. »Vermutlich hat der Marquis Wichtigeres zu tun.«

Vater hatte sich nie für den Wintergarten und alles andere im Haus interessiert, außer für die Dinge in seinem Jagdzimmer natürlich: die Köpfe der toten Tiere an den Wänden und seine Sammlung importierter Whiskeys in feinen Kristallkaraffen, seine Jagdmesser, mit denen er die angelieferten Wildschweine zerlegte, sowie das Familienwappen der Zuloagas, das neben dem Gewehr mit dem verbogenen Lauf, mit dem er Alma getötet hatte, über dem Kamin hing.

»Hast du ihn schon gesehen? Den Marquis?«, fragte Catalina in der ihr typischen schnellen Art zu reden.

»Nein, und dabei soll es auch so lange wie möglich bleiben.«

»Verstehe, ich habe die Brandstelle auf dem Holzboden der Bibliothek gesehen«, sagte sie wie nebenbei. »Zuerst hat deine Mutter versucht, sie mit einem Beistelltisch zu kaschieren, aber der Tisch war ständig im Weg, deshalb hat sie ihn wieder weggeräumt. Nun kann man den verbrannten Boden eben sehen.«

»Du weißt, was passiert ist?«, fragte ich überrascht. »Ich dachte, Mama würde mit niemandem darüber reden. Nimm es mir nicht übel, aber ich hätte nicht gedacht, dass Mama ausgerechnet dir das erzählt.«

Catalina klopfte sich die Erde von den Händen, die auf den Tisch fiel, wo die roten Rosen geduldig darauf warteten, an die Reihe zu kommen.

»Deine Mutter hat mir gar nichts erzählt«, sagte sie mit einem schuldbewussten Lächeln. »Ich bin nachts oft in die Bibliothek zu eurem Puppenhaus geschlichen. Ich wusste, dass deine Mutter sehr böse werden würde, wenn sie mich dabei erwischt hätte, wie ich im Morgengrauen mit ihrem geliebten Puppenhaus spielte, und hatte Angst, sie könnte meine Mutter aus dem Haus werfen, weshalb ich mich in besagter Nacht, als ich im Flur Schritte hörte, hinter dem französischen Diwan vor dem Fenster versteckte.«

»Du hast alles gesehen, du hast gesehen, was ich gemacht habe?«

»Ja, aber ich wusste schon vorher, dass Alma und du solche Sachen machen könnt … besondere Sachen. Ich kannte nur die Gerüchte, die über euch und Großmutter Soledad in Umlauf waren, hatte es aber noch nie mit eigenen Augen gesehen, erst in jener Nacht«, erklärte sie. »Aber mach dir keine Sorgen, ich werde es niemandem verraten.«

»Du warst das also«, sagte ich erleichtert. »Du hast die Püppchen andauernd umgestellt.«

Über Catalinas Lippen huschte ein scheues Lächeln.

»Ich bekenne mich schuldig. Oft konnte ich mich nicht daran erinnern, wo sie standen, oder ich war zu müde und hatte Angst, auf dem Teppich einzuschlafen und entdeckt zu werden, deshalb habe ich die Püppchen einfach irgendwo hingestellt und gedacht, ihr gebt die Schuld bestimmt den Gespenstern im Haus.«

Das einzige Gespenst, das ich sehen konnte, war Almas, aber sie hatte früher häufig von Geistern geredet, die in der Villa Soledad herumspukten. Ich konnte sie nicht sehen – und kann sie immer noch nicht sehen –, hörte morgens jedoch manchmal den Holzfußboden im ersten Stock knacken oder Getuschel in den Fluren; auch die Fotos von Großmutters Hochzeit fielen manchmal von der Wand. Alma war so lebendig in diesem Haus wie die anderen Gespenster, die sich weigerten, endgültig zu verschwinden.

»Und was ist mit dir? Kannst du auch was Besonderes?«, fragte ich Catalina.

»Nicht, dass ich wüsste. Ich meine, ich habe mal eine ganze Flasche Milch auf einmal ausgetrunken, ohne Luft zu holen, ein anderes Mal bin ich von einem Apfelbaum gefallen und habe mir keinen einzigen Knochen gebrochen, und Mama behauptet, dass ich doppelt so schnell wie andere Kinder sprechen gelernt hätte, aber ich glaube nicht, dass mich das zu etwas Besonderem macht, oder? Ich bin eine von vielen.«

Ich sah in ihren braunen Augen dieselbe, mühsam unterdrückte Wut, die ich so oft gespürt hatte.

»Ich habe auch lange Zeit geglaubt, dass ich nichts Besonderes bin. Aber ich glaube nicht, dass du eine von vielen bist«, erwiderte ich, konnte mir jedoch nicht erklären, warum ich meine Halbschwester aufmuntern wollte.

»Du bist als Marquise geboren, du warst immer was Besonderes und hast keine Ahnung, was es bedeutet, normal zu sein«, entgegnete Catalina. »Du hast im Schatten einer perfekten Schwester gestanden und konntest es nicht ertragen. Stell dir vor, wie es für mich war, im Schatten zweier legitimer Töchter aufzuwachsen, die in Pariser Seide gehüllt sind, während ich mit meiner Mutter in einem Bett im Keller schlafe.«

»Und was willst du jetzt von mir? Eine Entschuldigung?« Meine Stimme klang kälter als beabsichtigt. »Die Schuld daran trägt der Marquis, du kannst ja von ihm Rechenschaft verlangen, wenn du willst, ich kann nichts für dein Schicksal. Ich habe schon genug zu tun mit meinen Sünden und einer Schwester, die mich für ihr Unglück verantwortlich macht. Das reicht mir. Tut mir leid.«

»Ich gebe dir nicht die Schuld für die Sünden deines Vaters, es sind seine Sünden, und ich weiß zur Genüge, dass der Marquis mir nichts anzubieten hat, nicht einmal sein Schuldbewusstsein. Und trotzdem hoffe ich nach all den Jahren der Erniedrigung noch immer darauf, dass er mich liebt wie seine beiden anderen Töchter«, sagte Catalina ohne eine Spur von Bitterkeit. »Ist doch komisch, oder? Wir werfen uns jemandem zu Füßen, der uns nicht liebt und niemals lieben wird, in der schwachen Hoffnung, dass er uns eines Tages überhaupt wahrnimmt.«

»Genau«, bestätigte ich, wusste aber nicht, ob ich dabei an meinen Vater, an Tomás oder an alle anderen dachte, die Alma vorgezogen hatten, während ich für sie unsichtbar war.

»Und was deine Schuld anbelangt, du wirkst nicht, als würde sie dich belasten, Estrella. Also sehe ich auch keinen Sinn darin, wenn du sie auf dich nimmst, denn diese Last wäre dir sowieso zu schwer.«

»Das denke ich auch. Schuld ist nichts weiter als Zeitverschwendung: ein Fallstrick, ein Käfig mit unsichtbaren Gitterstäben, in dem wir uns schlecht fühlen, weil wir uns nach etwas oder nach irgendwem sehnen«, erwiderte ich. »Ich habe lange darüber nachgedacht, wie ich der Schuld entgehen könnte, so wie mein Vater oder alle anderen Männer, die tun und lassen können, was sie wollen.«

Ich musste wieder an Mason denken, der keine Skrupel hatte, Lucy zu verlassen und mich zu bitten, ihn zu heiraten – nach einem einzigen Treffen schien ich ihm die bessere Ehefrau zu sein, weshalb er die arme Lucy ohne Erklärung oder gar Entschuldigung einfach abservierte, denn Mason interessierte sich nur für sich selbst, aber nicht für mich oder Lucy.

»Wenn ich nur sein könnte wie du. Ich würde auch lieber nur an mich denken und nicht an den Schmerz, den ich anderen zufüge. Sie interessieren sich ja auch nicht für meinen Schmerz«, gestand mir Catalina mit traurigem Lächeln. »Erzähl deiner Mutter bitte nicht, dass ich mich hier jeden Morgen um die Rosen kümmere. Sie glaubt nämlich, dass sie so schön blühen wegen des ekelhaften Düngers, den sie aus Kaffeesatz und Orangenschalen zubereitet. Ich möchte nicht, dass die Señora Marquise erfährt, dass Großmutter mich darum gebeten hat. Es würde sie traurig stimmen.«

»Keine Sorge, ich werde es niemandem erzählen«, versprach ich. »Und was mich anbelangt, gehören diese Rosen ebenso dir wie mir.«

Catalina lächelte mich an und topfte schließlich, eine Melodie vor sich hin summend, die Rose um. Ich war schon im Gehen begriffen und dachte, dass Catalina und ich jetzt ein Geheimnis teilten – eigentlich zwei, denn sie hatte mich in jener Nacht das Feuer entfachen sehen –, drehte mich jedoch noch einmal um. Von hinten betrachtet, hätte man sie leicht mit Alma verwechseln können, und auch ihr Summen klang nach meiner toten Schwester. Ich schloss die Glastür hinter mir und hörte ihre Stimme im Nordwind davonwehen.

Der geheimnisvolle Gast

Am Nachmittag steckte eine Benachrichtigung im Briefkasten an der Gartenpforte der Villa Soledad. Man hatte mir meine Bücher, Kleider und andere Dinge aus dem Internat nachgeschickt. Alles, was ich in dem Zimmer, das ich mit Lucy geteilt hatte, zurücklassen musste, weil es nicht in den Koffer passte, konnte abgeholt werden. Ich hatte nichts zu tun, und die Stunden in der Villa zogen sich end- und sinnlos in die Länge, weshalb ich beschloss, einen Spaziergang nach Basondo zu unternehmen. Ich wusste nicht, ob Tomás nach seinem langen Schweigen noch im Dorf lebte, verwarf jedoch die Idee, an seinem Elternhaus vorbeizugehen, um ihn wie zufällig zu treffen.

Ich hatte überlegt, Mama darum zu bitten, mir ein Kleid zu borgen, denn ich trug noch das hellblaue Kleid, das für das Dezemberklima in der Kantabrischen Region viel zu dünn war. Aber ich hatte sie seit meiner Ankunft nicht mehr gesehen und wusste nicht recht, wer von uns beiden der anderen aus dem Weg ging. Ich klopfte an ihre Zimmertür in der zweiten Etage, aber sie reagierte nicht. Als ich eintrat, lag sie im Bett und schlief. Sie hatte weder ihren Satinpyjama an noch das Bett aufgeschlagen, sondern lediglich eine weiße Angora-Decke übergelegt, unter der ihre Füße herausragten. Um sie nicht zu wecken, ging ich auf Zehenspitzen näher und wollte sie richtig zudecken, aber da bewegte sie sich.

»Alma… Was ein Glück, dass du da bist, ich hatte einen schrecklichen Traum«, murmelte sie, ohne die Augen aufzuschlagen. »Einen Albtraum.«

Ich starrte sie an und wagte nicht, mich zu rühren; sie glaubte, ich sei Alma und alles nur ein Traum, ein Albtraum.

»Ich habe geträumt, du seist tot und würdest in deinem weißen Spitzenkleid vom Geburtstag durch das Haus geistern«, murmelte sie in das Kissen.

Auch nach ihrem Tod verwechselte sie mich noch mit Alma. Ich beugte mich über sie und streichelte ihr über das kurze, kastanienbraune Haar.

»Es ist alles gut, Mama. Schlaf weiter«, flüsterte ich.

Ich verließ das Zimmer ohne Kleid und mit verkrampftem Magen. Alma stützte sich im Flur auf das Mahagonigeländer und beugte sich vor, als wolle sie die Räume im ersten Stock inspizieren oder an einer unsichtbaren Leine Wäsche aufhängen. Ihr glattes schwarzes Haar hing zu beiden Seiten hinunter und bedeckte ihr Gesicht.

»Lass Mama in Ruhe, sie kann dich nicht sehen, weiß aber, dass du im Haus herumschleichst«, sagte ich zu ihr und erwartete schon, dass sie mir ihren Totenschädel zeigen würde, aber sie rührte sich nicht. »Damit tust du ihr noch mehr weh. Du bist tot, Alma, lass sie dich endlich begraben.«

Die Benachrichtigung des Briefträgers – und damit die Möglichkeit, Tomás zu sehen – brannte mir in der Tasche, also ging ich an Alma vorbei die Treppe in die erste Etage hinunter. Als ich im Vestibül ankam, blieb ich kurz stehen und blickte nach oben: Alma verschwand gerade in Mamas Zimmer, um ihr weiter im Traum zu erscheinen.

Es war Spätnachmittag, aber die schwache Dezembersonne fiel durch das Küchenfenster herein und reflektierte sich in den weißen Kacheln an der Wand. Carmen saß mit Dolores bei Kaffee und Kuchen am Küchentisch, wie immer um diese Zeit seit zwanzig Jahren.

»Alles in Ordnung mit dir, mein Kind? Du siehst aus, als hättest du ein Gespenst gesehen«, sagte Carmen, als sie mich erblickte.

»Das ist Nonsens, ich glaube nicht an Gespenster, es sind nur die Schuldgefühle, die uns überall hin verfolgen und quälen. Zum Glück bin ich schneller.«

In der Küche roch es nach frischem Kaffee, nach Buttergebäck und Milch, die auf dem modernen Herd angebrannt war. Mama kochte zwar nicht – ich konnte mich nicht erinnern, sie je kochen gesehen zu haben –, hatte aber die Küche nach Großmutter Soledads Tod renovieren lassen. »Man kann in einer alten Küche mit Holzofen nicht mehr zeitgemäß kochen, das hier ist ja schließlich keine Dorfhütte«, hatte sie gesagt, als sie die Küchenkataloge durchblätterte, die sie sich aus Madrid hatte schicken lassen. »Wir müssen uns einen dieser modernen Kühlschränke zulegen, die die Lebensmittel auch im Sommer frisch halten. Einen von Elektrolux.«

»Was willst du? Sag bloß, du hast keine Lust mehr, durchs Haus zu schleichen. Als Kind bist du durch die Räume geschlichen wie eine streunende Katze, die nach Lust und Laune jeden Raum betritt, obwohl es ihr verboten ist«, sagte Carmen und nahm sich noch ein Stück Gebäck aus der Dose.

Mama hatte den Bäcker von Basondo beauftragt, seinen Sohn jeden Morgen drei Baguette und eine Schachtel Buttergebäck in die Villa Soledad bringen zu lassen. Das frische Gebäck war ausschließlich für die Familie gedacht. Da es aber am nächsten Tag noch frisch genug war, aßen es Carmen und Dolores zu ihrem Nachmittagskaffee.

»Nein, mir ist nur langweilig, weil ich nichts zu tun habe. Ich mache einen Spaziergang.«

»Du bist immer so rastlos, Mädchen. Du warst schon früher wie eine Eidechse – im Sommer kommen sie raus und sonnen sich, sind aber beim geringsten Geräusch verschwunden«, sagte sie. »Schon als Baby hast du nachts geweint, damit man sich um dich kümmert, und als du etwas größer warst, hast du versucht, aus deiner Wiege herauszuklettern.«

Alma hatte als Baby nie geweint, sie war schon von klein an die Heilige, ich hatte diese Geschichten schon tausend Male gehört.

»Kannst du mir sagen, wo ich was zum Anziehen finde?«, fragte ich sie unfreundlicher als beabsichtigt. »Oder vielleicht kann mir

Catalina was leihen, ich habe nur die Schuluniform und ein paar Sommerkleider.«

»Nein, Catalina ist zu dünn, ihre Kleider kannst du nicht tragen, sie hat noch keine weiblichen Formen ausgebildet. Und ich bin zu klein, in einem Kleid von mir würde man deine Beine sehen. Aber wo willst du eigentlich hin, wenn man das erfahren darf?« Carmen legte das Gebäck neben ihre Kaffeetasse und sah mich argwöhnisch an. »Willst du etwa nach Basondo?«

Ich zog die Benachrichtigung aus meiner Tasche.

»Ja, meine Sachen sind angekommen, und ich wollte sie abholen. Ich habe hier ja nichts zu tun«, erklärte ich.

»Na schön, wenn du dich langweilst, kannst du dich ebenso gut zu uns setzen und einen Kaffee mit uns trinken«, schlug Dolores vor. »Wir plaudern nur ein bisschen.«

Ich war versucht, das Angebot anzunehmen, mich an den abgewetzten Holztisch zu setzen – an dem das Personal zu essen pflegte, während wir ausschließlich im Esszimmer aßen – und meinen Spaziergang nach Basondo zu verschieben. Auch das Buttergebäck sah appetitlich aus.

»Na, was ist?« Dolores griff vorsichtig zur heißen Kaffeekanne und schenkte sich eine zweite Tasse ein. »Du könntest uns von deinen Abenteuern im Internat erzählen, wenn du magst, wir sind dankbare Zuhörerinnen, nicht wahr, Doña Carmen?«

Dolores war die einzige Person auf der ganzen Welt, die ich jemals Doña Carmen sagen gehört habe. Für alle anderen war sie schlicht Carmen oder Schlimmeres, aber für Dolores war sie eine Doña, nachdem sie ihr bei Catalinas Geburt im Kellerzimmer geholfen hatte, weil die Hebamme nicht rechtzeitig aus Basondo eingetroffen war.

»Hast du in England einen berühmten Schauspieler gesehen? Es heißt, dort tummeln sich viele. Sicherlich mehr als hier.« Dolores lachte herzlich auf. »Du hast nicht zufällig Fred Astaire getroffen? Ich habe vor ein paar Monaten *Ich tanz mich in dein Herz hinein* gesehen, was für ein wunderbarer Film. Wir beide sind richtig verliebt aus dem Kino gekommen, stimmt's, Doña Carmen?«

Ich lächelte.

»Nein, Fred Astaire habe ich nicht gesehen, aber Clark Gable.«

Es war nur eine halbe Lüge. Nachdem ich Clark Gable als armen Reporter und Abenteurer in *Es geschah in einer Nacht* gesehen hatte, hatte ich im Geiste beide Geschichten miteinander verwoben. Der Film und die Geschichte mit Lucy und Mason gehörten für mich untrennbar zusammen. Claudette Colbert, der Bus, mit dem sie von ihrer Hochzeit floh, das Reginald-Kino mit seinen abgewetzten Samtstühlen, der Geruch nach Popcorn und Masons ungeschliffenes Englisch bildeten eine klebrige Masse der Erinnerungen an jenen Tag.

»Clark Gable ...«, wiederholte Dolores und versuchte sich an ihn zu erinnern. »Ach ja, jetzt weiß ich wieder, dass ist der mit den abstehenden Ohren und dem pechschwarzen Haar. Wissen Sie, wen ich meine, Doña Carmen? Wir haben ihn in Ihren Kinomagazinen gesehen. Und wie ist er in Wirklichkeit? Komm schon, Mädchen, setz dich zu uns und erzähl uns alles ganz genau, denn Doña Carmen und ich haben noch keinen echten Star gesehen.«

»In Wirklichkeit ist er kleiner«, sagte ich. »Was ist jetzt mit dem Kleid? Ich wollte Mama um eines bitten, sie aber nicht wecken.«

Ich wagte ihnen nicht zu sagen, dass Alma in ihrem Zimmer war und ihr im Traum erschien.

»Natürlich nicht, lass die Señora Marquise schlafen, sie findet in letzter Zeit sowieso nur schwer zur Ruhe«, erwiderte Carmen. »Warum holst du deine Sachen nicht morgen ab? Dann könnte ich Emilio bitten, dich wenigstens auf dem Heimweg zu begleiten, damit du nicht allein auf der Landstraße unterwegs bist.«

»Ich möchte aber gern spazieren gehen, es macht den Kopf klar, denn ständig rutscht mir was auf Englisch raus, und hier versteht mich ja doch keiner«, log ich. »Die Kleider, Carmen.«

»Ich weiß, was du anziehen könntest«, sagte sie etwas unsicher, ob sie das Richtige tat. »Im Keller sind noch die Sachen von Doña Soledad, ihre Kleider und extravaganten Hüte und alles andere. Wir haben es in Kisten gepackt, um es vor Staub und Motten zu schützen. Deine Großmutter hatte eine ganz ähnliche Figur wie du, also wird schon was Passendes dabei sein. Wenn du die Kisten nicht findest, frag Catalina, sie weiß, wo sie stehen, denn sie hat mehr als einmal darin herumgewühlt.«

Ich ging zur Küchentür, ohne mich bei Carmen zu bedanken, aber sie hielt mich zurück.

»Du hast doch nicht etwa vor, eine Dummheit zu begehen, oder? Du bist gerade erst zurück!«

Im Türrahmen drehte ich mich noch einmal um und verkniff mir ein Grinsen.

»Aber Carmen, wann habe ich denn jemals eine Dummheit begangen?«

Basondo hatte sich kaum verändert in den letzten zwei Jahren. Es sah genauso aus, wie ich es in Erinnerung hatte, und wirkte, als wäre es in einer Schneekugel eingeschlossen gewesen.

Der graue Mineralienstaub überzog Dächer, Gehwege und selbst Bewohner wie ein düsteres Versprechen, dem niemand entrinnen konnte. Ich spürte, wie sich auch mir der graue Staub aus dem Erdinnern wie eine zweite Haut auf das Haar und Großmutters Kleid legte. Er war so fein, dass man ihn einatmen konnte, aber nicht fein genug, damit dieses grässliche Abfallprodukt bei jedem Atemzug in die Lungen gelangte.

Ich war auf dem Weg zum Postamt auf dem Dorfplatz und sah, dass sich manche Bewohner verblüfft nach mir umdrehten, als hätten sie ein Gespenst erblickt, das sie schon vertrieben zu haben glaubten. Ich konnte mir dieses Gefühl gut vorstellen, denn ich selbst hatte schon mehrfach geglaubt, mich vom Gespenst meiner Zwillingsschwester befreit zu haben, bis ich es plötzlich durch die Flure der St. Mary's School schlendern sah.

Niemand grüßte mich oder sprach mich an, als ich durch die schmalen Straßen ging, die der scharfkantigen Formgebung der Steilküste angepasst waren. Fern waren die sanften Hügel von Surrey und die üppigen, großflächigen Wiesen, auf denen nur vereinzelte Bäume standen. Hier war die Erde wegen des rauen Klimas zerklüftet und schroff. Es gab nicht ausreichend große und ebene Flächen, um ein normales Haus darauf zu errichten, weshalb die Arbeiter, die seinerzeit nach den Wünschen des neureichen Martín de Zuloaga die Villa Soledad erbauten, tonnenweise Erde aus dem Tal heranschaffen mussten, um den Erdboden auszugleichen und stabile Ziegelwände hochziehen zu können.

Eine Gruppe von Frauen im Carmens Alter, schwarz gekleidet und mit verstaubten Schuhen, starrten mich neugierig an, als ich an ihnen vorbeiging. Sie standen auf dem Kirchplatz und warteten wohl auf Padre Dávila. Ich konnte nicht verstehen, was sie tuschelten, schnappte aber die Wörter Marquise und Schwester auf. Die Kirche war das höchste Gebäude in Basondo, höher noch als der Turm, in dem das geförderte Erz lagerte, bis es verladen wurde. Es war eine romanische Kirche mit einer zweiflügeligen Tür und eisernen Beschlägen sowie einem quadratischen Glockenturm. Bei ihrem Anblick lächelte ich zufrieden, das hatte ich im Geschichts- und Architekturunterricht von Miss Obel in der St. Mary's School gelernt.

»Na so was, es gibt also doch Gespenster«, sagte plötzlich eine bekannte Stimme hinter mir.

Es war Tomás. Ich wusste es, bevor ich mich umdrehte.

»Du müsstest es doch besser wissen«, parierte ich.

Das Bild von Tomás, das ich in einem Winkel meiner Erinnerung bewahrte und nur heraufbeschwor, wenn ich das Bedürfnis verspürte, mir weh zu tun, hatte nichts mehr mit dem Mann zu tun, der vor mir stand. Er trug das Haar viel kürzer, die kastanienbraunen Locken, die sich Alma um den Finger gewickelt hatte, waren verschwunden. Auch sein Gesicht hatte sich verändert, seine

Züge waren mit dem Älterwerden – und bestimmt auch wegen des Hungers – spitzer geworden, die Wangenknochen traten hervor. Nur seine braunen Augen, an die ich mich so gut erinnerte, waren noch dieselben und blickten mich nun an, als könnten sie nicht glauben, was sie sahen. Dennoch ähnelte der Blick jetzt nicht mehr dem der armen Patsy, sondern eher dem eines lauernden Raubvogels, eines Falken oder Adlers.

»Ja, ein paar unglaubliche Dinge habe ich schon gesehen. Du hast dich sehr verändert. Ich weiß nicht, ob es an der Kleidung oder an den Haaren liegt, aber du erinnerst mich flüchtig an deine Großmutter.« Tomás lächelte, und ich hatte das Gefühl, wieder vierzehn Jahre alt zu sein. »Wirst du jetzt auch teure Perlenketten tragen?«

»Du hast dich auch verändert.« Das war alles, was mir zu sagen einfiel.

»Du hast es erfasst. Nächsten Monat werde ich zum Priester geweiht.«

Ich sah seine bis zum Hals zugeknöpfte Soutane, an deren Kragen der Kollar fehlte.

»Priester?«

»Ja. Ich nehme an, das wird dich kaum überraschen. Mein Vater und mein Onkel sind wenig begeistert, werden der Ordination aber nicht im Weg stehen. Das verdanke ich dir.«

»Mir?«, wiederholte ich mit trockenem Mund. »Nein, ich kann dir versichern, dass du mir gar nichts verdankst.«

»Aber natürlich! Weißt du, ich hätte nie gedacht, dass ausgerechnet du dir ein solches Verdienst absprichst.« Tomás lachte leise und funkelte mich mit seinen Raubvogelaugen an. »Was du in jener Nacht im Wald getan hast, hat mich für immer verändert. Gott muss dich mir in den Weg gestellt haben, dich und diese Kiefer, die noch immer rote Äpfel trägt. Ich gehe manchmal in den Wald und sehe sie mir an, weißt du?«

»Das war nicht Gott«, widersprach ich mit Blick auf seine Soutane.

»Ich habe mich geirrt, du hast dich nicht verändert, Estrella, du bist genauso wild wie damals, als du durch den Wald gelaufen bist und dich schmutzig gemacht hast«, tadelte er mich sanft. »Und du sprichst noch immer aus, was dir als Erstes durch den Kopf geht, ohne daran zu denken, dass du andere damit verletzen könntest.«

»Kopf ist das Stichwort. Du bist nicht richtig im Kopf, wie kannst du nur Priester werden? Du bist doch viel zu jung für eine solche Entscheidung.«

»Das bin ich, nicht wahr? Ich bin erst zwanzig und werde der jüngste Priester sein, den die Diözese von Bilbao je ordiniert hat.« Tomás schien diese Vorstellung zu gefallen. »Es hat mich einiges gekostet, aber Padre Dávila hat mich sehr unterstützt, und ich bin ihm dankbar dafür. Ich war ein rebellischer Hitzkopf, aber trotz allem erkannte er in mir den Mann des Glaubens, der jetzt vor dir steht. Ohne Dávilas Hilfe wäre ich nicht so weit gekommen.«

»Sprichst du von dem Padre Dávila, der den Marquis immer drängte, ihm seine mächtigen Unternehmerfreunde vorzustellen, damit auch er Geschäfte machen kann? Oder der, der bald Bischof werden will und diese Kirche nur als Sprungbrett benutzt? Stört dich das gar nicht?«

»Nein. Dávila hat jedes Recht, in der Kirchenhierarchie aufzusteigen, und es wird ihm gelingen. Er ist in der Diözese von Bilbao sehr beliebt.«

Ich schnaubte.

»Mich wundert nur, dass er nach dem vielen Whiskey, den er beim Marquis getrunken hat, noch lebt«, sagte ich gehässig. »Ich erinnere mich lebhaft daran, wie er bei uns mit beiden Händen Enten-Confit aß und davon schwafelte, dass die Grubenarbeiter zu viele Privilegien genössen und sich dennoch ständig beklagten.«

»Sei nicht so hart mit ihm. Dávila hat sich in den letzten Jahren sehr verändert. Die Zeiten, in denen wir leben, haben ihn bescheidener gemacht«, verteidigte Tomás ihn. »Er hat diese Dinge bereut und gebüßt, um sich zu läutern. Jetzt ist er ein anderer Mensch.«

Es war an einem Ostertag. Der Marquis hatte Dávila und den Geschäftsführer einer englischen Schifffahrtsgesellschaft zum Abendessen eingeladen, um mit Letzterem einen millionenschweren Vertrag für den Kauf von Eisenerz abzuschließen. Das Menü hatte aus Käsesuppe mit französischer Rotweinsoße, Enten-Confit und einem belgischen Schokoladenkuchen mit Maraschino-Kirschen bestanden. Nach geraumer Zeit hatten nur noch Dávila und der Marquis geredet, weil der Geschäftsmann nicht genug Spanisch konnte, um der Unterhaltung zu folgen, während Mama und ich angewidert zusehen mussten, wie Dávila aß. Der Priester hatte mit einem Entenflügel herumgefuchtelt und sich kein bisschen daran gestört, dass der süße Saft des Confits auf seine Soutane tropfte. Dávila war ein fanatischer Redner und daran gewöhnt, dass man ihm zuhörte. Als Dolores' Aushilfe – ein schüchternes Mädchen, das ich nie wiedergesehen habe – das Wägelchen mit der belgischen Schokoladentorte auf einem Silbertablett hereinschob, hatte Padre Dávila bereits den dritten Entenflügel gegessen und sein viertes Glas Brandy getrunken, wobei er ununterbrochen von den Privilegien der Grubenarbeiter schwafelte, die sechs Männer, die beim letzten Einsturz in der Grube ums Leben gekommen waren, eingeschlossen.

Der Schiffbauer war am nächsten Tag unter einem Vorwand abgereist und wurde nie wiedergesehen – natürlich ohne einen Vertrag mit dem Marquis abgeschlossen zu haben.

»Der Padre Dávila, den ich kannte, war ein serviler und erbärmlicher Mann, der alles dransetzte, in unserem Haus ein- und auszugehen und an den Geschäften des Marquis beteiligt zu werden«, erinnerte ich mich. »Dávila tut alles nur zu seinem eigenen Vorteil.«

Ich glaubte, dass Tomás ärgerlich darauf reagieren, die Hände in die Hüften stemmen und mich mit dieser Mischung aus Vorwurf und Nachsicht ansehen würde, wie er es früher getan hatte. Aber er lachte nur.

»Ach, Estrella. Rede nicht so über einen Gottesmann«, sagte er immer noch lächelnd. »Ich weiß, du hast die letzten zwei Jahre in England verbracht, wo es kaum Katholiken gibt, vielleicht hat man sogar versucht, dich zum protestantischen oder anglikanischen Glauben zu bekehren, aber jetzt bist du wieder zu Hause.«

Ich schüttelte den Kopf, als wollte ich aus einem bösen Traum erwachen, und mein langes Haar kitzelte mich am Arm.

»Mir ist das alles egal. Und was ist mit der Politik? Dafür hast du dich doch früher so begeistert, sie war das Allerwichtigste für dich«, sagte ich im Versuch, ihn seine Meinung doch noch ändern zu lassen. »Du hast die ganze Zeit von Arbeiterrechten, Gewerkschaften und all dem geredet. Einmal hast du uns sogar von den Arbeiterstreiks in Chicago erzählt und wie sie einen Acht-Stunden-Tag erstritten haben.«

»Estrella, dir waren Streiks und Arbeiterrechte doch immer egal. Ich erinnere mich gut an deine Proteste und dein übertriebenes Gähnen, wenn ich auf das Thema zu sprechen kam. Versuch nicht, mich glauben zu machen, dass du deine Meinung geändert hast, denn das nehme ich dir nicht ab«, entgegnete er freundlich.

»Und warum sollte ich meine Meinung nicht geändert haben? Du wirst ja schließlich auch Priester!«, erwiderte ich lauter als beabsichtigt, und zwar so laut, dass die Frauen vor der Kirche sich zu uns umdrehten. »Ich habe auch ein Recht, meine Meinung zu ändern, oder etwa nicht?«

»Wenn ich Priester bin, kann ich die Arbeiter immer noch unterstützen, nur eben anders«, erklärte Tomás geduldig. »Dieses Land verändert sich zum Positiven, Estrella. Mit der Republik wird Spanien gerechter und moderner für alle, auch für die Grubenarbeiter, und wenn sie mich brauchen, werde ich für sie da sein, so diene ich auch Gott.«

»Mich wundert nur, dass man dich mit deinen politischen Ansichten zum Priester weihen will.«

»Aber natürlich, rede doch keinen Unsinn.« Tomás unterbrach sich kurz, er wollte nicht aufbrausen. »Die Kirche verändert sich mit dem ganzen Land, sie besteht nicht mehr ausschließlich aus abergläubischen alten Männern, die Angst vor jeglichem Fortschritt haben. Und ich bin an dieser Veränderung aktiv beteiligt, ich bin der Beweis. Wenn sich das Land stabilisiert und die aktuellen Probleme gelöst sind, wird die Kirche ebenso modern und zivilisiert sein wie alles andere, du wirst schon sehen.«

»Die Kirche ist mir egal, und die Republik ebenfalls«, beteuerte ich ihm. »Was ist mit der Poesie? Ich kann mich daran erinnern, dass du früher immer ein Buch unterm Arm hattest und Verse von langweiligen toten Dichtern vorgelesen hast.«

Im Internat hatte ich die romantischen Dichter ebenfalls gelesen und fand sie jetzt überhaupt nicht mehr langweilig, im Gegenteil, ich hatte die Lektüre dieser leidenschaftlichen und düsteren Verse genossen, in denen von verloren gegangener oder unmöglicher Liebe die Rede war, aber das würde ich Tomás gegenüber niemals zugeben. Vor zwei Jahren hatte ich sogar das Gedicht gefunden, das er an dem Nachmittag, als sie starb, Alma vorgelesen hatte.

Möge das Leben nicht trennen, was der Tod wieder vereint.

Ich war an besagtem Tag nicht sehr aufmerksam im Unterricht gewesen. Die Lehrerin hatte von einem gewissen Percy Shelley und seiner jungen Frau, ebenfalls Schriftstellerin, gesprochen, und dann hatte ich diese Worte gehört und sofort wiedererkannt, obwohl viel Zeit vergangen war. Danach war ich eine Woche lang traurig gewesen, und immer, wenn mir der Vers in den Sinn kam, spürte ich auch das unsichtbare Band, das mich mit Alma verband.

»Ich mag die Poesie immer noch, daran hat sich nichts geändert«, erwiderte Tomás. »Und jetzt habe ich Zugang zu vielen Büchern, die ich mir aus jeder beliebigen Kirche oder Universität des Landes schicken lassen kann, das habe ich ebenfalls Dávila zu verdanken. Kannst du dir das vorstellen? Alle diese Bücher, die darauf warten, von mir gelesen zu werden. Wer hätte schon gedacht, dass aus mir mal ein Intellektueller wird?«

»Und Priester«, ergänzte ich.

Tomás lächelte mich zärtlich an, aber ich musste die ganze Zeit auf die Stelle an seinem Hals starren, an der sich in Kürze der Kollar befinden würde. Alma wusste es bestimmt schon, sie hatte es von Anfang an gewusst. Ich sah mich um, ob sie in der Nähe war und mich auslachte, aber ich konnte sie nirgendwo entdecken.

»Lass uns zusammen weggehen. Nur wir beide, gleich heute Nacht«, schlug ich ihm plötzlich vor. »Ich habe ein bisschen Geld, das mir meine Großmutter vererbt hat, damit können wir gehen, wohin wir wollen. Ich habe einen anderen Teil der Welt kennengelernt, und sie ist riesig, Tomás, du machst dir keine Vorstellung davon, wie groß die Welt wirklich ist. Sie ist viel mehr als Basondo, das Bergwerk und der Wald. Wir könnten weggehen, wenn du willst, nur du und ich, weit weg von hier, vom Marquis, von Dávila und allen Gespenstern.«

Im Versuch, ihn zu überzeugen, legte ich flehend die Hände aneinander. Tomás ergriff sie, und ich spürte wieder die vertraute Wärme seiner Haut.

»Was du immer für Ideen hast, Estrella. Wie kannst du mich um so etwas bitten?«, erwiderte er, ohne meine Hände loszulassen. »Ich habe gehofft, diese Jahre im Ausland hätten dich reifer gemacht, und dass du aufhörst, immer nur an dich zu denken, aber ich sehe schon, dem ist nicht so.«

»Und was ist mit dir? Du denkst doch auch nur an dich mit diesem lächerlichen Vorsatz, Priester zu werden! Du hast mir von den Arbeitern erzählt und wie die Kirche ihnen das bisschen Geld, das sie verdienen, aus der Tasche zieht, und jetzt willst du auch so ein Pfennigfuchser im Habit werden?«, warf ich ihm laut und empört vor. »So hast du sie früher genannt, hast du das schon vergessen? Pfennigfuchser im Habit.«

»Alle starren uns an, Estrella.«

»Sollen sie doch!«, rief ich und entzog ihm meine Hände. »Was würde Alma sagen, wenn sie dich jetzt sehen könnte?«

Ich sah, wie sich sein Gesicht verdüsterte, fuhr aber trotzdem fort.

»Sie hat dir geglaubt, als du ihr von den Arbeitern und der Politik erzählt hast, sie hat dir immer zugehört. Deshalb weiß ich, dass sie sich heute für dich schämen würde, wenn sie hören könnte, wie du Dávila in Schutz nimmst. Wenn sie noch leben würde, würdest du das nicht tun.«

»Aber sie ist tot, also wag es nicht, in ihrem Namen zu sprechen.«

»Sie war meine Schwester, und ich spreche in ihrem Namen, wann immer es mir passt, weil ich ein Recht darauf habe«, antwortete ich kalt. Ich holte tief Luft, weil ich beim Gedanken an Alma verräterische Tränen aufsteigen spürte, war aber nicht bereit, vor ihm und den Dorfbewohnern in Tränen auszubrechen, auch nicht in Tränen der Wut. »Ich habe dir verziehen, dass du nicht den Mut hattest, zu sagen, wie sie wirklich starb, aber ich wette, du hast dir vorher schon selbst verziehen, stimmt's? Ich hatte dir sogar verziehen, dass du meine Briefe aus dem Internat nie beantwortet hast, und wozu das alles? Du bist nicht besser als früher, Tomás, du kümmerst dich auch nur um dich selbst.«

Ich merkte, dass ihn meine Worte verletzten, wenn auch nicht so sehr, wie ich mir gewünscht hätte. Er wusste, dass ich recht hatte, doch es schien ihm egal zu sein.

»Vielleicht solltest du ein bisschen besser auf dich selbst aufpassen, Estrella.«

»Was meinst du damit?«, fragte ich schnaubend.

»Was zwischen uns war und was mit Alma passiert ist, lässt sich nie auslöschen und ungeschehen machen. Es gibt keine gemeinsame Zukunft für uns, aber nicht nur deshalb«, sagte er und zeigte auf seinen Hals. »Sondern deshalb ...«

Tomás legte mir seine flache Hand auf die Brust, genau über dem Herzen.

»Wegen dem, was du in dir trägst. Es hat nichts mit Alma, deinem Vater oder allem anderen zu tun, es ist wegen deines Wesens.«

Seine Worte nisteten sich in meinem Kopf ein, und ich wusste, dass sie viele Jahre dort ausharren würden. Ich ergriff seine Hand, um sie von meiner Brust zu nehmen, hielt sie aber einen Augenblick fest.

»Gut möglich, dass du trotz allem ein guter Seelsorger wirst, obwohl ich weder deinen Worten noch deinen Augen einen Funken Barmherzigkeit entnehmen kann. Vermutlich gilt sie ausschließlich Menschen wie Alma und dir, also denjenigen, die von Geburt an gut sind.« Dann ließ ich seine Hand los. »Viel Glück dabei, es gibt nicht so viele Heilige auf der Welt, wie du glaubst.«

Ich sah, wie Tomás seine Hand schloss und wieder öffnete, als würde er sie gern wieder auf meine Brust legen.

»Verzeih mir noch einmal«, sagte er.

Ich lächelte freudlos, wandte mich ab und ging die Straße hinunter, drehte mich aber noch einmal um, damit er mich sagen hörte:

»Wir beide sind in jener Nacht ebenfalls in die Falle getappt, aber du bist der derjenige, der wieder herausgekommen ist.«

Nach unserem Treffen holte ich das Paket von der Post ab und begab mich schnell auf den Heimweg. Am Himmel zog ein Gewitter auf. Ich wusste, dass es ungefähr noch zwanzig Minuten dauern würde, bis der erste Regentropfen fiel; ich konnte es spüren wie die Tiere, die vor einem Gewitter davonlaufen, als wäre der Teufel in sie gefahren.

Der Schotter knirschte bei jedem Schritt unter meinen Schuhen, die auch von Großmutter Soledad stammten. Ein paar Bewohner aus Basondo bekreuzigten sich, als sie mich mit wehendem Haar und schwarzem Kleid durchs Dorf eilen sahen, als fürchteten sie, die Señora Marquise wäre aus dem Meer zurückgekehrt. Ich hörte die Wellen brachial an die Felswand schlagen. Eine kalte Windbö leckte über die graue Steilküste und fuhr mit eiskalter Zunge über meinen Nacken. Als ich nach einer Kurve endlich das glänzende grüne Hausdach erblickte, beschleunigte ich meinen Schritt.

Neben der Landstraße bogen sich die Bäume im Nordwind, der meinen Namen flüsterte. Die Zweige der höchsten Bäume verflochten sich ineinander, bis man unmöglich erkennen konnte, welche Äste zu welchem Baum gehörten. Alma lief gefährlich nach am Abgrund neben mir her, obwohl ich wusste, dass ihr das gleichgültig war.

»Du hast es gewusst«, sagte ich, ohne sie anzublicken. »Du hast es die ganze Zeit gewusst und mich trotzdem all diese lächerlichen Briefe schreiben lassen, in denen ich ihm meine Liebe gestand und ihm versicherte, dass ich ihm verziehen hätte.«

Wie immer gab Alma keine Antwort. Wäre mir in dem Moment jemand über den Weg gelaufen, hätte er bestimmt gedacht, die Tochter der Señora Marquise hätte den Verstand verloren und führe Selbstgespräche.

»Damit du es weißt: Du bist schuld daran, dass er Priester wird. Wärst du nicht gestorben oder hättest etwas getan, damit er stirbt, wäre das nicht passiert«, schimpfte ich weiter. »Du wusstest ganz genau, dass du sterben würdest, und hast nichts getan, um es zu verhindern. Du hättest dich auf tausend verschiedene Arten retten können. Ich an deiner Stelle hätte mich nicht einfach so von Vater abschießen lassen, das kann ich dir versichern. Aber natürlich, die heilige Alma musste sich opfern, damit sie ihr Leben lang oder über ihren Tod hinweg eine Heilige bleibt.«

Ich näherte mich Villa Soledad und konnte die gigantische Palme im Vorgarten sehen, das Symbol dafür, dass dieser Kolonialbau nicht irgendein Haus war. Die Gartenpforte stand offen und schlug bei jeder Windbö mit einem lauten Knall zu. Ich schloss sie und legte den Eisenriegel vor.

»Und jetzt verschwinde und kümmere dich um deine Angelegenheiten, ich will dich nicht mehr sehen«, sagte ich zu Alma, als ich mein zerzaustes Haar zu entwirren versuchte. »Ich kann es nicht leiden, dass du die ganze Zeit um mich herumschleichst oder mich von der Treppe ausspionierst.«

»Reden Sie mit mir?«, fragte eine männliche Stimme in dem schlechtesten Spanisch, das ich je gehört hatte.

Ich war so damit beschäftigt gewesen, mein Haar zu entwirren und Alma zu verjagen, dass ich den Mann, der vor der Eingangstür stand, gar nicht bemerkt hatte.

»Wer sind Sie?«, fragte ich unwirsch. »Was machen Sie in meinem Haus?«

Ich sah, dass die Hand des Unbekannten auf der Türklinke lag, als wäre er soeben herausgekommen.

»Sie sind ja nicht gerade freundlich zu Fremden.«

»Ich habe noch nie einen Vorteil darin gesehen, freundlich zu sein, besonders nicht zu Fremden, das führt nur dazu, dass man Dinge tut, die man nicht tun möchte, wie zum Beispiel dieses Gespräch zu führen«, erwiderte ich schneidend. »Was wollen Sie?«

»Sie können nicht wissen, dass ich Sie kenne, weil ich viele Fotos von Ihnen im Haus gesehen habe, aber Sie kennen mich nicht«, entgegnete er mit angedeutetem Lächeln, das nicht entschuldigend wirkte. »Mein Name ist Liam Sinclair. Ihr Vater hat mir angeboten, bei Ihnen zu wohnen, solange ich meine Geschäfte tätige.«

Ich schaffte es trotz des stürmischen Windes, mein Haar hinter die Ohren zu klemmen.

»Natürlich, Sie sind der geheimnisvolle Gast, der Lord.«

Ich erinnerte mich daran, dass Carmen mir bei meiner Ankunft gesagt hatte, im Gästezimmer sei ein Mann einquartiert. Sie hatte recht, er ähnelte den Männern aus Basondo überhaupt nicht und wäre überall aufgefallen, außer vielleicht auf einem Gemälde von einer reichen schottischen Familie, die vor dem Kamin in ihrem Schloss in Inverness posierte. Sein Haar hatte die Farbe von Kupfer und glänzte, aber nicht wie Lucys, das aus Karotten gemacht zu sein schien, nein, sein Haar ließ mich an die sündhaft teuren Kupferfäden denken, mit denen man Pailletten auf Abendkleider nähte, ähnlich dem Farbton, den anhaltender Sonnenschein auf manchen Dingen hinterlässt.

»Was machen Sie hier draußen? Es naht eine Galerne«, sagte ich und blickte zum Himmel.

»Galerne«, wiederholte er mühevoll. »Das Wort kenne ich nicht. Was bedeutet es?«

»Das ist ein frischer Nordwestwind, der durch einen plötzlichen Klimawechsel aufkommt, er ist stürmisch und unberechenbar, weshalb wir Küstenbewohner gelernt haben, nach einem Blick in den Himmel zu wissen, wann sich einer nähert. Sehen Sie?« Ich zeigte auf die Wolken, die sich über dem Hausdach übereinander türmten. »Der Himmel wird schwarz, und die Temperaturen fallen in wenigen Minuten um bis zu fünfzehn Grad. Der Nordwestwind kann so stark sein, dass er selbst große Schiffe zum Kentern bringt, er steigt vom Meer auf und geißelt die Erde und alle, die auf ihr leben.«

Liam starrte in den dunkelgrauen Himmel, und ich konnte mir sein Gesicht genauer ansehen: die Augen, grün wie der Wald, die markanten Gesichtszüge, die roten Augenbrauen und das kräftige Kinn, an dem der kupferfarbene Bart auf der rechten Wange eine Narbe kaschierte. Ich fand das seltsam, denn Liam – obwohl ich ihn gerade erst kennenlernte – erschien mir nicht wie ein Mann, der sich wegen seines Aussehens schämte, ganz im Gegenteil, seine aufrechte Haltung und die Selbstsicherheit beim Sprechen wiesen darauf hin, dass er sich seines guten Aussehens durchaus bewusst war. Ich war neugierig, aus welchem Grund er diese Narbe wohl verbarg.

»Mit zehn Jahren wurde ich auf der Jagd von einem Pferd abgeworfen und hatte das Pech, auf einem spitzen Stein zu landen«, sagte Liam, der noch immer in den grauen Himmel starrte. Dann sah er mich an und fügte hinzu: »Ist Ihre Neugier jetzt befriedigt?«

Er musterte mich mit seinen grünen und wachen, aber zusammengekniffenen Augen, und ich wurde gewahr, dass auch er sich einen Eindruck von mir verschaffen wollte. Und ich wusste, dass er log.

»Was tun Sie hier draußen?«, wiederholte ich, um einer Antwort auszuweichen.

»Ich saß in der Bibliothek und habe das Zuschlagen der Pforte gehört, also bin ich rausgekommen, um nachzusehen. Ich glaubte schon, es sei ein Gespenst, das mich rauslocken wollte, aber dann habe ich Sie gesehen.« Er schenkte mir ein schiefes Grinsen und gab mir damit zu verstehen, dass ihm die Gerüchte, die über die Villa Soledad kursierten, zu Ohren gekommen waren. »Aber das ist gut so, denn ich hätte nicht gewusst, was ich tun soll, wenn es wirklich ein Gespenst gewesen wäre.«

»Ein Geschäftsmann wie Sie, ein echter Lord, glaubt an Gespenster?«, fragte ich spöttisch.

Ich sah, wie sein rechter Mundwinkel nach unten wanderte. Das hätte sowohl ein angedeutetes Lächeln als auch eine geringschätzige Miene bedeuten können. Ich wusste nicht, warum, aber ich ahnte, dass dieser Ausdruck typisch für ihn war.

»Selbstverständlich glaube ich an Gespenster«, antwortete er ernst. »In meinem Land glauben die Leute, dass die Schritte, die man nachts hören kann, von Gespenstern stammen, die in die Welt der Lebenden zurückkehren, um sie zu grüßen.«

Ich suchte mit dem Blick nach Alma, aber sie war nirgendwo zu sehen. Besser so.

»Was für ein Blödsinn«, sagte ich barsch. »Wenn nachts der Boden knackt, dann liegt das am arbeitenden Holz, und wenn man Schritte im Vestibül hört, dann ist höchstwahrscheinlich jemand aufgewacht und wandert herum, oder ein Dieb ist durch das Fenster eingestiegen, das man zu schließen vergaß. Das ist alles.«

Genau dasselbe hatte ich zu Alma gesagt. Jedes Mal, wenn sie behauptete, mysteriöse Schritte im Stockwerk unter uns oder ein Flüstern aus den Wänden gehört zu haben, erklärte ich ihr mit verdrehten Augen oder mit einem übertrieben lauten Seufzen genau dasselbe, damit klar war, dass ich keinerlei Interesse an solchen Dingen hatte.

»Es gibt unterschiedliche Gespenster. Manche suchen Gesellschaft, weil sie schon lange vergessen haben, wie es ist, am Leben zu sein, und versuchen unsere Aufmerksamkeit zu erregen, indem sie Stühle rücken oder Türen zuschlagen.« Liam zeigte auf die Gartenpforte. »Andere Gespenster wollen mehr von den Lebenden.«

»Und das wäre?«, fragte ich mit rauer Kehle.

»Rache, zum Beispiel. Oder Vergebung. Aber das wissen Sie vielleicht besser als jeder andere Mensch.«

Erneut hielt ich nach Alma Ausschau und erwartete geradezu, sie am Rand des Teiches sitzen und die japanischen Fische erschrecken zu sehen, aber sie war nirgendwo zu finden, auch nicht unter der Palme, die jetzt vom Sturm hin und her gepeitscht wurde. Liam lächelte, als er meinen suchenden Blick auffing. Er konnte nicht wissen, dass ich nach meiner toten Schwester Ausschau hielt, aber gewiss ahnte er, dass ich nach etwas suchte, das nicht präsent war.

»Soweit ich verstanden habe, gibt es in diesem Haus auch Gespenster«, sagte er schließlich wie beiläufig. »Ich habe gehört, dass um Mitternacht der Geist der toten Großmutter im Haus umgeht. Es heißt, dass man sie im Morgengrauen Klavier spielen hören kann.«

Er fühlte mir auf den Zahn. So hatte es Dolores genannt, wenn sie abends mit Carmen am Küchentisch Karten spielte. Alma und ich kamen oft aus unserem Turmzimmer herunter, um sie heimlich vom Vestibül aus zu belauschen, denn wir beobachteten gern diese beiden Frauen, die wir ein Leben lang kannten und die so unterschiedlich waren.

Fast immer entdeckten sie uns und ließen uns mitspielen. Es war eines unserer Geheimnisse. Mama – und schon gar nicht der Marquis – hätte es nie gutgeheißen, dass Dolores und Carmen uns beiden in der Küche das Mus-Spiel beibrachten, wenn wir eigentlich schlafen sollten. Auf den Zahn fühlen, herausfinden, was Menschen aufbrachte, wo ihr wunder Punkt lag oder ob sie logen. Genau das tat Mister Sinclair gerade.

»Ich habe keine Zeit, mir Dinge anzuhören, die ich schon weiß«, sagte ich, ohne die Ruhe zu verlieren oder meine Karten offenzulegen. »Ich empfehle Ihnen, ins Haus zu gehen, denn Sturm und Regen werden schon bald diesen Garten heimsuchen.«

Doch Liam rührte sich nicht von der Stelle und sah mich mit dieser typischen Miene an.

»Ich habe nicht geglaubt, dass es stimmt.«

»Was soll stimmen?«, fragte ich.

»Was man über Sie sagt. Eigentlich interessiert mich Dorfklatsch nicht besonders, aber nachdem ich gerade gehört habe, wie Sie Selbstgespräche führen und ganz genau wissen, wann es zu regnen anfängt, bin ich mir nicht mehr so sicher.«

Carmen hatte mir einst von den Gerüchten erzählt, die über das, was mit Alma geschehen war, und über meine plötzliche Abreise nach England im Dorf kursierten. Es waren viele und ganz unterschiedliche: Schwangerschaft, Schwesternmord, und jemand behauptete gar, die St. Mary's School sei in Wirklichkeit ein psychiatrisches Krankenhaus für rebellische junge Mädchen wie mich, in das der Marquis mich eingeliefert hätte, damit man mich mit Eiswasserbädern, Morphium und Elektroschocks heilte.

»Was wird denn über mich gesagt?«, fragte ich und unterdrückte ein Beben meiner Stimme.

»Dass Sie eine *Waldfee* seien. Wissen Sie, was das ist? Es ist so was Ähnliches wie eine Zauberin oder Hexe, ein Geschöpf des Waldes, das sich vom Wasser und von Höhlen angezogen fühlt. Sie ist sehr schön, so schön, dass sie die Männer verrückt machte.«

»Ich weiß zur Genüge, was eine Waldfee ist, vielen Dank. Schon wieder erzählen Sie mir etwas, das ich schon weiß«, erwiderte ich erleichtert. »Man muss nicht schön sein, um Männer verrückt zu machen, das schaffen sie auch ohne uns Frauen.«

»Ja, das stimmt«, räumte Liam lächelnd ein. »Und, sind Sie nun eine Waldfee?«

»Und Sie, sind Sie ein echter Lord?« Seiner Mimik konnte ich entnehmen, dass ihn meine Frage kalt erwischt hatte. »Sie sind noch ein bisschen zu jung, oder nicht?«

»So sagt man, aber ich nehme das als Kompliment.« Liam setzte wieder sein selbstgefälliges Lächeln auf. »In Wahrheit starben meine Eltern bei einem Autounfall, als ich sechzehn war. Mein Vater war mit seinem Ford Runabout zu nah am Fluss entlanggefahren, er hat die Kontrolle über den Wagen verloren, und sie sind ins Wasser gestürzt. Ich bin ihr einziges Kind, weshalb ich seit fast acht Jahren das Sinclair-Erbe verwalte und eines Tages den Sitz meines Vaters im Parlament einnehmen werde.«

»Sie lügen.«

»Wollen Sie damit andeuten, dass meine Eltern nicht tot sind?«

»Ihre Eltern interessieren mich nicht, aber ich weiß, dass nur Lügner Sätze mit ›In Wahrheit‹ beginnen«, entgegnete ich Vertrauen heischend.

Ich hatte von Anfang an gespürt, dass mit seiner Geschichte und seinem Auftreten etwas nicht stimmte – er trat selbstsicher auf wie alle Söhne aus alten reichen Familien, und ich selbst bildete ein gutes Beispiel dafür –, aber er war trotz der Kälte herausgekommen, um eine Gartenpforte zu schließen. Und er machte sein Bett selbst, wie Dolores gesagt hatte. Noch konnte ich es nicht beweisen, würde aber noch am selben Abend Moira, einer Schulkameradin in der St. Mary's School, einen Brief schreiben und sie nach der Familie Sinclair fragen. Moira war eine adelige Schottin und ihr Vater einer der reichsten Männer Europas, dank des Erdöls, das er in der Nordsee gefunden hatte. Wenn Liam Sinclairs Geschichte stimmte, hätte Moira von seiner Familie gehört.

»Sollten Sie beabsichtigen, den Marquis zu betrügen, empfehle ich Ihnen, sich zu beeilen und Ihre Nummer schnell abzuziehen, bevor mein Vater das restliche Geld für Whiskey, ruinöse Geschäfte oder an einen anderen Scharlatan verschleudert.«

»Sie halten mich für einen Scharlatan? Einen Betrüger?«, fragte er und tat empört.

Ich ging mit vertrauensvollem Lächeln etwas näher, denn ich wusste, dass jetzt er sein Blatt bedeckt halten musste.

»Ich weiß nicht, was Sie sind, und es ist mir auch egal, aber ich weiß, dass Sie kein Lord sind, denn es gibt niemanden mit Ihrem Namen im britischen Parlament«, wagte ich mich vor, überzeugt davon, dass Moira es mir bestätigen würde. »Was haben Sie dem Marquis angeboten? Ein Immobiliengeschäft weit weg von hier? Vielleicht den Kauf von Land in Nordschottland, wo man Erdöl gefunden hat?«

Liams grüne Augen verrieten ihn für den Bruchteil einer Sekunde, aber ich war nah genug, um es wahrzunehmen.

»Es handelt sich bestimmt um Land, das viel zu weit weg oder völlig unzugänglich ist, als dass mein Vater es sich vor dem Kauf ansehen könnte«, fügte ich hinzu. »Und ich wette, dass Sie zur Eile drängen, weil auch andere Investoren daran interessiert sind. Was für ein Zufall.«

Ich beobachtete, wie er nach einer glaubwürdigen Antwort suchte und sich dabei fragte, wie es möglich war, dass ich nach einem so kurzen Gespräch seinen Schwindel durchschaut hatte, mit dem er deutlich ältere Männer um Tausende Pfund erleichterte.

»Können Sie auch Gedanken lesen?«, fragte er eine Oktave tiefer.

»Ich muss keine Gedanken lesen. Normalerweise hätten Sie mit Ihrem kleinen Trick Erfolg gehabt, aber zu Ihrem Pech versuchen Sie die einzige Familie im Umkreis von Kilometern zu betrügen, deren Tochter gerade aus England zurück ist. Das nächste Mal sollten Sie ein paar mehr Nachforschungen über Ihre potenziellen Opfer anstellen, um nicht denselben Fehler zu machen.«

Unvermittelt begann es zu regnen, aber keineswegs tröpfchenweise; starker Regen fiel plötzlich mit ohrenbetäubendem Trommeln vom dunklen Himmel. Der eisige Wind fegte durch den Vorgarten über das hohe Gras hinweg und ließ die Erde erzittern, das Wasser im Teich schlug Wellen, während sich die japanischen Fische erschrocken auf den grünlichen Grund verkrochen.

»Wow, Sie sind wirklich eine Waldfee!«, schrie Liam über das Tosen von Wind und Regen hinweg.

Sein Kupferhaar war klitschnass und klebte an seinem Kopf, ebenso seine Kleidung, unter der sich seine Schultern und seine Brust abzeichneten. Trotz des Wolkenbruchs und der Kälte blieb er ungerührt stehen. Ich sah ihn lächeln, ihm schien das Wetter nichts auszumachen, er wirkte, als hätte er schon Schlimmeres erlebt.

»Jetzt weiß ich, dass Sie Gedanken lesen und den Regen herbeiholen können. Was können Sie noch?«, fragte er mit flackernden grünen Augen.

»Ich kann dem Marquis von Ihnen erzählen.«

»Vor dem Marquis habe ich keine Angst«, versicherte er mir mit schiefem Grinsen.

»Dann sind Sie ein größerer Idiot, als es auf den ersten Blick scheint, Mylord«, schrie ich, um inmitten des Getöses gehört zu werden. »Der Marquis hat eiskalt seine eigene Tochter getötet, wussten Sie das? Ja, er hat sie vor den Augen ihrer Zwillingsschwester einfach erschossen.«

Unvermittelt änderte sich Liams Gesichtsausdruck, und sein Lächeln erlosch.

»Das wusste ich nicht, ich meine … Ich habe etwas von einem Jagdunfall gehört.«

Ich lachte bitter auf. Keine zwei Jahre später hatte die Lüge meines Vaters sein Verbrechen vollständig ausgelöscht, sie war zur Wahrheit mutiert.

»Es war kein verdammter Unfall, ich war dabei«, sagte ich, obwohl ich nicht genau wusste, warum ich das tat. »Das Gewehr, mit dem der Marquis seine Tochter getötet hat, hängt über dem Kamin, Sie haben es bestimmt schon gesehen. Deshalb wäre es besser für Sie, wenn mein Vater nicht herausfindet, dass Sie ihn betrügen wollen. Mischen Sie sich nicht in meine Angelegenheiten, und ich lasse die Finger von Ihren, Mister Sinclair.«

Liam streckte mir die Hand entgegen, ich ergriff sie, und wir besiegelten unser Geheimnis inmitten einer Galerne.

Die Kletterpflanze

Wie oft nach einem Gewitter schien am nächsten Tag die Sonne. Wäre an jenem Dezembermorgen jemand nach Basondo gekommen, hätte er nicht geglaubt, dass am Abend zuvor der Nordwestwind über die Küste gefegt war.

Die schwache Wintersonne fiel zum Fenster herein und weckte mich. Nach den Schatten auf Mamas teurem indischen Teppich zu urteilen, musste es bereits Mittag sein. Carmen ließ mich nie so lange schlafen, also setzte ich mich im Bett auf mit dem unguten Gefühl, etwas Wichtiges vergessen zu haben. Ich fuhr mir mit den Fingern durch das verhedderte Haar, weil ich Carmens Rat nicht befolgt hatte, mir zum Schlafen einen Zopf zu flechten.

Aus dem Vestibül drangen Schreie herauf. Ich hielt den Atem an und lauschte. Es war eine Männerstimme, ich konnte nichts verstehen, wusste aber, dass es der Marquis war, denn ich hatte seine cholerischen Wutausbrüche oder das lastende Schweigen, das diesen Ausbrüchen folgte, nicht vergessen.

Dann hörte ich schnelle Schritte, als wollte ihn jemand aufhalten, genau wie an jenem verfluchten Nachmittag, als Mama versuchte, ihn davon abzuhalten, mit Großvaters Gewehr in den Wald zu laufen. Wieder war das Geschrei des Marquis zu hören, eine Tür wurde zugeschlagen, und dann glaubte ich Carmens Stimme zu hören, die sich regelrecht überschlug, aber da war ich schon aufgestanden und lief in meinem Leinennachthemd barfuß und mit wehenden Haaren die Treppe hinunter.

Vater lief aufgebracht und mit großen Schritten durch das Vestibül wie ein Löwe in seinem Käfig, bevor er über seine Pfleger herfällt. Seine Kleidung war zerknittert, vermutlich hatte er angezogen in seinem Sessel vor dem Kamin im Jagdzimmer geschlafen. Die Hosenträger hingen zu beiden Seiten herab, das beige Hemd war aus der Hose gerutscht, und seine hohen Stiefel hallten bei jedem Schritt in der großen Halle wider.

»Nicht mal eine Woche!«, schrie Vater. »Nicht mal eine verdammte Woche ist sie zurück, und schon trifft sie sich wieder mit diesem Scheißkerl. Ich hätte sie auch erschießen sollen!«

Mama trug ihren langen dunkelblauen Morgenmantel über dem Nachthemd und war ungekämmt. Früher, als Alma noch lebte, war es undenkbar, dass Mama um diese Zeit noch nicht angezogen war, aber seit einigen Jahren kleidete sie sich erst am frühen Nachmittag an, um eine Ausrede zu haben, in ihrem Zimmer bleiben zu können.

»Sag doch nicht so was, wenn dich jemand hört, wird er denken, dass das mit Alma kein Unfall war. Und beruhige dich bitte, du weißt doch, was beim letzten Mal passiert ist, als du dich so aufgeführt hast.« Mamas Stimme zitterte, aber sie machte trotzdem einen Schritt auf ihn zu. »Oder willst du wegen dem Kind noch ein Unglück in der Familie?«

Das Kind war natürlich ich, doch bei dem Unglück wusste ich nicht, ob Mama sich auf Almas Tod oder die Nacht, in der ich in der Bibliothek Feuer entfachte, bezog.

»Vielleicht ist das nur Dorftratsch und schnell wieder vergessen, du weißt doch, dass die Leute immer neidisch sind und gerne schlecht reden«, fügte sie hinzu. »Sie werden sich das ausgedacht haben, als sie erfuhren, dass das Kind aus dem Internat zurück ist, mehr nicht.«

»Tratsch?«, höhnte der Marquis, und seine Stimme war im ganzen Haus zu hören. »Padre Dávila höchstpersönlich hat es gesehen und mir erzählt, dass sie vor der Kirche miteinander geredet haben. Jetzt macht sich deine Tochter nicht mal mehr die Mühe, diskret zu sein.«

»Hast du sie schon gefragt? Vielleicht hat sie eine Erklärung dafür«, entgegnete Mama, und ich wusste nicht, ob es an ihrer Angst lag, denn sie klang nicht sehr überzeugend. »Warum reden wir nicht mit Estrella? Wir unterhalten uns vernünftig mit ihr, damit sie sich nicht aufregt.«

Mama hatte dem Marquis eine Hand auf den Arm gelegt. Ihrem Gesichtsausdruck konnte ich entnehmen, dass sie Vater schon lange nicht mehr angefasst hatte.

»Was meinst du, José? Wir fragen sie ganz vernünftig, dann hören wir ja, was sie sagt«, insistierte sie vorsichtig.

»Damit sie sich nicht aufregt?«, stieß er zwischen den Zähnen hervor. »Jetzt soll ich auch noch aufpassen, dass sich *das Kind* nicht aufregt? Das hat mir gerade noch gefehlt.«

Der Marquis schüttelte Mamas Hand ab und marschierte zur Haustür. Erst da entdeckte ich, dass er Großvaters Gewehr in der Hand hielt. Die Waffe kam mir verändert vor, ich hatte von jenem Nachmittag oft geträumt, aber in meinen Träumen war die Flinte, die Alma immer und immer wieder tötete, viel schwerer und größer.

»Señor Marquis, warum gehen wir nicht in Ihr Arbeitszimmer und reden über das Geschäft?«, hörte ich plötzlich Liam sagen. »Soweit ich verstanden habe, ist dieser Junge der Dorfpfarrer, ich meine: der Priester. Ich bin mir sicher, dass er sich nicht von der Stelle rühren wird, aber ich muss in wenigen Tagen nach London zurückkehren. Ich würde diesen Vertrag nur ungern einem anderen anbieten. Warum gehen wir also nicht in Ihr Arbeitszimmer und unterschreiben ihn jetzt gleich?«

»Keine Sorge, wir werden weiterverhandeln, wenn ich diese Sache erledigt habe«, erwiderte Vater mit Grabesstimme. »Wenn dieses Land im Norden, von dem du die ganze Zeit redest, Erdöl birgt, kannst du Gift drauf nehmen, dass ich es haben will, aber das hier ist eine Familienangelegenheit, die keinen Aufschub duldet. Meine Geduld ist erschöpft.«

Ich lief das letzte Stück der Treppe hinunter ins Vestibül. Kaum hatte ich einen Fuß auf die kalten Fliesen gesetzt, spürte ich Carmens erschrockenen Blick im Rücken.

»Estrella, Kind, warum gehst du nicht in dein Zimmer zurück?« Ich hörte die Panik in Mamas Stimme, wusste aber nicht, ob sie Angst um sich selbst oder um mich hatte. »Der Marquis ist sehr erregt, außerdem bist du im Nachthemd, und wir haben einen Gast. Du willst doch nicht, dass er dich so sieht, oder? Was soll er denn von uns denken? Los, geh rauf, und zieh dich an.«

Mama lächelte mich nervös an, aber ich blieb ungerührt stehen.

»Das macht nichts, Mama, ich bin bestimmt nicht die erste Frau, die Mister Sinclair im Nachthemd sieht«, entgegnete ich. »Hallo, Vater.«

»Da ist sie ja, die verlorene Tochter«, höhnte er. »Hast du dich endlich dazu durchgerungen, dein Versteck zu verlassen und deinen Vater zu begrüßen? Wurde ja auch Zeit.«

Der Marquis schien zehn Jahre gealtert, seit ich ihn zum letzten Mal gesehen hatte. Sein dunkelbraunes Haar auf dem großen Schädel hatte sich deutlich gelichtet, die Tränensäcke waren schwerer geworden und ließen ihn aussehen, als bekäme er nicht genug Schlaf und wäre im Begriff, verrückt zu werden. Seine kurzen Finger wirkten ungelenker und konnten den Gewehrkolben kaum halten.

»Jetzt gibt es im Wald nichts zu jagen. Was willst du damit?« Ich zeigte auf die Waffe, wagte es aber nicht, sie anzusehen.

»Was ich damit will? Sag du es mir, schließlich habe ich ein Vermögen für deine Schulbildung im Ausland ausgegeben.« Der Marquis kam wutschnaubend auf mich zu. »Aber das wäre sowieso egal, nicht wahr? Trotz des vielen Geldes, das du uns gekostet hast, taugst du nur zur gewöhnlichen Putzfrau oder Straßenhure. Wolltest du das? Bist du jetzt zufrieden?«

Ich sah, dass seine Unterlippe leicht zitterte, und wusste, dass er genauso viel Angst vor mir hatte wie ich vor ihm und diesem alten Gewehr.

»Was willst du damit?«, wiederholte ich kalt.

»Ich werde das beenden, was ich an jenem Nachmittag begonnen habe. Ich werde diesen verdammten Scheißkerl töten. Ich gehe lieber ins Gefängnis, als zuzulassen, dass du für diesen Drecksack die Beine breitmachst wie deine Schwester!« Er spuckte mir die Worte geradezu ins Gesicht. »Solange ich lebe, hat er in meiner Familie nichts verloren. Und wenn ich ihn mitten auf dem Dorfplatz erschießen muss ... Gott weiß, dass ich es tun werde.«

Durch das Fenster neben der Haustür sah ich Alma, sie musterte interessiert die Triebe der Kletterpflanze an der Fassade.

»Ich weiß nicht, wovon du redest, aber du irrst dich, ich habe nichts Böses getan«, entgegnete ich und versuchte Alma zu ignorieren, die jetzt in der Sonne tanzte. »Leg das Gewehr weg, bevor du damit etwas anrichtest, das du nicht mehr ungeschehen machen kannst. Niemand im Dorf wird dir glauben, dass du jetzt auch noch deine andere Tochter aus Versehen getötet hast.«

»Was weißt du schon! Du hast doch keine Ahnung, hörst du? Keine Ahnung, was ich alles tun kann. Ich bin der Marquis de Zuloaga, und ohne mich würde dieses erbärmliche Dorf verrecken. Was glaubst du wohl, woher das Geld stammt, von dem sie leben, hä? Aus meiner Tasche, deshalb werden sie mir alles verzeihen.« Er legte das Gewehr an und zielte auf mich. Ich starrte in die Laufmündung, die Alma das Leben gekostet hatte. »Und damit du es weißt, dieser widerliche Kerl, der dir so gefällt, hat aus Feigheit geschwiegen, denn er ist ein erbärmlicher Schlappschwanz, weil ich ihm versprochen habe, dass ich Dávila dazu bringen kann, ihn zum Priester zu weihen. Und er hat es mir nicht mal gedankt! Deshalb wird er auch den Mund halten, wenn ich dich an Ort und Stelle erschieße.«

Obwohl ich Tomás Briefe aus dem Internat geschrieben und ihm versichert hatte, ihm zu verzeihen, wusste ich ganz genau, als ich ihn wiedersah, dass ich ihm nicht verziehen hatte. Dennoch verletzten mich die Worte des Marquis mehr, als mir lieb war.

»Ihr streitet euch wegen diesem Kerl wie läufige Hündinnen, und wozu?«, fuhr Vater fort. »Dieser Pechvogel hat mein Geheimnis jahrelang für sich behalten, und jetzt wird er Priester.« Der Marquis bleckte die Zähne, als er zu lächeln versuchte. »Ich hätte zu gern dein Gesicht gesehen, als du ihn in der Soutane erblickt hast – da hat er doch selbst die verdammte Politik vergessen, um Priester zu werden! Du bist ein Dummkopf, es gibt keinen anderen Ausdruck dafür, ein Dummkopf, der geglaubt hat, er würde auf dich warten.«

Ich sah, wie Mama leise auf ihn zuging. Sie lächelte, um ihn nicht zu erschrecken.

»José, das Kind weiß doch gar nicht, wovon du sprichst, außerdem hat sie das Haus nicht verlassen, seit sie aus dem Internat zurück ist, stimmt's, Estrella?«, fragte sie mich und nickte, damit ich es ihr gleichtat. »Sie hatte keine Zeit, etwas mit diesem Jungen anzufangen. Das ist nur Klatsch eines alten Priesters, der sie mit einem anderen Mädchen verwechselt hat oder sich das alles ausdenkt, um sich vor dir wichtig zu machen. Komm schon, José, nimm die Waffe runter, bevor ein weiteres Unglück geschieht.«

Aber stattdessen drehte sich der Marquis brüsk um und schubste Mama so heftig, dass sie mit einem dumpfen Geräusch auf die schwarzweißen Fliesen stürzte.

Carmen lief zu ihr und kniete sich neben sie.

»Mein Gott, Señora, ist alles in Ordnung mit Ihnen?«

Liam sah Vater vorsichtshalber an, bevor er Mama aufstehen half.

»Ist alles in Ordnung mit Ihnen, Señora Marquise?«, hörte ich ihn mit seinem unmöglichen Akzent fragen.

Ich hätte Mama auch gern geholfen, konnte mich aber nicht rühren, sondern nur auf die Schnitte auf ihren dünnen weißen Beinen starren, denn Mamas blauer Morgenmantel war beim Stürzen aufgegangen. Carmen bedeckte sie rasch wieder und half ihr zusammen mit Liam, aufzustehen.

»Ja, mir geht's gut, ich habe mich nur erschrocken und bin ausgerutscht. Wie ungeschickt von mir, wirklich peinlich«, entschuldigte sich Mama mit zittrigen Lippen. »Danke, Mister Sinclair, sehr freundlich von Ihnen.«

Als Carmen sah, dass Liam Mama stützte, ging sie entschlossen zum Marquis.

»Leg diese verfluchte Waffe weg, und kümmere dich um deine Angelegenheiten. Du hast vor den Augen deiner Tochter deine Frau zu Boden gestoßen«, warf sie ihm vor. »Du solltest dich wirklich schämen.«

Nie zuvor hatte ich Carmen so mit Vater reden hören. Im Haus nannte sie ihn immer Señor Marquis und hatte sich noch nie mit ihm angelegt. Der Marquis starrte sie mit aufgerissenen Augen verblüfft an, und einen Augenblick lang glaubte ich schon, er würde das Gewehr runternehmen und es in sein Jagdzimmer bringen.

»*Du* sagst mir nicht, was ich zu tun habe! Niemals!«, brüllte er plötzlich, obwohl sie ganz dicht vor ihm stand. »Sonst drehe ich dir den Hahn zu und werfe dich mitsamt deinem Bastard raus, damit ihr auf der Straße verhungert.«

Aber Carmen wich keinen Zentimeter zurück, sondern reckte nur den Hals und starrte ihm in die Augen.

»Du machst mir keine Angst, denn ich weiß ganz genau, wie du bist, ich kenne dich besser als sonst jemand. Aber nicht, weil ich deine Tochter geboren habe, sondern weil ich seit zwanzig Jahren in diesem Haus lebe und gesehen habe, wie du deine Frau behandelst.« Carmen warf einen raschen Blick zu Mama, die sich noch nicht von dem Sturz erholt hatte. »Also los, geh runter ins Dorf und erschieß diesen Jungen, wenn du das willst. Mit ein wenig Glück erschießt dich hinterher die Guardia Civil, und wir sind dich endlich los.«

Ich sah den Marquis die freie Hand heben und dachte, er würde sie schlagen, aber stattdessen kniff er ihr so fest in die Wange, dass sich ihre Lippen verzogen, bevor er ihr ins Ohr zischte:

»Du wirst mich nie los, nicht einmal, wenn ich tot bin, denn ich werde wiederkommen und dich daran erinnern, dass du mir gehörst. Das verspreche ich dir.«

Dann küsste Vater sie auf den Mundwinkel, worauf Carmen ihn hart von sich stieß.

»Hau endlich ab!«, schrie sie. »Los, verschwinde! Und sieh zu, dass du ihn diesmal wirklich triffst, denn das ist dir beim letzten Mal nicht gelungen. Du versuchst dein Leben lang, wie der Alte zu sein, und hast nur erreicht, dass er sich für deine Nutzlosigkeit in Grund und Boden schämen würde!«

Aber der Marquis hatte das Vestibül schon verlassen. Ich folgte ihm, weil ich befürchtete, dass er mit Alma zusammenstoßen könnte, die nicht mehr tanzte, sondern Vater ernst anblickte.

»Was hast du vor?«, rief ich ihm nach. »Du willst doch nicht wirklich Tomás erschießen, oder?«

Vater antwortete mir nicht, drehte sich nicht einmal um. Er streifte sich lediglich die Hosenträger über die Schultern, weil er inzwischen bemerkt hatte, dass sie an den Beinen baumelten.

»Es ist Mittag, viele Leute werden sehen, wie du ihn erschießt!«

Ich wusste nicht, was ich noch sagen sollte, um ihn aufzuhalten. Der Marquis war bereits auf halbem Weg zur Gartenpforte in Höhe des Teiches mit den japanischen Fischen.

»Ich sagte, du sollst stehen bleiben!«, brüllte ich.

Ein paar Vögel stieben aus den Baumwipfeln empor, wahrscheinlich hatte mein Geschrei sie aufgescheucht, aber es funktionierte. Vater blieb abrupt stehen und drehte sich um.

»Um dich kümmere ich mich, wenn ich im Dorf fertig bin«, drohte er mir. »Ich werde keine einzige Pesete mehr für dich ausgeben, ich lasse dich in ein dreckiges Irrenhaus sperren oder in eines dieser verwanzten staatlichen Mädcheninternate, das billigste.«

Dann drehte er sich wieder um und marschierte weiter. Ich hörte, wie Carmen mich aufforderte, wieder ins Haus zu kommen, und auch, dass Liam meinen Namen rief, aber ihre Stimmen klangen ganz fern: Ich sah nur noch den Marquis, der mit Großvater Martíns Gewehr auf die Gartenpforte zusteuerte, während seine Drohung in meinen Ohren widerhallte.

Ich legte eine Hand an die Fassade, und meine Finger strichen über die Efeutriebe. Ich spürte, wie der im Winter träge Pflanzensaft unter meinen Fingern lebendig wurde.

»Estrella?«, rief Mama mit bebender Stimme, aber ich reagierte nicht. Ich wusste, wie ich den Marquis davon abhalten konnte, das Gelände zu verlassen. Ich ließ die Pflanzentriebe durch meine Finger kriechen, sie streichelten mich geradezu. Ohne die Augen von Vater abzuwenden, spürte ich, wie der Efeu sich von der Wand löste, um zunächst über die Veranda und dann durch den Garten zu kriechen wie eine Schlange mit unzähligen Köpfen, die im hohen Gras geräuschlos ihre Beute verfolgte.

»Gütiger Gott …«, flüsterte Carmen. »Was machst du, Kind?«

Ich spürte, dass meine Handflächen von der Berührung der Pflanze brannten, aber ich schloss die Finger noch fester um die braunen Efeuzweige. Ich konnte sie nach Belieben agieren lassen. Die langen, kahlen Arme der Kletterpflanze holten Vater ein, bevor er an der Pforte angelangt war, und schlangen sich um seine Knöchel. Mit demselben dumpfen Geräusch wie Mama auf die Bodenfliesen schlug der Marquis längelang auf den Gartenboden.

»Hör auf, Estrella«, hörte ich Carmen mit bemüht fester Stimme rufen. »Er schafft es sowieso nicht bis ins Dorf, deshalb habe ich ihn gehen lassen.«

Aber ich hörte nicht auf. Ich ließ die robusten Tentakel der Kletterpflanze den Marquis zum Teich zurückziehen. Als sein Gesicht über die feuchte Erde scheuerte, schrie Vater panisch, aber niemand eilte ihm zur Hilfe. Ich ließ die braunen Stängel los und ging die Stufen in den Garten hinunter. Meine Beine zitterten vor Anstrengung, aber ich ging barfuß über den Efeu, der jetzt wie ein Teppich aus Stilen und Zweigen den gesamten Garten überzog. Am Teich blieb ich stehen, wo Vater vergeblich versuchte, sich aus den Tentakeln zu befreien.

»So wirst du nie wieder mit Mama oder Carmen reden«, sagte ich von oben herab.

»Scher dich zum Teufel, du Hexe«, knurrte er. »Hätte ich doch an jenen Nachmittag dich anstelle von Alma getötet, es ginge uns allen besser, wenn du unter der Erde liegen würdest. Frag sie, was sie dazu sagen …«

Ich drehte mich um. Alma stand in der Haustür und sah mich an, der Glanz in ihren Augen verriet mir, was sie von mir wollte, was sie immer von mir gewollt hatte: Rache.

»Manche Gespenster suchen Vergebung, aber andere wollen Rache«, hatte Liam am Vortag gesagt.

Auch Mama und Carmen standen in der Tür und wagten nicht, herauszukommen. Beide starrten mich an und wussten nicht, was sie tun sollten, genau wie Liam, der mich mit offenem Mund und tellerrunden Augen ebenfalls anstarrte.

»Ich werde ihn nicht töten, also hör auf, mich darum zu bitten«, sagte ich zu Alma, die jetzt neben mir stand und zu unserem Vater auf dem Boden hinunterblickte.

Ich hatte zwei Jahre gebraucht, um zu begreifen, was sie von mir wollte. Alma wollte weder meine Schuldgefühle noch Vergebung, sie wollte sich rächen, aber nicht an mir, oder zumindest nicht nur an mir.

»Als wir elf Jahre alt waren, habe ich deinen hellblauen Hut kaputtgemacht, diesen teuren mit den Federn, den Mama uns beiden zur Kommunion geschenkt hatte und der dir so gut gefiel«, sagte ich mich zittriger Stimme vor lauter Anstrengung und Rührung. »Ich habe ihn absichtlich zerstört, weil du gesagt hast, dass du die hübschere von uns beiden bist, aber hinterher habe ich es bereut und die Einzelteile hinter dem Haus im Garten vergraben, damit du ihn nie findest, weil ich wusste, dass du mir das nie verzeihen würdest. Es war nur ein Hut, aber ich hatte damals schreckliche Angst, regelrecht Panik vor dem, was du mir antun würdest, wenn du es eines Tages erfahren solltest.«

Der Marquis auf dem Boden lachte, erst leise und dann immer lauter. Er lachte mich aus.

»Du bist so verrückt wie deine Großmutter. Ich wusste ja, dass bei den Vorfahren, Töchter zu haben, bedeuten würde, den Teufel herauszufordern, deshalb habe ich deine Mutter so viele Jahre mit dem Kinderkriegen hingehalten, weil ich nicht wollte, dass so ein geistesgestörtes Mädchen dabei herauskommt wie du. Schau dich doch an, stehst da und führst Selbstgespräche!« Der Marquis verschluckte sich vor lauter Lachen. »Der Wahnsinn wird von der Mutter über die Nabelschnur an das Kind weitergegeben, sagen die Ärzte, oder in deinem Fall von der Großmutter an die Enkelin. Auch so eine verfluchte Hexe, meine Mutter. Es reichte ihr nicht, mit anderen Damen Tee zu trinken, Bridge zu spielen oder sonntags in die Kirche zu gehen, nein, mein Vater hat sie aus einer erbärmlichen Hütte geholt, aber diese Verräterin hat es ihm nicht mal gedankt, sie hat ihn nur ein Leben lang mit Verachtung bestraft.«

Ich erinnerte mich an Großmutter Soledad und ihre Perlenketten, ihre Rosenkränze und ihre schwarzen Kleider, die ich aus dem Keller geholt hatte, und vergaß die Kletterpflanze. Die langen blattlosen Triebe lockerten sich und ließen vom Marquis ab.

»Besser, du machst dich vom Acker, du Monster«, murmelte er, als er sich aufrichtete.

Ich sah, wie er mit Gesicht und Händen voller Erde auf dem Boden saß und versuchte, den Fesseln des Efeus zu entkommen.

»Ich werde ihn nicht töten, aber ich werde ihn für dich Schmerzen spüren lassen«, sagte ich zu Alma, ohne den Marquis aus den Augen zu lassen. »Und für mich.«

Carmen und Liam kamen langsam näher. Der Marquis sagte etwas, das ich nicht verstand, denn ich berührte gerade mit meinem nackten Fuß die Pflanze. Ich spürte wieder den heißen Pflanzensaft, der die Triebe um mich herum erneut zum Leben erweckte, und sah dann mit Genugtuung die Angst in Vaters Gesicht, als er spürte, wie sich die Schlinge um seine Beine wieder zuzog.

Er wurde abermals zu Boden gerissen, diesmal auf den Rücken, weshalb er nicht sehen konnte, wie sich die braunen, kräftigen

Triebe um seine Beine wanden und dann zu seiner Hüfte hinaufkrochen. Mit Blick zum Himmel schrie der Marquis vor Schmerz, aber die Kletterpflanze überzog ihn weiter wie eine Riesenspinne mit ihrem Netz. Carmen legte mir eine Hand auf die Schulter und zog an meinem Arm, um mich aufzuhalten, aber ich konnte meine Augen nicht von Vaters angsterfülltem Blick abwenden, bis die Triebe sein Gesicht vollkommen bedeckten und er den Himmel nicht mehr sehen konnte.

Neben mir stand Alma und lachte, während wir beide auf den Marquis hinabstarrten, der in einem Kokon gefangen war, und ihr Lachen klang wie zu Lebzeiten: zu hoch und zu schrill für jemanden, der vorgibt, ein guter Mensch zu sein. Und dann hörten wir Vaters Knochen knacken.

Der Efeu hatte ihm das rechte Schien- und Wadenbein gebrochen. Vater verbrachte eine Woche im Bett, ohne sich bewegen zu können, und als der Schmerz langsam nachließ, blieb ihm nichts anderes übrig, als Mama zu bitten, ihm in den Sessel in seinem Schlafzimmer zu helfen, wo er mit verlorenem Blick zum Fenster hinauszuschaute. Keine Pferde, keine Jagd und keine Reisen mehr für den Herrn Marquis.

Mama beauftragte den Gärtner Emilio, die Reste der Kletterpflanze vollständig zu entfernen. Die meisten Triebe hatten sich von der Fassade gelöst und lagen jetzt im Vorgarten, wo sie ein Gewirr aus trockenen Stielen bildeten, den Rasen erstickten und Insekten anzogen. Vom Fenster aus konnte ich beobachten, wie Emilio mit der Heckenschere vorsichtig die Leiter hinaufstieg, um die Pflanze von der Fassade zu lösen. Als er damit fertig war, fühlte ich mich weder schlecht noch gut. Ich freute mich einfach, sie nicht mehr sehen zu müssen.

Alma saß mit mir in der Bibliothek, als der Gärtner den Efeu entfernte, und tat, als würde sie mit dem Puppenhaus spielen, obwohl sie es vom ersten Tag an gehasst hatte.

»Du brauchst dich nicht zu entschuldigen für das, was du getan hast, aber du könntest mich wenigstens eine Weile in Ruhe lassen. Ich bin es leid, dass du ständig um mich herumschleichst. Nicht einmal tot werde ich dich los«, murmelte ich, ohne sie anzublicken.

Ich beobachtete, wie Emilio die langen Äste in Sackleinen wickelte, um sie wegzuschaffen und als Feuermaterial zu verkaufen. Alma antwortete nicht, wandte aber den Blick vom Puppenhaus ab und sah mich an.

»Jetzt hast du dich an Vater gerächt für das, was er dir angetan hat. Er wird ohne Stock nicht mehr gehen können«, wiederholte ich ihr die Worte des Arztes, der aus Bilbao gekommen war, um Vater zu behandeln. »Und das auch nur mit Glück, denn der Marquis ist schon alt, und wenn die Knochen nicht richtig zusammenwachsen, wird er sein restliches Leben im Rollstuhl sitzen.«

Almas Ausdruck veränderte sich nicht; anscheinend fand sie es nicht allzu schrecklich, dass wir beide unseren Vater – und nebenbei auch Mama und Carmen – dazu verdammt hatten, für den Rest des Lebens behindert zu sein.

»Klar, du bist noch immer fünfzehn, für dich ist das nur eine weiterer deiner bösen Streiche«, murmelte ich. »Wie immer werde ich dafür bezahlen müssen, genau wie damals, als du noch am Leben warst.«

Alma lächelte und ging wieder zum Puppenhaus, wo sie die Fenster unseres Zimmers öffnete und schloss. Ich hatte sie noch nie Gegenstände bewegen sehen, doch da meine Fähigkeiten mit dem Alter zunahmen, hätte dies bei Alma ebenso möglich sein können, auch wenn sie tot war. Hätte in dem Augenblick jemand die Bibliothek betreten und gesehen, wie sich die Fenster von selbst öffneten und schlossen, hätte er bestimmt gedacht, das Puppenhaus sei verhext. Bei dem Gedanken lächelte ich bitter: Es war tatsächlich verhext.

Als hätte der bloße Gedanke gereicht, ging plötzlich die Tür auf, und Mama kam herein. Alma verschwand nicht, unterbrach aber das Spiel mit den Fenstern und setzte sich vor das Puppenhaus auf den Boden.

»Der Marquis will mit dir sprechen, er hat dir etwas zu sagen«, sagte Mama anstelle eines Grußes. »Er ist wach und bei klarem Verstand, wir haben ihn ein wenig hergerichtet, mach es aber kurz, denn er muss bald seine Tabletten nehmen.«

Es war das erste Mal seit dem Vorfall im Garten, dass Mama mit mir sprach. Von dem Sturz im Vestibül hatte sie ein großes Hämatom auf der Wange davongetragen. Im Laufe der Tage färbte es sich zunächst violett und schließlich blau und überzog fast die gesamte Gesichtshälfte.

»Ist mir egal, was er mir zu sagen hat, ich denke nicht daran, zu ihm zu gehen.«

Mama atmete langsam aus, als würde sie im Geiste bis drei zählen, und verschränkte die Arme. Ich hatte sie seit der Sache mit Vater kaum gesehen, und sie wirkte noch blasser und dünner auf mich.

»Du wirst zu ihm hochgehen und dir anhören, was er dir zu sagen hat, weil du ihm das schuldig bist«, sagte sie kalt. »Und mir auch, denn ich werde dich nicht mehr in Schutz nehmen nach allem, was passiert ist.«

»Wann hast du mich schon mal in Schutz genommen?«, fragte ich, bereute es aber sofort. »Was will er von mir?«

Aber Mama hatte sich schon umgedreht und war im Begriff, die Bibliothek zu verlassen.

»Das kann er dir selbst mitteilen«, sagte sie noch. »Und habe keine Angst vor ihm, er kann sich nicht bewegen. Außerdem haben Carmen und ich dafür gesorgt, dass keine Waffe in Reichweite ist.«

Mama schloss nicht einmal die Tür hinter sich. Ich hörte das laute Hämmern ihrer Absätze auf dem Fliesenboden, als wollte sie sich damit an ihm rächen. Ich drehte mich zu Alma um, aber sie war verschwunden. Seufzend und mutlos ging ich zum Marquis hinauf.

Obwohl ich das Paket mit meinen Sachen abgeholt hatte, trug ich noch immer die Kleider von Großmutter Soledad. Ihr Duft nach roten Rosen und Seife war verflogen, nachdem Dolores sie gewaschen und gebügelt hatte. Wer mich jetzt mit ihnen sah, würde nicht glauben, dass sie zehn Jahre im Keller gelegen hatten. Die schwarzen Schuhe mit dem breiten Absatz stammten ebenfalls von Großmutter, alle ihre Schuhe, die ich gefunden hatte, passten mir, als wären sie eigens für mich angefertigt worden. Als ich die Marmortreppe in den zweiten Stock hinaufging, klangen meine Absätze ebenso wütend wie Mamas. Es war mir egal, ob ihn das störte, und ich betrat sein Zimmer, ohne anzuklopfen.

»Mama hat mir gesagt, Sie wollen mich sprechen«, sagte ich, um klarzustellen, dass ich nicht freiwillig gekommen war.

Der Marquis saß ihn seinem grünen Ledersessel vor dem großen Balkonfenster. Jemand, wahrscheinlich Mama, hatte ihm ein Kissen hinter den Rücken geschoben, damit er es bequemer hatte. Das gebrochene Bein lag auf einem Hocker, der Doktor hatte es bis zum Oberschenkel eingegipst, damit er es nicht bewegen konnte.

»Als ihr klein wart, hat euch eure Mutter immer von diesem Balkon aus beim Spielen zugesehen«, sagte er, ohne mich anzublicken. »Sie setzte sich mit einer Modezeitschrift oder zum Sonnen auf den Balkon und ließ euch nicht aus den Augen, wenn ihr durch den Garten getobt seid und weiß Gott was gespielt habt. Ihr wart schon damals kleine Teufelsbraten.«

Was der Marquis natürlich nicht erwähnte: Wenn Mama nachmittags auf dem Balkon saß, pflegte er in den Keller zu gehen und mit Carmen zu schlafen.

»Was wollen Sie«, fragte ich barsch. »Wenn Sie mir was Schreckliches zu sagen haben, dann beeilen Sie sich, denn ich habe Catalina versprochen, mit ihr in Basondo Maites Kurzwarengeschäft aufzusuchen.«

Catalina war nicht dabei gewesen, als die Pflanze den Marquis bei lebendigem Leib verschlungen hatte, also konnte sie nur wissen, was ihre Mutter ihr erzählt oder was ihr in einem ihrer geheimen Verstecke im Haus zu Ohren gekommen war. Trotzdem hatte sie mich nicht nach dem Vorfall gefragt und behandelte mich auch sonst wie immer.

»Ich habe dir nichts zu sagen und werde dich auch nicht umbringen, obwohl ich weiß Gott genügend Gründe dafür hätte, nach allem, was du mir angetan hast.« Vater schlug ungeduldig auf die Armlehne seines Sessels. »Ein toter Hund beißt nicht mehr, aber vielleicht bist du ja gegen Bleikugeln immun.«

»Alma war es auf jeden Fall nicht«, sagte ich ohne eine Regung in der Stimme.

Ich war erleichtert, dass der Marquis ohne Hilfe weder laufen noch aufstehen konnte, denn mir war klar, dass er mich sonst für die bloße Erwähnung Almas umgebracht hätte.

»Ich habe den Tod deiner Schwester durch diesen dämlichen Unfall sehr betrauert«, sagte er. Ich erkannte an seinem Tonfall, dass er diese Lüge schon oft wiederholt hatte. »Es hat mir das Herz gebrochen, deine Mutter so leiden zu sehen, wie sie Tag für Tag stumm am Kopfende des leeren Tisches saß, als würde sie Gäste erwarten. Sie saß ungeschminkt und mit verlorenem Blick da, bis Carmen sie dazu überreden konnte, in ihr Zimmer zu gehen und sich auszuruhen. Deine Mutter hat den großen Schmerz, den du ihr zugefügt hast, nicht verdient.«

»Es hätte gereicht, wenn Sie nicht abgedrückt hätten. Nur Sie und sonst niemand hatte es in der Hand, Mama den Schmerz über Almas Verlust zu ersparen«, sagte ich kalt.

Der Marquis lachte bitter auf, ein trockenes Lachen, das sofort in Husten überging und klang, als wäre er zwanzig Jahre älter.

»Ja, deine Schwester hat mich wirklich getäuscht, wie alle anderen auch«, sagte er schließlich mit rauer Stimme. »Als du mir das mit dem Efeu angetan hast, wusste ich, dass sie da war und dir ins Ohr flüsterte, was du tun sollst. Sie hat dich schon als Kind mit ihren Worten vergiftet, und du hast es zugelassen. Bestimmt hat sie dieses Hyänenlachen von sich gegeben, als sie dich dazu überredete, mich auszuschalten.«

Ich blinzelte überrascht. Noch nie hatte ich meinen Vater oder sonst jemanden so über Alma reden gehört, erst recht nicht nach ihrem Tod.

»Ja, ich habe viel um Alma geweint nach dem Unfall, aber jetzt habe ich begriffen, dass sie meinen Tod will, ich weiß nicht, ob aus Rache oder Groll. Es ist nicht meine Schuld, was mit ihr passiert ist, trotzdem will deine Schwester mich töten, und ich bin davon überzeugt, dass sie es wieder versuchen wird, auch ohne deine Hilfe.« Endlich wandte er seinen Blick von dem verwaisten Garten ab und drehte sich vorsichtig zu mir um. »Du wirst dieses Haus verlassen. Ich will nicht von dir oder Almas Gespenst die Treppe hinuntergestoßen oder im Schlaf erstickt werden. Ich werde nicht zulassen, dass zwei bösartige Gören mir ein Ende bereiten.«

»Was? Ich soll dieses Haus verlassen, weil Sie Angst haben, dass ein Gespenst Sie umbringen könnte?«, fragte ich entgeistert. »Komm nicht in Frage, das ist auch mein Haus, und ich werde es nicht verlassen, weil Sie jetzt ein ängstlicher alter Mann sind, der vor seinem eigenen Schatten erschrickt.«

»Es ist beschlossene Sache. Dies ist mein Haus, und ich will, dass du verschwindest, denn solange du hier lebst, wird Alma auch nicht verschwinden«, entgegnete er ernst. »Du wirst gehen, und wenn ich dich mit Fußtritten aus dem Haus jagen muss, ist das klar?«

Ich lachte, als hätte er etwas Witziges gesagt.

»Sie wollen mich mit Fußtritten aus dem Haus jagen? Und wie wollen Sie das anstellen? Sie können sich doch kaum bewegen ohne Mamas oder Carmens Hilfe. Jetzt sind Sie abhängig von diesen beiden Frauen, die Sie ihr Leben lang schlecht behandelt haben. Sie werden nicht einmal mehr allein aufs Klo können.« Ich trat neben dem Sessel und ging gefährlich nah vor ihm in die Hocke, um sein Gesicht besser sehen zu können. »Sie sind nichts weiter als ein alter Mann, der Angst vor Gespenstern hat. Ihr Schuldgefühl lässt Sie glauben, dass Alma noch hier ist. Sie sind für ihre Ermordung nicht bestraft worden, aber Sie spüren, dass Sie bezahlen müssen für das, was Sie Ihrer Tochter angetan haben, deshalb glauben Sie, ihr Gespenst schleiche durchs Haus, aber das stimmt nicht.«

Alma war ebenfalls im Raum, saß auf dem Bett und wippte auf und ab, als wolle sie ausprobieren, ob die Matratze bequem ist.

»Du wirst gehen, und du wirst vor allem keinen Aufstand machen. Früher oder später werde ich mich wieder ohne Hilfe bewegen können, sei es am Stock oder im Rollstuhl, und an dem Tag, das schwöre ich dir bei Gott, werde ich allen hier ein Ende bereiten und mir anschließend das Hirn wegblasen.« Ich sah in seinen dunklen Augen, dass er diesen Plan bereits gefasst hatte. »Carmen, deine Mutter, Catalina … Ich werde sie alle mitnehmen, wenn ich nur die geringste Gelegenheit dazu habe, und sei versichert, dass dies schon bald der Fall sein wird, denn der Arzt sagt, meine Knochen seien kräftig und heilten gut.«

Ich wich zurück, nicht, weil ich Angst vor diesem gebrechlichen alten Mann hatte, sondern weil ich wusste, dass er seine Drohung ernst meinte.

»Sie können mich nicht rauswerfen, Mama wird es nicht zulassen«, sagte ich ohne große Hoffnung.

Alma legte sich auf Vaters Bett und starrte an die Decke, die Sprungfedern quietschten leise. Der Marquis hatte es auch gehört, denn er sah über meine Schultern hinweg erschrocken zu seinem leeren Bett hinüber.

»Deine Mutter wollte mich dazu überreden, dich noch ein Jahr hier wohnen zu lassen, aber diesmal hat sie keinen Erfolg gehabt wie damals, als sie mich dazu überredete, Carmen und ihre Tochter weiter bei uns wohnen zu lassen, wenn du weg bist.«

Catalina hatte mir erzählt, dass der Marquis ihnen erlaubt hatte, in diesem Haus zu bleiben, und ich fragte mich, ob sie die Wahrheit kannte.

»Es ist mir egal, wo du hingehst und wovon du leben willst, von mir aus kannst du dir dein Geld auf der Straße verdienen, dich die Klippen hinunterstürzen wie deine Großmutter, nach England zurückkehren oder was auch immer, aber verschwinde aus meinem Haus, und nimm diese unselige Tote mit.«

»Aber ich weiß nicht, wohin«, flüsterte ich.

»Das ist nicht mein Problem. Geh jetzt, ich will ein bisschen schlafen.«

Der Marquis lehnte den Kopf zurück und schloss die Augen. Kurz darauf hing seine Unterlippe schlaff herab, und ich hörte ihn gleichmäßig atmen. Ich überlegte, ob ich ihn mit seinem Kopfkissen ersticken sollte, ich ging sogar zum Bett, aber Alma lag auf der weißen Angora-Decke und war ebenfalls eingeschlafen. Vielleicht tat sie nur so, wie früher, wenn sie böse auf mich war.

Zitternd verließ ich den Raum, ließ die Tür jedoch offen, falls ich meine Meinung ändern sollte und den inzwischen schnarchenden Marquis tatsächlich umbringen wollte. Ohne Arbeit und ohne Schulabschluss, nur mit dem bisschen Gesparten von Großmutter würde ich nicht lange überleben können.

Noch bevor ich bei der Marmortreppe angelangte, wusste ich, dass meine einzige Chance darin bestand, Mason Campbell einen Brief zu schreiben und ihm mitzuteilen, dass ich meine Meinung geändert hätte und ihn heiraten würde.

Ich schrieb Mason noch am selben Nachmittag und benutzte dazu Almas Briefpapier, ein rosafarbiges Seidenpapier mit dezentem Jasminduft, auf dem sie ihre Liebesbriefe zu schreiben pflegte, obwohl meiner nicht gerade ein Liebesbrief war.

Ich erklärte Mason, dass ich über seinen Antrag nachgedacht hätte und ihn nun doch heiraten wollte. Ich versicherte ihm desgleichen, dass meine Eltern meine Entscheidung begrüßten und wünschten, dass wir unsere Hochzeit in ihrem Haus feierten. Darunter notierte ich ihm die Telefonnummer aus Vaters Arbeitszimmer, um nicht zu lange auf seine Antwort warten zu müssen.

Alma beobachtete mich dabei. Sie wirkte nicht sehr glücklich, aber das war mir egal. Sie musste schließlich keine Lösung finden, wie es mit ihr weitergehen sollte.

»Wenn du nicht willst, dass ich dein dämliches Papier benutze, um Mason zu schreiben, hättest du nicht sterben dürfen«, hatte ich zu ihr gesagt, ohne den Kopf zu heben. Ich wusste, dass ich früher oder später dafür bezahlen müsste.

Ich lief nach Basondo, um den Brief auf dem Postamt aufzugeben, er sollte so schnell wie möglich ankommen. Nach drei langen Tagen der höchsten Anspannung zerriss um Mitternacht ein Telefonklingeln die Stille im Haus, und ich lief rasch nach unten.

Es war Mason. Er hatte meinen Brief gelesen und war *selbstverständlich* noch daran interessiert, mich zu heiraten. Wir vereinbarten, in zehn Tagen, gleich nach Neujahr, in der Villa Soledad Hochzeit zu feiern. Während ich es vermied, Großvaters Gewehr über dem Kamin anzuschauen, versprach ich Mason, mich um die Vorbereitungen und die notwendigen Papiere für Kirche und Standesamt zu kümmern. Er musste noch eine Woche in England bleiben, um ein paar Geschäfte abzuschließen, bevor er nach Basondo kommen konnte, um seine zukünftigen Schwiegereltern kennenzulernen. Als wir alles Wichtige besprochen hatten, stellte ich ihm die einzige Frage, vor der ich Angst hatte. »Hast du was von Lucy gehört?«

Am anderen Ende der Leitung entstand eine Pause, während ich im Nachthemd und mit eiskalten Füßen auf seine Antwort wartete.

»Lucy und ich haben unsere Beziehung wiederaufgenommen, nachdem du abgereist bist, aber sie wird verstehen, dass es jetzt vorbei ist, wenn wir offiziell verlobt sind.«

Obwohl ich mich wegen Lucy und ihren Schwestern schlecht fühlte, war mein einziger Gedanke, dass ich Mason jetzt genauso dringend brauchte wie sie, und mit dem Ende des Telefonats löste sich das Schuldgefühl in Wohlgefallen auf.

Am nächsten Morgen erklärte ich Mama und Carmen, dass ich den Heiratsantrag eines Mannes angenommen hätte, den ich in

England kennengelernt hatte. Mama lächelte zufrieden und begann augenblicklich mit den Plänen für die Hochzeit: das Bankett organisieren, eine Gästeliste anfertigen, das Haus schmücken, die Kleider nähen lassen und alles andere besorgen, was für die Hochzeit einer jungen Marquise standesgemäß war. Mama war derart aufgeregt, dass sie mich fast an die Mutter erinnerte, die sie vor Almas Tod gewesen war. Carmen hingegen freute sich keineswegs über meine überstürzte Hochzeit; sie zog sich in ihr Kellerzimmer zurück, als hätte sie eine schlechte Nachricht erhalten, und tauchte erst am nächsten Tag wieder auf.

Mama dachte wirklich an alles – von der Auswahl des Blumenschmucks für die Familienkapelle bis zur Wahl des Champagners, der zur Begrüßung der Gäste aus aller Welt von den Kellnern – in lächerlichen weißen Jacken – gereicht werden sollte. Da ich nicht viel beitragen konnte, ging ich spazieren und dachte über meine Verlobung mit Mason nach.

Zunächst verwarf ich die Idee, unsere geheime Lichtung im Wald aufzusuchen. Ich blieb genau an der Linie, die als natürliche Grenze zwischen Landstraße und Wald diente, stehen, hörte die Vögel und andere Tiere in den dichten Baumkronen meinen Namen flüstern und entdeckte plötzlich Alma, die in ihrem weißen Spitzenkleid vor mir her tänzelte, weshalb ich die Richtung änderte und ausnahmsweise den Weg nahm.

Es war kein richtiger Weg, aber im Laufe der Jahre war das Unkraut nah den Klippen niedergetrampelt worden und ein Pfad entstanden, weil ein paar Mutige nahe am Abgrund dort entlanggingen. Die Silhouette der Villa Soledad lag hinter mir, als ich vorsichtig den grünen steilen Abhang hinunterschritt, wo Alma und ich als Kinder beim Lastenkran, der über den Felsen ragte, auf die großen Containerschiffe hinuntergeschaut hatten, jene Frachter, die im wilden Kantabrischen Meer an der Mole festmachten, um unser Erz in die Welt zu transportieren. Ungefähr einen Meter vom Abgrund entfernt setzte ich mich ins Gras. Ich stellte mir vor, wie

Großmutter Soldedad an derselben Stelle aufs Meer geblickt und sich dabei gefragt hatte, ob sie vom schwimmenden Anleger oder doch von der Klippe springen sollte. Großmutter hatte nicht nur vor Großvater fliehen wollen – der schon seit vielen Jahren tot war, als sie sprang –, sie hatte auch dem Leben an seiner Seite entkommen wollen, einem Leben, das er ihr gestohlen hatte. Ich starrte auf den Lastenkran und überlegte, ob ich eines Tages die gleiche Entscheidung wie Großmutter treffen müsste und mich vom Meer verschlingen lassen würde.

»Hier sind Sie also«, sagte eine Stimme mit schottischem Akzent hinter mir. »Ich habe Sie überall gesucht, aber dieses Haus ist ein Labyrinth. Ich hatte schon Angst, dass sich hinter irgendeiner Tür eine weitere Tochter, ein Familienschatz oder ein schreckliches Geheimnis verbirgt.«

»Ja, ich habe die Landschaft und die Einsamkeit genossen, bis Sie aufgetaucht sind«, erwiderte ich, ohne mich umzudrehen. »Catalina ist die einzige Tochter, die wir in der Villa verstecken, aber ein Geheimnis ist sie nicht. Und soweit ich weiß, gibt es auch keinen Familienschatz.«

Kaum hatte ich das gesagt, fiel mir die Kette mit dem Smaragdanhänger ein, die mir Großmutter auf das Kopfkissen gelegt hatte. Wenn der Marquis sie nicht zum Schleuderpreis verkauft hatte, müsste sie noch irgendwo sein.

»Darf ich mich zu Ihnen setzen und Ihnen Gesellschaft leisten?«, fragte Liam, ohne eine Antwort abzuwarten. »Schöne Aussicht, obwohl es für die Verschiffung des Erzes wohl besser wäre, dort unten einen Hafen zu bauen. Ich verstehe nicht, warum man am Fuße des Felsens keinen Anleger errichtet hat.«

Ich lächelte, ohne meinen Blick von dem stürmischen Meer abzuwenden.

»Sie spielen den Naiven richtig gut, das muss ich Ihnen lassen, und ich wette, dass Sie mit dieser Taktik schon viele reiche Männer wie meinen Vater getäuscht haben.« Ich sah ihn an und stellte fest, dass seine grünen Augen lügen konnten, ohne zu blinzeln. »Sie wissen ganz genau, dass man dort unten nichts bauen kann, weil die Wellen einen Anleger oder eine Mole sofort wieder herausreißen würden.«

»Ich habe gehört, Sie werden heiraten?«, sagte Liam, als hätte er gar nicht zugehört. »Also dann, meinen herzlichen Glückwunsch.«

»Also dann? Einer Braut muss man immer Glück wünschen, sonst bringt das Unglück.«

»Ich hätte nicht gedacht, dass Sie abergläubisch sind.« Liam machte es sich bequem und streckte die Beine aus. »Obwohl ich auch nicht gedacht hätte, dass Sie so weit gehen würden. Wollen Sie wirklich einen Mann heiraten, den Sie nicht lieben und kaum kennen?«

»Selbstverständlich«, sagte ich überzeugt. »Ich würde auch ohne zu zögern Sie heiraten, wenn Sie Geld hätten und ein echter Lord wären. Liebe hat mit der Ehe nichts zu tun, zumindest nicht für uns Frauen. Es handelt sich lediglich um eine Verbindung, die möglichst viele Vorteile für beide Seiten erbringen soll, wie bei der Fusion zweier Unternehmen, bei der jedes etwas vom anderen benötigt. Oder glauben Sie, mein zukünftiger Gatte ist an meinem reizenden Wesen oder an meinem Sinn für Humor interessiert? Nein. Ihn interessiert lediglich meine Jugend und der Adelstitel, aber ich glaube nicht, dass ich ihm viel bedeute.«

»Reizendes Wesen?«, wiederholte Liam mit schiefem Grinsen.

Ich ignorierte das und fuhr fort:

»Sehen Sie sich meine Mutter und meine Großmutter an – ich glaube nicht, dass die beiden ihre Männer auch nur einen einzigen Tag liebten, und die Männer liebten sie natürlich auch nicht. Außerdem, woher wollen Sie denn wissen, dass ich Mason nicht liebe?«

»Verzeihung, ich wollte damit nicht unterstellen, dass Ihre überstürzte Heirat mit diesem Yankee-Schafzüchter eine reine Zweckgemeinschaft darstellt.«

»Cowboy, er ist Cowboy, und mir ist herzlich egal, was Sie denken. Als Außenstehender ist es leicht, mein Handeln zu kritisieren, aber ich würde gern Sie oder jeden anderen Mann sehen, der heiraten muss, um sein Leben, seinen Besitz oder seine Ehre zu retten.« Ich schnaubte ungehalten und setzte dann hinzu: »Immer wird behauptet, dass wir Frauen nur aus Eigennützigkeit oder des Geldes wegen heiraten, aber niemand will sehen, dass die Ehe für uns Frauen die einzige Möglichkeit ist, um Geschäfte zu machen.«

Ich dachte an Lucy, an ihre Sommersprossen, ihr permanent zerzaustes rotes Haar und an das Foto mit ihren kleinen Schwestern – alle mit denselben Sommersprossen und demselben Karottenhaar –, das auf ihrem Nachttisch in unserem Zimmer in der St. Mary's School gestanden hatte. Von ihnen konnte sich selbstverständlich keine aussuchen, wen sie heiratete.

»Ich dachte, das gehöre in Zeiten der Republik und allem anderen der Vergangenheit an«, sagte Liam vorsichtig. »Ich kann mir nur schwer vorstellen, dass jemand wegen Landbesitz oder einer Erbschaft heiratet.«

»Klar, Sie sind auch ein Mann und mussten zum Überleben nie ernsthaft eine Heirat erwägen, weil Sie tun können, wonach Ihnen der Sinn steht. Sie brauchen keine Erlaubnis von Ihrem Vater oder Ihrem Gatten, um ein Geschäft abzuschließen, zu arbeiten, Ihr Haus zu verkaufen, ein Sparkonto auf der Bank zu eröffnen oder nach Lust und Laune Geld auszugeben. Also reden Sie nicht über Dinge, die Sie nicht verstehen, denn dann wirken Sie tatsächlich wie ein Dummkopf.«

Eine Windbö fegte vom Meer herauf und zerzauste mein Haar.

»So habe ich das noch nie gesehen«, erwiderte Liam nach kurzem Nachdenken. »Aber Heiraten ist mehr als nur ein Geschäft, es gehen noch andere Dinge damit einher, haben Sie daran gedacht?«

Ich lachte lustlos.

»Andere Dinge nennen Sie das?«, fragte ich, obwohl mir seine Antwort eigentlich egal war. »Ja, natürlich habe ich daran gedacht. Sie glauben doch nicht ernsthaft, dass mir das entgangen ist, oder?«

Liam vergaß das Meer und musterte mich neugierig. Ich sah die unter dem roten Bart versteckte Narbe, auch wenn er ein ernstes Gesicht zog.

»Sollte ich Sie beleidigt haben, möchte ich Sie um Verzeihung bitten. Es ist nur so, dass mich Ihre Sicht auf die Welt einerseits irritiert und zugleich neugierig macht«, entschuldigte er sich und war zum ersten Mal aufrichtig. »Ich würde Sie gern näher kennenlernen.«

»Sie haben mich nicht beleidigt, ich bin zu allen so. Meine Schwester sagte immer, ich sei ein wilder Brombeerstrauch, der alle blutig kratzt, die mit ihm in Berührung kommen.« Ich strich mir eine Haarsträhne aus dem Gesicht. »Wie kommen Sie mit Ihrem Betrug, Ihrem Schwindel oder was auch immer voran? Ich dachte, Sie seien inzwischen mit irgendeiner Ausrede und der Hälfte meines Erbes aus Basondo verschwunden.«

Liam lächelte.

»Ich sehe schon, Sie glauben immer noch, dass ich ein Betrüger bin.«

»Natürlich, ich verstehe nur nicht, warum Sie noch hier sind. Ich kann nur hoffen, dass Sie angesichts des momentanen Zustands des Marquis nicht weich geworden sind. Güte gehört nicht zu den besten Eigenschaften eines Betrügers«, sagte ich. »Und ich versichere Ihnen, mein Vater verdient jeden Schmerz, den er empfindet. Er ist alles andere als ein wehrloser Mann, der an den Rollstuhl gefesselt ist.«

Zwei Tage zuvor hatten Carmen und Mama dem Maquis geholfen, sich in den modernen Rollstuhl zu setzen, den der Arzt aus Bilbao extra für ihn hatte anfertigen lassen. Sie hatten ihn in eines der leeren Zimmer im ersten Stock einquartiert, wo er sich selbstständig bewegen und nachmittags sogar auf der hinteren Terrasse in der Sonne sitzen konnte. Vater hatte kein Wort mehr mit mir gesprochen, mich nicht einmal beglückwünscht, als Mama ihm ganz aufgeregt von der Hochzeit berichtete, hatte mir jedoch erlaubt, bis zum Tag der Eheschließung im Haus zu bleiben.

»Um ehrlich zu sein, würde ich mit Ihrem Vater das Geschäft gern abschließen, aber er scheint kein Interesse mehr daran zu haben«, sagte er. »Jetzt will er nur noch über Vergebung und Gott mit mir reden, zwei Themen, die ich schrecklich langweilig finde, wenn Sie erlauben, dass ich das so direkt sage.«

Ich lachte leise, weil es mir genauso ging.

»Außerdem sind es zwei wenig rentable Themen, es sei denn, Ihre Geschäfte hätten mit Gott oder Vergebung zu tun, und ich glaube nicht, dass Sie Priester oder Pfarrer sind«, sagte ich und dachte an Tomás in seiner Soutane. »Ihre veränderte Haltung gegenüber meiner Familie hat doch nicht etwa mit mir zu tun, oder?«, fragte ich. »Sie bleiben doch nicht wegen mir länger in Basondo, nicht wahr?«

»Und wenn es so wäre?«, fragte er zurück.

»Wenn dem so wäre, würde ich sagen, Sie sind ein Idiot, weil Sie wissen, dass ich schon bald einen anderen Mann heiraten werde.«

»Ich weiß, aber es gibt vieles, was Sie und ich ohne Heiratsurkunde miteinander machen könnten.«

Ich sah ihn mit zusammengekniffenen Augen an, nicht, weil er mich beleidigt hatte, sondern weil ich nicht genau wusste, worauf er hinauswollte.

»Ich habe kein Geld, das Sie mir entwenden könnten, Mister Sinclair, was also meinen Sie damit?«, stellte ich mich dumm. »Ich dachte, Sie seien nur ein Lord, der ein paar Ländereien seiner Familie verkaufen möchte.«

»Wir könnten Partner werden und halbe-halbe machen. Sie sind schlau, schön und haben eindeutig das Herz einer Betrügerin. Und da ist noch diese Sache mit der Magie …« Liam legte eine Pause ein, um meine Reaktion abzuwarten. »Ich bin mir sicher, dass Sie die Männer dazu bringen können, zu tun, was Sie wollen, und zwar jeden Mann.«

»Sie reden schon wieder, als wäre das kompliziert«, erwiderte ich. »Ich arbeite lieber allein, ohne halbe-halbe oder Partner, vielen Dank.«

Ich stand auf und klopfte mir die Erde von den Händen. Liam erhob sich ebenfalls und schüttelte sich die Grashalme von den Hosenbeinen, dann trat er näher.

»Wissen Sie was? Ihr zukünftiger Mann tut mir fast leid. Aber nur fast.«

»Ach ja? Das ist ja interessant.«

Carmen hatte einmal, während sie mich vor dem Schlafengehen kämmte, zu mir gesagt, dass Männer gerne glauben, ihre Meinung sei immer wertvoll, so nutzlos sie in Wirklichkeit auch sein mochte. Ich sah Liam an und versuchte herauszufinden, ob er das gesagt hatte oder der Lord, der zu sein er vorgab. Einer von beiden gefiel mir.

»Bleiben Sie zur Hochzeit?«, fragte ich und rührte mich nicht, obwohl Liam so nah vor mir stand, dass mein offenes Haar seine Hand streifte. »Mama möchte wissen, wie viele Gäste es sein werden, wegen des Buffets.«

»Natürlich, wegen des Büfetts«, erwiderte er grinsend, was bedeutete, dass er mir kein Wort glaubte. »Ja, ich würde gern bis zu Ihrer Hochzeit bleiben. Außerdem wäre es möglich, dass es mir in diesen acht Tagen gelingt, Sie Ihre Meinung ändern zu lassen.«

»Über die Ehe oder über die Partnerschaft?«, wollte ich wissen.

»Über beides, hoffe ich.«

Ich sah seine grünen Augen in Flammen stehen und wusste, dass ich es soeben mit dem echten Liam zu tun hatte, nicht mit diesem leicht tölpelhaften Lord mit exaltierten Manieren, den er gern spielte, um Landadlige wie meinen Vater zu betrügen. Ich beugte mich ein Stückchen vor und spürte seinen Atem, vermischt mit dem Nordwind, im Gesicht, als ich flüsterte:

»Rechnen Sie nicht damit.«

Die Hochzeit

Wie Carmen damals vorhergesagt hatte, half sie mir, das Brautkleid anzuziehen. Mit ihren geschickten Fingern, die an die feinen Stoffe und Spitzenkleider anderer Frauen gewöhnt waren, knöpfte sie einen nach dem anderen die winzigen, mit Seide bezogenen Knöpfe auf meinem Rücken zu.

»Dauert es noch lange?«, fragte ich und verrenkte den Kopf, um über meine Schulter zu blicken.

»Nein, ich bin gleich fertig, aber halt doch endlich still, Mädchen, sonst dauert es noch länger.«

Ich seufzte und verzog unmutig das Gesicht – was Carmen nicht sehen konnte –, aber nicht, weil ich nervös war wie die meisten Bräute, sondern weil ich schon fast eine Stunde stillhalten musste und mich schrecklich langweilte. Ich stand auf dem Schemel, den Mama für die Anprobe ihrer Kleider benutzte, bevor sie von Carmen in die Schneiderei gebracht wurden.

»Die Señora Marquise hätte dir auch ein Kleid mit weniger Knöpfen aussuchen können, was für eine Heidenarbeit«, schimpfte Carmen mit gerunzelter Stirn. »Das Kleid ist zwar wunderschön und sehr elegant, aber diese Maßanfertigung muss deine Mutter ein Vermögen gekostet haben, und dazu noch in der kurzen Zeit …«

Die seidenbestickten Ärmel störten mich, und das Atmen fiel mir ein wenig schwer, als Carmen endlich alle Knöpfe der Korsetage aus Atlasseide und Chantilly-Spitze geschlossen hatte.

»Fertig?«, fragte ich am Ende meiner Geduld.

Ich spürte Carmens vertraute Finger nicht mehr, sie schaute mich nur schweigend an.

»Bist du jetzt fertig oder nicht?«

»Du bist fertig«, sagte sie schließlich, aber ich hörte eine gewisse Trauer aus ihrer Stimme heraus. »Jetzt fehlt nur noch der Schleier. Warte, ich hole ihn. Ich habe ihn gestern nach dem Bügeln aufgehängt, damit er nicht verknittert.«

Carmen ging ins Badezimmer und stieg vorsichtig auf den Rand der emaillierten Badewanne, um den Bügel mit dem Brautschleier herunterzunehmen, den sie am Abend an die Stange gehängt hatte.

»Komm, steig jetzt vorsichtig runter, dann setze ich dir den Schleier auf, und wir sind endlich fertig, ich muss nämlich noch Catalina trösten.«

»Was hat sie denn?«

»Die Arme weint schon seit Stunden, und ich möchte nicht, dass sie den ganzen Tag unglücklich ist.«

Ich gehorchte erleichtert und stieg von dem Schemel, wofür ich allerdings den Rock aus knisterndem Wildseidenkrepp anheben musste, damit ich nicht stolperte.

»Warum weint sie?«

Mit dem Schleier in der Hand holte Carmen ein paar Haarklemmen von der Frisierkommode und kam wieder zu mir.

»Ach, wegen dem Marquis. Wie alle Reichen denkt er, dass er keine Hilfe benötigt. Ich werde nicht ewig leben, und er will nicht begreifen, dass er früher oder später jemanden braucht, der ihn versorgt und ihm in diesem großen Haus Gesellschaft leistet, und dann ist womöglich kein Geld mehr vorhanden, um jemanden einzustellen.« Carmen steckte die Haarklemmen in ihre Schürzentasche, um mir mit beiden Händen den Schleier mit der Perlenbordüre aufzusetzen. »Deine Mutter ist gesundheitlich angeschlagen seit … Na, du weißt ja, seit wann, und du bist schon mit einem Bein aus dem Haus, also bleibt nur noch Catalina. Sie ist seine Tochter, so sehr es ihm auch missfallen mag, und kann sich um ihn kümmern, wenn er ein gebrechlicher Alter mit wirrem Kopf ist. Doch wenn er sie weiter so schlecht behandelt, wird Catalina nicht bei ihm bleiben wollen.«

Ich spürte das Gewicht des Schleiers mit den Perlen auf meinem Kopf, und es steckten schon so viele Haarklemmen in meiner Frisur, dass ich sie bei jeder Kopfbewegung spürte. Doch Carmen steckte noch mehr hinein, um den schweren Schleier gut zu befestigen.

»Soll der Marquis doch allein sterben, niemand wird um ihn weinen, bei allem, was er uns angetan hat«, sagte ich ohne das geringste Mitgefühl.

Aber Carmen hielt einen Augenblick inne und sah mich mit ihren braunen Augen an.

»Dein Vater ist ein schlechter Mensch, du bist jetzt alt genug, dass ich dir das ohne Umschweife sagen kann. Er wird nie für das bezahlen müssen, was er deiner Schwester und deiner Mutter angetan hat, und ich vermute stark, dass diese überstürzte Hochzeit auch seine Schuld ist«, sagte sie. »Doch wenn Catalina nicht bereit ist, sich später um ihn zu kümmern, wird er sie aus dem Haus werfen, wenn ich sterbe, und wo soll die Arme dann hin?«

»Darüber habe ich nie nachgedacht«, räumte ich ein.

Es passte mir ganz und gar nicht, dass Catalina verpflichtet sein sollte, den Marquis zu versorgen, einen Mann, der sie auf jede erdenkliche Weise gedemütigt hatte, obwohl er ihr Vater war.

»Natürlich hast du darüber nie nachgedacht, Kindchen, du hattest eben Glück. Du bist eine junge Marquise und musstest nie mittellos leben, du weißt nicht, wie das ist. Besser für dich, denn Armut macht dich zur leichten Beute des Erstbesten, der mit zwei Münzen winkt: ein Ehemann, ein Vater oder ein Señor Marquis, dem man dienen muss. Meine Catalina hat nicht so viel Glück wie du«, sagte Carmen, als sie mir gefährlich nah am Ohr eine weitere Haarklemme befestigte. »Doch auch du wirst nicht mehr viel erben dank der Kosten dieser Hochzeit. Nur um diese reichen Ganoven dort unten mit Essen und Getränken zu versorgen.«

»Ich habe es satt, dass immer nur von Geld die Rede ist«, maulte ich.

Auch ohne das in Frankreich maßgeschneiderte Brautkleid kostete meine Hochzeit ein Vermögen. Raffinierte Kanapees mit Räucherlachs, Enten-Foie-gras, das Mama gleich kiloweise bestellt hatte, frische Erdbeeren – im Winter praktisch nicht zu bekommen – für die lauwarmen Buttertörtchen mit Thymian, mehrere Dosen Kaviar der Marke Almas, mit Rosenblättern gefüllter Fasan in Portwein, belgische Trüffelpralinen, ein Heer an Langusten, die noch lebten, als ich in die Küche kam, sowie unzählige Flaschen Wein und französischer Champagner, die im Weinkeller lagerten. Dazu noch ein Regiment aus Gärtnern, Putzkräften, Köchen, Kellnern und Floristen, die Mama bestellt hatte, damit sie die Villa Soledad wieder erstrahlen ließen wie in unserer Kindheit, als das Bergwerk noch tonnenweise Erz abwarf.

»Das Bergwerk läuft so schlecht wie nie, letztes Jahr musste dein Vater es beinahe schließen, konnte es aber im letzten Moment noch retten, weil er auf das Erbe deiner Mutter zugegriffen hat. Hätte sie nicht einen Teil ihres Schmucks verkauft, hätten sie diese Hochzeit nie bezahlen können«, erklärte Carmen und befestigte die letzte Klemme in meinem Haar. »Dein Vater gibt der Republik und der neuen Regierung die Schuld für seinen Bankrott, aber das Bergwerk lief schon vorher schlecht. Es gibt Männer, die keine Fabrik führen können, auch wenn sie sich das einbilden, und der Marquis ist einer davon.«

Als Carmen mir zum Abschluss den Schleier übers Gesicht legte, fiel mir mein Rechnungswesen-Unterricht in der St. Mary's School wieder ein.

»Ich hätte die Grube und die Geschäfte viel besser geführt als der Marquis«, sagte ich voller Überzeugung.

»Natürlich, Kindchen. Und wenn du als Junge geboren worden wärst, müsstest du jetzt nicht heiraten.« Carmen trat ein paar Schritte zurück, um mich anzusehen, und lächelte zufrieden. »Wie schön du bist! Du siehst aus wie eine Hollywood-Schauspielerin, genau wie Lupe Vélez!«

Ich aber starrte nach unten auf den Seidenkrepp-Rock.

»Glaubst du, dass ich schlecht bin?«

Bevor sie mir antwortete, kam Carmen wieder näher und zwang mich, sie anzublicken.

»Wer hat das gesagt? Dein Vater?«

Ich sah Carmens Gesicht durch den Schleier nur verschwommen.

»Nein, das hat niemand gesagt, das denke ich selbst«, gestand ich ihr.

Eigentlich dachte ich es nicht, und natürlich raubte es mir auch nicht den Schlaf. Es interessierte mich wenig oder gar nicht, ob andere dachten, ich sei schlecht, aber seit ein paar Tagen musste ich ständig an Lucy und ihre Schwestern denken und zu welchem Schicksal ich sie verdammt hatte, weil ich Mason heiratete. Obwohl ich wusste, dass ihr Vater – und die Wirtschaftskrise in ihrem Land – sie in diese Situation gebracht hatten, konnte ich das Foto von den vier rothaarigen Schwestern einfach nicht aus meinem Kopf verbannen.

»Schau mal, Kindchen, du hast zwei Möglichkeiten im Leben: Entweder lächelst du und machst alles, was die anderen von dir erwarten, oder du stellst dich darauf ein, dass sie dich bis zu deiner Beerdigung kritisieren. Zu dir sagt man, dass du schlecht bist, das klingt feiner, weil du eine Marquise bist«, sagte sie ernst. »Aber das stimmt nicht, damit versuchen die anderen nur, dich einzuschüchtern und dir Angst einzujagen. Und mach dich schon mal darauf gefasst, dass sie ein Leben lang nicht damit aufhören werden, egal, was du tust.«

»Ich weiß, aber da war ein Mädchen mit mir im Internat, die …« setzte ich an.

»Ja, ich habe gehört, dass du den Mann heiraten wirst, der deiner Freundin versprochen war, aber ich weiß auch, dass du weder heute noch morgen heiraten würdest, wenn es nach dir ginge«, unterbrach sie mich. »Na komm schon, hör auf zu jammern und sei wieder das rebellische Mädchen, das du in Wirklichkeit bist, oder du wirst bei lebendigem Leib gefressen. Oder glaubst du etwa, dein Vater fragt sich, ob er schlecht ist, nach allem, was er getan hat? Nein. Dein Vater sitzt gemütlich in seinem Rollstuhl in der Kapelle und plaudert mit diesem Betbruder Dávila, der dem Marquis de Zuloaga nie sagen würde, dass er schlecht ist, weil er seine Tochter getötet oder ein Leben lang seine Frau betrogen hat. Schlecht oder Hure sind Beschimpfungen, die nur für dich … und natürlich für mich gelten. Für uns Frauen.« Carmen hielt inne, und ich wusste, dass sie daran dachte, wie verächtlich sie von diesen Frauen vor der Kirche angesehen worden war, und an die Verachtung, die noch folgen sollte. »Lass dir nicht einreden, dass du schlecht bist, solange sie die Augen vor den eigenen Sünden verschließen.«

Ich nickte stumm und wusste, dass ich nie wieder daran denken würde. Ich spürte, wie Schuldgefühle und Scham nachließen und sich schließlich gänzlich verflüchtigten.

»Bin ich jetzt fertig?«

»Jetzt bist du fertig, Kindchen. Ich gehe runter und ziehe meine guten Schuhe an, denn ich will deine Hochzeit um nichts auf der Welt versäumen, wenn auch nur ganz hinten in der Kapelle«, sagte Carmen und löste ihre Schürzenbänder. »Die Gäste werden schon auf die Braut warten, und du achtest bitte darauf, dass dich niemand sieht, wenn du runtergehst. Zähle bis hundert, bevor du dich auf den Weg machst.«

Im Haus war es nun still, aber am Morgen war es noch voller Geräusche gewesen, als die Köche das Essen zubereiteten und die Kellner mit dem guten Geschirr, den Gläsern und Schalen mit Silberrand den Tisch für das Hochzeitsbankett deckten. Als Carmen mich frisierte und noch etwas Haarlack auftrug, damit alles hielt, hatte ich die Musiker im Garten proben hören. Diesmal hatte Mama keine Swing-Band bestellt, sondern ein schlichtes Streichquartett, das seine Violinen immer wieder mit derselben traurigen Note stimmte.

»Bis hundert, verstanden«, antwortete ich gleichmütig.

Bevor Carmen das Zimmer verließ, ergriff sie meine Hand und drückte sie.

»Kopf hoch, Mädchen, es ist bald vorbei.«

Dann ließ sie mich allein und zog die Tür hinter sich zu. Ich hörte sie schnell die Treppe hinunterlaufen, damit ich sie nicht weinen hörte, bis ihre Schritte verhallt waren. Alles war Stille, nur mein Kleid knisterte leise. Als ich die Haustür drei Stockwerke weiter unten zuschlagen hörte, begann ich zu zählen.

»Ein, zwei, drei …«

Den Weg zur Kapelle an der Steilküste entlang legte ich allein zurück. Ich sah keinen einzigen der zweihundert geladenen Gäste, als ich mich bemühte, die Schleppe des Brautkleides nicht allzu sehr zu beschmutzen. Mir war es herzlich egal, ob sie schmutzig wurde, aber ich wusste, dass Mama es nicht gefallen würde, wenn ich die Kapelle mit schmutzigem Saum betreten würde, und dass sie mir das die ganze Hochzeit über stumm vorwerfen würde.

Erst kurz vor der Kapelle entdeckte ich Tomás. Er trug seine Soutane und seine guten Schuhe. Ich dachte für einen Moment, er hätte seine Meinung vielleicht geändert und wäre bereit, Basondo mit mir zu verlassen, irgendwohin weit weg, aber dann sah ich die Soutane, an der nur noch das Kollar fehlte.

»Hallo und Glückwunsch«, sagte er ernst.

»Du bist doch nicht hier, weil du es dir anders überlegt hast und mit mir abhauen willst, oder?«

Tomás lächelte, aber die Anspannung zwischen uns wollte nicht weichen.

»Nein, ich fürchte nicht«, antwortete er. »Das war Padre Dávilas Idee, er glaubt, es sei gut, wenn ich heute dabei bin.«

Trotz der geschlossenen Eichentür konnte ich das Murmeln der wartenden Gäste hören. Bei der Vorstellung, wie Mason in seinem neuen Anzug und mit den Händen auf dem Rücken vor dem Altar stand und darauf wartete, dass der Hochzeitsmarsch angestimmt wurde und ich endlich auftauchte, beschloss ich, ihn noch etwas länger warten zu lassen.

»Dávila möchte, dass du heute dabei bist, damit du lernst, eine Hochzeit zu zelebrieren?«, fragte ich.

Tomás schüttelte den Kopf.

»Nein, damit ich sehe, wie du einen anderen heiratest. Damit wir es zusammen erleben und endlich mit allem Schluss machen, bevor ein Unglück geschieht.«

»Du meinst: Noch ein Unglück nach dem mit Alma?« Ich konnte mir einen leisen Vorwurf in der Stimme nicht verkneifen und bemühte mich auch gar nicht darum.

»Ja, außer dem Unglück mit Alma.«

Als ihr Name fiel, blickte ich mich verstohlen um, ob sie auch zur Kapelle gekommen war, aber ich sah und hörte nur den Nordwind übers Gras streichen. Meine tote Schwester, die mich seit ihrer Beerdigung keinen Moment in Ruhe gelassen hatte, würde meine Hochzeit verpassen.

»Wäre doch alles anders gekommen … dann würdest du heute nicht heiraten«, murmelte Tomás.

Ich sah ihn an und las in seinen braunen Augen, dass er die Wahrheit sprach.

»Klagen nützt jetzt auch nichts mehr. Für mich ist das reine Zeitverschwendung«, sagte ich.

Dann rückte ich meinen verrutschten Schleier zurecht.

»Nein, das weiß ich.« Tomás lachte bitter auf. »Du handelst lieber zuerst und beklagst dich hinterher.«

»Und jetzt muss ich heiraten, wenn du mich also freundlicherweise passieren lässt …«

Ich sah zur Kapellentür, saugte Luft in meinen Brustkorb und wollte die Pforte schon öffnen, als Tomás mich zurückhielt.

»Warte …«, sagte er und ergriff meine Hand.

Er schlang seine Finger in meine, und ich ließ ihn gewähren, weil ich wusste, dass es nur einen Augenblick dauern würde.

»Es gibt noch einen Grund, warum Padre Dávila mich heute herkommen ließ. Traditionellerweise führt der Vater die Braut zum Altar, aber der Marquis ist verhindert, und du hast keinen Trauzeugen, weder einen Großvater noch ein anderes männliches Familienmitglied, das dich deinem zukünftigen Mann übergeben kann.« Tomás hatte meinen Arm auf seinen gelegt, als wollte er mich spazieren führen. »Also werde ich dich dem Bräutigam zuführen.«

Tomás klopfte kurz an die Tür, als Zeichen, dass wir bereit waren, und das Streichquartett in der Kapelle stimmte den Hochzeitsmarsch an.

»Bist du bereit?«, fragte er leise.

Die Musik wehte durch die offenen Fenster und verhallte mit dem Wind im Wald. Ich starrte auf unsere Arme und erinnerte mich plötzlich daran, wie sich die Zähne des Fangeisens in das Fleisch dieses Jungen gebohrt hatten, als Alma und ich ihn vor langer Zeit im Wald fanden.

Ich hob den Kopf und sah ihn durch den Schleier an.

»Ich bin bereit.«

Nach der Eheschließung fühlte ich mich keinen Deut anders. Padre Dávila beendete seine Predigt, die von der Ehe und vom Wert der Familie handelte, und las dann ein Kapitel aus seiner ledergebundenen Bibel mit Goldschnitt. Ich sagte nur: »Ja, ich will«, nachdem Mason es ebenfalls ausgesprochen hatte.

Tomás stand neben Padre Dávila, um ihm die Kerzen, den Weinkelch für die Segnung und alles andere zu reichen, was während der Messe vonnöten war. Er sah mich die ganze Zeit kein einziges Mal an, aber als Dávila in seiner Predigt von den Gefahren der modernen Zeiten sprach, fiel mir auf, dass er missmutig den Mund verzog. Dass ich einen anderen Mann heiratete, störte ihn nicht sonderlich, aber dass Dávila seine politischen Ansichten nicht teilte, sehr wohl.

»Was für ein Vogel, in den wir uns verliebt haben«, dachte ich bitter, als wir zu Mann und Frau erklärt wurden.

Nach der Zeremonie gab es Applaus, Hochrufe »Es lebe das Brautpaar!« auf Spanisch – was ein paar deutsche Gäste zusammenzucken ließ – sowie Umarmungen und Glückwünsche von mir unbekannten Menschen. Mason konnte kaum zwei Sätze Spanisch und plauderte stattdessen mit einem Schweizer Bankier über den Goldwert und dessen im Vergleich zum Erdöl starke Schwankungen nach unten.

Niemand in der Kapelle bemerkte, wie ich mich durch die Seitentür hinausstahl und zum kleinen Familienfriedhof schlich. Als ich an dem flachen Zaum ankam, der die heilige Erde vom restlichen Grundstück trennte, suchte ich zwischen den Gräbern nach Alma, ob sie dort vielleicht auf mich wartete, konnte sie aber nirgendwo entdecken, also öffnete ich das kleine Tor und betrat den Friedhof.

Seit ihrer Beerdigung war ich nicht mehr an Almas Grab gewesen und wunderte mich, dass Mama kein weißes Rosengesteck auf die Grabplatte hatte legen lassen, falls einer der Gäste sich auf den Friedhof verirren sollte. Stattdessen hatte sich das kräftige Moos, dass über die Felskante wucherte, des Grabes bemächtigt, während sich eine Kletterpflanze – ähnlich dem Efeu an der Hausfassade – über den Stein rankte und der Name kaum noch zu lesen war. Der Marquis hatte seine Sünden schon immer zu verschleiern gewusst.

»Als ich Sie erblickte, dachte ich, Sie seien ein Gespenst«, sagte plötzlich eine männliche Stimme am Tor.

Sofort erkannte ich sie an ihrem grässlichen Akzent.

»Sie sollten doch wissen, dass Gespenster und Geister Friedhöfe eher meiden, Mister Sinclair. Sie mögen sie nicht.«

»Ach nein, und warum nicht?« Ich hörte eine Spur echten Interesses in seiner Stimme, als würde Liam ernsthaft glauben, dass ich die Beweggründe der Untoten kennen würde.

»Weil auf den Friedhöfen kein Lebender zu finden ist«, erwiderte ich. »Gespenster schleichen lieber um die Lebenden herum, deshalb tauchen sie in unseren Schlafzimmern auf, suchen uns beim Zeitunglesen heim oder geistern im Morgengrauen durch die Küche.«

Ich hörte, wie die Friedhofspforte geschlossen wurde, und sah ihn dann auf die nackte Trauerweide zukommen, deren Äste bis auf den Boden hingen.

»Ich habe nicht damit gerechnet, die Braut hier allein anzutreffen«, sagte er. »Sind Sie Ihres Mannes bereits überdrüssig?«

»Das war ich schon vorher.«

Liam lachte.

»Ich sehe, Sie sind eine romantische Seele.«

Ich drehte mich um und stellte fest, dass er mir viel näher war, als ich dachte.

»Ich bin praktisch veranlagt. Oder sollte ich etwa auf der Straße Hungers sterben, um Sie zufriedenzustellen? Wenn Sie wollen, geben Sie mir eine Liste mit respektablen Arbeiten oder Aufgaben, die ich Ihrer Meinung nach erledigen könnte, was halten Sie davon? Wir können auch die anderen Gäste fragen, warum nicht? Alle mögen ihre Meinung kundtun«, sagte ich spöttisch. »Wie konnte ich auch eine Entscheidung treffen, die nur mich etwas angeht, ohne vorher Sie oder das ganze verdammte Dorf konsultiert zu haben? Was habe ich mir nur dabei gedacht? Sagen Sie mir bitte, hätte ich mir Ihrer geschätzten Meinung nach eine Arbeit als Putzfrau in einem feinen Haushalt wie der Villa Soledad suchen sollen, um dem jeweiligen Marquis den Hintern zu kitzeln, wenn er gerade Lust darauf hat? Oder vielleicht fänden Sie es passender, wenn ich Gouvernante werden würde und unerträgliche Rotznasen unterrichten müsste? Das ist wirklich respektabel, nicht wahr? Anderen zu Diensten zu sein, statt mir selbst zu dienen. Aber sagen Sie schon, Ihre Meinung interessiert mich brennend.«

Ich glaubte, er wäre beleidigt oder würde irgendeine Ausrede anbringen, um in die Kapelle zurückzukehren und weiter vorzugeben, ein schottischer Lord zu sein, um Geschäftsmänner und Bankiers zu umgarnen, die sich gern mit Adligen umgaben. Aber stattdessen nickte Liam zustimmend und sagte:

»Ich sehe, ich habe Sie gestört und bitte Sie um Verzeihung. Sie haben recht in allem, was Sie gesagt haben. Was Sie tun, geht weder mich noch sonst wen irgendetwas an, und keine der anderen Optionen wäre besser gewesen als eine Heirat mit Mister Campbell. Es ist richtig, dass Sie sich nur um sich selbst kümmern, weil es sonst niemand tun würde; ich weiß sehr gut, wovon ich rede.«

»Ich brauche von niemandem eine Entschuldigung oder Verständnis. Und schon gar nicht von Ihnen, einem Mann, der die Lüge und die Täuschung zu seinem Lebensmotto erklärt hat.«

»Ein Betrüger erkennt immer den anderen, nicht wahr?«, sagte er grinsend.

Liam trug einen eleganten, taillierten Smoking mit schwarzem Satinrevers und passender Fliege, dazu die glänzendsten Schuhe im Oxford-Stil, die ich je gesehen hatte. Der Schnitt des Jacketts betonte seine breiten Schultern, und sein weißes Hemd mit verdeckter Knopfleiste saß perfekt. Er hatte versucht, das kupferfarbene Haar wie ein distinguierter Herr mit Brillantine zu bändigen, aber die Locken waren genauso rebellisch wie eh und je. Ich wusste, dass dies nicht die Statur eines Lords war, der einzig und allein durch die Welt reist, um mit einem Whiskeyglas in der Hand Ländereien zu verkaufen und Geschäfte abzuschließen, sondern die eines Mannes, der in seiner Jugend jahrelang Sport getrieben hatte.

»Und wie läuft's mit Ihrem kleinen Betrug?«, fragte ich neugierig. »Bei manchen Männern sitzt das Geld lockerer, wenn sie was getrunken haben, aber der Marquis verhält sich dann genauso erbärmlich wie im nüchternen Zustand. Ich sage Ihnen das, damit Sie sich beeilen und ihn die falschen Papiere unterschreiben lassen, bevor er den dritten Whiskey intus hat.«

Liam hatte die Hände in den Hosentaschen vergraben, was bedeuten konnte, dass ihm kalt war, aber die Kälte schien ihn kaum zu stören, wie jemanden, der in seinem Leben schon viel gefroren hatte. Ich hingegen spürte den eisigen Wind über den Friedhof fegen und in die Spitzen meines Kleides fahren, was mich in der dünnen Seide erzittern ließ.

»Ich fürchte, Ihrem Vater ist nicht mehr viel geblieben, was ich ihm stehlen könnte«, sagte er ohne jede Spur von Ironie. »Tut mir leid, Ihnen das sagen zu müssen, aber fast das gesamte Vermögen der Familie Zuloaga ist dahin, und auf den Firmenkonten sieht es nicht viel besser aus. Ihr Vater hat in den letzten Jahren viele und vor allem schlechte Investitionen getätigt und dabei praktisch alles verloren. Schon bald wird Ihre Familie nur noch das kleine Erbe Ihrer Mutter besitzen und den wenigen Schmuck, den sie nicht für diese Hochzeit verkauft hat … Der Marquis ist bankrott.«

»Woher wissen Sie das alles?«, fragte ich mit halb geschlossenen Augen, um ihn besser beobachten zu können. »Das hat er einem Fremden bestimmt nicht erzählt, nicht einmal in betrunkenem Zustand.«

Liam kam noch etwas näher und sah sich kurz um, als wolle er sich vergewissern, dass niemand, weder tot noch lebendig, unser Gespräch belauschen konnte.

»Ich habe die Geschäftsbücher gesehen, die der Marquis im Safe aufbewahrt, die echten, nicht die mit den falschen Zahlen, die er jedes Jahr Ihrer Mutter und seinen Anwälten vorlegt, um sie zu beruhigen.«

Ich blinzelte überrascht.

»Haben Sie die zufällig gesehen?«

»Selbstverständlich«, erwiderte er und tat empört angesichts meiner Anspielung. »Ihr Vater war im Esszimmer damit beschäftigt, vor einem hohen Offizier damit zu prahlen, wie gut er seine Tochter verheiraten würde. ›Das Mädchen wird nach Amerika auswandern, wie der Alte. Wenn dieser Cowboy sie nicht in ein paar Monaten zurückschickt, werde ich ihm noch die letzte Kuh abknöpfen – ein Tier im Tausch für ein anderes. Das ist ein sicheres Geschäft, und dafür brauche ich Liquidität.‹«

Ich lächelte bitter.

»Sehen Sie: Für den Marquis ist selbst die Hochzeit der eigenen Tochter nur ein Geschäft.«

Einen Augenblick lang sagte keiner von uns beiden etwas, und das Tosen der Wellen, die sich weit unten am Felsen brachen, setzte sich durch. Ich konnte mir die Szenerie, die Liam beschrieben hatte, genau vorstellen, weil ich sie schon oft erlebt hatte: Der Marquis saß mit seinem Whiskey in der Hand in seinem Rollstuhl und redete viel zu laut über seine Tochter, während Mama ihm vorwurfsvolle Blicke zuwarf, die er schlichtweg ignorierte. Natürlich würde Mama ihn nicht vor allen Gästen zurechtweisen, stattdessen würde sie eine Ausrede vorbringen, um sich ein Weilchen zurückzuziehen und im Badezimmer zu weinen.

»Was für ein seltsamer Ort für einen Friedhof. Schön, aber auch seltsam. Ich hatte davon gehört, dass Sie einen eigenen Friedhof besitzen, ihn aber noch nicht gesehen«, sagte Liam und blickte sich um. »Wenn es Sie nicht stört, dass ich frage … Ist dies das Grab Ihrer Schwester?«

»Ja, aber Alma hat es nie besonders gefallen«, sagte ich mit Blick auf die überwucherte Grabplatte. »Sie spaziert lieber durch die Gegend und quält mich.«

»Sie sprechen von Ihrem Schuldgefühl und Ihren Gewissensbissen, nicht wahr?«, fragte er mit einem nervösen Auflachen. »Sie wollen doch nicht etwa sagen, dass das Gespenst Ihrer Zwillingsschwester tatsächlich im Morgengrauen durch das Haus geistert?«

Ich hörte, wie sich Liams Akzent verstärkte, wenn er nervös war.

»Nein, natürlich nicht«, sagte ich, um ihn zu beruhigen.

»Ich habe den jungen Priesteranwärter bei der Trauung gesehen und fand, er hat sich sehr bemüht, Sie während der Zeremonie nicht anzusehen«, fuhr er fort. »Das ist vermutlich der junge Mann, über den im Dorf viel geredet wird, der frühere Verehrer Ihrer Schwester.«

»Ja, das ist er.«

»Es muss sehr traurig sein, dass Sie jeden Mann auf der Welt haben können, nur nicht den, den Sie lieben.«

»Wer behauptet denn, dass ich ihn liebe?« Ich starrte ihn an, bis er sich sichtlich unwohl fühlte, und blickte dann wieder auf das aufgewühlte Meer hinunter. »Außerdem liebt Tomás mich auch, nur liebt er auch andere Dinge.«

»Ich verstehe nicht. Was könnte ein Mann noch lieben neben Ihnen?«

»Die Republik, Gott, die Erinnerung an meine perfekte Schwester, die Poesie… Suchen Sie sich etwas aus, mein Platz in seinem Herzen ist nicht so groß wie diese Dinge.«

Ich erinnerte mich an die vielen Male, bei denen Tomás mich hatte spüren lassen, dass ich nicht so gut war wie Alma. Im Internat hatte ich lange mit dem Gedanken gespielt, ihm die Wahrheit über die heilige Alma zu erzählen und zuzusehen, wie sein perfektes, leuchtendes Bild von ihr in tausend Scherben zersprang. Ich habe es nur nicht getan, weil ich davon überzeugt war, dass er mir nicht glauben würde.

»Also können Sie seine Liebe haben, aber nicht seine Anerkennung, und genau die wollen Sie eigentlich.« Liams heisere Stimme riss mich aus meinen Gedanken.

»Ich weiß es nicht. Die Gründe, weshalb andere etwas tun oder die ihre Gefühle leiten, sind mir ein Rätsel, selbst wenn es um meine eigenen geht«, erwiderte ich und drehte mich dann zu ihm um. »Aber ich nehme an, dass Sie Motivation und Charakter anderer Menschen sehr gut verstehen, vielleicht sogar besser als sie selbst, deshalb sind Sie ein guter Betrüger: Die Menschen und ihre Wünsche sind Ihnen kein Rätsel.«

Liam stand so dicht vor mir, dass ich seine dichten Wimpern sehen konnte, während seine Augen mich neugierig musterten.

»Sie ähneln niemandem, den ich bisher kennengelernt habe, Männer eingeschlossen«, sagte er halblaut. »Woher wussten Sie, dass ich lüge?«

»Ich wusste es, als ich Sie zum ersten Mal gesehen habe. Sie sagten es doch vorhin selbst: Ein Betrüger erkennt den anderen.« Als ich seine Miene sah, lächelte ich zufrieden. »Außerdem habe ich gleich, nachdem wir uns kennenlernten, einer Schulfreundin in Surrey einen Brief geschrieben und nach den Sinclairs gefragt. Sie ist Schottin, ihr Vater ist Parlamentsmitglied, ein echtes, meine ich, aber er hat Ihren Namen noch nie gehört. Ich kann Ihnen nur raten, sich einen anderen zuzulegen oder sich eine neue Geschichte auszudenken, wenn Sie nicht am Galgen enden wollen.«

»Sie würden eine unglaubliche Betrügerin abgeben«, entgegnete er mit seinem ewigen schiefen Grinsen.

Der Nordwind hatte sein Haar ordentlich zerzaust, weshalb er wieder wild und weniger förmlich aussah.

»Was werden Sie jetzt tun?«, fragte ich mit echter Neugier. »Wenn Sie nichts mehr von meiner Familie erwarten können, werden Sie dann Basondo verlassen?«

Liam zuckte die Schultern, bevor er antwortete:

»Ich weiß es nicht, ich habe gerade ein paar distinguierte Herren kennengelernt, die einiges dafür gäben, mit einem schottischen Lord befreundet zu sein und die außerdem gerne die Ländereien meiner Familie im Norden kaufen würden, die ich aus Zeitmangel nicht bewirtschaften kann.«

»Der Galgen, Mister Sinclair«, erinnerte ich ihn. »Vergessen Sie das nicht und verlassen Sie Basondo so schnell wie möglich. Ich für meinen Teil werde gehen, ohne zurückzublicken.«

Unser Schiff nach Portsmouth würde am nächsten Morgen in Bilbao auslaufen. Von dort würden wir mit einem englischen Überseedampfer in die Vereinigten Staaten weiterreisen, demnach in knapp einer Woche den Atlantik überqueren. Eine Woche, das war genau die Zeit, die ich brauchte, um Tomás, den Marquis, Basondo und mit ein wenig Glück auch Alma hinter mir zu lassen. Unsere Billets für die Passage steckten in einem edlen Aktenkoffer aus Leder, der zu meinen Louis-Vuitton-Koffern passte, dieselben, welche

Mama Alma und mir zu unserem vierzehnten Geburtstag geschenkt hatte und Alma nie benutzen konnte. Als die Schiffspassagen für den Überseedampfer vor wenigen Tagen per Post eingetroffen waren, hatte ich sie die ganze Zeit befühlt und wiederholt meinen mit Schreibmaschine auf grobes Papier getippten Namen und den Stempel der Reederei betrachtet: Estrella de Zuloaga y Llano.

»Basondo übt einen seltsamen Sog aus«, sagte Liam, als er sich über die Friedhofsmauer beugte, um aufs Meer hinunter zu blicken. »Ich weiß nicht, ob es an diesem Meer liegt, das keinem anderen ähnelt, das ich bisher gesehen habe, oder an Ihrem Wald, der immer nebelverhangen zu sein scheint, selbst an klaren Tagen.«

Der Wald – mein Wald – und unsere geheime Lichtung wären der einzige Teil von Basondo, den ich in Kalifornien vermissen würde.

»Als ich das erste Mal mit Ihrem Vater herkam, hatte ich den Eindruck, dieser entlegene Ort sei fern der restlichen Welt, und dass man schnell das Gleichgewicht verlieren und ins Meer stürzen kann, wenn man nicht aufpasst, wo man hintritt«, fuhr Liam fort. »Man findet nicht leicht nach Basondo, aber man kann auch nur schwer wieder abreisen.«

»Wem sagen Sie das. Ich habe mein ganzes Leben hier verbracht und mir gewünscht, aus diesem Tal herauszukommen und die Welt zu sehen, und jetzt, da ich endlich für immer gehe, frage ich mich, ob ich diesen Ort genauso vermissen werde, wie ich früher wünschte, fortzugehen.« Der Wind fuhr in die Zweige der nackten Trauerweide, und ich drehte mich kurz um, ob jemand in der Nähe war. »Meine Großmutter Soledad hat einen viel älteren Mann geheiratet und ihre Heimat verlassen, um nie wieder zurückzukehren. Sie lebte fast ihr ganzes Leben lang in diesem Haus, das ihren Namen trägt, aber ihre wahre Heimat hat sie nie vergessen. Sie dachte jeden Tag an ihr Zuhause, an ihr wirkliches Zuhause, bis sie sich eines Nachmittags genug nach der Heimat gesehnt hatte und ins Meer sprang.«

Die Trauerweide stand wieder ruhig da, aber ich sah, dass ihre langen Äste noch einen Moment länger zitternd über den Friedhofsboden streiften.

»Haben Sie Angst, wie Ihre Großmutter zu enden und Ihr Land und Ihre Heimat zu vermissen?«, fragte Liam, damit ich ihn wieder ansah. »Oder irgendwo hinunterzuspringen, um sich das Leben zu nehmen und endlich wieder nach Hause zu kommen?«

»Ich würde mich nie umbringen, das ist eher unpraktisch.«

Ich wandte mich von dem alten Steinmäuerchen zwischen mir und dem Meer ab, ging an den Grabstätten vorbei zu Almas Grab und legte meine flache Hand auf die Kletterpflanze auf dem Stein.

»Ich hoffe, du folgst mir nicht nach Kalifornien, aber ich weiß, dass wir uns früher oder später wiedersehen werden«, flüsterte ich. »Ich spüre noch immer das unsichtbare Band an meinem Handgelenk, aber das andere Ende, dein Ende, flattert lose herum, so lässt es sich unmöglich gehen.«

Ich hörte Liams Schritte hinter mir auf dem Unkraut, das zwischen den Gräbern wucherte, drehte mich aber nicht um. Ich tat endlich das, wozu ich hergekommen war. Meine Finger schlangen sich um die jungen Triebe der Pflanze, ich ließ die Samenknospen auf meine Haut wirken. Ich spürte den kalten Stein mit Almas Namen. Da erblühte aus dem Trieb, der sich im Frühling in ein junges sternförmiges Blatt verwandeln sollte, die erste blaue Blüte auf der Kletterpflanze. Dann noch eine und noch eine und schließlich ein ganzes Sträußchen der Wildblumen, dieselben blauen und wilden Blüten, die den Boden unserer Lichtung überzogen, genau wie die Blüte, die ich an jenem Nachmittag auf meiner Hand hatte tanzen lassen, als Großmutter Soledad von den Klippen sprang.

»Blaue Blumen …« flüsterte Liam kaum hörbar. »Warum? Was bedeuten sie?«

Ich zog meine Hand immer noch nicht zurück, obwohl die kleinen wilden Blüten inzwischen fast den ganzen Grabstein überzogen und Almas Name nicht mehr zu lesen war.

»Im Sommer war der Eingang zum Wald immer mit diesen kleinen blauen Blüten bedeckt, wie ein dichter Teppich«, sagte ich leise aufgrund der Anstrengung. »Wer noch nie das Meer gesehen hat, würde glauben, an einem sonnigen Tag am Strand entlang zu spazieren, wenn er sie sieht. Man muss ihnen nur zwischen den Bäumen hindurch folgen, um an unseren geheimen Ort zu gelangen.«

Dann zog ich meine Hand weg, aber aus den Trieben sprießten noch einen Moment lang weiter kleine blaue Glöckchen. Mir zitterten die Beine, aber das konnte auch von der maritimen Brise herrühren und nicht von der Anstrengung. Ich drehte mich zu Liam um, der verstummt war und die blauen Blümchen anstarrte, bis er gewahr wurde, dass ich kurz davor stand, aufzubrechen.

»Und die Rankpflanze?«, fragte er schließlich.

»Keine Ahnung, dieses verfluchte giftige Efeu verfolgt mich überall hin.«

»Sie müssen sich keine Sorgen machen, ich werde Ihr Geheimnis niemandem verraten«, versprach er mir.

»Ich weiß.«

»Woher?«, fragte er mit schiefem Grinsen. »Gut möglich, dass ich ein Betrüger bin, aber Sie sind viel schlimmer: Sie können zaubern. Ich wette, die Staatsmacht würde bei mir ein Auge zudrücken, wenn ich ihr von Ihnen und Ihrem Geheimnis erzählte.«

Ich sah ihn an.

»Sie werden das niemandem erzählen, weil ich Ihnen gefalle, oder zumindest glauben Sie, dass ich Ihnen gefalle«, erwiderte ich ernst. »Keine Sorge, auch ich werde Ihr Geheimnis niemandem verraten.«

»Weil ich Ihnen gefalle?«, fragte er neugierig.

Ich warf einen letzten Blick auf Almas Grab, das jetzt mit der Rankpflanze und blauen Blüten überwuchert war und ihr nicht länger gestattete, ihr Grab zu verlassen.

»Adios, Mister Sinclair.«

Ich verließ den kleinen Friedhof mit dem Nordwind im Rücken.

»Glauben Sie, dass wir uns wiedersehen werden?«, rief Liam mir nach.

Ich war schon beinahe an der Eisenpforte, die den Friedhof von der Welt der Lebenden trennte, drehte mich aber ein letztes Mal um und sagte:

»Rechnen Sie nicht damit.«

DRITTER TEIL

WIND

Las Ánimas

Beim Entsteigen des Wagens, der uns über eine holprige Straße vom Hauptbahnhof von San Bernardino zu meinem neuen Zuhause gebracht hatte, dachte ich, dass an einem Ort, so fern von Meer und Wald, nichts wachsen könne. Ein Schild verkündete, dass wir auf Masons Ranch angekommen waren, denn auf dem rostigen Blech stand in großen Lettern ihr Name: Las Ánimas. Unwillkürlich musste ich an Alma denken und wie sie mich in ihrem Grab unter Efeu und blauen Blüten auslachte.

Wohin man auch blickte auf diesen fast dreißigtausend Morgen Land, überall hatte die erbarmungslose Sonne den Boden ausgetrocknet und zerklüftet. Der Wind wehte Tag und Nacht ohne Unterlass und blies den omnipräsenten orangefarbenen Wüstensand in Haus und Lungen. Das erinnerte mich an den grauen, klebrigen Mineralienstaub, der mit dem Regen über die Hausdächer in Basondo niederging; allerdings war der Sand feinkörnig, so fein, dass er die Haut ritzte, wenn man bei Südwind das Haus verließ.

Das San Bernardino Valley durchzog praktisch den gesamten Süden Kaliforniens. Es war flach und trocken, lediglich am Horizont zeichneten sich ein paar graue Berggipfel ab, die man von der Ranch aus nur sehen konnte, wenn es vollkommen klar war. Las Ánimas lag ungefähr dreihundert Meilen von Los Angeles entfernt, aber weit genug weg von Basondo, um Alma, Tomás und alles, was mich dazu getrieben hatte, Mason Campbells Frau zu werden, hinter mir zu lassen.

Die Ranch war Teil eines Landbesitzes, der hundert Jahre zuvor wesentlich größer gewesen war, aber die Familie Campbell hatte im Laufe der Jahre immer mehr Land an andere Rancher und den Staat Kalifornien abgeben müssen. Laut Mason erstreckte sich der Grundbesitz zu Zeiten seines Großvaters bis an die Grenze zu Arizona. Las Ánimas war so groß gewesen, dass es eines Tagesritts bedurfte, um es zu durchqueren. Doch als ich auf die Ranch kam, erreichte man mit dem Wagen nach zwei bis drei Stunden den verwitterten Holzzaun, der die Grenze markierte.

Der Name Las Ánimas stammte von einer alten spanischen Mission, die ein Jesuitenorden vor vielen Jahren hier errichtet hatte. Schon bald fand ich heraus, dass Masons Arbeiter – fast alle Nachfahren von Spaniern –, regelrecht Angst hatten, den Namen laut auszusprechen. Einige flüsterten ihn tonlos oder bekreuzigten sich danach, als wollten sie mit einer Beschwörung das Unheil fernhalten.

In meinen ersten Jahren auf der Ranch lernte ich viel, zum Beispiel, dass die Sonne orangefarbener strahlte, als ich es je gesehen hatte, und auch viel gefährlicher war: In der ersten Woche auf der Ranch verbrannte ich mir Gesicht, Hände und Arme so stark, dass Mason mitten in der Nacht den Arzt aus San Bernardino rief, als er erschrocken feststellte, dass seine junge Frau mit hohem Fieber und Halluzinationen von ihrer toten Schwester im Bett lag. Meine Verbrennungen heilten mit Hilfe einer Zinkspat-Salbe rasch ab, und schon bald konnte ich das rote Ziegelhaus wieder verlassen, um mein neues Zuhause zu erkunden.

Zu meiner Überraschung musste ich feststellen, dass die Ranch das ganze Gegenteil von Villa Soledad war. Im Haus mit dem Namen meiner Großmutter gab es große Fensterfronten Richtung Süden, eine gläserne Galerie, Oberlichter und Ochsenaugen, damit so viel Licht wie möglich hereinfallen konnte, denn es war am Kantabrischen Meer ein seltenes und geschätztes Gut. Im Haupthaus der Ranch war es genau umgekehrt. Um zu verhindern, dass die Sonne das Haus aufheizte, waren die kleinen und tiefen Fenster von innen mit dicken, dunklen Gardinen zugehängt, die schmalen

Türen immer geschlossen und der Boden in allen Räumen gefliest. Alles nur, um das gleißende Licht der Wüste auszusperren.

Ich lernte des Weiteren viel über Schafe und die Viehzucht im Allgemeinen. Las Ánimas war ein Gelände, auf dessen trockenem Boden nur strohiges Gestrüpp gedieh. Masons Schafherde mit fast tausend Tieren liebte es, stundenlang auf dem spröden Futter herum zu kauen, aber ich lernte, dass die braunen Rinder – die viel größer waren als die schwarz-weiß-gefleckten, die ich kannte – diese Pflanzen nicht fressen durften, weil sie dann keine Milch mehr gaben und die Kälber krank wurden und starben. Niemand wusste genau, warum das so war, obwohl jeder seine eigene Theorie dazu hatte – von einer Krankheit, welche die Milch sauer werden ließ, bis hin zu einem alten Fluch der Tongva, der über diese Pflanzen verhängt wurde, als man ihnen das Land gestohlen hatte.

Desgleichen lernte ich Autofahren, um die Zäune selbst kontrollieren zu können. Das wollte ich schon, seit ich die luxuriösen Wagen gesehen hatte, die zu Großmutter Soledads Beerdigung an der Landstraße parkten. Nach hartnäckigem Drängen und ein paar misslungenen Versuchen – einmal fuhr ich fast in den Arbeitertrakt – brachte Mason mir bei, wie man die Gänge einlegte und am Geräusch des Motors erkannte, dass er zu stark erhitzt war und man ihn ruhen lassen musste. An dem Nachmittag, als mich Mason zum ersten Mal allein zur Umzäunung fahren ließ, liebten wir uns auf dem Fahrersitz. Ich setzte mich rittlings auf ihn, legte meine Arme um seinen Hals und zog ihn mit aller Kraft an mich. Das Lenkrad drückte mir in den Rücken, aber das war mir egal, denn ich hatte endlich Autofahren gelernt.

In diesen Jahren lernte ich auch, wie es sich anfühlt, begehrt zu werden, heiße Lippen auf meinen zu spüren oder wie vertraute, männliche Hände nach mir tasteten, wenn das ganze Haus bereits schlief. Mason war ein leidenschaftlicher Mann und wollte fast jede Nacht mit mir schlafen, aber seine Lust war schnell verflogen. Sie war wie ein Streichholz, das erst Funken schlägt, ein paar Sekunden immer heißer wird und dann erlischt. Zum ersten Mal in meinem Leben wurde ich begehrt und nicht Alma, flüsterten fiebrige Lippen meinen Namen und nicht ihren. Ich konnte mich noch gut daran erinnern, wie ich mich gefühlt hatte, als ich an jenem Nachmittag Alma und Tomás dabei überraschte, wie sie sich auf unserer Waldlichtung liebten. Es war nicht nur der Verrat der beiden, der mich so schmerzte, sondern auch der Neid, etwas noch nicht zu kennen, was meine kleine Schwester schon erlebt hatte. Jetzt war ich diejenige, die sich vorstellte, wie Alma uns im Morgengrauen von der Tür aus beobachtete und sich verraten fühlte. Seit ich ihr Grab mit Wildblumen überzogen hatte, war mir meine Schwester nicht mehr erschienen, was in mir die zaghafte Hoffnung nährte, sie sei für immer gegangen.

In meiner neuen Heimat lernte ich, dass Wasser das Kostbarste ist, was ein Mensch besitzen kann, kostbarer als Gold oder Geld. Natürlich hatte ich Valentina ausgelacht, als sie es mir erklärte, und ihr entgegnet: »Wenn Wasser so kostbar ist, dann müssten wir dort, wo ich herkomme, alle reich sein.«

Valentina war die Vorarbeiterin der Ranch und Masons rechte Hand. Manchen Arbeitern gefiel es gar nicht, unter dem Kommando einer kleinen, silberhaarigen Frau zu stehen, aber ohne sie funktionierte auf Las Ánimas nichts. Sie war eine Tongva, eine der wenigen Nachfahren ihres Stammes in dieser Gegend. Als ihre Mutter starb, hatten die Jesuiten in der neuen Mission sie zu sich genommen und ihr außer Englisch auch Spanisch sowie die Sitten der »Weißen« beigebracht, damit sie als Magd oder Kindermädchen bei einer Familie arbeiten könnte, aber Valentina – was nicht ihr richtiger Name war – erwies sich kompetenter als jeder Mann, der bisher für Masons Vater gearbeitet hatte, weshalb er fand, dass es eine Verschwendung sei, sie lediglich zum Putzen anzustellen, und ihr den Posten der Vorarbeiterin gab.

»Du musst mir helfen«, sagte sie in ihrer knappen Art. »Hol den Autoschlüssel, du fährst. Wir müssen zur Südgrenze der Ranch.«

Die Sonne war schon fast untergegangen, doch mit ihrer Kraft konnte sie einem noch immer die Haut verbrennen. Als Valentina am Spätnachmittag auftauchte, saß ich auf der Veranda und las in der Zeitung über die schwierige politische Lage in Spanien.

»In den Süden? Was willst du dort um diese Zeit?«, fragte ich missmutig und ließ die Zeitung sinken. »Dort gibt es nur Staub. Wir fahren morgen, wenn es heller ist.«

»Das Licht verschwindet nicht so schnell, ich weiß, wovon ich rede«, erwiderte Valentina mit Blick zum orangefarbenen Horizont.

Aber ich las weiter die besorgniserregenden Nachrichten aus meiner Heimat. Einige amerikanische Tageszeitungen hatten Korrespondenten nach Spanien geschickt, um aus erster Hand über die Ereignisse berichten zu können. Ich konnte nur jeden zweiten Donnerstag eine Zeitung kaufen, wenn ich mit Mason oder Valentina nach San Bernardino fuhr, um die Einkäufe für die Ranch und das Haus zu erledigen, weshalb ich erst mit vierzehntägiger Verspätung die Neuigkeiten erfuhr.

»Morgen«, murmelte ich, ohne meinen Blick von der Seite zu heben.

»Nein, morgen wird es zu spät sein, glaub mir«, beharrte sie.

Lustlos legte ich die Zeitung beiseite und sah sie an. Valentinas Gesicht war von der Sonne gezeichnet, es sah aus wie gegerbtes Leder. Ihre dunkle Haut war durchzogen von tiefen Furchen, die mich an die zerklüftete Erde erinnerten. Ihr kleiner Körper war krumm und wirkte zart, aber ihre schwarzen Augen, die schwärzesten, die ich je gesehen hatte, wirkten wie die eines jungen Menschen, kraftvoll und ungezähmt. Ihr Alter war schwer einzuschätzen, aber Mason hatte mir erzählt, dass Valentina schon vor seiner Geburt für seinen Vater gearbeitet hatte.

»Darf man erfahren, was so wichtig ist, dass es nicht bis morgen warten kann?«, fragte ich barsch. »Warum bittest du nicht Mason um Hilfe oder Leo? Die können auch fahren.«

Valentina klopfte sich den Staub von ihrer schwarzen Hose. Dabei stieg eine orangefarbene Wolke auf.

»Ich frage die beiden nicht, weil ich jemanden brauche, der keine Angst hat und dem nicht gleich die Hand zittert beim Anblick von Blut. Hast du schon mal bei einer Geburt geholfen?«

»Nein, noch nie«, antwortete ich.

Valentina machte mir ein Zeichen, aufzustehen und ihr zu folgen.

»Nun, dann wird das heute deine erste sein. Komm. Hol den Schlüssel vom Land Rover und eine Schere aus der Küche, falls wir die Nabelschnur durchtrennen müssen.«

Ich stand auf und klopfte mir den Staub von Großmutters Kleid, das ich aus Basondo mitgebracht hatte. Der Stoff war zu dick für die Hitze im Valley, aber die Kleider bildeten einen guten Schutz gegen die Sonne.

»Wer steht denn kurz vor der Niederkunft?«, fragte ich überrascht. »Außer uns beiden gibt es doch weit und breit keine Frauen.«

Valentina warf den Kopf zurück und lachte auf.

»Jetzt lebst du schon so lange am trockensten Arsch der Welt und benimmst dich immer noch, als wärst du in der Stadt«, sagte sie mit kratziger Stimme. »Nicht nur Frauen gebären, Marquise. Heute Morgen ist eine trächtige Kuh aus dem Pferch ausgebrochen, sie irrt jetzt an der südlichen Umzäunung herum und sucht nach einem Durchschlupf in die Wüste, also hol endlich den Schlüssel und die Schere, bevor Kuh und Kalb sterben. Ich will nicht die Aasgeier verjagen müssen. Die verfluchten Viecher fressen nicht nur das verendete Vieh, sondern saufen auch aus unserem Brunnen und verseuchen mit ihren ekelhaften Schnäbeln das letzte bisschen Wasser.«

Ich fragte Valentina nicht, woher sie wusste, dass die Kuh an der Grenze herumirrte, denn schon in den ersten Monaten auf Las Ánimas hatte ich gemerkt, dass sie ihr trockenes Land, seine kräftige Sonne und seine Tiere so gut kannte wie ich meinen Wald und das Meer.

Ich ging ins Haus – den einzigen kühlen Ort –, holte den Autoschlüssel und eine Schere aus der Küche.

»Hast du Mason gesagt, wo wir hinfahren? Ich möchte nicht, dass er sich Sorgen macht, wenn ich nicht daheim bin«, sagte ich, als wir in den Wagen stiegen.

»Er wird dich nicht vermissen, er sitzt gerade in einer Besprechung mit diesem Blutsauger von Trapanesse, dem Buchhalter der Familie, und geht die Bücher und die Abrechnungen durch, um herauszufinden, wo all die Dollars versickern, die wir nicht verdienen.« Valentina schob ihren langen silbrigen Zopf über die Schulter. »Was soll's, keiner von beiden hat den blassesten Schimmer, wo das Loch zu finden ist, in dem das ganze Geld verschwindet.«

Ich startete den Wagen, gab Gas, und schon hatten wir das Haus, die Ställe und die Unterkünfte der Arbeiter hinter uns gelassen. Der Geländewagen besaß weder Fenster noch Türen, ich glaube, er hatte nie welche, weshalb wir auf der Fahrt permanent in eine orangefarbene Wolke gehüllt waren.

»Du weißt es aber, oder?«, schrie ich über den Motorenlärm hinweg. »Du weißt, wo das Geld geblieben ist?«

Im einzigen Rückspiegel des Wagens sah ich das zweistöckige rote Ziegelhaus immer kleiner werden.

»Es geht für Lieferanten, Rechnungen, Futter für die zweibeinigen und vierbeinigen Ranchbewohner, Steuern, Stromrechnungen, Löhne, Impfungen für das Vieh und alle anderen notwendigen Ausgaben drauf, aber für Wasser zahlen wir am meisten. Fast unser ganzer Umsatz geht ins Wasser«, antwortete Valentina, ohne den Blick vom Horizont abzuwenden. »Die Trockenheit hält schon seit drei Monaten an, und die Tiere brauchen Wasser zum Leben, denn wenn sie verdursten, können wir sie nicht verkaufen und werden alles verlieren.«

»Wir haben kein Wasser mehr im Brunnen?«, fragte ich besorgt. »Und woher kommt dann unser Trinkwasser?«

»Der Brunnen der Ranch ist seit Monaten ausgetrocknet, kein einziger Tropfen mehr. Mason kauft das Wasser vom Nachbarn, durch dessen Land ein Fluss verläuft. Der Mistkerl verdient sich eine goldene Nase mit der Trockenheit, ich hoffe nur, dass er bald in seinem geliebten Fluss ertrinkt.« Valentina spuckte verächtlich aus. »Wenn es nicht bald regnet, ist alles vorbei: Wir und das Vieh werden sterben, ohne Wasser gibt es kein Leben.«

Wir fuhren durch das Gebiet mit dem Gestrüpp, auf dem die Schafe so gern herumkauten, und ich lenkte in Richtung Süden, ohne den Fuß vom Gaspedal zu nehmen.

»Wo ich herkomme, gibt es Wasser im Überfluss, dort ist alles blau und grün«, sagte ich.

»Blau und Grün?« Valentina blickte mich überrascht an. »Das muss ja ein schrecklicher Ort sein, so weit weg vom goldenen Land. Ich würde es dort keinen Monat aushalten.«

»Das goldene Land?«

»Genau. Das goldene Land ist ein Traum, ein Versprechen für die Zukunft. Ein Ort, an dem Wunden heilen«, erklärte sie. »Aber ich werde diesen Ort und dieses Land nie verlassen, nicht einmal, wenn ich tot bin.«

»Meine Großmutter hat etwas ganz Ähnliches über ihre Heimat gesagt, ihre wahre Heimat«, sagte ich plötzlich, ohne genau zu wissen, warum. »Sie vermisste ihr goldenes Land auch.«

»Ich bin nicht deine Großmutter, ich werde dich nicht umarmen und dir auch keine Schokolade geben, wenn du traurig bist.«

Daraufhin sagte ich eine ganze Weile gar nichts mehr. Die Schatten der Büsche auf dem trockenen Boden wurden mit jeder Meile, die wir zurücklegten, länger.

»Und was können wir tun, damit es regnet?«, fragte ich schließlich.

Sie lachte ohne einen Funken Humor.

»Was weiß denn ich? Glaubst du etwa, weil ich eine Tongva bin, verfüge ich über magische Kräfte, um es regnen zu lassen? Soll ich den Regen für Sie tanzen lassen, Marquise?«, fragte sie spöttisch.

Ich verzog das Gesicht, sagte aber nichts.

»Außerdem hast du die Augen einer Hexe und das Haar eines

Raben, also überleg dir etwas, denn schon bald kommt der Sommer, und es wird so heiß, dass das Leben für Mensch und Tier unerträglich sein wird«, fügte sie hinzu. »Dann kommen die Brände, die Unwetter und der Teufelswind.«

Valentina war der einzige Mensch in Kalifornien, mit dem ich vom ersten Tag an Spanisch – mit einem höchst eigenwilligen Akzent, rau wie ihr Land – sprach. Die Arbeiter auf der Ranch beherrschten meine Sprache zwar ebenfalls, redeten aber nur Englisch mit mir.

»Was ist der Teufelswind?«, fragte ich mit zusammengekniffenen Augen, da die letzten Sonnenstrahlen mich blendeten.

»Dann wird vom schrecklichsten Wind, den du dir vorstellen kannst, jede Menge Staub und Sand aus der Wüste herangetrieben. Der klare und blaue Himmel verwandelt sich in eine Hölle aus Sand, die Häuser zum Einsturz bringen und jeden töten kann, der es wagt, rauszugehen«, erklärte sie.

»So etwas wie ein Sandsturm?«

»In etwa, nur schlimmer. Der aufgewirbelte Sand kann dir die Haut abziehen, wenn du nicht im Haus bleibst. Ich habe gesehen, was der Teufelswind mit dem Vieh auf der Weide anstellt, wenn er von Süden bläst: Er reißt ihnen förmlich das Fleisch von den Knochen, er durchlöchert hölzerne Stallwände und kann meilenweit das Wasser vergiften.«

Bei dieser Vorstellung klammerte ich mich noch fester ans Lenkrad.

»Und du hast ihn schon erlebt? Den Teufelswind?«, wollte ich wissen. »Hast du ihn mit eigenen Augen gesehen?«

Valentina antwortete nicht, und ich warf einen Seitenblick zu ihr hinüber, weil sie eher zu den Menschen gehörte, die kein Blatt vor den Mund nehmen.

»Einmal, vor langer Zeit. Als ich noch klein war und im Waisenhaus der Jesuiten lebte. Wir wurden in der Kirche von einem Unwetter heimgesucht«, sagte sie schließlich.

In diesem Teil der Ranch gab es weder Schilder noch Wegweiser, nichts als Leere und verbrannte Erde, die sich meilenweit Richtung Süden erstreckte.

Ich leckte über meine von Staub und Hitze ausgetrockneten Lippen.

»Und was geschah dann?«

»Padre Andrés, einer dieser naseweisen Betbrüder, war davon überzeugt, das Richtige zu tun, als er einem Haufen hungriger, armer Kinder, die ihren Müttern gewaltsam entrissen worden waren, sagte, dass er noch nie vom Teufelswind gehört hätte. Als er dann am Nachmittag bei uns ankam, kratzte der Sand an den Steinmauern der Mission wie ein großer Wolf mit mächtigen Krallen an einer Tür, um seine Beute herauszulocken.«

Bei der Erwähnung des Wolfes musste ich schlucken, und trotz der sengenden Hitze lief mir ein Schauer über den Rücken.

»Was habt ihr getan?«

»Wir hatten uns alle in der Kapelle verbarrikadiert, weil sie das einzige Gebäude der ganzen Mission war, dessen Mauern dick genug waren, um dem Sandsturm zu trotzen«, fuhr sie fort. »Wir Kinder haben Padre Andrés erklärt, was da draußen passierte, aber er meinte, es sei Blödsinn, Gott sei barmherzig und würde niemals etwas so Zerstörerisches auf eine katholische Mission voller Kinder niedergehen lassen. Dann ging er in den Hof hinaus, um uns zu beweisen, dass er recht hatte. Als der Sandsturm abgezogen war, hatte der gute Padre Andrés kein Gesicht mehr, der Teufelswind hatte ihm die Haut runtergerissen.«

Ich starrte in den rot glühenden Horizont und suchte nach Anzeichen für den Teufelswind, aber ich sah nur flirrende Hitze vom Boden aufsteigen.

»Dauert es noch lange, bis wir bei der Kuh sind?«, fragte ich Valentina, während mir die entsetzlichsten Bilder durch den Kopf schossen. »Ich möchte nicht so weit weg vom Haus sein, wenn es dunkel wird. Leo sagt, er hätte auf dem Weg zur Ranch der Phillips schon wieder Kojoten herumschleichen und gerissene Tiere daliegen sehen.«

»Wenn Tiere an Hunger und Durst leiden, werden sie noch wilder, vor allem die zweibeinigen, dann hören sie auf, so zu tun, als wären sie zivilisiert, und lassen alles Wilde aus sich raus«, sagte sie trocken. »Aber keine Sorge, die Sharps ist geladen und liegt bereit. Ich habe sie gestern inspiziert und in den Wagen gelegt. Wenn keiner dieser Tölpel, die für mich arbeiten, sie angefasst hat, müssen wir uns keine Sorgen über Kojoten oder Wölfe machen. Du kannst doch schießen, oder?«

Valentina hatte den Hinterlader unter jeder Menge Krempel auf dem Rücksitz liegen. Es war ein altes Sharps-Gewehr, das aus der Zeit von Valentinas Geburt zu stammen schien. Funktionell und ohne jeglichen Schnickschnack, ähnelte dieses Gewehr in nichts der eleganten Winchester, mit der Alma getötet wurde.

»Ich weiß es nicht, ich musste bisher nicht schießen.«

»Dachte ich mir schon. Ich gehöre zu denen, die glauben, dass eine gute Waffe jeden Streit beenden kann«, antwortete sie. »Es ist immer besser, sie für den Fall der Fälle zur Hand zu haben. Dieses Land ist riesig, und man weiß nie, auf was für Tiere man trifft.«

Sie sagte Tiere, aber ihrem Tonfall konnte ich entnehmen, was Valentina eigentlich meinte.

»Wenn du einmal mit dem Gewehr schießen musst, drück es fest an deine Brust, und halte die Luft an, bevor du abdrückst, damit die Kugel nicht gen Himmel fährt. Und ziele vor allem sorgfältig, nicht, dass du dir einen Fuß oder Wertvolleres abschießt.«

Valentina lachte herzlich auf, brach jedoch ab, als sie mein ernstes Gesicht sah.

»Magst du keine Waffen?«, fragte sie vorsichtig. »So praktisch veranlagt, wie du bist? Ich habe dich nicht gerade für eine Pazifistin gehalten, aber egal, wenn dir jemand was wegnehmen will, wird er eine Waffe auf dich richten und gegebenenfalls abdrücken. Oder gibt es einen anderen Grund?«

Großvater Martíns zweiläufige Winchester mit ihrem Kolben aus Nussbaum und dem verbogenen Lauf hatte keinerlei Ähnlichkeit mit Valentinas Gewehr, aber trotzdem hatte ich bisher nicht den Mut aufgebracht, schießen zu lernen, obwohl Mason es mir schon mehrmals angeboten hatte. Seit Jahren hatte ich nicht mehr an dieses verfluchte Gewehr gedacht, war mir aber ziemlich sicher, dass die Waffe weit weg vom goldenen Land noch immer über dem Kamin zwischen den Trophäen des Marquis hing.

»Nein, ich habe nur keine Lust, schießen zu lernen, und Punkt«, murmelte ich.

Beim Gedanken an Alma rutschte mein Fuß vom Gaspedal, und ich umklammerte das Lenkrad, aber sie hatte es gemerkt, denn ich spürte ihre schwarzen Augen auf mir.

»Verstehe. Manchmal ist der Wolf der Jäger, manchmal … der Gejagte«, sagte sie leise. »Wir sind gleich da, dort hinten ist die Kuh. Fahr langsamer, damit sie sich nicht erschrickt und davonläuft, ich will sie nicht durch das ganze Valley treiben müssen, sonst fällt sie noch tot um.«

Die Kuh lag vor dem Holzzaun, als hätte sie zum Springen keine Kraft mehr gehabt und sich damit abgefunden, eingefangen zu werden. Ein paar Meter vor dem Tier bremste ich sanft, so sanft man einen großen Geländewagen eben abbremsen konnte, und wir wurden in eine orangefarbene Wolke gehüllt. Noch bevor sie sich aufgelöst hatte, war Valentina schon aus dem Wagen gesprungen und zu dem Tier gelaufen.

»Da bist du ja, Kleine …«, sagte sie leise, um die Kuh nicht aufzuregen. »Du bist ganz schön weit gelaufen, um das Unvermeidliche zu vermeiden, aber wir beide wissen, was jetzt kommt.«

Ich stieg ebenfalls aus und sah erst dann den aufgeblähten Leib der Kuh. Als Valentina beruhigend auf sie einredete, begann sie über ihren Bauch zu lecken, als hätte sie große Schmerzen oder als wolle sie das Kälbchen darin beschützen.

»Du leidest Schmerzen, nicht wahr, meine Kleine? Ja, ich

weiß…«, fuhr sie fort. »Aber keine Sorge, wir sind da, und schon bald ist es vorbei.«

Ich hatte Valentina noch nie so zärtlich reden hören, nicht einmal geahnt, dass sie so viel Zärtlichkeit in sich trug. Sie war daran gewöhnt, den Männern Befehle zu erteilen oder sich um wichtige Angelegenheiten der Ranch zu kümmern, auch ohne Mason zu konsultieren, der gern sämtliche Arbeiten an sie delegierte. Als ich auf Las Ánimas eintraf, glaubte ich zunächst, Valentina sei Masons Kindermädchen gewesen, und er lasse sie aus Dankbarkeit auf der Ranch leben. Aber schon bald hatte ich festgestellt, dass Valentina keinen Funken Zuneigung oder Liebe für Mason empfand. Als Mason einmal bei einem Kunden in Texas war und wir drei Tage allein blieben, hatte ich die Gelegenheit genutzt und sie gefragt.

»Ich mochte Kinder noch nie, weder eigene noch die anderer. Wenn Masons Vater, diese Memme, der sich nicht mal die Schuhe selbst zubinden konnte, mich zum Kindermädchen gemacht hätte, als ich auf die Ranch kam, hätte ich mein Land verlassen müssen. Das hätte noch gefehlt – erst stehlen sie mir mein Land, und dann soll ich mich auch noch um ihre Rotznasen kümmern und einer Familie von Geiern immer freundlich lächelnd zu Diensten stehen?«, hatte sie geantwortet, ohne ihre Verachtung für die Campbells zu verhehlen. Da begriff ich, dass die Campbells und alle anderen Weißen im Valley für Valentina nichts anderes als Eindringlinge waren und sie ihr nicht nur ihr Land gestohlen, sondern ihr auch ihre Sprache und ihre Gewohnheiten aufgezwungen hatten, Dinge, die ihr völlig fremd waren.

»Was hat sie?«, fragte ich leise, um das Tier nicht zu erschrecken. »Du hast doch gesagt, sie wird gebären, aber sie wirkt eher krank.«

Die Kuh schüttelte den Kopf, um die Fliegen zu verscheuchen, lag aber gleich darauf wieder regungslos da; der Bauch ruhte auf der aufgeheizten Erde.

»Sie wird gebären, aber das Kalb in ihrem Bauch ist tot, und sie auch bald, wenn wir nichts unternehmen«, antwortete sie. »Los, hilf mir, sie auf den Boden zu drücken, während ich versuche, es rauszuholen.«

Plötzlich sah ich, wie sich unter der Kuh eine dunkle Flüssigkeit ausbreitete und in die karstige Erde sickerte, und als ich mich dem Kopf des Tieres näherte, hing ein säuerlicher Geruch in der Luft.

»Und was soll ich noch machen?«, fragte ich Valentina, die bereits auf dem Boden kniete und das Tier abtastete.

»Rede leise mit ihr, damit sie keine Angst bekommt. Ich will nicht, dass sie mir die Hinterbeine ins Gesicht schlägt, wenn ich das Kalb raushole.«

Zum ersten Mal in meinem Leben gehorchte ich widerspruchslos und streichelte der Kuh über den großen Schädel. Sie roch nach trockenem Lehm, und ihr braunes Fell war so rau wie alles in Las Ánimas.

»Hast du das schon mal gemacht?«

»Ja, ein paarmal. Kühe gebären fast immer allein, aber manchmal brauchen sie Hilfe, um das Kalb rauszupressen, genau wie wir Frauen.«

Die Kuh stieß einen Schmerzensschrei aus, und gleich darauf hörte ich etwas auf den Boden platschen. Ich konnte nichts sehen, aber wieder stieg mir der säuerliche Geruch in die Nase. Die Kuh schlug mit den Hinterläufen in die heiße Nachmittagsluft, als wolle sie aufstehen, und schrie dann wieder.

»Halte sie fest, ich hab's gleich, ich spüre es schon«, sagte Valentina, konzentriert auf ihr Tun. »Pass auf, dass sie nicht aufsteht.«

Ich lehnte mich an den Holzzaun, so konnte ich das Tier besser fest- und vom Aufstehen abhalten. Einen Augenblick lang geschah nichts, aber dann stieß die Kuh einen neuerlichen heiseren Schrei aus und leckte anschließend wieder ihren Bauch.

»Warum tut sie das?«, fragte ich mit leicht bebender Stimme.

»Das war's. Das Kalb ist tot, aber sie ist gerettet.«

Mir zitterten die Beine vor lauter Anstrengung, aber ich stand auf und ging zu Valentina. Auf der ausgetrockneten Erde sickerte das Blut in jede Ritze, und das tote Kalb lag in Valentinas Schoß, deren Arme bis zu den Ellbogen blutverschmiert waren.

»Und was machen wir jetzt mit ihm?«, fragte ich, ohne den Blick von dem Kälbchen abwenden zu können. »Begraben wir es?«

»Nein, auf keinen Fall, die Kojoten würden es ausgraben und die Aasfresser anlocken. Wir müssen den Veterinär rufen, um zu erfahren, was passiert ist. Vielleicht hat die Herde eine ansteckende Krankheit, das wäre schlimm, denn dann könnten wir das Vieh nicht mehr verkaufen. Oder vielleicht auch nicht, vielleicht hatte die Arme nur Pech und zu wenig Wasser.«

Valentina legte das tote Kalb vorsichtig auf den blutgetränkten Boden und stand langsam auf, wobei sie sich am Zaun abstützte.

»Zu wenig Wasser?«, fragte ich mit trockenem Mund.

Bevor sie antwortete, zog Valentina ein Tuch aus ihrer Hosentasche und wischte sich damit das Blut von Armen und Händen.

»Ja. Wir alle brauchen Wasser zum Leben, es ist das Wertvollste, was es in diesem Land gibt«, wiederholte Valentina mit mir bislang unbekannter Güte in der Stimme. »Das Kalb besteht aus Staub, Wasser und Blut, genau wie du und ich und alle Kreaturen, die im Wa'aach leben.«

Bevor die Spanier eintrafen, nannten die Tongva das gesamte Valley Wa'aach: Das Tal von der Hand Gottes. Valentina redete nicht oft in ihrer Muttersprache, weil sie bei den Jesuitenmönchen fast alles verlernt hatte, was ihre Mutter ihr als Kind beibrachte, aber hin und wieder ertappte ich sie dabei, Worte in einer mir unbekannten Sprache vor sich hinzumurmeln, als würde sie mit jemand Unsichtbarem sprechen.

»Staub, Blut und Wasser«, wiederholte ich mit Sand zwischen den Zähnen.

»Genau. Wenn du also Wasser auf dieses Land holen kannst, tu es endlich, sonst bleiben bald nur noch Blut und Staub, dann kommen die wilden Tiere aus ihren Löchern und holen sich zurück, was ihnen gehört.«

Valentinas Worte hallten in meinem Kopf wider. Ich spürte, dass meine Beine nachgaben, und sank an Ort und Stelle zu Boden. Aus der kochenden Erde stieg Hitze auf und brannte durch den dicken Stoff von Großmutter Kleid auf meinen Beinen und meinem Hintern.

»Ich weiß von den wilden Tieren, die aus ihren Löchern kommen …« flüsterte ich und dachte an den großen, schwarzen Wolf, der mir überallhin folgte.

Ich kratzte über den trockenen Boden, der Sand schob sich unter meine Fingernägel, ich bohrte meine schmerzenden Finger in die Erde wie ein Tier, das sich zum Schutz vor der Sonne eingräbt. Selbst eine Handbreit unter mir war die Erde noch heiß. Die Kuh, die hinter mir lag, wimmerte vor Schmerzen, aber ich grub immer tiefer, bis die Erde mir nicht mehr die Haut verbrannte, und da fiel der erste Tropfen seit Monaten. Und dann noch einer und noch einer, bis es richtig zu regnen begann.

»Regen!«, rief Valentina und sah in den Himmel. »Endlich hast du es getan, Marquise, du hast Regen gemacht!«

Valentina ließ ihr blutverschmiertes Tuch fallen, schloss die Augen und ließ sich den Regen übers Gesicht laufen. Das Blut des Kalbes wurde weggespült und versickerte in den Ritzen des Erdbodens.

»Ich wusste, dass du es kannst.« Valentina schlug die Augen auf und sah mich an. »Du hast nur drei Jahre für diese Entscheidung gebraucht.«

Erschöpft von lauter Anstrengung musste ich lächeln.

»Ja, ich habe es getan«, flüsterte ich mit rissigen Lippen. »Ich habe es geschafft.«

»Wie machst du das, Hexe?«

»Ich weiß es nicht. Ich habe keine Ahnung, wie es funktioniert«, räumte ich ein. Es im sonnigen Kalifornien regnen zu lassen war etwas ganz anderes, als in Basondo ein Gewitter zu entfachen, das bereits über dem Kantabrischen Meer hing. »Ich glaube, es hat etwas mit meinen Gefühlen zu tun: Zorn, Angst... Und vor allem mit der Natur. In der Nähe meines Waldes fühlte ich mich anders, irgendwie mächtiger als hier im Valley.«

Der Regen lief mir übers offene Haar und wusch den Wüstensand von meiner Haut.

»Du kannst es nicht kontrollieren?«, fragte sie überrascht.

»Nicht immer; obwohl ich im Laufe der Jahre gelernt habe, es zu steuern, fällt es mir immer noch schwer, die Kontrolle darüber zu behalten. Es fühlt sich an, wie mit dem Finger über den Abzug einer geladenen Pistole zu gleiten.«

Wir lachten beide, ich hob meine Hände gen Himmel und sah, wie sich das Wasser orange färbte, als es den Sand von ihnen spülte. Valentina kniete sich vor mir in eine Pfütze, die sich auf dem karstigen Boden gebildet hatte.

»Ich wusste es, als ich dich zum ersten Mal gesehen habe, Marquise«, übertönte sie das laute Prasseln des Regens auf die Erde. »Du hast die Augen eines wilden Tieres. Die Augen eines Wolfes.«

Es regnete die ganze Nacht, eiskalte und stechende Tropfen wie in meinem Wald. Die karstige Erde saugte das Wasser gierig auf, bis sich ihre rissige Oberfläche in orangefarbenen Schlamm verwandelt hatte.

Als Valentina und ich zum Gebäudekomplex der Ranch zurückkehrten, standen Menschen und Tiere im strömenden Regen und ließen sich von ihm den Wüstensand abspülen. Unsere Rückfahrt verlief schweigend, der Wagen hatte schon seit Jahren keine Plane mehr, weshalb sein Inneres genauso nass wurde wie wir. Ich fragte Valentina, was wir mit der ausgerissenen Kuh machen sollten.

»Wir lassen sie in Ruhe, sie wird schon zurückkommen. Sie kennt den Weg, und heute Nacht werden die Raubtiere nicht aus ihren Höhlen kriechen«, sagte sie.

Wir hatten das tote Kalb in eine alte Decke gewickelt und auf die Rückbank des Geländewagens gelegt, damit der Tierarzt es am nächsten Tag untersuchen konnte. Als wir vor dem Haus anhielten, war es dunkel, und die Regenwolken schoben sich am Horizont übereinander. Mason stand auf der Veranda und schaute in den Regen. Als wir näher kamen, winkte er.

»Ist das nicht unglaublich? Es regnet!«, rief er euphorisch.

Dann hob er mich aus dem Wagen, als wollte er mich in den Himmel heben. Niemand, weder Mensch noch Tier, interessierte sich für das tote Kalb oder die Kuh, weil es endlich regnete.

Als ich im Morgengrauen aufstand, regnete es noch immer. Mason lag nackt neben mir und schlief, obwohl die Luft deutlich abgekühlt war. Als ich mein Nachthemd überzog und das Zimmer verließ, bewegte er sich kurz und murmelte etwas, wachte aber nicht auf. Barfuß ging ich die Treppe hinunter in den ersten Stock. Im ganzen Haus gab es nichts aus Holz oder Stoff, weil die Berührung dieser Materialien in der kalifornischen Hitze einfach unerträglich war. Das hatte mich bisher nicht gestört, aber als ich an diesem Morgen barfuß über den Fliesenboden ging, war mir zum ersten Mal seit Jahren kalt.

Draußen war der Gesang der Grillen und anderer Nachttiere des Valleys vom konstanten Rauschen des Wassers abgelöst worden. Ich lauschte einem Moment dem Trommeln des Regens auf die groben Ziegelwände und ging dann in Masons Büro.

Der Raum sah ganz anders aus als das Arbeitszimmer des Marquis – nirgendwo ausgestopfte Tierköpfe an den Wänden mit viel zu glänzenden Glasaugen, um lebendig zu wirken, und es gab auch keinen Kamin. Ein Fenster stand offen. Bestimmt hatte Mason vergessen, es zu schließen, als er in den Regen hinausging. Ich schloss es, weil sich auf dem Boden bereits eine Pfütze bildete.

Von hier aus blickte man auf den Hinterhof der Ranch. Es war dunkel, und weder Mond noch Sterne waren am Himmel zu sehen, nur die schwarze Erde, die sich bis zum Horizont erstreckte, so weit das Auge reichte. Ich ließ meinen Blick einen Moment schweifen und wollte dann in die Küche gehen, um ein Glas Wasser zu trinken, als er an Masons Schreibtisch hängen blieb, auf dem Papiere und aufgeschlagene Rechnungsbücher durcheinanderlagen. Da fiel mir wieder ein, dass Valentina erwähnt hatte, Mason würde sich am Nachmittag mit Joe Trapanesse treffen – dem Buchhalter, der sich schon vor Masons Geburt um die Geschäfte der Familie Campbell und ihre Ranch gekümmert hatte.

Ich schaltete die Tischlampe ein. Mein Blick wanderte über die mit einem teuren Tintenfüller geschriebenen Zahlen, über Wasserrechnungen, seit fünf Jahren ausstehende Steuern, Einkünfte aus dem Viehverkauf, laufende Kosten der Ranch … und entdeckte dabei, dass wir ruiniert waren.

Wertvoller als Wasser

Die restliche Nacht grübelte ich darüber nach, wie ich die Sache mit dem Bankrott am besten ansprechen könnte. Ich wollte vermeiden, dass mein Mann glaubte, ich schnüffele in seinen Unterlagen herum, weil ich nicht darauf vertraute, dass er uns von dem Schuldenberg befreien könnte, obwohl ich es wirklich nicht tat. Ich nahm mir vor, es vorsichtig zur Sprache zu bringen und damit zu beginnen, dass ich mir wegen der unbezahlten Rechnungen und verschleppten Steuerschulden an den Staat Sorgen machte, um Mason die Möglichkeit zu geben, mir die Wahrheit zu sagen. Das war mein Plan, aber als ich ihn am Morgen am Küchentisch sitzen und einen Orangensaft trinken sah, als wäre alles in bester Ordnung, befand ich, dass Mason oft genug die Gelegenheit gehabt hatte, wenn er denn gewollt hätte.

»Warum hast du mir nicht gesagt, dass wir kaum noch die laufenden Kosten bezahlen können?«, fragte ich ihn ohne Umschweife.

Mason vergaß seinen Orangensaft und sah mich überrascht an. In den vergangenen drei Jahren hatten sich die feinen Fältchen um seine Augen vertieft, wenn er lachte oder sich sorgte.

»Tut mir leid. Ich habe dir nichts gesagt, weil ich dich nicht mit geschäftlichen Dingen belästigen wollte.« Mason schenkte sich und mir Kaffee ein. »Ich weiß, dass du im Internat viel über Buchhaltung und Finanzen gelernt hast, aber die Buchführung einer so großen Ranch wie dieser ist etwas anderes als die eines Familienunternehmens.«

»Ohne Geld ist es egal, um welche Art von Unternehmen es sich handelt, ob es klein oder groß ist, dafür muss man kein Buchhalter sein. Und die Ranch wirft nicht mal genug Geld ab, um die Rechnungen für dieses Jahr zu bezahlen.« Ich sah ihm ernst in die Augen, denn wenn Mason nicht einer Meinung mit mir war, wandte er gern den Blick ab. Normalerweise sagte ich nichts, aber diesmal hing unsere Zukunft davon ab. »Was sollen wir tun?«

Wir saßen allein an dem großen Kieferntisch in der Küche, den Masons Großvater in den Fünfzigerjahren selbst angefertigt hatte. Während ich Kaffee gekocht hatte, war es draußen hell geworden. Die Sonne trocknete bereits die letzten Spuren des Regens. Nachdem ich im Morgengrauen die Bücher gesehen hatte, konnte ich nicht mehr schlafen, also hatte ich die Wasserrechnungen an die Phillips und die Steuern, die wir dem Staat Kalifornien für die letzten fünf Jahre schuldig geblieben waren, zusammengerechnet und mir die Hypothek auf die Ranch angesehen, die Mason vor drei Jahren in London abgeschlossen hatte.

»Ich weiß es noch nicht, aber irgendwas wird sich schon ergeben«, sagte er.

»Wenn wir die fälligen Raten nicht bezahlen, verlieren wir die Ranch. Wir müssen uns was einfallen lassen. Entweder entlassen wir Arbeiter, kaufen auf den Versteigerungen billigere Schafe, verkaufen mehr Vieh und sämtliche Gerätschaften, die wir nicht benötigen … alles. Wir müssen uns dringend Geld beschaffen, sonst gehen wir unter«, insistierte ich.

Mason seufzte laut, als würden wir schon stundenlang über die Sache reden und als wäre er das Thema leid.

»Ich kann niemanden entlassen, selbst wenn ich wollte: Wir brauchen alle Männer, die unter Vertrag stehen, außerdem kümmert sich Valentina darum«, sagte er, als würde das etwas erklären. »Und gestern Nacht hat es endlich geregnet, und zwar kräftig; mit ein wenig Glück ist die Trockenzeit damit zu Ende, wir müssen kein Wasser mehr von den Phillips kaufen, und dann machen wir bestimmt bald wieder Gewinn. Das ist nur ein vorübergehender Engpass, deshalb habe ich dir nichts gesagt, ich wollte dich nicht beunruhigen.«

Mason zuckte die Achseln, griff dann zu einem Toastbrot und strich ordentlich Butter und ein wenig Erdbeermarmelade darauf. Ich sah die Butter auf dem warmen Brot schmelzen.

»Soll ich dir auch einen machen? Ich glaube, in der Speisekammer ist noch etwas Bacon, wenn dir das lieber ist«, fügte er hinzu, als er den ersten Bissen geschluckt hatte.

»Nein danke, ich habe keinen Hunger, und ich denke nicht daran, unsere Zukunft dem Schicksal oder dem Ende der Trockenphase zu überlassen«, antwortete ich. »Ich verstehe nicht, wie du so ruhig bleiben kannst, wenn du nicht einmal einen Plan hast, wie wir die Geschäfte ankurbeln könnten.«

Mason legte den Toast auf den Teller und ergriff meine Hand.

»Du brauchst dir keine Sorgen zu machen, hörst du?«, sagte er mit strahlendem Lächeln. »Das ist schon alles erledigt, ich werde meine Frau nicht verhungern lassen, das verspreche ich dir.«

Dann ließ er meine Hand wieder los und aß weiter. Ich wollte ihm so gern glauben, ich versuchte es wirklich, mich von seinen Worten und seinem Lächeln davon überzeugen zu lassen, dass Mason wusste, was er tat, Mason und sein Buchhalter. Aber ich wusste auch, dass beide keinen blassen Schimmer von Geschäftsführung hatten.

»Manche Männer taugen nicht fürs Geschäftemachen, auch wenn sie sich das einbilden, weil Geschäfte Männersache sind, aber das stimmt nicht«, hatte Carmen mir erklärt, als sie mir das Brautkleid anzog.

Mason war kein guter Geschäftsmann. Er gab zu viel und zu maßlos aus, vergaß Lieferantenrechnungen zu bezahlen, kümmerte sich nicht um die Konkurrenz, und der Ertrag pro Stück Vieh war ihm gleichgültig. Er liebte die Ranch, das Leben an der frischen Luft, die Wüste und die Arbeit mit den Tieren – obwohl eigentlich Valentina dafür sorgte, dass alles funktionierte. Mason hasste alles, was mit Rechnungen, Krediten, Steuern, Prüfung der Ausgaben oder sonstigen Schreibtätigkeiten, aber nichts mit der eigentlichen Arbeit auf dem Land zu tun hatte, weshalb er einfach so tat, als würde das alles nicht zum Geschäft gehören.

»Einverstanden, wir können keine Arbeiter entlassen, aber warum kündigst du nicht Trapanesse? Ich kann die Buchhaltung kostenlos erledigen, und wir sparen uns seinen Lohn«, schlug ich vor. »Und ich mache sie bestimmt besser als er.«

Aber Mason lächelte mich nachsichtig an, als hätte ich etwas Verrücktes vorgeschlagen.

»Das ist nicht deine Aufgabe, Schatz. Du begleitest mich weiter auf die staatlichen Viehauktionen und zu den Viehzüchtertreffen in Texas. Ich möchte nicht, dass du den ganzen Tag im Büro sitzt und überlegst, wo wir noch ein paar Cent einsparen könnten«, sagte er. »Eine Kündigung des armen Trapanesse bedeutet auch keine große Ersparnis, außerdem arbeitete er schon für meinen Vater. Nein, das alles ist viel zu kompliziert.«

»Mir ist Trapanesse oder wie lange er schon für deine Familie arbeitet egal, von mir aus kann ihn der Präsident persönlich eingestellt haben«, erwiderte ich kalt. »Er kostet uns Geld, Geld, das wir nicht haben, und wir müssen ihn loswerden. Irgendwo müssen wir ja anfangen mit dem Sparen.«

Mason verdrehte die Augen wie ein kleiner Junge und wischte die Krümel von seiner Jeans.

»Beruhige dich, ich habe schon eine Idee, dafür müssen wir nicht einem Freund der Familie kündigen«, sagte er.

»Und wie lautet diese Idee?«

Ich glaubte, Mason hätte einen richtigen Geschäftsplan erarbeitet, wie ich es im Unterricht in der St. Marys School gelernt hatte, dass er mit der Agrarbank von San Bernardino einen vernünftigen Kredit ausgehandelt hätte oder ein Onkel gestorben sei und ihm etwas vererbt hätte. Mason hatte nur zwei Onkel väterlicherseits, die auch in Kalifornien lebten, und obwohl sie sich mir gegenüber freundlich gezeigt hatten, als ich sie vor Jahren kennenlernte, unterstellte ich, dass sie weder mich noch sonst jemanden, der nicht von

Geburt an den Familiennamen Campbell trug, wirklich mochten, weshalb ich ihren Tod nicht sonderlich bedauern würde, solange sie uns nur Geld vererbten.

»Ich wollte dir noch nichts davon erzählen, falls wir doch nicht hinfahren können«, begann er geheimnisvoll. »Wir sind zu einem Empfang von Viehzüchtern und Großgrundbesitzern nach Los Angeles eingeladen. Es werden viele Grundbesitzer und Züchter aus dem mittleren Süden anwesend sein, aber das Beste ist, dass sich auch Bankiers, Börsenmakler und Unternehmer anderer Sektoren angekündigt haben, weil sie in neue Geschäftsfelder investieren wollen.«

»Du suchst einen Geschäftspartner? Das ist deine Idee?«, fragte ich und konnte meinen Ärger nicht verhehlen. »Mir gefällt die Vorstellung, das bisschen Gewinn mit jemandem zu teilen, überhaupt nicht, vielen Dank auch.«

Mason lächelte mich an.

»Ich wusste schon, dass meine Frau nicht damit einverstanden wäre, einen Partner zu suchen«, sagte er geduldig. »Deshalb habe ich zu Trapanesse gesagt, wir suchen auf diesem Treffen keinen Partner, sondern einen Aktionär oder jemanden, der uns zu guten Konditionen Geld leiht, um wieder auf die Beine zu kommen. Es werden viele ehrenwerte Geschäftsleute kommen, und wir werden bestimmt einen finden.«

»Und wann ist dieser Empfang?«

»In zwei Wochen, also überleg dir schon mal, was du anziehen willst, um den besten Eindruck zu machen. Niemand wird dir Geld leihen, wenn er merkt, dass du es dringend brauchst, aber wenn er glaubt, du seist reich, wirft er es dir hinterher.« Mason aß seinen Toast auf, erhob sich und ging zur Küchenablage, auf der gewöhnlich der Autoschlüssel und die Post lagen. »Es gibt für alles eine Lösung.«

Aber ich starrte in meine Tasse und grübelte weiter darüber nach, was wir tun könnten.

»Ach, das habe ich ganz vergessen. Gestern sind zwei Briefe für dich gekommen.«

Mason reichte mir die beiden Briefe mit dem spanischen Poststempel. Nach den schlechten Nachrichten, von denen ich in der Zeitung gelesen hatte, war im Juni des vergangenen Jahres ein Bürgerkrieg in Spanien ausgebrochen, weshalb die Post nur noch unregelmäßig eintraf, was ich unerträglich fand.

»Ich hoffe, es ist nichts passiert«, sagte er, als er sich wieder setzte und seinen Kaffee austrank. »Vermutlich geht es deiner Familie im Moment ziemlich schlecht. Wir könnten sie einladen, in die Vereinigten Staaten zu kommen, solange der Krieg andauert. Auf der Ranch ist Platz genug für deine Eltern.«

Masons Worte waren nur ein Rauschen im Hintergrund. Auch wenn die Briefe aus Spanien oft erst Monate später in Kalifornien eintrafen, hatte ich noch nie zwei gleichzeitig erhalten. Mama schrieb mir normalerweise jeden Monat ein paar Zeilen, in denen sie mich anlog und berichtete, dass es ihnen gut ginge und der Krieg bisher nicht in Basondo angekommen sei. Ansonsten schrieb sie über Großmutters Rosen und wie sehr sie inzwischen gewachsen seien.

»Es ist im Moment nicht einfach, aus Spanien rauszukommen, viele haben es versucht, aber fast kein europäisches Land nimmt Bürgerkriegsflüchtlinge auf, auch die Vereinigten Staaten nicht. Mexiko ist die einzige Möglichkeit«, murmelte ich, als ich Mamas Brief öffnete. »Man gewährt auch den Flüchtlingen aus Deutschland kein Asyl.«

»Aber Deutschland befindet sich nicht im Krieg! Bei deiner Familie ist das was anderes.«

Meine Augen flogen über die Zeilen. Zum ersten Mal berichtete Mama nicht von den Rosen in Großmutters Wintergarten. Sie schrieb holprig und wirr, als hätte sie nicht gewusst, wo sie anfangen soll. Ihre normalerweise schöne und schwungvolle Handschrift schien auf dem Papier mit dem goldenen Familienwappen im Briefkopf zu verschwimmen. Ich musste den Brief zweimal lesen, um zu verstehen, was Mama mir mitteilen wollte.

»Was ist los? Alles in Ordnung?«, fragte Mason, als ich schwieg.

Ich faltete den Brief zusammen und wollte ihn wieder in den Umschlag stecken, aber meine Hände zitterten derart, dass Mason mir helfen musste.

»Meine Mutter schreibt, dass die Deutschen ganz in der Nähe von Basondo ein Dorf bombardiert hätten, am Markttag … Es gab viele Tote.«

»Die Deutschen?«, wiederholte Mason. »Ich dachte, sie und die Italiener würden es nicht wagen, die Putschisten zu unterstützen.«

Mason sagte noch etwas, aber ich hörte es nicht mehr, ich starrte nur auf den anderen Umschlag und wagte es nicht, ihn zu öffnen. Es war ein Brief von Catalina. Sie hatte mir in den letzten drei Jahren nur selten geschrieben, das erste Mal, um mir zu berichten, dass sie einen jungen Mann aus dem Dorf geheiratet hatte, und das zweite Mal kurze Zeit später, um mir zu verkünden, dass sie schwanger war: Du wirst Tante, ich hoffe, es wird auch ein Mädchen.

Ich las den ersten Absatz von Catalinas Brief, konnte aber nicht weiterlesen. Das Papier glitt mir aus den Händen und landete beinahe in der Kaffeetasse.

»Was ist passiert? Du bist ja ganz blass.« Mason nahm den Brief, um ihn selbst zu lesen. »Mein Spanisch ist nicht so gut, was steht da? Schlechte Nachrichten?«

»Meine Mutter ist gestorben.«

Ich blinzelte mehrmals, um Catalinas Worte zu verscheuchen, die unablässig vor meinen Augen tanzten.

»Was?« Mason legte den Brief weg und umarmte mich. »Es tut mir sehr leid, Liebling. Wegen des Krieges?«

Ich entzog mich den Bärenarmen meines Mannes und holte Mamas Brief wieder aus dem Umschlag. Fast konnte ich die Wärme meiner Mutter auf dem feinen Papier spüren und hoffte, dass etwas von ihr in diesen zittrigen Worten zurückbliebe.

»Nein, also, eigentlich schon«, antwortete ich mit überraschend fester Stimme. »Mama hat kaum noch gegessen, als Alma starb, sie hat sich schon vor Jahren fast zu Tode gehungert, aber inzwischen war es ein wenig besser geworden. Catalina schreibt, dass sie wegen des Krieges krank geworden ist, wenig gegessen hat und zunehmend schwächer wurde. Nachdem die Deutschen das nahegelegene Dorf bombardiert hatten, war sie besessen von der Vorstellung, dass auch Basondo bombardiert wird und alle sterben würden. Vor einem Monat bekam sie eine Lungenentzündung, aber keine Medikamente wegen der Blockade, und da sie nichts essen konnte, starb sie nach wenigen Wochen.«

Den anderen Teil des Briefes ersparte ich Mason: Wie Mama durch die Flure der Villa Soledad gegeistert war und im Fieberwahn nach Alma gerufen hatte, während ihr Körper und ihr Herz den Kampf gegen die Krankheit verloren. Meine Mutter starb nicht friedlich in ihrem Bett, während sie von besseren Zeiten träumte, nein. Catalina fand sie eines Morgens in Großmutter Soledads Wintergarten, sie war eiskalt, ihr kastanienbraunes Haar roch nach einer Mischung aus Rosen und Tod, und sie hielt das Figürchen ihrer toten Tochter in der Hand.

»Die Richtung stimmt schon, es fehlt noch ein Stückchen.« Valentina war sich ganz sicher.

Vor mir erstreckte sich bis zum Horizont die trockene Landschaft, als wir Richtung Westen holperten und kein Schlagloch ausließen.

»Bist du sicher?«, fragte ich heiser. »Hier kann man sich leicht verfahren, alles sieht gleich aus, flach und orange, so weit das Auge reicht.«

Wir waren nach dem Mittagessen aufgebrochen, und die Sonne brannte erbarmungslos auf meine Wangen und Hände, die das Lenkrad umklammerten.

»Ich verirre mich doch nicht, das hier ist mein Land, ich kenne es wie meine Hosentasche«, entgegnete Valentina. »Und ich sage dir, der Fluss verläuft da hinten im Westen, fahr einfach weiter, ich gebe dir schon Bescheid.«

»Wann hast du zum letzten Mal Wasser in dem Flussbett gesehen?«, wollte ich wissen.

Valentina lehnte sich in dem ausgebleichten Beifahrersitz zurück.

»Vor ungefähr zwanzig Jahren.«

»Zwanzig Jahre?«, wiederholte ich skeptisch mit hochgezogener Augenbraue.

Ich fuhr einen Bogen um ein paar spitze Felsen. Je näher wir den Bergen im Westen des Valleys kamen, desto steiniger und härter war der Boden. In diesem Teil des Geländes war er ebenfalls von orangefarbenem Staub überzogen, aber dazwischen lugten vereinzelt Pflanzen hervor.

»Kümmere dich nicht um die Zeit, sie bedeutet gar nichts, fahr einfach bis zum Brunnen«, sagte Valentina in ihrer sparsamen Art. »Bist du sicher, dass du es nach der Sache mit deiner Mutter schaffst? Ich meine, sollten dir die Kräfte und der Wille versagen, wenn wir ankommen …«

»Meine Kräfte gehen dich nichts an, und mein Wille ist genauso ungebrochen wie an dem Tag, als wir es geplant haben«, unterbrach ich sie. »Wenn es im Flussbett noch eine unterirdische Wasserader gibt, werde ich das Wasser zurückholen, dann müssen wir es nicht mehr bei den Phillips kaufen, ansonsten wird es Las Ánimas nächstes Jahr nicht mehr geben. Kümmere dich um deine Angelegenheiten und pass auf, dass du den Brunnen nicht übersiehst, während du mit mir redest.«

Valentina erkundete die Landschaft mit ihrem stechenden Blick, der an das grelle Sonnenlicht gewöhnt war.

»Dort ist er, fahr hier entlang.« Valentina wies mit dem Kopf auf eine bestimmte Stelle, ich bog ab und folgte ihren Anweisungen. »Und was ist mit deiner Mutter? Wurde sie schon begraben?«

Ich verzog den Mund.

»Ja. Als der Brief meiner Schwester eintraf, war sie bereits unter der Erde. Wegen dem Krieg und allem anderen hätte ich sowieso nicht zu ihrer Beerdigung reisen können, selbst wenn ich es rechtzeitig erfahren hätte.«

»Mason hat mir gesagt, sie sei im Schlaf gestorben, das ist ein guter Tod«, versicherte sie mir. »Du gehst ohne Todeskampf und im Traum in ein anderes Leben über, ohne es zu merken.«

Wir hatten acht Meilen Erde, Staub und Felsgestein hinter uns gelassen, das so groß war, dass wir mit dem Wagen hätten umkippen können, wenn ich nicht rechtzeitig ausgewichen wäre.

»Nein, das habe ich nur Mason erzählt«, sagte ich. »Meine Mutter starb, wie sie lebte: allein und halb wahnsinnig vor Schmerz über den Tod meiner Schwester. Sie hatte ein Spielzeug von ihr in der Hand, als man sie fand.«

Almas Püppchen aus Pappmaschė, Stoff und Echthaar, das Mama zu unserem vierzehnten Geburtstag hatte anfertigen lassen. Obwohl die beiden Figürchen aus dem Puppenhaus identisch waren, war ich mir sicher, dass Mama Almas umklammerte, als Catalina sie im Wintergarten fand.

»Der Schmerz macht Menschen oft verrückt, und wenn die Geister der Lieben, die uns verlassen haben, um sie herumschleichen und sie nicht in Ruhe lassen, erst recht. Es ist wie Benzin ins Feuer zu schütten.« Valentina machte eine Pause und fügte dann hinzu: »Es tut mir sehr leid für dich, und ich hoffe, deine Mutter findet jetzt den Frieden, den sie zu Lebzeiten nicht gefunden hat.«

Obwohl ich ihr nicht zuhören wollte, merkte ich, wie sich ihre Worte durch die Ohren in meinen Kopf schlängelten und dort festsetzten.

»Danke«, murmelte ich.

Mit starrem Blick auf den flirrenden Horizont – um nicht vom Weg abzukommen – entdeckte auch ich den Brunnen.

»Da ist er doch. Ich war mir sicher, dass es hier ist«, sagte Valentina mit schiefem Grinsen. »Los, fahr noch etwas näher ran. Mit ein wenig Glück, werden wir schon morgen kein Wasser mehr von diesen verfluchten Phillips brauchen. Bin ja gespannt, was sie dann machen; die ganze Familie taugt nichts, die ist ohne unser Geld in wenigen Monaten ruiniert.«

Der Brunnen kam näher und der Geländewagen quietschend zum Stehen, wobei er eine Staubwolke aufwirbelte. Valentina stieg sofort aus.

»Ist ja nicht sehr vielversprechend«, murmelte ich.

Der berühmte Brunnen war eine schlichte Ziegelkonstruktion, bedeckt mit Sand und Staub. An einer Seite waren so viele Steine herausgebrochen, dass er kaum einen Meter hoch war.

»Jetzt sieht es nach nichts aus, aber vor zwanzig Jahren wuchsen hier Sukkulenten, Salbei und weißer Mohn, der schönste und schillerndste, den ich je gesehen habe. Die Blüten bedeckten den gesamten Boden um den Brunnen herum und schützten ihn vor der Sonneneinstrahlung«, erzählte Valentina, als sie sich umsah, als wolle sie sich vergewissern, dass hier wirklich nichts mehr gedieh. »Heute ist nichts mehr davon zu erkennen, alles nur Staub und Steine, so trocken wie meine Füße.«

Ich stellte den Motor aus und stieg aus dem Wagen. Dann inspizierte ich den Brunnen und entdeckte, dass die herabgestürzten Ziegel auf einem Haufen danebenlagen und ebenfalls mit Wüstensand überzogen waren. Vorsichtig beugte ich mich über den Brunnenrand und blickte in die Tiefe.

»Sieht nicht so aus, als wäre da auch nur ein Tropfen Wasser drin.« Meine Stimme hallte im Schacht wider.

Mit heiserer Stimme murmelte Valentina etwas in einer Sprache, die ich nicht verstand, und schlug in die heiße Nachmittagsluft, dann ging sie zum Brunnen und beugte sich über den flacheren Rand ins Innere.

»So trocken wie das Auge einer Greisin«, grunzte sie. »Aber das Wasser ist bestimmt noch unter der Erde, und es dauert wahrscheinlich nochmal zehn Jahre, bis es sich wieder blicken lässt.«

»Dann wäre es besser, es ließe sich schnell wieder blicken, denn ich habe keine zehn Jahre Zeit, ich muss Rechnungen bezahlen.« Ich schirmte meine Augen mit der Hand ab und blickte mich um. »Ist er nicht zu weit weg vom Haupthaus und den Ställen? Selbst wenn wir das Wasser zurückholen können, wozu brauchen wir einen Brunnen so weit weg von den Tieren, verdammt?«

»Masons Vater, auch so ein Genie von Geschäftsmann, hat die Rohre zwischen Brunnen und der unterirdischen Wasserader zu den Häusern und Ställen abbauen lassen«, antwortete Valentina sarkastisch. »Es heißt ja, Dummheit überspringt eine Generation, aber im Fall der Campbells stimmt das nicht, sie sind allesamt Idioten: blind und taub gegenüber der Welt, die sie umgibt.«

Ich versuchte mir ein Lächeln zu verkneifen und stützte die Hände auf den Brunnenrand.

»Glaubst du, es wird funktionieren?«, fragte ich und starrte erneut in die Dunkelheit.

»Was haben wir schon zu verlieren?« Valentina stellte sich neben mich, und wir starrten beide in den Brunnenschacht, als würden wir auf seinem Grund eine Antwort finden. »Mach es einfach. Sollte es gelingen, werden wir Mason natürlich nichts sagen, denn er glaubt gern, dass er wüsste, was er tut, wie alle Männer, auch wenn sie nicht mal wissen, wo ihre rechte Hand ist. Außerdem weiß ich nicht, wie er es aufnehmen würde, wenn er erfährt, dass er eine Hexe geheiratet hat. Womöglich kriegt er einen Schock oder lässt sich von dir scheiden.«

Ich hatte in den letzten drei Jahren oft darüber nachgedacht, ob ich Mason von dem Feuer erzählen und ihm zeigen sollte, dass ich es allein mit meinem Willen entzünden, dass ich nach Belieben in die Natur eingreifen konnte wie ein Magier, der bunte Tücher oder ein Kaninchen aus dem Hut zaubert, abgesehen davon, dass meine Magie echt war. Ich musste kein Kaninchen im Hut verstecken, um er herauszuholen, es reichte, wenn ich mir etwas wünschte. Aber immer, wenn ich allen Mut zusammengenommen hatte und es ihm erzählen wollte, fiel mir wieder Tomás' Blick ein. Diese Angst, dass ich zu mächtig oder zu seltsam werden könnte. Ich wollte nicht, dass Mason mich jemals so ansähe, mit dieser typisch männlichen Mischung aus Angst, Neid und Unsicherheit, die ich nicht verstand und auch nicht verstehen wollte. Schön und gut, in San Bernardino gab es keinen großen, geheimnisvollen Wald und auch kein Meer, um ihm zu beweisen, wozu ich fähig war, aber im Valley gab es auch eine Natur, die man manipulieren konnte, eine wilde Natur, trocken und orangefarben. Wenn ich die zerklüftete Erde berührte oder eines der Schafe streichelte, spürte ich ihr Herz wild und dumpf schlagen.

»Was meinst du, Hexe? Gibt's da unten noch Wasser?«

Valentinas harsche Art zu reden riss mich aus meinen Gedanken. Ich sah sie an und spürte, dass sie zum ersten Mal, seit ich sie kannte, nervös war.

»Das Wasser ist noch da, aber es hat den Weg vergessen, weil es jemand gegen seinen Willen umgeleitet hat«, sagte ich. »Deshalb verläuft die unterirdische Wasserader nicht mehr unter diesem Boden, und der Brunnen ist ausgetrocknet.«

Valentina beugte sich noch einmal in den dunklen Brunnen.

»Willst du damit sagen, dass uns jemand die ganze Zeit das Wasser gestohlen hat?«

»Ja, wahrscheinlich die Phillips«, erwiderte ich mit Blick auf deren Landbesitz, auch wenn man das Haus nicht erkennen konnte. »Vermutlich haben sie die unterirdische Wasserader entdeckt, oder vielleicht hat Masons Vater sie mal erwähnt, und sie haben daraufhin das Wasser auf ihr Land umgeleitet, weil sie wussten, dass man das nie herausfinden würde.«

»Bastarde«, schimpfte Valentina. »Kannst du das Wasser zurückholen?«

Anstelle einer Antwort holte ich tief Luft und füllte meine Lungen damit, legte meine Hände flach auf den Brunnenrand und konzentrierte mich auf das ferne Rauschen des Wassers. Tief unter uns wurde die Erde wieder bewässert. Das gestohlene Wasser kehrte nach Las Ánimas zurück, spülte Staub und Trockenheit fort und fand seinen Weg in den Brunnen.

»Ich höre es rauschen«, flüsterte Valentina und rief dann laut: »Ich höre es rauschen!«

Das Wasser bahnte sich seinen Weg und füllte jede Lücke des Erdreichs, es strömte in jede Ritze und jedes Loch, in denen sich Sand festgesetzt hatte. Ich spürte das frische Wasser unter meinen Füßen zirkulieren wie fernes, aber konstantes Herzklopfen.

»Da ist es, da ist es …« murmelte ich über das Rauschen des Wassers hinweg.

Mir zitterten die Beine vor Anstrengung, aber das war nichts im Vergleich zum ersten Mal, als ich für Tomás Äpfel an einer Kiefer wachsen ließ. Das hier ähnelte eher dem Sprießen des Löwenzahns auf jener Wiese in Surrey – es gehört zur Natur des Wassers, unterirdisch zu fließen, und ich hatte es einfach nur zurückgeholt, weshalb es diesmal keine Sünde war.

Valentina verharrte stumm über dem Brunnen. Ich konnte mich nicht erinnern, sie jemals derart stumm erlebt zu haben, weshalb ich mich neben sie stellte und ebenfalls über den Brunnenrand beugte. Dort unten war es jetzt nicht mehr dunkel und leer, jetzt spritzten mir frische Wassertropfen ins Gesicht.

»Du sagst ja gar nichts«, sagte ich zufrieden lächelnd. »Ich habe das Wasser zurückgeholt. Schluss mit der Trockenheit und den teuren Wasserkäufen bei den Phillips.«

»Das Wasser ist gut, sehr gut«, bestätigte Valentina, ohne den Blick von dem sprudelnden Labsal abzuwenden. »Aber ohne Vegetation, die es vor der Sonne schützt, wird es schnell sauer und giftig, und wir werden es nicht mehr trinken können. Weder wir noch die Tiere.«

Ich blickte mich um. Außer dem alten Geländewagen überall nur Staub.

»Du sagst, früher wuchs hier weißer Mohn?«, fragte ich.

»Ja, und Salbei. Ein ganzes Feld bis weit in den Westen, was der Erde Schatten spendete und das Wasser frisch hielt. Das Wasser ließ die Pflanzen wachsen, und sie schützten das Wasser, sie schützten sich gegenseitig, so funktioniert die Natur.«

»Ich kann mir kaum vorstellen, dass auf diesem Boden etwas gedeihen konnte«, murmelte ich. »Aber wenn du es sagst … Weißer Mohn also.«

Ich hing in die Hocke, und Großmutters Kleid lag im Staub. Ich legte meine Hände flach auf den Boden und spürte, wie die aufgestaute Hitze der Erde auf meiner Haut brannte. Ein hellgrüner zarter Trieb brach hervor, dann noch einer und gleich darauf immer mehr, bis nach und nach das ganze Gelände mit Trieben überzogen war. Die Blüten öffneten sich langsam, der Boden färbte sich erst grün und schließlich weiß.

»Ich weiß nicht, wie wir das Mason oder den Männern erklären sollen …« flüsterte Valentina, die sich nach allen Seiten umschaute.

»Wir sagen Mason, das wäre vom Regen letzte Nacht gekommen«, schlug ich vor. »Wir erzählen ihm, der Brunnen sei mit Regenwasser vollgelaufen, und anschließend hätte die Sonne die Blumen austreiben lassen wie früher. Mir wird er das glauben.«

Ich schaute mich um und vergewisserte mich, dass sich die Blüten weiterhin wie ein weißer Teppich ausbreiteten. Dabei entdeckte ich, wie eine Kletterpflanze mit braunen Trieben um den Brunnen rankte. Der Efeu erblühte im gleichen zarten Blau wie auf Almas Grabstein.

»Was ist denn das?« Valentina zeigte mit dem Kopf auf den Eindringling. »Das ist nicht typisch für diese Gegend. So eine Pflanze habe ich hier noch nie gesehen.«

»Die habe ich mitgebracht«, erwiderte ich. »Komm, ich will nach Hause und es Mason erzählen – je früher er davon erfährt, desto eher verschwenden wir kein Geld mehr an diese Diebe.«

Wir stiegen in den Wagen, und ich wendete vorsichtig, um die Blütenpracht nicht zu zerstören. Als wir losfuhren, sah ich im

Rückspiegel, wie immer mehr Mohnblumen aufgingen und den geschundenen Boden weiß färbten.

Der Boden des großen Saals im Hotel Ambassador von Los Angeles verfügte über das gleiche schwarz-weiße Mosaik wie das Vestibül der Villa Soledad. Er erschien mir fast unwirklich, und ich glaubte für einen Moment, gleich Alma mit ihrem weißen Spitzenkleid und ihrer Zopfkrone die Treppe herunterkommen zu sehen. Aber dann fiel mir wieder ein, aus welchem Grund wir hier waren. Geld. Wir brauchten dringend Geld, sonst wären wir gezwungen gewesen, etwas viel Wertvolleres als Kühe und Schafe zu verkaufen, nämlich Land.

Die unterirdische Wasserader und der Brunnen hatten unsere prekäre finanzielle Situation ein wenig entspannt – ich selbst überprüfte jede Nacht die Bücher und Rechnungen, weil ich weder Mason noch seinem Buchhalter vertraute, aber nach den jahrelangen hohen Ausgaben für Wasser, Unterhalt und Steuern war Las Ánimas ziemlich hoch verschuldet. Wir waren praktisch pleite und mussten dringend Geld auftreiben, um die hohe Steuerlast begleichen zu können, sonst würde der Staat Kalifornien die Ranch pfänden, weshalb dieser Empfang von Investoren, Viehhändlern und Bankiers, von dem mir Mason erzählt hatte, unsere einzige Chance war, sie zu retten.

Wir reisten mit dem Zug nach Los Angeles. Als wir in die Stadt hineinfuhren, sah ich zum Fenster hinaus und musste die ganze Zeit an Lucy Welch und ihre sommersprossigen, rothaarigen Schwestern denken, was ziemlich merkwürdig war, weil ich seit Jahren nicht an sie gedacht hatte. Aber an jenem Nachmittag auf dem Weg nach Los Angeles fragte ich mich, was Lucy wohl denken würde, wenn sie erführe, dass Mason selbst kurz vor dem Ruin stand, als er die Hochzeit mit ihr platzen ließ.

»Denk dran, Schatz, wir suchen nur einen Investor«, brachte er mir in Erinnerung, als wir Hand in Hand das Hotel Ambassador betraten. »Jemanden, der uns Geld leiht, um wieder auf die Beine zu kommen, sich aber nicht in die Führung der Ranch einmischen will.«

Das war seine einzige Idee für die Lösung unserer Probleme: einen Investor auftun. Die ganze Fahrt über hatte ich versucht, ihm begreiflich zu machen, dass es eine ganz schlechte Idee und praktisch unmöglich war, aber für Mason zählte Trapanesses Vorschlag mehr als meine Meinung.

»Und wenn du merkst, dass einer dieser Männer sich interessiert zeigt, dann holst du mich, und ich schließe das Geschäft noch heute Abend ab. Joe hat die nötigen Papiere vorbereitet, sie liegen oben im Zimmer«, fügte er hinzu und blickte sich um, als suche er jemanden Bestimmten. »Ich will nicht mit leeren Händen zurückkehren müssen.«

»Die Männer hier wollen keine Geschäfte machen, Mason. Sie wollen Cowboy spielen, weil sie eine romantische Vorstellung davon haben, aber sie werden dir kein Geld geben für ein paar Kühe, die sie nie gesehen haben.«

Obwohl wir den großen Saal noch nicht betreten hatten, waren wir umringt von Bankiers mit texanischen Schnürsenkel-Krawatten, Viehhändlern mit Schlangenlederstiefeln über italienischen Anzughosen und Filmproduzenten mit riesigen Cowboy-Hüten.

»Dann zeigen wir ihnen die Kühe eben, damit sie bei uns investieren.«

»Darum geht es doch gar nicht. Für sie ist Land und Tierhaltung nichts weiter als ein Zeitvertreib, Mason. Eine teure Spielerei, die sie sich leisten können«, fügte ich hinzu. »Sie verkleiden sich als Cowboys und fühlen sich wie John Wayne, töten Indianer und retten Dämchen in Nöten.«

Mason lächelte nachsichtig.

»Du bist nicht begeistert von der Idee, uns einen Partner zu suchen, stimmt's? Ich weiß, dass du in den letzten Jahren auf Las Ánimas ein Zuhause gefunden hast und es ungern mit jemandem teilen möchtest.«

»Ich glaube einfach nicht, dass wir hier jemanden finden werden, der uns helfen könnte«, erwiderte ich stur. »Ich meine … Schau dich doch um. Was für Clowns. Willst du so jemandem wirklich die Hälfte unseres Landes abgeben?«

»Ich will es ja auch nicht, aber hier haben wir die größten Chancen. Es tut mir wirklich leid, das sagen zu müssen, aber wir brauchen das Geld dieser Clowns. Du musst dir keine Sorgen machen, alles wird gut, und wir werden mit einer vernünftigen Vereinbarung zurückkehren, du wirst schon sehen«, versicherte mir Mason mit seinem lächerlichen Optimismus. »Übrigens, du siehst heute ausgesprochen elegant aus. Wenn ich dich immer in diesen altmodischen Kleidern herumlaufen sehe, vergesse ich ganz, dass du eine echte europäische Marquise bist.«

Mason küsste mich auf die Stirn, und mich umwehte eine Wolke Rasierwasser.

»Ich mag meine altmodischen Kleider, vielen Dank auch«, erwiderte ich und strich den Rock meines neuen Kleides glatt. »Obwohl ich sagen muss, dass dieses auch nicht schlecht ist.«

Wie hatte Mason so schön gesagt: »Niemand wird dir helfen, wenn du arm bist«. Und damit keiner dieser lächerlichen, als Kuhhirten verkleideten Männer im großen Saal des Hotels Ambassador erfuhr, wie es um die Ranch wirklich bestellt war, hatte ich mir das teuerste und eleganteste Kleid gekauft, das ich in dem einzigen Katalog, der noch den Weg in unseren Briefkasten fand, entdecken konnte. Es war aus hochwertigem, maulbeerfarbenem Samt, der bodenlange Rock war gerade und schmal geschnitten, und die feinen Träger am Rücken waren mit glänzenden Perlen bestickt. Der Samt war so voluminös und schwer, dass Mason einen eigenen Koffer packen musste, weil in meinen nur das Abendkleid und die dazugehörigen Schuhe passten. Doch allein der Fall des Stoffs und sein Schimmern beim Gehen waren das Gewicht und das Geld wert.

»Sie werden dich lieben, du wirst schon sehen. Wir Amerikaner lieben Aristokraten, Könige und all das, weil wir so was nicht haben.« Mason hatte herzlich aufgelacht. »Vor allem die Neureichen. Sie sind entzückt, wenn sie mit einem Herzog essen oder eine Marquise zu ihren Neujahrsfesten in ihre Landhäuser in Colorado einladen können, denn dann glauben sie, ihr Geld sei ebenso viel wert wie altes. Also vergiss nicht, wie nebenbei fallen zu lassen, dass du eine spanische Marquise bist, wenn du mit ihnen plauderst.«

»Keine Sorge, das werde ich nicht«, sagte ich trocken.

Als ich Mason so reden hörte, fragte ich mich, wie oft wohl Großmutter Soledad hatte lügen und behaupten müssen, dass sie eine mexikanische Prinzessin oder eine Gräfin aus Montenegro sei, damit niemand die Wahrheit erfuhr: dass sie eigentlich eine Sklavin war.

»Und ich, wie sehe ich aus? Gut? Sitzt die Fliege noch?«

Mason reckte den Hals, damit ich ihm die Fliege zurechtrücken konnte.

»Perfekt, was für ein eleganter Cowboy«, sagte ich mit leerem Lächeln. »Jetzt geh sie umgarnen, wie du es mit mir gemacht hast.«

Er küsste mich auf die Wange, um mir nicht den Lippenstift zu verschmieren, wie ich ihn unzählige Male gebeten hatte, und lächelte mich an.

»Du auch. Und vergiss nicht, mich sofort zu holen, wenn einer von denen Interesse zeigt, damit er keinen Rückzieher machen kann«, wiederholte er und gesellte sich zu den Männern im Saal.

Ich nickte, obwohl Mason es nicht mehr sehen konnte, und musste wieder an Lucy Welch und ihre Schwestern denken. Welch bittere Ironie des Schicksals. Und weil mir keine Zeit für Gewissensbisse oder Schuldgefühle blieb, atmete ich tief durch und betrat festen Schritts ebenfalls den Saal. Ich war nicht die einzige Frau, ich sah Ehegattinnen mit perfektem Lächeln, Haute-Couture-Kleidern mit Perlenbesatz, funkelndem Schmuck und Frisuren im Stil von Jean Harlow. Ein paar dieser Frauen lächelten mich freundlich an, als ich an ihnen vorbeiging, aber die meisten von ihnen hatten einen leeren Blick aufgesetzt, der mich an Mama erinnerte, die auf solchen Festen einen ganz ähnlichen Ausdruck gepflegt hatte. Ich fragte mich, ob ich nach drei Jahren Ehe ebenfalls diese Leere in den Augen trug.

»Ein Glas Veuve Clicquot, eiskalt, bitte«, sagte ich zu dem Mann, der mit blütenweißer Jacke hinter der Bar stand.

Er schenkte mir ein professionelles Lächeln und nahm die Champagnerflasche aus dem Kühler und ein Glas aus dem Regal. Es war eine dieser lächerlichen Sektschalen, aus denen die Amerikaner Champagner zu trinken pflegen. Noch immer in Gedanken bei meiner Mutter starrte ich sie an und trank dann einen großen Schluck.

»Ich habe Ihnen ja gesagt, dass wir uns eines Tages wiedersehen werden«, tönte eine Stimme hinter mir.

Mit dem Glas an den Lippen und einem Prickeln im Mund drehte ich mich um, wusste aber schon, wem die Stimme gehörte.

»Mister Sinclair, Sie habe ich hier wirklich nicht erwartet, auch nicht, Sie wiederzusehen«, sagte ich mit meinem schönsten Lächeln. »Verfolgen Sie mich? Ich dachte, Sie hätten mich längst vergessen.«

»Meine liebe Marquise, wie sollte ich Sie vergessen können? Das ist schlicht unmöglich«, entgegnete er mit seinem ausgeprägten schottischen Akzent, und ich war mir sicher, dass er damit schon viele Amerikaner um den Finger gewickelt und ihnen das Geld aus der Tasche gezogen hatte. »Vor allem, nachdem wir in Basondo solche Vertraulichkeiten ausgetauscht haben.«

Liam hatte sich sein jugendliches Aussehen bewahrt, sein kupferrotes, lockiges Haar – jetzt mit einem Festiger gebändigt –, die glänzenden Augen wie die eines lauernden Fuchses und den roten Bart, der die Narbe kaschierte. Er hatte sich in den vergangenen drei Jahren kaum verändert, obwohl mir schien, dass sein schiefes Grinsen einen bitteren Zug angenommen hatte.

»Ich weiß nicht, worauf Sie anspielen, mit einem Mann wie Ihnen würde ich nie Vertraulichkeiten austauschen.« Ich nippte an meinem Champagner und fügte hinzu: »Was treibt Sie zu einem

Empfang von Ranchern? Als wir uns kennenlernten, hatte ich nicht den Eindruck, dass Sie an Viehgeschäften interessiert seien. Wenn ich mich richtig erinnere, wollten Sie doch Ländereien Ihrer Familie im Norden Schottlands verkaufen.«

Genau wie damals schien Liam keineswegs beleidigt von meiner direkten Art – ganz anders als sämtliche Männer, die ich in meinem Leben kennengelernt hatte –, denn er lächelte mich spöttisch an und erwiderte:

»Ich bin immer dort, wo das Geld ist, meine liebe Marquise, und dieses Hotel ist in Los Angeles der geeignete Ort, wenn man den Reichen und Berühmten nah sein will. Ich glaube, mir ist heute Nachmittag in der Eingangshalle Clark Gable über den Weg gelaufen.«

Als ich diesen Namen hörte, musste ich zu meinem Leidwesen lächeln.

»Nun, wenn Sie ihn noch einmal treffen, tun Sie mir den Gefallen und bitten ihn um ein Autogramm.«

»Meine liebe Marquise, Sie hatte ich wirklich nicht für eine Autogrammjägerin gehalten«, konterte Liam amüsiert.

»Es ist nicht für mich, sondern für eine Bekannte.«

Carmen. Seit Catalinas letztem Brief hatte ich nichts von ihr gehört, wollte aber glauben, dass es ihr trotz des Bürgerkrieges und Mamas Tod gut ging.

»Keine Sorge, wenn nötig, schleppe ich Mister Gable zu Eurer Majestät, damit er Euch ein Autogramm gibt«, versicherte er mir.

»Das dürfte Ihnen allerdings schwerfallen, diese Stadt ist riesig.«

Liam bat den Kellner um einen Drink, woraufhin der Barkeeper ihm einen Whiskey einschenkte und ein Fläschchen Coca-Cola öffnete. Wenn der Marquis das gesehen hätte, wäre er zutiefst entrüstet gewesen.

»Whiskey mit Cola, ich dachte immer, das sei eine Todsünde für einen Schotten«, scherzte ich.

»Das ist es natürlich auch, aber seit ich in den Staaten bin, habe ich an dem süßen Gebräu Geschmack gefunden. Außerdem finden die Amis es genauso witzig wie Sie, einen Schotten seinen wertvollen Whiskey mit diesem Gesöff mischen zu sehen.« Liam zwinkerte mir zu. »Ich denke, mir geht es mit ihnen ebenso.«

Ich warf einen Blick auf die Männer im Saal und sah dann wieder Liam an.

»Klar, Sie sind der exquisite schottische Whiskey und die dort die billige Coca-Cola.« Ich verdrehte die Augen und fügte hinzu: »Ich weiß ein bisschen was über das berühmte Getränk Ihres Landes, weil der Marquis viel Geld dafür ausgab, und ich kann Ihnen versichern, dass Sie mir nicht im Entferntesten so exquisit erscheinen wie Ihr Whiskey.«

Liam lachte amüsiert auf.

»Es freut mich, festzustellen, dass das Eheleben Ihrem Charakter nichts anhaben konnte, Marquise. Ich hatte mich schon gesorgt, dass Sie nach der Heirat Ihren Reiz verlieren könnten.«

»Vielleicht wäre ich dann glücklicher«, entfuhr es mir ohne nachzudenken.

Obwohl ich ihn nicht ansah, spürte ich, wie Liam mich neugierig musterte, während ich mit meinem Glas spielte. Ich hatte seine grünen Augen schon früher auf mir gespürt – in Basondo, am Tag der Galerne und an meinem Hochzeitstag –, aber diesmal schien er mir auf die Lippen zu starren.

»Wenn ich Sie jetzt küssen wollte … Fänden Sie das in Ordnung, Marquise?«

»Wenn Sie erst fragen müssen, wird es besser sein, mich nicht zu küssen. Außerdem befindet sich mein Mann ebenfalls im Saal.«

»Ja, zweifelsohne gäbe das einen schönen Skandal, aber Sie sind mir noch nie wie eine Frau erschienen, die sich an Skandalen oder Gerüchten stört.«

Ich sah endlich auf. Er stand viel näher, als ich erwartet hatte, sein Ärmel streifte meine Hand.

»Das tue ich auch nicht, aber heute Abend bin ich aus persönlichen Gründen hier, und die lassen sich nicht gut mit einem Skandal vereinbaren«, sagte ich leise. »Also nein, Sie dürfen mich nicht küssen.«

»Schade, ich hätte den Skandal gern erlebt«, flüsterte er.

»Für Sie ist das leicht gesagt, aber wir Frauen können nicht immer tun, was wir wollen, das habe ich Ihnen schon einmal erklärt.«

Liam starrte noch einen Moment länger auf meine Lippen.

»Und wie finden Sie diesen Ort? Das Hotel Ambassador ist wie eine Kleinstadt: Es gibt einundzwanzig Hektar Garten, Tennisplätze, Golfplatz, Restaurants, Kino, Schwimmbad, Schönheitssalon, Boutiquen, Schuhgeschäfte …«, zählte Liam auf, als der Kellner noch eine Zitronenscheibe in sein Glas fallen ließ. »Es hat sogar ein eigenes Postamt im ersten Stock, damit die Gäste nicht das Hotel verlassen müssen und die Illusion, in einer Blase des Luxus und Glamours zu leben, nicht zerstört wird.«

»Na klar, das hier ist schließlich Hollywood, Mister Sinclair, in Los Angeles ist die Illusion das lukrativste Geschäft.«

Liam bedankte sich beim Kellner, als er ihm das Glas über den Tresen schob.

»Selbstverständlich«, sagte er nach einem großen Schluck Whiskey-Cola. »Und der Nachtclub in diesem Hotel, das Coconut Grove mit seinen Kunstpalmen, ist das Herz der Traumfabrik. Dort steht jede Nacht die Oberschicht von Los Angeles und halb Hollywood Schlange: Kinostars, Sänger, Regisseure, Politiker, Gangster … Wenn Sie also von Mister Gable ein Autogramm haben wollen, würde ich es zuallererst im Coconut Grove versuchen.«

»Die Kunstpalmen stammen aus einem alten Rudolph-Valentino-Film: *Der Scheich*. Es heißt, der Besitzer des Nachtclubs habe sie bei Schließung des Filmstudios für schlappe fünfhundert Dollar gekauft, weil er seinen Gästen die Illusion vermitteln wollte, sich in einer exotischen Wüste zu befinden.«

Liam sah mich aufrichtig überrascht an.

»Woher wissen Sie das?«

Carmen hatte mir oft von diesen Palmen, dem Film und vor allem von Rudolph Valentino erzählt. Ich war noch ein Kind, als er starb, aber ich erinnere mich an die Kinomagazine, die Carmen jeden Monat im einzigen Zeitungsgeschäft von Basondo kaufte, und daran, diese Palmen auf den Schwarz-Weiß-Bildern gesehen zu haben.

»Ich weiß es eben«, sagte ich ausweichend. »Ihren Worten nach zu urteilen, könnte man annehmen, dass Sie die Reichen nicht mögen. Zumindest dachte ich das, als wir uns kennenlernten, aber jetzt höre ich einen leichten Vorwurf bezüglich des Nachtlebens von Los Angeles heraus.«

Liam lachte leise und schüttelte den Kopf.

»Nein, ich mag die Reichen. Sie suchen immer nach einem Weg, noch ein bisschen reicher, ein bisschen mächtiger oder ein bisschen gefürchteter zu werden, deshalb lassen sie sich so leicht täuschen«, erklärte er und beugte sich dann über mein Ohr, damit ihn niemand hören konnte: »Schauen Sie sich doch um, als Cowboys verkleidet reden sie von Viehzucht und von Wasseranteilen, als handle es sich um das Wichtigste der Welt, aber Sie und ich kommen von der anderen Seite dieser Welt, aus Basondo, wo das Meer sich über das Land erhebt und der Sturm hundertjährige Bäume entwurzelt.«

Die als Cowboys verkleideten Männer plauderten in kleinen Grüppchen über den ganzen Saal verteilt, einige lachten laut und andere tranken, während sie über Landparzellen oder Straußenfarmen oder über den letzten Schrei in der Fleisch- und Lederindustrie debattierten. Ich seufzte, weil ich wusste, dass wir hier keinen Investor finden würden.

»Vermissen Sie Ihre Heimat nicht?«, fragte er mich plötzlich.

»Meine Heimat ist jetzt hier, mit Kunstpalmen und Golfplätzen.«

Liam kniff die Augen zusammen, als überlegte er, ob er mir glauben sollte. Mir war das egal.

»Ich wette, dass Sie uns alle mit Hilfe eines Hurrikans, einer Galerne oder womöglich mit einer dieser Kunstpalmen aus dem Saal fegen würden, wenn Sie könnten. Wenn Sie es wollten, könnten Sie all diese Dummköpfe, die heute Abend hier Cowboy spielen, zur Hölle schicken«, sagte er mit schiefem Grinsen. »Aber Ihr Mann braucht Ihre Begleitung, sozusagen als Maskottchen für einen Investor. Wie eines dieser hübschen, gut trainierten Hündchen mit Stammbaum, die genau wissen, wann sie hochspringen oder sich totstellen müssen, um die Gäste zu unterhalten.«

»Na bitte, was ein Glück, dass wenigstens Sie ein unbescholtener Mann sind und nie vorgeben, ein anderer zu sein, um Ihre Ziele zu erreichen«, konterte ich spöttisch. »Ich meine mich zu erinnern, dass ich Ihnen schon einmal erklärt habe, wie sehr mich Ihre Meinung oder die anderer interessiert.«

»Stimmt, das haben Sie.«

»Und was ist mit Ihnen?«, fragte ich. »Geben Sie noch immer den schottischen Lord, der seine Ländereien verkaufen will? Oder haben Sie sich inzwischen eine bessere Geschichte ausgedacht für Ihre Betrügereien?«

Liam spielte mit seinem Glas, als würde er über eine Antwort nachdenken. Die Eiswürfel klirrten leise.

»Jetzt lasse ich sie glauben, was sie glauben wollen: schottischer Lord, gelangweilter Playboy, rebellischer Sohn einer Familie, der das gesamte Gasvorkommen in Schottland gehört … Die alte Welt geht unter, meine liebe Marquise, und Europa mit ihr. Entweder man passt sich an oder stirbt, und ich denke selbstverständlich nicht daran, mich mit der Rolle des Zuschauers zufriedenzugeben, wenn ich auch Nutzen daraus ziehen kann.«

Ich lächelte zufrieden und trank einen Schluck nicht mehr so kalten Champagner.

»Ich dachte mir schon, dass ein Mann mit Ihrem Talent zur Lüge und Täuschung einen Weg finden wird, aus jeder Situation einen Nutzen zu ziehen, selbst wenn ein ganzer Kontinent ins Verderben stürzt.«

»Geben Sie mir die Schuld daran, meine liebe Marquise?«, fragte er und tat empört. »Ich tue, was zum Überleben notwendig ist, genau wie Sie. Und wenn ich das Gefühl habe, bei meinen Geschäften zu weit gegangen zu sein, frage ich mich: Was würde meine liebe Marquise aus Basondo tun?«

»Wie schön, das freut mich, dass ich Ihnen für Ihr fragwürdiges Vorgehen als Inspiration diene«, erwiderte ich sarkastisch.

»Das tun Sie zweifelsohne. Obwohl ich mit Bedauern an die schrecklich illegalen und fürchterlich lukrativen Dinge denke, die wir zusammen, Sie mit Ihrem und ich mit meinem Talent, tun könnten, um den größtmöglichen Nutzen daraus zu ziehen.«

»Ich weiß nicht, wovon Sie reden«, sagte ich, ohne ihn anzublicken.

»Natürlich wissen Sie das. Wie ist denn das Leben als Gattin eines Großgrundbesitzers so? Langweilen Sie sich? Ich bin mir sicher, dass Sie die Hitze im Valley von San Bernardino, die im Sommer enorm sein soll, kaum ertragen als Nordspanierin«, sagte er. »Und ich habe gehört, dass nach Jahren der Trockenheit endlich wieder Wasser fließt auf Ihrem Land, was Ihrem Mann bestimmt hilft, das Tal der Schulden und unbezahlten Rechnungen hinter sich zu lassen, ein wahres Wunder.«

»Genau das ist es, ein Wunder, eine Laune der Mutter Natur.« Ich hielt über Liams Schulter hinweg nach Mason Ausschau, konnte ihn aber nirgendwo sehen. »Obwohl die Talsohle sehr tief ist, weshalb ich stark bezweifle, dass alles Wasser dieser Welt uns retten könnte. Die Schulden wachsen wie Unkraut.«

»Oh, das tut mir leid zu hören. Ich wette, damit haben Sie nicht gerechnet, als sie Mister Campbell geheiratet haben: dass Sie einmal gezwungen sein werden, jeden Cent umzudrehen und an Dingen zu sparen, die immer selbstverständlich waren, oder zu beten, dass Ihr Mann nicht in irgendeinen Schwachsinn investiert und Sie das bisschen Geld verlieren, das Sie eigentlich gar nicht haben.«

Ich lächelte bitter.

»Ich sehe schon, Sie wissen gut Bescheid und weiden sich geradezu an meinem Unglück.«

»Ihr Unglück? Nein, keinesfalls, meine liebe Marquise, ich würde Ihnen gern helfen«, entgegnete er scharf. Dann schüttelte er den Kopf und sagte: »Aber was Ihren Mann anbelangt, muss ich einräumen, dass ich durchaus ein wenig schadenfroh bin.«

»Freut mich, dass Sie sich derart amüsieren, aber Masons Unglück ist auch meines, wenn der Staat Kalifornien am Ende unser Land pfändet.«

»Das wäre doch eine Ironie des Schicksals, finden Sie nicht auch?«, sagte Liam sanft. »Genau dieses Land hat einst Masons Großvater den Tongva und den Serranos geraubt, und jetzt verliert sein Enkel es wieder.«

»Für einen gewöhnlichen Betrüger pflegen Sie hohe Moralvorstellungen, Mister Sinclair.«

Dank meines und Valentinas Handelns – schließlich war es ihre Idee gewesen – mussten wir das Wasser nicht länger den Nachbarn abkaufen, aber die Steuern der letzten Jahre waren noch nicht bezahlt, und die Schulden der Ranch mehrten sich mit jedem Tag. Mason hatte keine langfristige Geschäftsstrategie und nicht die geringste Vorstellung davon, wie man mit der Ranch Gewinn machen könnte. In gewisser Weise ähnelte er dem Marquis, der alles und alle für seine Fehlinvestitionen verantwortlich machte außer seine eigene Unfähigkeit, mit Geld umzugehen.

»Abgesehen von den Schulden Ihres Gatten sollten Sie dankbar sein, jetzt hier an diesem schönen Fest teilnehmen zu können und nicht in Spanien zu weilen«, sagte Liam ohne eine Spur von Ironie in der Stimme. »Für manche Menschen wird Europa immer gefährlicher, und ich fürchte, es wird noch schlimmer.«

»Meinen Sie die Spanier, die vor dem Bürgerkrieg fliehen müssen?«

»Ja, die natürlich auch, im Augenblick ist es schlicht unmöglich, Spanien zu verlassen«, antwortete er und blickte sich verstohlen um, ob uns auch niemand zuhörte. »Aber ich meinte damit die Juden,

Zigeuner, Oppositionellen, Journalisten oder im Grunde alle, die versuchen, aus Deutschland rauszukommen.«

»Deutschland?«, fragte ich überrascht. »Aber dort herrscht doch kein Krieg.«

»Noch nicht, doch es ist nur eine Frage der Zeit, bis die Nazis einen anfangen, erst mit ihren Nachbarländern und dann der ganzen Welt. Sie haben sogar schon Österreich und die Tschechoslowakei annektiert.«

In den amerikanischen Zeitungen, in denen ich über den spanischen Bürgerkrieg gelesen hatte, gab es auch Berichte, in denen davor gewarnt wurde, Juden oder wen auch immer aus Deutschland in die Vereinigten Staaten einreisen zu lassen. Dazu Karikaturen von Juden, die wie die Ratten flohen, oder zweifelhafte wissenschaftliche Studien, welche die Behauptung aufstellten, europäische Flüchtlinge seien gewalttätiger und schmutziger als die freundlichen Amerikaner. Mich interessierte das alles nicht, es war schlicht nicht mein Problem, aber Leo, Valentinas rechte Hand auf der Ranch, war besessen von der Vorstellung, dass die Juden in Schiffsladungen nach Kalifornien kommen und über die Amerikaner herfallen könnten, um ihnen die Arbeit wegzunehmen.

»Und wenn sie nicht im Krieg sind, warum fliehen sie dann aus Deutschland?«, wollte ich wissen.

»Sagen wir so, die Politik des Führers macht vielen Menschen Angst, und zwar große«, erwiderte Liam ernst. »Manche dürfen keine öffentlichen Ämter mehr bekleiden, oder man gibt ihnen die Schuld an der Wirtschaftskrise im Land und boykottiert ihre Geschäfte, bis sie schließen müssen, oder es werden perverse Gerüchte über sie in Umlauf gebracht, um die Bevölkerung gegen sie aufzubringen, und wenn sie es schaffen, auszuwandern, müssen sie horrende Summen an den Staat bezahlen, die jedes Jahr utopischer ausfallen, bis sie nichts mehr haben und ihr gesamter Restbesitz gepfändet wird. So sichert sich die Regierung ganz legal ihr Eigentum, wenn man sie vertrieben hat.«

»Wer? Meinen Sie die Juden?«

Liam nickte.

»Juden, Zigeuner, politische Gegner der Partei, Homosexuelle, Journalisten, Schriftsteller, Gewerkschaftler, Liberale … Jeder, den die Regierung als *unerwünscht* einstuft, wird verfolgt und eingesperrt. Es heißt, sie werden in Konzentrationslager verschleppt; es gibt auch Gerüchte, dass es ein solches Lager in Dachau im Süden Deutschlands geben soll, aber ich kenne niemanden, der es bestätigen kann. Es sind nur Gerüchte.«

»Das ist ja schrecklich. Und die anderen Länder lassen das zu?«

»Selbstverständlich, sie haben auch keinen Finger gerührt, um Ihrem Land zu helfen«, erwiderte er. »Frankreich und die Schweiz haben ein paar Flüchtlinge aufgenommen, aber Kanada, England und die gesegneten Vereinigten Staaten verwehren allen, die der deutschen Verfolgung ausgesetzt sind, die Einreise. Jemand muss diesen Menschen Papiere besorgen, damit sie das Land verlassen können und sicher über den Ozean ins gelobte Land gelangen.«

»Damit beschäftigen Sie sich jetzt also?«, fragte ich, obwohl ich die Antwort schon kannte. »Menschenhandel mit verängstigten Flüchtlingen.«

»Nur mit denen, die es sich leisten können.« Liam lächelte mich an. »Und Menschenhandel ist ein unschönes Wort – ich sage lieber, ich kümmere mich um den *Eiltransport von Menschen*.«

Ich schnaubte laut und nippte wieder von meinem Glas, das sich gefährlich schnell leerte.

»Sie sind unverschämt.«

»Tun Sie nicht so, als würde Sie mein Handeln empören, meine liebe Marquise, denn ich weiß ganz genau, dass Sie nicht empört sind. Ich persönlich halte die falsche Entrüstung der Reichen gegenüber dem Unrecht schon immer für Heuchelei. Ich nutze nur die Gelegenheit, ein gutes Geschäft zu machen«, verteidigte er sich. »Schuld daran sind die Länder, die diesen Menschen Visum und Einreise verweigern, denn wenn sie das Gegenteil täten, könnte ich mit ihrem Unglück kein Geld verdienen, eine Frage von Angebot und Nachfrage. Das haben Sie in Ihrem feinen Internat doch auch gelernt, nicht wahr?«

»Ja, ich erinnere mich gut an meinen Unterricht in Buchhaltung. Und Sie verhelfen diesen Menschen zur Flucht aus Deutschland und Europa natürlich nur, weil Sie ein barmherziger und großzügiger Mann sind, den das Schicksal anderer Menschen nicht gleichgültig lässt.«

Liam lächelte breit, und seine Augen sprühten Funken.

»Barmherzigkeit ist umsonst, aber für Leute wie uns gibt es Hilfe nur im Austausch gegen etwas anderes.«

»Ich habe es Ihnen schon einmal gesagt, ich bin nicht wie Sie.«

»Sie sind genau wie ich, Sie tun, was notwendig ist, um nicht unterzugehen, auch wenn es schmerzt. Aber wie er sind Sie natürlich nicht.« Er wies mit dem Kopf auf Mason. »Sie haben ihn trotzdem geheiratet, weil Sie keine Alternative hatten. Ich habe auch keine.«

»Ja, genau«, murmelte ich.

Mason stand auf der anderen Seite des Saales und plauderte mit ein paar Männern in Cowboy-Montur und grässlichen Hüten.

»Mein Mann würde diesen armen Menschen umsonst helfen«, sagte ich überzeugt und noch immer mit Blick auf ihn. »Er ist kein guter Geschäftsmann, deshalb sind wir so gut wie ruiniert, aber dank mir haben wir heute eventuell die Chance, die Ranch nicht zu verlieren.«

Liam hob sein Glas zum Anstoßen.

»Auf uns! Auf alle, die sind wie Sie und ich, die tun, was zu tun ist, damit andere Menschen ruhigen Gewissens schlafen können.«

Ich stieß mit ihm an, obwohl kein Champagner mehr im Glas war.

»Weiß der Himmel, warum die Amerikaner den Champagner in diesen lächerlichen Kelchen servieren«, sagte ich und säuberte mir die Hände mit der Papierserviette, die mir der Barkeeper reichte.

»Es ist doch ganz einfach: Manche Menschen können Geld nicht von Klasse unterscheiden, ich selbstverständlich schon, und Sie bestimmt auch, vor allem angesichts Ihres drohenden Bankrotts.«

»Ja, von der Klasse kann man sich nicht ernähren und auch keine Rechnungen bezahlen, mit Geld aber schon. Verdienen Sie gut, wenn Sie diesen Menschen zur Flucht verhelfen?«, fragte ich eher beiläufig.

Liam trank einen Schluck Whiskey-Cola, bevor er mir antwortete:

»Ziemlich gut, aber ich habe auch hohe Ausgaben: Schiffspassagen, Materialbeschaffung, Nahrung, eine kleine Heerschar an bewaffneten Männern zum Schutz bei einem Überlandtransport … Das ist alles nicht billig.«

»Wenn Sie nicht wissen, was Sie mit Ihrem neuen Reichtum anfangen sollen und Ihr Gewissen erleichtern oder Ihr Geld waschen wollen, können Sie es jederzeit in unsere Ranch investieren«, schlug ich ihm mit einem strahlenden Lächeln vor. »Mein Mann sucht einen Investor, und ich bin mir sicher, dass die Ranch schon bald Gewinne abwerfen wird, wenn es weiter regnet und der Brunnen nicht austrocknet …«

»Nein«, unterbrach er mich sanft. »Tut mir leid, aber nein.«

»Wieso nicht?«, fragte ich überrascht. »Vor fünf Minuten haben Sie mir angeboten, zusammenzuarbeiten, und genau das biete ich Ihnen jetzt an: eine Partnerschaft.«

Liam trat ein paar Schritte zurück; es wirkte, als koste es ihn Überwindung, und dann lächelte er mich entschuldigend an.

»Obwohl ich Ihnen liebend gern helfen würde, aus dem Tal herauszukommen und auch gern Ihr Partner wäre, möchte ich keine Geschäftsbeziehung mit Ihrem Mann eingehen. Mason scheint in Ordnung zu sein, aber wie alle Männer aus reichen Familien scheint er unfähig, aus eigener Kraft die Krise zu bewältigen, deshalb gebe ich mein Geld niemandem, dem ich nicht vertrauen kann«, antwortete er mit seinem eigenwilligen Akzent. »Tut mir leid.«

»Wie schäbig von Ihnen, Ihr Vorschlag war also reine Zeitverschwendung für mich«, sagte ich gepresst. »Zeit, die ich besser dazu genutzt hätte, jemanden zu finden, der wirklich an einer Partnerschaft mit uns interessiert ist.«

»Das enttäuscht mich jetzt aber, ich dachte schon, Sie genießen meine Gesellschaft, Marquise. *Ich* fühle mich betrogen, ja, das ist das richtige Wort, meine liebe Marquise, betrogen.«

Ich ließ mich nicht einmal zu einer Antwort herab, sondern drehte mich nur schnaubend um, aber Liam fügte hinzu:

»Ich kann Ihnen nicht helfen, aber wenn Sie und Ihr Cowboy so dringend Mittel benötigen – es gibt auf dieser Welt noch etwas Wertvolleres als Wasser. Es fällt nicht vom Himmel, aber es würde Ihnen sehr viel Geld einbringen, wenn es zufällig in Ihrem Boden vorkäme.«

»Erdöl«, beendete ich seinen Gedanken.

Ich erinnerte mich daran, dass Mason irgendwann einmal davon gesprochen hatte, einen Prospektor zu beauftragen, um auf der Ranch nach Erdöl zu suchen, aber wie üblich waren das nur die üblichen Gedankenspiele gewesen.

»Genau, Erdöl ist das neue Gold, meine liebe Marquise. Haben Sie die vielen Bohrtürme vor den Toren der Stadt gesehen? Sie wirken wie ein Heer gigantischer, langhalsiger Monster, die direkt aus der Erde trinken.« Liam sah mich mit zusammengekniffenen Augen an. »Wenn Sie auf Ihrem Grundstück zufällig auf Erdöl stoßen, können Sie Ihre Schafe und alles andere verkaufen und stattdessen ein Dutzend dieser Tiefpumpen aufstellen. In Deutschland wird es bald Krieg geben, es ist nur eine Frage der Zeit, und das bedeutet, dass viele Flugzeuge, Schiffe und Tanker mit Treibstoff zu füllen sein werden.«

Im Boden von Las Ánimas gab es kein Erdöl, keine einzige Ölblase – Valentina hatte mir das versichert –, aber es könnte vielleicht doch eine geben. Ich betrachtete meine Hände und fragte mich, ob ich imstande wäre, der Natur außer Wasser auch Erdöl abzutrotzen.

»Wollen Sie mir für meinen Vorschlag nicht einmal danken?«, riss mich Liam aus meinen Überlegungen.

Ich sah ihn an, aber meine Gedanken kreisten weiter um die zähe, schwarze Flüssigkeit.

»Sie haben Basondo nach meiner Hochzeit verlassen, ohne vom Marquis eine einzige Pesete gesehen zu haben. Warum?«, wollte ich wissen. »Sie hatten ihn doch schon in der Tasche.«

Auch wenn Liam – oder wie immer sein richtiger Name lauten mochte – ein Betrüger und Scharlatan war, hatte er nichts aus der Villa Soledad mitgenommen, weder das restliche Geld, über das die Familie verfügte, noch Mamas Schmuckstücke oder den falschen Turner, der im großen Salon über dem Kamin hing.

»Glauben Sie etwa, ich hätte Ihr Haus aus Loyalität Ihnen oder Ihrer Familie gegenüber mit leeren Händen verlassen? Oder dass ich den armen Menschen zur Flucht aus Deutschland verhelfe, weil ich im Grunde ein guter Kerl bin, der sich freikaufen möchte?«

»So was in der Art, ja«, räumte ich ein.

Liam kam wieder näher und beugte sich vor. Einen Moment lang glaubte ich, er wolle mich küssen, aber da spürte ich, wie seine Lippen mein Ohr streiften, als er flüsterte:

»Wäre es dir lieber, wenn ich ein guter Kerl wäre? So wie dein Mann?«

»Mein Mann ist kein guter Kerl«, flüsterte ich zurück und dachte an die arme Lucy Welch und ihre Schwestern, die Mason für mich im Stich gelassen hatte.

Liam lachte leise und zog sich wieder zurück, sein Duft nach Zitrone und Holz verflog.

»Ich wette darauf, dass er besser ist als ich, meine liebe Marquise. Ich verhelfe nur denjenigen zur Flucht, die meine Dienste bezahlen können, und ich habe Basondo verlassen, weil es in Ihrem Haus nichts mehr zu holen gab.« Liam machte eine vielsagende Pause und lächelte mich an. »Werden wir uns wiedersehen?«

»Wohl eher nicht.«

Feuersturm

Am Tag unserer Rückkehr ließ ich unter der orangefarbenen Erde der Ranch Erdöl sprudeln. Eigentlich hatte ich mich sofort nach meiner Ankunft ans Werk machen wollen, aber die Reise hatte mich derart erschöpft, dass ich bis kurz vor Sonnenuntergang schlief.

Mason war in San Bernardino geblieben, wo er am Nachmittag mit dem Buchhalter verabredet war. Meiner Prophezeiung gemäß hatten wir in Los Angeles keinen Investor gefunden. Keiner der Hobby-Cowboys, die im großen Saal des Hotel Ambassador zusammenstanden und tranken, war daran interessiert gewesen, sein Geld in unsere Ranch zu investieren. So kehrten wir mit leeren Händen zurück, und Mason redete auf der dreistündigen Bahnfahrt kein Wort mit mir, sondern starrte lediglich mit verzweifelter Miene zum Fenster hinaus und seufzte hin und wieder. Ich konnte in seinen blauen Augen lesen, dass er keine Ahnung hatte, wie er seine Ranch noch retten könnte.

Als ich aufwachte, war der Gesang der Grillen verstummt, und über dem Valley lag Stille. Ich schlüpfte schnell in eines meiner schwarzen Kleider und begab mich auf die Suche nach Valentina.

An Frühsommertagen, wenn man erst kurz vor Sonnenuntergang das Haus verlassen konnte, pflegte Valentina die alten Zäune um die Ställe abzulaufen und nach Schlupflöchern zu suchen, damit die Rinder nicht ausreißen konnten. Zumindest behauptete sie das. Ich glaubte eher, dass sie bei Sonnenuntergang einfach gerne über das Gelände spazierte und es genoss, zu beobachten, wie der Boden seine Farbe veränderte und die Luft abkühlte, um nach einem heißen Tag wieder atmen zu können.

»Ich habe schon gehört, dass ihr wieder da seid«, sagte sie, als sie mich näherkommen hörte. »Wie war die Reise? Nicht sehr erfolgreich, vermute ich.«

Die Schatten wurden länger, auch der von Valentina, die auf den Zaun gestützt in die Ferne blickte.

»Nein, wir haben keinen Investor gefunden.«

»Wundert mich nicht, das war ein Scheißplan und außerdem aus der Verzweiflung geboren. Nur ein Dummkopf wäre bereit, einem Versager wie Mason Campbell sein Geld zu geben«, erwiderte sie und drehte sich endlich um. »Und was passiert nun? Werden wir vom Hof gejagt?«

Obwohl keiner der Männer, die unter Valentinas Kommando arbeiteten, in der Nähe war, ging ich zu ihr, damit der Wind unser Gespräch nicht in die falschen Ohren trug.

»Nicht, wenn ich es verhindern kann. Ich habe eine Idee, wie wir die Ranch retten können, aber sie wird dir nicht gefallen … Erdöl.«

Valentina starrte mich entgeistert an, als hätte ich ihr ein Brandzeichen verpasst.

»Erdöl? Auf meinem Land? Kommt nicht in Frage!«

»Ich brauche nicht deine Erlaubnis, ich brauche deine Hilfe.«

»Die kriegst du aber nicht«, erwiderte sie schneidend. »Du bist vollkommen verrückt, wenn du glaubst, dass ich dir helfe, dieses ekelhafte, dreckige Zeug auf mein Land zu holen, du Hexe.«

»Das hier ist auch mein Land«, erinnerte ich sie. »Und wenn wir nicht sofort etwas unternehmen, werden wir Las Ánimas für immer verlieren. Also, was ist dir lieber – dass wir die Ranch behalten oder der verfluchte Staat Kalifornien sie einkassiert?«

In Valentinas glänzenden Augen lag ein Zögern, und ich wusste, dass ein Teil von ihr gern gesehen hätte, wie Mason das Land wieder verlor, das sein Großvater einst den Tongva gestohlen hatte.

»Einverstanden«, sagte sie schließlich. »Ich helfe dir, diesen Dreck auf die Ranch zu holen, aber ich tue es nicht für die Campbells und auch nicht für dich. Das hier ist mein Land, und wenn sie euch von hier vertreiben, was ihr absolut verdient hättet, werden sie irgendwann billige Häuser für die verdammten Weißen hier bauen. Was willst du von mir?«

Ich leckte mir über die staubtrockenen Lippen.

»Es gibt kein Erdöl in diesem Boden, oder? Auch nicht in der Nähe der Ranch?«

Valentina sah sich um und überlegte.

»Nicht ein verfluchter Tropfen von dem Zeug. Als Mason im großen Stil Geld zu verlieren begann, habe ich ihm vorgeschlagen, einen Prospektor zu beauftragen, der den Boden nach Erdöl untersucht«, erzählte sie. »Mason fuhr nach London, lernte dich kennen und hat den Prospektor vergessen, aber ich ließ ihn trotzdem kommen. Er hat nichts gefunden.«

»Ja, das dachte ich mir schon … Wir müssen es trotzdem versuchen, wir haben keine andere Wahl.«

»Das ist eine schlechte Idee, Hexe, eine ganz schlechte, denn man muss dafür bezahlen, wenn man sich an der Natur versündigt«, sagte sie mit düsterer Stimme. »Die Natur mag es nicht, wenn der Mensch in ihren Rhythmus eingreift, und wenn du Erdöl ins Wa'aach holst, wirst du dafür ein Opfer bringen müssen.«

»Ich habe mein Opfer schon längst erbracht«, erwiderte ich und dachte an Alma. »Lass den abergläubischen Blödsinn und hilf mir, wenn du weiter auf diesem Land leben willst. An welcher Stelle werden die Männer morgen graben, um die Rohre zu verlegen?«

Als das Wasser zurückgekehrt war, hatte Mason den Auftrag erteilt, vom Brunnen zu den Häusern und Ställen neue Rohrleitungen verlegen zu lassen. Schon seit einer Woche wurde an mehreren Stellen Erde ausgehoben, denn die Rohre sollten unterirdisch verlaufen.

»Im Norden, beim Wassertank«, sagte Valentina. »Das wäre ein passender Ort. Wenn wir Mason erzählen, dass wir Erdöl gefunden haben, wird er viel zu viele Fragen stellen, und du müsstest dich noch ganz anderen Leuten erklären: dem Prospektor, den Vertragspartnern, Arbeitern, Nachbarn, Ingenieuren und den Regierungsvertretern, die mit Sicherheit überprüfen werden, ob das Erdöl die angemessene Qualität hat. Aber wenn es die Männer beim Ausheben finden, wird niemand Argwohn schöpfen, und sie können auch nichts ausplaudern, weil sie gar nichts wissen.«

Die messerscharfe Logik dieser Frau mit dem silbernen Zopf und der faltigen Haut überraschte mich immer wieder, ebenso ihre Liebe zu einem Land, das für mich lediglich eine Einnahmequelle darstellte.

»Gut, dann also Richtung Norden.« Ich machte mich auf den Weg und wusste, dass sie mir folgen würde. »Der Wagen steht in San Bernardino, damit Mason zurückfahren kann, also müssen wir zu Fuß gehen. Ist es weit bis zum Wassertank?«

»Nein, ungefähr eine halbe Stunde in diese Richtung. Na los, Hexe, beweg deine bleichen Beine etwas schneller, sonst sind wir nicht rechtzeitig zurück, bevor Mason wiederkommt.«

Ich gehorchte, und wir marschierten schweigend nebeneinander her. Die Sonne brannte nicht mehr auf der Haut, aber vom Boden stieg die angestaute Hitze auf.

»Wenn dieses Land noch meinem Volk gehören würde, bräuchte es nicht das schmutzige Erdöl zum Überleben«, murmelte Valentina verstimmt.

»Ja, und wenn es meinen Leuten gehören würde, auch nicht, aber Mason … Ich weiß, er würde meine Hilfe nie annehmen, nicht mal in einer Million Jahren.«

»Du rettest jetzt schon zum zweiten Mal deinem Mann den Arsch, und er hat keine Ahnung davon. In seinem geckenhaften Stolz glaubt dieser Blödmann wahrscheinlich ernsthaft, dass das Wasser von selbst zurückgekommen ist, daher wird er das mit dem Erdöl auch schlucken. Vielleicht denkt er sogar, es sei sein Verdienst.« Valentina schüttelte den Kopf. »Männer sind eine Plage.«

Ich lächelte verstohlen.

»Warst du nie verheiratet? Hast du keine Kinder?«

Valentina war im Umkreis von Meilen die einzige Frau, aber in all den Jahren, die ich schon hier lebte, war mir nie in den Sinn gekommen, sie nach ihrer Familie zu fragen; ich war schlicht davon ausgegangen, dass sie keine hatte.

»Nein und nein. Als die Priester mich damals zum Arbeiten zu den Campbells schickten, habe ich zu Masons Vater gleich gesagt, dass ich nicht das Kindermädchen für seinen Sohn spielen werde«, erzählte sie, ohne mich anzublicken. »Wenn ich den lieben langen Tag Schwachsinn hören oder Fremden den Hintern abwischen wollte, hätte ich auch bei den Jesuiten bleiben können. Nein. Ich liebe das Land, aber nicht die Menschen, und Kinder schon gar nicht.«

Valentina war eine der wenigen kinderlosen Frauen, die ich kannte, und natürlich war sie auch die einzige, aus deren Mund ich je gehört hatte, dass sie Kinder nicht mochte, was die Frauen in meinem Umfeld niemals laut aussprechen würden, selbst wenn sie es dachten.

»Wir sind gleich da, dort ist er.«

Der Wassertank war ein riesiger runder Holzbottich, der auf vier hölzernen Pfosten stand, um unerreichbar für Tiere das wertvolle Regenwasser aufzufangen.

»Der hat auch schon bessere Zeiten gesehen«, sagte ich, als ich wieder zu Atem gekommen war.

»Wie alles und wir alle. Nun mach schon.« Valentina lehnte sich an einen Holzpfosten und sah mich argwöhnisch an. »Und pass auf, dass du dabei nicht stirbst, sonst müsste ich Mason und der Polizei im Valley eine Menge erklären. Wenn man mich mit dem Tod einer weißen Frau in Verbindung bringt, werde ich gehängt.«

Ich musste lachen, raffte meinen langen Rock und kniete mich auf den Boden. Valentina trat einen Schritt zurück, ließ mich aber nicht aus den Augen.

»Keine Sorge, es wird niemand sterben«, beruhigte ich sie im Brustton der Überzeugung.

Der karstige Boden zerkratzte meine nackten Knie. Seine Oberfläche war trotz des Wassers, das ein paar Meter tiefer sprudelte, aufgeheizt und trocken. Ich legte meine flachen Hände in den Staub und spürte, wie der unterirdische Wasserfluss die Erde vibrieren ließ.

»Und pass auf mit dem Wasser, Hexe. Selbst wenn wir mit dem Erdöl reich werden, brauchen wir weiterhin Wasser zum Leben«, brachte mir Valentina in Erinnerung.

Aber ich hörte ihr nicht zu, sondern konzentrierte mich auf den Klang des Öls, das sich im Erdreich sammelte. Ich spürte, wie sich die zähe schwarze Flüssigkeit langsam unter der verbrannten Erdoberfläche voranschob und auf ihrem Weg Wasser, Pflanzen, Geröll und alles andere mit sich riss. Als sie schließlich an der Stelle angekommen war, an der wir uns befanden, bebte die Erde ein paar Sekunden, und Staub wirbelte auf, was zur Folge hatte, dass der Wassertank zu tropfen begann. Ich hob die Hände, weil ich den trägen, klebrigen Fluss unter der Oberfläche nicht mehr spüren wollte, stand aber nicht auf.

»Hast du es geschafft?«

»Ja, ich hab's geschafft«, keuchte ich vor lauter Anstrengung.

»Die Erde hätte nicht beben dürfen, das ist ein schlechtes Zeichen«, schimpfte Valentina und sah sich nach allen Seiten um, ob da eventuell jemand war, der es auch gespürt hatte. »Ein ganz schlechtes Zeichen.«

Mein Kopf schmerzte, als hätte man mir in den Nacken geschlagen, mein Blick war getrübt, weshalb ich kaum die Risse im Boden oder Valentinas Silhouette neben dem Wassertank erkennen konnte, aber ich spürte, dass ich aus der Nase blutete. Ich wischte mir mit der staubigen Hand das Blut ab.

»Es reicht, ich will nichts mehr hören«, sagte ich entkräftet. »Es ist vollbracht, fertig. Jetzt gibt es kein Zurück mehr.«

Kaum hatte ich das gesagt, zuckte ein Blitz vom Himmel, der das ganze Valley in grelles Licht tauchte und mein Blut in seinem gespenstischen Funkeln schwarz wirken ließ. Ein paar Sekunden später grollte ein Donnern über das Land, und ich sah mit blutunterlaufenen Augen zu Valentina auf.

»Was hast du nur getan, Hexe?«, schrie sie über den Nachhall des Donners hinweg. »Was hast du nur getan?«

Ein weiterer Blitz zuckte über das Tal, und bevor ich antworten konnte, heulte ganz in der Nähe ein Wolf.

Das Erdöl der Ranch war das reinste im ganzen Landstrich, das stand zumindest im Gutachten des Mannes von der Regierung, der ins Valley von San Bernardino gekommen war, um das Rohöl zu analysieren und uns die Fördergenehmigung zu erteilen.

Mason standen Freudentränen in den Augen, als er das las. Nachdem wir den von der Qualität sichtlich beeindruckten Regierungsbeamten zum Zug gebracht hatten, hob Mason mich euphorisch hoch und küsste mich vor allen Menschen auf dem Bahnsteig auf den Mund.

»Ich habe dir doch bei unserer Hochzeit gesagt, dass du dir keine Sorgen machen musst, das habe ich dir doch gesagt, oder?«, wiederholte er aufgeregt. »Ich wusste, dass am Ende alles gut werden würde, und jetzt das: Erdöl! Wir züchten Schafe und Rinder, und dann stellt sich heraus, dass es in dieser karstigen, gelb-roten Erde Erdöl gibt.«

Unser Plan, die Männer beim Graben auf das Erdöl stoßen zu lassen, war perfekt aufgegangen. Am Tag nach dem schrecklichsten Gewitter, das je über das Valley von San Bernardino hinweggezogen war, rückte ein Arbeitertrupp unter Valentinas Kommando nach Norden vor, um genau neben dem Wassertank einen weiteren Teilabschnitt auszuheben. Wer dabei auf das Erdöl stieß, war unwichtig, weil alles, was die Erde barg, ob Wasser oder Silber, Erdöl oder Gas, dem Landbesitzer gehörte.

»Wie ich Ihnen schon sagte, es müssen noch ein paar Probebohrungen durchgeführt werden, aber die Blase in Ihrem Boden scheint so groß zu sein, dass noch Ihre Enkel Erdöl fördern können«, hatte der Regierungsbeamte nach der Vermessung erklärt. Dann hatte er sich den Staub von seinem dunklen Anzug geklopft und hinzugefügt: »In all den Jahren, die ich in diesem Sektor arbeite, habe ich noch kein Rohöl von dieser Qualität gesehen, es ist ausgezeichnet. Und Sie sagten, Sie haben es erst jetzt entdeckt? Sie hatten keine Ahnung, dass Sie Erdölvorkommen auf Ihrem Land haben?«

»Nein, Mister«, hatte Mason bestätigt.

Jeder andere an seiner Stelle hätte sich – und uns – Fragen gestellt, aber Mason neigte nicht dazu, sein Glück zu hinterfragen, weil er immer welches gehabt hatte und glaubte, es stehe ihm von Geburt an zu.

»Dann ist es wirklich ein Geschenk des Himmels, Gratulation. Verkaufen Sie das Vieh so schnell wie möglich, um genügend Platz auf dem Gelände zu schaffen. Dann müssen Sie sich nur noch überlegen, wo Sie die Tiefpumpen aufstellen wollen. Sie verunstalten die Landschaft, aber je mehr Sie aufstellen können, desto mehr Geld verdienen Sie.«

»Ich pfeife auf die Landschaft!«, hatte Mason gesagt und dann laut gelacht.

Keine drei Monate, nachdem die Männer beim Verlegen der Wasserrohre *zufällig* auf Erdöl stießen, waren das gesamte Vieh verkauft und die Tiefpumpen installiert, um das wertvolle schwarze Gold aus dem Erdinnern zu holen.

Die Landschaft hatte sich komplett verändert. Wenn ich nun nachmittags auf die Veranda trat, sah ich die Sonne hinter einer Erdölpumpe untergehen, die sich unermüdlich auf und ab bewegte. Die Tiere und ihre Laute – an die ich mich gewöhnt hatte – waren ungefähr zwanzig Männern gewichen, die in ölverschmierten Overalls in Tag- und Nachtschichten arbeiteten. Der Boden war überzogen mit eisernen Ungetümen, die höher in den Himmel ragten als die höchsten Bäume in Basondo, aber im Gegensatz zu ihnen schmutzig und laut waren. Ihr metallisches Stampfen war Tag und

Nacht zu hören und verschluckte die Geräusche im Valley wie eine schwarze Wolke. Sogar die Grillen waren verschwunden, sie hatten sich einen neuen, unberührten und stillen Lebensraum gesucht. Nicht verschwunden war jedoch der schwarze Wolf, der mir aus meinem Wald ins Tal von San Bernardino gefolgt war. Jahrelang hatte ich weder den Wolf heulen gehört noch Almas Fußspuren im Staub gesehen, aber in den letzten Monaten, die ich auf Las Ánimas verbrachte, hörte ich jede Nacht sein Heulen hinter der alten Umzäunung.

»Manchmal ist der Wolf der Jäger, manchmal der Gejagte«, hatte Valentina an jenem Nachmittag gesagt, an dem wir nach der Kuh mit dem toten Kalb suchten.

Ich wiegte mich gern in der Vorstellung, dass es sich nicht um denselben Wolf handelte, der in mondlosen Nächten vor der eisernen Gartenpforte der Villa Soledad herumzustreifen pflegte, riskierte aber trotzdem nicht, nach Sonnenuntergang das Haus zu verlassen, und wenn es doch einmal sein musste, hielt ich mich ausschließlich in den Bereichen auf, die von den kräftigen Scheinwerfern ausgeleuchtet wurden, die wir nach behördlicher Vorschrift neben den Tiefpumpen hatten aufstellen müssen. Jetzt waren die Nächte ständig hell. Das künstliche Licht verschluckte die Wüste und die schwarzen Berge am Horizont und der anhaltende Lärm der hydraulischen Pumpen jedes Geräusch.

Auch floss wieder Geld in Las Ánimas. Wir hatten das gesamte Vieh unter Preis verkaufen und darüber hinaus ein kleines Vermögen für die Installation der Tiefpumpen und Scheinwerfer, einen Notstromgenerator und den Unterhalt des notwendigen Personals ausgeben müssen. Aber wie Liam in Los Angeles vorhergesagt hatte, befand sich bereits im September halb Europa im Krieg mit Deutschland. Die Nachfrage bezüglich Treibstoff für Militärflugzeuge, Truppenlastwagen, Panzer und Schiffe stieg, und der Preis schoss in die Höhe.

»Der Zeitpunkt hätte nicht besser sein können«, sagte Trapanesse beim Errechnen der Einnahmen. »Du hast ganz schön in der Tinte gesessen, wirklich, und obwohl es noch ein paar Monate dauern wird, bis das Tal durchschritten ist, wirst du die Schulden der Ranch und die Kosten für die Anlage binnen eines Jahres getilgt haben. Und dann wirst du richtig Geld verdienen, so viel, wie du dir nicht vorstellen kannst, Mason. Unter uns wartet ein Schatz darauf, geborgen zu werden.«

»Ich wusste doch, dass mir früher oder später das Glück winken würde«, erwiderte Mason, der mal wieder vergaß, wie viel Glück er in seinem Leben schon gehabt hatte.

Obwohl wir dem Staat Kalifornien – und einem halben Dutzend Banken auf zwei Kontinenten – Geld schuldeten, gab Mason sein frisches Vermögen erneut mit vollen Händen aus. Ohne mich zu fragen, ersetzte er sämtliche Möbel der Ranch gegen moderne im italienischen Stil – die absolut nicht zum Haus passten. Er kaufte außerdem einen neuen Geländewagen, der nach einer halben Stunde Fahrt in der sengenden Sonne überhitzte, und war wochenlang wie besessen von den Skihütten, die ein Freund in Colorado baute, obwohl er mir nie erzählt hatte, dass er sich fürs Skifahren interessierte. Ich versteckte die bunten Broschüren, mit denen sein Freund die Skihütten an Cowboys in halb Kalifornien verkaufte, und prüfte weiter die Rechnungsbücher, wenn Mason schlief, um sicher zu gehen, dass Trapanesse und er nicht übermütig wurden bei den sprudelnden Einnahmen.

Ich hörte auf Valentina und ließ die Finger von der unterirdischen Wasserader. Wir brauchten zwar keine Wassertränke mehr, aber ich spürte gerne das sprudelnde Wasser unter der Erdoberfläche. Einmal fuhren wir zum Brunnen, um nachzusehen, ob der weiße Mohn und der wilde Salbei gut gediehen, aber schon im Näherkommen erkannte ich, dass etwas nicht stimmte. Die weißen Mohnblumen waren verwelkt und vertrocknet. Nur eine Handvoll blühte noch, die restlichen Pflanzen waren von der Wüstensonne in braunes Gestrüpp verwandelt worden. Allein die wilden, blauen

Blüten der Kletterpflanze, die sich um den Brunnen rankte, gediehen prächtig.

»Das verstehe ich nicht«, sagte ich. »Du hast doch gesagt, dass hier vor Jahren weißer Mohn blühte.«

»Ja, aber ich habe dir auch gesagt, dass die Natur immer einen Weg findet, wieder ins Gleichgewicht zu kommen, um sich gegen dich und deine Magie zu wehren. Das ist kein gutes Zeichen«, hatte Valentina mir geantwortet.

Das Klima im Valley hatte sich in den letzten drei Monaten ebenfalls verschlechtert. Es wurde von kräftigen Gewittern und sintflutartigem Regen heimgesucht, der alle Vegetation aus dem zerklüfteten Boden wusch, dazu erstickende Hitze und ein trockener Wüstenwind, der Staub und Aasfresser vor sich hertrieb. Jener Nachmittag war der heißeste, an den ich mich seit meiner Ankunft erinnern konnte. Es war so heiß, dass der Vorarbeiter die Temperatur des Rohöls maß, wenn es aus der Erde kam, um sicherzustellen, dass es sich nicht entzündete. Die Tiefbohrer wurden nicht abgestellt, aber einer kam aus dem Takt, hob und senkte sich gefährlich schnell und ächzte dabei wie ein alter Esel. Ich saß auf der Veranda und beobachtete, wie die Männer zusammen mit Mason auf den Bohrer zuliefen.

»Er ist völlig aus dem Takt! Das liegt an der verdammten Hitze!«, rief der Vorarbeiter, dessen Jeans immer eine Nummer zu klein und voller Ölflecke waren. »Holt Werkzeug, ich kann ihn nicht stoppen, ohne mich zu vergewissern, dass wir ihn wieder in Betrieb nehmen können. Nun macht schon, ihr Memmen, ich habe nicht den ganzen Tag Zeit!«

Zwei Männer liefen zu den früheren Ställen, die jetzt als Lager für Maschinen, Werkzeuge und Ersatzteile dienten. Die anderen Männer redeten wild durcheinander und warfen besorgte Blicke auf den Tiefbohrer, der sich immer schneller hob und senkte.

»Was ist denn los? Sind die verfluchten Dinger etwa schon kaputt?«, fragte Valentina, als sie auf die Veranda trat. »Die waren nämlich sündhaft teuer.«

Sie roch nach Kaffee mit Brandy, den sie jeden Nachmittag trank, das einzige Laster, das sie sich gönnte.

»Ich hoffe nicht. Jede Minute, die diese Eisenmonster stillstehen, kostet uns Geld, viel Geld, das wir nicht haben«, antwortete ich. »Unsere Situation hat sich gebessert, aber es wird noch Monate dauern, bis wir mit dem Erdöl richtig Gewinn einfahren.«

Valentina trank einen Schluck Kaffee und räusperte sich.

»Spar dir deinen Kommentar«, fügte ich hinzu. »Ich weiß selbst, dass wir diese verfluchte Hitze dem Erdöl verdanken.«

»Die Hitze, den sintflutartigen Regen und die verdammten Gewitter, die nach Sonnenuntergang über uns niedergehen«, sagte sie. »Es ist deine Schuld, dass diese schwarze und schmutzige Brühe jetzt mein Land verseucht.«

»Wenn ich es nicht getan hätte, würde dieses Land jetzt dem verfluchten Staat Kalifornien gehören, wenigstens dafür könntest du mir dankbar sein«, entgegnete ich.

Ich erwartete eine trockene Antwort, aber sie sagte nichts, also drehte ich mich zu ihr um. Ihre schwarzen Augen erforschten den Horizont hinter den Tiefbohrern.

»Was ist? Hast du wieder Blitze gesehen?«, fragte ich mit leicht zittriger Stimme.

Aber Valentina blinzelte nicht einmal, ihre Augen waren starr auf einen bestimmten Punkt gerichtet.

»Der Wind hat sich geändert. Ich habe es gleich gemerkt, aber jetzt wird er stärker, und der Geruch …«, sagte sie schließlich. »Das ist ein Feuersturm.«

»Ein Feuersturm?«

»Genau. Er kommt aus der Wüste, mitten aus dem Herzen der Wüste, und treibt die ganze Hitze der Erde vor sich her. Er kommt auf uns zu.«

Als übten Valentinas Worte eine seltsame Macht über die Elemente aus, fegte eine heiße Brise über die Veranda und zerrte an meinem Kleid.

»Das ist nichts weiter, nur der Südwind wegen der Hitze in den letzten Tagen«, sagte ich und strich meinen Rock glatt. »Wie man sieht, müssen die Kerle keine Rechnungen bezahlen. Ich werde sie mal fragen, wie lange sie den Bohrer stoppen wollen – wir können es uns nicht leisten, ihn die ganze Nacht stillstehen zu lassen.«

Ich stand auf und wollte die Veranda verlassen, als Valentina mich am Arm festhielt.

»Geh da nicht hin, Mädchen. Geh nicht.«

Noch nie hatte sie mich Mädchen genannt, nicht ein einziges Mal in all den Jahren, und hätte ich es nicht besser gewusst, hätte ich schwören können, dass Carmen aus Valentinas Mund gesprochen hatte. Überrascht drehte ich mich um und erwartete schon, mein früheres Kindermädchen zu erblicken, als wie aus dem Nichts ein Sturm heranfegte und orangefarbenen Staub vor meine Füße wirbelte.

»Jetzt ist er da«, murmelte Valentina.

Sie hielt noch immer meinen Arm umklammert, also strich ich mir das Haar aus dem Gesicht und sah zu den Männern hinüber. Sie schienen den plötzlichen Wechsel des Windes nicht wahrgenommen zu haben, denn sie starrten noch immer auf den viel zu schnell arbeitenden Tiefbohrer.

Der erste Blitz schlug direkt vor der Veranda ein. Der gleißende Lichtstrahl bohrte sich in die Erde und verästelte sich unterirdisch durch jede Bodenritze bis zum ersten Tiefbohrer. Hätte Valentina mich nicht zurückgehalten, wäre der Blitz in mich gefahren. Aus dem Loch, aus dem der Tiefbohrer das Erdöl pumpte, stieg dunkelgrauer und zäher Rauch auf, der den Turm in Sekundenschnelle einhüllte. Der Feuersturm trieb die Rauchsäule zur Veranda, und die Luft um uns herum war nicht mehr zu atmen.

»Ich glaube, es brennt unter der Erde««, rief ich über das Tosen des Sturms und das Kreischen der aus dem Takt geratenen Pumpen hinweg. »Der Blitz scheint das Erdöl unter der Erde entzündet zu haben.«

Ich suchte Mason, aber der Rauch auf der Veranda war bereits zu dicht. Meine Augen brannten und füllten sich mit Tränen. Ich hörte Valentina hinter mir husten und suchte nach der Haustür, damit wir uns an der Wand entlangtasten und ins Haus flüchten konnten.

Ich hatte noch keine zwei Schritte gemacht, als ein silbriger Blitz die verqualmte Veranda in grelles Licht tauchte und um die Tiefbohrer herumzuckte. Ein weiterer Blitz schoss vom Himmel und fuhr ganz in der Nähe von Mason und den Männern in die Erde von Las Ánimas. Ich hörte ihre entsetzten Schreie und raschen Schritte, als sie davonlaufen wollten, ohne gewahr zu werden, dass der zweite Blitz das aufgeheizte Erdöl entzündet hatte und es jetzt unter der Erdoberfläche brannte.

»Mason!«, schrie ich und spürte, wie mir dichter Qualm in die Kehle und in die Bronchien drang. »Nein! Weg vom Bohrer!«

Obwohl ich nichts sehen konnte, wollte ich zu der Stelle laufen, an der ich Mason und die Männer zuletzt gesehen hatte. Doch kaum hatte ich die Veranda verlassen, färbte sich die Luft um mich herum grell orange, und ich spürte, wie das Feuer mir übers Gesicht leckte, bevor die Explosion mich durch die Luft wirbelte.

Bei der Explosion starben Mason und fünf weitere Männer. Zwei Tage nach dem Unfall musste ich ihn identifizieren, um ihn auf dem Friedhof von San Bernardino neben seinen Eltern begraben zu können. In der verkohlten, formlosen Masse war von meinem Mann nichts mehr zu erkennen, doch er war der größte der sechs Toten, und der Gerichtsmediziner stellte die Sterbeurkunde aus.

Valentina und ich begruben ihn auf dem Friedhof vom San Bernardino, ungefähr hundert Meilen von Las Ánimas entfernt. Mason wäre lieber auf seinem geliebten Land begraben worden, aber davon war nach der Explosion nicht mehr viel übrig.

Das ganze Valley hatte von dem Unfall auf Las Ánimas gehört, und viele Anwohner, die Mason – oder seinen Vater oder Großvater – gekannt hatten, kamen zur Beerdigung, um mir ihr Beileid auszusprechen. Das Feuer hatte eine Hälfte meines Gesichts versengt – es sah aus wie ein schwerer Sonnenbrand –, weshalb die geschwollene Wange trotz des schwarzen Schleiers schmerzlich pochte, wenn die Sonne darauf fiel. Zudem konnte ich seit Tagen kein festes Essen zu mir nehmen, und meine Beine trugen mich kaum in meinem schweren Trauerkleid. Der Arzt, der mich im städtischen Hospital untersucht hatte, meinte, das läge an der Explosion und dem Schock über den Verlust meines Mannes.

»Nicht alle werden neben ihren Eltern begraben, schon gar nicht, wenn sie älter als vierzig sind«, sagte Valentina mit Blick auf Masons Grabstein. »Aber vermutlich passt so ein Ende zu dieser Familie, verstehst du? Die Campbells waren nicht besonders zahlreich.«

Die Trauergäste hatten den Friedhof bereits verlassen, aber Valentina und ich warteten noch auf den Wagen, der uns zur Ranch zurückbringen sollte.

»Ja, ich verstehe. Mir war immer klar, welchen Platz ich in dieser Familie einnehme, nämlich gar keinen.«

Mason hatte keine Geschwister, seine Eltern waren vor Jahren gestorben, und es gab auch keine Cousins, nur die beiden Onkel, die ebenfalls im Bundesstaat lebten. Als wir nach unserer Hochzeit in Kalifornien eintrafen, hatte Mason mich seinen Verwandten vorgestellt, und nachdem ich eine Stunde schweigend dagesessen hatte, während die Männer miteinander redeten, als wäre ich gar nicht anwesend, wurde mir bewusst, dass man der Familie Campbell nur durch Blutsverwandtschaft angehörte.

»Ja, sie hatten auch Frauen, klar, aber am Ende waren die Brüder seines Vaters und Mason die einzigen echten Campbells, auch wenn sie es nicht offen aussprachen. Die echten Campbells«, wiederholte Valentina in vorwurfsvollem Ton. »Und jetzt liegen sie alle für immer unter der Erde. Jetzt ist die Familie ausgestorben.«

»Und was ist, wenn ich sterbe? Werde ich dann bei den Campbells begraben oder …«

Ich hatte keine Ahnung, wie ich den Satz beenden sollte.

»Bis du stirbst, wird noch viel geschehen, du bist noch jung. Du kannst wieder heiraten, Kinder kriegen … Ich glaube nicht, dass es dein Schicksal sein wird, in dieser Erde zu verwesen«, sagte Valentina in ihrer typisch kruden Art.

»Ich habe immer gedacht, dass ich auf unserem Familienfriedhof in Basondo begraben werde, in der Nähe meiner Schwester und meiner Mutter. Hier möchte ich jedenfalls nicht begraben werden.« Ich blickte auf Masons Grab mit dem neuen Stein.

Mason John Campbell
Geliebter Sohn und Ehemann
(1896–1940)

Für diese Inschrift hatte ich mich entschieden, als ich am Morgen das schwarze Kleid für die Beerdigung anzog, und als ich seinen Namen auf dem Grabstein las, war ich mir sicher, dass ich schon bald nach Basondo zurückkehren würde.

»Dann lass es nicht zu«, sagte Valentina.

Am selben Tag traf ich mich mit Trapanesse, um mir von ihm erklären zu lassen, in welcher Situation ich mich nach Masons Tod befand. Wir trafen uns in dem zerstörten Büro im ersten Stock des Hauses. Die Fenster waren bei der Explosion geborsten und ein Teil des Schreibtisches sowie die modernen italienischen Designerstühle mit Glassplittern übersät. Ich fegte sie zur Seite, schlug die Bücher auf und setzte mich auf Masons Schreibtischstuhl.

»Es ist noch etwas Geld für dich und die Ranch übrig, aber nicht viel. Aus Masons Versicherung wird der größte Teil für die Entschädigung der Familien der fünf toten Männer draufgehen, der Rest gehört den Gläubigern und dem Staat Kalifornien. Tut mir leid«, erklärte mir Trapanesse. »Ich kann nicht fassen, dass er tot ist.«

»Ja, ich auch nicht«, hatte ich geantwortet, ohne genau zu wissen, ob das stimmte.

In jener Nacht schlief ich im Büro über den Büchern ein, weil ich überprüfen wollte, ob Trapanesse wirklich so unfähig war, wie ich glaubte, und womöglich etwas übersehen hatte, aber zu meinem Pech war tatsächlich kaum noch Geld auf den Konten. Und das, obwohl jetzt ich Masons Schulden bezahlen musste, wenn ich die Ranch und das Geld von der Versicherung haben wollte. Nachdem der letzte Tropfen Erdöl unter der Erde verbrannt war, hatte es keine weiteren Blitze und Feuerstürme mehr gegeben.

Ich hob den Kopf in der Überzeugung, dass alles nur ein Albtraum war, aber plötzlich hörte ich den Wolf heulen, und der Gestank des verbrannten Erdöls stieg mir in die Nase; er hatte sich für immer in den Wänden des Hauses festgesetzt. Ich stand auf, lief zur Gästetoilette und erbrach alles, was ich im Magen hatte. Als ich mit tränenden Augen ins Büro zurückkehrte, stand Valentina im Schlafanzug in der Tür. Sie war die einzige Arbeiterin der Ranch, die im Haus wohnte, alle anderen schliefen im Arbeitertrakt dahinter, doch Valentina hatte ein Zimmer mit eigenem Bad im ersten Stock.

»Hast du Fieber?«, fragte sie. »Du bist ganz blass.«

»Ich habe mich erbrochen, mir ist von dem Brandgeruch schlecht geworden.«

Valentina kam näher, legte mir eine Hand auf die feuchtkalte Stirn und die andere auf meinen Bauch.

»Du bist schwanger! Glückwunsch.«

»Was? Das kann nicht sein«, erwiderte ich und wischte ihre Hand von meinem Bauch. »Was weißt du schon von Schwangerschaften? Ich bin keine Kuh, die du abtasten kannst, um festzustellen, ob sie schwanger ist. Das kann nicht sein.«

Ich schob sie beiseite und sank auf Masons Stuhl. Meine Kehle brannte vom Erbrechen, obwohl ich danach frisches Wasser getrunken hatte.

»Ob es dir gefällt oder nicht. Wenn du es bekommst, wird es einen weiteren Campbell auf dieser Welt geben.«

Ich legte die Hand auf meinen Bauch, genau an die Stelle, auf der zuvor Valentinas gelegen hatte, und spürte unter meinem Satinnachthemd das winzige Leben, das ohne meine Zustimmung in mir wachsen würde wie die Kletterpflanze, die mich überall hin verfolgte.

»Und was soll ich jetzt machen?« Ich sah Valentina fragend an und nahm die Hand von meinem Bauch. »Mein Mann ist tot, ich bin schwanger, und die Ranch ist ruiniert. Ich weiß nicht, was ich tun soll.«

Draußen heulte abermals der Wolf. Das Valley lag ohne die grellen Scheinwerfer wieder in dunkelblauem Licht. Valentina hatte ihn auch gehört, denn sie spähte mit ihren flinken Augen forschend in die Dunkelheit. Bei ihrem Anblick hatte ich keinerlei Zweifel mehr daran, dass sie die wahre Besitzerin dieses Landes war, ganz gleich, was in Masons Testament stand.

»Wölfe sind wilde Tiere, aber man kann sie an die Menschen gewöhnen und ihnen beibringen, nicht anzugreifen, wusstest du das? Vor allem die Weibchen, sie sind die wildesten dieser Spezies, aber sie kümmern sich auch um das Rudel«, erklärte sie, als wüsste ich das nicht. Dann sah sie mich an und fügte hinzu: »Selbst der wildeste Wolf kann mit viel Zeit und Geduld zutraulich werden, auch wenn er seine natürliche Wildheit nie ganz verliert. Du kannst es erkennen, wenn du ihm in die Augen schaust, auch bei Wölfen, die daran gewöhnt sind, unter Menschen zu leben – diese Wildheit in den Augen bleibt.«

Es war eine warme Nacht, aber mir lief bei Valentinas Worten ein Schauer über den Rücken.

»Ich dachte, es gäbe keine Wölfe im Valley, nur Kojoten und Präriehunde«, sagte ich und starrte in die alles aufsaugende Dunkelheit.

»Bevor du hergekommen bist, gab es auch keine. Du hast den Wolf mitgebracht, so wie den Efeu mit den blauen Blüten, der sich um den Brunnen rankt und dir überall hin folgt.« Valentina setzte sich auf den Stuhl vor dem Schreibtisch. »Fahr nach Hause, und bring dein Kind in der Heimat zur Welt. Der Krieg ist vorbei, und hier kannst du nicht mehr viel tun.«

»Ich kann nicht nach Spanien zurück, selbst wenn ich wollte. Mein Vater hat mich vor vielen Jahren aus dem Haus geworfen, deshalb musste ich Mason heiraten. Ich glaube nicht, dass er seine Meinung geändert hat, er wird mich nicht zurückkehren lassen.«

»Vergiss deinen Vater! Er ist bestimmt nur noch ein krummer Greis, der sich anscheißt, vielleicht erkennt er dich gar nicht wieder. Es ist auch dein Haus. Du hast jedes Recht, zurückzukehren.«

»Es ist mir sehr schwergefallen, Basondo zu verlassen, ich will nicht mehr zurück«, gestand ich. »Und ich glaube ganz und gar nicht, dass ich mit offenen Armen empfangen werde.«

Ich ließ den Kopf hängen und dachte an das, was ich zurückgelassen hatte.

»Was auch immer du getan hast und was dir solche Angst macht, ich wette, es ist weniger schlimm als in deiner Erinnerung«, sagte Valentina, als könnte sie meine Gedanken lesen. »Fahr nach Hause, und du wirst sehen, dass nicht nur du dich verändert hast in all den Jahren.«

Ich dachte darüber nach.

»Was wird dann aus der Ranch? Las Ánimas ist ruiniert, und es gibt keinen Tropfen Erdöl mehr. Ich kann nicht einfach so verschwinden«, argumentierte ich. »Und im Augenblick haben wir auch nicht genug Geld, um die Reise nach Spanien zu bezahlen und ein Kind aufzuziehen.«

»Wir teilen das verbliebene Geld auf den Konten. Eine Hälfte ist für dich, mit der anderen bauen wir die Ranch wieder auf«, schlug Valentina vor. »Es ist zwar nicht viel, aber für die Fahrkarte und für das Kind wird es reichen, und ich kann mir ein paar Tiere anschaffen.«

»Willst du dich um Las Ánimas kümmern?«

»Das tue ich doch schon seit vierzig Jahren«, lautete die Antwort.

Obwohl Trapanesse noch nicht genau sagen konnte, wie viel von

Masons Lebensversicherung übrig blieb: Wenn alle Schulden beglichen wären, könnte es reichen, um ein paar Kühe anzuschaffen, ein paar Männer einzustellen und das Geschäft wiederaufzunehmen.

»Fahr ruhig in deine grünblaue Heimat zurück, ich kümmere mich um die Ranch. Aber ich tue es nicht aus Loyalität dir oder Mason gegenüber, sondern weil ich die Einzige bin, die uns aus der Talsohle herausführen kann«, sagte Valentina, und ich wusste, dass sie recht hatte. »Ich werde Vieh kaufen und ein paar Männer anheuern, die besten, die ich finden kann. Wir werden Trapanesse entlassen, denn ich habe diesem Zwerg mit dem ausweichenden Blick noch nie über den Weg getraut, und ich werde dir alle zwei Monate nach Spanien Bericht erstatten, damit du siehst, wie es läuft, und die Einnahmen teilen wir jährlich untereinander auf.«

»Als Partnerinnen mit je fünfzig Prozent.«

»Genau, aber vergiss nicht, eine halbe Handvoll Staub ist nur eine Handvoll Staub.« Valentina stand auf und ging zur Tür, blieb jedoch noch einmal stehen und fügte hinzu: »Es ist nicht alles verloren. Ich weiß, dass unter dieser Erde immer noch Wasser fließt, und schon bald werden hier wieder Blumen, Pflanzen, Tiere und Menschen leben können. Wir werden es schaffen.«

Das Leben im Valley, das ich bei meiner Ankunft regelrecht hasste, war vor dem Erdöl orange und rau gewesen, und es würde sich in diesem karstigen Land wieder durchsetzen.

»Wie dem auch sei, ich werde niemals zurückgehen«, sagte ich ernst.

Valentina lächelte mich an, und ihre Zähne wirkten weißer als der Mond, der zum Fenster hereinschien.

»Natürlich wirst du zurückgehen, der Staub im Valley kennt jetzt deinen Namen«, versicherte sie mir. »Du wirst nicht lange allein bleiben, Hexe. Wohin auch immer du gehen wirst, die Wüste wird dich begleiten.«

VIERTER TEIL

ERDE

Der andere Marquis

Nachdem wir alle Gläubiger und Banken sowie den Staat Kalifornien bezahlt hatten, teilten Valentina und ich untereinander auf, was von Masons Lebensversicherung übrig blieb.

Der Mann in der Devisen-Wechselstube in Bilbao sah mich überrascht an, als ich ihm ein Bündel Dollar hinschob.

»Das sind abzüglich der Gebühren fast hunderttausend Peseten, Señora. Sie werden verstehen, dass ich nicht so viel Geld vorrätig habe, aber ich kann einen der Jungen zur Bank schicken und das Geld holen lassen, wenn Sie einen Moment warten möchten.«

»Ja, tun Sie das. Ich habe es nicht eilig.«

Zwei Stunden später händigte mir der Mann einen Umschlag mit abgegriffenen Geldscheinen und einem Quittungsbeleg aus.

»Können Sie mir sagen, wo ich einen Wagen mieten kann?«, fragte ich ihn, bevor ich den Zollhafen verließ.

»Einen Wagen? Anständige Frauen fahren nicht Auto. Suchen Sie sich besser einen Chauffeur, und seien Sie vorsichtig, an den Straßen entlang der Küste tummeln sich lauter Verbrecher und verlorene Seelen.«

Ich hatte nicht Autofahren gelernt, um mir von einem Angestellten mit pomadisiertem Schnurrbart sagen zu lassen, was ich zu tun hatte, also suchte ich eine Autovermietung und konnte den Mann davon überzeugen, dass ich es zur Villa Soledad allein schaffte.

Die Landstraße nach Basondo war in besserem Zustand als bei meiner Abreise, obwohl sie noch immer bergauf und bergab führte und der Hang in manch enger Kurve gefährlich steil zum Meer abfiel. Doch es kam mir kein Fahrzeug entgegen, und es gab weit und breit auch keine Spur von »Verbrechern und verlorenen Seelen«. Ich war im vierten Monat schwanger, musste aber kein einziges Mal anhalten. Seit ich Las Ánimas verlassen hatte, gewährte mir die Übelkeit eine Verschnaufpause, doch sie schien von schrecklichen Albträumen abgelöst worden zu sein, die mich jede Nacht heimsuchten. Manchmal träumte ich von einem Meer aus zähflüssigem schwarzen Erdöl, das alles überschwemmte und mir Mund und Lungen verklebte. Andere Male träumte ich von grellen orangefarbenen Flammen, die aus dem zerklüfteten Boden von Las Ánimas schossen und an den Tiefbohrern emporzüngelten wie das verfluchte Efeu, das mir nach Kalifornien gefolgt war.

Ich roch meinen Wald in der Frühlingsluft, bevor ich ihn hinter einem Hügel auftauchen sah, ebenso grün und üppig, wie ich ihn in Erinnerung hatte. Ich kurbelte das Fenster herunter, um den Duft von Kiefern, Farn und feuchter Erde in das Fahrzeug strömen zu lassen. Ein Stückchen weiter vorn tauchte schließlich hinter einer Kurve das grüne Dach der Villa Soledad auf.

Ich hielt vor der eisernen Gartenpforte und stieg aus. Der Schotter knirschte unter meinen Schuhen, ich nahm meine Handtasche mit dem Geld und dem Reisepass, ließ jedoch mein restliches Gepäck im Kofferraum. Als ich auf die hohe Pforte zutrat, glaubte ich hinter mir jemanden meinen Namen rufen zu hören, und drehte mich um. Auf der anderen Straßenseite wiegte sich die erste Baumreihe, die eine natürliche Grenze zwischen dem Wald und der restlichen Welt bildete, wie zum Gruß in der leichten Nachmittagsbrise.

»Wer bist du?«, fragte plötzlich eine männliche Stimme.

Ich drehte mich überrascht wieder um und sah einen Mann im Vorgarten der Villa stehen.

»Darf man erfahren, wer das fragt?«, erwiderte ich. »Sie befinden sich in meinem Haus, also, wer sind *Sie*?«

Der ungefähr dreißigjährige Mann, der einen altmodischen Anzug trug und mir flüchtig bekannt vorkam, schüttelte nur den Kopf.

»Hör mal, Schätzchen, *ich* bin der Hausherr und kann dir gleich sagen, dass wir niemanden mehr aufnehmen, schon gar keine Schwangere, also verschwinde besser wieder, denn du riechst nach Problemen, und zwar bis hierher.«

»Wo ist Carmen? Carmen Barrio. Lebt sie noch hier?«, fragte ich kalt.

Aber er lachte nur und vergrub die Hände in den Taschen seiner Hose, die ihm mindestens zwei Nummern zu groß war.

»Carmen lebt nirgendwo mehr, Schätzchen. Sie starb vor Kriegsende in derselben Woche, als die Señora Marquise ins Jenseits überging.«

Ich ging zur Gartenpforte und betrachtete die Hausfassade, die stark abblätterte und ungepflegt aussah.

»Carmen ist gestorben?« Mein Mund war trocken, und die Worte wogen schwer. »Und wo ist Catalina, ihre Tochter? Lebt sie noch hier?«

Bevor er antworten konnte, ging die Haustür auf – die ihre grüne Farbe, an die ich mich erinnerte, ebenfalls verloren hatte –, und eine Frau mit einem Kind auf dem Arm trat in den Garten.

»Was ist los, Pedro? Stimmt was nicht?«, fragte die Frau in einem Tonfall, der ahnen ließ, dass sie an schlechte Nachrichten gewöhnt war.

»Sag du es mir. Da fragt so eine feine, schwangere Señorita nach deiner Mutter.«

Ich überging den Mann mit dem geborgten Anzug und starrte die Frau an, die hinter ihm stand, als hätte sie Angst, näher zu kommen.

»Catalina?« Ich umklammerte die rostigen Eisenstangen, um Pedro klarzumachen, dass ich nicht verschwinden würde. »Catalina, bist du es? Ich bin's, Estrella.«

Ich sah, wie sich Catalinas Augen vor Rührung mit Tränen füllten, als sie mich erkannte.

»Estrella, du bist wieder da.«

Sie kam zur Pforte gelaufen und suchte dabei in ihrer Schürzentasche nach dem Schlüssel.

»Wer ist das?«, fragte Pedro herablassend, als sie an ihm vorbeiging.

»Das ist die Hausherrin, die Marquise de Zuloaga, sie ist wieder da. Geh schon, hol ihr Gepäck aus dem Wagen, und bring es ins Turmzimmer hinauf.«

Pedro starrte mich an, und ich wusste, dass ihm meine Heimkehr überhaupt nicht passte, aber mir war das egal, weil Catalina inzwischen aufgeschlossen hatte und mich lange und fest umarmte. Ich spürte die Wärme ihres Körpers und die des Kindes an meiner Brust, ich roch die Ausdünstungen ihrer schmutzigen Schürze, die nach ranzigem Brot und ungelüfteten Zimmern roch, und den Duft ihres kastanienbraunen Haares, das sie zu einem lockeren Knoten aufgesteckt hatte.

»Du hättest nicht zurückkehren dürfen«, flüsterte sie mir unter Tränen ins Ohr. »Du warst auf der anderen Seite des Ozeans bei deinem Mann in Sicherheit vor diesem Albtraum, warum bist du hier? Wie konntest du nur zurückkehren?«

Als Pedro an uns vorbeiging, rempelte er mich absichtlich an, um klarzustellen, wer der Herr im Haus war. Catalina, das Haus … alles gehörte ihm.

»Es gab einen Brand auf der Ranch«, erklärte ich und beachtete Pedro und sein schlechtes Benehmen nicht weiter. »Mason ist umgekommen, und ich wusste nicht, was ich tun soll, also beschloss ich, das Kind zu Hause zu bekommen.«

Ich löste mich ein wenig von Catalina, um sie besser ansehen zu können, und zuerst fiel mir auf, dass meine Halbschwester in der vergangenen Zeit sichtlich gealtert war. Dunkle Schatten lagen unter ihren braunen Augen, die einen Teil ihrer Lebendigkeit verloren hatten, und durch ihr Haar zog sich eine weiße Strähne, genau wie bei ihrer Mutter.

»Oh, Estrella, das tut mir sehr leid. Ich mochte Mason sehr, er war ein guter Mann und bestimmt auch ein guter Ehemann«, sagte sie, und ich spürte, dass es aufrichtig gemeint war, im Gegensatz zu all denen, die mir auf dem Friedhof von San Bernardino kondoliert hatten. »Das ist Pedro, mein Mann. Und das hier ist Marina, unsere Tochter. Sag Hallo, Marina, das ist deine Tante Estrella.«

Das Mädchen, das dieselbe zarte Nase und die feinen Lippen ihrer Mutter hatte, starrte mich einen Augenblick neugierig an, versteckte aber gleich darauf das Köpfchen in der Halsbeuge ihrer Mutter.

»Sie fremdelt ein bisschen, aber sie wird dich schon bald mögen.« Mit traurigem Lächeln sah Catalina die Kleine an und drückte ihr einen Kuss auf das helle Haar. »Wie ich sehe, bist du schwanger. Glückwunsch.«

Ich sah auf meinen Bauch hinab, der inzwischen deutlich zu sehen war.

»Ja, Glückwunsch ...«, murmelte ich. »Du hast mir nicht geschrieben, dass deine Mutter gestorben ist.«

Catalinas Blick verlor sich über den ungepflegten Rasen des Vorgartens.

»Ja, ich hätte es dir schreiben oder dich anrufen sollen, aber das Telefon im Büro funktioniert nicht mehr, seit die Nationalen vor zwei Jahren die Leitungen im ganzen Tal gekappt haben«, erklärte sie nervös. »Ich weiß, das ist keine Entschuldigung, aber deine Mutter starb und meine vier Tage später, ich war plötzlich allein und musste mich um alles kümmern und mich erst daran gewöhnen, dass sie nicht mehr da waren. Und bei all den Toten und Gefallenen hatte ich das Gefühl, kein Recht darauf zu haben, traurig zu sein. Es gibt kaum eine Familie hier, die nicht jemanden verloren hat, und alle haben viel zu viel Angst, um zu trauern.«

Endlich sah Catalina auf, und ich erkannte in ihren Augen, wie sehr sie insgeheim um ihre Mutter, meine Mutter und bestimmt auch über sich selbst geweint hatte. Zwei Tropfen in einem Meer aus Toten.

»Aber lass uns besser nicht davon sprechen, man weiß nie, wer zuhört und es ins Hauptquartier trägt.« Catalina schluckte und blickte sich besorgt um, als befürchte sie tatsächlich, jemand könnte zwischen den knorrigen Obstbäumen stehen und zuhören. »Aber jetzt, wo du wieder da bist, wird alles besser, auch wenn ich dir leider sagen muss, dass du in Kalifornien besser aufgehoben warst. Hier hat sich seit deinem Weggang viel verändert, nach dem Krieg und allem anderen wäre ich in tausend Jahren nicht zurückgekehrt.«

»Ja, das dachte ich früher auch«, räumte ich widerwillig ein. »So viel Mühe und das große Bedürfnis, von hier wegzukommen, und jetzt bin ich wieder in Basondo.«

Ich sah zum Haus und stellte fest, dass außer dem bedauerlichen Zustand des Gartens und der abgeblätterten Haustür auch mehrere Fensterscheiben geborsten waren und niemand sich die Mühe gemacht hatte, sie auszutauschen.

»Liebe Estrella, die Heimat hat dich zurück«, sagte sie mit angedeutetem Lächeln. »Jedenfalls darfst du keinen großen Luxus erwarten, eigentlich gar keinen. Du kannst froh sein, wenn du etwas zum Essen auf den Tisch stellen kannst.«

»Ja, ich sehe schon, es muss euch in den Kriegsjahren richtig schlecht gegangen sein.«

»Gegangen sein?« Catalina schüttelte den Kopf. »Nein, es geht uns immer noch schlecht, wie allen. Richtig, der Krieg ist zu Ende, aber das Elend hat gerade erst angefangen. Was man so hört, jagt einem Angst ein, Estrella, und das Schlimmste ist, dass man nicht einmal weit gehen muss, um die schrecklichsten Geschichten zu hören. Selbst hier im Dorf kann mehr als einer von Dingen erzählen, von denen man eine Gänsehaut bekommt. Wenn sie es überhaupt wagen, darüber zu sprechen, denn die Angst ist größer als der Hunger, und hungern müssen wir alle hier. Aber die Angst ist viel schlimmer, sie hat sich in den Häusern eingenistet und im ganzen Land ausgebreitet.«

Ich spürte das Gewicht der fast hunderttausend Peseten in meiner Tasche. Der Mann in der Wechselstube hatte gesagt, dass es viel Geld sei, aber nach den Jahren im Ausland und weit weg vom

Bürgerkrieg hatte ich keine Ahnung, wie viel das Geld tatsächlich wert war.

»Du wirst es schon bald erleben«, versicherte mir Catalina und wechselte das Kind auf den anderen Arm. »Jetzt ist es besser, den Mund zu halten, wenn man sich nicht in Schwierigkeiten bringen will; auch du als Marquise solltest vorsichtig sein.«

Pedro trug meine beiden Louis-Vuitton-Koffer, die Mama Alma und mir in einem anderen Leben geschenkt hatte, wortlos ins Haus. Erst da sah ich, dass die altersschwache Gartenpforte mit einer rostigen Kette und einem Vorhängeschloss versehen war, damit niemand das Grundstück betreten konnte.

»Komm, lass uns reingehen, und du erzählst mir alles in Ruhe, während ich das Abendessen zubereite.« Catalina gab mir einen liebevollen Schubs in Richtung Haustür. »Warum hast du dich nicht angekündigt, dann hätte ich dir das Zimmer hergerichtet oder dich in Bilbao abgeholt.«

»Keine Sorge, ich habe mir ein Auto gemietet.«

Catalina lachte, als klänge es ihr selbst fremd, weil sie es lange nicht gehört hatte.

»Du bist selbst gefahren? Dann hast du am Ende deinen Kopf tatsächlich durchgesetzt und Autofahren gelernt, was?«, sagte sie, als wir ins Haus gingen. »Freut mich für dich, der Hispano-Suiza vom Marquis verstaubt in der Garage, weil ihn keiner fährt, was für eine Geldverschwendung! Auch so eine Marotte des Marquis: Kaum hatte er ihn, interessierte er sich nicht mehr dafür.«

Das bezog sich natürlich auch auf ihre Mutter.

»Na los, erzähl mir alles, was du in Amerika erlebt hast. Wie ist es so, wie lebt man dort … Kalifornien ist bestimmt wunderschön, das muss es sein mit der Sonne und den vielen Kinostars«, plapperte Catalina.

Sie erinnerte mich an ihre Mutter, wenn diese begeistert die Magazine oder Kinoplakate aus Hollywood studierte und dabei von Rudolph Valentino schwärmte.

»Natürlich, nach der Autofahrt bin ich hungrig wie ein Wolf«, sagte ich leichthin, aber es war schon zu spät.

Über Catalinas Lippen huschte ein vielsagendes Lächeln.

»Nun ja, ich sagte dir ja schon, dass es nicht viel zu essen gibt, aber das wenige werden wir mit dir teilen, keine Sorge, wir werden es schon schaffen.«

»So schlecht geht es euch?«

»Ja, nicht nur dein Leben hat sich in den letzten Jahren verändert.«

Im Vestibül der Villa Soledad war es finster. Beim Eintreten hatte ich den Lichtschalter neben der Tür gedrückt, aber der Kristalllüster blieb dunkel.

»Der funktioniert schon seit Monaten nicht mehr, wie fast alles im Haus«, sagte Catalina auf dem Weg in die Küche. »Und selbst wenn er es täte, hätten wir nicht genügend Glühbirnen, aber egal, ich glaube nicht, dass es in Basondo noch welche gibt.«

Der mir vertraute Geruch des Hauses hatte sich mit den Jahren verflüchtigt. Jetzt roch es nach einer Mischung aus ungelüfteten Räumen, Feuchtigkeit, Staub und noch etwas, das ich nicht benennen konnte, als ich durch das düstere Vestibül ging. Ich hatte damit gerechnet, Alma in der Villa wiederzusehen, ich war sogar kurz stehen geblieben und hatte zum Treppengeländer hochgesehen in der Überzeugung, von meiner Schwester mit ihrem langen weißen Spitzenkleid und ihrer Zopfkrone bereits erwartet zu werden. Aber sie war nirgendwo zu sehen.

Vielleicht hat sie sich inzwischen an ihr Grab gewöhnt, dachte ich. Dann folgte ich Catalina in die Küche, die schien der einzige beleuchtete Raum zu sein, denn das Feuer im Holzofen warf seinen gelblichen Schein bis ins Vestibül.

»Setz dich, du musst mir alles erzählen. Ich mache so lange das Abendessen fertig. Abgesehen von der Versorgung von Marina und dem Marquis habe ich ja keine Ablenkung«, sagte Catalina und gab mir ihre Tochter. »Beschäftige sie ein Weilchen, damit sie nicht weint, ja? Ich will nicht, dass Pedro davon gestört wird. Außerdem kannst du schon ein bisschen üben, bis es so weit ist.«

Ich setzte mich auf einen Küchenstuhl und Marina auf meinen Schoß. Es war der altbekannte Eichentisch, aber seine Oberfläche war jetzt matt und übersät mit Flecken und unzähligen Kratzern, die mich an die Krallen eines wilden Tieres denken ließen.

»Wie ich sehe, ist das Haus auch innen sehr vernachlässigt«, sagte ich, als ich mich in der Küche umschaute. »Ich wusste nicht, dass es dir so schlecht geht, ich hätte dir für Reparaturen und Essen Geld schicken können.«

»Es gibt nicht viel zu kaufen, nur das, was dir laut Lebensmittelkarten zusteht, und auch das ist oft nicht zu bekommen.«

Die massiven, hellgrauen Holzmöbel mit den Glasgriffen, die meiner Mutter so gefallen hatten, waren jetzt fleckig und abgenutzt. An einigen Schränken fehlten die Türen und ließen den Blick auf die gestapelten Teller und Gläser frei. Die Glasgriffe waren allesamt verschwunden, und irgendjemand, wahrscheinlich Catalina, hatte Schnüre durch die Löcher gezogen, damit man die Türen öffnen konnte. Die früher sehr beliebten weißen Kacheln – die es sogar in den Küchen von Fünf-Sterne-Hotels gab –, waren jetzt vergilbt und einige auch gesprungen, ebenso wie die schwere Marmorplatte auf der Anrichte, an der Catalina zu arbeiten pflegte.

»Es wirkt, als wäre Villa Soledad jahrelang unbewohnt gewesen«, sagte ich nach meinem Rundblick.

»Du hast sie noch nicht bei Tageslicht gesehen, du wirst weinen, wenn du das erblickst. Nun ja, so ist das eben«, sagte Catalina resigniert. »Wenigstens haben wir ein Dach über dem Kopf, auch wenn das Haus ziemlich baufällig ist und wir kein Geld für neue Fensterscheiben haben.«

»Was ist mit deinem Mann? Kann er nicht das eine oder andere reparieren?«

Catalina antwortete nicht. Die kleine Marina zappelte auf meinen Schoß herum, als wolle sie zu ihrer Mutter zurück.

»Ich glaube, er mag mich nicht besonders«, fügte ich hinzu.

Catalina stellte einen Topf mit Wasser auf den Herd, drehte sich um und sah mich liebevoll an, erwiderte aber nichts darauf.

»Was wirst du jetzt machen? Hast du schon darüber nachgedacht?«, fragte sie und zeigte dabei mit dem Kopf auf meinen Bauch. Mir fiel auf, dass sie wieder flüsterte, damit uns niemand hören konnte. »Willst du es bekommen? Wenn nicht, solltest du wissen, dass sie dich ins Gefängnis stecken, falls du abtreiben willst, denn der Arzt wird dich dafür anzeigen. Oder sie sperren dich in eines dieser widerlichen Heime für unverheiratete Mütter, nehmen dir nach der Geburt das Kind weg und geben es in eine fremde Familie.«

Ich starrte auf meinen Bauch, der nicht länger zu verbergen war, auch nicht unter weiten Kleidern.

»Ich weiß es nicht«, räumte ich ein. »Hattest du auch Zweifel während der Schwangerschaft?«

Catalina schnaubte und nickte, ohne sich umzudrehen.

»Natürlich hatte ich die, wie wir alle, auch wenn wir es nicht laut aussprechen. Oder glaubst ich, ich wollte mit zwanzig schwanger werden und mitten im Krieg niederkommen? Natürlich nicht, aber die Männer fordern ihr Recht ein, und man kann nicht immer Nein sagen zu einem Ehemann«, murmelte sie, wagte es aber nicht, mich anzublicken. »Ihnen ist das egal, wir müssen uns schließlich um das Kind kümmern. Aber ich überlegte zu lange, was ich tun sollte, dann war mein Bauch nicht mehr zu übersehen, und mir blieb nichts anderes übrig, als es zu bekommen. Es ist gar nicht so schlecht, nach einiger Zeit gewöhnst du dich dran.«

Als wüsste sie, dass wir von ihr sprechen, wand sich Marina in meinen Armen.

»Du hast gesagt, dass du den Marquis versorgst – das heißt also, der Alte lebt noch?«, fragte ich, um von meiner Schwangerschaft abzulenken. »Ich dachte, er würde als Erster auf dem Friedhof landen.«

»Ich auch, aber so ist es nicht gekommen, auch wenn er sich nie vollständig von der Sache mit der Kletterpflanze erholt hat. Doktor Ochoa, dieser Arzt, der jede Woche aus Bilbao kam, ist nach dem Putsch nach Mexiko ausgewandert. Deshalb ist das Bein vom Marquis nie richtig verheilt.«

»Seit ich nach Kalifornien gegangen bin, habe ich immer gehofft, dass du mir eines Tages endlich seinen Tod verkünden würdest«, gestand ich ohne jegliche Scham.

»Das hätte ich wirklich gern getan, denn der Marquis hat mit seiner Bösartigkeit erst deine Mutter, dann meine und vor allem Alma ins Grab gebracht, aber er lebt immer noch, und ich muss ihn versorgen, damit er mich weiter hier leben lässt.« Catalina holte eine Kartoffel und zwei Paprika aus einem Schrank und wusch sie. »Mir wäre es egal, wenn ich dieses verfluchte Haus verlassen müsste, aber ich will nicht, dass die kleine Marina auf der Straße oder weiß Gott wo aufwachsen muss, deshalb kümmere ich mich um ihn.«

Catalina drehte sich um und sah ihre Tochter an, bevor sie einer Schublade ein Brett und ein Messer entnahm.

»Und was ist mit Pedro?«, fragte ich. »Hat er keine Arbeit, um euch zu unterhalten?«

»Arbeit? Nein, heutzutage hat fast keiner Arbeit. Das Bergwerk wurde noch vor Kriegsende geschlossen, der Marquis hat sich mit den Aufständischen eingelassen und alles verloren«, erwiderte Catalina und schnitt die Paprika in kleine Stücke. »Doch abgesehen davon war die Grube ausgebeutet, das Eisenerz reichte nicht einmal mehr für eine Pfanne, sie haben alles abgebaut.«

Ich setzte mich bequemer und achtete darauf, dass Marinas Beinchen nicht an die Tischkante stieß.

»Wovon lebt denn das Dorf jetzt, wenn die Grube geschlossen ist?«

»Es vegetiert vor sich hin. Der Marquis musste alle Männer, die noch für ihn arbeiteten, entlassen. Einige zogen in den Krieg und kehrten nicht zurück, andere schon, finden aber keine Arbeit, und die meisten sind aus dem Land geflohen, solange es noch ging.« Catalinas Schnitte wurden lauter. »Jetzt leben noch vier Seelen im Dorf, mit dir sind es fünf.«

Sie sah mich resigniert an, wischte sich die Hände an der Schürze ab und kam zum Tisch.

»Wie schön«, meinte ich ironisch.

»Hör zu, es ist nicht mehr wie früher, Estrella. Jetzt musst du den Kopf einziehen und vorsichtig sein, damit dir nichts passiert, und sei vor allem vorsichtig mit …«

Aber bevor Catalina den Satz beenden konnte, betrat ihr Mann die Küche.

»Wann gibt's was zu essen? Sag bloß nicht, ihr habt euch verquatscht, statt zu kochen. Es ist schon spät, und ich möchte zeitig essen; es ist nicht gut, mit vollem Magen ins Bett zu gehen.« Pedro sah erst Catalina und dann mich an, aber ich hielt seinem Blick ungerührt stand. »Der Alte sagt, er will dich sehen. Er ist im Arbeitszimmer, ich nehme die Kleine so lange.«

»Wenn der Marquis mich sehen will, kann er herkommen«, erwiderte ich und sah wieder Catalina an. »Und was ist mit dem Zuloaga-Werk? Existiert es noch?«

Ich spürte die Anspannung im Raum und Pedros Hass, weil er sich übergangen fühlte, aber das störte mich nicht. Ich war nicht nach Hause gekommen, um ihm oder dem Marquis zu Diensten zu stehen.

»Ja, das Zuloaga-Werk existiert noch auf dem Papier, ist aber hoch verschuldet. Wir haben in all den Jahren keine einzige Pesete eingenommen.« Catalinas Stimme zitterte leicht, als sie ihren Mann ansah, der mit geballten Fäusten in der Küchentür stand. »Ich glaube nicht, dass jemand die Buchhaltung auf den neuesten Stand gebracht hat seit … Kann ich mir jedenfalls nicht vorstellen.«

Pedro verließ schnaubend die Küche, um uns zu verstehen zu geben, dass er wütend war. Erst als seine Schritte verhallt waren, kam Catalina zu mir, schaute aber vorher mehrmals zur Tür.

»Tu das nicht, Estrella, das bringt uns beide nur in Schwierigkeiten«, flüsterte sie. Dann nahm sie mir Marina ab und wiegte sie hin und her, obwohl sie nicht weinte. »Es ist nicht mehr wie früher, du kannst jetzt nicht mehr sagen, was dir gerade durch den Kopf geht oder tun, was du willst.«

»Das ist mein Haus. Niemand hat mir im eigenen Haus etwas vorzuschreiben, auch dein Mann nicht.«

Aber Catalina wiegte weiter das Kind; es wirkte, als wollte sie sich selbst beruhigen.

»Dein Vater lebt noch, und auch wenn er alt und senil ist, bleibt er doch der Marquis de Zuloaga, der Herr von allem, auch im Dorf ist er immer noch eine Autorität«, flüsterte Catalina. »Also versuche, mit ihm auszukommen, wenn du hierbleiben willst.«

»Der Marquis lebt nicht ewig, er muss inzwischen uralt sein, und wenn er stirbt …«

»Wenn der Marquis stirbt, wird Pedro immer noch da sein«, unterbrach sie mich leise. »Er hat sich beim Marquis regelrecht eingeschleimt, die beiden sitzen den lieben langen Tag bei Gott weiß was im Salon oder im Jagdzimmer. Selbst wenn der Marquis morgen sterben sollte und du alles erbst, wird Pedro der Mann im Haus sein. Du wirst seine Erlaubnis benötigen, um dir das Erbe auszahlen zu lassen, um das Land zu verkaufen und sogar, um zu heiraten. Aber auch nur, wenn er den Alten nicht vorher dazu überredet, sein Testament zu ändern und alles ihm zu überschreiben oder dem Marquis einfallen sollte, mich doch als legitime Tochter anzuerkennen und Pedro zum Marquis de Zuloaga zu machen, wenn er stirbt.«

»Was? Aber er gehört nicht zur Familie, und du sagst mir, ich muss deinen Mann um Erlaubnis für alles bitten, selbst wenn ich aufs Klo gehen will?« Ich war laut geworden und sah die Panik in Catalinas Augen. »Warum trennst du dich nicht von ihm? Soll er doch verschwinden mit seinen schlechten Manieren, vielleicht findet er eine andere Dumme, die ihn erträgt. Wir zwei bleiben im

Haus, bis der Marquis stirbt, deshalb ist es ja unser Haus, und wir haben alles Recht der Welt, darin zu leben. Ich habe ein bisschen Geld, damit kommen wir eine Zeit lang zurecht.«

Catalina lachte bitter auf und gab Marina einen Kuss auf die Stirn, aber ich wusste, dass sie die Tränen zurückhalten musste, als sie sagte:

»Es wäre schön, wenn wir beide zusammen mit den Mädchen hier leben könnten, ich würde Pedro auch verlassen, aber heutzutage kannst du dich nicht mehr von einem Ehemann trennen, egal, welch schreckliche Dinge er auch tun mag, du kannst ihn nicht verlassen, das ist gegen das Gesetz.«

Ich lehnte mich seufzend im Stuhl zurück. Catalinas Worte hatten mich regelrecht erschlagen.

»Der Mietwagen steht vor der Tür, wir drei könnten verschwinden, wenn die beiden schlafen. Sie merken erst morgen früh, dass du nicht mehr da bist«, flüsterte ich. »Ich habe Geld, und wir könnten in Bilbao die Fähre nach England nehmen …«

Erst als ich es ausgesprochen hatte, fiel mir wieder ein, dass sich England und halb Europa im Krieg befanden und auf London deutsche Bomben fielen.

»Bist du verrückt? Weißt du, was passieren wird, wenn sie uns erwischen?« Catalina sah mich entsetzt an. »Sie werden uns erst in ein grässliches, dreckiges Gefängnis stecken, wo man uns alles Mögliche antun wird, und sie werden mir Marina wegnehmen und weiß Gott wem geben oder Schlimmeres. Wenn ich allein wäre, würde ich sofort mit dir ins Auto steigen, aber ich kann nicht riskieren, meine Tochter in Gefahr zu bringen.«

Ich sah, wie Catalina sich an die Kleine klammerte und wusste plötzlich, dass sie all diese Möglichkeiten bereits erwogen hatte.

»Was können wir also tun?«

Ich hörte energische Schritte auf die Küche zukommen.

»Nichts, du kannst nichts tun«, antwortete Catalina rasch, bevor Pablo wieder im Türrahmen auftauchte. »Ich werde jetzt dem Marquis die Suppe und ihn danach ins Bett bringen. Schneide du bitte noch die Kartoffel, und pass auf Marina auf, ja?«

Catalina lächelte mich nervös an, also stand ich auf und nahm Marina auf den Arm. Sie war schwerer, als ich dachte, und sie roch nach Seife und Eukalyptus. Marina streckte die Ärmchen aus, als wolle sie zu ihrer Mutter zurück, aber Catalina hatte die Küche schon verlassen. Und Pedro grinste boshaft, bevor auch er wieder verschwand.

Ich wohnte wieder in meinem alten Turmzimmer, und es fühlte sich an, als hätte ich Villa Soledad nie verlassen. Die Möbel waren zum Schutz vor Staub mit alten Tüchern zugehängt worden, und nachdem ich alles abgenommen, frische Bettwäsche aufgezogen und ein wenig saubergemacht hatte, entschied ich, mich zu waschen und ins Bett zu gehen. Pedro hatte meine Koffer vor das Badezimmer gestellt, und als ich den ersten öffnete, purzelten mir meine samtbezogenen Schuhe entgegen. Es waren die Pumps, die ich mir in einem anderen Leben für den Empfang im Hotel Ambassador in Los Angeles gekauft hatte. Ich hob sie auf und legte sie vorsichtig wieder in den Koffer. In diesem verfallenen Haus voller kaputter Lampen und Schimmelflecken an den Wänden erschienen sie mir nutzlos. Ich vergewisserte mich, die Tür abgeschlossen zu haben, und zog den Umschlag mit dem Geld aus meiner Tasche.

»Sag Pedro nicht, dass du Geld hast, auch nicht dem Marquis, sonst musst du es ihnen aushändigen. Versteck es gut, wir werden schon eine Verwendung dafür finden«, hatte Catalina mir leise vorgeschlagen, als wir beide wieder allein in der Küche waren.

Der gelbe Umschlag wog schwer in meiner Hand, als ich mich im Zimmer nach einem Versteck umsah. Ich öffnete den Schrank aus Kirschbaumholz mit den Spiegeltüren, in dem die alten Hutschachteln verstaubten, und überlegte, ob ich das Geld in einer von ihnen verstecken sollte, aber dann fiel mir wieder ein, dass ich vor vielen Jahren Großmutter Soledads Kette mit dem Smaragdanhänger darin versteckt und der Marquis sie am Ende doch einkassiert hatte. Ich wollte auf keinen Fall, dass sich das wiederholte.

Während ich in Windeseile nachdachte, glaubte ich drüben im Wald den Wolf heulen zu hören. Ich lief zum Fenster, hinter dem sich die große, dunkle Silhouette des Waldes abzeichnete, und erkannte vor der ersten Baumreihe schemenhaft das große Tier mit dem funkelnden Bick aus einem grünen und einem gelben Auge.

Als ich die Stirn an die Scheibe lehnte, um ihn besser sehen zu können, knackte es unter meinen nackten Füßen. Eine der Holzdielen vor dem Fenster war lose. Ich bückte mich und hob sie vorsichtig an. Die Öffnung darunter war groß genug. Ich leerte mein Necessaire, legte den Umschlag mit dem Geld – außer ein paar Scheinen, die ich in mein Portemonnaie gesteckt hatte – hinein und versteckte es unter der Diele. Für den Fall, dass Pablo mein Zimmer durchsuchen sollte, schob ich den alten Ledersessel, in dem Alma ihre romantischen Gedichte gelesen hatte, vor das Fenster und legte ein Buch darauf.

Als ich wieder zum Wald hinübersah, war der Wolf verschwunden. Und da begriff ich, dass er mir in Wirklichkeit half.

Unser Geheimnis

Zwei Tage nach meiner Rückkehr in die Villa Soledad glaubte ich Alma in Großmutters Wintergarten zu sehen. Der Morgen graute, und das hereinfallende Licht hatte mich geweckt. Doch nach einem Blick aus dem Fenster erkannte ich, dass es nicht Alma, sondern Catalina war. Das war schon das zweite Mal, dass ich die beiden verwechselte.

Ich zog mich in aller Ruhe an. Meine Kleider hingen im Schrank, aber sie waren entweder zu eng oder zu elegant für dieses Haus, ebenso die Schuhe, weshalb ich das Kleid mit weitem Rock von Großmutter wählte, das ich auch getragen hatte, als ich das Wasser nach Las Ánimas zurückholte.

Es war ein klarer, kalter Frühlingsmorgen. Die Stille im Haus war gespenstisch, es wirkte, als wäre es nur von Geistern bevölkert, und vielleicht war es das auch, denn mir rann ein Schauer über den Rücken, als ich das verwaiste Vestibül durchquerte und die Rollstuhlräder hinter der geschlossenen Tür von Vaters Zimmer quietschen hörte. Ich hatte den Marquis noch nicht gesehen und auch nicht die Absicht, das zu ändern, weshalb ich in den seitlichen Flur abbog, der in den hinteren Garten führte.

»Ich dachte schon, du wärst wieder fünfzehn, als ich dich von oben gesehen habe«, sagte ich zu Catalina, als ich den Wintergarten betrat.

Das war nur die halbe Wahrheit, aber ich wollte Alma nicht erwähnen und damit ihr Auftauchen heraufbeschwören, als wäre das Nennen ihres Namens eine Art Zauberformel.

»Das wäre schön, nicht wahr? Wenn wir beide wieder junge

Mädchen wären, aber all das wüssten, was wir in der Zwischenzeit gelernt haben. Und es hätte keinen Krieg gegeben, weder Hunger noch Angst.«

»Ja, das wäre schön«, stimmte ich ihr zu und klang irgendwie sentimental.

»Und, wie geht es dir? Es dürfte nicht einfach sein, sich wieder an dieses Haus und an Basondo zu gewöhnen, nach allem, was du erlebt hast, noch dazu als schwangere Witwe.«

Ich sog die kühle Morgenluft ein.

»Ja, als schwangere Witwe. Es ist seltsam, weil ich mich immer noch wie die alte Estrella fühle, aber dieser Ort jetzt ganz anders wirkt.«

Großmutter Soledads Wintergarten war schmutzig und heruntergekommen, er hatte nichts mehr von dem kleinen Glaspalast, in dem sie sich stundenlang vor der Welt versteckt und ihren Rosen gewidmet hatte. An den Glaswänden klebte trockene Erde und Staub, manche waren zerbrochen und notdürftig mit Stacheldraht geflickt, damit keine Kleintiere eindringen und die Pflanzen anknabbern konnten. Der lange Arbeitstisch, auf dem Großmutter vor vielen Jahren Stecklinge in Tontöpfe und Blumenkästen gepflanzt hatte, war verschwunden, aber die schmiedeeisernen Regale standen noch an der Wand und ächzten förmlich unter dem Gewicht von Zementsäcken, feuchter Erde und aufgestapeltem, verfault riechendem Holz.

»Kümmerst du dich noch um Großmutters Rosen?«, fragte ich.

Catalina kniete auf dem Boden, ich konnte ihr Gesicht nicht sehen, weil sie mir den Rücken zudrehte, aber ich erkannte, dass sie ohne Handschuhe arbeitete.

»Ja. Vor einiger Zeit wollte ich sie absterben lassen, aber ich habe keine Ahnung, woraus diese verdammten Rosenstöcke gemacht sind, sie halten alles aus«, sagte sie, ohne mich anzublicken. »Wenn du glaubst, sie seien eigentlich vertrocknet, blühen sie anschließend noch schöner und kräftiger.«

Ich sah die kleine Marina erst, als sie sich bewegte. Sie saß in der alten Schubkarre, die unser früherer Gärtner Emilio dazu benutzt hatte, Gartenabfälle zu transportieren. Ihre Mutter hatte ihr eine karierte Decke untergelegt, und sie spielte mit dem Deckel eines Glases, aber im Wintergarten war es warm.

»Ja, Rosen sind ausdauernde Pflanzen, das verkennen wir oft«, sagte ich im Bewusstsein, dass keine von uns beiden von der Pflanze sprach. »Was gräbst du da aus? Das sind aber keine Rosen.«

»Nein, das sind Kartoffeln und Lauch, das einzige Zeug, was in diesem feuchten Boden gedeiht, aber immerhin etwas. Gäbe es meinen geheimen Garten nicht, wären wir schon verhungert. Was glaubst du, woher die Zutaten für das Abendessen stammen? Bestimmt nicht von diesen widerlichen rationierten Lebensmittelkarten.«

Ich ging näher und sah die Blätter des Knollengewächses aus der Erde ragen.

»Und niemand weiß, was du hier tust? Im Wintergarten? Nicht einmal dein Mann?«

»Vor allem nicht mein Mann«, erwiderte sie, ohne sich umzudrehen. »Männer haben keine Geduld für Dinge, die erst wachsen müssen, und mein Mann ist da keine Ausnahme. Sie wollen alles sofort. Nein, wenn Pedro von diesem Garten wüsste, hätte er ihn schon zertreten.«

»Ja, dein Mann legt das gleiche schlechte Benehmen an den Tag wie der Marquis. Deshalb verstehen sie sich wahrscheinlich so gut.«

Marina hustete und ließ den Aluminiumdeckel fallen, mit dem sie gespielt hatte. Ich stand näher bei ihr, weshalb ich ihn aufhob und saubermachte.

»Woher weißt du, dass es ein Mädchen wird?«, fragte ich Catalina unvermittelt, als ich ihre Tochter ansah. »Du hast gestern in der Küche gesagt: Wir und die Mädchen. Woher weißt du, dass ich eine Tochter bekommen werde?«

»Weil es immer Mädchen sind. Die Frauen dieser Familie haben selten Söhne geboren, ist dir das noch nicht aufgefallen?«

Ich überlegte kurz.

»Stimmt.«

Marina hustete wieder, diesmal so heftig, dass sich ihre Wangen rot färbten und ihre braunen Äuglein mit Tränen füllten. Catalina wischte sich die Hände an der Schürze ab und nahm ihre Tochter auf den Arm.

»Ist ja gut, schhhht... Ist schon vorbei, mein Schätzchen«, tröstete sie die Kleine liebevoll.

Aber Marina hustete weiter, als bekäme sie nicht richtig Luft, und ihre kleinen Hände krallten sich ängstlich in das geblümte Kleid ihrer Mutter.

»Was hat sie?«

»Sie hat es mit den Bronchien, schon von Geburt an.« Catalina wiegte sie in den Armen, aber das Kind öffnete und schloss den kleinen Mund wie ein Fisch. »Sie hatte es sehr eilig, mich kennenzulernen, und kam etwas früher zur Welt, nicht wahr, mein Schätzchen? Und ich wollte sie auch endlich in den Arm nehmen.«

Catalina drückte die Kleine, die nicht zu husten aufhören konnte.

»Gibt es denn nichts, das du ihr geben könntest, wenn sie diese Anfälle bekommt? Ein Medikament, etwas, das ihr hilft, besser Luft zu bekommen«, fragte ich mit besorgtem Blick auf das Kind.

»Doch, es gibt ein Medikament für die Bronchien, das ihr sehr gut hilft, aber ich habe kein Geld dafür. Normalerweise geht es nach einiger Zeit wieder vorbei«, antwortete sie. »Wenn sie sich beruhigt, atmet sie wieder gleichmäßiger, und wenn es nicht vergeht, mache ich ihr einen Eukalyptusumschlag. Ich würde ihr gern helfen, aber mehr kann ich nicht tun.«

Da fiel mir wieder der leichte Eukalyptushauch ein, den die Kleine verströmte.

»Ich habe Geld. Kann man dieses Medikament in Basondo kaufen?«

»Ja, man kann es in der Dorfapotheke zubereiten lassen, aber es ist nicht billig, Estrella. Dieses Medikament für die Bronchien kostet fast so viel wie die Lebensmittel eines Monats für uns vier.«

»Das ist egal, schreib mir den Namen auf, und ich besorge es«, sagte ich. »Der Mietwagen langweilt sich zu Tode, ich werde nicht lange brauchen.«

Ich war schon auf dem Weg zur Tür, aber Catalina hielt mich zurück.

»Warte, das ist lieb von dir, aber du kannst es nicht einfach so kaufen. Wenn du das nötige Geld für Marinas Medikament hast, wird Pedro davon erfahren und wissen wollen, wo du den Rest versteckst.«

Ich sah sie ungläubig an.

»Dein Mann interessiert mich nicht, soll er es doch erfahren!«, sagte ich lauter als beabsichtigt. »Er und sein Getue stehen mir bis obenhin. Nach allem, was ich hinter mir habe, werde ich mich nicht von einem miesepetrigen Taugenichts mit Füßen treten lassen.«

Ich sah, wie Catalina die Kleine an sich drückte, als ich das sagte.

»Es ist nicht so einfach, wie du denkst. Pedro ist im Dorf sehr beliebt, einige glauben, dass er der nächste Marquis wird, wenn Vater stirbt, und stellen sich deshalb gut mit ihm, verstehst du, was ich damit sagen will?«

Marina hatte aufgehört zu husten, atmete jedoch noch immer schwer. Tränen liefen ihr über die zarten Wangen und benetzten das Kleid ihrer Mutter, während sie sich an dessen Stoff klammerte.

»Nein, um ehrlich zu sein, weiß ich nicht, warum wir ihn fürchten sollten, das hier ist unser Haus«, sagte ich.

Da entdeckte ich an Catalinas Hals, wo die Kleine ihren Kragen umklammerte, einen blauen Fleck. Ich trat näher, schob den Stoff vorsichtig beiseite und erwartete, Catalina würde protestieren, aber sie sagte nichts.

»War er das? War das Pedro?«

»Nichts ist ihm gut genug. Weder das Haus noch unsere Tochter, weder das Essen noch ich«, murmelte sie, ohne mich anzublicken. »Pedro schämt sich, weil er ohne meine Hilfe nicht überleben würde, mit Hilfe der unehelichen Tochter vom Marquis, stell dir vor. Er weiß ganz genau, wenn ich ihn nicht geheiratet hätte, wäre er jetzt entweder tot oder würde sich mehr schlecht als recht irgendwie durchschlagen. Für einen Mann wie ihn ist es eine Demütigung, dass eine Frau seine Rettung bedeutet.«

Ich starrte auf das Hämatom an Catalinas Hals. Aufgrund seiner Farbe und der geröteten Haut konnte es höchstens einen Tag alt sein, was bedeutete, dass Pedro sie nach meinem Eintreffen in der Villa Soledad geschlagen hatte. Ich versuchte mich zu erinnern, ob ich etwas gehört hatte, aber nein, keine Schreie und keine Schläge, nichts. Aber ich wusste ja zur Genüge, dass das Haus für ein derartiges Geheimnis groß genug war.

»Und du sollst dafür büßen? Du heiratest ihn, du ernährst ihn, du wäscht ihm die Unterhosen und lässt ihn hier wohnen, obwohl er keinen Finger rührt, und er wagt es, die Hand gegen dich zu erheben?« Ich schüttelte den Kopf und marschierte wutschnaubend zur Tür. »Ich werde ihn noch heute rauswerfen, wenn nötig mit Tritten, und es ist mir egal, was der Alte oder das Gesetz dazu sagt: Dieses Schwein wird keinen Tag länger unter meinem Dach verbringen.«

»Nein, Estrella, warte.« Ich hörte die Panik in ihrer Stimme. »Wenn du ihn rauswirfst, wird er es der Guardia Civil melden oder im Dorf herumerzählen …«

»Sollen es doch alle wissen, was können sie mir schon tun? *Ich* werfe ihn aus dem Haus, nicht du«, schnitt ich ihr das Wort ab. »Ich bin nicht mit ihm verheiratet und muss dieser Ratte auch keinen Respekt zollen.«

»Das wird nichts nützen, Estrella. Laut Gesetz ist es Pedros Haus, wir können ihn nicht einfach rauswerfen. Für sie hat er jedes Recht der Welt, hier zu leben und mich zu schlagen.« Catalina brach ab, und ich begriff, wie schwer es ihr fiel, darüber zu reden. Ich versuchte mir vorzustellen, was sie in all den Jahren, die sie mit dem Marquis und ihrem Mann allein gelebt hatte, erlitten haben musste. »Ich kann nur stillhalten und hoffen, dass er mich nicht eines Tages totprügelt, denn wenn er das tut, wer bekommt dann meine Tochter? Er.«

Ich sah Marina in den Armen ihrer Mutter. Sie hustete nicht mehr und atmete langsam, aber regelmäßig. Dann schloss ich die Glastür von innen – ohne Catalinas Zustimmung würde ich nirgendwo hingehen.

»Für die Leute wäre Pedro immer ein guter Vater, selbst wenn er meinen Kopf an der Küchentür zerschmettern würde, also kannst du dir wohl vorstellen, was sie sagen würden, wenn ich erzählte, dass er mich schlägt«, fügte sie hinzu. »Wenn ich Glück habe, stecken sie mich nicht ins Gefängnis dafür.«

»Also gut, wenn du sagst, dass es alles nur noch schlimmer machen würde, werfe ich ihn nicht raus«, gab ich mich ihren Argumenten geschlagen. »Aber was sollen wir mit ihm tun? Ich will nicht jahrelang in Angst vor einem dahergelaufenen Nichtsnutz leben.«

Catalina versuchte zu lächeln, was kläglich missglückte.

»Du sagst, der Mietwagen steht noch vor der Tür? Bitte Pedro darum, ihn nach Bilbao zurückzubringen, sag ihm, du hättest noch etwas Geld übrig von deiner Überfahrt aus Amerika«, schlug sie vor. »Erzähl ihm, das sei das Letzte, was dir von deinem Mann geblieben sei. Das wird er glauben, auch wenn es gut sein kann, dass er in ein paar Monaten wieder Geld von dir verlangt, aber darüber können wir später noch nachdenken. Wenn er den Wagen nach Bilbao fährt, sind wir ihn für ein paar Tage los, denn wenn er mich verprügelt hat, hat er hinterher eine Woche lang schlechte Laune oder tut so, als wäre nichts geschehen; er wird bereit sein, unter welchem Vorwand auch immer von hier abzuhauen, um seinen Schuldgefühlen zu entkommen.«

Als Catalina den Vorschlag unterbreitete, glaubte ich zu hören, wie ein Fenster geöffnet wurde, und blickte zum Haus, für den Fall, dass uns Pedro beobachtete, aber ich konnte niemanden entdecken, nur das offene Fenster und die im Wind wehenden Gardinen.

»Gut«, sagte ich. »Er soll den Wagen wegbringen.«

Bevor ich den Wintergarten endgültig verließ, fiel mir wieder ein, was ich Catalina eigentlich fragen wollte.

»Wo ist deine Mutter begraben? Ich war gestern auf dem Friedhof und habe das Grab meiner Mutter neben Almas gesehen, aber Carmens nicht.«

»Nicht alle werden neben ihren Eltern begraben, schon gar nicht, wenn sie älter als vierzig sind«, hatte Valentina gesagt, als wir vor Masons Grab auf dem neuen Friedhof von San Bernardino standen. Und Valentina hatte wie gewöhnlich recht, aber Mama hatte man neben ihrer kleinen Tochter auf dem Familienfriedhof beigesetzt, was mir nicht passieren würde. Selbst als Tote war die heilige Alma noch ihre Lieblingstochter.

»Nein, meine Mutter liegt nicht auf dem Familienfriedhof, dein Vater wollte es nicht.« Catalina schluckte und fügte hinzu: »Ich wusste, dass es ihr Wunsch war, und sagte es auch dem Priester, als er ihr den letzten Segen erteilte, aber nach ihrem Tod gab dein Vater Padre Dávila Geld, damit er sie auf dem Dorffriedhof beisetzte. Er wolle nicht mit seiner Geliebten an selben Ort ruhen, wenn es eines Tages so weit ist.«

Durch die schmutzigen Scheiben des Wintergartens sah ich, wie die Hintertür des Hauses aufging und eine Frauengestalt im weißen Kleid herauskam. Alma war wieder da.

»Gut. Wenn Pedro weg ist, werde ich ins Dorf gehen, um Lebensmittel zu kaufen und ein paar Blumen für Carmen zu besorgen, auch wenn ich zu Fuß zu ihrem Grab gehen muss«, sagte ich und wandte meinen Blick vom Fenster und von Alma ab.

»Wenn der Hispano-Suiza vom Marquis noch funktioniert, musst du nicht zu Fuß gehen, er steht in der Garage, und wir haben auch Benzin für den Notfallgenerator. Wenn du willst, helfe ich dir, ihn zu starten, wenn Pedro nach dem Essen fort ist«, erbot sich Catalina. Alma tanzte nach einer Musik, die nur sie hören konnte, wie sie es auch zu Lebzeiten getan hatte. Als ich sie eine Pirouette drehen sah, fragte ich mich, ob sie vielleicht zum Rhythmus der Swing-Band tanzte, die vor fast zehn Jahren zu unserem Geburtstag am selben Ort aufgespielt hatte. Und dann wehte die Melodie von *Mood Indigo* herüber und mischte sich unter den Rosenduft in Großmutters Wintergarten.

Basondo war ein Gespensterdorf. Als ich durch die verwaisten Straßen ging, die verschlungen auf und ab führten, wirkten die meisten Häuser, als wären sie vor langer Zeit verlassen worden. Viele Fensterscheiben waren zersplittert – wie in einigen Zimmern der Villa Soledad –, in den kleinen Vorgärten wucherte Unkraut und türmte sich der Müll.

Der Dorfplatz wirkte mit dem kleinen Rathaus und seiner Uhr an der Fassade, dem grünen Spielfeld daneben, der Post und der Ambulanz gegenüber zunächst ganz normal, aber man brauchte ihn nur zu überqueren, um die Angst zu spüren, die unter jedem Pflasterstein lauerte. Im Bogengang des Rathauses redeten zwei Männer mit Baskenmütze gedämpft miteinander und verstummten, als sie mich auftauchen sahen, obwohl ich viel zu weit weg war, um ihre Unterhaltung zu verstehen. Anspannung und Stille waren unsichtbar, aber buchstäblich greifbar, weshalb ich schnell die Apotheke betrat.

Obwohl ich Catalina versprochen hatte, die Medizin nicht zu kaufen, um die Sache mit Pedro nicht noch komplizierter zu machen, wollte ich es doch tun.

»Was wünschen Sie?«, fragte mich die Frau hinter dem Verkaufstresen schroff.

Es roch nach Tabletten und Lakritz. Neben der Tür saß eine Frau auf einem Stuhl und strickte. Ich hatte sie von außen nicht gesehen und verstand, warum sie diese Stelle gewählt hatte. Sie ließ das Strickzeug in den Schoß sinken und starrte mich neugierig an, als ich den Zettel aus meiner Tasche holte, auf dem mir Catalina den Namen des Medikaments notiert hatte. Ich reichte ihn der Frau hinter dem Tresen – sie war jünger als die andere, hatte aber dieselben Augen – und beobachtete, wie sie auf den Zettel starrte und mich dann misstrauisch anblickte.

»Das ist teuer, es kostet fünf Peseten, und es dauert ein Weilchen, es zuzubereiten«, sagte sie schließlich.

Ich holte ein paar Münzen aus meiner Tasche und legte sie auf den stumpfen Holztresen.

»Es macht mir nichts aus zu warten.«

Die Frau starrte auf das Geld und zögerte einen Augenblick, schließlich legte sie es in eine Zigarrenkiste, die hinter ihr im Regal stand.

»Gut, kommen Sie in einer Stunde wieder, dann ist es fertig.«

Ich wandte mich zum Gehen, als mich die Frau mit dem Strickzeug plötzlich fragte:

»Du bist doch die junge Marquise, stimmt's? Die älteste Tochter vom Marquis de Zuloaga?«

»Ja, ich bin die Marquise.«

Die beiden Frauen wechselten einen Blick.

»Ich wusste nicht, dass Sie es sind, Señora Marquise. Tut mir leid, Sie so kühl behandelt zu haben, aber ich habe Sie nicht erkannt. Es kommt nicht alle Tage eine Marquise in meine Apotheke, wissen Sie?«, entschuldigte sich die Frau hinter dem Tresen.

»Schon gut«, murmelte ich. »Ist das Medikament in einer Stunde fertig?«

Die Frau nickte.

»Selbstverständlich, Señora Marquise. Es ist für die Kleine von Catalina, nicht wahr? Sie hat es mit den Bronchien, das arme Kind, sie tut mir so leid, wenn sie ihre Hustenanfälle bekommt … Aber man kann nur wenig für sie tun, die Mutter hat schon genug am Hals mit diesem Mannsbild.«

Ich wusste nicht genau, wie sie das meinte, weil Catalina mich eindringlich gewarnt hatte, mit niemandem in Basondo darüber zu sprechen, wie Pedro wirklich war.

»Was ist mit ihm?«, fragte ich.

Die Apothekerin zog ihre Strickjacke vor der Brust zusammen, obwohl es in der Apotheke nicht kalt war, und ihrem Gesichtsausdruck nach zu urteilen zögerte sie, ob sie reden sollte.

»Nun ja, hier im Dorf finden ihn alle sympathisch, sie nennen ihn den blonden Pedro. Sie laden ihn zum Trinken ein, und viele bewundern ihn, weil er es geschafft hat, die andere Tochter vom …, nun ja, Catalina zu heiraten«, korrigierte sie sich mit verkrampftem Lächeln. »Sie wissen, dass Pedro einer der Chefs geworden wäre, wenn die Grube nicht geschlossen hätte, weshalb er im Dorf sehr geschätzt wird. Er ist auch recht stattlich, aber ich fand ihn immer unsympathisch. Nehmen Sie es mir nicht übel, aber das ist die Wahrheit.«

»Keine Sorge, ich nehme es Ihnen nicht übel.«

Pedro hatte schließlich eingewilligt, für drei Peseten den Mietwagen nach Bilbao zurückzubringen. »Mein letztes Geld«, hatte ich gesagt, wie Catalina mir eingeschärft hatte. Es war ein unerfreuliches Gespräch beim Essen einer falschen Tortilla gewesen, die man mit der weißen Haut von Apfelsinen statt Kartoffelscheiben und einer Mischung aus Mehl, Wasser und Bikarbonat statt Eiern herstellte. Pedro hatte mich stumm angestarrt und seine Gabel umklammert – auf seinem Teller hatte natürlich das größte Stück gelegen, schließlich sei er der Mann im Haus, wie Catalina beim Auftragen sagte –, bis ich meinen Blick senkte. Die restliche Zeit hatte keiner mehr gesprochen, weil die Anspannung zwischen den beiden so groß war, dass man sie regelrecht mit Händen greifen konnte. Ich hatte Catalina von der Seite angesehen, aber sie hatte es nicht gewagt, von ihrem Teller aufzublicken, bis Pedro endlich aufgestanden war und dabei den Stuhl umgeworfen hatte.

»Dieser Blödmann glaubt, er sei was Besseres, weil es ihm gelungen ist, ins Haus vom Marquis einzuziehen, das ist natürlich was für diesen Don Niemand, der immer groß davon redet, in die Hauptstadt zu ziehen und sich dort ein Leben aufzubauen«, sagte die ältere Frau in der Apotheke, ohne ihre Abneigung zu verhehlen. »Wahrscheinlich ist Basondo dem feinen Herrn zu heruntergekommen.«

Ich bekam noch immer eine Gänsehaut, wenn ich an die Szene beim Essen dachte, und mochte mir gar nicht vorstellen, was er tun würde, wenn er herausfände, dass Catalina und ich gelogen hatten, um ihn ein paar Tage aus dem Haus zu schaffen, oder wenn er zufällig erfahren sollte, dass ich genug Geld hatte, um das Medikament zu kaufen.

»Sagen Sie bitte niemandem, dass ich hier war«, bat ich die beiden Frauen. »Vor allem keinem Mann im Dorf.«

Die beiden wechselten einen komplizenhaften Blick.

»Nein, keine Sorge. Wir verraten niemandem etwas«, versicherte mir die Frau aus der Ecke. »Aber seien Sie vorsichtig mit den Leuten im Dorf, die Dinge sind hier nicht mehr wie früher, und jeder alte Zwist mit Ihrer Familie oder Ihnen kann schnell zu mehr führen.«

»Zu mehr führen?«

»Ja, zu Schlimmerem«, fügte sie bekümmert hinzu, als wagte sie nicht, das Böse beim Namen zu nennen. »Wenn jemand Ihnen oder Ihrer Familie gegenüber Rachegelüste hegt und zu viel plaudert, kann Ihnen das sehr schaden. Passen Sie also auf, denn in dem Fall nützt es Ihnen nichts, Marquise zu sein.«

Ich warf einen Blick durch das kleine Schaufenster mit den verstaubten Porzellan- und Glasfläschchen, die schon eine Ewigkeit dort stehen mussten. Der Dorfplatz lag wie unter einer Decke der Angst still in der Sonne.

»Das werde ich, vielen Dank Ihnen beiden«, sagte ich im Begriff zu gehen.

»Werden Sie das Bergwerk wieder öffnen«, fragte mich die jüngere Frau plötzlich. »Ich frage nur, weil Sie wieder da sind und es wirklich gut für das Dorf wäre, für das ganze Tal. Mein jüngster Sohn ist siebzehn, und es gibt kaum Arbeit, aber wenn Sie das Bergwerk wieder aufmachen und Männer suchen, die keine Probleme machen und gut arbeiten, dann wissen Sie ja, wen sie fragen können.«

»Vielen Dank, an Sie werde ich mich garantiert zuerst wenden«, versprach ich und war selbst überrascht, denn der alten Estrella wäre der Sohn dieser Frau, die sie gerade erst kennengelernt hatte, herzlich egal gewesen.

Nach Verlassen der Apotheke spukte die Idee, das Bergwerk wieder zu öffnen, eine ganze Weile in meinem Kopf herum, auch noch im Postamt, wo ich Valentina ein Telegramm mit meiner Adresse schickte und nachfragte, wie es um die Ranch bestellt sei. Ich wusste, dass mein Geld nicht ausreichte, denn Catalina hatte mir berichtet, dass der Marquis alles an Gerätschaften, Werkzeugen und Maschinen verkauft hatte, als er das Bergwerk schließen musste, um seine Schulden bezahlen zu können. Und ich wusste auch, dass die Grube nichts mehr hergab, was sich allerdings leicht ändern ließe. Ich starrte auf meine Hände und unterdrückte den Impuls, sofort in den Stollen zu eilen und die Erzproduktion anzuregen.

Der Dorfplatz mit Apotheke und Postamt war das kalte Herz von Basondo. Drei Kinder spielten auf dem Feld neben dem Rathaus Ball, machten aber kaum Lärm und bewegten sich ungewöhnlich träge, als wollten sie kein Aufsehen erregen, obwohl keine Erwachsenen in der Nähe waren. Ich schaute ihnen einen Moment zu, und mir wurde bewusst, dass sie außer Marina die einzigen Kinder waren, die ich seit meiner Rückkehr gesehen hatte. Bevor ich das Medikament abholte, wollte ich noch auf den Friedhof zu Carmens Grab, also überquerte ich leichten Schrittes den Kirchenvorplatz, wo ich vor vielen Jahren die verächtlichen Blicke einiger Frauen aufgeschnappt hatte.

»Mein Beispiel erinnert sie daran, dass ihnen das auch passieren könnte, deshalb verachten sie mich«, hatte Carmen mir erklärt, als ich wissen wollte, warum diese Frauen sie so böse anschauten. »Es ist einfacher, mich zu verachten, als sich mit sich selbst auseinanderzusetzen.«

Vor der Kirche stand eine Gruppe schwarz gekleideter Frauen, die zur Messe wollten. Keine erkannte mich wieder, aber alle sahen mich genauso an wie damals Carmen, als sie meinen Schwangerschaftsbauch sahen.

In der Kirche war es kalt, in der düsteren Luft hing der Geruch nach Kerzenwachs, altem Holz und verwelkten Blumen. Ich hatte seit Jahren keine Kirche mehr betreten und versuchte mich an das letzte Mal zu erinnern, es war zu meiner Hochzeit gewesen. Da Mason Protestant war, hatten wir seine Trauerfeier an einem sonnigen Morgen in Kalifornien am offenen Grab abgehalten.

Ich trug ein wadenlanges grünschwarzes Kleid mit langen Ärmeln von Großmutter Soledad – meine anderen Kleider passten mir nicht mehr, nur Großmutters alte Kleider mit Glockenrock konnte ich am Rücken noch schließen. Die Absätze der eleganten Krokodilleder-Pumps, die ich angezogen hatte, um den Hispano-Suiza vom Marquis zu fahren, hallten auf dem Steinboden der Kirche wider, während die Frauen mit ihren Rosenkränzen in den ersten Bänken Platz nahmen und mich mit einer Mischung aus Neugier und Vorwurf anstarrten.

Da entdeckte ich Tomás. Er stand in schwarzer Soutane mit Kollar vor dem Beichtstuhl und sah zu Boden, als würde er etwas suchen. Von dem Jungen, den Alma und ich damals in unserem Wald kennengelernt hatten, war nichts geblieben.

Bevor er merkte, dass er beobachtet wurde, konnte ich ihn noch einen Moment lang verstohlen mustern. Ich sah sein lockiges braunes Haar, die gerade Nase, seine männlichen Hände mit der Bibel, die aussah, als wäre sie auf der Suche nach Antworten viel benutzt worden … Tomás spürte meinen Blick, seine braunen Augen weiteten sich, und er riss überrascht den Mund auf, als er mich erkannte, dann gab er mir ein diskretes Zeichen mit der Bibel und verschwand im Beichtstuhl. Ich zählte im Geiste bis fünf und folgte ihm, dann schloss ich das Türchen hinter mir.

»Estrella, ich wusste nicht, dass du zurück bist.«

»Ja, es war auch für mich eine Überraschung. Ich habe es niemandem erzählt«, flüsterte ich und starrte ihn durch das Gitter an.

»Wäre ich nur mit dir weggegangen, als du mich an deinem Hochzeitstag darum gebeten hast. Wenn ich gewusst hätte, was in Spanien kurz darauf passieren würde, hätte ich alles hingeschmissen und wäre mitgegangen, das kannst du mir glauben.« Tomás lachte leise. »Ich hätte nie gedacht, dass der Weg zu diesem düsteren und verhängnisvollen Ort führen würde, an dem wir jetzt leben. Obwohl dem Weg natürlich etwas nachgeholfen wurde.«

»Ich habe oft an dich gedacht«, platzte ich heraus. »Als ich die Nachrichten über den Putsch und später über den Krieg las, dachte ich: Tomás kämpft bestimmt an der Front und verteidigt die Republik, die er so liebt. Tomás, der naive Idealist, der an meinem Hochzeitstag nicht mit mir fliehen wollte.«

Ich legte meine Hand auf das Gitter, und er legte seine auf die andere Seite. Ich spürte die Wärme seiner Haut auf meiner und schloss kurz die Augen.

»Hätte ich es nur getan, ich bin davon überzeugt, dass es mir jetzt besserginge, wenn ich mit dir ausgewandert wäre«, flüsterte er. »Die praktische Estrella, die immer einen Weg findet, ihren Kopf aus der Schlinge zu ziehen. Erst habe ich dich verloren und anschließend mein Land. Sie haben uns einfach zermalmt, wir konnten nichts dagegen tun. Und jetzt zermalmen sie mit ihren glänzenden Stiefeln die Asche dessen, was übrig geblieben ist.«

»Das tut mir sehr leid.«

»Ja, mir noch mehr.«

Ein trauriges Lächeln huschte über seine Lippen; der idealistische Tomás, den ich kannte, war tatsächlich verschwunden.

»Steht das Angebot noch, zusammen zu fliehen?«, scherzte er. »Denn jetzt würde ich dir eine andere Antwort geben als damals. Dieser dumme Junge, der glaubte, alles zu wissen … Der wird was erleben, wenn ich ihn erwische.«

Ich dachte daran, mich darauf einzulassen, das versteckte Geld aus dem Necessaire zu nehmen und mit Tomás und dem Hispano-Suiza weit weg zu gehen von Basondo und diesem stummen Land, das ich bei meiner Rückkehr vorgefunden hatte. Aber da stand plötzlich das Bild von Catalina mit ihren braunen Augen, ihren blauen Flecken und der kleinen Marina vor meinem inneren Auge, Marina, die nicht richtig atmen konnte, weil sie zu früh geboren worden war.

»Das geht jetzt nicht mehr, es gibt Menschen, die mich dringend brauchen«, erwiderte ich.

»Na, das ist ja mal eine Überraschung. Estrella kümmert sich um andere, das ist wirklich ein Wunder. Ich sehe schon, Kalifornien hat dich verändert.«

Rasch zog ich meine Hand zurück.

»So sehr auch wieder nicht, und ich kann dir versichern, dass ich immer noch dieselbe Estrella bin, die du in jener Nacht im Wald kennengelernt hast, aber der Zeitpunkt einer gemeinsamen Flucht ist verpasst. Du hättest damals zustimmen sollen.«

»Ja, das hätte ich. Wie ich sehe, bist du schwanger, meinen Glückwunsch«, sagte er, obwohl es nicht aufrichtig klang. »Dein Mann freut sich bestimmt auf das Baby.«

»Mein Mann ist tot, deshalb bin ich zurückgekehrt. Ich wusste nicht, wohin ich sollte.«

Tomás holte tief Luft.

»Und warum bist du heute in meiner Kirche?«, fragte er mit heiserer Stimme. »Ich hätte nie gedacht, dass du zu denen gehörst, die Vergebung suchen.«

»Das tue ich auch nicht. Vergebung ist nur was für Menschen, die ihre Sünden bereuen, aber ich bereue nichts, ich würde sofort wieder die gleichen Sünden begehen. Deshalb bin ich nicht hier, auch nicht wegen dir.«

»Also?« Ich hörte Enttäuschung aus seiner Stimme heraus, aber es war mir egal.

»Carmen liegt auf dem Dorffriedhof hinter der Kirche, ich will ihr Grab besuchen. Ich verstehe nicht, wie du Dávila und dem Marquis erlauben konntest, sie hier zu begraben und nicht auf dem Familienfriedhof, wie sie es wollte. Wie konntest du das nur zulassen?«

»Tut mir leid, ich konnte es nicht verhindern«, sagte Tomás nach kurzer Pause. »Als Carmen und deine Mutter starben, war ich anderweitig beschäftigt. Ich hätte gern etwas für sie getan, aber Padre Dávila hat sich deinem Vater zuliebe um die Bestattungen und all das gekümmert. Du weißt doch, unser Priester war schon immer ein hinterhältiger Emporkömmling, jetzt strebt er den Bischofssitz von Bilbao an, und es heißt, er hätte gute Chancen.«

Er lächelte mich bitter an.

»Wie ich sehe, hast du endlich erkannt, dass Dávila eine giftige Ratte ist. Aber du warst doch schon Priester, du hättest es verhindern können, du hättest etwas tun können …«

»Ich sagte dir doch, dass ich zu dem Zeitpunkt anderweitig …«

»Ja, ich weiß schon: Du hast für die Republik gekämpft.«

Angespanntes Schweigen breitete sich in dem kleinen Beichtstuhl aus. In der Luft hing noch das Parfüm einer Frau, die zuvor gebeichtet hatte. Von draußen war das Murmeln der Gläubigen zu hören, die langsam ungeduldig wurden.

»Sei vorsichtig mit Dávila, er ist ein dicker Freund von denen, die jetzt das Sagen haben, und er hat keine Angst mehr vor dem Marquis, weil er weiß, dass er nur noch ein hinfälliger Alter ohne jede Macht im Dorf ist, also wird er nicht zögern, dir zu schaden, sollte sich ihm die geringste Gelegenheit dazu bieten«, warnte Tomás mich ernst. »Ohne das Bergwerk und seine Geschäfte schüchtert dein Vater hier niemanden mehr ein, und Dávila denunziert gern Nachbarn, die er für ›problematisch‹ hält, um sich seine Lorbeeren für das Bischofsamt zu verdienen. Ich bin im Augenblick sicher vor ihm, weil ich mich um die unwichtigeren Belange der Kirche kümmere, sonst hätte er mich längst bei der Guardia Civil denunziert, damit die mich verhaften und ins nächstbeste Loch befördern.«

Ich sah ihn verständnislos an, aber Tomás winkte ab und fügte hinzu:

»Ist auch egal, wichtig ist nur, dass ich helfen kann, solange Dávila mich hierbleiben lässt, es gibt also noch Hoffnung.«

»Hoffnung?« Das Wort hallte in dem hölzernen Beichtstuhl wider. »Soweit ich sehen kann, hat die Hoffnung Basondo zur gleichen Zeit den Rücken gekehrt wie ich.«

»Ja, seit dem Krieg und der Schließung des Bergwerks gibt es weder große Hoffnung noch ausreichend Nahrung«, räumte er ein. »Deshalb ist das, was ich tue, so wichtig.«

Der Tomás, den ich als Mädchen kennengelernt hatte, war in den Augen des erwachsenen Mannes wieder zu erahnen.

»Und was genau machst du?«, fragte ich argwöhnisch, obwohl ich es mir angesichts seines stolzen Gesichtsausdrucks schon denken konnte.

»Wieso willst du das wissen? Sag bloß nicht, du spielst mit dem Gedanken, uns zu unterstützen. Die Sonne Kaliforniens muss dir ziemlich zugesetzt haben, wenn du dich so verändert hast, dass du ernsthaft daran denkst, anderen zu helfen.«

»Nein, kein bisschen.«

Tomás lächelte gütig.

»Dachte ich es mir doch. Ich tue, was ich kann, ich versorge die Notleidenden mit Brot und allem, was die Gemeinde erübrigen kann, die Waisenkinder, Verkrüppelten, Kriegerwitwen … Dávila weiß davon natürlich nichts. Er bekommt Pakete mit Obst, Käse, guter Butter und Wein aus Bilbao, und ich stehle davon, so viel ich kann«, sagte er, ohne seinen Stolz zu verhehlen. »Manchmal entwende ich ihm sogar Geld für die Sache.«

»Die Sache?«

»Genau, ich helfe ihnen, durchzuhalten, bis wir die Republik zurückhaben.«

Ich änderte meine Position auf der unbequemen Holzbank des Beichtsuhls.

»Aber hallo, und ich dachte die ganze Zeit, dass du ehrbarer seist als wir drei zusammen.«

Die Dritte war natürlich Alma, die jetzt nicht mit uns im Beichtstuhl saß, aber immer bei uns war.

»Man kann nicht ehrbar sein, wenn man einen Krieg verloren hat, oder glaubst du etwa, die, die uns zermalmt haben, sind ehrbar? Kein bisschen.« Tomás biss die Kiefer zusammen, um seine Wut zu unterdrücken. »Außerdem bekommt Dávila diese Dinge als Bezahlung für seine Dienste als Zuträger. Er würde es auch umsonst machen, aber zu allem Überfluss bezahlen sie ihn für das Denunzieren seiner Leute, also ist es nur gerecht, dass ich ihn bestehle und es unter denen verteile, die es am nötigsten brauchen.«

»Zuträger? Meinst du damit …«

»Das Beichtgeheimnis, ja«, erklärte Tomás. »Wenn einer dem *guten* Priester etwas über Politik oder den Schwarzhandel anvertraut oder auch nur andeutet, mit der neuen Regierung nicht zufrieden zu sein, sorgt Dávila dafür, dass erst das Bistum in Bilbao und dann Madrid Wind davon bekommt, und der Betroffene ist plötzlich verschwunden.«

Ich dachte an die Stille, die sich wie eine unheimliche Decke über Basondo gelegt hatte.

»Tomás, der Idealist! Auch wenn alles verloren ist, kämpfst du noch für das, was du für gerecht hältst«, sagte ich, und es war kein Vorwurf, obwohl es aus meinem Mund so klang. »Was passiert, wenn sie dich erwischen?«

Tomás lachte bitter auf.

»Wenn sie mich erwischen und ich Glück habe, erschießen sie mich und werfen mich in das vorbereitete Loch. Und wenn ich Pech habe, sperren sie mich ein, foltern mich wochenlang, bis ich die anderen verrate, und dann ab ins Loch.«

Ich stand auf, während seine Worte noch in mir nachhallten, und beugte mich vor.

»Dann wäre es besser, wenn sie dich nicht erwischen«, flüsterte ich durch das Gitter.

Beim Verlassen des Beichtstuhls hörte ich Tomás leise lachen.

Als ich am Nachmittag nach Hause kam, stand der Mietwagen genau an der Stelle, wo ich ihn abgestellt hatte, und ich wusste sofort, dass etwas nicht stimmte. Pedro war also noch zu Hause. Ich stieg aus, öffnete die Gartenpforte und fuhr Vaters Wagen in die Garage. Es war schon spät, aber die Sonne noch nicht über dem Meer untergegangen, als ich die abgeblätterte Haustür öffnete.

»Catalina!«, rief ich.

Und bekam keine Antwort. Im Vestibül herrschte Stille. Ich hielt den Atem an, um besser lauschen zu können, aber das Haus warf mir nur das Echo meines Rufes zurück. Ich befürchtete, Pedro hätte gehört, wie ich den Wagen in die Garage fuhr, aber vor allem fand ich besorgniserregend, weder Catalinas Schritte noch Marina weinen zu hören.

Vielleicht sind sie hinterm Haus und haben mich nicht kommen hören, dachte ich und ging rasch hinaus.

Aber dort war Catalina auch nicht. Ich warf einen Blick in den Wintergarten, sah aber nur die rostige Schubkarre hinter der schmutzigen Glasscheibe. Also ging ich ins Haus zurück und die Treppe hinauf, als ich ein dumpfes Geräusch aus dem Keller vernahm.

Schwer atmend und mit klopfendem Herzen wurde ich gewahr, dass ich mit meinem Bauch nicht mehr so schnell laufen konnte. Ich meinte, leises Weinen hinter einer verschlossenen Tür zu hören. Einen Moment lang glaubte ich gar, das Weinen käme aus meinem Inneren, aber dann wurde mir klar, dass es Marina sein musste.

»Catalina!«, rief ich wieder.

Nichts. Das Weinen wurde lauter, ich drehte mich um, spitzte die Ohren und erblickte Alma. Sie stand im Vestibül direkt unter dem abgedeckten Lüster und sah mich mit ihren gelben Augen eindringlich an, als wolle sie mir etwas sagen.

»Was ist los? Wo sind sie?«

Alma antwortete nicht, rannte aber plötzlich los.

»Lauf nicht weg, warte!«

Ich lief, so schnell mein Bauch und meine Kräfte es mir erlaubten, die Treppe hinab, ohne sie aus den Augen zu verlieren. Alma steuerte auf die Tür neben der Küche zu, die zum Personaltrakt führte. Dort unten befanden sich Carmens früheres Zimmer, der Waschraum und der Heizkeller. Zu meiner Verblüffung stand die Tür offen – oder vielleicht hatte Alma sie für mich geöffnet –, also stieg ich die vier Stufen in den Keller hinunter.

»Catalina!« Ich hasste das leichte Zittern in meiner Stimme, als ich ihren Namen rief.

Ich war zum letzten Mal im Keller gewesen, als ich nach Großmutter Soledads Kleidern und Sachen gesucht hatte. Da der Trakt ausschließlich dem Personal vorbehalten war, präsentierte der Boden nur schlichte weiße Fliesen, die Wände waren seit Jahrzehnten nicht mehr gestrichen worden, und in der einzigen Deckenlampe fehlte die Glühbirne. Jetzt hörte ich Marinas Weinen ganz nah. Mir schien, es kam aus dem Bügelzimmer, und ich war mir sicher, als Alma genau vor dieser Tür stehen blieb.

Ich drückte die Klinke, ohne nachzudenken oder auf den entsetzten Gesichtsausdruck meiner toten Schwester zu achten, die ihre Gespensterarme nach mir ausstreckte und mich mit einer für Lebende unmöglichen Geschwindigkeit aufzuhalten versuchte.

»Catalina …«

Sie lag zusammengekrümmt auf dem Boden des Bügelzimmers, und ihr vom vielen Waschen ausgebleichtes Kleid mit den blauen Blumen war bis zu den Knien hochgerutscht. Ich konnte ihr Gesicht nicht sehen, weil ihr langes Haar wirr auf dem Boden verteilt war, aber ich erkannte, dass sie zitterte. Erst als ich mich neben sie kniete, sah ich, dass sie weinte und zugleich nach Luft rang.

»Was ist passiert? Kannst du dich bewegen?«

Ich strich ihr das Haar aus dem Gesicht und sah die Spuren eines Schlages auf ihrer Wange. Sie blutete nicht, aber unter der violetten Färbung zuckte der Mundwinkel, als ich sie berührte.

»War das Pedro? Hat er dir das angetan?«, fragte ich unsinnigerweise. »Ganz egal, was passiert, auch wenn wir beide im Kerker landen, ich werde ihn noch heute rausschmeißen. Dieser Bastard wird es noch bedauern, nicht nach Bilbao gefahren zu sein.«

Die weinende Marina saß in einem Wäschekorb, aus dem sie nicht allein herauskam, und streckte flehend ihre Ärmchen nach mir aus. Ich hob die Kleine aus dem Korb, obwohl mein Bauch dagegen protestierte. Marina schien in Ordnung zu sein, ihr Gesichtchen war vom Weinen gerötet und ängstlich verzerrt, aber sie war nicht verletzt, also setzte ich sie auf den Boden und ging zurück zu Catalina, die noch kein Wort gesagt hatte und beide Hände auf ihren Bauch presste.

»Kannst du dich bewegen«, fragte ich leise. »Komm, stütz dich auf mich.«

Marina weinte nicht mehr, und das einzige Geräusch im Bügelzimmer war Catalinas stoßweises Atmen, aber ich meinte, hinter mir etwas gehört zu haben. Alarmiert drehte ich mich um, erblickte aber nur Alma, die in der Tür stand und uns mit ihren traurigen Augen eines toten Mädchens ansah.

»Wo ist Pedro?«, fragte ich, ohne zu wissen, welcher der beiden Schwestern diese Frage gelten sollte.

Im Flur waren Männerschritte zu hören. Catalina hatte sie auch gehört, denn in ihren tränennassen Augen stand Panik. Die Schritte kamen näher, ich erhob mich und sah mich nach etwas um, mit dem ich uns verteidigen konnte. Das alte gusseiserne Bügeleisen, mit dem Dolores früher unsere Wäsche bügelte. Ich ergriff es und sah zu Catalina hinunter, die noch immer keuchte.

»Jetzt ist alles verziehen, hier, ich habe dir ein nasses Handtuch geholt, das lindert den Schmerz«, sagte Pedro im Näherkommen. »Und atme vorsichtig, Schläge in den Bauch können sehr tückisch sein, wenn man nicht daran gewöhnt ist. Ich weiß, dass ich manchmal jähzornig bin, aber du forderst es geradezu heraus. Keine Sorge, alles schon vergessen.«

Lächelnd betrat Pedro das Bügelzimmer. Es war nicht das nervöse Lächeln eines reuevollen Mannes, der die Reaktion seiner Frau fürchtete, nachdem er mit ihr gestritten hatte, nein, es war das Lächeln eines Mannes, der wusste, dass er den Streit gewonnen hatte, weil er immer gewann. Aber sein Lächeln erlosch sofort, als er mich mit dem gusseisernen Bügeleisen in der Hand vor Catalina stehen sah.

»Was machst du denn hier? Solltest du nicht im Dorf sein?«, fragte er unvermittelt nervös. »Du kannst verschwinden, Catalina geht es gleich wieder gut, das ist immer so. Und nimm das Kind mit, es weint ständig und wird den Marquis wecken.«

»Was hast du mit ihr gemacht?«

Pedro hielt ein nasses Küchenhandtuch in der Hand, doch bei meinem Anblick hatte er die Faust geballt, und das Wasser tropfte auf den Boden.

»Was hast du mit ihr gemacht?«, schrie ich ihn an.

»Das geht dich nichts an, das ist eine Sache zwischen Mann und Frau, misch dich nicht ein.«

Catalina griff mit zittriger Hand nach meinem Knöchel, ich hörte sie husten, wagte es aber nicht, mich umzudrehen, weil ich Pedro nicht aus den Augen lassen wollte. Pedro war viel stärker und größer als ich, außerdem war ich schwanger und hatte gerade festgestellt, dass ich weder schnell laufen noch mich besonders anstrengen konnte.

»Du wirst dieses Haus verlassen, sofort!«, sagte ich schneidend. »Und wenn du noch einmal hier auftauchen solltest, dann, das schwöre ich bei Gott, werde ich dich mit dem alten Gewehr erschießen, wie der Marquis meine Zwillingsschwester erschossen hat.«

Ich beobachtete seine Reaktion und achtete besonders auf seine Bewegungen, falls er mich angreifen sollte. Pedro atmete hektisch wie ein Tier, das seine Beute in die Enge getrieben hat. Sein blondes Haar war zerzaust, und am Hals hatte er Kratzspuren, offensichtlich hatte sich Catalina gewehrt. Als er einen Schritt auf uns zumachte, wusste ich, dass er meine Drohung nicht ernst nahm. Er kam immer näher und erschien mir noch größer und stärker.

»Stehen bleiben!«

Ich umklammerte fest das Bügeleisen und war bereit, es gegen ihn einzusetzen, sollte er es wagen, noch einen Schritt näher zu kommen.

»Das hier ist mein Haus, wir sind jetzt eine Familie, ob es dir passt oder nicht, wir alle, auch du. In Familien gibt es manchmal Streit, aber das ist nicht schlimm, das passiert überall«, sagte er gefährlich ruhig. »Ich werde weder auf meine Familie noch auf mein Haus verzichten, nach allem, was es mich gekostet hat, das zusammenzuhalten. Mein Gott, wir haben sogar den Krieg überlebt! Ich werde nicht zulassen, dass eine verbitterte Schlampe wie du mich von meiner Frau und meiner Tochter trennt.«

Marina begann wieder zu weinen.

»Du verschwindest noch heute Nacht und wirst niemals wiederkommen, weder in dieses Haus noch nach Basondo. Ich werde dich bezahlen, ich werde dir genug Geld geben, damit du das Land verlassen kannst, wenn es das ist, was du willst, aber du wirst uns in Ruhe lassen«, sagte ich mit klopfendem Herzen.

Pedro lachte mich aus. Er wusste ganz genau, dass er alles haben konnte, was er wollte: Catalina, das Haus, mein Geld, Marina … Er wusste auch, dass er uns drei im Bügelzimmer umbringen und trotzdem als freier Mann den Raum verlassen konnte.

»Du bist genauso verrückt, wie man im Dorf behauptet, es wundert mich nicht, dass dein Mann lieber gestorben ist, als weiter mit dir verheiratet sein zu müssen«, sagte er mit einem höhnischen Grinsen. »Und jetzt verzieh dich, meine Frau braucht Hilfe, und ich bin der Einzige im Haus, der sich wirklich um sie kümmert. Oder glaubst du, ich wüsste nicht, dass du dich zusammen mit deiner widerlichen Zwillingsschwester früher über sie lustig gemacht hast?«

Pedro kam gefährlich nah und fügte hinzu:

»Du hast keine Ahnung, was es heißt, Teil einer Familie zu sein.

Du warst dein Leben lang eine schreckliche große Schwester und wirst eine genauso schlechte Mutter sein.«

Ich riss das Bügeleisen hoch, aber Pedro stieß mich einfach weg. Ich stürzte zu Boden und schlug mit dem Kopf auf die weißen Fliesen. Noch bevor ich richtig gewahr wurde, was passiert war, zuckte ein dumpfer Schmerz durch meine Schläfe.

»Was ist bloß los mit euch Frauen in diesem Haus, dass ihr so gern geschlagen werdet? Ihr seid doch alle verrückt.« Pedro schüttelte missbilligend den Kopf, als wäre ich selbst schuld an meinem Sturz. »Sogar noch als Schwangere bist du aufsässig, und hinterher folgt das große Heulen und Zetern.«

Ich sah das Bügeleisen auf dem Boden, aber es lag zu weit entfernt. Als durch meinen Bauch ein Krampf zuckte, heulte ich auf vor Schmerz. Pedro hatte mir einen kräftigen Tritt in die Seite verpasst, wodurch mir sekundenlang die Luft geraubt wurde.

»Du hättest bloß den Mund halten müssen. Das Haus und meine Frau sind meine Angelegenheit, aber nein, du verbitterte Ziege musst dich in alles einmischen. Es reichte nicht, zurückzukehren, nach allem, was du getan hast.« Pedro trat mich noch einmal. »Bevor du hier aufgetaucht bist, waren wir glücklich, und wir werden es auch wieder sein. Als du nicht da warst, war sie ist viel zufriedener, du hast einen schlechten Einfluss auf sie, und als Ehemann bin ich dazu verpflichtet, sie vor dir zu schützen.«

Ich wollte aufstehen, kämpfen, den zuckenden Schmerz in meinem Bauch ignorieren, ich wollte mich wehren, aber ich konnte mich nicht rühren.

»Was bildest du dir eigentlich ein? Hast du etwa geglaubt, ich würde zwei Tage wegfahren, nur weil du es willst? Weil du Geld hast? Du hast mir gar nichts zu sagen.« Pedro hielt einen Moment inne, um Luft zu holen, strich sich das blonde Haar aus dem Gesicht und beugte sich zu mir herunter, um hinzuzufügen: »Und was hast du jetzt von deinem Geld? Du bist allein, du wirst in diesem Zimmer da oben wie ein Hund krepieren, und niemand wird dich vermissen.«

Der kalte Fliesenboden warf mir meinen keuchenden Atem zurück, ich konnte mich nicht rühren, starrte ihn jedoch an und erkannte in seinen Augen, dass er seit Tagen mit dem Gedanken spielte, mich zu töten. Und ich begriff, dass es vollkommen gleichgültig war, ob ich ihn an diesem Nachmittag oder eine Woche später erwischt hätte, er hatte längst beschlossen, mich loszuwerden. Im Versuch, dem Schmerz und der Panik zu entgehen, kehrte ich in Gedanken zu dem Morgen zurück, als der Marquis im Vestibül Mama zu Boden gestoßen hatte, ich erinnerte mich an seinen Zorn, der in heißen Wellen durch die angespannte Atmosphäre waberte, diesen Jähzorn, den man fast greifen konnte. Über diese Art des explosiven Zorns verfügten nicht nur Männer.

Ich rief das Feuer und spürte, wie die Flammen unter meiner Haut loderten und mich innerlich versengten. In einem verzweifelten Versuch, uns drei zu retten, pumpte mein Herz flüssige Lava durch meine Adern wie ein riesiger Dampfkessel auf Höchstleistung. Ich stellte mir vor, wie die Funken aus meinen Fingern zuckten wie in jener Nacht in der Bibliothek, aber es geschah nichts. Das Feuer, das ich mein Leben lang in meinen Händen gespürt hatte, war jetzt nur eine fiebrige Hitze, die Erinnerung an eine alte Brandwunde. Und dennoch stand das Zentrum meines Körpers in Flammen. Ich begriff zu spät, dass das Feuer auf das Leben zusteuerte, das ich in mir trug.

Catalina stand schwankend auf. Ich sah, wie sich bei jedem Atemzug ihre Brust hob und senkte, ich sah, wie sie das gusseiserne Bügeleisen aufhob und sich von hinten an Pedro heranschlich. Dann ließ sie es auf seinen Nacken niedersausen, und Pedro schlug dumpf auf den Boden. Er stöhnte vor Schmerz und versuchte, seine Frau am Bein zu packen.

»Was hast du getan? Ich liebe dich doch, ich liebe dich …«, stammelte er.

Catalina entzog ihm ihr Bein, aber Pedro erwischte sie am Kleid und klammerte sich daran wie ein kleines Baby. Einen Moment fürchtete ich, dass er wieder aufstehen könnte, aber da holte Catalina ein zweites Mal aus und schlug ihm das Bügeleisen auf den Kopf. Das trockene Knacken des Schädels hallte im Raum wider, ich konnte es trotz des Pfeifens in meinen Ohren hören.

»Jetzt habe ich ihn umgebracht. Er ist tot.«

Catalina ließ das Bügeleisen fallen. Ich konnte meinen Blick nicht von Pedro abwenden, der neben mir auf dem Boden lag, denn ich fürchtete noch immer, dass er jeden Moment wieder aufstehen und mich treten könnte, aber er rührte sich nicht mehr. Erst als sich ein dunkler Blutfleck unter seinem Kopf auszubreiten begann, begriff ich, dass er wirklich tot war.

»Er hätte dich getötet, ich weiß, dass er dich getötet hätte«, murmelte Catalina mit Tränen in den Augen. »Ich habe es in seinen Augen gesehen, als er dich getreten hat. Er hätte dich ganz bestimmt getötet und mich auch.«

Sie reichte mir die Hand und half mir aufstehen, meine Beine zitterten vor lauter Angst und Adrenalin, aber ich konnte trotz meines schmerzenden Bauchs aufrecht stehen.

»Ja, er wollte mich töten«, sagte ich und starrte auf den immer größer werdenden Blutfleck auf den Fliesen.

»Was machen wir jetzt?« Catalinas Stimme bebte förmlich, denn ihr wurde bewusst, dass sie von einem Albtraum in den nächsten geraten war.

»Wir könnten zur Polizei gehen …«

»Nein, wenn du der Guardia Civil erzählst, was passiert ist, landen wir im Gefängnis. Du vielleicht nicht, aber ich ganz bestimmt, und Marina bringen sie erst in ein Kinderheim und geben sie dann in eine fremde Familie, und ich werde meine Kleine nie wiedersehen.«

Marina saß stumm auf dem Boden und starrte uns mit weit aufgerissenen Augen an.

»Selbst, wenn wir der Polizei sagen, dass Pedro dich umbringen wollte, werden sie mich jahrelang in ein ekelhaftes Gefängnis stecken.«

»Nein, auf keinen Fall. Er wird uns keinen Schmerz mehr zufügen, keiner von uns beiden.« Ich holte Luft und versuchte mich zu beruhigen, um klar denken zu können. »Wir schaffen ihn weg, denn ohne Leiche können sie uns nichts nachweisen.«

Ich wandte meinen Blick von ihm ab und sah Catalina an. Ihre Oberlippe war geschwollen, und ihre Augen waren glasig, obwohl sie nicht weinte. Ich sah, dass sie über meinen Vorschlag nachdachte, bevor sie erst ihren toten Mann und dann mich ansah.

»Auch wenn die Leiche nie gefunden wird, braucht nur jemand den Verdacht zu äußern, dass wir ihn umgebracht haben, und wir landen ebenso im Gefängnis.«

»Dann sorgen wir dafür, dass niemand Verdacht schöpft«, sagte ich. »Warum ist er nicht nach Bilbao gefahren? Was hat er gesagt?«

Catalina nickte.

»Ach ja. Er sagte, er hätte darüber nachgedacht und es mit anderen Männern besprochen, aber er würde keine Anweisungen von dir befolgen, und dein Geld wolle er auch nicht. Ich sagte ihm, dass uns das Geld gelegen käme, um Lebensmittel und das Medikament für Marina zu kaufen, woraufhin er mir vorwarf, dass ich ihn zwingen würde, deine Almosen anzunehmen. Er sagte, es wäre eine Demütigung für ihn.«

»Dann hat er es also rumerzählt? Gut, wir machen Folgendes: Der Mietwagen steht an der Landstraße, wir legen die Leiche in den Wagen und stürzen ihn von der Klippe. Pedro wird verschwinden, und niemand wird ihn je finden«, sagte ich, überzeugt davon, dass mein Plan aufgehen würde. »Wir erzählen allen, dass Pedro nach dem Abendessen nach Bilbao gefahren ist und wir ihn zum letzten Mal gesehen haben, als er ins Auto stieg.«

»Nein, das wird nicht klappen. Niemand wird uns glauben.«

Ich ergriff ihre Hand, und Catalina drückte meine, so fest sie konnte.

»Es wird klappen«, versprach ich ihr. »Es wird klappen, weil die Leute denken werden, er hätte dich verlassen, dafür werden wir schon sorgen. Überleg doch mal, Pedro hatte den Wagen und Geld, niemand könnte ihn daran hindern, nach Bilbao, nach Madrid oder nach Portugal zu fahren, wenn er das wollte. Wir erzählen allen, ich hätte ihm mehr Geld angeboten, weshalb er seine Meinung schließlich geändert hätte, das klingt noch glaubwürdiger. Sie werden uns glauben, Catalina. Schon deshalb, weil wir Frauen in ihren Augen nichts wert sind und sie uns das nicht zutrauen. Sie werden nie erfahren, was in diesem Raum geschehen ist.«

»Ja, das könnte klappen«, sagte sie zögerlich. »Es haben viele Männer das Dorf verlassen, sogar noch nach Kriegsende, sie haben ihre Familien ohne ein Wort einfach im Stich gelassen, das passiert täglich.«

»Genau, Männer können kommen und gehen, auch wenn sie geschworen haben, für immer bei uns zu bleiben, und dann sind sie irgendwann einfach verschwunden.« Catalina sah mich überrascht an. »Das hat deine Mutter zu mir gesagt.«

Sie nickte bedächtig, und ich ließ ihre Hand los.

»Gut, wenn es dunkel ist, bringen wir ihn mit der Schubkarre aus dem Wintergarten zum Wagen«, sagte sie. »Es ist erst neun, also werden wir noch ein wenig warten müssen, für den Fall, dass jemand vorbeikommt.«

»So machen wir es. Dann wischen wir das Blut weg und wickeln die Leiche in alte Tücher, damit niemand sieht, was wir in der Schubkarre transportieren.«

»Niemand wird uns sehen«, sagte Catalina überzeugt. »Nach zehn Uhr kommt hier keine Menschenseele mehr vorbei.«

Mir tat alles weh; ich legte eine Hand auf meinen Bauch und atmete tief ein und aus, um den Schmerz besser zu ertragen.

»Ist alles in Ordnung mit dir? Er wird doch dem Baby keinen Schaden zugefügt haben, oder?«, fragte sie besorgt.

»Nein, alles in Ordnung.«

»Setz dich besser hin und ruh dich aus, ich mache sauber. Schließlich war er mein Mann, nicht deiner.«

»Nein, das geht uns beide an, du hast ihn getötet, um mich zu retten«, erwiderte ich keuchend. »Ich muss nur zu Atem kommen, dann helfe ich dir.«

Bevor Catalina antworten konnte, war ein gedämpftes Stöhnen zu hören. Besorgt fuhren wir herum, weil wir befürchteten, Pedro sei von den Toten auferstanden, aber das Stöhnen kam aus dem Zimmer über uns.

»Das ist der Marquis, beruhige dich.« Catalina starrte an die Decke, als könnte sie sehen, was über unseren Köpfen vor sich ging. »Glaubst du, er hat es gehört?«

Dann waren die Räder des Rollstuhls auf den Holzdielen zu vernehmen.

»Ist egal, ob er es gehört hat, dem Marquis erzählen wir genau dieselbe Geschichte wie allen anderen: Pedro hat mit uns zu Abend gegessen und ist dann mit tausend Peseten nach Bilbao aufgebrochen, mehr wissen wir nicht.«

»Mehr wissen wir nicht«, wiederholte Catalina.

»Genau.«

Wir machten alles wie besprochen. Nachdem Catalina wie üblich dem Marquis das Essen in sein Zimmer gebracht hatte, aßen wir drei in der Küche zu Abend. Er war der erste Mensch, den wir belogen. Als Vater Catalina fragte, wo ihr Mann sei – er pflegte vor dem Schlafengehen mit Pedro eine Partie Domino zu spielen –, erklärte sie ihm, Pedro sei nach Bilbao gefahren, um den Mietwagen zurückzubringen. Aber nach dem Hämatom an ihrem Mundwinkel fragte der Marquis nicht, als sie ihm die Tortilla kleinschnitt und ihm dann den Pyjama anzog; er hatte die Tochter, die ihn versorgte, nie auf die Schläge ihres Mannes angesprochen.

Zum ersten Mal hatte ich wieder das Gefühl, dass Villa Soldedad mein Zuhause war, wie früher, als ich das Haus in- und auswendig kannte. Vorbei waren die vorherrschende Angst und das Schweigen, zu dem Pedro Catalina verdammt hatte. Als sie Marina das Wasser mit den fünf Tropfen des Medikaments gab, sah ich die Erleichterung in ihrem Blick. Was auch immer geschehen sollte, das Monster war verschwunden, und wir waren noch da.

Nachdem wir Marina ins Bett gebracht hatten, wischten wir das geronnene Blut weg. Um Pedros Leiche einzuwickeln, benötigten wir zwei alte Leintücher. Wir säuberten das Bügeleisen, das uns dreien das Leben gerettet hatte, von Haut- und Haarresten und stellten es wieder an seinen Platz wie ein Mahnmal, das uns auf ewig an unser Geheimnis erinnern sollte.

»Wir stoßen den Wagen neben dem Kran ins Meer. Dort ist es am tiefsten, deshalb ankerten die Schiffe an der Stelle, wenn das Erz verladen wurde. Wenn wir den Wagen von der Klippe stürzen, wird er niemals auftauchen«, versicherte ich Catalina. »Es wird besser sein, wenn ich querfeldein zur Klippe fahre und du die Leiche in der Schubkarre hinbringst.«

Es war eine kalte Frühlingsnacht ohne Mond oder Sterne, weshalb es eher unwahrscheinlich war, dass mich jemand mit ausgeschalteten Scheinwerfen zur Steilküste fahren sah. Als ich an den Klippen ankam, stellte ich den Motor ab. Catalina war schon da, vor ihr stand die Schubkarre mit dem unförmigen Bündel.

Pedro wog viel mehr, als ich vermutet hatte, aber zusammen schafften wir es, ihn hinters Lenkrad zu hieven. Dann löste ich die Handbremse, und wir schoben das Auto durch das hohe Gras. Nach ein paar Metern war die Steilküste zu Ende, und der Wagen stürzte in die tosenden Wellen.

Der Aufprall auf dem Wasser war kaum zu hören, er wurde von den Klängen der Nacht und dem hohen Seegang einfach verschluckt. Jenseits der Landstraße im Wald heulte der schwarze Wolf, angezogen vom Tod.

»Mein Leben lang hatte ich das Gefühl, allein zu sein, und dachte, ich müsse mich um mich selbst kümmern, weil es sonst niemand tat. Deshalb habe ich getan, was ich getan habe. Aus diesem Grund habe ich die dümmsten Entscheidungen meines Lebens gefällt«, sagte ich, ohne sie anzublicken.

Catalina ergriff meine Hand und drückte sie stumm. Wir beide sahen, wie der Wagen strudelnd im Kantabrischen Meer versank und mit ihm unser Geheimnis.

Laura

»Ich werde das Bergwerk wieder aufmachen«, sagte ich beim Frühstück zu Catalina. »Ich habe die Bücher vom Marquis gefunden, die echten, nicht die, die er Mama und seinen Gläubigern vorlegte, als er regelmäßig Geld aus dem Zuloaga-Werk abzweigte. Die Firma hat kaum noch Rücklagen, eigentlich so gut wie nichts, das hat er wirklich prima hingekriegt, aber mit einer Finanzspritze könnten wir den Betrieb wieder aufnehmen, davon bin ich überzeugt.«

Catalina stand vor dem Herd und wartete darauf, dass der Kaffee kochte, drehte sich aber um.

»Glaubst du, das ist möglich? Das Bergwerk wieder zu öffnen, meine ich? Ich weiß schon, dass du dich mit Buchhaltung und so etwas auskennst, aber nach dem Bankrott glaube ich nicht, dass noch viel zu retten ist.«

Der Sommer nahte. Ich spürte es, weil das hereinfallende Sonnenlicht alles golden färbte, was nur wenige Monate im Jahr vorkam. Es war außerdem das erste Mal, dass wir morgens nicht den Ofen einheizen mussten, um es in der kalten Küche auszuhalten.

»Es ist wirklich nicht mehr viel zu retten«, räumte ich ein. »Wir müssten ein bisschen was investieren und das Bergwerk modernisieren, würden aber bestimmt genug Arbeiter im Dorf finden und könnten in spätestens einem Jahr wieder Umsätze machen.«

»Und seit wann interessierst du dich dafür?« Catalina sah mich überrascht an. »Für die Arbeiter oder für das, was mit den Leuten im Dorf geschieht … Ich erinnere mich gut daran, dass es dir früher herzlich egal war, ob die Arbeiter unter Tage starben oder ihre Kinder nichts zu essen hatten.«

»Das ist es immer noch, aber ich wollte das Werk seit jeher leiten. Ich weiß, dass ich vieles besser machen könnte als der Marquis oder jeder andere Mann«, erklärte ich. »Und wenn ich das Bergwerk wieder aufmachen will, brauche ich dafür Arbeiter. Es ist kein gutes Geschäft, wenn die Männer im Stollen sterben und jede Woche eine Beerdigung stattfindet. Ich brauche sie ebenso wie sie mich.«

Catalina stellte die Kaffeekanne auf den Tisch und setzte sich neben Marina, die auf einem trockenen Stück Brot herumkaute, das ihre Mutter vorher in Honigmilch getunkt hatte.

»Gut, erzähl mal, was du in den Büchern entdeckt hast«, fragte sie mich ernst. »Sieht es sehr schlecht aus?«

»Jedenfalls nicht gut.«

Die Bücher des Zuloaga-Werks befanden sich tatsächlich genau dort, wo Liam sie an meinem Hochzeitstag vor einer kleinen Ewigkeit gefunden hatte: im Safe hinter dem grässlichen Jagdporträt des Marquis, auf dem er wie ein englischer Lord gekleidet und mit demselben Gewehr, mit dem er Alma getötet hatte, sowie der armen Patsy zu seinen Füßen posierte. Obwohl es lange her war, konnte ich mich noch an den Code erinnern, den Liam mir an jenem Nachmittag auf dem Familienfriedhof genannt hatte, also nutzte ich das Mittagsschläfchen meines Vaters und schlich mich in sein Arbeitszimmer, um die Bücher aus dem Safe zu holen.

»Als Vater merkte, dass er die schlechten Geschäfte selbst verschuldet hatte, begann er die Bücher zu fälschen und das ganze Geld von den Konten abzuheben«, erklärte ich. »Das hatte er früher schon gemacht, wenn er Bargeld für seine teuren Hobbys brauchte, aber Mama oder seinen Geschäftspartnern keine Rechenschaft ablegen wollte. Aber ich habe noch etwas anderes entdeckt: Der Marquis hatte einen Vertrag mit den Aufständischen und hat ihnen im Krieg Erz geliefert, aber ich weiß nicht, was er mit dem Geld gemacht hat, das sie ihm dafür zahlten.«

»Was meinst du damit?«

»Das Geld taucht auf keinem Konto auf, nirgends«, erklärte ich seufzend. »Das ist schade, weil dieses Geld uns jetzt sehr gelegen käme.«

»Geld von den Aufständischen? Wie kommst du denn darauf? Würdest du Geld von den Nationalen annehmen?«, fragte mich Catalina leise.

»Ich würde jedes Geld nehmen. Geld ist Geld, egal, woher es stammt, vor allem, wenn es so dringend gebraucht wird wie jetzt.«

»Nein. Das sagst du nur, weil du während des Krieges nicht an diesem Ort warst; ich kann dir versichern, dass du anders denken würdest, wenn du einen dieser Aasgeier mit eigenen Augen gesehen hättest.« In Catalinas Blick stand die blanke Panik. »Das sind keine Männer, Estrella, das sind Teufel.«

»Nein, sie sind auch nur Männer«, sagte ich überzeugt. »Sie sind aus Fleisch und Blut wie du und ich und mögen Geld ebenso wie jeder andere, deshalb werde ich mit ihnen reden.«

»Meinst du das wirklich ernst? Du willst sie um Hilfe oder Geld bitten?«

»Hast du eine bessere Idee, um nicht zu verhungern? Ich bin ganz Ohr.«

Catalina rieb sich die Wangen, die sich röteten, dann sah sie Marina an, die mit dem Brot in ihrer Tasse rührte.

»Ich kann den Marquis fragen, was er mit dem Geld gemacht hat«, schlug sie vor. »Wenn er gute Laune hat, erzählt er es mir vielleicht.«

Ich nahm vorsichtig die Kaffeekanne und schenkte Catalina und mir den dünnen Kaffee ein.

»Der Marquis wird uns nichts sagen, er hat noch nie einen Finger für uns gerührt, also bezweifle ich stark, dass er ausgerechnet jetzt damit anfängt. Ihm ist nur wichtig, dass du dich um ihn kümmerst, deshalb wird er dir nie verraten, wo er das Geld versteckt hat.«

»Was schlägst du also vor? Wo sollen wir das Geld für die Investitionen hernehmen?« Catalina legte ihre Hände um die Tasse, um sich daran zu wärmen. »Du hast es selbst gesagt, es braucht sehr viel Geld, um alles wiederzubeschaffen, was der Marquis nach der Schließung verkauft hat: Maschinen, Werkzeug, Genehmigungen, Lohn für die Arbeiter… woher soll das Geld denn kommen?«

Ich lehnte mich in dem unbequemen Stuhl zurück. Ich war im siebten Schwangerschaftsmonat, und die Rückenschmerzen wurden jeden Tag schlimmer.

»Ein bisschen Geld habe ich noch, es reicht nicht für die Ausstattung oder die Löhne, aber ich habe mir überlegt, dass ich mir einen Geschäftspartner suchen könnte. Jemanden, der in Erz investieren will, um es den Deutschen oder wem auch immer zu verkaufen, das ist mir egal.« Ich schnitt mir eine Scheibe von dem drei Tage alten Brot ab und fuhr fort. »In Europa herrscht Krieg, und beide Seiten benötigen tonnenweise Erz. Wir verschwenden ein Vermögen, solange die Grube geschlossen ist.«

»Es heißt, Spanien sei in diesem Krieg neutral, aber in Wirklichkeit unterstützt die neue Regierung Deutschland, also wirst du das Erz an die Deutschen verkaufen müssen«, sagte sie. »Würde es dir nichts ausmachen, an die Nazis zu verkaufen?«

»Wenn die Nazis zahlen, nein.« Catalina sah mich an, als hätte ich etwas Schreckliches gesagt. »Ideologien oder was auch immer diese fanatischen Deutschen antreibt, interessiert mich nicht, wir brauchen Geld. Ich mochte das ekelhafte Erdöl auch nicht, es hat mein Land in Kalifornien verdreckt, aber dank ihm habe ich wenigstens die Ranch nicht verloren. Außerdem hast du es selbst gesagt: Die neue Regierung unterstützt Deutschland, also werden wir es keinem anderen Land verkaufen können. Entweder die Nazis oder der Hunger.«

Catalina schüttelte den Kopf, aber ich spürte, dass sie über meine Worte nachdachte.

»Das ist nicht gut, Estrella. Auch wenn wir es nur wegen des Geldes machen, ist es nicht gut.«

»Gut oder schlecht, wir müssen von etwas leben, von etwas mehr als Lebensmittelkarten, ranzigem Brot oder deinem Gemüse aus dem Garten, denn unser jetziges Budget wird irgendwann aufgebraucht sein«, sagte ich. »Und was machen wir dann? Was machen wir, wenn uns das Geld ausgeht? Das Haus verkaufen und in die Hauptstadt ziehen, um unser Auskommen als Näherinnen oder Putzfrauen zu verdienen? Mit zwei kleinen Kindern? Niemand wird uns Arbeit geben oder auch nur einen Finger rühren. Mir ist ein voller Bauch lieber als ein reines Gewissen. Dir nicht?«

Marina saß auf zwei Kissen, um an den Tisch zu gelangen. Sie hatte das Stück Brot aufgegessen und biss jetzt genüsslich in eine Erdbeere aus dem Garten, deren roter Saft über ihr Händchen lief und auf den Tisch tropfte. Catalina stand auf und holte einen Lappen, um Marina das Kinn abzuwischen, aber Marina ließ die Erdbeere nicht los.

»Du hast recht, niemand wird uns Arbeit geben, denn wenn es etwas in diesem Land im Überfluss gibt, dann arme Frauen ohne Ehemann. Aber wenn wir Erz verkaufen wollen, und sei es an die Nazis, müssen wir zuerst das Bergwerk wieder in Betrieb nehmen, und wo sollen wir jemanden finden, der uns das nötige Geld dafür leiht?«, fragte sie und wischte dem Mädchen erneut übers Kinn. »Wir sind Frauen, niemand wird uns zutrauen, eine so große Firma zu leiten, erst recht kein reicher Mann. Und wenn doch, alles befindet sich in Madrid: das Geld, die Geschäftsmänner …«

»Dann fahre ich nach Madrid.«

Catalina legte den Lappen auf den Tisch und sah mich an.

»Nach Madrid? Und was ist mit ihr?«, fragte sie und wies mit dem Kopf auf meinen dicken Bauch. »Du kannst dich kaum bücken, um die Schuhe anzuziehen – wie zum Teufel willst du allein nach Madrid fahren?«

Bis zu der Nacht, in der mich Pedro getreten hatte und ich zusammengekrümmt auf dem Boden lag, dachte ich, eine Schwangerschaft sei etwas Vorübergehendes, eine Last für meinen Körper, die schon bald wieder verschwunden wäre. Nachdem wir den Mietwagen mit Pedros Leiche ins Meer gestürzt hatten, fragte ich mich wochenlang, ob das Kind in mir noch lebte. Erst als mein Bauch – und mein restlicher Körper – immer runder wurden, drang mir langsam ins Bewusstsein, dass ich in wenigen Wochen niederkommen würde, ob ich wollte oder nicht. Bis dahin war die Geburt für mich etwas Fernes und Verschwommenes in der Zukunft.

»Ich fahre nach der Geburt des Kindes, wenn ich mich erholt habe und mit der Bahn reisen kann und keine Angst haben muss, Blutungen zu bekommen.«

»Und das Kind?«, fragte Catalina. »Willst du es etwa bei mir lassen?«

»Würde es dir was ausmachen? Du kannst das jedenfalls besser als ich«, erwiderte ich. »Ich kann mich gut um mich selbst kümmern, aber ich fürchte, dass ich nicht dafür gemacht bin, andere zu versorgen.«

Ich musste an Valentina denken, die nie heiraten oder Kinder haben wollte, weil ihre Liebe einzig und allein ihrem goldenen Land in Kalifornien galt. Ich war ein bisschen wie die alte Tongva.

»Ja, mir ist schon aufgefallen, dass du dich nicht besonders darüber freust, Mutter zu werden«, sagte Catalina verständnisvoll. »Das ist nicht weiter schlimm, viele Frauen wollen es nicht und werden trotzdem Mutter.«

»Wichtig ist jetzt nicht, was ich will, sondern die Frage, wie wir unsere Töchter ernähren sollen, wenn uns das Geld ausgeht.«

Catalina setzte sich wieder neben Marina und goss ein wenig Milch in ihren Kaffee.

»Ich kümmere mich nach der Geburt um das Kind, und du fährst nach Madrid und suchst einen Geschäftspartner.« Sie blickte mich ernst an und fügte hinzu: »Du hast recht, wir müssen uns etwas einfallen lassen, wenn wir vier nicht in den Ruinen dieses Hauses verhungern wollen. Keiner wird uns helfen.«

Ich nickte zustimmend.

»Gut. Wir tun einfach so, als würde das Zuloaga-Werk noch florieren, ich nehme die gefälschten Bücher des Marquis mit nach

Madrid und erzähle allen, mein Vater suche einen solventen Geschäftspartner. Wenn sie glauben, dass ein Mann dahintersteckt, werden sie nicht lange zögern. Und vorher teilen wir mein restliches Geld unter uns auf. Ich möchte, dass du Lebensmittel, Medikamente und alles kaufst, was ihr drei braucht, wenn ich abwesend bin. Ich möchte auch, dass du das Haus renovieren und den Garten herrichten lässt. Es muss nicht alles auf einmal sein, nur das, was sichtbar ist, damit man nicht sofort erkennt, dass wir pleite sind. Und kümmere dich um die Anmeldung des Telefons, damit ich dich aus Madrid anrufen kann«, sagte ich. »Aber nimm es aus Vaters Arbeitszimmer, und lass einen Anschluss in dein Zimmer legen, damit er es nicht benutzen kann. Jetzt fehlte gerade noch, dass uns der Alte das Geschäft ein weiteres Mal vermasselt.«

»Mach dir keine Sorgen, ich werde mich um die beiden Mädchen kümmern und das Haus reparieren lassen: die Fenster, den Vorgarten, ein bisschen Farbe hier und dort, Gardinen, die man von draußen sehen kann, und natürlich das Telefon«, zählte Catalina auf. »Und die andere Hälfte des Geldes, was machen wir damit?«

Ich trank einen Schluck von meinem bitteren und wässrigen Kaffee, der langsam kalt wurde, während ich im Kopf die Einzelheiten meines Planes durchging, um nichts Wichtiges zu vergessen.

»Mit der anderen Hälfte werden wir uns einen Partner kaufen«, sagte ich. »Mason pflegte zu sagen, wenn du arm bist, wird dir niemand helfen, aber wenn sie glauben, dass du reich bist, werfen sie dir das Geld hinterher. Ich werde den Geschäftsmännern in Madrid weismachen, dass das Bergwerk bestens läuft und wir uns lediglich vergrößern wollen. Dafür brauche ich elegante Kleider, Schuhe, Friseurbesuche, eben alles, um reich zu wirken. Desgleichen werde ich eine Wohnung mieten müssen, Ausgaben für Empfänge und Restaurantbesuche, Bestechungsgelder … Was eben nötig ist, um einen Partner oder Käufer für unser Erz zu finden.«

»Du wirst sie davon überzeugen, dass du eine reiche und sorglose Erbin bist, die gern auf Feste geht und von ihrem Vater nach

Madrid geschickt wurde«, fasste Catalina mit schiefem Grinsen zusammen.

»Genau.«

»Du wirst das sehr gut machen«, sagte sie. »Ich kann mich noch genau an die frühere Estrella erinnern: Alle wollten bei ihr sein, ihr Glas nachfüllen, über ihre Scherze lachen und sie heiraten. Sie werden dir zu Füßen liegen, nach einer Woche werden sie vor deiner Tür Schlange stehen und dein Partner werden wollen.«

Ich lehnte mich seufzend im Stuhl zurück, um meine Rückenschmerzen zu lindern.

»Das sollten sie auch. Wenn ich schon das ganze Geld in Kleider, Wohnung und Feste stecke, muss es sich auch lohnen«, sagte ich missmutig.

Ich wollte noch etwas hinzufügen, als ich durch das offene Küchenfenster Männerstimmen hörte. Ich drehte mich schwerfällig um und sah zwei Polizisten in Uniform an der Gartenpforte stehen.

»Das ist die Guardia Civil«, sagte ich leise.

Catalina wurde blass und sah die kleine Marina an, die ihre Erdbeere inzwischen aufgegessen hatte.

»Die kommen bestimmt wegen Pedro und wollen mich abholen.« Ihre Unterlippe zitterte vor Angst. »Sie werden mich festnehmen und mir Marina wegnehmen.«

Ich sah, wie die beiden Männer draußen ungeduldig an den Eisenpfosten rüttelten, um sich bemerkbar zu machen. Die Kette an der Pforte rasselte.

»Ach was, wir werden ihnen dieselbe Geschichte erzählen wie allen anderen«, erinnerte ich sie. »Vor drei Monaten ist Pedro mit tausend Peseten in der Tasche und dem Mietwagen nach Bilbao gefahren, und seitdem haben wir nichts mehr von ihm gehört.«

Catalina nickte, als ich sie an die Lüge erinnerte, die wir allen in Basondo einschließlich dem Marquis aufgetischt hatten, wenn wir nach Pedro gefragt wurden.

»Geh hoch zum Marquis und sieh nach, ob er auch schläft, ich halte sie so lange auf. Ich will nicht, dass er zu schreien anfängt oder mit der Polizei plaudert«, fügte ich hinzu und warf einen Blick nach draußen. »Dann setzt du dich mit dem Kind auf dem Schoß an den Küchentisch und zeigst dich sehr traurig, weil du nichts mehr von deinem Mann gehört hast.«

Catalina stand auf und lief rasch zum Zimmer des Marquis. Ich erhob mich schwerfällig von dem unbequemen Stuhl und ging zur Tür.

»Guten Tag«, rief ich mit meinem schönsten Lächeln. »Es tut mir leid, dass ich Sie habe warten lassen, aber mit diesem Bauch kann ich mich nicht so schnell bewegen.«

Ich legte meine Hand auf besagten Körperteil und schnaufte laut, als ich die vier Stufen zum Garten hinunterging, damit mir die beiden Polizisten meine Vorstellung auch wirklich abnahmen.

»Guten Tag, Señora Marquise«, sagten beide ohne eine Regung in der Stimme.

Ich ging langsam über die weißen Bodenplatten. Auf dem hohen Gras daneben lag noch der Frühnebel, der vom Meer herangezogen war. Ich sah, dass mich die beiden Männer mit ernsten Mienen anblickten.

»Was kann ich für Sie tun?«

»Wir stören nicht gern so früh, aber wir haben den Befehl, mit der Frau von Pedro zu sprechen, ist sie zu Hause?«

Die Männer waren ein paar Jahre älter als ich, nicht viel, aber genug, um im Krieg gewesen zu sein. Ich kannte keinen von beiden, also unterstellte ich, dass sie nicht aus Basondo stammten. Sie hatten braunes, kurz geschnittenes Haar, das unter dem Dreispitz hervorlugte. Ich warf einen verstohlenen Blick auf die Star-Pistolen am Gürtel ihrer Uniformen.

»Ja, natürlich. Sie ist in der Küche und gibt ihrem Kind das Frühstück.« Ich lächelte freundlich. »Haben Sie schon gefrühstückt? Wir haben gerade Kaffee gekocht, wenn Sie eine Tasse mögen. Warten Sie, ich lasse Sie herein …«

Ich tat so, als würde ich in der Tasche meines grünen Kleides nach dem Schlüssel suchen, denn ich wollte Catalina genügend Vorsprung geben, um in die Küche zurückzukehren.

»Sie müssen schon entschuldigen, mein Schwager hat immer die Pforte geöffnet und geschlossen, und seit er weg ist, sind wir Frauen etwas aufgeschmissen«, sagte ich und zog den Schlüssel heraus. »Sind Sie wegen ihm hier? Haben Sie Pedro gefunden?«

Ich öffnete das Schloss und dann mit Hilfe einer der Männer die Pforte.

»Ja, Señora, deshalb sind wir hier. Ein paar Männer im Dorf haben gesagt, sie bezweifeln stark, dass Pedro freiwillig weggegangen ist, und sie glauben, dass hinter dem Verschwinden Ihres Schwagers mehr steckt, und haben uns deshalb gebeten, uns selbst ein Bild zu machen«, antwortete der Polizist, der die Gartenpforte geöffnet hatte und sich den Rost und Staub von den Fingern klopfte.

Mein aufgesetztes Lächeln erlosch nicht, als ich sah, wie sie mit ihren schweren Stiefeln das Gras niedertrampelten.

»Na so was. Glauben sie etwa, dass Pedro etwas zugestoßen ist? Die arme Catalina, sie wird einen ganz schönen Schreck bekommen, wenn Sie ihr das sagen, und noch dazu mit einem kranken kleinen Kind«, sagte ich mitleidig. »Wissen Sie schon, was mit Pedro passiert ist? Wir haben seit gut drei Monaten nichts von ihm gehört, und die Gerüchteküche in Basondo brodelt. Sie wissen ja, in so einem kleinen Dorf langweilen sich die Leute schnell und denken sich alles Mögliche aus.«

Die meisten Gerüchte hatten Catalina und ich gestreut. Am Tag, nachdem wir den Wagen ins Kantabrische Meer gestoßen hatten, hatte ich dem Postbeamten erzählt, dass Pedro am Abend zuvor nach Bilbao gefahren war, und schickte ihm sogar ein Telegramm, damit der Beamte mir die Geschichte glaubte und sie im Dorf verbreitete. Catalina hatte sämtliche Freunde und Bekannte von Pedro – all jene, die ihn respektierten, weil sie glaubten, er würde der nächste Marquis de Zuloaga werden – gefragt, ob sie ihren Mann im Dorf gesehen oder etwas von ihm gehört hätten. Fast alle hatten uns diese Geschichte abgenommen, ohne Fragen zu stellen, Pedro war schließlich nicht der erste Mann, der Frau und Kind verließ, weshalb wir es durch das ständige Wiederholen der Geschichte mit trauriger Stimme und kummervoller Miene tatsächlich geschafft hatten, Pedro aus Basondo, aus der Villa Soledad und aus unserem Leben zu verbannen, bis die beiden Polizisten vor der Tür standen.

»Um welche Art von Gerüchten handelt es sich?«, fragte mich einer misstrauisch. »Die über Ihren Schwager kursieren, meine ich.«

Auf dem Weg zur Haustür hallten die Schritte der Männer in dem stillen Garten wider.

»Sie wissen schon, Señor …«

»Unteroffizier«, unterbrach er mich schroff. »Unteroffizier Durán.«

»Unteroffizier, natürlich, entschuldigen Sie.« Ich warf einen raschen Blick zum Küchenfenster, aber Catalina saß noch nicht am Tisch. »Sie können sich ja vorstellen, was man so im Dorf redet – dass Pedro die Gelegenheit, über Geld und einen Mietwagen zu verfügen, zum Abhauen genutzt hätte. Er sah seine Chance, seine Familie zu verlassen, und hat keinen Moment gezögert. Denken Sie auch, dass es so gewesen ist?«

»Wir untersuchen das noch, Señora Marquise. Deshalb wollen wir mit Señora Barrio sprechen, um ein paar offene Fragen zu klären.«

»Selbstverständlich, alles, was nötig ist.«

Langsam ging ich die Stufen hinauf, um noch ein paar Sekunden herauszuschlagen. Die Polizisten sahen mich ungeduldig an, warteten aber höflich, bis ich bei ihnen angekommen war und die Tür öffnete. Das Haus lag im Halbdunkel, und die Luft war kühl im Vergleich zu den fast sommerlichen Temperaturen im Garten.

»Wer ist da, Estrella?«

Ich lächelte vor mich hin, als ich Catalina mit gelassener Stimme aus der Küche rufen hörte.

»Es sind zwei Polizisten der Guardia Civil, die Armen standen draußen in der prallen Sonne, bis ich endlich bei der Pforte war«, antwortete ich noch immer lächelnd. »Ich sagte dir doch, dass ich was gehört hätte.«

Catalina saß mit Marina auf dem Schoß am Eichentisch, wie ich ihr gesagt hatte, und gab vor, dem Kind, das die beiden Männer mit großen Augen anstarrte, Frühstück zu geben.

»Wie dumm von mir, entschuldigen Sie, aber manchmal reagieren wir etwas überempfindlich auf Geräusche, weil der Wald so nah ist«, entschuldigte sich Catalina, der das Lügen zu meiner Überraschung ganz leicht über die Lippen kam. »Es sind schon oft wilde Tiere am Zaun herumgeschlichen, Wölfe, Wildschweine, Wildkatzen und so was. Wir haben Angst, dass sie auf der Suche nach Futter auf das Grundstück gelangen, schließlich sind wir Frauen hier allein.«

»Wir kümmern uns darum, Señora. Wo ist der Marquis?«, fragte einer der Polizisten und warf einen raschen Blick in die Küche. »Mir wurde gesagt, der Marquis de Zuloaga wohnt noch hier, ich würde gern mit ihm sprechen.«

»Selbstverständlich, aber unglücklicherweise ist mein Vater ein kranker alter Mann«, beeilte ich mich zu antworten. »Der Arme sitzt seit einem Jagdunfall vor einigen Jahren im Rollstuhl, er hat sich versehentlich ins eigene Bein geschossen. Wenn er nicht in seinem Rollstuhl sitzt, liegt er die meiste Zeit im Bett.«

»Können wir ihn trotzdem sprechen? Wir haben gehört, dass der Herr Marquis sich sehr gut mit Ihrem Schwager verstanden hat. Wenn Pedro jemandem gegenüber erwähnt hat, dass er auf und davon will, dann bestimmt ihm.«

Catalina und ich wechselten einen schnellen Blick.

»Mein Vater hat nicht nur Schmerzen im Bein, sein Kopf funktioniert auch nicht mehr wie früher. Er bringt Namen und Orte durcheinander, manchmal weiß er nicht, wo er ist, oder er fängt grundlos an zu schreien«, erklärte ich vorsichtig. »Er möchte nicht, dass die Leute im Dorf davon erfahren, das müssen Sie verstehen. Catalina und ich versorgen ihn gut, es fehlt ihm an nichts. Aber sein Kopf spielt manchmal einfach verrückt – selbst wenn er wollte, könnte er Ihre Fragen nicht beantworten.«

Der Polizist, der nach ihm gefragt hatte, nickte stumm und, wie mir schien, ein wenig beschämt darüber, gefragt zu haben. Besser so.

»Möchten Sie einen Kaffee?«, fragte Catalina und zeigte auf die noch dampfende Kaffeekanne. »Wir haben auch ein bisschen Brot zum Eintunken, wenn Sie mögen. Setzen Sie sich doch, wir hatten schon lange keinen Besuch mehr.«

Einer der Männer – der nach dem Marquis gefragt hatte –, zog einen Stuhl heran und war schon im Begriff, sich zu setzen, bis er sah, dass der andere ihn regelrecht anfunkelte.

»Es tut mir leid, Señoras, deshalb sind wir nicht hier«, sagte er ernst und stellte den Stuhl wieder zurück. »Das ist ein offizieller Besuch.«

»Haben Sie Pedro gefunden?«, fragte Catalina geradezu hoffnungsvoll. »Geht es ihm gut?«

»Nein, Señora, wir haben ihn nicht gefunden. Einer seiner Freunde im Dorf befürchtet, Ihr Mann könne ermordet oder entführt worden sein, und hat uns gebeten, uns zu vergewissern, dass er aus eigenen Stücken das Haus verlassen hat.«

Offensichtlich hatten nicht alle Bewohner in Basondo die Geschichte geschluckt, die Catalina über das Verschwinden ihres Mannes erzählt hatte.

»Ermordet?«, fragte sie alarmiert. »Aber mein Pedro interessiert sich doch gar nicht für Politik oder so was, er hat nie über diese Dinge mit mir gesprochen.«

»Nun ja, Señora, manchmal haben Männer vor ihren Frauen eben Geheimnisse. Haben Sie ihn nie über die Republik oder den Krieg reden hören, oder dass er sich diesen Banditen anschließen wollte, die im Tal ihr Unwesen treiben?«

Es gab eine Gruppe von Männern, die auf der einsamen Landstraße nach Basondo regelmäßig die Guardia Civil überfielen. Sie raubten Waren, Lebensmittel, Waffen, Geld, Munition … was auch immer ihnen nützlich war, um sich versteckt zu halten und die neue Regierung zu bekämpfen. Niemand wusste, wer oder wie viele sie waren und wo sie sich versteckten, aber es waren jede Menge Gerüchte im Umlauf, und praktisch jeder Mann aus der Gegend wurde verdächtigt, dazuzugehören.

»Pedro? Nein, ich habe ihn nie über Politik reden hören«, erwiderte Catalina im Brustton der Überzeugung. »Meinen Mann interessiert so was nicht. Pedro ist ein Familienmensch, ich meine, ein ganz normaler Mann.«

Die beiden Polizisten wechselten stumm den üblichen Blick männlicher Komplizenschaft, der so viel bedeutete wie: Was weiß die schon, was ihren Mann interessiert oder nicht.

»Glauben Sie, diese Banditen haben Pedro etwas angetan?«, fragte ich naiv.

»Es ist nur eine Möglichkeit, Señora. Wenn Ihr Schwager Geld bei sich hatte, könnten diese Bastarde ihn ausgeraubt und seine Leiche verscharrt haben«, sagte einer ohne die geringste Spur von Taktgefühl. »Wir wollen herausfinden, ob Ihr Mann Opfer dieser Männer geworden ist oder sich ihnen angeschlossen hat und im Tal versteckt. Es würde Ihnen bestimmt nicht gefallen, zu entdecken, dass Sie mit einem Rebellen verheiratet sind, nicht wahr? Stellen Sie sich vor, was es für Ihre Tochter bedeuten würde, einen Mörder zum Vater zu haben.«

Als er Marina erwähnte, verspannten sich Catalinas Arme um die Kleine herum, als wolle sie ihre Tochter vor der wenig subtilen Drohung des Polizisten beschützen.

»Das Kind trägt keinerlei Schuld an den Sünden seines Vaters«, entgegnete sie und küsste das Mädchen auf ihr blondes Haar, das sie vom Vater geerbt hatte.

»Weil Sie es gerade erwähnten, es stimmt, Pedro hatte viel Geld bei sich, als er verschwand, tausend Peseten. Ich habe sie ihm selbst gegeben«, sagte ich, um das Gespräch von Marina abzulenken. »Nicht zu vergessen, dass er für den Wagen bestimmt weitere zweitausend bekommen könnte.«

Unteroffizier Durán musterte mich argwöhnisch.

»Im Dorf heißt es, dass Sie Ihrem Schwager das Geld gegeben haben, stimmt das? Das Bergwerk ist geschlossen, woher haben Sie so viel Geld?«

»Von meinem Mann. Er ist kürzlich gestorben, hat mir aber eine kleine Erbschaft hinterlassen, von der fast nichts mehr übrig ist.«

»Ist Ihr Mann im Gefängnis gestorben? Oder an der Front?«

Ich sah, wie sich beide Männer in ihren Uniformen verspannten, als sie auf meine Antwort warteten.

»Nein, weder noch, mein Mann war US-Amerikaner. Wir lebten in Kalifornien, und er starb bei einem Brand, deshalb bin ich heimgekehrt. Ich wollte bei der Geburt nicht allein sein.«

Die Anspannung in der Küche löste sich auf.

»Verstehe, verzeihen Sie, Señora Marquise«, murmelte der Unteroffizier. »Pedro war also bereit, den Mietwagen nach Bilbao zurückzubringen. War dies das letzte Mal, dass Sie ihn gesehen haben?«

»So ist es. Ich weiß, dass jetzt über Pedro gesagt wird, er hätte mich verlassen, mich und das Kind, und dass ich ihn nicht wiedersehen werde, solange er das Geld nicht ausgegeben hat«, log Catalina leichthin. »Hoffentlich ist es so, dann ginge es Pedro wenigstens gut, auch wenn er nie zurückkehren wird.«

Der Unteroffizier runzelte die Stirn; er schien zu überlegen, ob er Catalina glauben sollte oder nicht.

»Gut, das war's schon«, sagte er schließlich. »Wir gehen jetzt.«

Beide Männer machten kehrt und wollten die Küche verlassen, aber ich hielt sie zurück.

»Warten Sie, ich bringe Sie zur Tür.«

»Machen Sie sich keine Mühe, Señora Marquise, wir kennen den Weg.«

»Es ist keine Mühe«, log ich lächelnd. »Ich muss sowieso hinaus, um die Pforte wieder abzuschließen, ich hoffe nur, es stört Sie nicht, dass ich so langsam bin.«

Ihrem Gesichtsausdruck nach zu urteilen fand mein Vorschlag wenig Gefallen, aber sie verließen zusammen mit mir die Küche und durchquerten schweigend das Vestibül. Als wir am Seitenflur vorbeikamen, hielt ich die Luft an in der Befürchtung, das Geräusch der schweren Stiefel könnte die Aufmerksamkeit des Marquis erregen, dass er hysterisch schreien und den Polizisten erzählen könnte, was in der Nacht geschehen war, in der Pedro starb.

Auf unserem Weg durch den Garten sah ich den jüngeren Polizisten unter seinem Dreispitz unverblümt grinsen, bis sein Unteroffizier ihm ein Zeichen gab, das zu unterlassen.

»Ist etwas passiert?«, fragte ich naiv. »Glauben Sie, dass Pedro von diesen Banditen entführt wurde, die sich im Tal herumtreiben? Ich hoffe es nicht, denn auch wenn der Marquis noch lebt, könnten wir kein Lösegeld zahlen – wir haben gerade noch genug Geld für das Essen und den Unterhalt des Hauses.«

»Darüber würde ich mir keine Sorgen machen, Señora Marquise. Wahrscheinlich ist Ihr Schwager abgehauen und jetzt schon in Portugal oder auf dem Weg nach Afrika, dort kann ein Mann mit dieser Summe leben wie ein König, und sollte er tatsächlich den Wagen verkauft haben, werden Sie ihn wahrscheinlich nicht wiedersehen«, antwortete der jüngere. »Der ist nicht verschleppt worden, das sage ich Ihnen.«

Obwohl ich am liebsten erleichtert aufgelacht hätte, riss ich mich zusammen. Wir waren schon fast an der Pforte.

»Das glaube ich auch«, log ich. »Ich versuche es der armen Catalina vorsichtig beizubringen, damit sie sich mit dem Gedanken abfindet, dass ihr Pedro an einem fernen Ort wie ein Maharadscha lebt, aber sie ist noch so jung …«

Endlich waren wir bei der Pforte, der Unteroffizier öffnete sie, und beide Polizisten verließen endlich das Grundstück.

»Ja, das ist schlimm, aber keine Sorge. Sie ist noch jung und sehr hübsch, sie wird bestimmt bald einen neuen Mann finden, und Sie auch«, sagte der Jüngere lächelnd, dann tippte er sich zum Gruß an seinen Dreispitz und fügte hinzu: »Auf Wiedersehen, Señora Marquise.«

»Adios und danke.«

Ich stand da und sah sie auf der Landstraße nach Basondo zurückgehen. Die Sonne schien vom wolkenlosen Himmel, und ich spürte, wie sie mir auf Gesicht und Arme brannte, wartete aber noch einen Augenblick länger, um sicherzugehen, dass sie nicht kehrtmachten und weitere Fragen stellten. Ich sah sie in einer Mulde verschwinden und atmete erleichtert auf. Dann ging ich mit einem breiten Lächeln ins Haus zurück, um mit Catalina zu feiern, dass wir die Guardia Civil so erfolgreich getäuscht hatten.

»Catalina sagt, du bekommst ein Mädchen. Was ist nur los mit den Frauen in dieser Familie, wieso kriegt ihr nur Mädchen? Wir haben schon genug Weiber!«, schimpfte der Marquis, als ich in seinen Schubladen wühlte. »Ich wollte einen männlichen Enkel, der meinen Namen und Titel trägt, und nicht, dass du Marquise wirst. Wer weiß, was du wieder anstellst, wenn du von allen Verpflichtungen befreit bist.«

Ich sah ihn im Spiegel der Kirschbaumkommode und lächelte. Die Schubladen waren wegen der Feuchtigkeit und der fehlenden Pflege verzogen, weshalb ich sie mit der Hüfte zuschieben musste.

»Warum gehen Sie nicht wieder ins Bett, Vater?«, sagte ich ungeduldig.

»Das würde ich ja gerne, aber du störst mich, so kriege ich kein Auge zu. In diesem verdammten Haus kann man sich einfach nicht ausruhen.«

Als sich herausstellte, dass sein Bein nie wieder richtig verheilen würde und der Marquis nicht mehr allein Treppen steigen konnte, hatte Catalina ihn in Mamas kleinen Kaffeesalon einquartiert. Die Marquise lebte damals noch, war aber bereit gewesen, auf den Raum, in dem sie mit Gästen Kaffee zu trinken pflegte, zu verzichten, weil es in den Kriegsjahren sowieso keinen Besuch mehr gab, auch keinen Kaffee oder Kuchen. So räumten Catalina und ihre Mutter das Zimmer aus und schleppten Vaters Bett die Treppe hinunter sowie seinen Sessel, falls er zum Fenster hinausblicken wollte, dazu ein altes Radio, damit er sich nicht zu sehr langweilte und sie in Ruhe ließ.

»Ich bin auch nicht gern hier«, murmelte ich, als ich mit einigem Kraftaufwand die letzte Schublade aufzog.

»Ich habe dich in mein Haus zurückkehren lassen, und so dankst du es mir? Was willst du mir eigentlich jetzt schon wieder stehlen?« Der Marquis bekam einen Hustenanfall, sein ausgezehrter Körper wurde regelrecht durchgeschüttelt. »Du willst doch nicht etwa behaupten, dass du immer noch die Kette suchst, die dir deine Großmutter vermacht hat, bevor sie ins Meer sprang? In diesem Fall verschwendest du nur deine Zeit. Die habe ich schon längst verkauft.«

Seit Jahren hatte ich nicht mehr an die Kette gedacht, weshalb es mich überraschte, dass der Marquis – der fast alles vergessen hatte – sich noch daran erinnern konnte. Ich war auf der Suche nach den Grundbesitzurkunden für das Bergwerk und das Haus, nach denen ich vorher schon im Arbeits- und Jagdzimmer gesucht hatte, wo ich stattdessen in den Schubladen seines Mahagonischreibtisches etliche Dokumente und Verträge mit der neuen Regierung und ein paar alte Peseten gefunden hatte.

»Und wem hast du sie verkauft?«, fragte ich kalt, denn ich war damit beschäftigt, möglichst wenig von der abgestandenen Raumluft einzuatmen. »Großmutter Soledads Kette, wem hast du sie verkauft?«

Plötzlich konnte ich an nichts anderes mehr denken. Ich erinnerte mich an das Funkeln und das Gewicht des Smaragd-Anhängers in meiner Kinderhand …

»Das werde ich dir gerade auf die Nase binden«, erwiderte er schweratmend und wollte mir einen Vogel zeigen, aber er bekam den Arm nicht hoch. »Die gehörte mir, du hattest kein Recht auf sie. Ich bedauere nur, sie nicht schon zu Lebzeiten meiner Mutter verkauft zu haben, dann hätte dieses undankbare Weib begriffen, was ihr wirklich zustand.«

Ich drehte mich um und blickte ihn an. Seit dem Tag, als er Alma erschossen hatte, verspürte ich nur noch Verachtung für diesen alten, hinfälligen Mann in seinem Bett mit den mottenzerfressenen Kissen.

»Wie ich sehe, hat das Alter uns beide nicht milder gemacht, ist wohl auch besser so«, raunte ich und wandte meine Augen von ihm ab, weil ich seinen Anblick keine Sekunde länger ertragen hätte. »Ich würde mich dafür hassen, wenn ich Ihnen verzeihen müsste, weil Sie ein behinderter alter Mann sind, der mit einem Fuß bereits im Grab steht.«

»Hochmütig wie immer. Vielleicht stirbst du ja noch vor mir, und dann lache ich über dich.« Er spuckte die Worte regelrecht aus. »Du bist schuld, dass ich in diesem verfluchten Rollstuhl sitze. Hätte ich dich damals bloß auch gleich erschossen. Deine Schwester war genauso hochmütig wie du, aber etwas aufgeweckter, die hat dich regelrecht an der Nase herumgeführt. Mir ist eine tote Tochter lieber als eine lebendige wie du.«

Ich trat an sein Bett und beugte mich ein wenig vor, damit ich ihm ins Ohr flüstern konnte und ihm auch nichts entging.

»Wenn Sie sterben, und seien Sie versichert, das wird schon bald geschehen, werde ich Padre Dávila fünfhundert Peseten dafür geben, damit er Sie auf dem Friedhof in Basondo begräbt«, zischte ich und hielt die Luft an, weil ich nicht den Geruch nach Tod einatmen wollte, den seine Haut ausdünstete. »Sie werden niemals in derselben Erde begraben wie meine Mutter und Alma. Dafür werde ich sorgen.«

Ich sagte »begraben«, weil ich wusste, dass Alma nicht ruhte.

Als ich die Angst in seinen trüben Augen sah, weil er wusste, dass ich meine Drohung genauso ernst meinte wie er seine, richtete ich mich wieder auf.

»Nein, das wagst du nicht, das kannst du deinem Vater nicht antun. Du hast kein Recht dazu … du Hexe.«

Bei dem Wort Hexe bekreuzigte er sich mit zittriger Hand, und ich lachte ihn aus. Ich lachte, weil er es verdiente und weil an diesem erbärmlichen Haufen Knochen mit grauer Haut und faltigem Gesicht nichts mehr von dem mächtigen Mann zu erkennen war, der Carmen, meine Mutter, meine Schwestern und mich selbst jahrelang terrorisiert hatte. Von ihm gab es nichts mehr zu befürchten. Ein weiteres geschlagenes Monster.

»Ich bin dein Vater, als gehorsame Tochter ist es deine Pflicht, mir zu verzeihen.«

»Ich werde Ihnen nie verzeihen und Alma auch nicht. Erwarten Sie keine Vergebung für Ihre Sünden von mir, denn es wird sie nicht geben.«

Seine knochigen Hände voller Altersflecken zitterten, als er schützend die Decke hochzog.

»Catalina war immer fügsamer als du, sie wird mir verzeihen, wenn es so weit ist.«

»Nein, auch sie wird Ihnen nicht verzeihen«, sagte ich und lächelte voller Genugtuung, als ich in seinem Blick Panik aufflackern sah. »Spüren Sie das, Vater? Ist es nicht ein entsetzliches Gefühl, wenn ein anderer Sie und Ihr Leben beherrscht? Ist es nicht grausam, wenn ein anderer entscheidet, was man essen und wo man schlafen darf? Genau das Gefühl haben Sie uns all die Jahre vermittelt.«

Er hob die Hand – dieselbe, mit der er mich an meinem fünfzehnten Geburtstag vor allen Gästen geohrfeigt hatte – und wollte meine Hand ergreifen, aber er war zu langsam, denn ich hatte meine schon zurückgezogen, bevor er sie berühren konnte.

»Ich habe eingesehen, dass manches, was ich als Vater und Ehemann getan habe, falsch war«, sagte er mit verhaltener Wut, die trotz seines Zustands immer noch in ihm steckte. »Geh jetzt, und sage Catalina, sie soll Padre Dávila holen, ich will die Beichte ablegen, falls der Tod schon heute Nacht an meine Tür klopft. Los, geh und sage es ihr.«

»Sie haben nichts eingesehen, gar nichts. Es ist nur so, dass Sie sterben werden und plötzlich Angst haben, für alles, was Sie getan haben, Rechenschaft ablegen zu müssen«, sagte ich. »Catalina wird Ihnen nicht mehr gehorchen und ich auch nicht. Sie werden nicht mit Dávila reden und auch nicht beichten, außerdem ist Ihr Priesterfreund jetzt ein wichtiger Mann, viel wichtiger als Sie, und hat keine Zeit mehr, ständig herzukommen und sich Ihre Altmännergeschichten anzuhören.«

»Ich weiß, was du bist, du bist eine *Sorgiña*.« Der Marquis sprach das Wort langsam und mit zittrigen Lippen aus, aber keineswegs, weil es verboten war, baskisch zu sprechen. Er hatte Angst vor dem Wort und seiner Bedeutung: Hexe. »Ich werde allen erzählen, wie du in Wirklichkeit bist. Oder glaubst du etwa, ich wüsste nicht, dass du etwas mit Pedros Verschwinden zu tun hast? Du und die andere. Du wirst schon sehen, wer zuletzt lacht, du wirst sehen, wie ich lache, wenn sie euch abholen und einsperren und die blonde Rotznase in ein Waisenhaus stecken.«

»Niemand wird Sie besuchen, und keiner in diesem Dorf hat noch Angst vor Ihnen, Vater. Sie sind nicht mehr Besitzer des Bergwerks und geben keinem Mann mehr Arbeit. Sie sind nicht mehr der Präsident des Zuloaga-Werks, das seit sechs Jahren keine einzige Pesete mehr eingenommen hat. Sie sind auch kein Ehemann mehr und schon gar kein Vater …«

»Aber ich bin immer noch der Marquis de Zuloaga!«, unterbrach er mich trotzig, als wäre er wieder fünfzig und trüge einen dieser lächerlichen englischen Hüte auf seinem Riesenschädel. »Ich bin der Marquis.«

»Stimmt, noch sind Sie der Marquis, aber Sie brauchen selbst zum Pinkeln unsere Hilfe, also behandeln Sie Catalina gut, sonst hilft sie Ihnen nicht mehr, und Sie werden in Ihrer eigenen Pisse liegen, denn seien Sie gewiss, wenn es nach mir ginge, könnten Sie Ihre Exkremente fressen, denn ich werde keinen Finger für Sie rühren oder Ihnen helfen.« Ich beugte mich vor, um ihn ein letztes Mal anzusehen, und schloss: »Sie werden Ihre Sünden ins Jenseits mitnehmen, Vater. Alma erwartet Sie schon ungeduldig.«

Dann verließ ich den Raum und schloss die Tür hinter mir. Ich hörte ihn ängstlich wimmern und dachte, dass Alma vielleicht wirklich auf ihn wartete.

Drei Wochen später, in der letzten Sommernacht, kam Laura zur Welt. Kurz vor der Niederkunft schaffte ich es nicht mehr die Treppe hinauf und erst recht nicht, die schmale Wendeltreppe zu meinem Turmzimmer zu besteigen, weshalb sie in Mamas früherem Schlafzimmer geboren wurde.

Der einzige Arzt im Tal war in jener Nacht bei einem alten Mann, der im Sterben lag, und die Hebamme von Basondo, die schlanke Frau mit hellem Haar, die Alma und mich auf die Welt geholt hatte, war nach dem Krieg weggegangen, also waren wir allein. In den letzten Wochen hatten Catalina und ich jede Menge Bücher über Geburtshilfe und Neugeborene gelesen, die in der Bibliothek der Villa standen, bis ich die schrecklichen Bilder von Frauen in unmöglichen Gebärhaltungen und blutverschmierten runzligen Neugeborenen nicht mehr sehen konnte.

»Wer auch immer diese Bilder gezeichnet hat, war bei keiner Geburt dabei«, sagte Catalina geringschätzig, als sie das dicke *Handbuch der modernen Medizin* durchblätterte. »Und ich wette, die einzige Vagina, die er in seinem ganzen Leben gesehen hat, war die seiner armen Mutter bei seiner Geburt. Was für schreckliche Bilder, da wird einem ja angst und bange.«

Daraufhin hatten wir herzlich gelacht. Wir saßen in den Ledersesseln der Bibliothek, was wir als Kinder nie durften, und das verstaubte Puppenhaus mit seinen gespenstischen Figuren stand noch immer auf dem Schachtisch.

»Es ist schrecklich, sie zu gebären, und es ist genauso schrecklich, dabei zuzusehen«, sagte Catalina, als Laura geboren war. »Also schlage ich vor, dass keine von uns beiden das noch einmal durchmachen sollte.«

Trotz der Anstrengung, des dumpfen Schmerzes in meinem Körper und des kalten Schweißes auf meiner Stirn musste ich lachen.

»Ja, eine gute Idee«, sagte ich keuchend.

Laura kam bei starkem Nordwestwind zur Welt. Am Nachmittag hatte sich über dem Meer der Himmel zugezogen, die Wasseroberfläche brodelte, als würde das kalte Wasser kochen, der Sturm peitschte an die Wände der Villa, als wolle er ihr die Seele entreißen und sie mitsamt ihrem Fundament aus dem Boden hebeln.

Als ich Laura sah, verspürte ich keine Mutterliebe, wie es den meisten Frauen beim ersten Anblick ihres Kindes wohl erging, nicht einmal, als Catalina sie vorsichtig von allen Körperflüssigkeiten gesäubert hatte und mir in den Arm legte. Auch dann nicht. Laura war ein warmes und zerbrechliches Wesen mit faltiger Haut und geschlossenen Augen.

»Sie sieht wirklich ein bisschen aus wie die Neugeborenen in dem Buch«, fiel mir als Erstes ein.

»Bei der Geburt sind sie alle ein wenig hässlich, aber das verändert sich schnell – gib ihr ein paar Tage Zeit, und du wirst sehen, dass sie immer hübscher wird. Meine Marina war kahl wie eine Melone und knallrot vor lauter Anstrengung, und schau dir an, wie hübsch sie jetzt ist.«

Draußen zog der Sturm, der meine Schreie während der Geburt verschluckt hatte, ab und hinterließ einen sauberen, klaren Morgenhimmel, der nach Sommer roch.

Eine Woche nach Lauras Geburt verließ uns der Marquis. Catalina fand ihn leblos in seinem Bett, als sie ihn waschen und ihm seinen Kaffee mit eingeweichtem Brot bringen wollte. Er war im Schlaf gestorben und hatte nichts gemerkt; selbst beim Sterben hatte er noch Glück. Padre Dávila hielt sich in Bilbao auf und würde erst in ein paar Tagen zurückkommen, weshalb Tomás sich um die Beerdigung kümmerte und ihm eine freie Grabstelle auf dem Friedhof von Basondo besorgte, wie ich Vater bei unserem letzten, unerquicklichen Gespräch angedroht hatte.

»Willst du das wirklich? Die Leute werden reden und wissen wollen, warum wir deinen Vater nicht auf dem Familienfriedhof beisetzen«, hatte Tomás mich gewarnt, als ich die Papiere unterschrieb.

»Sollen sie doch reden, ist mir egal. Was auch immer sie sagen, ich gönne es dem Alten einfach nicht, dass er in derselben Erde ruht wie meine Mutter und meine Schwester«, sagte ich, ohne aufzusehen, denn ich stillte gerade Laura. »Und sorg dafür, dass sein Grab weit genug entfernt ist von Carmens, nicht, dass dieser Bastard sie noch als Toter belästigt.«

Catalina stand im Türrahmen und sagte kein Wort, solange Tomás im Haus war – nicht einmal, als ich ihre Mutter erwähnte –, aber wir hatten uns abgesprochen und waren uns einig gewesen: Der Alte sollte nicht auf dem Familienfriedhof begraben werden.

»Das wird nicht billig«, hatte mir Tomás nach einem Schluck wässrigen Kaffees versichert.

»Nichts ist billig. Was wird es alles zusammen kosten? Die Beerdigung, die Messe und deine Mithilfe, meine ich.«

In Tomás Blick, der die ganze Zeit auf Laura und meiner Brust ruhte, stand ein kurzes Zögern.

»Dreihundert Peseten für Beerdigung, Messe und Grab. Hundert für meine Mithilfe.«

Ich lächelte spöttisch.

»Hundert Peseten! Also wirklich, so billig werden in Notzeiten die Ideale verkauft, selbst von Priestern.«

»So ist es«, erwiderte er.

»Catalina wird dir das Geld geben, wenn du den Bestatter die

Leiche sofort abholen lässt. Ich will nicht, dass sie anfängt zu stinken, es fällt uns schon schwer genug, die Rattenplage einzudämmen. Da brauchen wir nicht auch noch Leichengestank.«

Mir schien, dass Tomás enttäuscht die Villa verließ. Ich wusste nicht, ob seine Enttäuschung damit zu tun hatte, dass ich mich der Leiche meines Vaters auf diese Weise entledigte oder weil er sich schäbig fühlte, für sein Schweigen und seine Diskretion hundert Peseten von mir zu verlangen, aber das war mir gleichgültig.

Nachdem der Bestatter mit zwei dünnen, hoch aufgeschossenen Burschen Vaters Leiche endlich aus dem Haus geschafft hatte, traf ich mich mit Vaters Anwalt und Notar, um den gesamten Besitz, das geschlossene Bergwerk, das heruntergekommene Haus, die leeren Konten und den Titel einer Marquise auf mich überschreiben zu lassen. Das Gesetz schrieb zwar vor, dass der Titel an den nächsten männlichen Verwandten weitergegeben werde müsste, aber einen solchen gab es nicht, weshalb ich endlich eine voll anerkannte Marquise de Zuloaga y Llano war.

»Das wäre erledigt. Jetzt gehört alles dir, auch die Schulden deines Vaters. Ich bedauere seinen Verlust sehr«, hatte der Notar ohne einen Funken Aufrichtigkeit zu mir gesagt, als ich ihn an der Gartenpforte verabschiedete.

Es hatte sich herausgestellt, dass der Marquis in einem pathetischen Versuch, den Familienruin zu verschleiern, bei einer Bank in Bilbao einen großen Kredit aufgenommen und die Villa Soledad als Bürgschaft eingesetzt hatte. Das geliehene Geld war ausgegeben, aber die Hypothek auf das Haus wäre kurz vor Weihnachten fällig.

»Und was machen wir jetzt?«, fragte Catalina beim Abendessen. »Werden wir das Haus verlieren?«

»Nein, bestimmt nicht. Ich werde nicht zulassen, dass der Alte uns selbst nach seinem Tod noch austrickst. Ich werde versuchen, mit der Bank zu verhandeln, bis wir genug Geld aufgetrieben haben, um den Kredit abzuzahlen.«

Wir vier saßen in der Küche. Laura schlief in derselben altmodischen Wiege, in der ich als Baby gelegen hatte. Catalina hatte die beiden Weidenkorbwiegen – identisch, riesig und protzig, wie alles damals – im Keller gefunden, als sie mit Marina schwanger war, eine davon gesäubert und aus alten Gardinen neues Bettzeug und ein kleines Kissen genäht. Marina hatte ihre Hühnersuppe mit Möhren aufgegessen – mehr Möhren als Huhn – und kaute jetzt auf einem Stück trockenem Brot herum.

»Und wie willst du das anstellen?«, wollte sie wissen. »Willst du immer noch nach Madrid?«

»Ja, es bleibt mir ja nichts anderes übrig, wenn wir das Haus behalten wollen. Dort liegt das Geld, also muss ich dorthin«, sagte ich lustlos. »Wir brauchen einen Investor, um das Bergwerk wieder zu öffnen, ansonsten nimmt uns die Bank in fünf Monaten die Villa weg und setzt uns auf die Straße. Jetzt sind wir endlich den Alten los, und ich will das Haus auf keinen Fall verlieren.«

Ich blickte mich in der schäbigen Küche um. Die Jahre des Krieges und der Armut, die auf ihn folgten, lauerten wie ein Gespenst, überall: die weißen Kacheln waren gesprungen, der Lack an den Türen abgeblättert, die Schränke vergilbt und die handgemachten Glasgriffe, der ganze Stolz meiner Mutter, schon vor langer Zeit verschwunden.

»Ich musste mir mein Leben lang anhören, eine unwürdige Bewohnerin dieses Hauses zu sein, und hatte noch Glück, dass man mich im Keller wohnen ließ«, sagte Catalina, ohne ihre Bitterkeit zu verbergen. »Ich werde dich unterstützen. Wir werden auf die Villa Soledad nicht verzichten.«

Ich nickte und beugte mich über den Tisch, als befürchtete ich, dass jemand unsere Pläne belauschen könnte.

»Dann machen wir es wie besprochen, wir teilen das Geld auf. Ich fahre nach Madrid, um einen Geschäftspartner aufzutreiben, der am Krieg mitverdienen will. Ich werde den Titel der Marquise de Zuloaga einsetzen und mir eine Wohnung mieten, elegante Kleider kaufen, Feste ausrichten und alle davon überzeugen, dass eine

Investition in unser Bergwerk ein ausgezeichnetes Geschäft darstellt.«

»Gut. Und ich kümmere mich um die Mädchen und lasse die Mängel im Haus beheben, damit es wieder wie früher aussieht: den Garten, neue Gardinen, diese Küche«, sagte Catalina.

Wir schwiegen einen Moment, und ich ging im Geiste noch einmal unseren Plan durch, um nichts zu vergessen.

»Glaubst du, es wird klappen?«

»Das wird es«, versicherte ich. »Das Geld aus Masons Lebensversicherung reicht einfach nicht, um den Stollen wieder zu öffnen. Man muss die Männer nur glauben lassen, dass wir ihr Geld nicht benötigen, dann geben sie es uns mit Vergnügen freiwillig.«

»Feste, maßgeschneiderte Kleider, Lederhandtaschen, schicke Frisuren im Schönheitssalon, den Gräfinnen, Falangisten-Gattinnen und Nazigeliebte frequentieren, wenn sie durch Madrid schlendern …« Catalina sah mich kritisch an. »Bevor du fährst, müssen wir dir das Haar schneiden. Seit Jahren trägt keine elegante Dame das Haar mehr so lang.«

Mein schwarzes Haar reichte mir inzwischen fast bis zur Hüfte. Damit es mich nicht störte, pflegte ich mir einen Zopf zu flechten oder es mit einem halben Dutzend Haarklemmen zu einem lockeren Knoten hochzustecken.

»Meinst du wirklich?«

»Natürlich, lehn dich zurück, ich schneide es dir. Ich kann das gut, denn seit Kriegsbeginn habe ich meiner Mutter das Haar geschnitten, am Ende auch deiner Mutter. Wahrscheinlich bist du hinterher keine Greta Garbo, aber zumindest wird es nicht aussehen, als kämst du direkt aus dem Wald mit diesem Zottelkopf.«

Catalina stand auf und ging Kamm und Schere holen.

»Ich kann mich nicht erinnern, wann mir zum letzten Mal die Haare geschnitten wurden«, sagte ich, als sie die Haarklemmen herauszog und auf den Tisch legte. »Ich glaube, damals lebte ich noch im goldenen Land in Kalifornien.«

Mein Haar fiel über die Stuhllehne herab, und ich spürte, wie Catalina es teilte, um einen geraden Schnitt hinzubekommen.

»Schauspielerinnen und Sängerinnen tragen heutzutage alle kurzes Haar, von Carole Lombard bis Bette Davis«, sagte sie. »Du würdest mit dieser Frisur einer *Lamia* nie als reiche und elegante Dame durchgehen, selbst wenn du ein Chanel-Kleid, eine Krokodilledertasche und eine Perlenkette trägst.«

Lamia, Waldfee. Ich musste lächeln.

»Sagt man das in Basondo heute noch?«, fragte ich über das Scherenklappern hinweg.

»O ja, natürlich sagt man das noch, einige Dorfbewohner behaupten bis heute, die Marquise de Zuloaga und ihre Zwillingsschwester seien mächtige Lamias gewesen, die an den Flüssen oder in Höhlen den unvorsichtigen Männern auflauerten, um sie dann zur Sünde und Wollust zu verführen.«

Ich verdrehte die Augen.

»Ich habe noch keinen unvorsichtigen Mann kennengelernt und schon gar keinen, der nicht gerne zur Sünde und Wollust verführt werden wollte.«

Catalina lachte leise, um Laura nicht zu wecken, die in ihrer Wiege in einer Küchenecke schlief. Marina beobachtete neugierig ihre Mutter, rührte sich aber nicht vom Fleck.

»Ich habe mich von der Geburt gut erholt, ich kann jetzt problemlos reisen«, sagte ich, als lange schwarze Strähnen in meinen Schoß fielen. »Ich werde packen und nächste Woche nach Madrid aufbrechen.«

Catalina kämmte mich, um zu sehen, wie der Schnitt geworden war, und entschied, noch ein Stück abzuschneiden.

»Du wirst das richtig gut hinbekommen. Du warst immer ein verwöhntes und launisches Mädchen, du musst ihnen nur weismachen, dass du dieses Mädchen noch bist.«

»Ich bin es doch auch noch!«, empörte ich mich und spürte zum ersten Mal in meinem Leben, wie es sich anfühlte, einen freien

Nacken und freie Schultern zu haben. Ich starrte auf das glänzende schwarze Haar auf dem Küchenboden, das wie Seide wirkte, und war mir plötzlich nicht mehr so sicher, ob ich dieses Mädchen tatsächlich noch war.

Das mysteriöse Palais

Die Miete für das mysteriöse Palais kostete ein Vermögen, besonders angesichts der kläglichen Summe, die nach dem Teilen von Masons Lebensversicherung übrig geblieben war. Und trotzdem musste ich das Geld dafür »verprassen«, um an die vielen Geschäftsmänner heranzukommen, die in jenen Tagen in Madrid weilten, und sie davon überzeugen, dass ein Erzbergwerk eine gute Geschäftsanlage bildete.

Das Palais war ein Rotklinkerbau mit schwarzem Dach, das nahe dem Königspalast eine ganze Ecke der Calle Belén einnahm. Mit seinem quadratischen Grundriss wirkte das Haus wie eine Art Labyrinth, dessen einziger Ausgang die Haustür war, und in seiner Mitte befand sich ein großer Innenhof.

Als mir der Hausverwalter – ein grauhaariger Mann mit Nickelbrille, der beim Sprechen lispelte – das Palais zeigte, erzählte er, dass in der ersten Etage ein Gespenst umgehe, der unruhige Geist der Geliebten des früheren Besitzers, die sich angeblich in den Innenhof gestürzt hatte, als sie merkte, dass sie schwanger war.

»Ich hoffe, das Gespenst stört Sie nicht«, sagte der Mann herablassend, als ich ihm einen dicken Umschlag mit Geldscheinen aushändigte.

Er öffnete den Umschlag mit zittriger Hand wie jemand, der weiß, dass man keine Bestechungsgelder annehmen durfte, und schob sich ein paar Scheine in die eigene Tasche. Dafür sollte er unter Hausverwaltern, Majordomus und Dienstboten die Nachricht verbreiten, dass eine Marquise aus dem Baskenland in der Hauptstadt eingetroffen sei, und diese Eingeweihten sollten es wiederum ihren Herrschaften weitertragen.

Zuerst hatte ich mir günstigere und dezentere Wohnungen mit hohen Fenstern in der Calle Velázquez angesehen, in der auch Offiziere der Falange und hohe Abgeordnete der Einheitspartei ihre Geliebten unterzubringen pflegten, um sie jederzeit aufsuchen zu können. Aber das Palais in der Calle Belén war mit seinen edlen Marmorsäulen im Vestibül, einem Tanzsaal für hundert Personen, den bis zur Decke mit Mahagonipanelen ausgekleideten Wänden und Seidenvorhängen vor den Fenstern, dem großen barocken Kamin im Salon, den Spiegeln mit Goldrahmen, in denen man die Selbstmörderin zu sehen erwartete, einer kleinen Familienkapelle und der majestätischen Nussbaumtreppe, die alle dreizehn Zimmer auf drei Etagen verband, so protzig und aufsehenerregend, dass ich darin selbst den argwöhnischsten Geschäftsmann davon überzeugen würde, eine reiche Erbin zu sein, die gerne Empfänge gibt.

In den ersten drei Nächten bekam ich kein Gespenst zu Gesicht. Wohl hörte ich den alten Holzboden in den Zimmern knacken, aber sonst nichts. Jeden Nachmittag setzte ich mich an den Schreibtisch im Imperial-Stil in der ersten Etage und rief Catalina an, um zu hören, wie sie mit den Renovierungen vorankam. Sie hatte als Erstes das Telefon wieder angemeldet, damit wir nicht auf die Post warten mussten, aber die Leitung war schlecht, ihre Stimme klang fern und abgehackt wegen des großen Waldes, des Kalksteingebiets und der endlosen Ebenen, die ich auf meiner Fahrt nach Madrid durchquert hatte. Bei unseren Gesprächen berichtete mir Catalina, dass es ihnen richtig gut ginge, weil der Marquis nicht mehr herumbrüllte oder die kleine Marina beschimpfte, wenn sie neugierig in der Zimmertür stand. Endlich schien er Villa Soledad für immer verlassen zu haben und mit ihm die Angst, die Scham und der ganze Schmerz, den er zu Lebzeiten anderen zugefügt hatte. Catalina erzählte mir auch, dass in der ersten Etage inzwischen neue Fenster eingesetzt waren und Ratten, Ungeziefer und Waldvögel nicht mehr ins Haus gelangten, dass die Heizung wieder funktionierte und der

Vorgarten erneut so gepflegt und exotisch aussähe wir früher, als er Mamas ganzer Stolz war.

Am vierten Tag wollte ich möglichst auffällig durch das Stadtzentrum von Madrid bummeln. Wie einst Mama, wenn sie gutgelaunt einen Raum betrat und auf sich aufmerksam machen wollte, würde ich mit lautem Absatzklappern die besten und teuersten Modegeschäfte aufsuchen und nach den Einkäufen im Hotel Ritz zu Mittag essen, in dem Geschäftsleute, Stars und Spione beider Seiten in den Salons zu rauchen und Gin-Tonic zu trinken pflegten, wie ich gehört hatte. Ich zog mein bestes Kleid von Nina Ricci an – ein smaragdgrünes Cocktailkleid mit drapiertem Ausschnitt –, das noch aus der Zeit des sprudelnden Geldes in Kalifornien stammte, und steckte ein paar Scheine in meine beige Krokodilledertasche.

Vor dem Verlassen des Hauses stand ich noch einen Moment vor dem großen Spiegel, um mich zu vergewissern, dass mein Kleid, das eine Handbreit unterhalb des Knies endete, mit seinem engen Schnitt auch nicht altmodisch wirkte. Mein kurzes Haar hatte ich mit einem Brenneisen onduliert und dann vorsichtig, um die Frisur nicht zu zerstören, einen kleinen Hut aus Samt und Tüll aufgesetzt, der zum Kleid passte und nur die halbe Stirn bedeckte. Dazu trug ich meine schwarz-weißen Glacéleder-Pumps, Mamas Perlenkette, die Carmen hatte retten können, als der Marquis ihren Schmuck verkaufte, und knallroten Lippenstift. Ein letzter Blick in den Spiegel bestätigte mir, dass selbst das Gespenst mit meiner Aufmachung zufrieden wäre.

Bei Loewe in der Gran Vía kaufte ich mir eine elegante Handtasche aus Straußenleder – die übrigens so teuer war wie die Reparatur des Daches der Villa Soledad –, trank in der Bar Chicote einen Aperitif und machte anschließend sorglos lächelnd einen Bummel durch die großen Kaufhäuser im Stadtzentrum, probierte Perlmuttbroschen, Seidenturbane und Sonnenbrillen mit Hornrahmen, die so viel kosteten wie Marinas Medikament für ein ganzes Jahr. Die alte Estrella hatte keine Ahnung, wie teuer Asthmamedikamente waren, die neue aber schon.

Gegen Mittag betrat ich laut stöckelnd die Eingangshalle des Hotel Ritz, wo sich ein halbes Dutzend Köpfe nach mir umdrehte, obwohl ich mich natürlich nicht dazu herabließ, die neue Sonnenbrille abzunehmen. Ich saß allein im Schatten der großen Markise auf der Hotelterrasse und aß Linguini mit Sahnesoße sowie Jakobsmuscheln vom Grill, dazu trank ich einen kalten Weißwein.

Als ich am frühen Abend ins Palais zurückkehrte, erwartete mich bereits ein Dutzend förmlicher Einladungen zum Tee und zu Empfängen.

Drei Wochen später hatte ich mehrere Feste in ebenso protzigen Palais wie meinem besucht, in den besten Restaurants der Stadt gegessen und eine Vielzahl an deutschen Frauen kennengelernt, die meine Chanel-Kleider und meinen Saint-Laurent-Kopfputz ebenso faszinierend fanden wie meine Geschichten über das Leben in Kalifornien, über Clark Gable, das Hotel Ambassador in Los Angeles und andere Abenteuer, die ich mir für sie ausdachte. Und dabei stellte ich fest, dass diese Frauen mich mit dem größten Vergnügen zum Einkaufen und zum Friseur begleiteten.

Ich lernte auch viele Spanierinnen kennen, die reicher waren, als die Familie Zuloaga es je gewesen ist: Gräfinnen, Marquisen, Geliebte und Gattinnen von Ministern und hohen Parteimitgliedern und sogar eine Copla-Sängerin, die mich kühl anlächelten und taxierten, wie man eine neue Schülerin in einer strengen Klosterschule mustert. Auch diese Frauen sangen Lobeshymnen auf meinen eleganten französischen Kleidungsstil und meine feinen Manieren und lachten, wenn ich ihnen im großen Salon des Hotel Ritz Anekdoten aus meinem Leben in San Bernardino erzählte.

»Du traust dich aber was, Estrella! Du bist wirklich eine Frau von Welt, meine Liebe. Elegant und raffiniert, es ist kaum zu glauben, dass du noch nicht verheiratet bist«, sagten sie.

In der Gesellschaft dieser Frauen lief ich regelrecht zu Hochform auf. Wie Catalina prophezeit hatte, bewunderten sie mich, und jene, die mich noch nicht bewunderten, würden irgendwann mit allen Fasern ihres Herzens wünschen, wie ich zu sein. Masons Tod, die Engpässe auf der Ranch, den Geldmangel, Laura und die Ratten in meinem Haus im Kolonialstil, das den Namen meiner Großmutter Soledad trug, hatte ich selbstverständlich verschwiegen, weil ich mir ständig wiederholte: Niemand wird dir helfen, wenn du eine arme Witwe und allein erziehende Mutter bist.

Allerdings musste ich auch feststellen, dass keine dieser Frauen die Familiengeschäfte lenkten, weshalb mir nach vielen Empfängen, Champagnergläsern und Kaviarhäppchen im Pasapoga klar wurde, dass ich einen Weg finden musste, auch an deren mächtige Ehemänner und Liebhaber heranzukommen.

Die Bank in Bilbao war nicht bereit gewesen, über die Hypothek auf die Villa Soledad nachzuverhandeln, weil sie das Haus haben wollte, wie mir ein Mann mit Flötenstimme am Telefon zu verstehen gegeben hatte: »Der Regierungsdelegierte von Vascongadas interessiert sich sehr für das Anwesen.«

Deshalb saß ich am Nachmittag an meinem Lieblingstisch auf der Terrasse des Hotel Ritz und überlegte, wie ich Bekanntschaft mit spanischen Unternehmern machen könnte, die den Nazis Material und Rohstoffe lieferten, als mich eine bekannte Stimme aus meinen Gedanken riss.

»Meine liebe Marquise, Sie verfolgen mich doch nicht etwa, oder? Ich treffe Sie ja überall auf der Welt.«

Ich drehte mich um, obwohl ich bereits wusste, um wen es sich handelte.

»Ich verfolge Sie doch nicht, Mister Sinclair, Sie hingegen scheinen einen ungesunden Narren an mir gefressen zu haben«, erwiderte ich, ohne die Sonnenbrille abzunehmen.

Liam lächelte.

»So ist es, seit ich Sie kenne.«

Wie immer war ich mir nicht ganz sicher, ob er die Wahrheit sagte oder es ein wenig subtiler Versuch war, in mein Bett zu schlüpfen. Ich lehnte mich in meinem blauweißen Stuhl, der eher an einen Strand an der französischen Riviera gepasst hätte als in ein Hotel, zurück und gab vor, mich nur für meine Bloody Mary zu interessieren.

»Ich dachte, Sie weilten noch im sonnigen Kalifornien und machten Geschäfte mit Spekulanten, Großgrundbesitzern und Bankiers«, sagte ich, ohne ihn anzusehen. »Das ist doch eher Ihre Klientel.«

»Ich fürchte, seit Ihrem Weggang hat Kalifornien seinen Reiz für mich verloren.« Obwohl ich ihn nicht dazu aufgefordert hatte, zog sich Liam einen Stuhl heran und setzte sich mir gegenüber. »Letzte Woche meinte ich Sie im großen Saal des Hotels mit der Baronin von Petrino und zwei anderen Damen plaudern gesehen zu haben.«

Die blaue Markise des Hotels hielt die stechende Sonne ab, aber ich mochte meine Sonnenbrille nicht abnehmen, denn Mama sagte immer: »Je geheimnisvoller und unnahbarer du wirkst, desto dringender wünschen sie dich kennenzulernen«.

»Ich war mir nicht ganz sicher, ob Sie es wirklich sind, und wollte Elena Petrino nicht belästigen, denn es heißt, sie könne sehr unangenehm werden, stimmt das?«

»Ich habe keine Ahnung. Soweit ich weiß, ist die Gräfin Petrino eine sehr unterhaltsame Frau, sie kann großartig kochen und liebt Antiquitäten.«

»Ja, das habe ich auch gehört. Außerdem ist die gute Gräfin die Gattin des Propagandaministers der Nazis in Spanien. Hans Lazar, hier nennt man ihn *Herr* Lazar, ein großes Schlitzohr, dem nicht einmal der Führer über den Weg traut, weshalb er ihn nach Spanien verbannt hat.«

Liam gab vor, die Getränkekarte zu studieren, aber ich spürte, dass er auf eine Reaktion wartete.

»Ja, so was Ähnliches habe ich auch gehört, aber Politik interessiert mich nicht.« Ich lehnte mich gelangweilt zurück, wollte aber nicht, dass er wieder verschwand. »Und wie laufen Ihre Geschäfte, Mister Sinclair? Ich meine den Eiltransport von Menschen, wie Sie es bei unserer letzten Begegnung nannten. Unter den gegebenen Umständen vermutlich nicht so gut.«

Liam wurde ernst und musterte mich mit seinen grünen Augen, als überlege er, ob er mir vertrauen könnte oder riskierte, von der politischen Polizei festgenommen zu werden, wenn er mir zu viel anvertraute.

»Nein, nicht so gut.«

»Seien Sie unbesorgt, Mister Sinclair, von mir wird niemand erfahren, womit Sie Ihr Geld verdienen, es sei denn, Sie lassen mir keine andere Wahl.«

Aber statt sich zu entspannen, blickte sich Liam um, ob uns auch niemand zuhörte. Fast alle Tische waren besetzt, doch am Nachbartisch saß nur ein britisches Ehepaar, das kein Wort Spanisch verstand.

»Seien Sie vorsichtig mit dem, was Sie hier sagen. Dieses Hotel ist ein Nest der Spione, hier gehen Verbündete und Deutsche ein und aus und melden jegliches Gerücht ihren Botschaften.«

»Damit beschäftigen Sie sich jetzt?«, wollte ich wissen. »Sind Sie ein Spion?«

»Wenn ich einer wäre, könnte ich es Ihnen jedenfalls nicht verraten.« Liam lächelte mich an. »Aber nein, im Augenblick handle ich mit Antiquitäten und Wertgegenständen.«

»Sie haben also die Menschen gegen Tischchen im Louis-XVI.-Stil, Silberbesteck und holländische Malerei der Renaissance eingetauscht.«

»Ich liebe die holländische Malerei der Renaissance.«

Mein Versuch zu lächeln scheiterte, weshalb ich noch einen Schluck Tomatensaft mit Wodka trank. Der Alkohol brannte in meiner Kehle.

»Machen Sie sich nicht lustig über mich, Marquise, es ist ein guter Zeitpunkt für Antiquitäten, eigentlich der beste: Es herrscht Krieg. Viele Menschen fliehen aus ihrer Heimat und lassen ihren wertvollen Familienbesitz zurück oder müssen ihre Gemälde und ihren Schmuck für die Flucht verkaufen. Das Angebot ist groß, die Nachfrage auch.«

»Dann sind Sie jetzt also ein ganz gewöhnlicher Dieb, ein Raubvogel, der sich an denen bereichert, die alles verloren haben.«

»So gewöhnlich auch wieder nicht«, erwiderte er ohne einen Funken Scham. »Ich mache es wie Ihre Nazi-Freunde, wenn sie in andere Länder einfallen, oder wie es die Aufständischen hier in Spanien taten: Ich nehme es mir einfach.«

»Die Nazis sind nicht meine Freunde.«

»Meine auch nicht, aber ich nehme mir alles, was die Verlierer oder Eroberer zurücklassen: Gemälde, Schmuck, antiquarische Bücher, antike Möbel, Weine …«, erklärte er. »Der Unterschied besteht darin, dass ich die Besitzer dafür bezahle.«

»Aber hallo, Sie sind ja ein Ausbund von Anstand und Nächstenliebe«, sagte ich spöttisch. »Als wir uns das letzte Mal trafen, halfen Sie den Juden und anderen Flüchtlingen, aus Deutschland zu fliehen, und jetzt bestehlen Sie sie.«

Liam zuckte die Achseln.

»Man muss sich den neuen Zeiten anpassen, wenn man nicht in einem dieser schrecklichen Konzentrationslager enden und Steine klopfen will. Und zu Ihrer Information, ich bestehle nicht nur Juden, Flüchtlinge, Kommunisten und Dissidenten, ich bestehle auch die Spanier, die den Krieg verloren haben.« Liam gab dem Ober ein Zeichen und bestellte einen Bourbon auf Eis, und als der Kellner sich wieder außer Hörweite entfernt hatte, fügte er hinzu: »Seien Sie keine Heuchlerin, meine liebe Marquise, Sie besuchen in Madrid die Empfänge der hohen Nazifunktionäre und trinken jeden Nachmittag Kaffee mit den Mätressen der Falangisten.«

»Mir sind beide Seiten herzlich egal«, sagte ich kalt. »Ich muss mit wem auch immer ein Geschäft abschließen, und die Nazis sind die Einzigen, mit denen die neue Regierung Geschäfte zulässt. Ich habe es mir nicht ausgesucht, es ist nun mal so.«

»Ich auch nicht. Ich bin weder ein Teufel noch ein Grabschänder, Marquise, ich verfüge nur über Unternehmergeist und habe eine Marktlücke entdeckt.«

Ich spielte mit dem Strohhalm meines Cocktails und sah ihn über meine Sonnenbrille hinweg an.

»Der Verkauf von Antiquitäten?«

»So ist es. Die Neureichen, Unternehmer und hohen Funktionäre der Partei lieben Antiquitäten, religiöse Reliquien und alten Familienschmuck. Sie kaufen alles, was älter als zwanzig Jahre ist, und hängen es sich in ihre Paläste und Landhäuser. Sie sind von Antiquitäten und Kunstobjekten regelrecht besessen.«

»Und warum?«, fragte ich, nun neugierig geworden. »Jetzt sind sie schließlich die Herren von allem und jedem, sie können sich alles kaufen, was sie wollen – warum kaprizieren sie sich auf Altes, das zudem schon anderen gehörte?«

»Weil es ihnen einen Anflug von Legitimität verleiht, verstehen Sie? Sie fühlen sich damit respektabel. Würdevoll. Ein Grafentitel, ein goldener Siegelring oder ein Familienwappen übertünchen die Sünden mit einer Patina aus Wahrhaftigkeit und Gerechtigkeit«, erklärte mir Liam trocken. »Ich besorge ihnen von den Verlierern konfiszierte Gemälde oder Bajonette von Napoleon, mit denen sie ihr Jagdhaus in Toledo schmücken, oder *abgetretene* Adelstitel und Familiendokumente, die sie fälschen und mit denen sie sich auf illegitime Weise einen Platz in der Geschichte sichern.«

»Aber ich verstehe nicht ganz, welchen Wert solche Dokumente oder Familienbesitz haben sollen?«, fragte ich. »Sie können doch niemanden damit täuschen, alle Welt kennt die Wahrheit.«

»Die Wahrheit ändert sich mit der Zeit, meine liebe Marquise, heute sind sie Aufständische und morgen Helden«, erklärte er. »Sie haben nicht nur gewonnen, sie haben sich auch gute Posten gesichert.«

Der Ober kam zurück, servierte Liam seinen Whiskey in einem Kristallglas, nickte kurz und verschwand wortlos.

»Ich hätte nicht gedacht, dass das so wichtig ist«, räumte ich nach kurzem Nachdenken ein.

»Das liegt daran, dass Sie eine echte Marquise sind, oder so echt, wie eine Marquise eben sein kann.« Liam lächelte mich an und fügte hinzu: »Ich wette, dass alle Damen Sie bewundern und untereinander wetteifern, wer mit Ihnen einen Kaffee trinken oder die Gran Vía entlangspazieren darf, weil Sie aussehen wie ein Hollywood-Star mit Ihren glamourösen Kleidern und Ihrem lässigen Gebaren einer echten Marquise. So etwas erreicht man mit dem Kauf von Titeln oder konfisziertem Schmuck nicht, das muss einem von Geburt an zu eigen sein, wie bei Ihnen.«

»Sehr freundlich«, erwiderte ich sarkastisch und trank dann einen weiteren Schluck von meinem inzwischen warmen Cocktail.

»Oh, das ist nicht so dahingesagt, es reicht ein Blick, um zu erkennen, dass Sie nicht die Gattin eines Falangisten sind, die sich in Balenciaga hüllt.« Liam drehte sein Glas in der Hand, trank aber nicht daraus. »Obwohl Sie auch nicht nur Marquise sind.«

Ich nahm die Sonnenbrille ab und legte sie auf den Tisch. Meine rotlackierten Fingernägel klimperten auf der Metallplatte.

»Seien Sie vorsichtig mit Ihren Andeutungen, Mister Sinclair, ich glaube nämlich kaum, dass Ihre Freunde von der Einheitspartei es gutheißen, wie Sie Ihren Lebensunterhalt bestreiten«, warnte ich ihn leise. »Spanien behauptet, in diesem Krieg neutral zu sein, aber die neue Regierung unterstützt die Nazis und würde es nicht goutieren, dass Sie Flüchtlingen geholfen haben, Deutschland zu verlassen.«

Anders als erwartet, lächelte Liam süffisant und strich seine roten Locken zurück, bevor er einen Schluck trank.

»Ich würde Sie nie denunzieren, meine liebe Marquise, nie im Leben«, sagte er dann. »Ich werde auch niemandem von Ihrem Betrug an den gut situierten Damen der Stadt erzählen oder Ihrem

Händchen für die Botanik. Ihre Geheimnisse sind bei mir gut aufgehoben, aber etwas würde mich durchaus interessieren: Was tun Sie hier in Madrid? Dieses Umfeld passt doch gar nicht zu Ihnen.«

Ich seufzte ungehalten und lehnte mich wieder zurück. Dann versuchte ich herauszufinden, ob ich Liam mit seinem angedeuteten Lächeln, das ständig um seinen Mund spielte, glauben konnte.

»Geschäfte. Ich suche einen Partner, der in das Bergwerk meiner Familie investiert«, sagte ich schließlich. »Sind Sie interessiert?«

Liam ließ die Eiswürfel in seinem Glas klirren, und ich kannte die Antwort, bevor er mir zuflüsterte:

»Vielleicht. Von wie viel Geld reden wir?«

»Zwei Millionen.«

Als ich die Bücher des Alten in seinem Safe im Arbeitszimmer gefunden hatte – die echten natürlich –, hatte ich alle Rechnungen, Einnahmen und Ausgaben überprüft, um zu kalkulieren, wie viel Kapital wir für eine Wiedereröffnung brauchen würden.

»Zwei Millionen … Das ist viel Geld«, sagte Liam. »Gut möglich, dass ich über eine solche Summe verfüge, aber nicht in Peseten, sondern in Gold und Wertgegenständen.«

»Gold?«

»Ja. Nazis und Falangisten zahlen gut und fast immer in Gold, das sie aus den besetzten Gebieten entwenden oder den Menschen stehlen, die sie einsperren, also vertraue ich darauf, dass Sie nicht allzu viele Skrupel haben bezüglich der Herkunft der Mittel.«

»Habe ich nicht«, bestätigte ich. »Aber bevor wir etwas unterschreiben, sollten wir über die Bedingungen unserer Partnerschaft sprechen, ich möchte nämlich Missverständnisse vermeiden. Das Erste und Wichtigste: Das Zuloaga-Werk gehört mir; wenn ich sterbe oder nicht mehr in der Verfassung sein sollte, die Familiengeschäfte zu führen, wird sich meine Schwester Catalina darum kümmern. Außerdem …«

Liam lachte leise. Ich hatte ganz vergessen, wie er lachte, und spürte Hitze im Bauch aufsteigen.

»Was finden Sie so komisch?«, fragte ich trocken. »Oder machen Sie sich über mich lustig?«

»Nein, keineswegs, ich hatte nur vergessen, dass sich hinter Ihrer geheimnisvollen Aura ein großer Geschäftsgeist verbirgt, größer als bei jedem Unternehmer, den ich je kennengelernt habe.«

»Den Sie auch noch nie betrogen haben«, fügte ich sanft hinzu.

Liam schob sein Glas beiseite und ergriff meine Hand. Ich war ein wenig überrascht, ließ es aber zu, weil ich seine Absichten erfahren wollte. Und außerdem mochte ich den Kontakt mit seiner Haut.

»Ich weiß um Ihre Sorgen, weil ich Sie gut kenne, besser, als Sie glauben, und ich verspreche Ihnen, mich nicht in Ihre Geschäfte oder Ihre Firma einzumischen«, versicherte er mir mit einem tiefen Blick in meine Augen. »Sie können das Zuloaga-Werk allein führen, wenn Sie das wünschen, und ich spiele Ihren Strohmann: Treffen und Essen mit Kunden und Investoren … Ich werde ihnen weismachen, dass ich mich um alles Wesentliche in der Firma kümmere, damit sie uns ihr Geld geben.«

Ich blickte auf unsere Hände auf dem Tisch.

»Das würden Sie tun? Vortäuschen, dass Sie am Ruder sind und mich die Firma leiten lassen?«, fragte ich, ohne ihn anzublicken.

»Ich sagte es Ihnen bei unserem Treffen in Los Angeles, sogar schon früher: Ich wäre hocherfreut, mit Ihnen zusammenzuarbeiten, weil ich weiß, dass wir beide zusammen ein Vermögen machen könnten«, sagte er mit seinem singenden Akzent. »Wir beide sind uns sehr ähnlich, wir tun, was nötig ist, um zu überleben, denn im Unterscheid zu anderen Menschen sehen Sie und ich die Welt, wie sie ist, und nicht, wie wir sie gerne hätten.«

Sein Zeigefinger strich über meinen Handrücken, und mir lief ein Schauer die Wirbelsäule hinab.

»Und was ist mit dem Erz in meiner Grube? Glauben Sie, dass wir einen Abnehmer für große Mengen finden könnten?«

»Möglich, wenn auch nicht einfach. Trotz des Krieges besitzen die Nazis genügend Mineralien. Selbst mit meinen hiesigen Kontakten würde es uns schwerfallen, einen Abnehmer für Ihr Erz zu finden, der einen anständigen Preis dafür bezahlt.«

»Also? Wenn das Erz nicht geeignet ist, was schlagen Sie vor?«, fragte ich mit dünner Stimme.

Ich hatte mich zu Liam vorgebeugt, jetzt steckten wir beide die Köpfe über dem Tisch zusammen und flüsterten wie zwei Spione, die Geheimnisse austauschen. Oder wie ein Liebespaar.

»Es gibt immer etwas, das andere von uns haben wollen, meine liebe Marquise. Etwas, das ihnen den Schlaf und das Leben raubt, wenn sie es nicht bekommen«, sagte er mit tiefer Stimme nah an meinem Ohr. »Egal, ob es Liebe, Geld, Einfluss, Vergebung oder ein seltenes Mineral ist: Jeder Betrüger weiß, dass er herausfinden muss, was sein Gegenüber mehr als alles andere ersehnt, um von ihm etwas zu bekommen.«

»Ein seltenes Mineral? Und um welches handelt es sich, wenn man erfahren darf?«

Liam lächelte mich an wie ein Fuchs, ebenso hinterlistig wie an meinem Hochzeitstag. Dahinter ahnte ich den glücklosen Überlebenskünstler, der er vor vielen Jahren war, als er schließlich sagte:

»Wolfram.«

Den restlichen Nachmittag verbrachten wir in Zimmer vierundzwanzig des Hotel Ritz, in dem Liam schon gut zwei Monate wohnte, wie er mir erzählt hatte. Nachdem wir noch eine gute Stunde über Geschäfte geredet, Mimosa-Cocktails getrunken und über Politik diskutiert hatten, waren wir in seiner Suite im Bett gelandet.

Ich war sechsundzwanzig Jahre alt und hatte, obwohl ich mit vielen Männern kokettiert hatte, bis zu dem Tag nur mit Mason Campbell geschlafen. Mason war im Bett wie in vielen anderen Aspekten seines Lebens gewesen: ungeduldig und launisch. Er hatte es immer eilig gehabt und die dringende Notwendigkeit verspürt, zu *besitzen*, was so weit führte, dass er schlechte Laune bekam, wenn er etwas nicht erreichte, aber oft war sein Verlangen nach mir – oder nach was auch immer – nach einem kurzen leidenschaftlichen Ausbruch so schnell erloschen, wie es entflammt war.

Liam Sinclair war kein Streichholz, das schnell entflammte und ebenso schnell wieder erlosch. Wenn Mason ein explosives Streichholz oder eine Dynamitkugel gewesen war, war Liam ein Lagerfeuer am Strand, das die ganze Nacht brannte. Es reichte, den Flammen ein wenig Nahrung zu geben – ein Streicheln seines Oberschenkels, in sein Kupferhaar geflüsterte Worte –, und das Feuer loderte erneut auf.

Ich lag auf meine Ellbogen gestützt auf dem Bett und starrte geistesabwesend in die letzten Sonnenstrahlen, die zwischen den Brokatvorhängen ins Zimmer fielen.

»In dieser Stadt ist es immer so verflucht heiß, nicht einmal nach Sonnenuntergang weicht diese Schwüle«, murmelte ich vor mich hin. »Ich habe noch nie so geschwitzt wie in der Zeit hier. Die Hitze laugt einen aus.«

Liam hatte sich ans Kopfende des Bettes gelehnt und ging die Kalkulationen durch, die wir aufgestellt hatten, als wir noch unsere Kleider trugen. Als er meine Worte hörte, lachte er und blickte von den Zahlen auf.

»Für eine Frau, die sechs Jahre in der Wüste gelebt hat, erträgst du Hitze erstaunlich schlecht«, sagte er lächelnd.

Der Deckenventilator über dem Bett wirbelte die heiße Luft durch den Raum, es roch nach Schweiß, Sex und der zarten Lavendelseife, mit der die Bettwäsche des Hotels gewaschen wurde.

»Ich weiß, aber das hier ist eine andere Hitze als in der Wüste, ohne Feuer oder Sand; diese Hitze lastet auf einem, sie fällt morgens auf dich herab und drückt auf die Knochen. Ich verstehe nicht, wie man in dieser Stadt leben kann.«

Liam legte die Seiten voller Zahlen auf das zerwühlte Bett und begann, mein Bein zu streicheln. Ich spürte seine Finger in meiner

Kniebeuge und langsam auf der Innenseite meines Oberschenkels hinaufwandern.

»Warum hast du nach der langen Zeit deine Meinung über eine Zusammenarbeit geändert?«, fragte er mich mit heiserer Stimme. »Liegt es an meinem unwiderstehlichen schottischen Charme? Oder gibt es noch einen anderen Grund?«

»Vom Charme wird man nicht satt, und zu Hause warten eine Schwester, eine kranke Nichte und eine Tochter auf mich, die darauf vertrauen, dass ich genügend Geld auftreibe, um das Familiengeschäft wieder in Gang zu bringen, oder wir vier werden binnen eines Jahres verhungern«, lautete meine Antwort.

Liams heiße Finger hielten inne.

»Du hast eine Tochter?«

Ich sah ihn nicht an, hörte aber ein leichtes Beben in seiner Stimme bei dem Wort Tochter.

»Ja, sie heißt Laura. Sie ist drei Monate alt, aber ich habe sie seit drei Wochen nicht gesehen.«

Manchmal dachte ich an Laura und versuchte, mich an ihr Gesichtchen und die winzigen Fäuste auf der Decke in der Wiege oder an ihren Geruch zu erinnern. Ich hatte fast alles vergessen.

»Ich dachte, dein Mann sei tot«, sagte er vorsichtig, um mich sanft aus meinen Gedanken zu reißen.

»Ja. Mason starb vor knapp einem Jahr bei einem Brand auf der Ranch, zusammen mit fünf anderen Männern.«

»Das tut mir leid«, sagte er, klang aber eher erleichtert.

»Ja, mir tut es auch leid. Außer Mason haben wir bei dem Brand alles verloren, einschließlich der Tiefbohrer für das Erdöl und die komplette Förderanlage, wir konnten nichts retten«, sagte ich. »Das Erdöl brannte die ganze Nacht unter der Erde, bis es verbraucht war, und danach hatten wir nicht das Geld, um den Schaden zu bezahlen und eine neue Anlage aufzustellen.«

»Wir?«

»Ja, die Vorarbeiterin und ich.«

Valentina schickte mir jeden Monat eine detaillierte Aufstellung der Rechnungen von Las Ánimas, in der die Kosten und Einnahmen auf den Cent genau ausgewiesen waren, wie sie mir versprochen hatte. Die Ranch warf noch nichts ab, aber wenigstens waren die fälligen Steuern und Entschädigungen der Familien, deren Männer im Feuer ihr Leben gelassen hatten, beglichen.

»Das tut mir sehr leid.« Liam malte unsichtbare Bilder auf meinen Oberschenkel. »Bist du deshalb nach Spanien zurückgekommen?«

»Ja. Ich war allein und schwanger, außerdem habe ich Basondo, den Wald und das Meer vermisst … Ist das nicht grausam? Da versuche ich jahrelang, diesem Kaff zu entkommen, und kehre am Ende freiwillig zurück. Du hattest recht«, gestand ich mit traurigem Lächeln. »Basondo hat etwas, das sich in die Haut bohrt und in die Knochen setzt, damit du es nie verlässt.«

Liam rückte etwas näher, und ich spürte, wie die Matratze unter seinem Gewicht nachgab, als er den Arm ausstreckte und mit den Fingern von meinem Oberschenkel über die Hüfte bis zum Rücken hinaufglitt.

»Anfangs dachte ich, es läge an dir. Ich glaubte lange, dass Basondo mich wegen dir wie ein Magnet anzöge«, flüsterte er. »Und das stimmte auch, aber es gab noch etwas, das mich rief – dieses Haus mit dem grünen Dach hoch oben über einem immer schäumenden Meer, das wie aus einem Traum wirkt.«

»Ja, ich kehrte nach Hause zurück, um Laura zur Welt zu bringen, aber das Land und das Dorf, das ich bei meiner Rückkehr vorfand, sind nicht mehr dieselben«, sagte ich. »Nichts ist mehr wie in meiner Erinnerung, selbst die Menschen, die ich gut zu kennen glaubte, wirken jetzt anders auf mich.«

Ich dachte an Tomás, an seine kühle, distanzierte Art, als ich ihn für die Beerdigung des Marquis auf dem Dorffriedhof bezahlte. Er nahm mein Geld und steckte es ein, dann sah er mich genauso an wie die Frauen damals vor der Kirche. Tomás hätte mich um Verzeihung bitten müssen für das, was er Alma – mir und der restlichen Familie – angetan hatte, stattdessen sah er mich vorwurfsvoll an und gab mir die Schuld an seinem Elend und seinem verlorenen Krieg.

»Tust du es wegen ihnen?«, fragte Liam. »Den Nazis Wolfram zu verkaufen ist riskant, du weißt, wofür sie es benutzen, nicht wahr? Sie panzern damit ihre Fahrzeuge und bauen widerstandsfähigere Kanonenrohre, damit die Kugeln eine größere Reichweite erlangen. Du würdest ihnen helfen, den Krieg zu gewinnen, Estrella.«

»Bei einem Krieg gewinnt immer eine Seite«, murmelte ich und sah ihn über meine Schulter hinweg an. »Tut mir leid, wenn ich dich enttäusche, aber mit fällt nichts Besseres ein, denn wenn uns das Geld ausgeht, verlieren wir das Haus. Ich werde nicht zulassen, dass meine Familie hungern muss, weil mich das Gewissen plagt.«

»Ich bin nicht enttäuscht von dir«, versicherte er mir. »Du wirst es mir nicht glauben, aber du hast dich in den letzten Jahren verändert. Früher hast du dich ausschließlich für dich interessiert, aber jetzt sind dir diese drei Menschen wichtig.«

Ich lachte leise und stützte meinen Kopf auf die Hände, ohne den Blick von ihm abzuwenden.

»Kann sein, obwohl diese letzten Wochen, in denen ich die reiche Erbin eines Mineralimperiums gespielt habe, die mit vollen Händen Geld ausgibt und in Abendkleidern von Lanvin an dekadenten Festen teilnimmt, die besten waren, an die ich mich erinnern kann. Und was ist mit dir? Warum wohnst du in einem Hotel? Mal abgesehen vom Essen und der Leinenbettwäsche natürlich.«

Ich lachte leise, doch als ich sah, dass Liam nicht einmal ansatzweise lächelte, richtete ich mich auf und sah ihn fragend an.

»Was ist los?«

»Nichts. Ich wohne nur im Hotel für den Fall, dass ich rasch das Land verlassen und mich in Sicherheit bringen muss, ich will nicht vor ein Kriegstribunal gestellt werden oder mit anderen Häftlingen Steine klopfen müssen«, sagte er mit starrem Blick auf die zerwühlte Bettwäsche. »Wenn die neue Regierung herausfindet, dass ich Menschen bei ihrer Flucht vor den Nazis geholfen habe, wird man mich erschießen.«

»Ja, man wird dich erschießen, und jeden, der mit dir zu tun hatte, ebenfalls«, sagte ich und dachte dabei an mich selbst.

»Deshalb wohne ich im Hotel, hier wimmelt es nur so vor britischen und amerikanischen Spionen, auch in dieser Etage, manche geben sich als kanadische Touristen oder als Hochzeitsreisende aus. Wenn ich also etwas höre oder sie plötzlich nicht mehr sehe, muss ich schleunigst das Land verlassen.«

»In Kalifornien war ich in Sicherheit, weshalb der Bürgerkrieg für mich immer diffus blieb, obwohl er die Nachrichten beherrschte. Natürlich habe ich die Fotos von den Barrikaden auf den Straßen oder den Bombenkratern gesehen, aber für mich war der Krieg nichts weiter als eine rot-graue Gewitterwolke, die in weiter Ferne auf andere niederging, weshalb ich keine Angst haben musste.«

Die Angst, die ich kurz zuvor in Liams Augen aufblitzen sah, war dieselbe dumpfe, klebrige Angst, die ich in den Augen der beiden Frauen in der Apotheke von Basondo oder in denen der Dorfbewohner gesehen hatte. Die Angst vor etwas ohne konkrete Gestalt, die jetzt auf den Straßen oder in den Bars herrschte: eine finstere Kreatur, die von allen Menschen Besitz ergriffen hatte.

»Glaubst du, dass es möglich ist, Wolfram statt Erz aus der Erde zu holen?«, fragte Liam, um das Thema zu wechseln. »Ich meine, ich weiß schon, dass du etwas Ähnliches mit dem Erdöl in Kalifornien gemacht hast, aber du sagst ja selbst, dass es nicht gut ausging.«

Mir fiel wieder die Kletterpflanze mit ihren verfluchten blauen Blüten ein, die mich seit Großmutter Soledads Trauerfeier überall hin verfolgte. Genau wie der schwarze Wolf. Plötzlich wurde mir bewusst, dass ich den Wolf in Madrid noch nicht heulen gehört hatte, und dachte, er wäre vielleicht endlich verschwunden oder hätte diese drückende Hitze genauso wenig vertragen wie ich.

»Ja, ich glaube, dass es möglich ist, trotz der Sache mit dem Erdöl«, antwortete ich und starrte auf meine Hände mit den Brandnarben. »Als ich das Erdöl in den Boden von Las Ánimas holte, war ich weit weg von zu Hause und vom Wald; ich wette, das hatte etwas mit der späteren Katastrophe zu tun, aber wenn man bedenkt, dass Wolfram in unserer Erde vorkommt, glaube ich, dass es diesmal gut gehen wird.«

Ich drehte mich um, weil ich sein Gesicht sehen wollte, und der Deckenventilator verursachte mir einen Schauder auf dem Rücken.

»Verstehe. Du hast mehr Macht, wenn du zu Hause und bei deinem Wald bist«, sagte Liam mit verschwörerischem Lächeln und rückte näher. »Also gibst du endlich zu, eine *Lamia* mit Macht über die Natur und die Elemente zu sein.«

Ich lachte, und in meinem Unterleib kribbelte es, als seine Finger um meinen Bauchnabel zu kreisen begannen.

»Ich habe doch kaum Kontrolle über mein eigenes Leben, wie sollte ich dann welche über den Himmel oder die Bäume haben.«

Liam beugte sich über mich, und seine roten Locken kitzelten, er küsste die empfindliche Haut um den Bauchnabel, hielt jedoch unvermittelt inne und blickte auf, aber ich spürte noch seinen heißen Atem auf der Haut.

»Weißt du, wo ich herkomme, gibt es auch solche Legenden von schönen Mädchen, sogar etwas Ähnlichem wie eure Waldfeen – wir nennen sie *Selkies*, das sind Wesen von unvergleichlicher Schönheit, die im Meer leben, eine Art Sirenen.«

Ich grub meine Finger in sein feuerrotes Haar.

»Erzähl weiter«, bat ich.

»Von den *Selkies*? Ich kann mich eigentlich nicht genau an die Geschichte erinnern, meine Mutter hat sie mir immer erzählt …«

»Nein, von dir«, unterbrach ich ihn und wickelte eine Locke um meinen Finger. »Woher stammst du? Warum bist du so?«

Liam schenkte mir ein breites Lächeln.

»Wie, *so*?«

»Ein Lügner, ein Betrüger.«

»Ach das … Die Geschichte birgt nichts Besonderes: Armut, Hunger, unbekannter Vater und eine Mutter, die noch vor meinem zehnten Lebensjahr gestorben ist«, sagte er ausweichend. »Du hast diese traurige Geschichte schon oft gehört, es lohnt sich nicht, Zeit damit zu verschwenden, vor allem, wenn ich etwas viel Besseres mit ihr anzufangen weiß.«

Er küsste mich weiter genau an der Stelle, an der er innegehalten hatte.

»Also ist Liam Sinclair eine Erfindung, eine Fantasiegestalt, die sich der arme Waisenjunge ausgedacht hat, um seinem elenden Leben zu entkommen«, murmelte ich mit stockendem Atem.

»Genau, der ängstliche hungrige Junge ist verschwunden, und ich habe seinen Platz eingenommen, deshalb werde ich alles tun, um nie wieder dieser Bursche zu sein, selbst wenn ich meine Seele an die Nazis verkaufen müsste«, erklärte er ernst.

»Deine Seele oder mein Wolfram«, flüsterte ich mit Blick zum kreisenden Ventilator hinauf. »Und wie machen wir es? Wie bringen wir die Nazis dazu, es uns abzukaufen?«

»Der erste Schritt ist einfach: Du gehst doch gern auf Feste.«

Ich lächelte vor mich hin, und seine Lippen wanderten meinen Körper hinab.

Der Wolf unter uns

Liam bestand darauf, mich zum Palais zu begleiten. Als wir das pompöse Eingangsportal des Hotel Ritz hinter uns gelassen hatten und um die Ecke gebogen waren, ergriff er meine Hand. Ich ließ ihn gewähren, obwohl seine Hand heiß war. Am Abend hatten wir inmitten des Chaos aus Papieren und unseren Kleidern bei lastender Hitze im Bett gegessen. Ich fühlte mich klebrig vom Sex und der Hitze, weshalb ich im Hotel geduscht hatte – vorsichtig, um nicht meine Frisur zu zerstören, was mein Abenteuer offenkundig gemacht hätte –, bevor ich wieder in mein Kleid und die Stöckelschuhe schlüpfte, aber das erfrischende Gefühl des kalten Wassers war in der drückenden Nachtluft sofort wieder verflogen.

»Willst du reinkommen?«, fragte ich, als wir vor dem Palais ankamen. »Allerdings habe ich nichts zu essen im Haus und muss dich warnen, manchmal geistert nachts das Gespenst einer Frau herum.«

Liam betrachtete interessiert die Backsteinfassade, und ich musterte ihn. Der Bogen der Augenbrauen, die geradeste Nase, die ich je gesehen hatte, der Bart bis zur Kehle, der die geheimnisvolle Narbe auf der Wange verdeckte.

»Ein Gespenst, sagst du? Man könnte denken, dass du Gespenster regelrecht anziehst«, scherzte er. »Ich würde gern mit reinkommen, kann aber nicht über Nacht bleiben, ich meine, ich würde schon gern, aber du weißt ja, dass ich es für den Fall der Fälle nicht tun sollte.«

Ich erinnerte mich an das, was er mir vor ein paar Stunden in der Suite über seine Angst, aufzufliegen und festgenommen zu werden, erzählt hatte. Ich kannte diese Angst nicht, aber ich hatte sie in

Catalinas Augen und in denen fast aller anderen gesehen, mit denen ich zu tun hatte, seit ich wieder in Spanien war.

»Gut, dann reden wir morgen vor dem Empfang weiter. Lass bitte unbedingt die Einladungen in meinem Namen rausschicken. Glaubst du, dass sie bei einer so kurzfristigen Einladung kommen werden?«, fragte ich, als ich den Schlüssel suchte. »Wenn sich diese Geschäftsleute und hohen Parteifunktionäre morgen nicht hier einfinden, war alles umsonst.«

Endlich spürte ich das kalte Metall in meiner sündhaft teuren Loewe-Handtasche.

»Sie werden kommen, mach dir keine Sorgen, sie wollen dich unbedingt kennenlernen. In gewissen Kreisen nennen sie dich die Baskin«, versicherte Liam und sah mir in die Augen. »Und wenn sie erst in deinem Luxus-Palais französischen Champagner trinken, bringen wir das Gespräch auf das Wolfram und das Zuloaga-Werk.«

»Wird es klappen?«, fragte ich, als ich endlich aufschloss.

»Das will ich wohl meinen, du wirst morgen bestimmt mehr als ein Angebot in der Tasche haben.« Liam blickte sich kurz um, ob uns auch niemand beobachtete, und gab mir einen langen Kuss. »Ich habe morgen früh noch was zu erledigen, werde aber vor dem Mittagessen da sein und dir bei den Vorbereitungen helfen.«

»Dafür brauche ich keine Hilfe, ich habe meiner Mutter jahrelang dabei zugesehen, wie sie solche Feste organisierte«, erwiderte ich, noch mit seinem Geschmack auf den Lippen. »Komm aber trotzdem, ich hasse es, allein zu warten, die Zeit vergeht viel langsamer, wenn man allein wartet.«

Liam lächelte mich an, sein Haar funkelte im Laternenschein.

»Ich werde da sein. Gute Nacht, meine liebe Marquise.«

Lächelnd betrat ich das Haus, aber Liam konnte das Lächeln nicht mehr sehen.

In jener Nacht wurde ich von einem schrecklichen Albtraum heimgesucht. Alma saß auf der Marmortreppe der Villa Soledad, sie hatte ihr totes Gesicht in den Händen verborgen und weinte bitterlich.

»Weine doch nicht, Alma. Ich habe dich nicht durch Catalina ersetzt, ich brauche nur einen Menschen, dem ich vertrauen kann, wenigstens einen. Du bist tot, aber du bleibst immer meine Lieblingsschwester, du bist wie ich.«

Ich versuchte sie zu beruhigen, aber Alma hörte nicht auf zu weinen, weshalb ich zur Treppe laufen wollte, aber meine Beine gehorchten mir nicht. Ich blickte an mir hinab und sah, dass ich dasselbe lange weiße Spitzenkleid trug wie am Tag unseres Geburtstags vor vielen Jahren, dann hörte ich Schritte hinter mir. Es waren keine menschlichen Schritte, es waren Klauen, mächtige Krallen, die über den Boden des Vestibüls kratzten.

»Pscht… Das ist der Wolf, er sucht dich, Estrella, er sucht dich schon lange.« Alma hob endlich den Kopf und blickte mich an, aber ich wünschte, sie hätte es nicht getan, denn eine Hälfte ihres Gesichts, identisch mit meinem, war blutverschmiert.

»Wenn du dich ruhig verhältst, geht er an dir vorbei«, flüsterte Alma mit ihren blassen toten Lippen.

Ich war wie gelähmt, ich konnte mich nicht umdrehen, hörte aber das Tier durch das Vestibül des Hauses mit dem Namen meiner Großmutter auf mich zukommen, als wäre die Villa eine Fortsetzung des Waldes, als hätten die Wurzeln der jahrhundertealten Kiefern und Eichen bis ins Haus ausgeschlagen, um es dem Wald einzuverleiben. Der Atem des Wolfes streifte mein Bein, und gleich darauf war er an mir vorbeigegangen. Ich wusste, dass ich träumte, denn nie zuvor hatte ich den schwarzen Wolf aus solcher Nähe sehen können: Er war ein wunderschönes Tier, sein Rücken reichte mir bis zur Hüfte, seine Pfoten waren breit und kräftig, sein Kopf größer als der eines Menschen, die Ohren aufgestellt.

Obwohl ich mich nicht rührte, schwang mein Rock leicht hin und her, als das dichte, schwarze Fell des Tieres die weiße Spitze meines Kleides streifte. Dann blieb der Wolf stehen und drehte sich zu mir um, als hätte er meine Angst gerochen. Er hatte ein grünes und ein gelbes Auge.

»Der Wolf ist der Tod und verfolgt dich überall hin. Du bist der Wolf.«

Trotz meiner Panik sah ich kurz zu Alma hinüber, um mich zu vergewissern, dass sie mit mir sprach und nicht der Wolf, als das Vestibül plötzlich in Flammen stand. Sie züngelten an den Seidentapeten der Wände bis zum Kuppeldach empor, wo sie ein orangefarbenes Flammenmeer bildeten, das von einem unsichtbaren Wind hin und her gewiegt wurde. Es herrschte große Hitze, und ich spürte, wie die Flammen mir Gesicht, Arme und das Spitzenkleid versengten. Keuchend und schweißgebadet wachte ich auf, als würde das Feuer aus meinem Traum in meiner Kehle lodern.

Ich blickte mich im Zimmer um und erwartete, verbrannte Wände zu sehen oder die Pfoten des schwarzen Wolfes auf den Bodenfliesen zu hören. Doch es gab keine Spur von einem Feuer, auch keinen Wolf, nichts, nicht einmal Alma mit blutbesudeltem Gesicht in ihrem weißen Kleid.

Es war erstickend heiß, ich stand auf und öffnete das Fenster. Das Schlafzimmer füllte sich mit den Geräuschen der Stadt, die den Albtraum verscheuchten: Stimmen, vorbeifahrende Autos und der gelbliche Schein der Straßenlaternen. Ich stand einen Augenblick am Fenster und atmete die schwüle, schmutzige Stadtluft ein. Und ich wusste, es war unmöglich, aber ich hörte über die Stadtgeräusche hinweg einen großen schwarzen Wolf heulen.

»Unglaublich, du hattest vollkommen recht, als du sagtest, dass du ein Fest ohne Hilfe organisieren kannst«, sagte Liam, als er sich umsah. »Ich bin wirklich beeindruckt. Hast du das ganz allein bewerkstelligt? An einem Tag?«

»Ja, das ist einer der vielen Vorzüge, die Tochter der Marquise de Zuloaga zu sein. Meine Mutter hat für die Gäste meines Vaters ständig Feste, Bälle und Cocktailempfänge organisiert, ich habe viel von ihr gelernt.«

Die Dekoration war noch nicht ganz fertig, aber die Arbeiter hatten im Innenhof bereits Lichterketten aufgehängt, Seidenkissen in leuchtenden Farben ausgelegt, Tische für das Büfett und die Getränke sowie einen Springbrunnen aufgestellt, der in der Mitte des Innenhofs Fontänen sprühte.

»Es ist wirklich schön geworden, man hat das Gefühl, in einem Palast in Tanger oder Marrakesch zu sein«, sagte Liam zufrieden. »Die Feste in der Villa Soledad vor dem Krieg müssen phänomenal gewesen sein.«

»Mir kommt es vor, als wäre das vor hundert Jahren gewesen, in einem anderen Leben, denn damals war ich sehr böse mit meiner Mutter, weil sie uns nie an ihren Festen teilnehmen ließ«, sagte ich, und bei der Erinnerung an Mama in ihrem Abendkleid mit Pailletten, mit ihrem Bob und ihrer Zigarettenspitze huschte ein trauriges Lächeln über meine Lippen. »Jedenfalls habe ich keine Ausgaben gescheut, um die Gäste zu beeindrucken. Nur das Beste vom Besten, pflegte Mama immer zu sagen.«

»Ich war schon auf einigen Empfängen, eigentlich auf vielen, seit ich in Madrid bin, aber so etwas habe ich noch nie gesehen. Es wirkt wie die Kulisse eines Kinofilms.« Liams Augen wanderten durch den quadratischen Innenhof. »Wo hast du denn die Palmen her? Du willst doch nicht etwa behaupten, du seist heute Nacht mal kurz in Los Angeles gewesen, um die Kunstpalmen aus dem Coconut Grove zu entwenden?«

Ich lachte und verschränkte die Arme.

»Nein, die sind aus Pappmache und sehen zwar aus wie die im Nachtclub, sind aber viel billiger. Ich hoffe nur, dass keiner der Gäste sich mit einer Zigarette darunter stellt und alles in Flammen aufgehen lässt.« Ich lächelte, doch das Lächeln erlosch sofort wieder, weil mir die Bilder meines Albtraumes durch den Kopf schossen.

»Ist alles in Ordnung?« Liam nutzte die Gelegenheit, da die Arbeiter damit beschäftigt waren, die Teppiche auszurollen, und ergriff meinen Arm.

»Ja, es muss nur alles wirklich perfekt sein heute Abend«, log ich. »Ich habe nicht mehr viel Geld für solch ein Leben in Madrid, schon gar nicht, wenn ich es in diesem Tempo ausgebe.«

»Es wird klappen«, versicherte er mir. »Alle Gäste auf der Liste haben zugesagt. Sie wollen unbedingt die baskische Marquise kennenlernen.«

»Ja, es ist schön geworden«, murmelte ich, als ich mich umsah. »Als Motto stand mir die Wüste, das Exotische und der orientalische Luxus vor Augen, und ich möchte, dass sich die Gäste wie in einem dieser alten Filme mit Palmen, fliegenden Teppichen, edelsteinbesetzten Turbanen und Perserteppichen fühlen.«

Ich hatte in meiner Internatszeit viele dieser Filme gesehen. Damals war das alte Kino in Surrey der magischste Ort der Welt für mich. Ich saß auf einem der abgewetzten Kinosessel mit einer Tüte Popcorn auf dem Schoß, meine Freundin Lucy neben mir aß Lakritz, während das magische flimmernde Licht die Abenteuer von Dieben in Bagdad und Piraten oder Prinzessinnen an exotischen Orten auf die zerschlissene Leinwand projizierte. Wenn ich die Augen schloss und mich konzentrierte, konnte ich noch das Popcorn und die staubigen Sitze des kleinen Kinos riechen.

»Ich weiß schon, dass du Geschenke und Liebesbezeugungen nicht magst«, sagte Liam und holte mich aus meinen Grübeleien. »Aber ich habe etwas für dich.«

Ich sah ihn überrascht an.

»Natürlich mag ich Geschenke, vor allem, wenn sie teuer sind. Was ist es?«

Liam beugte sich vor, um mir ins Ohr zu flüstern, obwohl uns niemand hören konnte, denn die Arbeiter waren inzwischen auf der anderen Seite mit dem Aufstellen der Pavillons beschäftigt.

»Es ist etwas, das ich vor vielen Jahren aus der Villa Soledad mitgenommen habe«, flüsterte er, und sein Atem streichelte meinen Hals. »Ich hätte es dir schon früher geben sollen, aber mir gefiel die Vorstellung, dass niemand davon wusste. Du verstehst das bestimmt, man kann die Gewohnheit, andere zu betrügen, nur schwer ablegen.«

Mir blieb keine Zeit für eine Antwort, denn er hatte bereits ein Taschentuch mit seinen Initialen aus der Jackentasche geholt.

»Das hat immer dir gehört«, fügte er hinzu.

Ich musste es nicht öffnen, um zu wissen, was in dem Taschentuch lag: die Kette mit dem Smaragdanhänger von Großmutter Soledad. Obwohl sehr viel Zeit vergangen war, seit Vater sie mir weggenommen hatte, war mir ihr Gewicht in der Hand sehr vertraut.

»Du hattest sie die ganze Zeit?«, fragte ich mit bebender Stimme.

»Ja. Dein Vater hat sie mir an deinem Hochzeitstag hocherfreut für ein Fünftel ihres Wertes verkauft«, antwortete er. »Zu jenem Zeitpunkt war der Marquis schon ziemlich pleite und brauchte dringend Bargeld. Ich wollte sie der Gattin eines deutschen Unternehmers verkaufen, habe es mir dann aber anders überlegt. Ich hoffe nicht, wegen dir sentimental zu werden, meine liebe Marquise, das wäre eine Katastrophe.«

»Das wäre es bestimmt …« murmelte ich.

Ich hatte diese Kette in jeder verstaubten Schachtel und jeder verschlossenen Kommode der Villa gesucht, sogar in den Zigarrenkisten meines Vaters. Und jetzt hielt ich sie wieder in der Hand, genau wie an jenem Nachmittag, als Alma mir unter Tränen sagte, dass unsere Großmutter tot wäre und mir ihre Kette vermacht hätte. Diese Kette bestätigte mir schmerzlich, dass meine Schwester tatsächlich die Toten sehen konnte, sie war der vergiftete Beweis dafür, dass Alma immer die Wahrheit gesagt hatte. Aber jetzt hatte die Kette noch eine andere Bedeutung, sie war die Bestätigung, dass ich Liam Sinclair und seinem ewigen Grinsen vertrauen konnte.

»Ich habe auch das Geld für die Wiedereröffnung des Bergwerks«, sagte er plötzlich. »Gold im Wert von zwei Millionen Peseten warten darauf, in das Zuloaga-Werk investiert zu werden.«

»Das ist viel Geld.«

Liams Lachen glitt an meinem Hals hinab und schickte einen heißen Schauer durch meinen Körper.

»Das ist fast mein ganzes Vermögen, einschließlich der Summe, die ich für eine eventuelle Flucht aus Spanien zurückgelegt hatte«, erklärte er. »Aber binnen eines Jahres werden wir mit dem Wolfram das Dreifache verdient haben.«

Während mir Liam ins Ohr flüsterte, schlossen auf der anderen Seite die Arbeiter den Springbrunnen mit dem kunstvoll verzierten Sockel an, der ihm einen arabischen Anflug verlieh. Es zischte leise, als die Luft herausgedrückt wurde, was klang, als würde man kräftig durch einen Strohhalm pusten, und gleich darauf wurde das Wasser nach oben gepumpt. Liam blickte zu den Wasserfontänen.

»Kannst du bleiben? Ich möchte nicht den ganzen Nachmittag allein auf die Gäste warten.«

Er sah mich wieder an.

»Ich dachte schon, du würdest mich nie darum bitten, Marquise.«

Der Nachmittag verging heiß und träge. Zwei Etagen weiter unten im Innenhof des Palais beendeten die Arbeiter die Dekoration, und die Kellner stellten das Büfett auf. Liam und ich hatten in meinem Schlafzimmer im zweiten Stock zu Mittag gegessen, uns erneut geliebt und waren dann noch einmal unseren Geschäftsplan durchgegangen. Wir saßen mit Sandwiches und Limonade, die uns das Küchenpersonal rasch zubereitet hatte, auf dem Bett, und Liam erzählte mir alles, was er über ein paar Männer wusste, die wir am Abend überzeugen wollten – wer sie waren, was sie am liebsten tranken, wieviel Geld sie für Antiquitäten ausgaben oder wie ihre Geliebten hießen. Dann kehrte Liam in seine Suite im Hotel Ritz zurück, um sich für den Abend umzuziehen.

Ich nahm inzwischen ein kaltes Bad mit Rosenessenz, um mich zu erfrischen, aber es war sinnlos, denn kaum war ich der riesigen Wanne entstiegen, legte sich mir die heiße, klebrige Stadtluft wieder auf die Haut.

Ich hatte die Absicht, das Madeleine-Vionet-Kleid anzuziehen, das ich bei der Tagung im Hotel Ambassador getragen hatte. Obwohl mein maulbeerfarbenes Samtkleid mit Edelsteinbesatz mit seinem tiefen Rücken-Dekolleté die Sensation des Abends gewesen war, hatten wir damals keinen Investor gefunden und waren mit leeren Händen nach San Bernardino zurückgekehrt. Jetzt hing das Kleid auf einem Bügel an der offenen Schranktür. Die Friseurin, die mir jede Woche das Haar frisierte, kam zwei Stunden vor dem Empfang ins Palais. Sie hatte gesagt, dass sie keine Hausbesuche mache, aber ich hatte darauf bestanden und noch einen Schein dazugelegt, denn sie sollte mich nicht nur schminken und frisieren, sondern mir von den Festen anderer Kundinnen des exklusiven Schönheitssalons erzählen, in dem sie arbeitete.

»Sie sind sehr schön, Señora Marquise, Sie sehen aus wie Vivien Leigh, allerdings eleganter«, sagte sie, als sie ihre Utensilien einpackte. »Viele wichtige Leute reden nur von Ihrem Empfang heute Abend, wissen Sie? Von manchen Leuten habe ich gehört, dass sie auch gern eingeladen worden wären.«

»Sie werden das nächste Mal eingeladen. Vielen Dank, dass Sie gekommen sind. Ich werde Sie allen meinen Freundinnen weiterempfehlen, an Arbeit wird Ihnen nicht mangeln«, versprach ich ihr.

Und dann gab ich der jungen Frau, die in meinem Alter sein musste, ein sattes Trinkgeld.

Als ich wieder allein war, streifte ich den weißen Bademantel ab und begann mich langsam anzuziehen, wobei ich darauf achtete, dass jede Falte des Samtes richtig fiel und jeder Edelstein angemessen funkelte. Dann betrachtete ich mich in dem großen Spiegel neben der Tür.

»Ja, du siehst wirklich aus wie Vivien Leigh«, sagte ich zu meinem Spiegelbild.

Der Innenhof des Palais wirkte inzwischen wie das Bühnenbild aus einem alten Hollywoodfilm: Die geliehenen Perserteppiche waren farblich passend ausgelegt und bedeckten den gesamten Fliesenboden. Die Pappmache-Palmen wirkten im goldenen Schein der Lichterketten, die in drei Meter Höhe Sternbilder an einem Nachthimmel darstellten, wie echt, und der Springbrunnen in der Mitte vermittelte eine trügerische Kühle.

Ein kleines Heer aus Kellnern und Helfern überprüfte abschließend, ob alles perfekt war. Ich blieb einen Moment stehen, blickte in den falschen Sternenhimmel und holte tief Luft.

»Es ist fabelhaft geworden, und du siehst wunderbar aus. Sie werden dich regelrecht anflehen, ihr Geld anzunehmen. Sie werden dir ohne Fragen reihenweise Schecks ausstellen«, sagte eine Stimme mit schottischem Akzent hinter mir.

»Hoffentlich, denn wir brauchen alles, was sie uns geben wollen«, flüsterte ich, ohne mich umzudrehen. »Wie kommt es, dass man dich schon reingelassen hat?«

Ich drehte mich zu Liam um, wusste aber ohne seinen Anblick bereits, dass ein schelmisches Lächeln um seine Lippen spielte.

»Ich habe gesagt, ich sei ein Liebhaber der Marquise, einer von vielen, und sie wolle mich noch privat sprechen, bevor die Gäste eintreffen.«

»Das ist hoffentlich eine Lüge, denn sonst verpasse ich dir gleich mit meinen superteuren Schuhen einen Tritt in den Hintern. Wir haben doch vereinbart, dass niemand etwas von uns erfahren soll.«

Liam verdrehte die Augen und lachte leise, und wieder schoss mir eine heiße Welle durch den Unterleib.

»Ja, sehr witzig«, murmelte ich und ignorierte die aufsteigende Röte, in der Hoffnung, dass Liam sie nicht bemerkte.

»Ich habe dem Burschen an der Tür ein kleines Trinkgeld gegeben, damit er mich einlässt, das ist alles. Also, was meinst du? Sehe ich nicht aus wie ein ehrenwerter Gentleman?«, fragte er und drehte sich feierlich um die eigene Achse. »Würdest du Geschäfte mit mir machen?«

Liam trug einen schwarzen Smoking mit taillierter Jacke, die seine breiten Schultern zur Geltung brachten, darunter ein weißes Hemd mit Perlmuttknöpfen, die im Schein der falschen Sterne funkelten. Sein Kupferhaar hatte er mit Pomade nach hinten gekämmt, wie es feine Herren zu tun pflegen. Den roten Bart hatte er auf einen Zentimeter gestutzt, was gepflegter aussah und die Narbe trotzdem kaschierte.

»So sieht ein ehrenwerter Gentleman eindeutig nicht aus«, frotzelte ich und verkniff mir ein Grinsen. »Aber ich gehe davon aus, dass die meisten Gäste dich bereits kennen und wissen, dass du in Wirklichkeit ein unverschämter Betrüger bist.«

»Und selbst als solcher bin ich noch anständiger als deine Gäste«, parierte Liam ohne einen Anflug von Humor in der Stimme.

Das stimmte. Ich dachte einen Moment an die Männer und Frauen, die ich zwecks freundlicher Bewirtung auf einen Empfang eingeladen hatte, der so teuer war, dass ich mit der Summe Laura oder Marina ein Studium hätte bezahlen können. Und ich brachte mir in Erinnerung, warum ich das eigentlich tat: Ich hatte es genossen, die Nächte auf eleganten Empfängen zu verbringen, bis zum Morgengrauen Champagner-Cocktails in Madrids feinem Tanzsaal Pasapoga zu trinken oder über die Gran Vía zu stolzieren und dabei mein Spiegelbild in den Schaufenstern der Luxusboutiquen zu betrachten, obwohl in der Villa Soledad eine auf meinen Namen ausgestellte Lebensmittelkarte lag: Achtzig Gramm Brot pro Person und Tag. Ja, ich hatte mich eindeutig gut amüsiert und dafür den Rest von Masons Lebensversicherung verprasst, ich hatte die sorglose Marquise gegeben, die ich eigentlich hätte sein sollen, aber als die Kellner in ihren weißen Jacken die ersten Gäste einließen, spürte ich, dass ich unbedingt in die Villa Soledad, zu meinem geheimnisvollen, wohlduftenden Wald, der jeden Tag weiter zum Haus und zum Meer vordrang, zurückkehren und diese meine Welt um jeden Preis erhalten musste. Und dazu benötigte ich das Bergwerk, Liams Geld und seine Kontakte, das Wolfram und alles, was die Leute mir geben wollten.

»Keiner von uns beiden ist ehrenwert«, sagte ich, obwohl ich nicht wusste, ob er es noch hörte, denn genau in dem Moment traten die ersten Gäste in den Innenhof.

Zwei Stunden später war der Empfang ein voller Erfolg. Die Häppchen auf den Tischen waren schnell gegessen: flambierte Datteln, Pastete in Portwein, Baklava mit Honig und Orangenblüten, französischer Käse mit roten Früchten, mit Rosenblättern gefüllter Blätterteig… das Exotischste und Feinste, was ich in der kurzen Zeit in Madrid hatte auftreiben können. Der Melonen-Champagner-Cocktail war eine ausgezeichnete Wahl gewesen, denn wohin ich auch blickte, die Kellner füllten ständig die Gläser nach, obwohl er für meinen Geschmack zu süß war.

In einer Ecke des Innenhofs spielte eine kleine Kapelle berühmte Melodien von Glenn Miller und Boleros von Daniel Santos. Die Musiker waren so gekleidet, als wären sie direkt aus dem *Coconut Grove* angereist, um mit ihren tadellosen Anzügen, ihrem schönsten Lächeln und ihren glänzenden Instrumenten auf meinem Fest zu spielen. Dennoch hatte ich am Nachmittag bei den Proben in den Augen des Trompeters Angst aufflackern gesehen, als ich ihn fragte, ob sie ein deutsches Volkslied spielen könnten, um meine Gäste zu überraschen.

»Ich hoffe, du bist zufrieden. Wie es scheint, läuft alles wie am Schnürchen«, sagte Liam. »Deine Gäste trinken, essen, lachen und reden vom Geschäft und der geheimnisvollen Marquise, der Baskin.«

»Ach ja? Und was erzählst du ihnen von mir?«, fragte ich mäßig interessiert.

»Alles: dass du deinen letzten Liebhaber ermordet hast, weil er dich verlassen wollte, und auch, dass du eine Nichte der Gräfin Báthory bist.«

Ich trank einen Schluck Champagner.

»Mir würde reichen, wenn einer mit uns ins Geschäft kommt. Bisher sehe ich nur einen Haufen Parasiten, die mein Geld versaufen.«

»Geduld, diese Männer sind keine Einfaltspinsel, die Cowboy spielen und Cola-Whiskey trinken, wie diese texanischen Viehhändler und Großgrundbesitzer, mit denen du in Kalifornien Geschäfte machen wolltest«, versicherte Liam mir jetzt leise. »Du musst sehr vorsichtig sein mit ihnen, Estrella, auch wenn sie hier in ihren eleganten Anzügen und ihren glänzenden Uniformen lachen und Cocktails trinken.«

Das Stück war zu Ende, es gab verhaltenen Applaus, und die Kapelle spielte Carlos Gardels Tango *El día que me quieras*.

»Es sind nur Militärs, Beamte und Unternehmer, ich weiß schon, wie ich mit denen umgehen muss«, sagte ich.

»Du verstehst das nicht, das ist nicht nur ein Fest. Diese Männer sind auf dem Rücken von abertausenden Toten zu ihren Posten gekommen, um heute Abend Lachshäppchen zu essen und französischen Champagner zu trinken.« Liam sah mich eindringlich an, um sicher zu gehen, dass ich den Ernst der Lage erfasst hatte. »Du kannst dir die schrecklichen Dinge, die sie dir antun könnten, wenn du ihnen das wieder wegnimmst, gar nicht vorstellen. Sie sind süchtig nach der Macht und dem Terror, den sie verbreiten, und wenn du etwas tust, das sie auch nur ansatzweise glauben lässt, du könntest dies gefährden, zerquetschen sie dich. Dich und alle, die dir nahestehen.«

Mir fiel wieder die Angst in den Augen des Trompeters ein, als ich die Deutschen erwähnte.

»Dann werde ich eben vorsichtig sein und mich auf unseren Plan konzentrieren, wie wir vereinbart haben«, sagte ich mit reizendem Lächeln, damit niemand, der uns beobachtete, ahnte, worüber wir sprachen. »Wenn du befürchtest, es könnte jemand Wind davon bekommen, was du früher gemacht hast, kannst du ja in dein Hotel zurück, ich fühle mich wohl hier. Und wir bleiben natürlich Partner.«

Der große Pavillon und die erstickende Hitze im Innenhof vermittelten den Gästen den Eindruck, sich in einem Fantasiegebilde, in einem wundervollen Traum zu befinden, der sich im Morgengrauen auflösen würde.

»Ich weiß nicht, ob es eine grandiose Idee oder der größte Fehler meines Lebens ist, dass ich jetzt hier bin«, murmelte Liam. »Ich mag die Nazis nicht.«

»Also wirklich, das ist bestimmt nicht der größte Fehler deines Lebens«, erwiderte ich im Versuch, ihn aufzuheitern.

Ein paar Männer in der Galauniform der Falange plauderten angeregt vor dem Springbrunnen, während ein Kellner ihnen einen weiteren Cocktail servierte. Ich sah, dass die Hand des Kellners leicht zitterte, als er den tadellos gekleideten und mit Medaillen behängten Männern die Gläser reichte.

»Da bin ich mir nicht so sicher«, sagte Liam mit Blick in die Runde.

»Es interessiert mich nicht, was für schreckliche Dinge diese Männer getan haben, ich will nur Geschäfte mit ihnen machen. Ich brauche ihr Geld und ihre Kontakte, um das Bergwerk wieder in Betrieb zu nehmen und mein Haus zu behalten. Sie sind meine einzige Chance«, sagte ich und wandte den Blick von dem eingeschüchterten Kellner ab. »Und jetzt ist es auch ein bisschen zu spät für einen Rückzieher, findest du nicht? Die Nazis haben schon an unsere Tür geklopft und wollen mit uns zusammenarbeiten.«

Ich wies verstohlen auf die vier deutschen Herren, die auf den goldenen Ottomanen mit den bunten Seidenkissen saßen. Sie waren groß wie Bäume und lachten so laut, dass sie noch über die Musik hinweg zu hören waren, plauderten angeregt und tranken süßen Tee mit Minze.

»Doch, wir können einen Rückzieher machen und noch heute Nacht Madrid verlassen, wenn du willst«, flüsterte Liam und wandte sich ab, damit niemand von seinen Lippen lesen konnte. »Ich habe genug Geld, wir könnten zusammen aus Spanien weggehen.«

»Ich kann nicht einfach so weg, was soll denn aus Catalina und den Mädchen werden? Ich denke nicht daran, sie ihrem Schicksal zu überlassen, kommt nicht in Frage.«

Die alte Estrella hätte seinen Vorschlag ohne zu zögern angenommen.

»Dann fahren wir nach Basondo, holen sie ab und verlassen alle fünf das Land«, erwiderte er. »Binnen einer Woche könnten wir in Schottland sein, und dann suchen wir uns ein Schiff, das uns in die Vereinigten Staaten bringt, weit weg vom Krieg und denen dort.«

Liam wies mit dem Kopf auf die Frauen in Abendkleidern und Männer in Uniform.

»Ich weiß, dass es dir schwerfällt, mit all diesen Leuten zusammen zu sein, aber mach dir keine Sorgen, es wird alles gut gehen. Ich kann schon mit ihnen umgehen«, versicherte ich ihm. »Uns kann doch egal sein, was sie sind oder getan haben, oder? Wenn alles gut geht, werden wir sie nie wiedersehen.«

»Ja, wenn alles gut geht. Aber abgesehen vom Wolfram müssen wir noch andere Dinge berücksichtigen«, flüsterte Liam mir ins Ohr, weshalb ich einen kurzen Moment die Augen schloss. »Gut möglich, dass diese reizenden Herren an etwas mehr als an Geschäften interessiert sind.«

»Was meinst du damit? Willst du damit sagen …?«

»Nein, ich meine nichts Romantisches oder Sexuelles«, beeilte er sich zu erklären. »Hör zu: Für die meisten von denen ist es nur ein Geschäft, eine Art, am Krieg mit zu verdienen, aber es gibt auch richtige Fanatiker in Uniform darunter, Estrella. Einige sind besessen von gefährlichen Ideen wie dem Ende der Welt, der Herrenrasse oder irgendwelchen okkulten Kunstschätzen, die der Führer auf der halben Welt suchen lässt. Weißt du, was das Ahnenerbe ist?«

Ich schüttelte den Kopf.

»Nein, davon habe ich nie gehört.«

»Besser für dich. Das Ahnenerbe ist eine Geheimorganisation der Nazis, eine Gruppe von Befehlshabern, die von der Archäologie, der schwarzen Macht, dem Okkultismus und Ähnlichem besessen sind. Es heißt, sie hätten Ausgrabungen in der ganzen Welt finanziert, sogar in fernen Ländern wie Brasilien oder Tibet, sie haben auch hier in Spanien gesucht«, erklärte Liam.

»Hier in Spanien? Und was haben sie gesucht?«

Liam führte das Bourbon-Glas zum Mund. Als guter Betrüger wusste er, wie wichtig es war, keinen Verdacht zu erregen.

»Das weiß niemand, aber sie sind vor allem an alten Reliquien, religiösen Artefakten, keltischen Ruinen interessiert, an allem, von dem sie glauben, dass es irgendeine mystische Macht besitzt«, sagte er mit einem künstlichen Lächeln, als würden wir angeregt plaudern. »Und ich meine damit nicht nur die Nazis – bei den Falangisten gibt es auch welche, die an Dämonen, übernatürliche Kräfte und Geheimriten glauben.«

Ich blickte mich um, als würde ich jemanden suchen, und sah dann wieder Liam an, der ein Gesicht zog wie jemand, der den Eingangstürschlüssel verloren hat und nicht weiß, wie er in sein Haus kommen soll.

»Dämonen und übernatürliche Kräfte?«, wiederholte ich.

»Ja. Der Führer ist besessen vom ewigen Leben und der Macht, er hat ein halbes Heer darauf angesetzt, ein paar Ruinen in der Wüste aufzuspüren.«

»Gut, dann werde ich für den Fall der Fälle alle familiären Reliquien verstecken, aber ich möchte dich daran erinnern, dass der Marquis im Krieg fast alles verkauft hat.« Ich lächelte, um dem Thema das Gewicht zu nehmen, aber Liam runzelte in einem Anflug von Besorgnis, dass wir beide im Kerker landen könnten, missmutig die Stirn. »Was ist los?«

»Sie stehlen nicht nur antike Kunstschätze«, sagte er. »Das Ahnenerbe ist direkt der SS, der politischen Polizei der Nazis, unterstellt und führt in den Konzentrationslagern Experimente an Menschen durch.«

»Was für Experimente?«, fragte ich mit forschendem Blick auf die Gäste.

»Nun ja, sie nennen es so, aber soweit ich weiß, ist wenig Wissenschaftliches dabei im Spiel. Sie wollen vor allem die Grenzen des menschlichen Körpers austesten: Schmerz, Kältewiderstand, Infektionskrankheiten … solche Dinge. Es wird gemunkelt, dass sie ihren

Häftlingen Panzertreibstoff injizieren und einmal sogar Zwillinge aufgeschnitten haben, um zu sehen, ob sie die gleiche Zeit zum Sterben benötigen.« Liam machte eine Pause, als könne er nicht weitersprechen. »Aber vor allem sind sie an Menschen mit besonderen Fähigkeiten interessiert. Wenn die vom Ahnenerbe einen solchen finden, sperren sie ihn ein wie ein Tier und stellen alle möglichen Versuche und Experimente mit ihm an. Verstehst du jetzt, was ich meine?«

Ich hatte verstanden. Ich hatte sehr gut verstanden und musste mehrmals schlucken, um den Knoten in meinem Hals aufzulösen.

»Ja«, antwortete ich, nachdem ich ihn mit einen Schluck Champagner hinuntergespült und die Angst aus meiner Stimme verbannt hatte. »Jetzt verstehe ich, warum du dir Sorgen machst, aber es wirst nichts passieren. Alles wird gut.«

Liam blickte sich wieder um, bevor er hinzufügte:

»Es geht das Gerücht, dass Hitlers Truppen zurückgedrängt werden und er verzweifelt danach trachtet, doch noch zu gewinnen. Sie wollen kräftigere, schnellere und stärkere Soldaten schaffen, die keinen Schmerz empfinden. Und da käme es ihnen bestimmt sehr gelegen, wenn sie dazu fähig wären, die Natur zu manipulieren.«

»Ich werde vorsichtig sein«, versprach ich und starrte dabei auf meine Hand, als fürchtete ich, dass plötzlich Funken aus meinen Fingern schlügen und ich sie nicht kontrollieren könnte wie an jenem Abend, als ich die Villa Soledad fast in Brand gesteckt hätte. »Aber ich werde nicht einfach aufgeben, weil ein paar Wahnsinnige in Uniform ihre Häftlinge aufschlitzen. Außerdem geschieht das nur in Deutschland, hast du gesagt, oder?«

Das war keine Frage, ich versuchte nur, Liam ein wenig zu trösten mit der Vorstellung, dass die von ihm beschriebenen Gräueltaten weit weg von meinem schön erleuchteten Innenhof mit falschen Palmen stattfanden. Liam legt mir seine Hand auf den Rücken, und ich drehte mich zu ihm.

»Siehst du den Mann, der gerade ein Käsehäppchen mit Erdbeeren isst?«, fragte er. »Der Kleine da hinten in der Falange-Uniform mit dem Oberlippenbärtchen?«

Ich nickte.

»Das ist José Luis Arrese. Kein Geringerer als der Minister und Generalsekretär der Einheitspartei, der auch mit Himmler befreundet ist, dem Chef des Ahnenerbes und dazu bevollmächtigt, für Hitler nach obskuren Kunstobjekten zu suchen.« Ich sah das Männchen an, das ein Blätterteigtörtchen aß, als hätte es in seinem ganzen Leben noch nichts Köstlicheres gegessen. Seine kleine Gestalt und sein gieriges Essen ließen mich an einen Hamster oder ein Eichhörnchen denken. »Er will in Spanien etwas Ähnliches wie das Ahnenerbe aufbauen, eine Geheimorganisation, die ausschließlich der Falange unterstellt ist. Und er will den Mann dort drüben, Hauptmann Rodrigo Villa, als deren Leiter einsetzen.«

Der Hauptmann hielt ein Glas Whiskey in der Hand, trank aber nicht. Er fühlte sich augenscheinlich nicht sonderlich wohl auf meinem Empfang und wirkte wie ein Mann, der sich nichts aus solchen Zusammenkünften oder Cocktails zu machen schien.

»Das ist dieser Villa? Ja, der ist mir auch schon aufgefallen«, flüsterte ich. »Er passt nicht dazu und wirkt irgendwie unzufrieden.«

»Ja, man munkelt, er sei kein Freund von Festlichkeiten oder Golfspielen. Er wurde mir kürzlich im Casino vorgestellt, und mir wurde ganz kalt. Er ist ein eigenwilliger, ziemlich verschlossener Mensch, man dringt nicht durch zu ihm.«

»Was weißt du noch über ihn?«, fragte ich, ohne den Blick vom Hauptmann abzuwenden.

»Um ehrlich zu sein – nichts. Ich habe gehört, dass Villa vor dem Krieg als Bergbauingenieur arbeitete, dann aber in der Falange Karriere gemacht hat und jetzt die rechte Hand von Arrese ist.« Liam ließ die Eiswürfel in seinem Glas klingen, trank aber nicht. »Es heißt, dass Arrese dem guten Hauptmann Villa aus der Hand frisst, deshalb will er ihn zum Leiter der Spanischen Gesellschaft für Okkultismus ernennen.«

Hauptmann Villa trug eine tadellos sitzende Galauniform mit Goldknöpfen und goldenen Bordüren auf den Schultern. Von meinem Standort aus konnte ich zwei Orden erkennen. Trotz der Hitze war Villa der einzige Uniformierte im Innenhof, der seine Jacke nicht ausgezogen hatte, nur die Tellermütze hatte er sich unter den Arm geklemmt.

»Sehr gefährlich wirkt er nicht«, merkte ich an. »Ich habe ihn mir älter vorgestellt, er ist ein stattlicher Mann.«

Villa musste um die dreißig sein, sein dunkles Haar war kurz geschnitten und sorgfältig mit Brillantine nach hinten gekämmt. Die Haut war gebräunt, aber offenbar von Natur aus, und er hatte hohe, ausgeprägte Wangenknochen. Er trug weder Schnurr- noch Vollbart, schien aber zu den Männern zu gehören, die bereits zwei Stunden nach der Rasur einen dunklen Schatten am Kinn aufwiesen. Seine dunklen Augen wirkten eingefallen unter den dichten Augenbrauen.

»Ja, sehr stattlich, aber unter dieser eleganten Uniform verbirgt er angeblich zwei Narben von einem Messerstich in die Leber und der Schusswunde eines Brigadisten in die Brust. Man hat ein halbes Dutzend Mal versucht, ihn zu töten, aber es heißt, er hätte großes Glück und mehr Leben als eine Katze.« Liam fuhr mit dem Daumen über meinen Rücken, doch ich sah, dass er über meinen Kopf hinweg verstohlen Villa musterte. »Die Spione der Alliierten folgen ihm überall hin, weil sie glauben, dass er der nächste Leiter der Falange wird, aber außer den Luxuskarossen, die er in seiner Garage stehen hat, ist von Freundinnen, Freunden oder anderen Lastern nichts bekannt.«

Hauptmann Villa merkte, dass er von der anderen Seite des Innenhofes beobachtet wurde, denn er lächelte mich höflich an und kam dann auf uns zu. Ich sah, wie Liam bei jedem seiner Schritte die Kiefer fester zusammenbiss.

»Es wird alles gut, lass mich nur reden«, zischte ich hinter meinem perfekten Gastgeberinnenlächeln.

»Guten Abend, Señora Marquise. Endlich lernen wir uns kennen. Sie sind seit Wochen Gesprächsthema Nummer eins in der Stadt, aber wir sind uns noch nicht vorgestellt worden«, sagte er förmlich. »Hauptmann Rodrigo Villa, stets zu Diensten.«

Ich drückte seine Hand, als würden wir einen Vertrag besiegeln, auch wenn ich wusste, dass sich dies für eine Señorita nicht schickte, und seinem angedeuteten überraschten Lächeln nach zu urteilen tat es seine Wirkung.

»Sehr erfreut. Schön, dass Sie es einrichten konnten, zu meinem so kurzfristig angekündigten Fest zu erscheinen. Ich hoffe, Sie langweilen sich nicht allzu sehr«, sagte ich leichthin.

»Keineswegs, normalerweise ziehe ich ein ruhigeres Ambiente vor, aber Ihr Fest ist etwas ganz Besonderes und Ihre Dekoration sehr gewagt …« Seine dunklen Augen ruhten eine kleine Ewigkeit auf den Palmenattrappen, bevor sie wieder zu mir zurückkehrten. »Aber es gefällt mir, es erinnert mich an die Zeit, als ich in Marokko stationiert war, und ich musste so oder so zu Ihrem Fest kommen.«

Hauptmann Villa gehörte zu den Männern, die langsam sprachen und zwischen jedem Wort Pausen machten, weil sie wussten, dass niemand es wagte, sie zu unterbrechen, solange es auch dauern mochte, bis sie ihren Satz beendeten. Sie dominierten jedes Gespräch.

»Sie mussten so oder so kommen? Wieso das?«, fragte Liam, der seine Nervosität unterdrückte.

Bevor Villa antwortete, musterte er ihn neugierig. Ich sah, wie sein Blick über das kupferfarbene Haar, die milchweiße Haut und die grünen Augen wanderte, Details, die ausreichend verdeutlichten, dass Liam kein Spanier war.

»Sie sind Schotte, nicht wahr?«, fragte er dann das Offensichtliche. »Sie sind dieser Kunsthändler, von dem alle reden. Es heißt, Sie könnten jedes Objekt auftreiben, so seltsam, ausgefallen oder wertvoll es auch sein mag.«

»Ja, Liam Sinclair.« Er reichte ihm die Hand, doch Villa zögerte einen Moment, bevor er sie ergriff.

»Befehle haben mich hergeführt«, beantwortete er Liams Frage schließlich. »Señor Arrese lässt Ihnen ausrichten, dass Sie die Genehmigung der Partei für den Abbau und Verkauf von Wolfram aus ihrem Bergwerk erteilt bekommen. Es wird an ein spanisch-deutsches Konsortium verkauft, dass mit dem deutschen Heer Geschäfte macht. Zweihundert Peseten pro Kilo Festpreis.«

Zweihundert Peseten war ein Vermögen, viel mehr Geld, als Liam und ich für das Wolfram zu erhalten gehofft hatten. Mein Unternehmergeist ließ mich sofort den Gewinn und die möglichen Risiken der Wiederaufnahme des Bergwerks überschlagen. Ich lächelte, versuchte aber, nicht allzu erfreut zu wirken, denn ich hätte mich auch mit der Hälfte zufriedengegeben.

»Wir sind uns also einig?«, fragte ich.

Hauptmann Villa reichte mir seine Hand, und ich ergriff sie, diesmal wahrhaftig, um das Geschäft zu besiegeln.

»Wir sind uns einig«, sagte er. »Das Wolfram wird für unsere deutschen Verbündeten eine große Hilfe sein und sie zweifelsohne den Krieg gewinnen lassen. Dafür bedankt sich Ihr Land bei Ihnen.«

»Bestens, ich werde so schnell wie möglich nach Basondo zurückkehren, um die Arbeit im Bergwerk zu koordinieren und in drei Wochen die erste Lieferung Wolfram auf den Weg bringen zu können. Geht diese Frist in Ordnung?«, wollte ich wissen.

»Ja, drei Wochen ist eine gute Frist. Jemand vom spanisch-deutschen Konsortium wird sich mit Ihnen in Verbindung setzen, um Ihnen die genauen Angaben zu den Lieferungen und alles Weitere zum Vertrag zukommen zu lassen.« Villa lächelte mich höflich an, aber plötzlich erschien er mir nicht mehr wie ein stattlicher Mann in Uniform, sondern wie etwas viel Gefährlicheres als ein Mann. »Wolfram ist ein seltsames Wort, kennen Sie seine Bedeutung, Señora Marquise?«

»Nein«, antwortete ich und umklammerte mein Glas.

In Villas dunklen Augen funkelte es. Ich wusste nicht, ob es daran lag, dass der Hauptmann meine Angst witterte wie ein Raubtier, oder ob er zu der Sorte von Männern gehörte, die anderen gerne die Welt erklären, vor allem, wenn es sich um Frauen handelt.

»Es ist ein deutsches Wort. Die Bergarbeiter, die es gefunden haben, glaubten damals, in den unterirdischen Höhlen des Stollens würde der Teufel hausen«, erklärte er. »Und sie waren davon überzeugt, dass dieser Teufel in Gestalt eines Wolfes auftritt, weshalb sie dem seltsamen Mineral den Namen *Wolfram* gaben.«

Das Zuloaga-Werk

Am nächsten Tag kehrten wir nach Basondo zurück. Ich hatte meine neue Ausstattung eingepackt und abschließend in allen Zimmern nachgesehen, ob ich auch nichts vergessen hatte. Gern hätte ich mich auch von dem Gespenst der unglücklichen Geliebten verabschiedet, es war mir aber kein einziges Mal erschienen, während ich in ihrem Bett schlief, weshalb ich meine Koffer schloss – die berühmten Louis-Vuitton-Koffer –, ein Taxi bestellte und mich zum Atocha-Bahnhof fahren ließ, wo ich mich mit Liam treffen wollte.

Liam würde mit mir nach Basondo gehen. Im Morgengrauen nach dem Empfang, als die Arbeiter die Dekoration entfernten, leere Gläser und Seidenkissen wegräumten und die Perserteppiche einrollten, hatte mir Liam gestanden, dass er mit mir in die Villa Soledad ziehen wollte.

»Es ist nicht nur wegen dir, ich muss doch meine Investition im Auge behalten«, hatte er gesagt, als er meinen Arm streichelte, aber ich wusste, dass das nicht stimmte. »Ich habe dir fast mein ganzes Geld anvertraut, wie kann ich wissen, dass das Bergwerk auch gewinnbringend wirtschaftet?«

»Und was ist mit deiner Suite im Ritz, wo du die Alliierten im Auge behalten kannst? Hast du keine Angst mehr, verhaftet zu werden?«

Liam hatte bitter aufgelacht.

»Natürlich habe ich Angst, schreckliche Angst … Aber vermutlich habe ich mehr Angst davor, mich von dir trennen zu müssen.«

Nachdem Liam gegangen war, um seine Sachen zu packen, hatte ich Catalina angerufen und ihr gesagt, dass wir die Villa Soledad behalten könnten, weil wir einen Vertrag mit der Regierung hätten, wenn auch nicht für den Abbau von Erz, sondern von Wolfram. Nachdem sie wochenlang nur schlechte Nachrichten von mir erhalten hatte, brach Catalina vor Erleichterung in Tränen aus.

»Ich werde den nächsten Zug nach Bilbao nehmen und heute Abend in Basondo eintreffen.«

Auf dem Bahnhof konnte ich Liam nirgendwo erblicken. Ich kaufte zwei Fahrkarten, setzte mich auf eine Bank und beobachtete, wie die Fahrgäste mit gesenktem Kopf über den Bahnsteig hasteten. Kurz vor der Abfahrt des Zuges sah ich auf die große Uhr. Es war neun und Liam noch immer nicht aufgetaucht. Ich würde auf jeden Fall fahren, mit oder ohne ihn, freute mich jedoch, als ich seinen wirren Rotschopf auf mich zueilen sah.

»Entschuldige, zwei Herren aus Nordamerika haben mich beim Frühstück über dein Fest ausgefragt«, sagte er mit seinem schiefen Grinsen, bevor er mich flüchtig auf die Stirn küsste. »Du wärst doch nicht ohne mich gefahren, oder?«

»Nein, natürlich nicht«, log ich, als wir in den Zug stiegen.

Sieben Stunden später trafen wir in Bilbao ein und mieteten einen Wagen mit Chauffeur, der uns nach Basondo brachte. Liam schlug vor, uns einen Mietwagen zu besorgen, was ich rundweg ablehnte.

»Da sind wir, Señor«, sagte der Chauffeur zu Liam, als der Wagen vor der Villa Soledad hielt. »Basondo, das entlegenste Dorf der ganzen Kantabrischen Küste. Und das ist die Villa, die zwei Kilometer vom Dorf entfernt ist. Ich helfe Ihnen mit den Koffern.«

Liam holte unser Gepäck aus dem Kofferraum, und ich stieg aus. Im ersten Stock brannten alle Lichter, desgleichen die Beleuchtung im Garten, wo die riesige Palme ins Auge stach, die vor dem Haus stand wie ein Wahrzeichen.

»Ist alles in Ordnung? Du wirkst, als hättest du ein Gespenst gesehen«, flüsterte Liam mir zu.

Alma saß mit offenem Haar auf dem Mäuerchen am Teich und beobachtete die japanischen Fische.

»Ja, alles in Ordnung.«

Ich gab dem Chauffeur ein Trinkgeld – obwohl er mich die ganze Fahrt über ignoriert und nur mir Liam gesprochen hatte –, und der Wagen brauste auf der Landstraße davon. Die Landschaft hüllte sich wieder in Dunkelheit, nur die Fenster blieben erleuchtet. Hinter mir rauschte der nächtliche Wald, und der duftende Sommerwind blies in mein königsblaues Balenciaga-Kleid.

»Endlich habt ihr eine Klingel. Ich kann mich erinnern, wie ich es damals hasste, immer vor der Gartenpforte warten zu müssen, bis mich jemand durch das Küchenfenster gesehen hatte und mir öffnen kam«, sagte Liam lächelnd.

Aber ich spürte nur den dunklen Wald, der hinter mir geheimnisvolle Worte flüsterte und mich willkommen hieß.

»Ja, das muss Catalinas Idee gewesen sein.«

Ich drückte auf den Elfenbeinknopf auf einer Goldplatte, und gleich darauf öffnete Catalina die grüne Haustür und lief durch den Garten auf uns zu.

»Endlich bist du wieder da, wie schön.« Sie umarmte mich, und mir stieg eine Mischung aus Kindermilch, frischer Farbe und Babylotion in die Nase. »Wie elegant du bist! Du siehst aus wie eine dieser Schauspielerinnen aus den Magazinen.«

Catalina zeigte auf meinen Bleistiftrock und die Jacke.

»Gefällt es dir? Ich habe dir auch was mitgebracht. Ich weiß, das war nicht abgemacht, aber irgendwie hatte ich ein schlechtes Gewissen, nur schöne Sachen für mich zu kaufen«, erklärte ich.

»Du erinnerst mich ein bisschen an Großmutter Soledad, die auch immer ihre knöchellangen Kleider, ihre Perlenketten und roten Lippenstift zu Hause trug. Wenn ich traurig war, machte sie mir einen Dutt wie ihren, und ich durfte in einem ihrer langen Kleider durchs Haus stiefeln, erinnerst du dich daran?«

Ich nickte schweigend. Ich hatte mir ein halbes Leben lang eingeredet, dass Catalina – dieses Mädchen mit dem kastanienbraunen Haar und den braunen Augen, das durchs Haus lief und sich versteckte, um uns zu beobachten – nicht wirklich meine Schwester sei, und mir wurde erst jetzt bewusst, dass sie für Großmutter immer eine ihrer Enkelinnen gewesen war.

»Was ein Glück, dass du wieder da bist, ich bin fast wahnsinnig geworden vor lauter Selbstgesprächen. Es ist nicht gesund, allein zu sein.«

Catalina lachte, und ich lächelte sie an. Dann wandte sie sich an Liam, als hätte sie ihn erst jetzt gesehen.

»Und du bist der falsche Lord, nicht wahr?«, sagte sie unumwunden. »Du warst ein paar Wochen bei uns zu Besuch vor ... wie vielen Jahren? Sechs, sieben? Ich dachte, du wärst inzwischen mit einer reichen Amerikanerin verheiratet und hättest ihr Vermögen geerbt, oder du hättest einen Baron glauben gemacht, du seist sein verlorener Sohn. Doch jetzt bist du wieder da – noch einer, der Villa Soledad verfallen ist.«

»Ja, aber bin ich kein falscher Lord mehr. Ich mache jetzt ehrenwerte Geschäfte und schmuggle Antiquitäten«, erwiderte Liam grinsend. »Und ich bin außerdem das Geld.«

»Dann bist du herzlich willkommen«, sagte Catalina. »Los, lasst uns reingehen, ich möchte, dass du alles anschaust, was ich im Haus habe machen lassen. Hast du die Lampen im Garten gesehen? Er sieht aus wie vor dem Krieg, vielleicht sogar schöner.«

Wir gingen in den Garten, und Catalina schloss die Pforte ab. Erleichtert stellte ich fest, dass Pedros rostige Kette ebenfalls verschwunden war.

»Der Garten ist sehr schön geworden, jetzt sieht er nicht mehr aus wie ein Dschungel, und bestimmt laufen auch keine Ratten mehr herum wie vor meiner Abreise«, sagte ich mit Blick auf den gepflegten Rasen und gut ausgeleuchteten Garten. »Und ich sehe, die Bäume sind endlich beschnitten worden. War das Emilio?«

»Nein, der arme Emilio ist letzten Winter gestorben, er ist vom Kirchendach gestürzt, als er eine Leckage reparieren wollte. Sein Sohn und sein Neffe haben die Bäume gestutzt«, erklärte sie. »Sie haben auch die Gartenpforte und einen Teil des eingestürzten Mäuerchens repariert und die Wurzeln entfernt, die aus dem Wald fast bis zur Haustür reichten, endlich kann man sie wieder richtig schließen. Was für ein Unterschied, nicht wahr? Jetzt wirkt die Villa nicht mehr wie eine baufällige Ruine, die einzustürzen droht. Die wichtigsten Veränderungen gibt es allerdings im Haus.«

Als wir am Teich vorbeigingen, war Alma verschwunden. Ich dachte mir, sie würde nun vielleicht auf dem Dorffriedhof um Vaters Grab oder auf dem kleinen Familienfriedhof an der Steilküste herumschleichen.

»Ich sehe, die Fische sind noch da«, sagte ich mit einem Blick in den Teich. »Und du hast auch das ekelhafte Moos vom Grund entfernt; jetzt sieht der Teich wieder aus wie zu Großmutters Zeiten.«

Ich blieb stehen und beobachtete, wie die orange-silbern schimmernden japanischen Fische in dem sauberen Wasser herumschwammen, ohne mich zu registrieren.

»Nein, das sind neue Fische. Die alten …« Catalina schüttelte den Kopf. »Besser, du erfährst nicht, was mit ihnen passiert ist.«

Ich wusste auch so, dass sie gegessen wurden.

»Die Haustür ist wieder grün, wie schön. Ich konnte die abgeblätterte Farbe nicht mehr sehen.«

»Ja, die habe ich vor einer Woche selbst gestrichen«, erwiderte Catalina, erleichtert darüber, dass die Sache mit den Fischen erledigt war. »Ich musste den Farbton extra mischen lassen, damit er zum Dach und den Fenstern passt, und habe fast einen ganzen Tag gebraucht, um die verdammte Tür zu streichen, aber sie ist richtig schön geworden.«

Die große Eingangstür der Villa glänzte mit dem Wald um die Wette. Großvater Martín hatte diese Farbe ein Leben lang gehasst, ebenso wie der Marquis. Für die beiden Männer war das Grün – das Großmutter aus einer Farbpalette von gut zwanzig Grüntönen ausgesucht hatte – zu exzentrisch gewesen. Aber ich liebte das strahlende Grün dieser Tür so sehr, dass ich in den Jahren in der

St. Mary's School oder auf Las Ánimas immer an diese grüne Tür denken musste und daran, wie ich sie bei meiner Heimkehr wieder öffnen würde.

»Ja, das hast du großartig gemacht, es ist alles, wie ich es erinnere«, sagte ich zu Catalina, als ich mir die schwarzen Lederhandschuhe abstreifte. »Eigentlich schöner.«

»Es wirkt fast so, als wäre die Zeit stehen geblieben«, erklärte sie. »Manchmal habe ich das Gefühl, Villa Soledad ist inmitten einer winzigen Landschaft in einer Schneekugel eingefroren.«

Dieses Gefühl hatte ich auch oft, sagte das aber nicht laut.

Wir gingen ins Haus, und Catalina schloss die Haustür ab und legte die Kette vor.

»Marina schlafwandelt manchmal, dann wandert sie im Morgengrauen durchs Haus und nach draußen, wenn ich nicht aufpasse«, erklärte sie verlegen. »Deshalb habe ich die Kette so weit oben anbringen lassen, damit sie sie nicht öffnen kann, nicht einmal, wenn sie auf einen Stuhl steigt.«

Mir fiel plötzlich ein, dass ich noch gar nicht nach Laura gefragt hatte, wie es eine hingebungsvolle Mutter eigentlich tun müsste. Als ich es gerade nachholen wollte, ergriff mich Catalina am Arm.

»Du hast einen Mann mitgebracht«, flüsterte sie und wies mit dem Kopf auf Liam. »Ich dachte, nach dem Tod des Marquis sei es vorbei mit dem Gehorchen und Bedienen von Männern, zumindest für uns beide.«

Ich blickte Liam an, der geistesabwesend den Kristalllüster an der Decke des Vestibüls betrachtete.

»Damit ist auch Schluss«, sagte ich. »Vertrau mir.«

»Ich vertraue dir, aber ich werde ihm nicht die Wäsche waschen oder das Bett machen. Ich habe meine Pflicht erfüllt und werde nie wieder die Magd eines Mannes spielen.« Catalina schnaubte und warf einen Seitenblick auf Liam. »Ich habe schon genug zu tun mit den beiden Kindern, um mir noch ein weiteres aufzubürden, noch dazu ein großes.«

Ich musste lächeln. Manchmal erinnerte sie mich sehr an ihre Mutter.

»Du musst dich nicht um ihn kümmern – wenn er sein Bett nicht selbst macht, wird er auf dem Sofa im Arbeitszimmer oder in der Garage schlafen.«

»Darauf kannst du Gift nehmen.«

Meine schwarzen Absätze klapperten auf den Fliesen des Vestibüls so laut, dass ich mich kurz umdrehte, weil ich glaubte, Mama hätte soeben das Haus betreten. Aber Mama war nirgendwo zu sehen, nicht einmal ihr Gespenst.

»Wie geht es den Kindern?«, fragte ich, als wir beide in die Küche gingen.

»Sehr gut. Seit es wieder wärmer ist, sind sie widerstandsfähiger und haben rosige Wangen. Außerdem zieht es nirgendwo mehr, seit ich die Fenster habe reparieren lassen, es schlüpfen auch keine Tiere mehr aus dem Garten herein und machen überall hin.« Catalina kräuselte angeekelt die Nase. »Seit Marina ihr Medikament regelmäßig nimmt, geht es ihr wesentlich besser, und Laura ist ordentlich gewachsen. Sie ist ein sehr liebes Mädchen, sie weint fast nie, und wenn doch einmal, klingt sie wie ein Kätzchen.«

»Wo sind sie jetzt?«

»Oben, sie schlafen. Ich habe die Wiege in das frühere Zimmer deiner Mutter gestellt, und jetzt schlafen wir drei zusammen, es ist das größte Schlafzimmer im ganzen Haus. Vorher schliefen wir getrennt, aber es war zu still in der Nacht, deshalb habe ich die Mädchen lieber bei mir.«

»Das Vestibül und die erste Etage sehen aus wie neu«, sagte ich, als ich mich umblickte. »Und es gibt wieder überall Licht, wie schön.«

In den Wandlampen aus Glas, passend zu dem großen Lüster an der Decke, steckten wieder Glühbirnen und leuchteten das Vestibül, den Ansatz der Marmortreppe und den Seitenflur zur Küche gut aus.

»Ja, das habe ich als Erstes machen lassen. Ich hatte Angst, allein mit der Kerosinlampe durch das dunkle Haus zu gehen und fürchtete ständig, auf ein Gespenst oder einen Einbrecher zu stoßen. Und ich wollte auch nicht, dass die Mädchen wie Maulwürfe im Dunkeln leben müssen und sich ständig an etwas stoßen.«

Ich lachte über ihren Vergleich, und wir gingen in die Küche. Der Ofen war aus – bestimmt, weil Catalina und die Mädchen schon vor einer geraumen Weile zu Abend gegessen hatten –, aber es roch nach frisch gekochtem Kaffee in dem wohltemperierten Raum. Die Schrankfronten waren lackiert und die gesprungenen Kacheln durch neue ersetzt worden. Der Eichentisch war frisch poliert und glänzte, die meisten Kratzer und anderen Stellen waren verschwunden.

»Die Küche ist auch wunderschön geworden, wie das ganze Haus«, sagte ich und strich über die Lehne meines Stuhls. »Du hast das wirklich großartig gemacht.«

»Ich weiß«, sagte Catalina und setzte sich vor die einzige Tasse auf dem Tisch. »Alles ist wie früher, abgesehen von den Glasgriffen, die deiner Mutter so gefielen.«

Auf die verdammten Griffe an Türen und Schubladen hatte ich gar nicht geachtet, obwohl die Küche ansonsten aussah wie in meiner Kindheit.

»Die Originalgriffe waren schon vor dem Krieg verschwunden, wer weiß, was der Marquis damit gemacht hat. Ich habe sie jedenfalls durch Porzellanknöpfe ersetzt«, erklärte Catalina. »Sie sind auch hübsch, wenn auch nicht so originell wie die gläsernen.«

Ich öffnete den Schrank über dem Eisenherd und holte zwei Tassen heraus. Eigentlich hatte ich keinen Hunger, denn ich hatte im Speisewagen des Zuges gegessen, aber der Kaffeeduft ließ meinen Magen knurren.

»Jetzt also Wolfram, das ist natürlich sehr viel wertvoller als Erz«, setzte Catalina an, als sie mir die Kaffeekanne rüberschob. »Die Deutschen haben das halbe Land umgegraben auf der Suche danach, ganze Landstriche leben davon.«

»Genau. Für zweihundert Peseten pro Kilo hätte selbst der Teufel Wolfram verkauft«, erwiderte ich.

Catalina sah uns an.

»Schön, und jetzt erzählt mir von eurem Plan.«

Am nächsten Morgen stand ich noch vor Sonnenaufgang auf, um ins Bergwerk zu gehen und Wolfram aus dem Boden zu holen. Ich ging allein, denn ich wollte weder Zuschauer noch Hilfe, also ließ ich Liam schlafen, zog mich leise an und schlich die Treppe hinunter. Dann holte ich mir noch ein paar Scheiben Brot und ein paar Kekse aus der Küche, falls ich hinterher wieder zu Kräften kommen musste. Ich schlüpfte in Großmutters Wollmantel und fuhr mit dem Wagen meines Vaters zum Bergwerk.

Das letzte Mal war ich vor zehn Jahren dort gewesen, als die Grube noch das ganze Tal ernährte. Jetzt war es dort still, nur der sechszylindrige Hispano-Suiza veranstaltete einen Höllenlärm. Ich hielt vor dem rostigen Tor, schlüpfte durch ein Loch im Zaun und ging hinab in den Stollen.

Es war nicht schwer, Wolfram zu produzieren – jedenfalls viel einfacher, als Erdöl in den Boden von Las Ánimas zu holen. Ich war wieder zu Hause und spürte über den dicken Steinschichten das Herz des Waldes schlagen, während das vertraute Kribbeln in meinen Handflächen zunahm. In den letzten Tagen hatte ich viel über das geheimnisvolle Mineral mit dem Wolfsnamen gelesen, wobei ich herausgefunden hatte, dass es gewöhnlich im Erz enthalten ist, also holte ich zuerst das Erz – was ganz einfach war, weil unter dem Tal eine große Erzader entlangführte – und anschließend das Wolfram in die Erde. Mir wurde ein wenig schwindlig, aber ich musste nichts essen, um wieder zu Kräften zu kommen. Ich zählte lediglich bis zehn und starrte auf das glänzende Mineral an den Stollenwänden, wo es wie ein Sternenhimmel funkelte.

Das Wolfram war vorhanden, jetzt brauchte ich nur noch die Gerätschaften und Arbeitskräfte, um es abzubauen. Liam würde sich um die Beschaffung des nötigen Werkzeugs, Maschinen und Transportmittel kümmern, um das wertvolle Mineral zum Verladen auf die Klippe zu befördern. Er hatte mir von einem Freund erzählt – er sagte Freund, aber es klang eher nach einem früheren Kumpel im Rahmen seiner illegalen Geschäfte –, der eine Maschinenfabrik für schweres Geschütz und Bergbau besitze und uns einen guten Preis machen würde.

»Wenn dein Freund nicht zuverlässig liefert, wird das Geld direkt von deinem Anteil abgezogen«, hatte ich ihm gedroht, bevor wir einschliefen.

Ich hörte ihn noch lachen.

»Er ist zuverlässig, ich habe ihm vor ein paar Jahren das Leben gerettet, er schuldet mir was«, hatte Liam geantwortet, aber ich war bereits eingeschlafen.

Bei Sonnenaufgang fuhr ich weiter nach Basondo. Der Herbst kündigte sich an, ich roch ihn in der frischen Morgenluft, wie ich auch immer die ersten Frühlingsdüfte wahrnahm, bevor die Wildblumen im Wald sprießten.

Basondo war bereits wach, doch es überraschte mich nicht, nur wenige Menschen auf den engen, steilen Straßen zu sehen, die sich in einem komplizierten Geflecht durch das Tal wanden. Diejenigen, an denen ich vorbeifuhr, warfen einen verstohlenen Blick auf den für diese Dorfkulisse viel zu großen und auffälligen Wagen. Ich hielt vor dem Rathaus.

Die Apotheke der Schwestern Aguirre, der Tabakladen und das kleine Postamt waren bereits geöffnet, aber ich begab mich vorsichtig, um nicht mit meinen Pfennigabsätzen zwischen den Pflastersteinen steckenzubleiben, auf den Weg zur Kirche. Ich spürte Blicke im Rücken, alle möglichen Blicke, nur keine guten, als ich mit meinem senfgelben Givenchy-Kostüm und meiner Loewe-Handtasche den Dorfplatz hinter mir ließ, aber das war mir egal. Ich blieb erst vor dem Kirchenportal stehen.

Nicht, dass ich den dringenden Wunsch zu beichten verspürt

hätte – Gott sei Dank, dachte ich spöttisch grinsend. Ich war auf der Suche nach Arbeitern für das Bergwerk und wusste genau, wen ich fragen musste. Das Kirchenportal war verschlossen; ich fluchte leise und ohne Rücksicht darauf, wo ich mich befand, und umrundete die Kirche zum Dorffriedhof mit dem Gedanken, dass ich wenigstens bei Carmen vorbeischauen konnte, wenn es schon keine Gelegenheit gab, mit Tomás übers Geschäft zu sprechen.

Der Friedhof von Basondo war klein. Er hatte genau die richtige Größe für Zeiten, in denen fast alle Dorfbewohner alt starben oder im Stollen umkamen, aber Krieg und Hunger hatten viele frische Gräber und ruhelose Tote zur Folge. Tomás lehnte rauchend an der Friedhofsmauer, starrte auf den geweihten Boden und leistete seinen Gespenstern Gesellschaft, weshalb es einen Moment dauerte, bis er merkte, dass er nicht mehr allein war.

»Hübsches Kostüm, ein sehr dezentes Gelb«, sagte er spöttisch. »Das war bestimmt teuer.«

»Das war es, sehr sogar«, erwiderte ich ohne jedes Schamgefühl. »Musst du dich zum Rauchen verstecken wie mit dreizehn, als du nicht von Padre Dávila erwischt werden wolltest?«

Tomás grinste mit der Zigarette im Mundwinkel.

»Ich verstecke mich nicht, ich lasse hier morgens gern meine Gedanken schweifen, bevor der Tag richtig beginnt.«

»Du mit deinen Gedanken … und deinen Toten«, sagte ich und atmete den Rauch seiner selbstgedrehten Zigarette ein.

»Ja, ich gebe zu, dass ich mich gerne in die Gesellschaft der Verstorben begebe: Die Toten besitzen die Tugend, uns daran zu erinnern, wer wir wirklich sind. Wir können uns selbst belügen, so viel wir wollen, aber diejenigen, die wir begraben haben, wissen die Wahrheit über uns.«

»Es gibt Sünden, die den Tod überleben.«

Tomás wies mit dem Kopf auf Carmens Grab.

»Sie weiß zum Beispiel, dass du die Erbin Zuloaga bist, ein rebellisches Mädchen, das sich seine Zöpfe nicht selbst flechten konnte.«

Mit angehaltenem Atem betrachtete ich den schlichten Grabstein mit Carmens Namen. Die Blüten der Kletterpflanze auf dem Stein hatten sich im Sommer vermehrt und überzogen das Grab wie einen leuchtenden blauen Teppich.

»Inzwischen kann ich mir meine Zöpfe selbst flechten«, entgegnete ich kalt und sah ihn an. »Du musst etwas für mich tun.«

»Selbstverständlich, für dich muss immer jemand etwas tun, und sei es nur, dich zu bewundern, mich eingeschlossen.« Tomás schüttelte den Kopf und hatte für eine Sekunde denselben zutraulichen Blick wie die arme Patsy aufgesetzt. Als er lächelte, war der unschuldige Ausdruck wieder verschwunden. »Was willst du diesmal von mir? Und erzähle mir bitte nicht, dass du beichten willst, denn dann würde ich einen Lachanfall bekommen.«

»Ich werde das Bergwerk wieder öffnen, nächste Woche sollen dreihundert Männer unter Tage arbeiten«, antwortete ich und ignorierte seinen Kommentar geflissentlich. »Wenn alles gut geht, könnte ich in ein paar Monaten weitere hundert einstellen. Du sollst dafür sorgen, dass es sich im Dorf herumspricht. Jeder Mann, der in meinem Stollen arbeiten will und dazu fähig ist, soll sich im Postamt registrieren lassen, dort weiß man bereits Bescheid. In ein paar Tagen werden wir beim Bergwerk ein Büro eröffnen, dort können sie sich dann melden.«

»Dann stimmen die Gerüchte also, du willst das Zuloaga-Werk tatsächlich wieder in Betrieb nehmen.« Tomás runzelte nachdenklich die Stirn. »Aber dort unten gibt es doch nichts mehr abzubauen, das Erzvorkommen ist erschöpft, und wem willst du es außerdem verkaufen?«

»Niemandem«, sagte ich, was theoretisch auch stimmte. »Ich werde den Deutschen Wolfram verkaufen.«

Tomás blinzelte, als hätte er nicht richtig gehört.

»Du willst den Nazis Wolfram verkaufen?« Er sah mich genauso verächtlich an wie an jenem Morgen, als er meine hundert Peseten nahm, um den Marquis auf dem Dorffriedhof zu begraben. »Du bist jetzt also eine von denen, deshalb bist du so elegant gekleidet, und deshalb konnte Catalina das Haus renovieren: Ihr kollaboriert mit den Nazis. Wenn du glaubst, dass ich dir und damit diesen Faschisten helfe, ihren Scheißkrieg zu gewinnen, hast du dich geschnitten.«

»Es ist nur ein Geschäft, Tomás, nichts weiter …«

»Die Nazis haben die Hälfte der Dörfer in diesem Tal bombardiert!«, schrie er, und seine Stimme ließ die Steine erzittern. »Sag mir nicht, das wäre nichts weiter, denn du hast keine Ahnung, wovon du redest. Hast du etwa schon mal eine Bombardierung miterlebt? Hast du die Panik in den Straßen gesehen, wenn sich die Leute schreiend in Sicherheit bringen, wenn die Sirenen in deinen Ohren heulen und die Motoren der Junkers-Maschinen über dir dröhnen, bevor die Bomben fallen?«

Ich schüttelte den Kopf.

»Nein, natürlich nicht, denn damals warst du meilenweit entfernt in Sicherheit. Du hast nicht die leiseste Ahnung, was passiert ist oder was deine Nazifreunde getan haben, und jetzt willst du mit denen zusammenarbeiten? Du bist nichts weiter als eine verwöhnte Göre, die Papas Bücher entdeckt hat und jetzt Unternehmerin spielen will«, fügte er verächtlich hinzu.

»Es gibt sonst niemanden, mit dem ich Geschäfte machen könnte. Die neue Regierung erlaubt keinen Verkauf an die Alliierten.«

»Die neue Regierung? Schöner Ausdruck! Du meinst die Faschisten, oder?« Tomás lachte bitter auf. »Ich werde dir bestimmt nicht dabei helfen, das Geschehene zu beschönigen, weil du Geld hast. Ich werde vielmehr allen im Dorf erzählen, dass du den Nazis Wolfram verkaufen willst, dann werden wir ja sehen, woher du Arbeiter für deinen Stollen bekommst!«

Tomás nahm einen letzten Zug von seiner Zigarette und warf sie auf den Boden.

»Es wird ihnen egal sein, Tomás. Es ist ihnen egal, an wen ich verkaufe, weil die Männer dringend Arbeit brauchen und keine Wahl haben, genauso wenig wie ich«, sagte ich, ohne die Ruhe zu verlieren. »Ich habe veranlasst, dass die Sicherheitsvorrichtungen im Stollen verbessert werden, damit es keine weiteren Unfälle gibt. Es wird alles modernisiert, ich kann den Männern ehrliche Arbeit und einen guten Lohn anbieten, einen weit besseren als mein Vater. Ich kann das ganze Dorf ernähren. Wenn du mir hilfst, das Werk wieder zu öffnen, ist es vorbei mit Hunger und Armut.«

»Du meinst wohl, du speist sie mit ein paar Brotkrumen ab. Behalte sie, hier wird dir niemand helfen, damit die Nazis den Krieg gewinnen«, presste er hervor. »Und viel Glück, wenn du deinen Falangisten-Freunden erzählst, dass du dein wertvolles Wolfram nicht abbauen kannst, weil du keine Arbeiter findest. Ich habe gehört, die Faschisten seien sehr verständnisvoll.«

Tomás ging an mir vorbei und rempelte mich absichtlich an.

»Das Wolfram wird so oder so aus der Erde geholt, sei nicht naiv. Es ist in unserem Boden, und wenn sie es wollen, werden sie es kriegen!«, rief ich ihm hinterher.

Tomás blieb abrupt stehen. Ich sah, wie sich unter seiner schwarzen Soutane seine Schultern hoben und senkten.

»Was willst du damit sagen?«, knurrte er, ohne mich anzublicken.

»Wenn du mir nicht hilfst, Männer im Dorf zu finden, werden sie Sklaven und politische Häftlinge herschicken, die umsonst in meinem Stollen arbeiten«, sagte ich ohne jegliche Regung in der Stimme. »Ich habe diese ausgemergelten Männer mit leerem Blick für die neue Regierung Steine klopfen und Gefängnisse bauen sehen. Ein Anruf genügt, und sie werden hergeschickt, ist dir das lieber?«

Als Tomás sich wieder umdrehte, traf mich seine Wut mit einer ähnlichen Wucht wie die Sprengkraft, die Mason getötet hatte.

»Politische Häftlinge? Das wagst du nicht, nicht einmal du würdest so etwas tun!«, sagte er voller Hass in der Stimme. »Aber du könntest dir den Lohn für die Arbeiter sparen, nicht wahr?«

Ich sog die feuchte Friedhofsluft ein und mit ihr Tomás' Verachtung. Dann schritt ich langsam auf ihn zu.

»Ich habe dir gesagt, was ich will, jetzt hängt es von dir ab, ob die Männer wieder arbeiten können oder das Dorf sich mit Baracken und Häftlingen füllt. Deine Entscheidung. Mein Wolfram wird jedenfalls in zwei Wochen auf dem Verladeplatz an der Klippe sein.«

Ein geheimnisvolles Lächeln huschte über Tomás' Lippen.

»Aber nur, wenn die Straßenräuber dein Wolfram nicht ins Meer kippen«, sagte er. »Denen wird es gar nicht gefallen, dass du Geschäfte mit den Aufständischen und den Nazis abwickelst. Sie könnten dir ordentlich Probleme bereiten, wenn du den Stollen wieder öffnest.«

Tomás hatte recht – die Straßenräuber, die sich im Tal versteckten, machten den Patrouillen der Guardia Civil das Leben ausgesprochen schwer und könnten mit Straßenblockaden, Plünderungen, Diebstählen oder Sabotage auch mir und meinen Geschäften großen Schaden zufügen.

»Es interessiert mich nicht, was denen gefällt oder nicht, ich muss meine Familie ernähren«, sagte ich ernst. »Und sie werden auch nur davon erfahren, wenn du es ihnen erzählst, denn ich wette, du kennst diese Straßenräuber. Vielleicht gehörst du gar zu ihnen, oder woher stammt der Tabak, den du gerade geraucht hast?«

Obwohl Tomás nicht antwortete, sprach sein Gesicht Bände.

»Du versteckst dich hier nicht, weil du die Gesellschaft der Toten schätzt, du versteckst dich hier, damit dich niemand Tabak vom Schwarzmarkt rauchen sieht«, fügte ich hinzu.

Seine Kiefer mahlten wie an dem Nachmittag, als er sich auf unsere Geburtstagfeier in der Villa Soledad geschlichen hatte und Mama vor allen Gästen um Entschuldigung bitten musste.

»Du leugnest es also nicht. Du bist einer von ihnen, deshalb stiehlst du Dávila Essen und Geld«, sagte ich und fühlte mich lächerlich, weil ich nicht früher darauf gekommen war. »Dann erzähl mal deinen Freunden, dass du den Familien in diesem Dorf Arbeit und Nahrung hättest beschaffen können, aber es vorgezogen hast, mir einen Korb zu geben, weil du nachtragend und arrogant bist.«

Tomás lachte höhnisch auf.

»Zumindest bin ich kein Nazi.«

»Für dich war es immer ganz einfach, das Richtige zu tun, nicht wahr? Schon als Kind hast du den anderen gesagt, was gut und was schlecht ist. Wir sind alle kleine Sünderlein, an dich reicht keiner heran.« Ich trat noch etwas näher, so nah, dass ich den Geruch der Zigarette riechen konnte, und fügte hinzu: »Tomás, der Märtyrer, Tomás, der Priester, Tomás, der Verteidiger der Republik, Tomás, der Romantiker … Es ist leicht, den Idealisten zu spielen, wenn man keine Mäuler stopfen muss. Die Familien in diesem Dorf hungern, aber für den *Idealisten* ist es wichtiger, dass sie das Richtige tun und mein Nazi-Geld ablehnen.«

»Lass den Zynismus, Estrella, dich interessiert dieses Dorf mit seinen hungernden Familien doch einen Dreck, ebenso wenig wie deinen Vater. Für die Zuloagas sind wir Dorfbewohner nur Mulis, seelenlose Körper, die man benutzen und wegwerfen kann, wie es euch beliebt.« Tomás leckte sich über die Lippen. Und ich war davon überzeugt, dass er es nur wegen mir tat. »Man kann überleben und zugleich das Richtige tun, das ist in diesen finsteren Zeiten der Verräter und Feiglinge das Wichtigste. Sie haben alles zerstört, Estrella, sie haben alles, was wir erreicht haben, in Flammen aufgehen lassen, und jetzt versuchen sie ihre Spur der Asche und der Leichen mit deinem Geld und deiner Kollaboration zu tilgen.«

Ich schüttelte den Kopf. Ich stand so nah vor ihm, dass meine Lippen beim Sprechen fast seine berührten.

»Ich bin nicht Alma und auch keine fünfzehn mehr. Mich kannst du mit Dichtung und schönen Worten nicht beeindrucken, weil man vom Idealismus und von Jugendträumen nicht satt wird, Tomás. In meinem Haus und allen anderen Häusern in diesem Dorf fehlt das Geld, und ich kann dir versichern, dass es mir herzlich egal ist, wer es mir gibt.«

»Ich dachte, du hättest dich verändert nach dem Tod deines Mannes, aber jetzt sehe ich, dass du noch immer so praktisch bist wie früher«, sagte er und streichelte mit seinen kalten Fingerspitzen meinen Handrücken. »Vermutlich streiten wir deshalb immer wieder.«

»Nein, nicht deshalb.« Ich trat zurück, damit ich ihm meine Hand entziehen konnte. »Wirst du mir helfen?«

Tomás lächelte schließlich und nickte.

»Du hast recht, der Idealismus ist nichts wert, wenn du dabei verhungerst. Ich werde dir helfen, die nötigen Männer aufzutreiben.«

Vier Monate später warf das Bergwerk wieder Gewinn ab, und wir hatten bis auf die letzte Pesete die Hypothek getilgt, die der Marquis auf die Villa aufgenommen hatte. Nicht in meinen kühnsten Träumen hätte ich mir vorstellen können, dass die Grube unsere Ausgaben so schnell decken und noch vor Weihnachten rentabel wirtschaften würde. Jetzt floss das Geld regelrecht nach Basondo und in die Villa Soledad.

Als auch die Familienkonten saniert waren, ließ Catalina die restlichen Reparaturen ausführen und anschließend das gesamte Haus renovieren. Wir kauften Glühbirnen für alle Lampen, auch für die Zimmer, die niemand nutzte, um die Schatten zu vertreiben, die sich im Laufe der Jahre bis in den letzten Winkel des Hauses bemächtigt hatten. Wir ließen die Fenster und Fensterläden, an denen der Nordwestwind seine Spuren hinterlassen hatte, im selben Grünton wie das Dach und die Haustür streichen. Wir nahmen die mottenzerfressenen verstaubten Gardinen ab und hängten neue aus japanischer Seide auf, wir ließen das Dach am Südflügel erneuern, weil es einzustürzen drohte. Aus Bilbao kamen zwei Glaser, die sich nach den Bombardierungen mit der Reparatur von Kirchenfenstern einen Namen gemacht hatten, und erneuerten das Oberlicht im Vestibül. Es waren zehn Jahre vergangen, seit das Licht durch das große rechteckige Fenster mit der orangefarbenen und goldenen Bleiverglasung, die herbstlich anmutete, hereingefallen war.

»In Wirklichkeit sind es keine Herbstfarben, das habe ich nur deinem Großvater weisgemacht, damit er mir diesen Wunsch erfüllt. Ich habe einfach das goldene Licht meiner Heimat vermisst. Hier ist alles grün und blau, deshalb habe ich ihn das Oberlicht einsetzen lassen, damit wenigstens ein bisschen goldenes Licht ins Haus fällt«, hatte mir Großmutter Soledad vor Jahren einmal erzählt.

Als wir die Schulden des Marquis beglichen hatten, konnten wir auch die Maschinerie und die Werkzeuge abbezahlen – die uns Liams Freund aus England zu einem guten Zinssatz überlassen hatte – und bildeten Rücklagen für die Arbeiterlöhne der nächsten Monate. Catalina stellte ein Hausmädchen ein, Amaia, eine Waise aus Basondo mit guten Referenzen, sowie den Sohn unseres früheren Gärtners Emilio. Das Haus hatte immer ein Eigenleben geführt, es war ein großes eigenständiges Wesen, das atmete, nach Lust und Laune Türen öffnete und schloss oder Rosen wachsen ließ, wo niemand sie eingepflanzt hatte.

»Dieses Haus ist zwar nicht verflucht, aber manchmal ausgesprochen lebhaft«, pflegte Carmen zu sagen, wenn die Dinge auf magische Weise von ihrem Platz verschwanden oder der Heizkessel im Keller nachts schmerzerfüllt ächzte. Solange genügend Geld vorhanden war, hatten Großmutter und später Mama ihm seinen rebellischen und launischen Charakter gelassen, aber als wir jede Pesete in den »Luxus« von Essen und Medikamenten stecken mussten, ging das Haus durch wie ein wildes Pferd, das nie ganz gezähmt werden konnte: Löcher im Dach, mysteriöse Geräusche im Morgengrauen, Türen, die sich nicht öffnen ließen, Risse in den Wänden, unerklärliches Knarren, offene Fenster und tropfende Wasserhähne. Der Garten hatte sich der Fassade bemächtigt, bis er sie vollständig bedeckt hatte, und war durch die kaputten Fensterscheiben und die Risse in den Wänden gekrochen, als wollte sich die Natur zurückerobern, was eigentlich ihr gehörte. Durch die Reparaturen und Catalinas Pflege war das Haus wieder unter Kontrolle, obwohl sich die Fenster manchmal von selbst öffneten oder die Kugeln vom Billardtisch morgens auf dem Boden herumlagen.

Auf dem Küchentisch stapelten sich wieder Hochglanzkataloge und Broschüren der besten Modehäuser, Innenausstatter und teurer Parfümerien, wie damals, als Mama noch lebte und Villa Soledad der Mittelpunkt des Universums war.

Seit ein paar Wochen bekamen wir Post von exklusiven Schulen, in denen wir die Mädchen in ein paar Jahr anmelden wollten: aus den Vereinigten Staaten, der Schweiz, Kanada … Wegen des Krieges gab es an einigen europäischen Schulen Aufnahmebeschränkungen, aber das Geld der Nazis für unser Wolfram reichte für die Anmeldung der beiden Mädchen in einem der teuersten Internate.

»Ich hätte nie zu träumen gewagt, dass mein Mädchen je einen Fuß in eine solche Schule setzen würde, nicht einmal zum Treppenputzen«, gestand mir Catalina eines Abends, als wir in der Küche saßen und bei einem Amaretto Sour in den Schulunterlagen blätterten. »Und jetzt kann sie vielleicht sogar an der Universität studieren. Ich weiß, es sollte mich anwidern, dass das Geld von den Nazis stammt, aber mein Kind wird studieren und in Länder reisen können, die ich mir gar nicht vorstellen kann. Sie kann machen, was sie möchte, das freut mich sehr. Ist es schlecht, so zu denken, Estrella?«

»Ich habe keine Ahnung, was gut oder was schlecht ist, das lag mir noch nie«, sagte ich und trank einen Schluck Amaretto.

Auch Basondo entdeckte nach und nach, was man mit dem besudelten Geld alles anstellen konnte. Der Bürgermeister – ein Mann, der nie gewählt worden war und den früheren Bürgermeister »abgesetzt« hatte – ließ die Landstraße, die Basondo mit der restlichen Welt verband, neu asphaltieren. Jetzt gelangten die Lastwagen schneller zum Lastenkran auf der Klippe, um das wertvolle Mineral auf die Schiffe zu verladen, die im starken Seegang vor Anker lagen. Wo es früher stockfinster war, wurden Straßenlaternen aufgestellt, das große Schlagloch auf dem Dorfplatz wurde geschlossen und ein Hausarzt eingestellt, der in einer kleinen Praxis neben der Apotheke der Schwestern Aguirre die Menschen behandelte. Die frühere und einzige Pension im Dorf öffnete wieder, die Kolonialwarenläden verkauften jetzt richtigen Schinken, Walnüsse und kalte Zitronenlimonade zu zwei Centimos die Flasche.

In jener Zeit eröffnete in Basondo außerdem das erste Kino, das Imperial, obwohl es in dem kleinen Saal, der schon bei seiner Eröffnung altmodisch wirkte, nichts gab, was diesen Namen rechtfertigte. Dort sah ich viele Jahre später noch einmal den Film *Es geschah in einer Nacht*. Weder Mason noch Lucy saßen bei meinem Wiedersehen mit Clark Gable im Kino neben mir. Weinen musste ich nicht, denn ich bin keine Frau, die schnell weint, auch nicht über den Verlust lieber Menschen oder verpasste Gelegenheiten, trällerte aber den ganzen Abend die Filmmusik vor mich hin.

»Jetzt ist es wieder ein gutes Leben, nicht wahr, meine geliebte Marquise?«, hatte Liam eines Nachts geflüstert.

Das Licht im Turmzimmer war ausgeschaltet, weshalb ich sein Gesicht nicht sehen konnte, aber ich erkannte sein vertrautes Profil auf dem Kopfkissen, die Form seiner Schultern, seine Brust, die sich hob und senkte, und sein zerzaustes rotes Haar. Ich schwieg einen Moment, weil ich wusste: Wenn ich es laut aussprach, wäre der Zauber gebrochen, und ein Unheil könnte uns ereilen.

»Ja, jetzt ist es wieder ein gutes Leben.«

Am nächsten Morgen fuhren Liam und ich nach Basondo, um ein paar Dinge zu erledigen. Es war Dezember, und der Winter überzog das gesamte Tal mit milchweißem Licht. Einzelne Abschnitte der Landstraße, auf welche die schwache Wintersonne nicht schien, waren mit Eiskristallen überzogen wie ein Teppich.

»Wenn es diesen Winter schneit, müssen wir die Landstraße räumen lassen, sonst kommen unsere Lastwagen nicht durch, und auch das Dorf wäre abgeschnitten«, sagte Liam auf dem Beifahrersitz. »Dann müssten wir einen Schneeräumer bestellen, um die Landstraße befahrbar zu halten.«

»Ich glaube nicht, dass das nötig sein wird, hier schneit es wirklich selten, auch nicht im Winter«, sagte ich, ohne auf der stellenweise überfrorenen Straße den Fuß vom Gaspedal zu nehmen. »Das liegt am Meer, der Schnee bleibt nicht liegen.«

Wir hatten die halbe Strecke bereits hinter uns. An dieser Stelle wirkte der Wald wie eine Wand aus Bäumen und war dichter und geschlossener. Unter den höchsten Kiefern stand Alma. Die dicken, alten Baumwurzeln hatten sich bis zur Straße ausgebreitet und hier und da den Asphalt aufgebrochen. Alma trug ihr ewiges weißes Spitzenkleid und ihre schwarze Zopfkrone. Da wurde mir bewusst, dass ich sie seit unserer Ankunft, als sie am Teich gewesen war, nicht mehr gesehen hatte. Ich sah kurz zu ihr hinüber, aber der Fahrtwind des Hispano-Suiza ließ ihr Kleid nicht flattern. Mir schien, als würde Alma auf etwas zu ihren Füßen zeigen, und mir lief ein Schauer über den Rücken.

»Alles in Ordnung? Du bist plötzlich so blass«, fragte Liam. »Blasser als sonst, meine ich.«

Ich umklammerte das Lenkrad so fest, dass sich meine Fingernägel in die Handflächen bohrten, zählte bis fünf und wartete darauf, dass der Schauer vorüberging.

»Ja, ich war nur in Gedanken«, log ich, ohne die Augen von der Straße abzuwenden.

»Glaubst du, dass dein Freund Tomás uns bei der Weihnachtsfeier helfen wird? Ich weiß, du sagst immer, dass zwischen euch nichts ist, aber er scheint das anders zu sehen, er wirkt immer wütend«, sagte Liam und gab vor, zum Fenster hinauszublicken. »Ich habe beobachtet, dass er dich manchmal merkwürdig anschaut.«

»Das liegt daran, dass ich ihn an Alma erinnere. Meine Mutter schaute mich nach ihrem Tod manchmal auch so an. In Wirklichkeit sehen sie nicht mich, ich erinnere sie nur an Alma, wie sie jetzt aussehen würde«, erwiderte ich. »Bist du eifersüchtig auf Tomás?«

»Nein, das ist es nicht …« Liam rutschte auf dem Sitz herum; ich sah ihn an den Knöpfen des Armaturenbretts hantierten, um die Heizung einzuschalten. »Mir bereitet nur Sorgen, was er alles über dich weiß. Tomás ist wütend, sehr wütend: auf dich, auf deine Familie, auf das ganze Land, auf die Kirche, auf Gott… und ich möchte nicht, dass er sich von seiner Wut dazu hinreißen lässt, zu viel zu reden.«

Ich sah kurz zu ihm hinüber.

»Das alles hast du in dieser knapp bemessenen Zeit über Tomás herausgefunden?«, fragte ich überrascht. »Ihr wart doch höchstens zwei Stunden zusammen.«

Liam lachte leise.

»Vielleicht bin ich jetzt ein anständiger Mann, aber hast du schon vergessen, womit ich mir meinen Lebensunterhalt verdiente, als wir uns kennenlernten? Ich kann Menschen gut durchschauen, ich finde heraus, was sie sich wünschen, und ich kann ihnen weismachen, dass ich ihnen diese Wünsche erfüllen kann, deshalb war ich ein guter Betrüger.«

»Seit wann bist du denn ein anständiger Mann?«, fragte ich spöttisch, wurde aber gleich wieder ernst. »Nein, Tomás wird mich nicht denunzieren, das würde er nicht tun.«

Mit starrem Blick auf die letzte Kurve vor Basondo musste ich daran denken, was Tomás alles nie tun würde – wie ich geglaubt hatte – und dennoch getan hatte.

»Kann ja sein, dass er nicht die Absicht hat, aber vielleicht gerät er mal in eine Situation, in der ihm nichts anderes übrig bleibt, als dich zu denunzieren«, sagte er. »Ich meine, unfreiwillig.«

»Unfreiwillig?«, wiederholte ich, aber es war keine Frage, ich verstand sehr wohl, was Liam damit meinte. »Außer dir gibt es nur drei lebende Menschen auf der ganzen Welt, die von meiner Gabe wissen: Tomás, Catalina und eine Tongva-Frau, die Tausende von Kilometern von hier entfernt lebt. Ich bin Menschen gegenüber eher misstrauisch, auch wenn ich ihnen gerne vertrauen würde.«

Ich wusste, dass ihn das nicht überzeugte, weil er ein Seufzen unterdrückte, es überzeugte mich schließlich selbst nicht.

»Ich meine nur, dass du bei einem Mann, der glaubt, man hätte ihm etwas weggenommen, das er verdient, nicht unterschätzen solltest, wozu er fähig sein kann.«

»Es waren Tomás und mein Vater, die mir meine Schwester genommen haben. Ihre Launen und ihre dämliche männliche Rivalität haben Alma ebenso getötet wie diese verdammte Kugel.« Die ersten Hausdächer des Dorfes tauchten vor uns auf. »Aber du bist derjenige, der Menschen durchschauen kann, darin war ich nie gut, also sag mir, wie soll ich deiner Meinung nach mit Tomás umgehen?«

Liam sah mich an, und ein Grinsen huschte über seinen Lippen, als er sagte:

»Wir sind doch glücklich, oder? Ich meine, so glücklich, wie zwei Menschen wie wir eben sein können: Den Mädchen geht's gut, Catalina genießt endlich die Anerkennung, die sie verdient, die Geschäfte laufen bestens, das Dorf hat sich erholt … Unserer kleinen, seltsamen Familie geht es gut.«

Ich nickte.

Unsere kleine, seltsame Familie. Drei Tage zuvor hatte ich Liam in der Bibliothek überrascht, wo er zusammen mit den Mädchen auf den Kissen aus Atlasseide auf dem Boden saß. Er hatte ihnen vorgelesen, und Laura und Marina hatten aufmerksam gelauscht.

»Was macht ihr hier?«

»Oh, das ist unser Club der geheimen Lektüre«, hatte Liam ernst geantwortet. »Wenn du nachmittags deine Büroarbeit erledigst, treffen wir drei uns hier.«

»Verstehe. Nehmt ihr auch neue Mitglieder in euren Club auf?«, hatte ich gefragt und versucht, mir ein Lächeln zu verkneifen, was mir allerdings misslang.

»Kommt darauf an, wir sind sehr streng bei unserer Mitgliederaufnahme, stimmt's, Kinder?«

»Ich glaube nicht, dass sie auch nur ein Wort von dem verstehen, was du ihnen vorliest.«

»Besser so, denn gerade eben ist mir aufgefallen, dass dieses Buch für kleine Mädchen nicht geeignet ist.« Liam sah von dem Buch in seinem Schoß auf und lächelte mich an. »Elizabeth Gaskell, *Gothic Tales*. Ich habe es auch noch nicht gelesen, darin wimmelt es nur so vor rachsüchtigen Geistern, Dämonen, Gespenstern und verzauberten Häusern, aber wie es scheint, gefallen ihnen diese Geschichten.«

Die beiden kleinen Mädchen saßen ganz aufrecht auf ihren Kissen, starrten Liam mit großen Augen an und warteten darauf, dass er weiterlas.

»Ich glaube nicht, dass es die Gespenster oder die Geschichten sind, sie hören einfach gern deine Stimme.«

»Schön und gut, aber wir stecken gerade mitten in der Geschichte über einen Verschwundenen, also nimm dir bitte ein Kissen und lass uns fortfahren mit unserem Club der geheimen Lektüre, ja?«, hatte mir Liam mit ernster Miene geantwortet, bevor er weiterlas.

»Machst du dir über etwas Sorgen?«, fragte ich ihn über das Motorenbrummen hinweg.

»Nein«, sagte er, aber ich sah in seinen Augen in der Farbe des Waldes, dass er log. »Ich frage mich nur, ob wir nicht zu viel verdammtes Glück haben.«

Ich parkte den Wagen nah am Dorfplatz, und wir gingen durch die vereisten Straßen. Die entgegenkommenden Passanten grüßen, als wir an der Apotheke und dem Postamt vorbeiliefen. Tomás wartete am verabredeten Ort. Es war sehr kalt an diesem Morgen, weshalb er einen Wollmantel über der Soutane trug, von der man nur den schlammverschmierten Saum sah. Der Mantel war abgetragen und erweckte nicht gerade den Eindruck, vor dem eisigen Wind zu schützen.

»Na endlich, ich warte schon zehn Minuten auf dich und wäre fast erfroren«, sagte Tomás anstelle eines Grußes, dann sah er Liam an. »Hallo.« Die Spannung zwischen beiden Männern war deutlich spürbar.

»Danke, dass du gekommen bist, wir waren uns nicht sicher, ob du so kurz vor Weihnachten Zeit findest«, sagte ich. »Wir wollen eine Weihnachtsfeier für die Grubenarbeiter und ihre Familien organisieren, mit Musik, Essen und Geschenken für die Kinder.«

»Die Arbeitgeber von heute sind aber großzügig«, entgegnete Tomás ironisch. »Und wo soll die Feier stattfinden? Im Freien ist es zu kalt, denn die Arbeiter frieren nicht gern, auch nicht, wenn es umsonst was zu essen gibt.«

Er trug dasselbe Lächeln auf den Lippen wie in unserer Kindheit, als er Alma stundenlang in Dichtung und romantischer Literatur unterwies. Tomás genoss es sichtlich, zu beweisen, dass er schlauer war als alle anderen.

»In dem leerstehenden Gemeindehaus der Kirche neben dem Kino. Das wäre ein geeigneter Ort«, antwortete ich ungerührt. »Es ist groß genug für alle.«

»Du brauchst also wieder mal meine Hilfe.« Tomás schüttelte den Kopf und sah mich jetzt ein wenig freundlicher an. »Und ich wünsche mir natürlich nichts sehnlicher, als dir zu helfen, denn ich lebe nun mal dafür, dir Gefälligkeiten zu erweisen, also, soll ich Dávila dazu überreden, euch dieses Gemeindehaus für eure kleine Feier zu überlassen?«

»Nein. Ich will, dass du mir sagst, was es kosten soll, wenn wir es am Weihnachtstag mieten. Den ganzen Tag.«

Tomás schob nachdenklich die Hände in die Manteltaschen.

»Es ist eine nette Geste gegenüber den Arbeitern und ihren Familien, das will ich nicht leugnen, allerdings wäre es noch netter, ihren Lohn zu erhöhen«, antwortete er provokativ. »An Geld scheint es euch ja nicht zu mangeln.«

Er musterte uns beide von oben bis unten.

»Redest du mit Dávila, ob er uns das Haus vermietet?«, hakte ich nach.

Tomás' Atem bildete kleine Wölkchen in der Kälte.

»Ja, natürlich werde ich mit ihm reden.«

»Danke.« Ich wollte mich gerade umdrehen, überlegte es mir

jedoch anders und trat einen Schritt auf Tomás zu, um sicher zu gehen, dass uns außer Liam niemand hören konnte. »Du erzählst doch niemandem von mir, oder? Auch nicht, wenn sie dich dazu zwingen sollten.«

Seinem Blick entnahm ich, dass ihn meine Frage überraschte.

»Wie kommst du denn auf so was?«, sagte er gepresst. Dann sah er kurz zu Liam, um zu sehen, ob er uns verstand. »Keine Sorge, dein Geheimnis ist gut bei mir aufgehoben. Du weißt ganz genau, dass ich nie mit jemandem über das reden würde, was du vermagst und was ich dich im Wald habe tun sehen in jener Nacht, als wir uns kennenlernten. Nicht einmal, wenn diese Bastarde von deinen Falangisten-Freunden mich foltern würden.«

Die Kiefer trug fünfzehn Jahre, nachdem Alma und ich den verängstigten, frierenden Jungen aus der Falle befreit hatten, noch immer rote Herbstäpfel. Ich sah Tomás in die Augen, um herauszufinden, ob er log, ob dieser Groll auf mich, der in seiner Brust loderte – und der nichts damit zu tun hatte, dass ich die Besitzerin des Bergwerks war – groß genug war, um mich bei passender Gelegenheit doch zu verraten. Aber seine Augen waren nicht mehr die des Jungen, der es genoss, der heimliche Spielkamerad der Töchter des Marquis zu sein, weshalb mir nichts anderes übrig blieb, als ihm zu glauben.

»Danke«, sagte ich, auch wenn es nicht so überzeugt klang, wie ich gewollt hätte. »Was die Weihnachtsfeier anbelangt ...«

Ich unterbrach mich, weil der Boden unter meinen Füßen plötzlich vibrierte. Das Gemurmel der Dorfbewohner auf der Straße und vor den Geschäften wurde lauter, bis es einen Chor aus erschrockenen Stimmen bildete. Zuerst dachte ich, es zöge ein Gewitter heran, weshalb ich mich umblickte, aber es war nicht der Regen: Über das Stimmengewirr und das Beben des Bodens hinweg hörte ich die Geräusche von näherkommenden Motoren, großen und schweren Motoren.

»Was ist das?«, fragte Liam, der sich ebenfalls besorgt umschaute.

In dem Moment fuhren vier große Militärlastwagen und zwei Limousinen auf den Platz. Alle Fahrzeuge waren schwarz und trugen das Falange-Symbol mit Joch und Pfeilen auf den Türen. Die Dorfbewohner beschleunigten den Schritt und verschwanden mit gesenkten Köpfen in Nebenstraßen, ihren Häusern oder dem nächstbesten Laden, um von dort aus zu beobachten, wie die Soldaten ausstiegen. Auf dem Platz herrschte Stille, als die Männer in Uniform in das Herz von Basondo eindrangen.

Den Mann, der aus einer Rolls-Royce-Limousine stieg und auf uns zukam, erkannte ich sofort.

»Marquise de Zuloaga, Guten Tag. Was für ein Zufall, Sie hier anzutreffen. Sie wollte ich später aufsuchen, aber den Weg kann ich mir jetzt sparen«, sagte Hauptmann Villa, als er vor uns stand. »Guten Tag, die Herren.«

Liam erwiderte den Gruß mit einem leichten Kopfnicken und äußerlicher Ruhe, aber für mich war seine Angst fast greifbar: Er fürchtete, dass Villa wegen ihm in Basondo war.

»Hauptmann Villa, was für eine Überraschung, Sie hier zu sehen«, sagte ich mit meinem schönsten Lächeln, wobei ich den Knoten in meinem Bauch zu ignorieren versuchte. »Darf man erfahren, was Sie nach Basondo führt? Ich hoffe, es hat nichts mit dem Wolfram oder der Grube zu tun.«

Bevor er mir antwortete, musterte Villa argwöhnisch die beiden Männer. Liam kannte er, und es war nicht zu übersehen, dass es ihm missfiel, ihn hier wiederzusehen; vielleicht glaubte er gar, er sei ein britischer Spion. Dann wanderte sein Blick zu Tomás, und er schien zu überlegen, was er in Anwesenheit eines Priesters gefahrlos äußern könnte. Er betrachtete den schmutzigen Saum der Soutane, die geflickten Schuhe und den abgetragenen Mantel.

»Die Geschäfte gehen gut, sehr gut sogar«, sagte er schließlich. »Ihr Wolfram ist äußerst rein, und unsere deutschen Verbündeten sind sehr zufrieden damit. Deshalb sind wir nicht hier, Señora Marquise.«

Mein Herz schlug derart heftig, dass ich davon überzeugt war, Villa könnte es hören. Ich vermied es, Liam anzublicken, aber ich spürte, wie seine eiskalten Finger meine berührten, als wolle er eine Dummheit begehen und mich zum letzten Mal anfassen.

»Das ist gut zu wissen«, antwortete ich erleichtert. »Weshalb sind Sie dann hier? Wenn es um das Geschäft geht, hätten Sie sich nicht die Mühe machen müssen, mit Ihren Männern herzukommen, das hätten wir auch am Telefon besprechen können.«

Es standen gut dreißig uniformierte Männer auf dem Dorfplatz. Nein, Villa war nicht wegen Geschäften in Basondo.

»Ich sagte Ihnen ja schon, Señora Marquise, es hat nichts mit Ihrem Bergwerk zu tun.« Sein Tonfall verdeutlichte mir, dass ihm meine Hartnäckigkeit missfiel. »Wir sind hier wegen der Straßenräuber, die sich im Tal verstecken. Wir wollen diese Feiglinge endlich ausmerzen. Ihr Wolfram ist für unsere Regierung von strategischem Wert, wir müssen es vor diesen Bastarden schützen und sicherstellen, dass alle Lieferungen ihr Ziel erreichen – oder wollen Sie riskieren, dass sich diese Halunken Ihr Geschäft oder gar Sie persönlich vornehmen?«

»Nein, natürlich nicht«, beeilte ich mich zu antworten.

Ich wechselte einen schnellen Blick mit Tomás, damit er keine Dummheit beging, aber ich sah, dass es bereits zu spät war.

»Soweit ich weiß, überfallen diese Straßenräuber im Tal nur die Guardia Civil und Vertreter der neuen Regierung. Mir ist noch nicht zu Ohren gekommen, dass sie den Arbeitern, dem Wolfram oder der Grube zu nah gekommen wären«, sagte Tomás, ohne seine Verachtung für Hauptmann Villa zu verhehlen. »Mit so vielen Männern in einem kleinen Dorf vorzufahren könnte die Nervosität der Partisanen verstärken.«

Villa nahm seine Mütze ab und klemmte sie sich in aller Ruhe unter den Arm, denn er wusste, dass ihn niemand zu einer Antwort drängen konnte.

»Sind Sie der Gemeindepriester?«, fragte er Tomás.

»Wenn Padre Dávila nicht vor Ort ist, ja.«

Hauptmann Villa ging auf ihn zu, und Tomás musste einen Schritt zurücktreten.

»Wenn Sie weiter Gott und Ihren Gläubigen dienen wollen, wäre es besser, wenn Sie im richtigen Moment den Mund halten, Padre.« Villa starrte Tomás noch einen Augenblick an und wandte sich dann an mich: »Meine Männer werden hier in Basondo einquartiert. Ich verteile sie in der Kaserne und der Pension, aber für einen Hauptmann ist das nichts. Sie werden doch nichts dagegen haben, wenn ich mich in Ihr Haus einquartiere, nicht wahr, Señora Marquise?«

In Erwartung einer Antwort spürte ich die Augen der drei Männer auf mir und schluckte.

»Selbstverständlich habe ich nichts dagegen, Hauptmann. Wir verfügen über genügend Zimmer.«

»Gut, dann ist alles geklärt«, erwiderte Villa zufrieden. »Sie können sich ruhig weiter um Ihre Angelegenheiten kümmern, Señora Marquise. Ich kenne den Weg zu Ihrem Haus und komme nach, sobald ich hier fertig bin.«

Dann verabschiedete er sich mit militärischem Gruß und ging ohne Eile zu seinen Männern.

»Glückwunsch«, zischte Tomás, als Villa weit genug weg war. »Du hast den Teufel in unser Dorf geholt.«

Der Hispano-Suiza

Nachdem ich mich vergewissert hatte, dass Tomás keine neuerlichen Dummheiten anstellen würde, fuhren wir schnell zurück in die Villa Soledad.

»Du tust gar nichts, überlass Villa mir. Dann verschwinden er und seine Männer vielleicht in ein paar Tagen, und wir müssen uns keine Sorgen machen«, versuchte ich ihn zu beruhigen.

Aber bevor er mir antworten konnte, sah ich die selbstmörderische Entschlossenheit des Verlierers in seinen Augen.

»Der verschwindet nicht, Estrella, nicht bevor er die geschnappt hat, wegen denen er hier ist«, entgegnete Tomás und sah zu Villa hinüber, der seine Männer in zwei Trupps aufteilte. »Ich trage die Soutane, und er hätte mir trotzdem fast eine verpasst. Sei nicht so naiv zu glauben, dass du auf diesen Vogel Einfluss nehmen kannst, sonst wird es böse mit dir enden. Ich kenne Männer wie Villa, das sind Sadisten der Macht.«

Es gelang mir, Tomás das Versprechen abzuringen, nichts zu riskieren und gegen Villa und seine Männer nichts zu unternehmen, obwohl ich wusste, dass es ein fragiles Versprechen war und nur Bestand haben würde, solange Tomás ihm nicht über den Weg lief. Dann fuhr ich zurück. Ich wollte unbedingt zu Hause sein, wenn Villa bei uns auftauchte. Trotz der Geschwindigkeit warf ich einen Blick zum Wald hinüber, wo ich am Morgen Alma unter den Kiefern hatte stehen sehen, aber sie war nicht mehr da.

»Wir müssen das Land verlassen«, sagte Liam besorgt.

Seit Villa aus dem Rolls-Royce mit dem Joch und den Pfeilen gestiegen war, hatte er kein einziges Wort gesprochen.

»Sie sind nicht wegen dir hier«, versuchte ich ihn zu beruhigen. »Die haben keine Ahnung, was du früher gemacht hast, du bist in Sicherheit.«

»Niemand von uns ist in Sicherheit, solange Villa und seine Männer das Dorf besetzt halten. Vielleicht sind sie nicht wegen mir da, aber es ist nur eine Frage der Zeit, bis sie den Leuten Fragen stellen, Leuten, die eine Antwort nicht verweigern können. Fragen über dich und mich.« Liam sah mich an. Ich hatte ihn noch nie so ängstlich gesehen. »Wir müssen verschwinden, solange wir noch können, wir fünf.«

Wir waren fast angekommen, das grüne Dach von Villa Soledad tauchte vor uns auf.

»Verschwinden? Du willst, dass wir fliehen?«, fragte ich. »Wo sollen wir hin? Die halbe Welt führt Krieg.«

»Irgendwohin, jeder Ort ist besser als dieser, solange die hier sind. Ich weiß schon, dass wir nicht bei Nacht und Nebel abhauen können«, räumte er ein. »Aber wir könnten Geld von den Geschäftskonten auf andere Konten transferieren, damit Madrid nichts merkt, bis wir außerhalb ihrer Reichweite sind. Wir können nicht alles Geld mitnehmen, aber doch eine ordentliche Summe auf ausländische Konten überweisen. Ich habe aus meiner Zeit als Fluchthelfer noch Kontakte in Deutschland, ich kann Reisepässe und Schiffpassagen für uns besorgen, binnen zweier Wochen könnten wir abreisen.«

Ich schüttelte den Kopf.

»Kommt nicht in Frage. Und selbst, wenn es möglich sein sollte, ich kann nicht einfach weggehen und das Dorf, die Grube, das Haus …«

»Wenn wir festgenommen werden, ist das alles nicht mehr wichtig. Du bist klug, Estrella, stell dir vor, was sie mit dir machen werden, wenn sie das mit deiner Gabe herausfinden.«

Liam hatte noch nie so mit mir geredet. Seit wir uns vor acht Jahren kennenlernten, war er kein einziges Mal laut geworden. Jeden anderen Mann hätte ich aussteigen lassen, aber Liam war nicht irgendein Mann.

»Das ist mein Zuhause, mein Elternhaus«, sagte ich ruhig. »Ich werde nicht zulassen, dass mich Villa oder sonst wer aus meinem Haus wirft oder von meinem Land vertreibt.«

»Villa wird im Haus wohnen«, erinnerte er mich. »Siehst du es denn nicht? Sie haben dich bereits rausgeworfen, du hast es nur noch nicht bemerkt, so was nennt man *Besatzung*. Er wird bald feststellen, dass er auf dich verzichten und das Geschäft mit dem Wolfram allein durchziehen kann, dann hast du keinen mehr, mit dem du verhandeln kannst, ich habe dergleichen schon tausend Male erlebt. Wir müssen alles zurücklassen und aus Basondo verschwinden, solange wir es noch können.«

Als wir vor der Gartenpforte ankamen, hallten Liams Worte in meinem Kopf nach. Catalina stand mit besorgter Miene in der offenen Haustür. Sie hatte Laura auf dem Arm und Marina an der Hand. Ich sah, dass alle drei fertig angezogen waren. Also fuhr ich den Wagen nicht in die Garage, sondern parkte ihn am Straßenrand, und wir stiegen aus.

»Lass mich noch einmal darüber nachdenken, einverstanden? Das ist alles, worum ich dich bitte, ein bisschen Zeit zum Nachdenken«, sagte ich in ungewöhnlich versöhnlichem Tonfall. »Heute können wir sowieso nicht mehr verschwinden, ohne Verdacht zu erregen, das hast du selbst gesagt. Vielleicht finden wir einen anderen Weg, um uns Villa und sein kleines Heer vom Hals zu schaffen.«

Liam schloss die Gartenpforte ab und folgte mir durch den Garten ins Haus.

»Du meinst einen Weg, der ausschließt, deinen Freund Tomás und seine Partisanenfreunde den Falangisten auszuliefern.«

Ich blieb abrupt stehen und sah ihn an.

»Woher weißt du das?«

»Ich habe mir so was schon gedacht«, erwiderte Liam. »Ich hatte nur einen Verdacht, aber als Tomás heute Morgen das mit der Folter sagte, war ich mir sicher. Jetzt weiß ich auch, warum die nie unsere Wolframlieferungen überfallen haben. Wegen dir.«

»Dann weißt du auch, warum wir sie Villa nicht ausliefern können.« Ich nahm Liams besorgten Blick auf und fügte hinzu: »So sehr ich Villa und seine Männer auch loswerden will, Tomás können wir trotzdem nicht denunzieren, denn wenn er redet …«

»Wenn Tomás festgenommen wird und unter Folter redet, und ich bin mir ganz sicher, dass er das tun wird, holen sie anschließend dich. Und dann sie«, Liam wies mit dem Kopf auf Laura. »Sie werden wissen wollen, ob deine Gabe sich an die Tochter vererbt hat, ob die kleine Laura irgendwann auch so außergewöhnlich und mächtig sein wird wie du.«

Ich war mir nicht sicher, ob Laura dieselben Fähigkeiten besaß, ob sie wie Alma in die Zukunft sehen oder wie Großmutter Soledad in die Natur eingreifen konnte, aber ich wusste, dass alle Frauen der Familie Zuloaga, einschließlich Catalina mit ihrer außergewöhnlichen Macht über Pflanzen, über ein übernatürliches Talent verfügten.

»Und selbst wenn, Laura ist erst zehn Monate alt, sie ist ein Baby.«

»Das ist denen doch egal.« Liam sah sie zärtlich an und dann mich. »Ich verstehe, dass du deinen Freund oder was auch immer Tomás für dich ist nicht verraten willst, ich weiß, dass ihr euch seit der Kindheit kennt und ein tragischer Verlust euch verbindet, und nichts verbindet stärker als eine gemeinsame Schuld. Ich weiß, dass ich damit nicht konkurrieren kann, aber wie lange wird es deiner Meinung nach dauern, bis sie einen dieser Partisanen schnappen? Oder die Familie von einem von ihnen unter Druck setzen?«

Ich sah zu Laura hinüber, die mit Catalinas Pferdeschwanz spielte.

»Nicht lange«, murmelte ich.

»Nein, nicht lange. Und wenn es so weit ist, wird der arme Teufel beim Verhör deinen Namen, seine Zähne und noch mehr ausspucken, wenn sie es darauf anlegen.«

»Was soll ich nur tun?«, fragte ich nicht Liam, sondern mich selbst. »Ich weiß nicht, was ich jetzt tun soll.«

Sämtliche Perspektiven waren schlecht. Ich konnte nicht zulassen, dass Hauptmann Villa lange im Haus blieb, denn wenn er sich erst einmal eingenistet hatte, war es nur eine Frage der Zeit, bis er das Geschäft und das Bergwerk an sich reißen würde, wie Liam prophezeit hatte. Oder schlimmer noch, Villa könnte die Sache mit meiner Gabe herausfinden und mich in eines dieser schrecklichen Gefangenenlager stecken, in denen sie mit mir und Laura, vielleicht auch mit Catalina und Marina, die grässlichsten Experimente anstellen würden.

»Wir müssen fliehen, es tut mir leid, aber das ist unsere einzige Chance. Wir müssen das Haus aufgeben.« Liams Stimme holte mich in die Wirklichkeit zurück. »Das kommt dabei heraus, wenn man mit dem Teufel einen Pakt schließt.«

Zum ersten Mal bekam ich die finsteren Konsequenzen meines Geschäfts mit dem Wolfram zu spüren.

»Vorhin ist ein Militärkonvoi vorbeigefahren, es waren sechs Fahrzeuge, wenn ich mich nicht täusche, darunter Lastwagen. Sie fuhren Richtung Dorf«, sagte Catalina, als wir bei ihr ankamen. »Ich habe die Mädchen angezogen und eine Tasche gepackt, falls wir schnell wegmüssen.«

Wir gingen ins Haus und schlossen hinter uns ab, was lächerlich war, denn in Kürze würde Hauptmann Villa vor der Tür stehen.

»Was machen die hier, Estrella? Sind sie wegen dem Bergwerk hier? Werden sie es dir wegnehmen?« Catalinas Stimme bebte.

»Nein, das nicht«, beruhigte ich sie. »Sie sind wegen der Straßenräuber hier, sie wollen ihr Nest ausheben, um die Wolframlieferungen nicht zu gefährden.«

»Das ist eine schlimme Sache, ich weiß, wie die sind, das wird im Dorf einen Aufruhr geben.«

Laura wand sich in Catalinas Arm, und Catalina stellte sie auf den Boden. Die Kleine versuchte ein paar Schritte allein zu gehen, wankte aber gefährlich. Liam ergriff ihre Hand und half ihr, während wir Schwestern am Fuße der Marmortreppe stehen blieben.

»Es ist eine schlimme Sache, ich weiß«, bestätigte ich. »Aber es kommt noch schlimmer: Hauptmann Villa wird sich hier bei uns einquartieren.«

Den restlichen Nachmittag verbrachten wir schweigend und bereiteten uns auf Villas Eintreffen vor. Catalina brachte die Mädchen ins Bett, aber keine von beiden schlief. Laura wimmerte in ihrer Wiege, und Marina warf sich in ihrem Bett hin und her, als wüsste sie, dass die Erwachsenen unten ebenfalls unruhig waren. Irgendwann holte Catalina sie wieder runter und kam mit ihnen in die Bibliothek, wo Liam und ich gerade ausrechneten, wie viel Geld wir von den Konten des Zuloaga-Werks abzweigen könnten, ohne dass es unseren Geschäftspartnern auffiel.

»Eine Million, mit Glück anderthalb Millionen«, sagte Liam, der auf seinem Bleistift herumkaute. »Dazu kommt, was wir mitnehmen können: Schmuck, Schatzbriefe, Bargeld …«

Die Rechnungsbücher lagen aufgeschlagen auf dem langen Mahagonitisch, an dem Alma und ich von Miss Lewis Englisch- und Kunstunterricht erhalten hatten.

»Das ist sehr wenig, verglichen mit dem, was insgesamt auf den Konten liegt«, stammelte ich. »Wir sind fünf Personen, wie weit kommen wir damit? Falls du es vergessen haben solltest, halb Europa befindet sich im Krieg mit Deutschland, und wir kollaborieren mit den Nazis, deshalb wird uns kein Land aufnehmen, außerdem fallen jeden Tag überall Bomben. Schon deshalb werde ich Basondo nicht gegen London eintauschen.«

»Wir gehen in die Vereinigten Staaten, wir könnten auf deine Ranch in San Bernardino. In Kalifornien ist kein Krieg.«

Las Ánimas bestand in meiner Erinnerung noch immer aus der goldenen, zerklüfteten Erde, dem Südwind, der nachts aus der Wüste heranwehte, oder dem morgendlichen Sternenhimmel, alles wie in einer Glaskugel, aber anders als die, in der ich damals die Erinnerung an Basondo für mich aufbewahrt hatte.

»Und was ist mit ihnen?«, fragte ich und zeigte auf die Kinder. »Sie sind viel zu klein für eine solche Reise. Marina ist noch keine zwei Jahre alt.«

Liam sah zärtlich zu den Mädchen hinab, die auf dem Boden neben der Brandstelle spielten.

»Ja, sie sind klein, aber auch kräftig und gut ernährt. Wir nehmen in Bilbao ein Schiff, das uns nach Irland bringt, dort sind wir relativ sicher vor den Bomben der Nazis, und von dort setzen wir in die Vereinigten Staaten über. Es wird eine lange Reise, aber wir können es schaffen – andere sind auch mit ihren Kindern vor dem Krieg geflohen.«

Ich seufzte und sah mich um. Die Bibliothek war der einzige Raum in der Villa, der sich kaum verändert hatte. Als wir endlich genug Geld für die Reparaturen der großen Fensterfront zum Vorgarten hatten, konnten wir das Unkraut und Gebüsch, das ungehindert hereinwucherte, wieder in den Garten verbannen. An den Wänden standen noch immer die Nussbaumregale, die Großvater Martín eigens hatte anfertigen lassen und die bis zur Decke reichten, weshalb man eine Schiebeleiter benutzen musste, um an die obenstehenden Bücher zu gelangen. Diese Bibliothek war einer der Lieblingsräume von Mama gewesen, für sie hatte sie den samtbezogenen Ottomanen gekauft, den Catalina und ich später vor die kaputten Fenster geschoben hatten, damit keine größeren Tiere als Ratten ins Haus gelangten, desgleichen den Schachtisch aus Elfenbein und Ebenholz, auf dem unser Puppenhaus stand, und den langen Mahagonitisch, an dem wir jetzt saßen.

»Ich möchte aber dieses Leben und alles, was wir erreicht haben, nicht einfach aufgeben, um wie die Ratten mit dem ersten Schiff in die Vereinigten Staaten zu fliehen«, sagte ich. »Es hat mich viel gekostet, die Grube wieder aufzumachen, und ich habe das Recht, um mein Haus und mein Werk zu kämpfen.«

»Natürlich hast du jedes Recht, hier in deinem Elternhaus zu bleiben«, erwiderte Liam ruhig. »Ich verstehe sehr gut, dass du bleiben willst, aber Villa und seine Männer sind ein Feind, den du nicht besiegen kannst, es ist kein gerechter Kampf. Sie werden dich zerstören, dich und uns alle.«

»Villa ist nur ein Mann, und wie alle Männer glaubt er, wichtiger, schlauer und mächtiger zu sein, als er in Wirklichkeit ist. Wenn ich mit ihm fertig bin …«

»Wenn du mit Villa fertig bist, kommt ein anderer und dann noch einer und noch einer«, unterbrach er mich. »Vielleicht ist Villa nur ein Mann, aber die Ideale, die er vertritt, vertreten viele andere, und du kannst nicht alle umbringen.«

»Aber ich kann es versuchen.«

Liam verzog das Gesicht und wollte schon etwas erwidern, als es klingelte.

»Das ist Villa«, sagte Liam, nachdem er durch die Gardine nach draußen gelugt hatte. »Versteckt rasch die Bücher und alles andere, damit er uns nicht auf die Schliche kommt.«

Catalina schlug die Bücher zu, und ich legte die Bankauszüge und Sparbücher in den Schrank, in dem Mama die Landkarten von Ländern aufbewahrte, in denen sie nie gewesen war. Ich hörte Amaias schnelle Schritte im Vestibül, aber ich fing sie noch vor der Haustür ab.

»Ist schon gut, ich mache selbst auf«, sagte ich. »Koch uns einen Tee und bring ihn bitte in die Bibliothek.«

Amaia sah mich verständnislos an.

»Warum soll ich nicht öffnen, Señora Marquise?«

»Koch den Tee, und schaff drei Gedecke in die Bibliothek. Auch das gute Buttergebäck.«

Amaia nickte und verschwand in der Küche.

Es klingelte erneut, diesmal ungehaltener, und ich lief zur Tür. Dabei warf ich einen prüfenden Blick in den Spiegel, um mich zu vergewissern, dass mir keinerlei Aufregung anzumerken war.

»Entschuldigen Sie die Verspätung, Hauptmann, aber ich wollte Sie persönlich willkommen heißen«, sagte ich lächelnd. »Das Hausmädchen ist neu und kennt sich mit der Klingelanlage nicht aus, diese neumodischen Dinger …«

Villa lächelte nicht, nickte aber zum Gruß, als ich ihm die Gartenpforte öffnete.

»Fortschritt ist gut, aber in Maßen«, sagte er.

»Selbstverständlich.« Ich schloss langsam die Pforte, um Liam und Catalina mehr Zeit zu verschaffen. »Was ist mit Ihren Männern? Sind alle gut untergebracht?«

Bevor er antwortete, ließ Villa seinen Blick durch den Garten schweifen, bis er schließlich die Palme vor dem Haus musterte.

»Ich habe es im Vorbeifahren schon bemerkt, aber wenn man direkt davorsteht, wirkt das Haus geradezu lebendig.« Sein scharfer Blick wanderte an der Fassade und den grünen Fenstern entlang. »Es ist prächtig, war es immer im Besitz Ihrer Familie?«

»Ja, mein Großvater hat es für meine Großmutter bauen lassen, als er aus der Emigration zurückkehrte«, antwortete ich, verschwieg ihm aber, dass es für sie ein Luxusgefängnis gewesen war.

»Ich hoffe, Sie führen mich über das ganze Anwesen, wenn Sie Zeit haben. Wirklich ein magischer Ort.«

Ich nickte.

»Ja, das ist es.«

Villas Stiefel sahen anders aus als die seiner Männer aus den Lastwagen mit dem Falange-Symbol. Seine Stiefel bestanden aus echtem braunen Leder, und jemand hatte sie so lange gewienert, bis sie glänzten. Erst als ich ihn mit diesen Stiefeln durch das Vestibül poltern hörte, verstand ich, was Liam damit gemeint hatte: »Sie haben dich bereits rausgeworfen, du hast es nur noch nicht gemerkt, so was nennt man Besatzung.«

»Warum so schweigsam, Señora Marquise? Ich weiß nicht, warum, aber am Abend Ihres Empfangs hatte ich den Eindruck, Sie seien eine Frau, die ohne Unterlass redet.«

Ich versuchte zu lächeln.

»Wir wollten gerade Tee trinken, möchten Sie uns Gesellschaft leisten?«, fragte ich. »Ich sage dem Hausmädchen, sie soll ein Gedeck für Sie auflegen, wenn es genehm ist.«

Ich betrat vor ihm die Bibliothek, um zu sehen, dass wirklich alles Verräterische verschwunden war. Liam saß am Tisch und gab vor, Zeitung zu lesen, Catalina spielte mit den Mädchen auf dem Boden.

»Guten Tag.« Villa grüßte Liam mit einem Kopfnicken und wandte sich dann an Catalina: »Señora.«

»Das ist meine kleine Schwester, Catalina de Zuloaga.«

Catalina stand auf, streifte ihren Rock glatt und reichte Villa die Hand.

»Sehr erfreut, Hauptmann.«

So hatte ich Catalina noch nie reden hören, mit dieser Mischung aus Geringschätzung und Kälte in der Stimme. Catalina mochte große Angst vor Villa haben, verachtete ihn aber auch zutiefst.

»Sehr erfreut, Señora. Und das sind bestimmt die kleinen Marquisen«, fügte der Hauptmann hinzu und blickte zu den Mädchen hinunter, die nicht aufsahen. »Kinder sind die Zukunft, vor allem die Kinder von Aristokraten. Man muss dafür sorgen, dass sie gesund und kräftig werden, damit etwas von uns bleibt. Wenn wir gegangen sind, werden unsere Kinder weiterführen, was wir begonnen haben.«

»Interessante Theorie, so habe ich das noch nie gesehen«, log ich schamlos. »Sagen Sie, Hauptmann, haben Sie Kinder, eine Frau?«

Villa setzte sich unaufgefordert auf den freien Stuhl neben Liam.

»Nein, ich habe keine Kinder. Ich fürchte, Vatersein, Ehe und all diese Dinge sind ein Geschenk, das mir nicht gewährt wurde«, antwortete Villa, der noch immer die Mädchen beobachtete. »Es ist nicht sehr sinnvoll, eine Familie zu gründen, wenn man weiß, dass man ihr nicht die notwendige Zeit widmen kann.«

»Nun ja, Sie sind noch jung, Sie können Ihre Meinung jederzeit ändern«, sagte Catalina, hob Laura hoch und setzte sich mit ihr an den Tisch. »Aber Sie haben recht, es ist sehr bedauerlich, wenn Kinder ohne ihren Vater aufwachsen.«

Catalina starrte betrübt auf den handgewebten Teppich unter dem Tisch. Sie spielte die Rolle der braven, bekümmerten Ehefrau, die von ihrem Mann verlassen wurde, perfekt. Wir beide wussten, dass es nur eine Frage der Zeit war, bis Villa Gerüchte über Pedros rätselhaftes Verschwinden zu Ohren kamen, also war es besser, wenn er vorher unsere Version der Wahrheit erfuhr.

»Das ist es natürlich. Sie erlauben?« Ohne eine Antwort abzuwarten, nahm Villa ihr Laura aus den Armen. »Ich habe nicht jeden Tag Gelegenheit, eine echte Marquise kennenzulernen.«

Catalina und ich wechselten einen Blick.

»Ist das Ihre Tochter? Sie hat so helles Haar wie Sie«, fragte er Catalina.

»Nein, das ist meine Tochter Laura«, antwortete ich kühl.

»Laura, was für ein wunderschöner Name«, sagte Villa, ohne mich anzusehen. »Laura, wissen Sie, was das bedeutet?«

Ich schüttelte den Kopf, ohne die Augen von meiner Tochter abzuwenden, die jetzt mit kindlicher Neugier die Militärorden an Villas Uniform untersuchte.

»Nein«, sagte ich kaum hörbar.

»Laura kommt von Lorbeer, einer Pflanze, aus der man im alten Griechenland Kränze für die Sieger geflochten hat.« Villa sprach langsam, er wusste, dass wir drei den Atem anhielten, während er die Kleine auf dem Schoß hatte, und er kostete jede Sekunde seiner Macht aus. »Es bedeutet Sieg.«

Amaias Schritte und das leise Klirren von Porzellan lösten die Spannung im Raum wie ein Gewitter die Schwüle.

»Der Tee, Señora Marquise«, verkündete das Mädchen schüchtern.

»Danke, stell das Tablett auf den Tisch. Wir bedienen uns selbst.«

Amaia tat wie geheißen, achtete aber darauf, unserem Gast in Uniform nicht zu nah zu kommen.

»Das ist alles«, fügte ich hinzu, um sie wissen zu lassen, dass sie sich wieder in die Küche flüchten konnte.

Amaia murmelte einen Gruß und rannte regelrecht aus der Bibliothek. Liam stand auf und verteilte Teller und Tassen.

»Tee.« Villa starrte auf die dampfende Teekanne aus chinesischem Porzellan. »Tee zu trinken ist kein spanischer Brauch, sondern eher ein britischer, nicht wahr? Trinken Sie Tee wegen Ihnen? Sie dürften Ihr Land und Ihre Sitten sehr vermissen, so weit weg von der Heimat, und dann herrscht dort auch noch Krieg.«

Liams Lächeln veränderte sich nicht, aber die zarte Tasse auf dem Teller klirrte leise, als er sie abstellte.

»Ich bin in diesem Haus nur zu Gast, weshalb ich den Señoras nicht meine Gewohnheiten aufdrängen möchte«, sagte er mit aufgesetzter Nonchalance, wie immer, wenn er jemanden umgarnen wollte.

»Sie haben recht, Hauptmann, Tee zu trinken ist eine Sitte des Feindes und schrecklich europäisch, aber ich muss Ihnen gestehen, dass ich zur passionierten Teetrinkerin wurde, als ich in England im Internat war«, sagte ich. »Möchten Sie etwas anderes trinken? Bourbon, schottischen Whiskey …«

»Ich mag den schottischen nicht besonders, er ist mir zu süßlich«, erwiderte Villa neutral. »Ich trinke für gewöhnlich keinen Alkohol, er vernebelt den Geist und ist nur was für mittelmäßige Menschen.«

»Stimmt, der Hauptmann ist nach Basondo gekommen, um diese Straßenräuber zu verhaften, die sich im Tal verstecken«, erklärte ich Catalina. »Man will verhindern, dass dieses Lumpengesindel unsere Wolframtransporte überfällt.«

»Es ist ein Befehl von Arrese höchstpersönlich. Das Zuloaga-Werk hat für uns und unsere deutschen Verbündeten höchste Priorität«, fügte er hinzu. »Sie kennen nicht zufällig einen dieser Feiglinge?«

Natürlich kannte ich einen, ich wusste, dass Tomás zu ihnen gehörte, und wenn ich ein wenig nachdachte, würde mir bestimmt noch der eine oder andere Name für seine Todesliste einfallen.

»Nein, natürlich nicht«, antwortete ich mit trockenem Mund. »Mit solchen Leuten wollen wir nichts zu tun haben.«

Laura zappelte auf Villas Schoß, sie wollte runter, weshalb Liam die Gelegenheit nutzte und sie hochnahm.

»Sehr freundlich. Wie ich sehe, können Sie gut mit Kindern umgehen, Señor Sinclair, sogar mit fremden Kindern.« Villa lächelte höflich und wandte sich dann wieder an mich. »Ich habe mir schon gedacht, dass dies ein anständiges Haus ist. Besorgniserregend scheint mir allerdings, dass diese Halunken noch nicht darauf gekommen sind, dass es ihrer Sache ausgesprochen dienlich wäre, wenn sie das Wolfram zerstörten. Ich danke Gott dafür, denn wer weiß, was diese Männer Ihnen antun könnten, wenn sie davon erfahren.«

Tomás und ich hatten nach der Acht-Uhr-Messe in der Kirche von Basondo einen Pakt geschlossen. Meine Wolframtransporte von der Grube bis zum Verladeplatz würden nicht angerührt. Tomás hatte das natürlich nicht gefallen, er wusste um den Wert, den das Mineral für die Nazis und ihre Verbündeten hatte, aber ich konnte ihn mit dem Argument überzeugen, dass derartige Überfälle nur die Aufmerksamkeit der Regierung auf Basondo lenken würden.

»Dann wollen wir hoffen, dass sie nie darauf kommen«, sagte ich ohne jegliche Gefühlsregung. »Soll ich Ihnen Ihr Zimmer zeigen? Solange Sie sich bei uns aufhalten, können Sie das frühere Zimmer des Marquis beziehen, es ist sehr gemütlich und wird Ihnen gefallen.«

Marina schlug den Teppich um, der die verbrannten Dielen verdeckte. Als sie die Brandlöcher sah, lachte sie und brabbelte etwas Unverständliches. Catalina nahm die Kleine auf den Arm und klappte mit dem Fuß den Teppich wieder zurück.

»Es ist ihre Zeit zum Essen, deshalb quengelt sie«, log Catalina mit gepresster Stimme. »Bringst du Laura mit? Die beiden essen gern zusammen, und es ist weniger aufwändig für mich. Und du kannst inzwischen dem Hauptmann sein Zimmer zeigen.«

Liam, der Laura noch auf dem Schoß hatte, nickte, und die vier verschwanden zu Amaia in die Küche.

»Sie haben eine sehr nette Familie«, sagte Villa, als wir allein waren.

Er sagte das ohne Unterton, aber etwas in seinen braunen Augen brachte mich auf den Gedanken, dass er mir drohte.

»Danke. Kommen Sie, ich zeige Ihnen das Zimmer.« Ich wollte ihn unbedingt aus der Bibliothek hinauskatapultieren. »Es ist sehr elegant eingerichtet, mit Blick aufs Meer. Der Marquis liebte den Ausblick, er saß oft stundenlang am Fenster.«

Das war natürlich gelogen. Vater hatte nie ein Faible für die Landschaft oder die Natur besessen, er ging lieber jagen oder stapfte in seiner Aufmachung als englischer Lord durch den Wald.

Ich verließ die Bibliothek, und Villa folgte mir.

»Spielen Sie gern mit dem Feuer, Señora Marquise?«, fragte er, als wir auf dem ersten Absatz der Marmortreppe anlangten, und fügte dann lächelnd hinzu: »Ich frage Sie, weil es auf dem Boden der Bibliothek eine Brandstelle gibt.«

Ich holte Luft.

»Dem Marquis ist einmal die Zigarre hinuntergefallen, als er im Sessel eingeschlafen ist«, log ich mit der Natürlichkeit eines Menschen, der oft lügt. »Meine Mutter war sehr verärgert, aber es war unmöglich, dieselben Holzdielen aufzutreiben, um sie auszutauschen.«

Ich wollte sehen, ob ihn meine Erklärung überzeugt hatte, aber Villa reagierte nicht, ich sah nur ein Funkeln in seinen Augen. Da fragte ich mich zum ersten Mal, ob Hauptmann Villa mein Geheimnis kannte.

»Hier ist es«, sagte ich schließlich.

Vaters Zimmer lag zwei Türen neben Mamas, obwohl ich mich nicht daran erinnern konnte, ob die beiden je ein gemeinsames

Schlafzimmer gehabt hatten, nicht einmal, als Alma und ich noch klein waren. Soweit ich mich erinnerte, hatte Mama immer in dem goldenen Zimmer mit Blick in den hinteren Garten geschlafen, in dem jetzt Catalina mit den Mädchen schlief, während der Marquis das rote Zimmer am Ende des Flurs bevorzugte. Ich öffnete die Tür und trat zur Seite, um den Hauptmann eintreten zu lassen.

»Haben Sie Gepäck? Ich sage dem Hausmädchen, dass sie Ihre Uniformen in den Schrank hängt, wenn Sie es wünschen.«

Villa betrat den Raum und musterte die verzierten Kirschbaummöbel. Das Bett – in dem der Marquis ganz friedlich im Schlaf gestorben war – nahm die gesamte Wand ein, und auf der anderen Seite konnte man durch die großen Fenster den Sonnenuntergang sehen.

»Es ist seltsam, als ein Mann, der sein halbes Leben unter Tage verbracht hat, kann ich mich nur schwer an das Meer gewöhnen«, sagte Villa, als er ans Fenster trat. »Das Sonnenlicht ist manchmal unerträglich für mich.«

»Unter Tage?«

»Ja, ich bin als Bergbauingenieur zum Militär gegangen«, erklärte er, ohne sich umzudrehen. »In den ersten zwei Jahren in der Grube habe ich kein Sonnenlicht gesehen, es war wie acht Meter unter der Erde lebendig begraben, bis ich schließlich als der Mann wiederauftauchte, der ich heute bin, verändert.«

Ich sah ihn die Lider schließen, als würde er sich an etwas erinnern.

»Wie ein Insekt, das sich nach seiner Verpuppung in etwas Besseres verwandelt«, fügte er hinzu.

»Und in was haben Sie sich verwandelt, Hauptmann?«, fragte ich vorsichtig.

Villa lächelte vor sich hin und fragte dann:

»Gibt es eine Familienkapelle?«

»Nicht im Haus, aber an der Klippe steht eine kleine Kapelle«, antwortete ich irritiert. »Warum fragen Sie?«

»Ich verbringe meine freien Stunden gern in der Stille, und es gibt keinen stilleren Ort als ein geweihtes Haus.«

»Wir haben auch einen Friedhof«, rutschte es mir heraus.

Ich glaubte, er würde empört reagieren, aber stattdessen lachte er auf, ein trockenes, leises Lachen, das mich an das Knacken von Ästen auf dem Waldboden denken ließ, wenn man auf sie trat.

»Sie haben mich erwischt, ich bin natürlich ein religiöser Mensch und guter Christ und erhole mich gern in geweihten Häusern. Ich habe festgestellt, dass sie der einzige Ort sind, an dem ich schlafen kann, ohne von Albträumen heimgesucht zu werden.«

»Wenn Sie sich Sorgen um Ihre Sicherheit machen, kann ich Ihnen garantieren, dass dieses Haus praktisch eine Festung ist, hier kommt niemand unaufgefordert herein.«

»Nein, es ist nicht diese Art Sorge. Ich kann nur dort schlafen, wo die Gespenster und Dämonen nicht meinen Schlaf stören können, deshalb ist ein geweihter Ort genau das richtige.« Villa unterbrach sich, um meine Reaktion zu sehen, und fügte dann hinzu: »Es scheint Sie nicht sonderlich zu wundern, dass ein Mann wie ich seine eigenen Dämonen fürchtet. Wir alle haben eine Vergangenheit, die uns im Traum verfolgt. Ich wette, dass auch Sie von ein paar Gespenstern aus der Vergangenheit verfolgt werden.«

Ich lächelte bitter.

»Natürlich.«

»Ich habe auch welche und möchte nicht, dass sie mich finden.«

»Fürchten Sie, dass einer Ihrer Feinde sich an Ihnen rächen will?«, fragte ich.

»Alle meine Feinde sind tot. Ich habe dafür gesorgt, dass niemand mehr am Leben ist, der mir Böses wünscht, unabhängig von seinem Alter oder seinem Stand.«

»Was fürchten Sie dann?«, wollte ich wissen.

»Die Welt der Toten ist voller Menschen, die ich dorthin geschickt habe, ich weiß, dass sie auf mich warten, um sich zu rächen, aber das raubt mir nicht den Schlaf.« Villa machte abermals eine

Pause. »Ich will nur nicht, dass ihre Geister mich im Schlaf heimsuchen, ich möchte nicht riskieren, die kalte Hand eines Toten auf der Wange zu spüren.«

Villa hatte Angst davor, dass die Menschen, die er umgebracht hatte, ihn im Schlaf heimsuchten. Ich sah ihn an und konnte mir gut vorstellen, dass dieser Mann mit der gelassenen, aber so finsteren Miene im Schlaf von Albträumen und Schuldgefühlen geplagt wurde.

»Soll ich Sie zur Kapelle bringen?«

»Das wird nicht nötig sein, ich werde sie allein finden und meine Sachen hinbringen, aber ich möchte, dass Sie niemandem davon erzählen – alle sollen glauben, ich sei in diesem Zimmer einquartiert.«

»Selbstverständlich«, versicherte ich ihm.

»Noch etwas. Dieser Hispano-Suiza vor Ihrer Tür, gehört der Señor Sinclair?«

Ich lächelte gezwungen.

»Nein, der Wagen gehört mir, früher dem Marquis. Ich fahre damit nur ins Dorf oder zum Bergwerk und weiß, dass es schade ist, einen solchen Wagen nur für kurze Strecken zu benutzen, aber ich habe mich daran gewöhnt. Wollen Sie ihn einmal fahren, Hauptmann?«

»Natürlich gerne. Es ist ein wunderschönes Automobil, vielleicht das einzige seines Typs, das es im ganzen Land noch gibt. Mit dem T49 lässt es sich gut schnell fahren, alles andere wäre Verschwendung, genau wie ein Vollblutpferd, mit dem man das Feld bestellt.«

Ich warf einen Blick auf das große Bett, das Catalina und ihre Mutter die Treppen in den ersten Stock hinuntergeschleppt hatten. Sollte das Gespenst des Alten noch im Haus herumgeistern, hasste es mich bestimmt dafür, dass jetzt ich seinen geliebten Hispano-Suiza fuhr, das Juwel in der Krone des Marquis. Die teuerste und dümmste Anschaffung von allem, was von Großvaters blutbeflecktem Geld gekauft worden war.

»Mir ist der Wald dort hinten aufgefallen. Er führt ein gutes Stück an der Straße entlang«, sagte Villa.

»Ja, niemand weiß, wie weit er sich wirklich erstreckt.«

»Glauben Sie, dass die Männer, die wir suchen, sich in diesem Wald verstecken?«, fragte er plötzlich.

»Woher soll ich das wissen?« Aber ich wusste es, oder zumindest vermutete ich, dass die Partisanen sich dort versteckten. »Der Wald ist allerdings riesig, und da Sie es jetzt erwähnen, ja, er wäre ein geeignetes Versteck für jemanden, der sich in der Gegend gut auskennt und das Glück hat, nicht in eine der unzähligen Wildschweinfallen der Wilderer zu tappen.«

»Kennen Sie den Wald gut?«

»Nicht so gut, um nicht in eine Falle zu tappen«, entgegnete ich und musste daran denken, wie wir Tomás vor fünfzehn Jahren aus dem Fangeisen befreit hatten. »Wenn Sie wollen, kann ich Ihnen einen Führer besorgen. Die meisten Männer aus dem Dorf gehen nicht gern in den Wald, denn es heißt, er sei verhext, aber für ein paar Scheine lässt sich bestimmt einer finden, der Sie begleitet.«

»Das wird nicht nötig sein, unter meinem Befehl stehen vierzig Männer, und ein Anruf genügt, damit in ein paar Stunden weitere fünfzig in Basondo eintreffen.« Villa runzelte nachdenklich die Stirn. »Stimmt es, was über den Wald gesagt wird? Ist er wirklich verhext?«

Ich lächelte.

»Das hier ist Basondo, Hauptmann. Hier ist alles verhext.«

In den ersten Tagen, die der Hauptmann bei uns verbrachte, regnete es ununterbrochen. Es war ein grauer, spitzer Regen, vermischt mit Meerwasser, der auf Fenstern und Wänden Salpeterspuren hinterließ. In die Villa Soledad zog Stille ein. Es war dieselbe hermetische Stille, die sich bis in sämtliche Winkel ausgebreitet hatte, als der Marquis noch lebte. Catalina und die Mädchen verließen kaum noch das Spielzimmer im Erdgeschoss neben der Tür, die zum hinteren Garten und zu Großmutters Wintergarten führte.

»Dieser Raum ist schön warm, und die Sonne scheint den ganzen Tag herein«, lautete Catalinas Ausrede, um sich dort zu verstecken. »Die Mädchen sind gerne in diesem Zimmer, und ich auch.«

Liam fand keinen Schlaf. Seit wir ein Bett, die Geschäfte und nächtliche Geheimnisse teilten, kannte ich den leichten Schlaf meines Geliebten. Oft wachte er mitten in der Nacht auf und wusste nicht, wo er sich befand. Andere Male schlief er so oberflächlich, dass er selbst nicht sicher war, überhaupt eingeschlafen zu sein, doch seit Villa bei uns wohnte, schlief Liam gar nicht mehr.

»Er ist noch nicht mal im Haus, er schläft in der Kapelle drüben beim Friedhof. Er ist ziemlich verrückt und glaubt, dass ihn im Schlaf Dämonen heimsuchen«, sagte ich zu Liam im Versuch, ihn wieder ins Bett zu locken. »Wer weiß, was für schreckliche Dinge der Mann getan hat, dass er jetzt Angst vor dem Einschlafen hat und an Gespenster glaubt.«

»Wir sollten die Kapelle abschließen, wenn er drin ist. Ihn einsperren.«

Ich lachte in die Dunkelheit. Liam hörte schließlich auf, im Turmzimmer auf und ab zu gehen und kam wieder ins Bett, aber selbst ohne Licht konnte ich sehen, wie seine grünen Augen an die Decke starrten.

»In diesem Wald gibt es einen Wolf. Vorgestern Nacht habe ich ihn zwischen den Bäumen hervorkommen gesehen, er wollte auf das Grundstück«, flüsterte mir Liam ins Ohr. »Vielleicht will der Wolf wie im Märchen Villa verschlingen.«

Ich hatte den Wolf in den letzten beiden Nächten heulen hören und wusste, dass er in der Nähe war, ich spürte, dass er bei Einbruch der Nacht am Waldrand herumschlich.

»Ja«, hatte ich geantwortet. »Aber das geschieht erst am Ende des Märchens, und bis dahin fehlt noch viel.«

Am nächsten Morgen schien zum ersten Mal wieder die Sonne, weshalb ich Villa wie versprochen den Schlüssel für den Wagen gab, damit er selbst nach Basondo fahren konnte und nicht auf seinen Fahrer warten musste, der ihn gewöhnlich zum Frühstück abholte.

»Soll ich Sie mit ins Dorf nehmen, Señora Marquise?«, fragte er mich, als er das Tor zur Garage öffnete. »Es macht mir nichts aus, Sie wo auch immer hinzubringen.«

»Nein, ist nicht nötig, heute regnet es nicht, ich werde zu Fuß gehen. Vielen Dank, Hauptmann.«

Ich weiß nicht, wie es zu den finsteren Ereignissen kam, aber nachdem Villa mit hoher Geschwindigkeit durch das Tor des Anwesens geschossen war, machte ich mich auf den Weg zum Familienfriedhof, bevor Liam und Catalina merkten, dass ich nicht da war, und betrat die Kapelle.

Villas Gepäck stand auf dem Fußboden, die blauen ledernen Militärtaschen waren an der Wand aufeinandergestapelt. In der Kapelle war es so kalt wie immer, eines der Fenster stand offen, und der Winterwind machte die Atmosphäre noch kälter. Villa schlief auf einer alten Pritsche, die er selbst aus dem Haus hergeschleppt hatte. Das Bett war tadellos gemacht und stand vor dem Altar unter dem Kruzifix. Da hörte ich das Quietschen von Reifen auf dem schwarzen glänzenden Asphalt der Straße nach Basondo.

Als ich Catalina schreien hörte, rannte ich zum Haus zurück, wo sie mir entsetzt entgegenkam.

»Er hat ihn getötet! Er hat ihn umgebracht und ist einfach weitergefahren!«

Ich sah sie verständnislos an, sie war ganz blass, ihre Lippen zitterten, ihre Augen waren weit aufgerissen.

»Was ist passiert?«

»Ich habe es durchs Fenster im zweiten Stock gesehen, als ich frische Wäsche für die Mädchen holte.« Catalina schlug sich entsetzt die Hand vor den Mund. »Der Falangist hat auf der Landstraße jemanden überfahren und ist einfach weitergerast.«

»Was?« Ich blickte zur Landstraße, obwohl ich genau wusste, dass man vom Vorgarten aus unmöglich etwas sehen konnte. »Bist du dir sicher, dass es ein Mensch war? Vielleicht war es ein aufgeschrecktes Tier, der Wald ist ganz nah …«

»Es war ein Mensch, der auf dem Seitenstreifen ging«, versicherte sie mir. »Ich habe genau gesehen, wie Villa ihn erfasste. Wir müssen im Dorf Bescheid geben, was passiert ist, damit die Guardia Civil ihn festnimmt, bevor er seine ekelhaften Stiefel auf den Boden stellen kann.«

Catalina zog den Wollschal über ihren Schultern fester und machte sich entschlossen auf den Weg zur Haustür.

»Sie werden ihn nicht festnehmen.« Meine Stimme zitterte, ich konnte nichts dagegen tun. »Es ist egal, was Villa tut oder wen er tötet – wenn du das im Dorf erzählst, bekommst *du* Schwierigkeiten.«

Catalina drehte sich um und sah mich an.

»Du meinst wohl, ich könnte *dich* in Schwierigkeiten bringen? Dich und die Grube.«

Trotz allem, was ich bisher getan hatte, war das der allererste Vorwurf aus Catalinas Mund.

Ich ging zu ihr und ergriff liebevoll ihre Hand, wie ich es in jener Nacht getan hatte, als wir den Wagen mit unserem Geheimnis am Lenkrad für immer im Meer versinken sahen.

»Du bekommst Schwierigkeiten und ich auch, wenn ich versuche, dir zu helfen. Belasse es dabei«, bat ich sie. »Sag niemandem ein Wort davon, was du gesehen hast, wir werden sehen, was passiert. Vielleicht erledigt es sich von selbst.«

Das war natürlich gelogen, aber ich musste Catalina davon abhalten, zu tun, was ihr Herz von ihr verlangte.

»Du lügst so schlecht, Estrella, ich verstehe nicht, wie du all deine Männer davon überzeugen konntest, dass du sie liebst.« Catalina drückte meine Hand ebenfalls und ließ sie dann los. »Ich bin im Spielzimmer bei den Mädchen, falls du reden willst oder weinen musst, auch wenn ich weiß, dass du nie weinst.«

»Mach dir keine Sorgen, ich werde mich darum kümmern, wie

immer«, versprach ich ihr, konnte ihr aber ansehen, dass sie mir nicht glaubte. Ich glaubte mir schließlich selbst nicht.

Catalina ging mit hängendem Kopf ins Haus zurück. Durch die offene Tür konnte ich Liams besorgte Stimme und eilige Schritte im Vestibül hören. Er hatte die Schreie und die quietschenden Reifen des Hispano-Suiza ebenfalls gehört.

Ich lief die Landstraße zum Dorf hinunter und hörte schon bald eine Frau laut schluchzen sowie entsetzte Stimmen. Mehrere Menschen standen um etwas herum, das ich nicht erkennen konnte. Eine Frau kniete auf der Straße und weinte verzweifelt, andere Frauen stützten sie.

»Was ist passiert?«, fragte ich, als ich näherkam und sie mich erkannten.

Ein paar drehten sich nach mir um, aber die anderen starrten weiter auf die Stelle, um die sich immer mehr Leute scharten.

»Dieser Hauptmann, der bei Ihnen wohnt, hat ihn überfahren und ist einfach weitergerast«, erklärte mir ein Mann um die vierzig, dem ein Arm fehlte, wie ich an dem leeren Ärmel seines Mantels erkannte. »Er ist mit dem Wagen vom Marquis wie der Blitz angeschossen gekommen und hat ihn einfach überrollt. Das arme Kind.«

Ich sah, wie sich die Augen des Mannes mit Tränen füllten, dann schlug er genauso entsetzt wie Catalina die Hand vor den Mund.

»Welches Kind?« Meine Stimme klang dennoch fest. »Wer wurde überfahren?«

»Der Sohn von Maite, Marquise, der Schneiderin.« Der Mann sog die kalte Luft durch die Nase ein, um weitersprechen zu können. »Der Kleine und seine Schwester waren auf der Suche nach ihrem Hund, der heute Nacht weggelaufen ist, Sie wissen ja, wie Kinder mit ihren Tieren sind.«

Ich nickte und sah die dunklen Flecken weiter vorn auf der Straße. Ich sah auch einen Schuh, der bei dem Aufprall gut fünfzig Meter durch die Luft geflogen sein musste.

»Das Mädchen hat noch kein Wort gesagt, die Arme, sie hat alles gesehen und ist voller Blut, sie ist ins Dorf zurückgelaufen und hat ihre Mutter geholt«, fügte der Mann hinzu. »Weil das Mädchen so schlimm aussah und nichts von sich gab, glaubte ihre Mutter, ihr sei etwas passiert, verstehen Sie? Deshalb sind wir alle hier, wir wollten den Schurken finden und verprügeln … Aber als wir ankamen, sahen wir, was von ihrem Bruder übrig ist.«

Sein Kinn bebte, und ich wusste, dass er gleich in Tränen ausbrechen würde.

»Und woher wissen Sie, dass es Hauptmann Villa war? Haben Sie ihn gesehen?«, fragte ich mit gesenkter Stimme, damit mich die Mutter des Kindes nicht hörte. »Ich dachte, das Mädchen hat kein Wort gesprochen?«

Der Mann starrte mich an, als hätte ich ihn etwas Dummes gefragt. Er blinzelte die Tränen weg, aber seine Augen wurden nicht trocken.

»Ihr Wagen wurde im Dorf gesehen, der Kühlergrill und die Windschutzscheibe sind kaputt und blutverschmiert. Es heißt, dass noch Hautfetzen des Kindes daran kleben, als er das Auto auf dem Platz abstellte, um wie jeden Morgen frühstücken zu gehen.«

Es war mir nicht gleich aufgefallen, aber die Stimmen waren verstummt, und ich sah, dass in Erwartung auf meine Reaktion alle Augen auf mich gerichtet waren.

»Es tut mir so leid«, murmelte ich.

Und das tat es wirklich, auch wenn ich das Häufchen aus Knochen und Haut noch nicht gesehen hatte. Aber ich musste Catalina, die einzige Schwester, die mir geblieben war, und die restliche Familie vor Villa und seinen Männern schützen.

»Es ist ihm egal, er weiß, dass ihm nichts passieren kann, obwohl er dieses Kind auf dem Gewissen hat. Er stellt Ihren Wagen einfach im Dorf ab und geht Kaffee trinken, weil er weiß, dass er uns alle töten könnte. Und trotzdem werden ihm noch Kaffee und Hefebrötchen serviert«, sagte eine Frau. »Dieses Vieh.«

Die Frau spuckte das Wort förmlich aus und starrte mich dann an. Ich hatte sie nicht gleich erkannt, weil sie mir zuvor den Rücken zugedreht hatte, aber jetzt sah ich, dass es die ältere der beiden Schwestern aus der Apotheke war.

»Wer weiß, wie viele er schon umgebracht hat, wenn er eiskalt ein kleines Kind überfährt und nicht einmal anhält«, fügte sie hinzu. »Er hätte auch die Schwester erwischen können, aber sie war gerade in den Büschen und hat nach ihrem Hund gesucht, als der Wagen vorbeiraste.«

Ein kleines Mädchen von ungefähr fünf Jahren stand am Rande der Landstraße. Neben ihr kniete die weinende Frau und redete auf sie ein, aber die Kleine starrte nur auf die Menschen, die um ihren toten Bruder herumstanden. Ein Teil ihres Gesichts und ihrer Kleidung waren blutbespritzt.

»Die Arme hat mitangesehen, wie dieses Vieh ihren Bruder überrollte, sie war ganz nah. Er hätte auch sie töten können«, wiederholte die Apothekerin, die meinem Blick gefolgt war. »Sie sind zweieiige Zwillinge, wissen Sie? Sie trennten sich nie.«

Ich sah die Kleine noch einen Moment lang an und schluckte, um den Knoten in meinem Hals zu lösen.

»Ist das ihre Mutter?«, fragte ich und zeigte verstohlen auf die weinende Frau.

»Ja, die Arme. Sie hat noch einen älteren Sohn, aber auf diese Weise ein Kind zu verlieren, und noch dazu ein so kleines …«, sagte sie kopfschüttelnd. »Das ist sehr schlimm, und sie wird es wahrscheinlich nie verwinden. Der Vater arbeitet für Sie in der Grube, er ist einer der Vorarbeiter.«

»Maite. Ich kannte ihre Mutter, sie war auch Schneiderin und hat die Kleider meiner Mutter ausgebessert. Ich erinnere mich an ihre Tochter.«

»Ja, seit dem Tod ihrer Mutter führt sie das Geschäft.«

Ich erinnerte mich daran, als Kind öfter mit Carmen in dem kleinen Kurzwarengeschäft gewesen zu sein, dessen Wände überzogen waren mit kleinen Schubladen voller Bänder, Knöpfe in allen Größen, buntem Garn und Stoffmustern. Im Laden standen immer mindestens zwei Frauen aus dem Dorf, die ausgelassen mit Maites Mutter plauderten, weil sie wussten, dass kein Mann auch nur einen Fuß in das Geschäft setzen würde. Maite war ein paar Jahre älter als Alma und ich, aber ich kann mich gut daran erinnern, wie sie die eleganten Kleider der Marquise anstarrte, die Carmen vorbeibrachte, damit ihre Mutter sie enger machte oder die Perlen annähte, die sich bei irgendeinem Ball gelöst hatten.

»Wie hieß der Kleine?«, fragte ich plötzlich.

»Ángel.«

Alma stand am Waldrand hinter dem blutverschmierten Mädchen und sah mich mit ihren gelben Augen an. Ich hatte es vorher nicht bemerkt, aber es war genau dieselbe Stelle, an der ich sie auf der Fahrt nach Basondo gesehen hatte.

»Ein Unglück kommt selten allein«, sagte die Apothekerin, als könnte sie meine Gedanken lesen. »Dieser Falangist hat den Igorre-Sohn einfach überfahren. Das wird böses Blut geben – als ich das Dorf verließ, redeten die Männer schon von Streik.«

Streik. Eines der verbotensten Worte in diesem Land der verbotenen Wörter. Deshalb sah mich die Frau erschrocken an, nachdem sie es laut ausgesprochen hatte.

»Vielleicht kommt es nicht so weit«, sagte ich, erlaubte mir aber keine großen Hoffnungen.

Alma stand noch immer unter der Kiefer hinter der Schwester des toten Jungen. Bei ihrem Anblick hätte jeder denken können, sie seien Schwestern, aber ich war die Einzige, die Alma sehen konnte. Der Rock ihres weißen Kleides flatterte plötzlich auf, und eine Sekunde später trug der Wind den unverwechselbaren Geruch von Blut zu mir herüber.

Zuckerbrot und Peitsche

Zwei Tage später ruhte die Arbeit im Bergwerk, weil die Familie Igorre im Kreise der Bergarbeiter und Dorfbewohner den kleinen Ángel beerdigte. Villas Männer waren ebenfalls gekommen. Es hatte sie zwar niemand eingeladen, aber keiner aus dem Dorf wagte es, ihnen den Zutritt zu verweigern. Sie standen hinten in der Kirche, als Tomás Passagen aus der Offenbarung des Johannes las, die Padre Dávila nicht gutgeheißen hätte. Aber Tomás war das egal; bei den gefährlichsten Passagen seiner Predigt blickte er herausfordernd die Soldaten an, um zu sehen, ob seine Worte auch bis in die letzten Reihen vordrangen.

Villas Männer hörten schweigend zu und bewahrten Haltung, aber die Trauergäste spürten ihre Blicke im Rücken.

»Die haben bestimmt eine Liste aller Namen derjenigen angefertigt, die der Familie heute beistehen, sie werden uns heute Nacht in die Kaserne beordern und uns eine Lektion erteilen«, flüsterte ein Mann mit einem Seitenblick auf die Männer in Uniform.

»Was für eine Liste? Diese Falangisten können doch nicht mal schreiben«, erwiderte ein anderer.

Catalina und ich nahmen ebenfalls an der Trauerfeier des kleinen Ángel teil. Normalerweise ging keine von uns in die Kirche, weshalb wir weder einen schwarzen Schleier noch eine Mantille besaßen. Catalina hatte sämtliche Schränke und Truhen mit Mamas guten Kleidern durchsucht und tatsächlich zwei schwarze Kleider und zwei schwarze Schleier-Hütchen gefunden, die wir tragen konnten.

Obwohl die erste Bankreihe der Familie Zuloaga vorbehalten

war, hatten wir sie der trauernden Familie überlassen und saßen auf der Seite des Beichtstuhls. Ein paar Dorfbewohner grüßten uns, andere klatschten, als sie uns ganz in Schwarz die Kirche betreten sahen, aber alle ohne Ausnahme sahen uns an mit einem Blick, der eine Antwort verlangte. Am Nachmittag hatte die Nachricht vom Grubenstreik die Runde gemacht, und die Bergarbeiter, die zur Beerdigung gekommen waren, wollten von mir wissen, was ich diesbezüglich zu unternehmen gedachte.

»Ich weiß nicht, ob das eine gute Idee war«, flüsterte Catalina. »Jedes Mal, wenn ich Maite ansehe, bricht es mir das Herz – die arme Frau, auf so schreckliche Weise ein Kind zu verlieren. Ich muss die ganze Zeit an meine Marina denken, das hätte jeder von uns passieren können.«

»Wir hatten keine andere Wahl, sie geben uns die Schuld für den Tod des Kleinen, wir hätten nicht fernbleiben können«, antwortete ich, ohne den Blick von Tomás abzuwenden.

»Vielleicht haben wir es ja auch verdient«, sagte Catalina plötzlich. »Vielleicht verdienen wir es, dass uns alle die Schuld an Ángels Tod geben.«

Ich vergaß Tomás und sah zu der trauernden Familie hinüber: Maite und ihr Mann Julio, einer der Vorarbeiter im Bergwerk – der auch schon zur Zeit des Marquis dort gearbeitet hatte –, daneben ihre beiden anderen Kinder und weitere Familienmitglieder.

»Keine von uns beiden ist den verdammten Wagen gefahren. Schuld ist nur der Fahrer«, entgegnete ich. »Aber sie können Hauptmann Villa nicht öffentlich beschuldigen, weil sie damit Gefahr laufen, festgenommen zu werden oder Schlimmeres, und ich will verhindern, dass die Familie in ihrem Schmerz eine Dummheit begeht. Deshalb sind wir hier.«

Der älteste Igorre-Sohn von ungefähr dreizehn oder vierzehn Jahren versuchte krampfhaft, bei Tomás' Predigt die Tränen zurückzuhalten, seine Lippen zitterten, und seine Wangen waren gerötet. Die kleine Schwester saß stumm neben ihm. Jemand hatte ihr ungeschickt einen Zopf geflochten, und sie trug ein schwarzes Kleid, das ihr drei Nummern zu groß war. Ihr Blick war genauso entrückt wie nach dem Unfall auf der Landstraße, als sie vor ihrem toten Bruder gestanden hatte.

»Ich möchte die Dorfbewohner und die Bergarbeiter beschwichtigen«, sagte ich leise. »Ein Streik wäre zum jetzigen Zeitpunkt das denkbar Schlechteste.«

»Schlecht für dich, meinst du wohl.«

Da war er wieder, dieser enttäuschte Unterton, den ich früher nie von Catalina gehört hatte, der aber schon am Tag des Unfalls angeklungen war, als ich sie davon abhielt, ins Dorf zu laufen.

»Schlecht für alle«, entgegnete ich kühl. »Oder was glaubst du, was bei einem Streik passieren wird? Villa und seine Männer werden die Arbeiter, ihre Familien und jeden Helfer fertigmachen, uns eingeschlossen. Deshalb nehme ich in Kauf, dass die Dorfbewohner uns hassen oder die Schuld an dem Unglück geben, solange sie nicht die Arbeit niederlegen. Sie können uns ruhig hassen, wenn es dazu beiträgt, dass wir alle am Leben bleiben.«

Nach der Trauerfeier standen wir auf den Stufen vor der Kirche und redeten mit den Dorfbewohnern, bis der letzte nach Hause gegangen war und sich vor den Männern in Uniform in Sicherheit gebracht hatte. Nachdem ich Catalina erklärt hatte, warum wir gekommen waren, zeigte sie sich freundlich gegenüber jedem, der mit uns reden wollte: Sie lächelte traurig, tröstete diejenigen, die ihre Tränen nicht zurückhalten konnten, und lauschte geduldig den Erzählungen derjenigen, die vor mir am Unfallort gewesen waren.

»Ich hatte fast vergessen, wie gut du Mitgefühl vortäuschen kannst und andere damit beeinflusst. Dich hassen sie natürlich nicht«, sagte ich, als wir wieder zu Hause waren.

»Ja, ich kann gut die barmherzige Seele spielen. Ebenso gut kann ich so tun, als wäre mein Gatte ein guter Mann gewesen. Liegt wahrscheinlich am Blut der Zuloagas, dass ich eine so überzeugende Lügnerin geworden bin.«

Catalina ging durch das Vestibül zum Spielzimmer, in dem sich Liam um die Mädchen kümmerte. Ich hörte, wie sich ihre Schritte verloren, dann herrschte Stille. Seufzend ging ich in die Küche. In der Kirche von Basondo war es sehr kalt gewesen, und trotz meines Wollkleides war mir die Kälte bis in die Knochen gedrungen.

»Amaia?«

Sie war nirgendwo zu sehen, also machte ich selbst Feuer und setzte Teewasser auf.

»Würden Sie mir auch eine Tasse anbieten?«, sagte plötzlich eine Stimme hinter mir.

Ich hätte beinahe den Teekessel fallen lassen und drehte mich mit klopfendem Herzen um.

»Hauptmann, Sie haben mich aber erschreckt«, sagte ich nach Luft schnappend. »Ich habe Sie gar nicht kommen hören.«

Villa lächelte und zeigte dabei seine Zähne. Er wirkte wie ein lauerndes Raubtier, das den geeigneten Zeitpunkt abwartet, um über seine Beute herzufallen und sich dann in seinem Bau an ihr zu laben.

»Entschuldigen Sie, Señora Marquise, ich wollte Sie nicht erschrecken«, sagte er, aber ich spürte, dass es nur leere Worte waren.

Ich warf einen kurzen Blick auf seine Stiefel, die sein Nahen eigentlich ankündigten, und stellte fest, dass er andere trug.

»Ich dachte, Sie mögen keinen Tee, weil Teetrinken eine Sitte des Feindes ist«, sagte ich, als ich den Deckel auf den Kessel legte. »Haben Sie Ihre Meinung inzwischen geändert, Hauptmann?«

»Nein, keineswegs. Aber wenn man etwas nicht probiert hat, kann man sich kein vernünftiges Urteil bilden, finden Sie nicht auch?«

»Natürlich.«

Villa setzte sich an den Tisch und gab mir damit zu verstehen, dass er es gewohnt war, bedient zu werden. Ich nahm zwei Tassen aus dem Schrank, dazu zwei Teelöffel und das Milchkännchen und stellte alles unter seinem aufmerksamen Blick auf den Tisch.

»Wie lange waren Sie im Ausland, Señora Marquise?«

»Zwei Jahre im Internat in England und mit meinem verstorbenen Mann sechs Jahre in den Vereinigten Staaten.«

Ich war vorsichtig genug, ihm nicht zu verraten, um welchen Bundesstaat es sich handelte, falls wir nach Kalifornien fliehen müssten.

»Insgesamt acht Jahre, das ist ja fast ein halbes Leben für eine junge Frau wie Sie. Es muss Ihnen seltsam vorkommen, wieder in Spanien zu sein.«

Ich stellte die Zuckerdose auf den Tisch.

»Nein, ich bin hier geboren, ich fühle mich keineswegs seltsam.«

»Gut.« Villa gab zwei Löffel Zucker in seine Tasse. »Aus Ihrer Kleidung schließe ich, dass Sie in der Kirche waren. War die Beerdigung schön?«

Ich sah ihn an und begriff, dass er keinerlei Schuldgefühle hegte. Er hatte einen kleinen Jungen getötet und saß jetzt in meiner Küche und fragte mich nach dessen Beerdigung, als wäre nichts geschehen.

»Ja, sie war gut«, sagte ich frei von jeder Gefühlsregung.

»Wie ich gehört habe, soll es einen Streik im Bergwerk geben, konnten Sie Ihre Arbeiter davon abhalten?«

»Nein. Heute Nachmittag haben die Männer die Arbeit niedergelegt.«

Das Pfeifen des Wasserkessels unterbrach das Gespräch.

»Schade. Die Arbeiter weigern sich, ihren Platz in der Produktionskette zu akzeptieren, und wollen ständig mit Gewalt ihren Willen durchsetzen«, sagte er über das Pfeifen hinweg. »Deshalb ist Streik verboten. Schon heute Abend werden wir die Anführer und ihre Familien festnehmen. Aber machen Sie sich keine Sorgen, in spätestens zwei Tagen werden die Männer Sie anflehen, wieder arbeiten zu dürfen, zumindest die, die es noch können.«

Der Kessel war schwer und heiß, ich verbrannte mir die Finger sogar durch den Topflappen.

»Lassen Sie es mich auf meine Weise machen. Geben Sie mir

einen Tag, um sie zum Umdenken zu bewegen, bevor Sie jemanden festnehmen«, bat ich ihn. »Der Tod des Jungen ist sehr schmerzlich für alle, deshalb streiken die Männer, aber ich glaube, ich könnte sie davon überzeugen, es sich noch einmal zu überlegen, dann hätten wir keinen Ausfall.«

Villa beobachtete schweigend, wie ich ihm Tee einschenkte. Ich tat, als merkte ich es nicht.

»Sie wollen mit den Streikenden verhandeln? Ich dachte, gerade Sie müssten doch besonders daran interessiert sein, dass wir diese Angelegenheit so schnell wie möglich aus der Welt schaffen. Jede Minute, die dank dieser Erpresser nicht gearbeitet wird, bedeutet einen Verlust für Sie.« Er verlor kein einziges Wort über Ángel oder den Unfall. »Ich muss lediglich einen Anruf tätigen, und in ein paar Stunden wird die Unterstützung eintreffen, um die Meute festzunehmen, dazu ein Schwadron Häftlinge, die umsonst für Sie arbeiten. Das wäre für Sie ein Reingewinn, denken Sie darüber nach.«

Ich schenkte mir ebenfalls ein und stellte die dampfende Kanne auf den Tisch.

»Sie arbeiten umsonst?«, fragte ich interessiert.

Villa rührte laut in seiner Teetasse, und als er nach zweimaligem Abklopfen des Löffels auf dem Tassenrand endlich fertig war, blickte er auf.

»Umsonst.«

»Das ist natürlich interessant«, räumte ich ein. »Und kurzfristig erscheint mir das eine gute Idee, aber ich glaube nicht, dass es dazu beiträgt, die Gemüter in Dorf zu beschwichtigen. Wenn ich anstelle von bezahlten Bergarbeitern politische Häftlinge einsetze, gäbe es eine Meuterei im Bergwerk und in der Folge Sabotageakte auf die Lastwagen oder womöglich auch den Verladekran. Das hätte wochenlangen Arbeitsausfall, Verzögerungen bei den Lieferungen und hohe Schadenskosten zur Folge, das würde ich gern vermeiden.«

»Ich kümmere mich schon um die Streikenden und Aufwiegler; ein paar Tote auf den Straßen, und sie kehren ohne einen Mucks an die Arbeit zurück. Die Peitsche ist die einzige Sprache, die diese Barbaren verstehen.«

Villa trank einen Schluck Tee, obwohl er noch sehr heiß war, aber ich konnte nicht erkennen, ob er sich die Lippen oder die Zunge verbrannt hatte. Ungerührt betrachtete ich die dampfende Teekanne und dann wieder den Hauptmann.

»Geben Sie mir einen Tag Zeit, und ich löse die Angelegenheit mit dem Streik auf meine Weise. Ich werde ihnen Zuckerbrot statt Peitsche anbieten, aber dafür brauche ich Ihr Wort, dass sie keine Repressalien fürchten müssen, wenn sie den Streik aussetzen. Keiner meiner Männer wird auf seinen Arbeitsplatz zurückkehren wollen, wenn ihm anschließend eine Einladung in die Kaserne droht.«

»Das erscheint mir gerecht«, antwortete er nach kurzem Überlegen. »Und was ist, wenn sie nicht akzeptieren? Wenn sie das Zuckerbrot ablehnen?«

»Dann gibt's die Peitsche.«

Villa verzog den Mund; ich dachte zunächst, der Tee hätte ihn dazu gebracht, aber dann merkte ich, dass ihm etwas missfiel.

»Gut, ich geben Ihnen einen halben Tag, um Ihre Männer davon zu überzeugen, wieder an die Arbeit zu gehen. Wenn sie bis morgen Mittag die Arbeit nicht wiederaufgenommen haben, werde ich sie und jeden, der mir über den Weg läuft, festnehmen, ist das klar?«

Ich lächelte, als wäre mir seine Drohung entgangen.

»Ich dachte, Sie wollten nicht noch mehr Tote auf dem Gewissen haben, um zu vermeiden, dass deren Geister Sie im Schlaf heimsuchen?«, sagte ich vorsichtig. »Haben Sie diesbezüglich vielleicht auch Ihre Meinung geändert, so wie mit dem Tee?«

»Tee schmeckt mir zwar immer noch nicht, aber ein paar Dutzend Gespenster kann ich noch verkraften, wenn es einer guten Sache dient.« Villa grinste mich an.

»Verstehe.«

»Ich habe in letzter Zeit viel über Sie, dieses geheimnisumwitterte Haus und Basondo nachgedacht«, fuhr er fort. »Ich kann Menschen normalerweise sehr gut einschätzen, aber Ihre Gründe zu verstehen, fällt mir schwer, Señora Marquise. Sie sind wie diese Villa: auf den ersten Blick schön und maßlos, aber in Wirklichkeit voller Geheimnisse und dunkler Winkel.«

Ich lächelte, um meine Nervosität zu überspielen.

»Was Sie nicht sagen.« Ich hob meine Tasse, trank aber nicht. »Sie haben also über mich und das Haus nachgedacht – darf ich erfahren, was Sie denken?«

Villas intelligente Augen sprühten Funken. Wieder erinnerte er mich an ein Tier mit spitzen Zähnen, das nach Sonnenuntergang auf die Jagd geht und es auf die kleineren und wehrloseren Tiere abgesehen hat.

»Nicht, was Sie vielleicht annehmen«, erwiderte er. »Obwohl Sie jung und schön, Witwe und Marquise sind, ist es nicht meine Absicht, Ihnen den Hof zu machen, nein, nichts dergleichen.«

»Was dann?«

»Es heißt, der Geist Ihrer toten Schwester hätte Sie verhext, Sie seien besessen von ihr, und dass Sie manchmal nachts durch den Wald irren zu der Lichtung, auf der sie starb. Es heißt auch, dass Sie eine Art Hexe seien, eine *Lamia* mit Macht über die Natur, wie alle Frauen Ihrer Familie.«

Die chinesische Porzellantasse in meiner Hand zitterte leicht, was Villa nicht entging. Er lächelte zufrieden.

»Aber Sie sind doch ein Mann der Wissenschaft, noch dazu Bergbauingenieur. Sie wollen mir doch nicht weismachen, dass Sie diesen dörflichen Aberglauben über Hexen, Waldfeen oder Riesen ernst nehmen«, entgegnete ich mit ruhiger Stimme.

»Ja, ich bin ein Mann der Wissenschaft, und genau deshalb auch sehr neugierig auf alles, was jenseits unseres Menschseins existiert: Himmel und Erde, die Hölle und alles dazwischen.« Villa stellte seine Tasse ab und sah mich an. »Ein paar Männer mit derselben Neugier für das Übernatürliche wie ich haben hochinteressante Forschungen an einmaligen Individuen betrieben.«

»Einmalige Individuen?«

Ich erinnerte mich an das Gespräch mit Liam am Abend meines Empfangs im Palais der Calle Belén, und mir wurde plötzlich bewusst, dass sich hinter dem aufrechten, strengen Hauptmann ein Mann mit finsteren Gedanken über den Tod und das ewige Leben verbarg. Hinter seiner Angst vor Dämonen oder Gespenstern, die ihn heimsuchten, steckten nicht Schuldgefühle, wie ich geglaubt hatte, sondern eine ausgewachsene Paranoia.

»Genau, Sie wären überrascht zu erfahren, was wir alles herausgefunden haben. Wir sind in den letzten Jahren sehr gut vorangekommen«, erwiderte er leichthin. »Ich meine damit nicht die medizinischen Forschungen, die einige der besten Psychiater unserer Zeit mit den Verlierern und ihren Frauen anstellen. Nein, ich rede von Subjekten mit außerordentlichen Fähigkeiten, welche die Vernunft auf den Kopf stellen werden.«

Ich spürte das Feuer unter meiner Haut bis in die Fingerspitzen kriechen, weshalb ich rasch zur Teetasse griff, um meine Finger zu beschäftigen und zu verhindern, dass sie Funken schlugen wie an jenem Nachmittag, als ich den Marquis in Brand setzte.

»Das ist ja unglaublich. Ich wusste nicht, dass es solche Menschen gibt«, sagte ich ruhig.

»Es gibt sie aber. Wissen Sie, man hat viermal versucht, mich umzubringen. Man hat auf mich geschossen, mir wurde ein Messer in die Niere gerammt, ich wurde vergiftet, und in meinem Büro ist eine selbstgebastelte Bombe explodiert, die zwei meiner Männer in den Tod gerissen, aber mich verschont hat.« Villa setzte sich bequemer und sah mich an, um die Wirkung seiner Worte einzuschätzen. »Und trotzdem sitze ich hier in Ihrer gemütlichen Küche und trinke mit Ihnen Tee, die Narben auf meinem Körper sind die einzigen Zeugen dafür.«

Ich verspürte Neugier, dieselbe selbstmörderische Neugier wie eine Motte, die um ein Licht in der Abenddämmerung kreist, und starrte fasziniert auf das Stück gebräunte Haut an seinem Hals.

»Möchten Sie sie sehen?«, fragte er. »Ich kann Ihnen die Narben zeigen, wenn Sie wollen. Die von dem Messerstich ist besonders auffällig, weil die Ärzte sie miserabel vernäht haben, sie zieht sich fast über meinen ganzen Rücken.«

Ich konnte mir die Narbe des Messerstichs gut vorstellen – ungleichmäßige, weißliche Linien, die sich bis zu den Schultern hinaufzogen.

»Nein, es sind Ihre Narben. Und entschuldigen Sie, dass ich Sie so angestarrt habe, das war unhöflich.« Ich trank meinen Tee aus, wagte es aber nicht, die Tasse abzustellen. »Ich kann mir gut vorstellen, dass Sie nach vier Mordversuchen keine Angst mehr vor dem Tod haben.«

Die Erwähnung des Todes entfachte ein seltsames Flackern in seinen Augen. Dieselben Augen, die mir beim ersten Mal keineswegs bedrohlich erschienen waren – noch dazu die Augen eines stattlichen Mannes –, machten mir jetzt Angst.

»So ist es. Die kalte Hand des Todes hat mich vier Male gestreift und vier Male davonkommen lassen«, antwortete er mit flackerndem Blick. »Er hat sich wieder getrollt, weil ich etwas Besonderes bin. Genau wie Sie, Señora Marquise.«

»Wenn man mich erstechen wollte oder eine Bombe in meiner Nähe explodieren ließe, würde ich sterben, ich habe nichts Besonderes an mir.«

Ich stellte die Tasse endlich wieder ab und warf einen flüchtigen Blick auf meine Hände: nichts, weder Funken noch Feuer an meinen Fingerspitzen. Trotzdem brannte es unter meiner Haut so stark wie damals, als ich das abgezweigte Wasser aus der unterirdischen Ader zurück nach Las Ánimas geholt hatte.

»Das behaupten Sie, aber ich muss Ihnen gestehen, dass es genug andere Leute gibt, die Wolfram verkaufen und der Regierung nahstehen, weshalb sie vertrauenswürdiger sind. Stattdessen habe ich das Geschäft mit Ihnen gemacht, aber nicht, weil Ihre Grube was Besonderes wäre oder ich nicht gespürt hätte, dass Sie verzweifelt einen Geschäftspartner suchten, nein, ich habe mich für Sie entschieden, weil Sie Augen in zwei unterschiedlichen Farben haben.«

Villa wusste es. Dieser Mann mit dem ordentlich gekämmten Haar, der tadellosen blauen Uniform und dem Auftreten eines disziplinierten Militärs wusste von meiner Gabe. Ich schluckte mit dem erdigen Geschmack des Tees auf der Zunge.

»Es ist nichts Außerirdisches, zwei unterschiedliche Augenfarben zu haben, nur eine Laune der Natur wie ein Muttermal«, erklärte ich zum wiederholten Mal.

»Sie lügen.«

Ich legte beide Hände auf den Tisch und sah ihn herausfordernd an. Das Spiel der respektlosen jungen Frau mit dem Respekt einflößenden Soldaten war zu Ende.

»Ich weiß nicht, wovon Sie reden, Hauptmann, aber bei mir irren Sie sich.«

»Ich habe jede Art von Lebewesen gejagt, sagenhafte Wesen mit zwei oder vier Beinen, aber ein Wesen wie Sie habe ich noch nie gejagt, Señora Marquise.« Villa stand auf und strich sich die Hosenbeine glatt. »Sie haben bis morgen Mittag Zeit, Ihre Männer davon zu überzeugen, besser wieder an die Arbeit zu gehen. Sollte Ihnen das nicht gelingen, werde ich alles Leben in diesem Dorf auslöschen.«

Villa verließ die Küche ohne Eile, aber mit der Herablassung eines Mannes, der wusste, dass man ihm nichts anhaben konnte, wenn er den blutbesudelten, verbeulten Hispano-Suiza seelenruhig auf dem Dorfplatz abstellte. Kurz darauf hörte ich, wie die Haustür mit einem dumpfen Knall ins Schloss fiel.

Ich sog die von Villa vergiftete Luft ein und entdeckte, dass meine Finger Spuren auf der feinen Teetasse hinterlassen hatten. Die zarten, mit einem feinen Pinsel gemalten Figürchen waren verschmiert und verblasst.

»Es hat nicht viel gefehlt. Noch zwei Minuten länger, und du hättest dich verraten«, sagte eine Stimme in der Tür.

Catalina sah mich mit einer Mischung aus Ärger und Erleichterung an.

»Wie lange stehst du schon da?«

»Lange genug – ich habe seine Drohung, dich zu jagen, vernommen. Was willst du jetzt tun?«

Ich seufzte.

»Ich dachte, du belauschst die Leute nicht mehr wie früher.« Das war kein Vorwurf; ich war froh darüber, dass Catalina unser Gespräch mitgehört hatte.

»Ja, ich konnte mich schon immer gut verstecken«, erwiderte sie lakonisch. »Aber mit dem Belauschen irrst du dich: Was wir als Kinder getan haben, verfolgt uns ein Leben lang, wir können versuchen, davonzulaufen, aber es wird uns immer wieder einholen.«

Ich stand auf, und meine Beine zitterten.

»Wirst du in den Wald gehen, um Tomás zu treffen?«

»Ja, ich glaube, ich weiß, wo er und die anderen sich verstecken«, sagte ich und zog Mantel und Handschuhe an. »Sag Liam nicht, wo ich hingehe. Und sollte ich bis Mitternacht nicht zurück sein, nehmt ihr die Kinder und geht so weit weg von Basondo wie möglich. Wartet nicht auf mich.«

Seit der Marquis Alma auf unserer geheimen Lichtung erschossen hatte, war ich nicht mehr im Wald gewesen. Er war in den letzten Jahren ungehindert gewachsen und zugewuchert, Moos und Laub bildeten einen grünen Teppich, so weit das Auge reichte. Es war eine kalte Dezembernacht, die vereisten Äste und Büsche gaben ein gespenstisches Bild ab. Zwischen Maulwurfshügeln und vergessenen Tierfallen lagen entwurzelte Bäume unter trockenem Laub, aber meine Füße kannten den Weg, denn sie führten mich wie ein Kompass durch die Dunkelheit an Vaters Jagdrevier vorbei zur Lichtung – die unmöglich zu finden war, wenn man den Weg nicht kannte – mit dem karstigen Boden und den großen Felsen.

Wie immer war Alma schon vor mir da. Sie saß ein Stück weiter vorn auf einem Felsen, der in der Dunkelheit wirkte wie der Rücken eines großen, schlafenden Tieres.

»Ich habe jetzt keine Zeit für dich«, murmelte ich und ging weiter.

Die Sternenhöhle befand sich hinter der Lichtung. Als ich erfuhr, dass Tomás zu den Partisanen im Tal gehörte, war ich davon überzeugt, dass sie sich in dieser Höhle versteckten.

»Wer ist da?«, fragte eine männliche Stimme.

»Ich will mit Tomás dem Priester sprechen, ich weiß, dass er bei euch ist.«

Ich konnte den Mann nicht sehen, glaubte aber, dass er sich hinter dem Felsgestein versteckte.

»Hier gibt es keinen Priester, nur rechtschaffene Männer«, erwiderte die Stimme.

»Sag Tomás, er soll rauskommen, oder ich gehe selbst rein. Ich habe keine Zeit, mit dir zu plaudern.«

Es folgte ein Tuscheln, ich konnte zwei Stimmen ausmachen, vermutete aber, dass noch mehr die Höhle bewachten.

»Ist gut, warte hier … Marquise«, sagte er schließlich affektiert.

Hinter dem größten Felsen tauchte kurz die Silhouette eines Mannes mit einem Gewehr auf dem Rücken auf und war sogleich wieder verschwunden. Ganz in der Nähe erklang der Ruf einer Eule und übertönte die Geräusche des Waldes. Alma hatte sie auch gehört, denn sie schlenkerte nicht mehr mit den Beinen, sondern sah in die Richtung, aus welcher der Ruf gekommen war. Mir fiel wieder ein, dass sie schon als Kind keine Nachtvögel mochte, weil sie uns mit ihren großen Augen immer anstarrten, wenn wir nachts heimlich durch den Wald schlichen.

»Was für eine Überraschung, mit dir habe ich wirklich nicht gerechnet. Ich weiß zwar, dass du zu allem fähig bist, wenn es ums Durchsetzen deiner Interessen geht, dachte aber, dass du dich nach allem, was passiert ist, nicht einmischen wirst.« Tomás kam auf mich zu, und der Mann nahm wieder seinen Wachposten hinter den Felsen ein. »Aber wie ich sehe, habe ich dich falsch eingeschätzt.«

»Wie immer.«

Ich sah ihn im schwachen Licht des Halbmonds lächeln.

»Und woher wusstest du, dass wir hier sind?«, fragte er, als würde er das nicht genau wissen. »Von meinen Männern bestimmt nicht, du bist im Augenblick nicht sehr beliebt in Basondo.«

»Die Höhle im Wald ist ein gutes Versteck und zudem groß genug, um dreißig Männer zu beherbergen«, sagte ich, seinen Kommentar ignorierend. »Es gibt auch eine unterirdische Quelle mit frischem Wasser zum Trinken. Sie ist das ideale Versteck.«

»Du hast vergessen, dass die Dorfbewohner Angst vor ihr haben, weil sie ihrer Meinung nach verhext ist. Sie glauben, die mysteriösen Wandmalereien seien ein Werk des Teufels und seiner Anhänger, weshalb sie diese Gegend meiden wie die Pest«, fügte er hinzu. »Erinnerst du dich an das Bild von der Frau mit dem langen Haar in der großen Kammer? Das haben wir entdeckt, als wir drei damals zum ersten Mal in der Höhle waren.«

Alma saß noch immer auf dem Felsen und sah uns jetzt mit unverhohlenem Zorn in ihren gelben Augen an. Ich konnte fast hören, wie sie mit ihrer Kinderstimme sagte: »Du warst böse, Estrella. Du darfst nicht ohne meine Erlaubnis mit meinen Sachen spielen.« Ich war die ältere, aber Alma hatte immer das Sagen.

»Ich erinnere mich«, flüsterte ich, ohne genau zu wissen, zu wem ich das sagte.

»Freut mich, ich hätte nicht gedacht, dass du nach all den Jahren noch den Weg kennst«, sagte er vorwurfsvoll. »Und was hast du um diese Zeit hier verloren? Du willst mir doch nicht erzählen, dass du hier bist, um mit den Arbeitern zu verhandeln.«

»Ihr müsst den Streik beenden, noch heute Nacht«, sagte ich ernst.

Tomas lachte leise auf. Auf meinem Weg durch die Nebelschwaden zwischen den Bäumen hindurch war mir durchaus bewusst gewesen, dass sich Tomás über meinen Besuch nicht besonders freuen würde, aber ich hatte nicht erwartet, dass er mich auslacht.

»Ich meine es ernst, Tomás. Villa hat die Absicht, die Streikenden zu erschießen, wenn sie morgen nicht wieder zur Arbeit erscheinen.«

»Dann hättest du dir den Weg sparen können, wir werden den Streik nicht beenden. Wenn du die Grube nicht wieder schließen und Geld verlieren willst, musst du dich damit abfinden. Dieser faschistische Bastard hat den Sohn deines Vorarbeiters überfahren und nicht mal angehalten. Du und dein uniformierter Kompagnon, ihr verdient diesen Streik.« Tomás schüttelte verächtlich den Kopf. »Und jetzt verschwinde, denn du bist bestimmt allein gekommen, und die Männer sind nicht gut auf dich zu sprechen.«

Hinter mir auf der Lichtung knackte etwas, aber das schwache Mondlicht reichte nicht aus, um mehr als die dunklen Baumschatten zu erkennen.

»Wer sagt dir, dass ich allein bin? Liam wartet am Waldrand mit einem Gewehr auf mich. Er ist ein ausgezeichneter Schütze, er ist geduldig und zielt genau, er war schon mit der Königin im Schloss Balmoral auf der Fuchsjagd.«

Das war eine Lüge, funktionierte aber, denn Tomás trat einen Schritt zurück und hörte auf, mir zu drohen.

»Schon klar, du hast deinen Liebhaber mitgebracht. Sag mir, ist der Schotte auch an dem Geschäft mit dem Wolfram beteiligt oder nur dein Schoßhündchen?« Tomás imitierte ein Kläffen, und die Männer in der Dunkelheit lachten. »Der arme Teufel, ich wette, er war dir sofort verfallen, als er dich kennenlernte.«

»Ja, wie alle anderen auch«, entgegnete ich kalt. »Wenn ihr den Streik nicht bis morgen Mittag beendet, wird Hauptmann Villa die Arbeiter zusammen mit ihren Familien festnehmen.«

Tomás schwieg einen Augenblick.

»Dann holen wir sie her, hier sind sie in Sicherheit.«

»In der Höhle ist nicht genug Platz für alle, Tomás. Sei ein einziges Mal in deinem Leben vernünftig, und stell deinen Idealismus hinten an.« Ich trat näher. »Das Beste, was du für diese Männer und ihre Familien tun kannst, ist, sie davon zu überzeugen, den Streik zu beenden.«

»Das Beste für dich, meinst du wohl.«

Ich füllte meine Lungen mit der feuchten, erdigen Waldluft, die meinen Kopf klarmachte. Ich stand so nah vor ihm, dass ich seine Wärme spüren konnte.

»Villa hat mir Zeit bis morgen Mittag gegeben, um die Arbeiter davon zu überzeugen, in die Grube zurückzukehren, ohne Repressalien befürchten zu müssen«, sagte ich »Wenn sie es nicht tun, beordert er mehr Männer nach Basondo. Sie werden euch niedermetzeln und dann politische Häftlinge im Bergwerk schuften lassen. Als Sklaven.«

»Nein, das ist nicht wahr. Du lügst«, sagte er kopfschüttelnd. »Das ist eine Finte. Das hast du dir nur ausgedacht, damit wir weiter dein schmutziges Wolfram aus der Erde holen.«

»Wir?«, wiederholte ich und lachte spöttisch auf. »Du arbeitest nicht in der Grube, soweit ich weiß, hast du nie dort unten gearbeitet, keinen einzigen Tag. Wir kannst du es wagen, deine Arbeit mit der dieser Männer zu vergleichen? Du bist Priester, Tomás, du wohnst in einem Pfarrhaus, du hast jeden Tag zu essen, deine Lungen füllen sich nicht mit Staub, und du hast dich bei Dávila angedient, damit du seinen Platz einnehmen kannst, wenn er stirbt. Und das alles nur, weil mein Vater dir als Kind verboten hat, unser Haus zu betreten. Also spiel hier nicht den Moralapostel, das kannst du dir schenken.«

Tomás starrte erst zu Boden und dann wieder mich an.

»Das ist alles nicht mehr wichtig, diese Männer vertrauen darauf, dass ich ihnen helfe …«

»Dann hilf ihnen auch«, schnitt ich ihm das Wort ab. »Hilf ihnen, das Ganze zu beenden, bevor jemand stirbt.«

»Es ist schon jemand gestorben, dieser kleine Junge, den dein

Freund plattgewalzt hat, er war der Sohn deines Vorarbeiters. Und du wagst es, hierherzukommen und von ihm und seinen Kollegen zu verlangen, dass sie wieder arbeiten gehen, als sei nichts geschehen? Sie sind keine Tiere, mit denen du spielen kannst, Estrella, sie sind Menschen.«

Schritte hinter den Felsen erinnerten mich daran, dass wir nicht allein waren, und ich glaubte, es sei ein anderer Partisan, aber dann erkannte ich den Schatten einer Frau, die in Begleitung von zwei Männern aus der Höhle kam. Als die drei an mir vorbeigingen, erkannte ich sie – es war Maite, die Mutter des kleinen Ángel. Sie blickte mich stumm an, und ihre Pupillen weiteten sich, als auch sie mich erkannte.

»Maite ist gekommen, um ihren Mann und ihren Sohn zu sehen, sie hat ihnen etwas zu essen gebracht und Medikamente für die Kranken. Julio und sein Sohn haben sich für den Fall der Fälle hier versteckt«, sagte Tomás, als ich der Frau nachblickte. »Sie hat Angst, dass du sie verhaften lässt, wenn sie wegen der Sache mit ihrem Sohn keine Ruhe geben.«

»Ich werde niemanden verhaften lassen«, murmelte ich. »Aber ich habe keine andere Idee, wie du den Männern und ihren Familien helfen könntest. Bringe sie dazu, wieder zur Arbeit zu gehen, oder in Basondo wird es ein Blutbad geben. Rette ihr Leben und auch deines.«

Die Büsche hinter mir raschelten, als Maite und die beiden Männer im Wald verschwanden.

»Mach dir keine Sorgen um mein Leben«, sagte er. »Villa wohnt bei dir im Haus, und du machst Geschäfte mit den Nazis. Weder ich noch diese Männer haben etwas damit tun. Du bist an allem schuld.«

Ich lachte bitter auf, und mein Atem bildete in der kalten Winterluft Wölkchen.

»Was erwartest du von mir, Tomás? Glaubst du, ich werde es eines Tages bereuen, eine Sünderin gewesen zu sein, und dich oder deinen Gott um Vergebung anflehen? Das würde dir gefallen, nicht wahr?«, fragte ich sarkastisch. »Aber das wird nie geschehen. Ich bin, wie ich bin, und werde mit der Zeit nicht verbindlicher und weniger egoistisch, weil du glaubst, dass ich eine Lektion in Demut bräuchte. Aber wenn du diese Männer sterben lässt, um mir eine Lektion zu erteilen, ist es allein deine Schuld.«

»Villa ist dein Problem, du hast ihn in unser Dorf geholt, dann schaff ihn dir jetzt gefälligst wieder vom Hals. Bring ihn um, stoß ihn von den Klippen, vergrabe ihn oder sieh zu, dass er dorthin zurückkehrt, wo er hergekommen ist, mir egal, aber sieh zu, dass er uns in Ruhe lässt.«

Hinter mir bewegte sich etwas, ich glaubte, es wären die Männer, die Maite begleitet hatten. Aber als ich vorsichtig über meine Schulter sah, konnte ich nichts erkennen, nur den schwarzen Wald mit seinen nächtlichen Geräuschen.

»Ich habe keinen Einfluss auf Villa oder auf seine Männer, mach dich nicht lächerlich. Glaubst du wirklich, man kann mit einem wie ihm oder seinen Nazifreunden vernünftig reden?« Ich starrte ihn an. »Es ist ihm völlig egal, dass er diesen kleinen Jungen überfahren hat, ich glaube auch nicht, dass es das erste Kind war, das er getötet hat. Deshalb hast du den Krieg verloren, und deshalb wirst du auch jetzt verlieren: Du bist ein Träumer, der glaubt, dass man mit jemandem, der kaltblütig Kinder tötet, vernünftig reden kann. Du wirst ihn nicht überzeugen können, aber deine Männer schon.«

Seine Kiefer mahlten, und ich entnahm seinem Gesichtsausdruck, dass er über meine Worte nachdachte.

»Glaubst du etwa, Villa hat geweint, als er merkte, was er getan hat? Dass er Albträume hätte, in denen ihm das Gespenst des Kleinen erscheint und um Gerechtigkeit bittet? Nein, es ist ihm absolut gleichgültig«, wiederholte ich. »Ich habe Glück, dass er mich, Catalina und die beiden Mädchen noch nicht getötet hat.«

»Das hast du dir selbst eingebrockt.«

»Beende den Streik noch heute Nacht, oder es wird noch viel schlimmer für uns alle kommen«, schloss ich.

Damit war unser Gespräch beendet. Ich wusste nicht, ob ich ihn überzeugt hatte und er die Männer wieder zur Arbeit schicken würde, wollte aber so schnell wie möglich zurück, bevor Liam sich fragte, wo ich war.

»Wenn du deinem Freund Villa verrätst, wo wir uns verstecken, werden wir verhaftet, und er verlässt mit seinen Männern Basondo«, rief Tomás mir hinterher. »So kannst du ihn auch loswerden.«

Ich drehte mich um, obwohl ich schon ziemlich weit entfernt war.

»Ich werde euch nicht verraten.«

»Warum nicht? Fühlst du dich etwa schuldig, weil du deine Männer in diese Situation gebracht hast?«, fragte Tomás mit einem gewissen Triumph in der Stimme.

»Nein«, erwiderte ich ernst. »Wenn ich euch verrate, um Villa loszuwerden, ist es nur eine Frage der Zeit, bis einer von euch ihm verrät, dass ich heute hier war, und ich kann dir versichern, dass ich es nicht riskieren werde, im Gefängnis zu landen oder erschossen zu werden, weil du von mir erwartest, dass ich meine Sünden bereue.«

Tomás klang milder, als er schließlich sagte:

»Ich werde mit meinen Männern reden und versuchen, sie zur Rückkehr zu bewegen. Es wäre sinnlos, deshalb sterben zu müssen.«

»Danke. Sag ihnen, wenn sie wiederkommen, werde ich ihnen eine Pesete mehr bezahlen und in Basondo eine Schule mit dem Namen des Kleinen errichten lassen.«

»Das ist ein gutes Angebot, ich werde es ihnen mitteilen«, versprach Tomás. »Jetzt liegt es in ihrer Hand und in der Hand Gottes.«

»Gut, dann sorge dafür, dass Gott und die Männer die richtige Entscheidung treffen, oder es gibt morgen ein Blutbad.«

Auf dem Heimweg spürte ich die Nähe des Wolfes. Ich lief los, wich Büschen und umgestürzten Bäumen aus, hörte ihn aber dicht hinter mir hecheln, weshalb ich es mehrmals mit meinem eigenen keuchenden Atem verwechselte. Unter seinen großen Pfoten knackten trockene Äste und Zweige. Ein wildes Tier, das nach Blut dürstete und mich verfolgte, seit ich denken konnte.

»Du bist der Wolf, Estrella«, hatte Alma zu mir gesagt, als sie ganz in der Nähe verblutet war. Vielleicht hatte sie recht. Vielleicht hatte meine sterbende Schwester die Wildheit in mir gespürt, mein eigenes Dürsten nach Blut, wo auch immer ich war.

»Du bist wie einer dieser wilden Brombeersträucher, die hier im Wald wachsen und alles blutig kratzen, was mit ihnen in Berührung kommt.«

Am Waldrand blieb ich stehen und holte Luft. Ich sah die Villa Soledad, in der kein Licht mehr brannte; sie kam mir vor wie ein schlafendes Wesen. Der schwarze Wolf blieb hinter mir stehen, und ich überlegte, ob ich mich umdrehen sollte, aber dann fiel mir wieder ein, dass ich ihn schon im Traum gesehen hatte: Er war so groß wie ein elfjähriges Kind, hatte schwarzes Fell und zwei verschiedenfarbige Augen, ein grünes und ein gelbes. Trotzdem lugte ich vorsichtig über meine Schulter, und da stand er, sah mich mit seinen funkelnden Augen an und schien mich zu fragen, ob er mit mir ins Haus oder zurück in den Wald gehen sollte.

»Geh zurück in den Wald«, sagte ich. Und er gehorchte.

Ich überquerte die Straße. Im Vestibül der Villa war es still, ich durchquerte es im Dunkeln, weshalb ich Liam nicht auf der Marmortreppe sitzen sah, bis ich praktisch über ihn stolperte.

»Was machst du hier?«, fragte ich leise. Ich wusste nicht, ob Catalina und die Mädchen schon schliefen, ich konnte nur erkennen, dass ihre Zimmertür geschlossen war. »Du hast mir vielleicht einen Schreck eingejagt. Ist alles in Ordnung? Geht es den Mädchen gut?«

»Wo warst du?«

Ich seufzte, weil ich keine Energie mehr hatte, um mich mit einem weiteren Mann zu streiten.

»Im Wald. Ich habe versucht, Tomás und die Arbeiter davon zu überzeugen, den Streik zu beenden und wieder in die Grube zu gehen, bevor Villa sie umbringt.«

»Und, ist es dir gelungen?«, fragte er mich heiser. »Hast du sie davon überzeugt, wieder zur Arbeit zu gehen?«

»Ich glaube schon«, antwortete ich nach kurzem Überlegen. »Ja. Tomás wird es schaffen.«

Ich sah, wie Liam bei dem Namen Tomás die Stirn runzelte.

»Was hast du ihm dafür angeboten? Dein Freund Tomás gehört nicht zu den Männern, die ihre Meinung umsonst ändern«, sagte er. »Was hast du ihm dafür angeboten?«

»Nichts, was ich ihm nicht anbieten wollte. Ich will jetzt ins Bett, mir ist kalt, und ich bin viel zu erschöpft, um dich auch noch zu überzeugen.«

Ich wollte an ihm vorbei die Treppe hinaufgehen, aber Liam hielt mich fest.

»Es interessiert mich nicht, was du mit ihm hast. Ich weiß, dass manche mich für einen schwachen Mann halten, weil ich dich alles machen lasse und dir erlaube, eigene Entscheidungen im Geschäft und auch für unser Leben zu treffen …«

»Erlaube?«, wiederholte ich ungläubig.

Doch Liam ließ meine Hand nicht los.

»Aber man muss sehr viel Mut aufbringen, wenn man mit dir zusammenleben will, Estrella. Es geht nicht um die Nazis, das Wolfram oder die Magie, es geht darum, wie du bist. Ich glaube nicht, dass es viele Männer gibt, die es mit dir aushalten würden.«

Ich fuhr mit der Hand durch sein Kupferhaar, und seine Locken wickelten sich um meine Finger.

»Nein, es gibt nur einen«, flüsterte ich. »Und das macht dich weder schwach noch unmännlich, Liam. Es macht dich viel mutiger als alle anderen.«

»Ich bin Vater von einem Mädchen, das nicht meine Tochter ist, und der Mann einer Frau mit einem toten Mann«, murmelte er in der Dunkelheit. »Während Tomás …«

»Tomás bedeutet mir nichts, er ist nur die Vergangenheit, er erinnert mich an Alma und mich, wie wir als Kinder Hand in Hand durch den Wald gelaufen sind, an die endlosen Sommernachmittage, an denen wir drei auf den Klippen Grillen fingen, an die Feste, die meine Mutter vor dem Krieg und allem anderen im Haus veranstaltete. Er erinnert mich an das Leben, das ich hätte haben können. Das ist Tomás für mich«, sagte ich diesmal laut. »Aber du … Du bist die Gegenwart und die Zukunft, wenn du bei mir bleiben willst.«

Ich strich ihm ungewohnt zärtlich übers Haar, als wäre er ein Kind.

»Ich habe mich schon vor langer Zeit für eine Seite in diesem Krieg entschieden, für deine Seite, Estrella, nur für deine.«

Ich lächelte in die Dunkelheit.

»Gut. Dann lass uns jetzt ins Bett gehen, morgen wird ein langer Tag.«

Liam stand langsam auf, und wir gingen Hand in Hand die Treppe hinauf.

Das letzte Fest

Der Streik wurde kurz vor Weihnachten beendet. Die Männer kehrten an ihren Arbeitsplatz zurück, und das Zuloaga-Werk machte wieder Umsatz. Die schweren Lastwagentransporte wirbelten auf der Fahrt zum Verladeplatz an der Klippe große Staubwolken auf, wo die Arbeiter das wertvolle Gut auf deutsche Schiffe verluden.

Als ich die Männer mit ihrem Essgeschirr und Werkzeug über der Schulter in die Grube einfahren sah, atmete ich erleichtert auf: Wir hatten das Schlimmste für alle abgewendet. Deshalb wusste ich gleich, dass etwas schief gelaufen war, als Hauptmann Villa mir *vorschlug*, in meinem Haus eine Weihnachtsfeier für hohe Regierungsfunktionäre, ausländische Investoren und unsere Kunden in Deutschland auszurichten.

»Das wäre eine schöne Geste, um zu zeigen, dass Sie zu unserer Sache stehen, Señora Marquise, nicht nur zu unserem Geld. Das wird unsere deutschen Kunden beruhigen«, sagte Villa, als wäre ihm die Idee gerade erst gekommen. »Und nebenbei können wir auch feiern, dass der Streik so schnell beendet wurde, was ja vor allem Ihnen zu verdanken ist.«

Villa war nicht der Typ Mann, der seine Befehle in schneidendem Tonfall erteilte oder herumbrüllte, bis seine Adern am Hals anschwollen und zu platzen drohten. Nein, Villa machte »Vorschläge«, hinter denen stets eine Drohung lauerte, auch wenn er nicht die Ruhe verlor oder die Stimme hob, was ihn noch schrecklicher wirken ließ. Wenn Hauptmann Villa sprach, hörten alle zu, und alle Welt gehorchte ihm. Er wohnte jetzt fast einen Monat bei uns, und auch wenn er in der Kapelle schlief, ging er in der Villa ein und aus, wie es ihm gefiel. Nach dem Tod des Marquis war diese grauenhafte, kalte Atmosphäre verschwunden … bis zu Villas Eintreffen. Seine Präsenz, seine Wünsche oder seine Worte waren unmöglich zu ignorieren, wie eine Infektion, die sich von einem Raum zum nächsten ausbreitet, bis alles vergiftet ist. Liam hatte recht, als er an jenem Morgen prophezeite, dass Villas Einzug der Besatzung Frankreichs durch die Nazis gleichen würde.

»Eine Weihnachtsfeier ist eine gute Idee«, sagte ich verständnisvoll lächelnd. »Meine Mutter hat früher gern Feste veranstaltet und Gäste aus aller Welt eingeladen, denen sie auch gerne etwas auf dem Klavier vorspielte. Schreiben Sie mir eine Gästeliste, und ich kümmere mich um alles.«

Die Weihnachtsfeier für die Bergarbeiter und ihre Familien im leerstehenden Gemeindehaus der Kirche war nach dem Streik abgesagt worden. Ich war nicht einverstanden – und hasste es, dass Villa sich solcherart einmischte und mir vorschrieb, wie ich die Geschäfte zu führen hatte –, aber mir blieb nichts anderes übrig, als seinen *Vorschlag* anzunehmen. Ich hatte den Lohn der Arbeiter um eine Pesete im Monat erhöht, wie ich es Tomás versprochen hatte, ich zahlte ihnen außerdem Weihnachtsgeld und ließ einen berühmten Architekten aus Bilbao kommen, damit er sich so schnell wie möglich an die Planung für eine neue Dorfschule machte: die Ángel-Igorre-Martínez-Schule.

Seit meinem Treffen mit Tomás im Wald war eine Woche vergangen, aber statt mich wieder um die Geschäfte kümmern zu können, war ich hauptsächlich mit den Vorbereitungen für die Weihnachtsfeier beschäftigt. An Heiligabend wurde eine riesige Douglastanne im Vestibül aufgestellt, deren Äste man zum Glück nicht beschneiden musste.

»Ich habe noch nie einen so riesigen Weihnachtsbaum gesehen«, sagte Catalina, als wir den Männern beim Schmücken des Baumes zusahen.

»Das ist das Letzte, was es noch zu tun gibt. Sie hatten keine Leiter, die hoch genug war. Alles andere ist erledigt. Das Essen wird zubereitet, die Getränke liegen im Kühlschrank, im großen Esszimmer wurden die Möbel zur Seite gerückt, um Platz für die Gäste zu schaffen, die gesamte untere Etage ist weihnachtlich dekoriert, und die Musiker proben bereits.«

»Ich weiß, sie sind richtig gut, ich habe sie spielen hören, als ich mich angezogen habe.«

Ich sah sie lächelnd an.

»Du bist sehr hübsch«, sagte ich. »Dieses Kleid steht dir viel besser als dem Mannequin im Katalog.«

Catalina trug ein marineblaues Kleid mit gekreuzten Trägern im Ausschnitt. Die rosige Haut ihrer Schultern und Wangen bildete einen schönen Kontrast zu dem kräftigen Blauton. Ihr kastanienbraunes Haar war mit zwei Libellen-Spangen, die ich ihr im Jahr zuvor zum Geburtstag geschenkt hatte, zu einem eleganten Knoten im Nacken hochgesteckt. Es war mein erstes Geburtstagsgeschenk gewesen.

»Danke, das Kleid ist wirklich schön«, sagte sie und glättete sich eine unsichtbare Falte des Gaze-Rocks. »Wenn du mir vor einem Jahr gesagt hättest, dass ich einmal ein solches Kleid und französisches Parfüm tragen und den größten Weihnachtsbaum der Welt sehen würde, hätte ich dich ausgelacht, aber schau uns an.«

»Ja, schau uns an. Manchmal vergesse ich ganz, wie jung du noch bist«, sagte ich plötzlich, wusste aber selbst nicht genau, warum ich das sagte.

»Wir sind beide noch jung«, korrigierte sie mich. »Ich bin vierundzwanzig und du siebenundzwanzig. Ich glaube, es liegt daran, dass wir so viel erlebt haben in den letzten Jahren, es gibt Schwestern, denen passiert das alles im ganzen Leben nicht.«

Schwestern. Eine verlorene Schwester und eine gewonnene Schwester.

»Stimmt.«

»Und es liegt auch daran, dass ich die meiste Zeit mit den Mädchen zusammen bin und in Hauskleidung herumlaufe, das macht mich älter.« Catalina lachte auf. »Den Mädchen wird dieser Tannenbaum sehr gefallen, sie werden begeistert sein. Sie sind zwar noch zu klein, um Weihnachten richtig zu verstehen, aber der Baum mit seinem Schmuck und seinen Lichtern wird sie faszinieren. Marina wird versuchen, die Kugeln anzufassen, du wirst schon sehen.«

Die Firma, die mit dem Schmücken der Villa beauftragt war, hatte auch den Baum besorgt. Sie sollte Villa Soledad herrschaftlich und einladend wirken lassen, was das eigenwillige Haus meiner Großmutter eigentlich nie war. Um die Douglastanne herum lag ein halbes Dutzend offener Kartons mit rot-goldenen Glaskugeln, die die Angestellten an die Äste hängten.

»Ich möchte nicht, dass die Mädchen heute Abend dabei sind; wenn nötig, zahle ich Amaia etwas extra, damit sie mit ihnen im Zimmer bleibt und aufpasst, dass sie schlafen«, sagte ich, ohne den Blick von den vielen glitzernden Kugeln und goldenen Girlanden abzuwenden. »Dieses Fest ist nichts für kleine Mädchen, sie sehen den Baum morgen, wenn sie ihre Geschenke bekommen.«

»Das sagte deine Mutter auch immer: Ich möchte nicht, dass die Mädchen auf meinem Fest herumlaufen. Ich kann mich gut daran erinnern, wie Alma und du es hassten, ins Bett geschickt zu werden, während hier unten die Marquisen mit ihren Gästen bis zum Morgengrauen feierten, tranken und lärmten. Ich war damals natürlich noch zu klein, aber sie hätten mich sowieso nicht daran teilnehmen lassen, schon um nicht erklären zu müssen, wer ich bin.« Catalina sah mich an. »Ich hasste das. Ich hasste es, von den Feiern und vom Leben meiner Familie ausgeschlossen zu sein und im Keller bleiben zu müssen. Tu unseren Kindern das nicht an.«

Zwei Männer schleppten eine Leiter zur Tanne, um die oberen Zweige zu schmücken. Ich sah, dass einer einen großen goldenen Stern aus dem Karton nahm und ihn auf die Spitze setzte.

»Das tue ich nicht. Und du wirst auch nicht mehr ausgeschlossen, du musst nicht oben bei den Mädchen bleiben, wenn du nicht willst«, sagte ich, ohne sie anzublicken. »Aber ich möchte nicht, dass die Mädchen die heutigen Gäste sehen.«

»Sie sind viel zu klein, um sich später daran zu erinnern«, entgegnete sie sanft. »Wenn die Mädchen größer sind, wird das alles hier vorbei sein, und sie werden nie erfahren, wie wir unsere Rechnungen bezahlt haben.«

Die Männer waren fertig, stapelten die leeren Kartons ineinander und fegten die Tannennadeln auf.

»Ich weiß, aber ich will trotzdem nicht, dass sie dabei sind. Sie sollen besser in ihrem Zimmer bleiben.«

Ich machte mich auf den Weg in die Küche, obwohl ich dort nichts zu tun hatte, ich wollte nur Catalinas Blick entgehen.

»Estrella«, rief sie mir nach. »Du bist auch sehr hübsch in diesem Kleid.«

Ich nickte und trat in die Küche, wobei ich darauf achtete, mein weißes Satinkleid von Balenciaga nicht schmutzig zu machen. *Mondweiß* hatte im Katalog gestanden, als ich vor Monaten das Kleid bestellte, aber nicht ahnte, dass ich es auf einem Weihnachtsfest für Nazis, Geschäftsleute und hohe Falange-Offiziere zum ersten Mal tragen würde.

In der Küche wimmelte es von Kellnern, Köchen und Lieferanten, die jede Menge exotische Gewürze, Kisten mit frischen Austern, Netzen mit Limetten und Zitronen für die Cocktails und sogar einen zweiten Herd angeschleppt hatten, um die Apfel-Foie-Kanapees alle gleichzeitig gratinieren zu können. Das Klappern der Teller, des Silberbestecks und der Töpfe, die abgewaschen wurden, dazu die Stimmen der beiden Köche, die ihren Angestellten Anweisungen zuriefen, wurden gedämpft von den Motorengeräuschen der Fahrzeuge, als die Gäste vorfuhren. Ich schnappte mir ein Glas Veuve Clicquot, setzte mein schönstes Lächeln auf und verließ die Küche.

Jetzt ist es so weit, dachte ich auf dem Weg zur Haustür.

Als Erstes traf ein Ehepaar ein, das ich in Madrid kennengelernt hatte: Sie besaß eines der exklusivsten Modegeschäfte in der Stadt, ihr Mann war bis vor einem Jahr Minister der neuen Regierung gewesen und jetzt im Ruhestand. Beide liebten die Jagd und verbrachten die Hälfte des Jahres auf ihrem luxuriösen Landsitz in Toledo, wo auch das Gemälde von El Greco hing, das Liam ihnen zu einem guten Preis verkauft hatte, nachdem die Besitzer erschossen worden waren.

Ich begrüßte sie überaus herzlich, und wir plauderten ein paar Minuten miteinander. Sie machten mir Komplimente zu meinem Kleid, meinem neuen Haarschnitt sowie Großmutters fünffacher Wildperlenkette, die so schwer und wertvoll war, dass ich das Gefühl hatte, einen Goldbarren um den Hals zu tragen. Sie sangen Loblieder auf das Haus mit seinem großartigen Weihnachtsschmuck und klagten noch über den Nebel aus dem Wald und den Krieg in Europa, als schon die nächsten Gäste eintrafen, alle in Luxuslimousinen, die Frauen herausgeputzt in maßgeschneiderten, mit Pailletten, Spitzen und Samt besetzten Kleidern.

Das Vestibül, der große Salon und die gesamte Etage füllten sich rasch mit Menschen, die mit Gläsern in der Hand angeregt plauderten. Einige auf Spanisch, andere auf Deutsch oder Italienisch, und alle beglückwünschten mich zu dem riesigen Weihnachtsbaum und dem französischen Champagner.

Ich sah Catalina mit einem Amaretto Sour neben dem Baum stehen. Bei ihrem jetzigen Anblick hätte man sich nicht vorstellen können, dass sie vor nicht allzu langer Zeit noch das einzige Paar löchrige Schuhe mit Zeitungspapier auslegen musste, wenn sie morgens in ihrem Wintergarten arbeitete. Ein Mann in elegantem Anzug unterhielt sich angeregt mit ihr. Hätte dieser Mann sie damals kennengelernt, hätte er sie gewiss keines Blickes gewürdigt, aber jetzt gehörte Catalina dazu. Sie hatte Geld, schöne Kleider und war außerdem die kleine Schwester der Marquise – jetzt war sie »ehrenwert«. Als sie merkte, dass ich sie beobachtete, lächelte sie mich an und widmete dann ihre Aufmerksamkeit wieder dem Unbekannten.

Ich suchte nach Liam, konnte ihn aber weder im Vestibül noch in Mamas Teesalon entdecken, in den sich die Herren mit ihren Zigarren zurückgezogen hatten, um ungestört zu plaudern. Ich bahnte mir einen Weg durch die Leute, aber alle wollten mit mir über mein Kleid oder mein Wolfram reden und hielten mich ständig auf. Einige Gäste fragten mich gar nach den Antiquitäten im Haus wie begierige Sammler kurz vor der Versteigerung. Ich sah sie interessiert die Wandgemälde oder den Kristalllüster im Vestibül betrachten.

»Hier bist du also«, sagte ich zu Liam, als ich endlich den letzten Gast abgeschüttelt hatte und in den großen Salon trat. »Du wirkst gelangweilt.«

Liam hielt einen Bourbon auf Eis in der Hand und trug einen maßgeschneiderten schwarzen Smoking. Sein kupferfarbenes Haar war gezähmt und streng nach hinten gekämmt, und er hatte seinen Bart geschnitten, weshalb er ebenso förmlich und ernst wirkte wie alle anderen Männer im Raum.

»Nein, überhaupt nicht, ein wunderbares Fest.« Liam lächelte und legte mir die Hand auf den Rücken, ich spürte die Wärme durch den Satinstoff.

»Du bist sehr elegant, ich hätte dich fast nicht erkannt. Im Smoking wirkst du wie ein echter Geschäftsmann«, sagte ich und trat etwas näher an ihn heran.

»Fast?«, flüsterte er.

»Fast. Ich kenne dich gut und sehe trotz Brillantine, Smoking und Aftershave doch immer dein lockiges Haar und deine listigen Augen. Der andere Liam gefällt mir besser.«

Seine Finger strichen über meine nackte Haut oberhalb des Stoffes.

»Ich habe den Verdacht, dass gewisse Gäste deinen Turner im Salon kaufen wollen«, sagte er leise zu mir, ohne sein aufgesetztes Lächeln zu verlieren. »Sie glauben, ich handle noch immer mit Raubkunst, zwei Herren haben bereits ihr Interesse bekundet.«

»Das ist eine Fälschung. Den echten Turner hat der Marquis vor vielen Jahren verkauft, noch vor Almas Tod. Wenn also einer von denen ein gutes Angebot macht…« Ich trank einen Schluck und fügte hinzu: »Und noch was: Es sind nicht meine Gäste, es sind Villas Gäste.«

»Hast du ihn irgendwo gesehen?«

Liams Haltung veränderte sich bei der Erwähnung dieses Namens.

»Als vorhin die Möbel aus dem Salon geschafft wurden, kam Villa zu mir und fragte, wo die Gäste sich aufhalten würden. Er sagte, er hätte ein besonderes Geschenk für mich und wolle es mir auf dem Fest überreichen.«

»Ein Geschenk?« Liam blinzelte überrascht. »Hat er nichts Genaueres gesagt?«

»Nein, aber vielleicht haben wir Glück, und er verschwindet mitsamt seinen Männern endlich aus Basondo«, sagte ich widerwillig, seufzte dann aber, weil ich wusste, dass dies eher unwahrscheinlich war, denn Hauptmann Villa und seine Männer würden erst verschwinden, wenn sie die Partisanen festgenommen hatten.

»Das halte ich eher für unwahrscheinlich«, sagte Liam sanft.

Ich wollte etwas erwidern, doch plötzlich hob Gemurmel im Vestibül an, bis die Gäste verstummten und sich unbehagliches Schweigen ausbreitete. Gleich darauf sah ich Hauptmann Villa, der sich in seiner blauen Galauniform mit den Orden am Revers, seiner Tellermütze und seinem eiskalten Lächeln einen Weg durch die Gäste bahnte.

»Was ist da draußen los?« Liam reckte den Kopf, um etwas erkennen zu können.

»Ich weiß es nicht. Warte hier, ich werde nachsehen und Villa begrüßen«, murmelte ich. »Ich habe wegen des Streiks schon viel zu viel aufs Spiel gesetzt und möchte nicht, dass er glaubt, ich *stehe nicht zu der Sache*.«

Liam lächelte mir nach, als ich auf die Tür zuging.

»Du stehst nur zu der Sache mit dem Geld, meine liebe Marquise!«, hörte ich ihn noch sagen.

Ich verkniff mir ein Lächeln und wich rechtzeitig einem Kellner aus, der einen Wagen mit einer Kiste Champagner in den Salon schob. Er kam mir flüchtig bekannt vor, aber das hatte ich schon wieder vergessen, als ich ins Vestibül trat und begriff, warum die Gäste verstummt waren: Villa hatte acht Männer mit schmutziger Kleidung und gesenktem Kopf in Handschellen und Ketten ins Vestibül führen lassen. Die Gäste umringten die Häftlinge, die von drei Uniformierten bewacht wurden.

»Was soll das, Hauptmann?«, fragte ich Villa scharf, als ich bei ihm ankam. »Warum bringen Sie Häftlinge auf meine Weihnachtsfeier?«

»Schauen Sie sie genau an, Señora Marquise, erkennen Sie sie nicht?« Villa nahm seine Mütze ab und klemmte sie unter den Arm. »Schauen Sie genau hin.«

Die Männer waren ausgemergelt und wiesen Wunden oder Hämatome auf, doch als ich genauer hinsah, erkannte ich sie.

»Das sind meine Arbeiter. Wie können Sie es wagen, sie festzunehmen?«

»Das sind Ihre Streikenden«, korrigierte er mich. »Ich weiß, dass dies nicht alle sind, die zum Erliegen der Arbeit in der Grube beigetragen haben, aber genug, um den anderen eine Lektion zu erteilen.«

Ich sah die acht gefesselten Männer an. Ihrem resignierten Gesichtsausdruck nach zu urteilen wussten sie, was ihnen bevorstand. Ich sah das Blut auf ihrer Kleidung und dass sie trotz der Kälte keine Schuhe trugen.

»Ich protestiere entschieden, Hauptmann. Diese Männer arbeiten für mich, und ich will, dass Sie sie augenblicklich freilassen und nach Hause schicken, damit sie mit ihren Familien zu Abend essen können.«

»Diese Männer haben Sie erpresst, indem sie Ihr Bergwerk als

Geisel benutzt haben, ohne sich darum zu scheren, was für Konsequenzen das für Sie und das Dorf hat. Und jetzt verdienen sie dank dieser Erpressung mehr als ein Lehrer oder Arzt in Basondo, finden Sie das gerecht, Señora Marquise?«

Empörtes Raunen erklang unter den Gästen.

»Es ist Heiligabend, Hauptmann. Vielleicht können wir diese Angelegenheit nach dem Fest klären.«

Villa schüttelte ganz langsam den Kopf.

»Nein, ich kann sie nicht freilassen, selbst wenn ich wollte.«

Aber ich wusste, dass er es gar nicht wollte.

»Sie haben mir gesagt, dass sie keine Repressalien fürchten müssen, wenn sie den Streik beenden. Sie haben mir Ihr Wort gegeben, Hauptmann«, sagte ich lauter als beabsichtigt.

»Das bezog sich auf Sie, Señora Marquise. Es wird keine Repressalien für Sie geben, obwohl Sie mit den Streikenden kollaboriert haben.«

Bei diesen Worten schnürte sich mir die Kehle zu.

»Ich weiß nicht, wovon Sie reden, das habe ich nicht getan«, sagte ich mit trockenem Mund, unterdrückte aber die aufsteigende Panik.

»Natürlich wissen Sie das. Sie haben mich um Zeit gebeten, damit Sie sie zur Vernunft zu bringen können, statt die Angelegenheit mir zu überlassen. Das nennt man kollaborieren.« Villa lächelte und fuhr fort: »Aber keine Sorge, diesmal werde ich Sie verschonen. Und die hier versammelten Gäste haben das Recht zu erfahren, wer die Erpresser sind, die sie und ihre Familien um ihr Geld bringen wollten, es ist ihr gutes Recht, sie kennenzulernen, finden Sie nicht auch, Señora Marquise?«

Alle Augenpaare im Vestibül waren auf mich gerichtet, aber zum ersten Mal in meinem Leben wusste ich keine Antwort.

»Das habe ich mir gedacht«, schloss Villa mit höflichem Lächeln. Dann wandte er sich an die Soldaten. »Also los, Männer, geben wir diesen Erpressern die Möglichkeit, für ihre Taten um Verzeihung zu bitten.«

Unter den empörten Blicken der Gäste stießen die Uniformierten die Männer brutal zum großen Salon, wobei die Ketten an ihren Füßen laut rasselten.

»Das ist doch lächerlich«, stammelte ich schließlich. »Hauptmann Villa …«

Ich wollte dem Ganzen ein Ende machen, als mich eine Hand am Arm packte.

»Señora Marquise, Sie sehen heute Abend umwerfend aus, wenn Sie mir das Kompliment erlauben«, sagte eine Männerstimme.

Ich musste mich nicht umdrehen, weil ich aus dem Augenwinkel den schwarzen Ärmel über der Hand, die mich festhielt, gesehen hatte und die Stimme kannte. Auch die Gäste im großen Salon verstummten, als die aneinandergeketteten Häftlinge zwischen Silbertabletts und Langusten-Kanapees hineinstolperten.

»Danke«, presste ich hervor.

Tomás war nicht allein. Padre Dávila stand neben ihm, obwohl ich mich nicht daran erinnern konnte, seinen Namen auf der Gästeliste von Villa gesehen zu haben.

»Ja, ein wunderbares Fest. Es erinnert mich an die Feste Ihres Vaters, des Herrn Marquis. Was für ein Aufgebot an Speisen, Getränken und Geld!«, rief Dávila entzückt beim Gedanken an die alten Zeiten. »Nicht einmal ein Maharadscha gibt das Geld so mit vollen Händen aus, wie es der gute Marquis zu tun pflegte, Gott hab ihn selig.«

Dávila bekreuzigte sich bei den letzten Worten, und Tomás tat es ihm gleich, während ich beide schweigend anstarrte. Die Jahre des guten Lebens und des Aufstiegs waren Dávila nicht bekommen, er sah jetzt aus wie ein überdimensionierter Kürbis mit seltsamen Beulen auf der fettigen Haut. Sein Haar – oder was davon übrig war – war grau und quer über den Schädel gekämmt.

»Das ist lange her, Padre«, sagte ich mit aller Verachtung, die ich für ihn empfand, weil er Carmen auf dem Dorffriedhof bestattet hatte. »Ich habe Sie seit meiner Hochzeit nicht mehr gesehen.«

»Stimmt, seit deiner Hochzeit. Ich hoffe, du warst brav in der letzten Zeit.«

»O ja, sehr brav«, erwiderte ich herablassend.

Dávila blickte sich um mit seinen hinterlistigen Äuglein, mit denen er schon die Geschäfte des Marquis ausspionierte, wenn der einen Whiskey zu viel intus hatte.

»Ich habe dieses Haus wirklich vermisst. Es gab eine Zeit, das gehörte ich fast zur Familie, aber es hat mich schon lange kein Zuloaga mehr eingeladen«, sagte er vorwurfsvoll, obwohl ich ihn auch diesmal nicht eingeladen hatte. »Und sieh nur, wie erwachsen du geworden bist! Jetzt bist du eine elegante Dame wie deine Mutter, keine Spur mehr von dem wilden und ungezogenen Mädchen.«

Beim Reden wackelte Dávila beträchtliches Doppelkinn zum Rhythmus seiner Worte. Ich erinnerte mich an den Abend, als er den britischen Reeder vertrieben hatte, weil er in jeder Hand ein Entenbein hielt und das Fett ihm vom Kinn tropfte.

»Und Gott sei Dank ist auch Tomás ein Mann des Glaubens geworden und jetzt auf dem richtigen Weg. Er hat sich von der Politik und allem anderen, was ihn von seiner wahren Aufgabe abhielt, verabschiedet.« Bei den Worten »und allem anderen« zwinkerte Dávila mir zu. »Es ist besser, sich nicht in die Politik einzumischen und sie denen zu überlassen, die etwas davon verstehen, sie ist viel zu kompliziert.«

Ich lächelte spöttisch. Dávila hatte eindeutig keinen blassen Schimmer von Tomás' Aktivitäten.

»Haben Sie den Kaviar schon probiert, Padre? Es ist russischer, ganz exquisit. Der beste Kaviar der Welt. Probieren Sie ihn mit ein wenig Butter«, sagte ich im Versuch, ihn loszuwerden.

Die gierigen Äuglein des Priesters funkelten.

»Ihr verführt einen ständig zur Sünde«, antwortete er mit spitzbübischem Lächeln, als er sich auf den Weg zum Büfett begab.

»Wenn er so weitermacht, wirst du ihn schon bald beerben; er erinnert mich an einen in der Sonne faulenden Kürbis, der irgendwann platzt«, murmelte ich, als ich sah, wie Dávila sich durch die Leute kämpfte. »Ich habe auf der Ranch einmal ein Kalb gesehen, das sich verlaufen hatte. Als wir es fanden, hatte die sengende Sonne eine Woche auf das Tier herabgeschienen, sein Körper war aufgebläht und unförmig, es sah ganz ähnlich aus wie Dávila.«

»Er muss handgefertigte Schuhe tragen, die er sich aus Bilbao kommen lässt, weil seine Füße von der Gicht so geschwollen und blau sind, dass sie in keinen normalen Schuh mehr passen.«

Ich sah, wie der Priester, als er endlich am Büfett angekommen war, die Gäste lächelnd zur Seite schob.

»Wie bedauerlich«, erwiderte ich verächtlich, als ich beobachtete, wie Dávila sich einen Löffel Kaviar auf ein dick mit Butter bestrichenes Toastbrot häufte. »Die armen Männer im Salon wissen, wer ich bin, bestimmt hat mich einer gesehen in der Nacht, als ich mit dir im Wald gesprochen habe, und sie werden mich verraten, wenn sie es nicht schon getan haben.«

Niemand konnte uns hören, die meisten Gäste drängten sich vor den Türen zum Salon, um zu sehen, was Villa mit den Männern vorhatte.

»Mach dir deswegen keine Sorgen, wir haben uns schon um alles gekümmert«, sagte Tomás plötzlich ernst. »Keiner der armen Männer da drin hat dich verraten und wird es auch nicht tun.«

»Woher willst du das wissen?«, zischte ich. »Sie werden sie foltern, und am Ende werden sie meinen Namen ausspucken. Ich würde es auch tun, wenn ich glaubte, damit die eigene Haut retten zu können.«

Ich wollte in den Salon, weil ich entschlossen war, dem Spektakel, das Villa und seine Männer dort veranstalteten, ein Ende zu bereiten, aber Tomás umklammerte wieder meinen Arm.

»Geh da nicht rein.«

Ich sah ihn verblüfft an – da war sie wieder, diese selbstmörderische Entschlossenheit, die ich von früher kannte. Gleich darauf zuckte ein gelber Schein durch den Salon, und ich hörte die Explosion einer Bombe an den holzgetäfelten Wänden widerhallen.

»Was hast du getan?!«, schrie ich mit einem grässlichen Piepen im Ohr. »Was hast du bloß getan!«

Gleich darauf zogen dicke Rauchschwaden und der Gestank einer chemischen Substanz ins Vestibül. Ich musste husten und suchte mit dem Blick nach Catalina, konnte sie aber nirgendwo entdecken. Die wenigen Gäste, die im Eingangsbereich des Hauses geblieben waren, liefen an mir vorbei zum Salon, um zu sehen, was passiert war. Die Explosion hatte nur im Salon stattgefunden, aber Tomás und ich standen neben der Tür, weshalb die Druckwelle mein Kleid zerfetzt und mir einen Schuh vom Fuß gerissen hatte.

»Das war's, vergiss es«, sagte er lakonisch.

»Wie konntest du nur? Das waren meine Männer, sie haben mir vertraut!«, schrie ich ohne Rücksicht darauf, ob mich jemand hören konnte. Aber niemand hörte mich, denn alle waren viel zu entsetzt. »Um ihn umzubringen, hast du alle getötet ...«

»Ich habe getan, was ich tun musste, und das ist noch das Geringste, was dieses Monster verdient hat.«

Ich schwankte und stützte mich an der Wand ab, dann versuchte ich, durch die Menge in den Salon zu gelangen.

»Wie konntest du nur!« Ich drehte mich um, ich wollte wissen, wann Tomás aufgehört hatte, die Beute zu sein und zum Jäger geworden war. »Das alles nur, um Villa zu töten?«

»Nicht nur Villa, sie wollten es so, Estrella, sie wollten nicht länger leiden.« Tomás kam auf mich zu und fasste mich um die Taille, damit ich ihm zuhörte. »Es tut mir sehr leid, aber das war unsere einzige Möglichkeit, sie da rauszuholen und diesen Schweinehund endlich zu töten. Es hat sich gelohnt, Villa und ein paar seiner Nazifreunde zur Hölle zu schicken.«

»Du wusstest es also.« Ich spuckte ihm die Worte regelrecht hin. »Du wusstest, was passieren würde, und hast dennoch zugelassen, dass ich hier bin, und Catalina und die Mädchen und ...«

Da wurde ich gewahr, dass eine Person fehlte.

»Liam«, flüsterte ich und versuchte mich Tomás' Griff zu entwinden.

»Warte, geh noch nicht rein, bevor sich der Rauch verzogen hat«, sagte Tomás mir ins Ohr, ohne mich loszulassen.

»Lass mich los, ich muss ihn finden …«

»Denk nach, Estrella, jetzt gibt es niemanden mehr, der weiß, dass du in jener Nacht bei der Höhle warst«, fuhr er fort, als hätte er mir nicht zugehört. »Du musst dir keine Sorgen mehr machen, dass dich einer deiner Arbeiter verrät. Es ist vorbei, man wird es nie erfahren. Jetzt bist du sicher.«

Die unverletzten Gäste drängten hustend, weinend und um Hilfe rufend aus dem Salon, sie schubsten sich gegenseitig, um aus Angst vor einer weiteren Bombe so schnell wie möglich das Haus zu verlassen. Ich sah entstellte Gesichter, zerfetzte und blutverschmierte Abendkleider. Alle strömten aus dem Salon, aber Liam konnte ich nirgendwo sehen.

»Estrella!«

Ich sah Catalina mit zerzaustem Haar und gerafftem Rock die Treppen herunterlaufen, und als Tomás sich nach ihr umdrehte, riss ich mich los und lief in den Salon. Ich musste einen Mann mit einer Kopfwunde aus dem Weg stoßen, der mich an den Schultern packte und etwas auf Deutsch schrie.

Drinnen stand dichter Qualm, aber Flammen waren keine zu sehen. Tische, Stühle, Weihnachtsschmuck und alles andere waren bei der Explosion zerstört worden, und die Wände waren mit Blut, französischem Baiser und rauchendem Schrapnell überzogen. Ich kämpfte mich durch den Raum zu der Stelle, an der ich Liam zuletzt gesehen hatte. Es gab kein Licht, und überall war Rauch, weshalb es einen Moment dauerte, bis ich ihn gefunden hatte. Er lag mit geschlossenen Augen und blutgetränktem Smoking vor einem geborstenen Fenster auf dem Boden.

»Liam …«

Ich kniete mich neben ihn und schüttelte ihn. Seine Augen blieben geschlossen, aber ich konnte trotz der Hilferufe seinen flachen Atem hören. Ich riss sein Hemd auf und suchte nach Verletzungen, ich wollte das Blut stillen, bis ein Arzt kam, aber ich konnte nichts finden, weil Liams Brust voller Blut war und nur das Mondlicht durch einen Fensterspalt hereinfiel. Ich ertastete eine Wunde an der Seite, und sein warmes Blut lief mir über die Hand, als ich sie fest darauf presste. Liam stöhnte, schlug aber immer noch nicht die Augen auf.

»Sie haben sie erwischt, Hauptmann! Zwei dieser Bastarde hatten Pech«, rief ein Mann auf der anderen Seite des Salons. »Sie wollten gerade über den Weg hinterm Haus in den Wald abhauen, aber unsere Männer haben sie erwischt, bevor sie die Bäume erreichen konnten. Sie warten auf Ihren Befehl.«

Ich wich Liam nicht von der Seite, sah aber in die Richtung, aus der die Stimme kam. Hauptmann Villa erteilte seinen Männern Befehle. Er war nicht tot, er schien nicht einmal verletzt zu sein. Als ich in den Salon stürmte, hatte ich ein halbes Dutzend toter Soldaten gesehen, aber er hatte auf wundersame Weise das Attentat überlebt. Hauptmann Villa spürte meinen Blick und kam über Leichen und Trümmer auf mich zu.

»Señora Marquise, sind Sie in Ordnung?«

Ich nickte, der Qualm und die Tränen in meiner Kehle ließen mich kein Wort herausbringen.

»Und Señor Sinclair?«, fragte er mit Blick auf Liam. »Ist er …«

»Er lebt«, entfuhr es mir. »Was ist passiert?«

Ich wusste es natürlich, wollte aber nicht, dass Villa unterstellte, dass ich mit der Explosion etwas zu tun haben könnte. Der Hauptmann blickte sich um, als schätze er vor der Schlacht die Lage ein.

»Wie es aussieht, haben diese Bastarde, die sich im Wald versteckten, es vorgezogen, acht ihrer Männer zu opfern, damit sie uns keine nützlichen Informationen übermitteln können«, erwiderte er verärgert. »Jetzt erfahren wir nicht, wer die Anführer sind und wie sie sich organisieren.«

»Sind alle tot?«

»Ja, alle. Ich bin davon überzeugt, dass sie Befehl hatten, sich umzubringen, wenn wir sie erwischen.«

»Und sie haben Ihnen nichts gesagt?«, fragte ich.

Villa grinste mich an.

»Nichts, was wir nicht schon wussten.«

Villa stand neben mir, und ich sah, dass seine Galauniform voller Blut und etwas anderem war, das ich mir nicht vorstellen mochte, dass er bei der Explosion seine Mütze verloren und einen stark blutenden Schnitt an der Wange erlitten hatte, aber ansonsten schien er unversehrt.

»Mir wurde gesagt, dass die Verhafteten Vater und Bruder des toten Kindes waren, Hauptmann. Dieser Vorarbeiter Igorre und sein ältester Sohn«, hörte ich einen seiner Männer sagen. »Ich weiß nicht, wie sie es angestellt haben, unbemerkt die Bombe ins Haus zu schaffen.«

Ich hatte Maites und Juliáns Sohn zu Beginn der Weihnachtsfeier gesehen, der junge Kellner, der das Wägelchen mit dem Karton Champagner in den Salon gefahren hatte. Er war mir bekannt vorgekommen, mehr aber nicht.

»Es haben viele Leute das Haus betreten und wieder verlassen, Unteroffiziere, Kellner, Küchenhilfen, Lieferanten … Natürlich haben wir ihn nicht gesehen«, sagte Villa. »Gehen Sie zu den anderen und berichten Sie mir dann, wie viele Männer wir verloren haben. Wo, sagten Sie, haben Sie die beiden festgenommen?«

»Auf dem Weg hinterm Haus. Sie wollten in den Wald flüchten, Hauptmann.«

»Gut, gehen Sie. Ich komme gleich nach.«

Der Unteroffizier grüßte und verschwand, ohne die Verletzten zu beachten, die Hilfe suchend die Arme nach ihm ausstreckten, als er an ihnen vorbeimarschierte.

»Sie sind in Ordnung«, sagte ich und wusste selbst nicht, ob das eine Frage oder ein Vorwurf sein sollte.

»Ich sagte Ihnen doch schon, Señora Marquise, ich bin etwas Besonderes. Unsterblich, ein außergewöhnlicher Mann«, erwiderte er heiser.

Bei seinem Anblick, wie er in Rauch gehüllt mit seiner schmutzigen Uniform zwischen den Leichen stand und das Blut von seiner Wange tropfte, war es leicht, ihm zu glauben.

»Machen Sie sich keine Sorgen, dass Ihre Nazifreunde das herausfinden?«, fragte ich ohne nachzudenken. »Haben Sie keine Angst, dass sie herausfinden, dass Sie ein außergewöhnlicher Mann sind?«

»Es ist das fünfte Mal, dass man es auf mein Leben abgesehen hat, und sehen Sie mich an.« Villa schüttelte seine Uniformjacke. »Ich habe lediglich einen Schnitt an der Wange davongetragen, obwohl ich nur drei Meter von der Bombe entfernt stand. Mir machen weder die Nazis noch sonst wer auf dieser Welt Angst.«

Ich starrte ihn an und überlegte, ob ich mich an seinem Wahn angesteckt oder er recht hatte.

»Sie hatten großes Glück, Hauptmann«, murmelte ich und verfluchte dieses Glück insgeheim. »Wirklich großes Glück.«

»Das ist kein Glück, Señora Marquise, so will es das Schicksal, damit ich Unvorstellbares leisten kann. Deshalb lebe ich noch. Und wenn Sie mich jetzt entschuldigen, ich muss die Flüchtigen verhören.«

Ich sah ihn den Salon verlassen und an Catalina und Tomás vorbeigehen, der ihn fassungslos anstarrte. Ich hörte seine Stiefel im Vestibül widerhallen und glaubte zum ersten Mal wirklich, dass Hauptmann Villa unsterblich war.

Liam wachte erst am nächsten Tag wieder auf. Doktor Acosta, der sich allein um alle Verletzten kümmern musste, zog ein paar Metallsplitter aus seinen Wunden an der Seite und der rechten Schulter:

Schrauben, Muttern und andere Kleinteile, die als Munition der selbstgebauten Bombe gedient hatten.

»Es hat sich nichts entzündet, und er hat auch nicht allzu viel Blut verloren, das ist gut. Wenn er diese Nacht übersteht, ist er über den Berg«, hatte Acosta gesagt, als er sich die Hände wusch. »Wenn er aufwacht, achten Sie darauf, dass er sich nicht anstrengt und auch nicht aufsteht, er muss ruhen.«

Ich bezahlte den Arzt für Liams Behandlung und für eine Untersuchung der beiden Kellner, die bei der Explosion verletzt worden waren, deren Familien sich jedoch keinen Arzt leisten konnten.

Am nächsten Tag säuberten Villas Männer den Salon. Sie kehrten geschwärzte Fleischfetzen, von denen man nicht wusste, ob sie von Menschen oder vom gebratenen Fasan stammten, Mamas zerstörtes chinesisches Porzellan, Splitter aus der Nussbaumtäfelung, ein Häufchen Pailletten und vereinzelte Schuhe auf dem blutverschmierten Boden zusammen. Sonderliche Mühe gaben sie sich nicht, sie benutzten lediglich drei grobe Besen und schaufelten alles in ein Dutzend Beutel, um »die Beweise in der Kaserne genauer zu untersuchen«, wie mir Unteroffizier Raúl Golzalvéz in autoritärem Tonfall erklärte, den er immer einsetzte, wenn Villa nicht in der Nähe war.

Das war natürlich eine Lüge, sie wussten schließlich bereits, wer die Bombe ins Haus gebracht hatte und warum: Julián, der Vorarbeiter, und sein Sohn. Hinter dem Bombenanschlag steckte kein politisches Motiv. Julián und sein halbwüchsiger Sohn hatten weder die neue Regierung stürzen, den Wolfram-Verkauf an die Nazis stoppen noch irreparable Schäden in den Beziehungen zwischen Spanien und Deutschland verursachen wollen, nein, sie wollten Rache, schlicht und einfach Rache.

Villa hatte seinen kleinen Sohn getötet, er hatte ihn überfahren wie ein Karnickel, das aus dem Wald auf die Straße gelaufen war. Eine einzige Drehung des Lenkrads hätte genügt, um seinen Tod, die Explosion auf der Weihnachtsfeier und alle anderen Toten zu verhindern, aber der Hauptmann hatte keinerlei Reue oder Schuldgefühl gezeigt.

Villas Männer kehrten auch die Glassplitter der kaputten Fenster, Lampen, Flaschen und des großen Spiegels zusammen, dennoch knirschte es unter den Füßen, wenn man den Raum betrat.

Der Gestank nach Rauch und verkohltem Fleisch hing in der Luft, als hätte die Holzvertäfelung den Geruch des Todes aufgesaugt. Die lange Fensterfront zum Garten war verschwunden, ein Teppich aus Glassplittern lag auf dem Rasen, sie waren von der Druckwelle sogar bis zum Steinmäuerchen hinter dem Haus geschleudert worden.

Zum Schutz vor Kälte, Regen und Tieren hängten Catalina und ich eine schwarze Plane vor die große Öffnung, wie früher, als wir kein Geld hatten, um die Fenster im Erdgeschoss reparieren zu lassen. Damals hatten wir die kaputten Fensterscheiben mit alten Gardinen zugehängt und sie festgebunden, um Ratten und das wuchernde Unkraut draußen zu halten, das als eine Art Verlängerung des Waldes die Villa vereinnahmen wollte. Emilio, der Sohn des früheren Gärtners gleichen Namens, und sein Cousin halfen uns, die Plane an den Fensterrahmen zu befestigen. Keiner der beiden Männer sagte ein Wort, und sie sahen uns auch nicht an, als sie die Plane mit Nägeln und Klammern befestigten. Sie hatten Angst vor uns, vielleicht war es auch Abscheu, jedenfalls empfanden Emilio und sein Cousin dasselbe für Catalina und mich, was wir beide für den Marquis empfunden hatten.

Draußen war es dunkel und windig, aber es handelte sich nicht um den schneidenden Wind, der gewöhnlich vom Meer über die Klippen heraufzog, über den Garten pfiff und sein Aroma in die Zimmer trug, nein, dieser Wind kam aus dem Herzen des Waldes und zerrte an der Plane, als wollte eine unsichtbare Hand sie niederreißen. Ich wusste es, weil er durch ein paar wenige nicht verschlossene Öffnungen ins Haus wehte und sein Geruch nach feuchtem Waldboden in meine Kehle drang.

»Hier bist du also, ich habe dich schon überall gesucht«, sagte Catalina, als sie in der Tür auftauchte. »Liam ist aufgewacht und fragt nach dir. Es geht ihm besser, und er hat Hunger, er hat sich sogar im Bett aufgesetzt.«

»Gut, ich mache ihm gleich was zu essen und bringe es ihm hoch«, murmelte ich.

Ich hörte Catalina mit leichtem Schritt über den knirschenden Boden näher kommen.

»Das ist nicht nötig. Es ist genug Essen von der Feier übrig, davon können wir uns noch tagelang ernähren. Was machst du hier allein im Dunkeln?«

»Ich habe darüber nachgedacht, dass alles zerstört ist«, sagte ich, ohne den Blick von der stark flatternden schwarzen Plane abzuwenden. »Ich weiß nicht, was wir jetzt machen sollen.«

»Na ja, für den Anfang wäre nicht schlecht, wenn du Glas herstellen könntest, wie die anderen Dinge, kannst du das?«

Ich musste lächeln.

»Nein.«

»Schade, das würde uns jetzt sehr zugute kommen.«

»Morgen lassen wir die Glaser kommen, um dieses Desaster zu reparieren«, sagte ich mit brüchiger Stimme. »Ich werde heute Nacht mit dem Gewehr vom Marquis hier Wache halten, falls jemand oder etwas ins Haus eindringen will.« Ich wies mit dem Kopf auf die kaputten Fenster. »Viele hassen uns und geben uns die Schuld für alles, was passiert ist. Dir nicht, aber mir.«

»Und seit wann interessiert es dich, was die anderen über dich denken?« Catalina lachte leise auf. »Du hast nur getan, was du tun musstest, um deine Familie und das Dorf zu retten, genauso wie Julián glaubte, nur der Überbringer der Bombe zu sein. Ich weiß schon, dass er all diese Menschen getötet hat und auch uns hätte töten können … Aber ich glaube, dass ich verstehe, warum er es getan hat. Wäre Hauptmann Villa nicht nach Basondo gekommen, wäre das alles nicht passiert.«

»Ich habe ihn hergeholt, zwar nicht absichtlich, aber er ist wegen mir hier«, sagte ich und wagte es nicht, sie anzusehen.

»Er ist wegen dem Wolfram hier.«

»Nein, wegen mir.« Ich seufzte und drehte mich schließlich um. »Villa glaubt, er sei unbezwingbar, er glaubt allen Ernstes, er sei unsterblich, weil er was weiß ich wie viele Attentate überlebt hat, und jetzt verdächtigt er mich. Er weiß etwas oder glaubt zu wissen, was ich kann, deshalb ist er in Basondo.«

Catalina presste besorgt die Lippen zusammen, bis sie nur noch ein Strich waren.

»Was weiß er wirklich, was meinst du? Glaubst du, er weiß, dass du das Wolfram geholt hast und alles andere?« Ich hörte ein Beben in ihrer Stimme.

»Nein, wenn Villa wüsste, dass ich Wolfram, Wasser oder Erdöl holen kann, hätte er mich schon in eine Kiste gesteckt und in eines dieser Geheimlabore geschickt, in denen mit Menschen experimentiert wird. Nein, ich glaube nicht, dass er was Konkretes weiß, er fühlt mir auf den Zahn. Im Moment sind wir noch einigermaßen sicher.«

Wir beide. Denn Catalina hatte dieselbe Gabe mit den Pflanzen wie Großmutter Soledad. Sie konnte aus einer Handvoll toter Erde die schönsten roten Rosen erblühen lassen oder genügend Möhren aus ihr hervorzaubern, um die Familie eine Woche lang zu ernähren. Catalina konnte vielleicht kein Wolfram holen oder eine riesige Kletterpflanze nach ihrem Willen manipulieren wie ich, aber sie war eindeutig eine Zuloaga-Hexe.

»Glaubst du, Tomás wird dich verraten?«, fragte sie plötzlich.

»Bisher war ich mir sicher, dass er das nie tun würde, jetzt nicht mehr. Tomás wusste von der Bombe und hat mich nicht einmal gewarnt«, gestand ich ihr. »Gut möglich, dass Tomás es Villa erzählt, ja.«

Catalina schnaubte.

»Männer und ihre gute Sache, egal, an was sie glauben. Alles naive Idealisten, bis sie selbst Opfer bringen müssen, dann erinnern sie sich wieder an uns«, sagte sie. »Dann brauchen sie uns, aber wenn es hart auf hart kommt, bringen sie sich zuallererst selbst in Sicherheit.«

Ich sah sie lächelnd an.

»Du erinnerst mich an deine Mutter, wenn du so redest. Ich vermisse sie.«

»Ich auch.«

Als ich das letzte Mal in Basondo war, hatte ich Carmens Grab auf dem kleinen Dorffriedhof besucht. Der Rosenstrauch, den ich bei meinem ersten Besuch hatte entstehen lassen, gedieh prächtig. Rote Rosen, groß wie eine Männerfaust, die trotz Kälte und Eis nicht verwelkten.

»Sie ist das beste Beispiel, nicht wahr? Meine Mutter war ihr Leben lang die Geliebte des Marquis und bekam nur Krumen hingeworfen, ob sie wollte oder nicht, sie gebar ihm sogar eine Tochter, aber als sie wie ein Familienmitglied beerdigt werden wollte, hat der Marquis ihr diesen Wunsch versagt, damit die Wahrheit nicht ans Licht kommt. Und mein Mann …« Catalina schüttelte sich beim Gedanken an Pedro. »Ich glaube nicht, dass Tomás verraten wird, dich in jener Nacht im Wald getroffen zu haben, auch nicht, dass du immer wusstest, wo sich die Partisanen verstecken, nicht, solange nicht seine eigene Haut oder jemand, der für ihn wichtiger ist als du, in Gefahr ist.«

»Ich glaube es ja auch nicht, aber mich haben in jener Nacht noch andere Männer gesehen. Julián und sein Sohn hatten sich auch in der Höhle versteckt.«

»Julián und sein Sohn sind tot«, sagte Catalina mit matter Stimme. »Sie haben den Mund gehalten, deshalb hat man sie zur Landstraße geschleppt, um ihrem Gedächtnis auf die Sprünge zu helfen und sie zum Reden zu bringen. Man brachte sie zu der Stelle, an der sein Kleiner gestorben ist, gab ihnen den Gnadenschuss und vergrub sie am Straßenrand.«

»Woher weißt du das?«

Catalina zögerte einen Moment mit der Antwort.

»Ich war heute Morgen im Dorf, um die Medikamente für Liam und Marina zu besorgen. Niemand wollte mir sagen, was passiert ist, sie konnten mir nicht einmal in die Augen sehen, als ich mit ihnen sprach, aber schließlich hat Ane, die Apothekerin, mir alles erzählt.«

Ich starrte auf die flatternde Plane und atmete erleichtert und zugleich schuldbewusst auf.

»Ich hole uns Decken und bleibe heute Nacht bei dir«, fügte Catalina hinzu. »Ich möchte nicht, dass ein Dachziegel oder dergleichen hereinfliegt, wir haben schon genug mit einem anderen Raubtier zu tun.«

»Ist nicht nötig, dass du hierbleibst, geh ruhig ins Bett«, sagte ich. »Zu den Mädchen …«

»Die Mädchen schlafen tief und fest. Sie waren in den letzten Tagen sehr unruhig, als wüssten sie, dass etwas passiert, aber heute waren sie vollkommen erschöpft, sie werden mich nicht vermissen. Ich bleibe bei dir, wir trinken einen der teuersten Whiskeys aus Vaters Sammlung und essen die restlichen Langusten von der Feier«, antwortete sie. »Danach überlegen wir, wie wir aus diesem verdammten Schlamassel wieder herauskommen.«

Ich musste lächeln, weil Catalina sonst nie Kraftausdrücke in den Mund nahm.

»Gut. Hol die Decken und den Whiskey, ich gehe jetzt zu Liam und bring uns dann was zu essen mit.«

»Und mach den Kamin an, ja? Es wird nicht besser, wenn du dich im Dunkeln bedauerst. Außerdem will ich nicht in einem dunklen Raum sitzen, nach allem, was passiert ist.«

»Und was, wenn das Feuer Tiere aus dem Wald anlockt? Draußen ist es eiskalt.«

»Wenn ein Tier vom Feuer angelockt wird und hier reinwill, dann erschießen wir es, und Schluss«, entgegnete Catalina schon auf dem Weg zur Tür. Dann hielt sie kurz inne. »Maite ist verhaftet worden, die aus dem Kurzwarenladen. Sie glauben, dass sie gewusst hat, was ihr Mann und ihr Sohn planten, und dass sie sie gedeckt hat.«

Mir fiel wieder ein, wie Maite aus der Sternenhöhle gekommen war. Als sie an mir vorbeiging, hatte sie mich erkannt. Maite wusste genau, wer ich war, für sie war ich mitverantwortlich am Tod ihres kleinen Sohnes, und jetzt war sie verhaftet.

»Alles in Ordnung?«, fragte Catalina, als könnte sie hören, dass mein Herz vor Panik schneller schlug.

»Ja, alles gut«, log ich. »Hol den Whiskey.«

Der schwarze Wolf

Am nächsten Tag klingelten zwei Männer in Uniform und fragten nach der Marquise de Zuloaga. Amaia ließ sie in den Garten, aber nicht ins Haus. Als sie mich holte, verhieß ihr Gesichtsausdruck nichts Gutes.

»Sie haben nach Ihnen gefragt, Señora Marquise«, sagte sie, als überbringe sie schlechte Nachrichten. »Ich habe ihnen gesagt, dass Sie nicht zu Hause sind, aber sie sagen, sie hätten Befehl, Sie mitzunehmen. Hauptmann Villa will Sie in der Kaserne sprechen.«

Liam schlief im Gästezimmer im ersten Stock; an diesem Morgen war er zum ersten Mal aufgestanden und durchs Haus gewandert.

»Sag ihnen, ich komme gleich.« Ich sah Liam noch einmal an, bevor ich mich zur Tür wandte. »Und wenn ich bis zum Abendessen nicht zurück bin, sag Catalina, sie soll sich daran erinnern, was ich ihr gesagt habe, als ich das letzte Mal in den Wald ging – sie weiß dann schon Bescheid.«

Amaia nickte bedächtig – ihr düsterer Gesichtsausdruck ließ sie älter wirken –, dann lief sie die Marmortreppe hinunter. Ich wollte Liam nicht wecken und mich auch nicht von Catalina und den Mädchen verabschieden. Ich kämmte mich und richtete mein granatrotes Kleid.

Dann ging ich ohne jede Eile zur Haustür, wo die beiden Männer in Uniform ungeduldig auf mich warteten.

»Meine Herren, womit kann ich Ihnen dienen?«, fragte ich, während Amaia den Blick senkte.

»Hauptmann Villa hat uns befohlen, Sie ins Dorf zu bringen,

Señora Marquise. Er ist in der Kaserne und will mit Ihnen sprechen.«

Der Offizier war ungefähr in meinem Alter, und seiner herablassenden Art konnte ich entnehmen, dass er mich weder fürchtete noch schätzte.

»Wissen Sie, worum es sich handelt?«, fragte ich, obwohl ich davon überzeugt war, dass es mit Maite zu tun hatte.

Möglicherweise hatte sie geredet und Villa erzählt, dass ich in jener Nacht im Wald war und mindestens einen der Partisanen kannte, die seit Monaten die Guardia Civil überfielen. Ich stellte mir Maite in einer winzigen, schmutzigen Zelle in der Kaserne vor, mit geschwollenem und entstelltem Gesicht von den Schlägen, getrocknetem Blut auf ihren zerfetzten Kleidern und zerzaustem Haar, nachdem sie eine Nacht lang verhört worden war. Ich gab ihr keine Schuld: Auch ich hätte denjenigen, der für den Tod meines Kindes verantwortlich war, verraten, wenn ich hoffte, damit den Todeskampf zu verkürzen.

»Ich führe nur Befehle aus, Señora. Kommen Sie mit, und fragen Sie Hauptmann Villa«, erwiderte er sichtlich konsterniert. »Der Wagen steht draußen.«

Ich folgte ihnen ohne ein weiteres Wort, blickte mich jedoch noch einmal um, bevor ich die Tür hinter mir zuzog. Alma stand unter dem großen Kristalllüster und winkte mir zum Abschied.

Handschellen wurden mir keine angelegt, aber als ich aus dem Fond des Wagens stieg, in dem ich auf der ganzen Fahrt hin und her geschüttelt worden war, starrten mich die Dorfbewohner feindselig an.

»Schau mal, sie haben die Marquise verhaftet. Wahrscheinlich wird sie hingerichtet, das hat die Nazifreundin auch verdient.«

»Nein, die sitzt höchstens ein Weilchen im Gefängnis, mehr nicht. Solche wie die ziehen ihren Kopf immer aus der Schlinge.«

Weder senkte ich beschämt den Kopf noch wich ich den neugierigen Blicken aus, die mir folgten, als ich mit den Soldaten die Kaserne betrat. Ich hatte mich noch nie für mein Handeln geschämt, und wenn dies mein letzter Moment sein sollte, gönnte ich den Bewohnern von Basondo die Genugtuung über meine öffentliche Erniedrigung, allerdings ohne Scham oder Angst zu zeigen.

Die kleine Kaserne der Guardia Civil war Villas Kommandozentrale, seit er mit seinen Männern eingetroffen war. In dem kleinen, zweistöckigen Gebäude gab es nicht genug Platz für alle Soldaten, weshalb sie sich darin zusammendrängen mussten. Seit meiner Rückkehr nach Basondo hatte ich wie alle anderen Bewohner immer einen großen Bogen um diese Straße gemacht. Es war jedoch nicht nur die Angst, eines schönen Tages in diesem Gebäude eingesperrt zu werden, welche die Menschen die Kaserne meiden ließ, es hallten auch immer wieder Schüsse durch das Tal und die Straßen, und dann wussten alle, dass in dem kleinen Hinterhof vor der Ziegelmauer hingerichtet wurde.

»Danke, dass Sie so schnell gekommen sind, Señora Marquise«, begrüßte mich Villa, als hätte ich die Möglichkeit gehabt, mich zu weigern. »Wie steht's bei Ihnen zu Hause? Vermissen Sie mich?«

Villa saß in einem fensterlosen, kleinen Raum hinter einem Schreibtisch und unterschrieb mit einem Füllfederhalter, einem silbernen Waterman mit zwei kleinen Diamanten, die so teuer waren wie die Reparatur aller Fenster der Villa Soledad, irgendwelche Dokumente.

»Ja«, sagte ich kalt.

Das war natürlich eine Lüge. Nach der Bombenexplosion auf der Weihnachtsfeier hatte sich Villa aus Sicherheitsgründen ebenfalls in der Kaserne einquartiert. Catalina und ich waren hocherfreut gewesen, dass er nicht mehr nach Lust und Laune bei uns ein und aus ging.

Villa lächelte mich an, als würde er mein größtes Geheimnis kennen.

»Señora Marquise, ich sehe, Sie sind verärgert, und hoffe, das ist nicht meine Schuld.«

Hauptmann Villa gehörte zu der Sorte Männern, die gern Bescheidenheit bei ihren Vorlieben und ihrer Lebensform an den Tag legten.

»Einen rechtschaffenen Mann wie mich stört es nicht, notfalls auf den Boden zu schlafen«, hatte er einmal zu mir gesagt.

Aber im Verlauf der letzten Wochen hatte ich bemerkt, dass Villa in Wirklichkeit dem Luxus und den Marotten eines Neureichen frönte: Die Sammlung ausländischer Sportwagen auf seinem Grundstück in Madrid, die goldene Bulova-Uhr, die hin und wieder unter seiner Manschette aufblitzte, der silberne Füller, mit dem er jetzt Hinrichtungen unterschrieb … Hauptmann Villa liebte die Vorstellung, unantastbar zu sein und die übernatürlichen Kräfte, die er zu haben glaubte, zu verdienen, aber in Wirklichkeit war er nur ein habgieriger Neureicher.

»Warum haben Sie mich kommen lassen?«, fragte ich. »Ich lasse mich nicht gern aus dem Haus holen, wenn ich den Grund dafür nicht kenne. Wir machen Geschäfte zusammen, weshalb ich glaube, ein Recht darauf zu haben.«

Villa unterzeichnete das letzte Papier, schraubte in aller Ruhe den Füller zu und legte ihn dann auf den Stapel.

»Selbstverständlich verdienen Sie eine Sonderbehandlung«, sagte er und sah auf. »Und ich hoffe, dass meine Männer Sie angemessen behandelt haben.«

Außer uns beiden befand sich niemand im Raum, es wäre neben dem Schreibtisch an der einen Wand und dem großen Regal voller Aktenordner an der anderen auch kaum Platz dafür gewesen, dennoch kam es mir vor, als wäre die Luft verbraucht, als Villa aufstand und den Stuhl zurückschob. Bei dem Quietschen der Holzbeine auf den Fliesen zuckte ich zusammen.

»Ja, angemessen«, murmelte ich.

»Es geht um Folgendes: Gestern Nachmittag haben wir die Frau Ihres Vorarbeiters festgenommen, diese Maite«, sagte er und kam hinter dem Schreibtisch hervor. »Wir vermuten, dass sie in die Pläne ihres Mannes und ihres Sohnes eingeweiht war und mit ihnen unter einer Decke steckte.«

Ich musste schlucken. Villa stand so nah vor mir, dass mir sein Geruch nach frisch gewaschener Wäsche in die Nase stieg.

»Das wusste ich nicht«, log ich. »Ich habe mich in den letzten Tagen ausschließlich um die Arbeiten im Haus und die Pflege von Mister Sinclair gekümmert.«

»Er ist ein starker Mann, er wird schon bald wieder genesen sein. Grüßen Sie ihn bitte von mir.«

Ich atmete erleichtert auf – er hatte mich offensichtlich nicht herbestellt, um mich zu verhaften.

»Natürlich.«

»Was ist los, Señora Marquise? Sie wirken besorgt.« Villa musterte mich mit zusammengekniffenen Augen. »Haben Sie etwa geglaubt, wir würden Sie verhaften? Warum sollten wir das tun? Sie haben nichts Böses getan, Sie sind eine von uns.«

»Und warum bin ich dann hier?«, wollte ich wissen.

Bevor Villa antwortete, nahm er seine Mütze vom Tisch, öffnete die Tür und machte mir ein Zeichen, vor ihm den Raum zu verlassen.

»Maite, die Frau des Vorarbeiters, gesteht nicht«, begann er, als wir den Flur entlanggingen. »Sie versichert, nichts von dem gewusst zu haben, was ihr Mann ausheckte, und will nicht bemerkt haben, dass ihr Mann und ihr Sohn an Heiligabend das Haus verließen.«

Wir gelangten zu einer schmalen Treppe, die vor einer verschlossenen Tür endete. Ich war mir sicher, dass sie zu den Zellen führte, weil es nach Urin, Erbrochenem und Blut stank.

»Vielleicht wusste sie wirklich nichts davon«, sagte ich ohne große Hoffnung, ihn davon überzeugen zu können. »Ist doch möglich, dass ihr Mann und ihr Sohn ihr nichts gesagt haben, um sie zu schützen.«

»Sie zu schützen? Wovor sollten sie sie schützen wollen?« Villa blieb auf halber Treppe stehen und sah mich ernst an. »Wir sind die Guten, Señora Marquise, die Auserwählten, wir sind das Gesetz und die Ordnung. Warum sollte jemand vor uns Angst haben, außer, er plant etwas Subversives?«

Ich überlegte in Windeseile, was ich darauf erwidern sollte, um nicht hinter der verschlossenen Tür zu verschwinden, vor der wir standen.

»Ich wollte damit sagen, vielleicht haben sie Maite nichts davon erzählt, damit sie es nicht weitergeben kann. Ehemänner weihen ihre Frauen selten in ihre Pläne ein«, fügte ich hinzu.

Villa nickte bedächtig, und mir schien, dass er mir glaubte, als er einen Schlüsselbund aus seiner Jackentasche zog.

»Ja, daran habe ich auch schon gedacht, aber wir können uns nicht darauf verlassen, dass die Frau nichts weiß. Ich möchte später nicht feststellen müssen, dass noch mehr Dynamit aus dem Bergwerk verschwunden ist und die Arbeiter eine weitere Bombe legen«, sagte er und schloss die Tür auf. »Das hätte uns gerade noch gefehlt, dass noch mehr Wirrköpfe oder Verlierer mit Dynamit auf unseren Straßen herumspazieren.«

Villa sagte »unsere Straßen«, als glaubte er, Basondo gehöre ihm.

»Das Dynamit, das für die Bombe benutzt wurde, stammt aus dem Bergwerk?«

»So ist es, damit wird gesprengt. Als der Junge, der das Lager bewacht, abgelenkt war, haben sie die Gelegenheit genutzt und es gestohlen. Wir werden Maite nicht erschießen, bis wir nicht ganz sicher sein können, dass niemand sonst in diesem Dorf Dynamit versteckt oder Rachegelüste hegt, verstehen Sie?«

Sie würden Maite erschießen. Ich erinnerte mich an das junge, hoch aufgeschossene, nicht sehr sympathische Mädchen, das im Kurzwarenladen bediente, wenn ihre Mutter hinten an der Nähmaschine saß. Sie hatte Alma und mich gesehen, wenn wir mit Carmen in der langen Schlange warteten, bis wir endlich an die Reihe kamen und Spitzen oder Knöpfe kaufen konnten. Plötzlich hatte ich den Geruch des hölzernen Verkaufstresens und der Stoffballen in der Nase, er verdrängte den Gestank des Todes in diesem finsteren Keller.

»Verstehe«, stammelte ich.

»Wir können nicht einfach so weitermachen wie bisher, wenn in diesem Dorf noch Subjekte herumlaufen, die uns in die Luft sprengen wollen«, sagte Villa. »Maite hat darum gebeten, mit Ihnen sprechen zu dürfen. Sie will keinen Priester und auch nicht beichten, keine Freundin und auch niemanden von den Arbeitern sehen, nur Sie. Deshalb habe ich Sie kommen lassen.«

»Sie will mich sehen?« Ich blinzelte überrascht. »Warum?«

»Das weiß ich nicht«, gestand Villa. »Reden Sie mit ihr, finden Sie heraus, wie viel sie wirklich weiß über das Attentat oder ob sie diejenigen kennt, die das Dynamit gestohlen haben. Wahrscheinlich wird sie Sie um Verzeihung bitten für das, was ihr Mann auf Ihrer Weihnachtsfeier angerichtet hat, also verzeihen Sie ihr und berichten Sie mir hinterher, was sie gesagt hat.«

Maite hatte ihnen nichts über mich oder mein Gespräch mit Tomás im Wald verraten. Das war mein einziger Gedanke, als Villa die Zellentür hinter mir zuschlug.

»Maite?«, rief ich, als das Echo der Tür verklungen war. »Ich bin's, Estrella.«

In der Zelle gab es lediglich eine Eisenpritsche ohne Matratze und einen Eimer in einer Ecke. Aus einer rechteckigen, vergitterten Fensterluke direkt unter der Decke fiel milchiges Licht herein. Ich fand es ziemlich hinterhältig, dass ein Häftling, der zum Sterben verdammt war, nur ein winziges Stück Himmel sehen konnte.

Maite saß auf dem Boden, den Rücken an die Wand gelehnt und das Gesicht in den Händen vergraben.

»Ich war mir nicht sicher, ob die Sie wirklich holen«, sagte sie, ohne den Kopf zu heben. »Kommen Sie etwas näher, wer weiß, ob die da draußen uns belauschen. Ich will nicht, dass sie hören, was ich Ihnen zu sagen habe.«

Ich ging zu ihr, sie hob den Kopf und sah mich an.

»Was haben sie mit dir gemacht?«

Maite hatte ein blaues Auge, die Haut war dunkelviolett verfärbt und gelb an den Rändern. Die Augenbraue war aufgeplatzt, sie blutete nicht mehr, aber am Haaransatz und am Ohr klebte getrocknetes Blut. Am Hals glaubte ich Fingerabdrücke zu erkennen, als hätte sie jemand gewürgt.

»Sie müssen mir keine Freundlichkeit vorspielen, ich habe Sie nicht kommen lassen, um unser Unglück zu beweinen oder Ihnen Gelegenheit zu geben, sich freizukaufen«, sagte sie heiser. »Das interessiert mich nicht, mir bleibt nicht mehr viel Zeit auf dieser Welt, und die will ich nicht damit verschwenden, Ihnen Schuldgefühle einzuimpfen, weil ich genau weiß, dass Ihnen völlig egal ist, was mit mir passiert.«

»Was willst du von mir?«

Maite holte Luft, sie wirkte erschöpft, aber sie war nicht die verängstigte Frau, die ich vorzufinden geglaubt hatte. Sie war ganz ruhig und bei klarem Verstand.

»Ich werde Sie nicht verraten, keine Sorge«, fuhr sie fort. »Nicht, weil Sie meine Vergebung verdienen, sondern weil ich so oder so erschossen werde, und obwohl es mir schwerfällt, muss ich Sie um etwas bitten.«

»Worum geht es?«

Maite sah mich an, und ich glaubte eine Träne in ihrem geschwollenen Auge zu erkennen.

»Um meine Tochter, die Zwillingsschwester von Ángel«, sagte sie schließlich. »Sie hat sich bei einer Nachbarin versteckt, aber dort kann sie nicht bleiben. Sie kann nicht noch mehr Mäuler stopfen, und niemand sonst würde meine Kleine aufnehmen, wenn ich tot bin, weil unsere Familie für immer gebrandmarkt ist. Wäre es nur wegen der Bombe, würde vielleicht jemand den Mut haben und sich um sie kümmern, aber jetzt bin ich verhaftet.«

»Soll ich mich um deine Tochter kümmern?«

»Ja«, sagte Maite und vergaß für einen Moment ihren Stolz.

»Nehmen Sie sie bei sich auf, Sie haben genug Geld, um sie zu versorgen. Lassen Sie sie servieren oder Kartoffeln schälen, wenn sie erwachsen ist, was auch immer. Nur lassen Sie meine Tochter nicht auf der Straße verhungern oder erfrieren, lassen Sie nicht zu, dass diese Schweinhunde sie auch noch vernichten.«

Nach diesem Satz spuckte Maite auf den Boden.

»Versprechen Sie mir, sich um mein Mädchen zu kümmern, und ich werde denen nicht sagen, dass Sie wissen, wo sich die Partisanen verstecken oder dass Sie mit einem von ihnen so gut stehen«, fügte sie hinzu. »Ich werde Ihr Geheimnis mit ins Grab nehmen.«

»Und was ist mit den anderen? Auch wenn du nichts verrätst, die anderen Männer haben mich auch im Wald gesehen.«

»Sie werden den Mund halten, sie sind alle tot«, erwiderte Maite ohne jede Regung. »Es fehlt nur noch Ihr Freund, der Priester, aber niemand weiß, wo er steckt. Es heißt, er habe das Dorf verlassen, um seine Haut zu retten.«

Ich hatte Tomás seit der Explosion nicht mehr gesehen. Als er Villa aus dem Salon kommen sah, hatte Tomás gemurmelt, er würde einen Arzt holen, und war verschwunden.

»Werden Sie es tun?« Maite umklammerte mit ihrer ganzen Kraft meine Hand und starrte mich an. »Werden Sie sich um meine Kleine kümmern?«

Ich starrte auf ihre Hand und sah, dass ihr einige Fingernägel fehlten und die Fingerkuppen blutig waren. Ich drückte sanft ihre Hand, es war dieselbe stumme Geste eines Versprechens, das ich Catalina in der Nacht, als wir ihren toten Mann ins Meer stürzten, gegeben hatte. Genau wie mit Catalina verband mich jetzt auch mit Maite ein Geheimnis, das wir beide mit ins Grab nehmen würden.

»Mach dir keine Sorgen um deine Tochter, ich werde mich um sie kümmern, als wäre sie meine eigene«, versprach ich mit brüchiger Stimme. »Sie wird auf die besten Schulen gehen, die schönsten Kleider tragen und zwei kleine Schwestern haben, die sie lieben und ihr nacheifern werden.«

Maite lächelte mich unter Tränen an.

»Ja, das machen kleine Geschwister gern«, sagte sie. »Danke. Im Gegenzug nehme ich Ihr Geheimnis mit in den Himmel.«

Dann ließ sie mich los und hinterließ eine feine Blutspur auf meinem Handrücken. Ich überlegte, was ich ihr zum Trost noch sagen könnte, aber sie kam mir zuvor:

»Sie müssen nichts sagen, jetzt ist alles gut.«

Ich nickte stumm und ging zur Zellentür. Ich klopfte zweimal, damit Villa mir aufmachte, weil ich so schnell wie möglich raus aus dieser Zelle wollte, als mir plötzlich einfiel, dass ich etwas Wichtiges vergessen hatte.

»Wie heißt deine Tochter?«

Ich hörte, wie sich der Schlüssel im Schloss drehte und Villa seinen Männern Befehle erteilte, aber Maite lächelte mich an und sagte:

»Victoria.«

Ich verabschiedete mich von Villa am Treppenaufgang, der nach Erbrochenem und Blut stank. Obwohl ich mich später nicht mehr daran erinnerte, hatte ich dem Hauptmann gesagt, Maite würde mir noch im Jenseits nicht verzeihen, dass ich ihre Familie ins Unglück gestürzt hatte. Ich verließ die Kaserne und spürte meine Beine kaum, ich schwebte geradezu über die Pflastersteine, war aber noch nicht auf dem Dorfplatz angelangt, als ich die Schüsse im Kasernenhof hörte. Ich zuckte zusammen und blieb abrupt stehen. Eine rasche Abfolge von mindestens zwanzig Schüssen schlug in die Ziegelwand ein und bewirkte ein unerträgliches Pfeifen in den Ohren. Das Echo vervielfältigte sich über das ganze Tal, ich holte tief Luft und machte mich entschlossen auf den Weg mit dem Vorsatz, nie wieder an diesen Ort zurückzukehren, als ich einen einzelnen, letzten Schuss hörte, den Todesschuss für Maite.

Regen setzte ein, ein grauer, schneidender Regen, der mich sofort durchweicht hatte. *Txirimiri* nannte man diesen Regen auf Baskisch, noch so ein verbotenes Wort, das nach geheimnisvoll-magischem Zungenbrecher klang.

Ich wusste nicht, wann ich zu weinen begonnen hatte, aber ich weinte auf dem ganzen Heimweg. Ich ließ Basondo hinter mir und ging zitternd vor Kälte die Landstraße entlang. Ein Lastwagen kam mir entgegen, laut und schmutzig und beladen mit Wolfram. Als sein Brummen verhallt war, hörte ich wieder den Regen im Wald. Ich ging so nah an der ersten Baumreihe entlang, dass die Zweige über meine Ärmel strichen und sich um meinen Wollmantel rankten, als wären sie ein Wesen mit langen Armen, das mich festhalten wollte.

Ich gelangte zu der Stelle, an der Villa den kleinen Ángel überfahren hatte, derselben Stelle, an der er Wochen später dessen Vater und Bruder hinrichten ließ. Ich sah die aufgeworfene Erde, wo Villas Männer Julián und seinen Sohn begraben hatten. Ich umrundete die Stelle aus Respekt und aus Angst, die beiden könnten mich mit ihren toten Augen anblicken wie Alma. Als ich am Grab vorbei war, bückte ich mich und legte meine Hände auf den Boden, um einen Efeu mit blauen Blüten darüber wachsen zu lassen.

Dann wischte ich mir die Hände an meinem Mantel ab und ging weiter, bis ich hinter einer Kurve das grüne Dach der Villa auftauchen sah.

Als ich die eiserne Gartenpforte hinter mir geschlossen hatte und mit Tränen in den Augen auf die Haustür zuging, fuhr ein Blitz nahe der Klippen in den Erdboden. Der Regen folgte mir in die Villa, und ich sank im Vestibül auf die Knie.

Liam saß mit Catalina in der Küche, ich konnte ihre Stimmen trotz des Gewitters hören – das sich jetzt direkt über dem Haus und meinem untröstlichen Schluchzen entlud. Aufgeschreckt von dem Trommeln des Regen auf den Bodenfliesen, eilten die beiden herbei. Liam trug seinen rechten Arm in der Schlinge, die ich ihm aus einem italienischen Seidentuch geknüpft hatte. Er kam so schnell er konnte zu mir und sank ebenfalls auf die Knie.

»Estrella, was ist passiert?« Seine Stimme überstürzte sich geradezu, und sein Akzent machte es schwer, ihn zu verstehen. »Ist alles in Ordnung mit dir? Haben sie dir was getan? Amaia hat uns gesagt, du seist von zwei Soldaten abgeholt und ins Dorf gebracht worden.«

Weinend umarmte ich ihn fest und atmete seinen vertrauten Geruch vermischt mit der Gewitterluft ein.

»Du hattest recht, wir müssen weg aus Basondo«, flüsterte ich an seinem Hals.

Ich löste mich ein wenig von ihm, um ihn besser sehen zu können. Vor geraumer Zeit hatte ich nicht den Mut gehabt, ihn zu wecken, um mich von ihm zu verabschieden, und jetzt musste ich unbedingt sein vertrautes Gesicht, seine listigen Augen in der Farbe des Waldes, sein wildes Haar und sein schiefes Grinsen unter dem roten Bart sehen.

»Was ist passiert«, fragte er mich schon ruhiger. »Was wollte Villa von dir?«

Ich streichelte ihm über die Wange und den Bart.

»Ich hatte Angst, dich nie wiederzusehen«, erwiderte ich. Liam drückte meine Hand an seine Wange. »Wir müssen weg von Basondo. Du hast gesagt, du hättest einen Kontakt, der uns Reisepässe und Schiffspassagen in die Vereinigten Staaten besorgen kann. Wie lange wird es dauern, wenn du ihm gleich Bescheid gibst?«

Catalina schloss die Haustür und kam zu uns.

»Endlich nimmst du Vernunft an«, sagte sie nach einem Seufzer der Erleichterung. »Ich dachte schon, wir werden alle sterben, weil du einfach nicht wahrhaben willst, dass wir nicht hierbleiben können. Basondo ist nicht mehr unser Zuhause, Estrella.«

Ich nickte langsam, stand aber nicht auf, weil ich nicht wusste, ob meine Beine mich tragen würden.

»Wie lange?«, wiederholte ich.

»Mein Freund wird eine Woche für die Reisepässe und alles andere benötigen, aber wenn es für mich ist, kann er die Sachen womöglich schon in zwei oder drei Tagen beschaffen«, antwortete

Liam. »Bist du dir wirklich sicher, dass du das willst? Wir werden nicht mehr zurück können.«

»Ruf ihn an«, sagte ich ernst. »Und wir brauchen noch einen weiteren Reisepass für ein Mädchen, das wir mitnehmen.«

»Welches Mädchen?«, fragte Catalina überrascht.

»Maites Tochter Victoria.«

Catalina senkte den Kopf und starrte auf die Bodenfliesen. Sie musste mich nicht fragen, warum wir die kleine Victoria mitnehmen würden.

»Also drei Erwachsene und drei Kinder«, sagte Liam. »Ich werde so viel Geld wie möglich von den Konten abheben und außer Landes transferieren, es kann aber durchaus passieren, dass Madrid Wind davon bekommt, wenn Geld aus dem Zuloaga-Werk verschwindet.«

»Dann beeil dich und lass uns nur so viel mitnehmen, dass sie nichts merken«, sagte Catalina. »Ich kümmere mich um die Mädchen, Kleidung, Medikamente und alles, was sie auf der langen Reise brauchen. Du packst unsere Koffer, und vergiss nicht den Schmuck deiner Mutter, die Schatzbriefe und das Bargeld im Haus. Im Tresor im Büro liegen fast tausend Peseten.«

Ich nickte und blickte mich um. Wir würden ein Vermögen zurücklassen, darunter den großen Kristalllüster und den Spiegel mit dem Goldrahmen.

»Die Möbel und die vielen Wertgegenstände können wir nicht mitnehmen, Estrella, aber es sind nur Dinge«, sagte Liam, als hätte er meine Gedanken gelesen. »Wir müssen die Villa so schnell wie möglich verlassen.«

Alma stand auf dem Absatz im ersten Stock und stützte sich auf die Balustrade. Das lange, schwarze Haar fiel zu beiden Seiten ihres Gesichts herab, während sie uns belauschte, wie wir als Kinder unsere Eltern belauscht hatten.

»Es geht nicht um die Wertgegenstände, die Gemälde und die schönen Kleider«, sagte ich und blickte noch einmal zu Alma hinauf. »Es ist nur, weil ich weiß, dass ich das Haus nie wiedersehen werde.«

Das erste Gewitter des neuen Jahres geißelte die Küste zwei Tage lang. Wir standen an der Klippe beim Lastenkran und warteten auf das Schiff, das uns in der Nacht nach Schottland bringen sollte. Unter uns schäumte das Meer, aufgepeitscht vom Nordwind, der mit seinem eisigen Atem über die Klippen und uns hinwegfegte.

»Das Meer ist extrem aufgewühlt, vielleicht kann das Schiff nicht so nah an die Steilküste heranfahren«, sagte Catalina besorgt.

»Es wird kommen, das ist mein Freund mir schuldig«, erwiderte Liam, der aufs Meer hinunterstarrte und nach dem Schiff seines Freundes Ausschau hielt. »Schon deshalb, weil er weiß, was wir aufs Spiel setzen. Ich habe ihm gesagt, dass es unsere einzige Chance zur Flucht ist, denn wenn uns jemand mit Koffern mitten in der Nacht auf der Landstraße sehen würde, wäre es aus.«

»Es wird niemand vorbeikommen, in Gewitternächten fährt niemand diese Straße entlang.«

Catalina starrte mich durch den Regen an, und ich wusste, dass auch sie an jene andere Gewitternacht dachte, in der wir Pedro auf dem Grund des Kantabrischen Meeres versenkt hatten. Niemand sonst kannte unser Geheimnis, nicht einmal Liam.

»In Schottland können wir uns einen Tag im Haus meines Freundes erholen. Er hat ein kleines Hotel in Durness, das ist ein Dorf im Nordwesten. Im Sommer gibt es ein paar Touristen, aber im Winter wagt sich niemand so weit in den Norden vor, weil es viel zu kalt ist. Niemand wird uns sehen.«

Ich sah, wie Liams verzweifelter Blick den Horizont nach den Lichtern eines Schiffs absuchte. Liam und sein früherer Partner hatten ein Lichtzeichen vereinbart, damit wir wussten, dass es das richtige Schiff ist, und dann würden wir mit demselben Lastenkran zur Mole hinunterfahren, mit der die Arbeiter das Wolfram auf die deutschen Schiffe verluden.

»Freust du dich auf Schottland?«, fragte ich ihn unvermittelt, obwohl wir nie darüber gesprochen hatten.

Er lächelte mich an.

»Das ist jetzt egal, mir ist nur wichtig, uns in Sicherheit zu bringen.«

Ich sah zu den Mädchen. Die drei trugen mehrere Schichten Kleidung übereinander und waren gut geschützt vor dem Januarregen. Catalina hatte Laura auf den Arm und schirmte sie mit ihrem Körper gegen den Regen ab, ich hatte Marina an der Hand, und Victoria stand still neben mir, wie immer, seit wir sie vor zwei Tagen zu uns geholt hatten. Die Nachbarin, die sich um sie kümmerte, hatte mit den Tränen gekämpft, als Catalina sie abholte. Obwohl Victoria schon fünf Jahre alt war, hatte sie noch kein Wort gesagt, seit sie bei uns war, aber ich hatte sie immerhin schon einmal lächeln sehen, als Liam beim Frühstück Zaubertricks vorführte.

»Wie spät ist es jetzt? Ich habe den Eindruck, wir warten schon die ganze Nacht hier draußen, und ich mache mir Sorgen, dass sich Marina erkältet.« Catalina sah ihre Tochter an und dann wieder auf das schäumende Meer hinunter.

»Er wird kommen, keine Bange.«

Ich steckte die Hand in die Manteltasche und stellte fest, dass ich die Püppchen vergessen hatte. Bevor wir die Villa Soledad verließen, hatte ich alle Räume inspiziert, um mich von ihr zu verabschieden und mich zu vergewissern, nichts Wichtiges vergessen zu haben. Ich hatte das Puppenhaus in der Bibliothek stehen sehen, aber nicht an die Püppchen gedacht.

»Ich habe was vergessen, ich muss nochmal zurück. Es dauert keine fünf Minuten, höchstens zehn.« Ich drückte Liam einen Kuss auf den Mund, seine Lippen waren eiskalt und schmeckten nach Salz. »Geht nicht ohne mich.«

»Niemals.«

Ich gab ihm Marinas Hand und lief durch das hohe Gras zum Haus zurück.

Als ich in der Villa ankam, stand sie still und erwartungsvoll da. Ich spürte ihr Herz unter den Bodendielen und hinter den Wänden klopfen. Sie wusste, dass wir sie verlassen hatten.

Ich eilte durch das dunkle Vestibül zur Bibliothek. Die beiden Püppchen lagen in ihren Himmelbettchen im Turmzimmer. Als ich sie zum letzten Mal gesehen hatte, schauten sie beide zum Fenster hinaus, um die Wale mit ihren Jungen vorbeiziehen zu sehen. Jemand hatte sie ins Bett gelegt. Ich war mir sicher, dass es keines der Mädchen gewesen war, denn sie waren noch zu klein, um mit einem Puppenhaus zu spielen, und es fiel mir schwer, zu glauben, dass Catalina oder Liam mit ihnen gespielt, die winzigen Schubladen geöffnet oder die winzigen Porzellantassen auf den Tisch gestellt hatten. Das konnte nur Alma gewesen sein. Ich lächelte traurig und ließ die Püppchen in meiner Manteltasche verschwinden. Das Puppenhaus, mit dem zu spielen uns nie erlaubt war und das mir nutzlos erschien, als Mama es uns vor vielen Jahren schenkte, konnte ich nicht mitnehmen, aber die beiden Püppchen würden mit mir nach Las Ánimas reisen, falls Alma dort mit ihnen spielen wollte.

Als ich die Bibliothek gerade verlassen wollte, hörte ich aus dem Vestibül ein Geräusch. Es war das unverwechselbare Geräusch von Stiefeln auf den Bodenfliesen. Ich sah zum Fenster und überlegte, ob ich auf diesem Weg das Haus verlassen und darauf hoffen sollte, dass Villa glaubte, wir schliefen in den oberen Zimmern, damit er wieder dorthin verschwand, wo er hergekommen war.

Vielleicht will er nur seine Sachen aus der Kapelle holen oder hat etwas vergessen. Wenn du ganz ruhig bist, geht er vielleicht wieder, dachte ich wenig überzeugt. Ich hatte den Hauptmann zwar seit dem Tag, als er Maite erschießen ließ, nicht mehr gesehen, aber ich wusste sehr wohl, dass er kein Mann war, der einfach wieder verschwindet.

Die Schritte kamen näher, und ich sah erneut zum Fenster. Ich würde es nicht schaffen. Selbst wenn ich das Fenster lautlos öffnen könnte, würde das Rauschen des Regens mich verraten, und ich würde Villa direkt zu Liam, Catalina und den Mädchen führen, also holte ich tief Luft und verließ die Bibliothek mit laut klappernden Absätzen, damit er mich nicht erschoss, weil er mich für einen Einbrecher hielt.

»Sie haben mich vielleicht erschreckt, Hauptmann!«, log ich und legt eine Hand auf mein heftig klopfendes Herz. »Was machen Sie hier im Dunkeln und zu dieser Uhrzeit? Ich wusste nicht, dass Sie heute Abend kommen wollten.«

Villa stand vor der Marmortreppe, seine Hand lag auf dem Mahagonigeländer, und ich sah, wie er über das Holz strich, als gehörte es ihm.

»Es tut mir leid, Sie erschreckt zu haben, Señora Marquise.« Sein Mund lächelte, aber ich ahnte, dass seine Augen unter der Uniformmütze funkelten. »Ich hoffe, es stört Sie nicht, dass ich einfach Ihr Haus betreten habe, aber die Haustür stand offen, und ich habe angenommen, Sie essen zu Abend.«

Das war gelogen. Ich konnte nicht wissen, wie lange Villa schon im Haus war, aber als ich zurückgelaufen war, hatte ich kurz anhalten und die Haustür aufschließen müssen, und danach hatte ich sie nicht mehr aufgehen gehört.

»Nein, natürlich nicht«, sagte ich mit ruhiger Stimme. »Meine Schwester und Mister Sinclair sind nicht zu Hause, aber im Kühlschrank ist genug zu essen, allerdings müssten Sie es sich selbst zubereiten, denn Amaia hat heute frei.«

»Wo sind denn Mister Sinclair und Ihre Schwester? Es wirkt, als hätten sie das Haus etwas überstürzt verlassen, denn ihre Sachen sind noch alle da, und, wie ich sehe, die Wertgegenstände ebenfalls.« Villa deutete auf den Kristalllüster, der sechs Meter über unseren Köpfen hing. »Allein diese Lampe muss ein Vermögen wert sein. Ich muss sie immer wieder ansehen, seit ich zum ersten Mal dieses Haus betreten habe. Ist sie ein Erbstück der Familie?«

Ich warf einen verstohlenen Blick auf meine Armbanduhr – die zehn Minuten, um die ich Liam gebeten hatte, waren längst um. Ich wusste, dass sie ohne mich nicht abreisen würden, und genau das machte mir Sorgen, denn Liam oder Catalina könnten zurückkommen und mich suchen.

»Ja, ich glaube, von meiner Großmutter«, sagte ich. »Mister Sinclair und Catalina sind am Nachmittag nach Bilbao gefahren. Marina wird ein Internat in der Schweiz besuchen, die saubere Luft wird ihren Bronchien guttun. Ich musste noch ein paar geschäftliche Dinge erledigen, werde sie aber heute Abend noch in Bilbao treffen und bin schon spät dran. Wenn es Ihnen also nichts ausmacht, die Tür zu schließen, wenn Sie gehen …«

Ich ging entschlossen auf die Haustür zu, spürte aber, dass sich Villa nicht von der Stelle rührte.

»Nach Bilbao? Dann seien Sie vorsichtig. Als das letzte Mal einer aus Ihrer Familie nach Bilbao gefahren ist, hat man nie wieder von ihm gehört.«

Es fehlten noch knapp vier Meter bis zur Tür, nur noch ein paar Schritte, und ich könnte sie öffnen, aber das würde mir auch nicht helfen, also drehte ich mich um und sah ihn an. Ich musste Villa dazu bringen, zusammen mit mir das Haus zu verlassen.

»Ich weiß nicht, worauf Sie anspielen, Hauptmann. Mein Schwager hat uns betrogen und ist verschwunden, dieser Mistkerl hat mir Geld und meiner Schwester das Herz gestohlen.«

»Ja, es ist wirklich schlimm für Ihre Schwester, so jung von ihrem Ehemann verlassen zu werden. Aber sagen Sie mir, sie ist doch Ihre Halbschwester, nicht wahr? Der Bastard vom Marquis.« Villa nahm seine Mütze ab und fuhr sich mit der Hand durchs Haar. »Und Ihr Geliebter ist kein feiner englischer Lord oder respektabler Kunsthändler, sondern ein Betrüger, oder schlimmer noch, ein Spion der Alliierten, den Sie in Ihrem Bett schlafen lassen und dem Sie wichtige Informationen über unsere deutschen Verbündeten weiterreichen.«

Ein gleißender Blitz erhellte für einen Moment das Vestibül, und über den prasselnden Regen und den Sturm hinweg, der an der schwarzen Plane vor den Fenstern zerrte, war das Heulen eines Wolfes zu hören.

»Es ist schon spät, Hauptmann, und ich glaube, Sie sollten jetzt gehen, damit ich loskomme. Wenn es so weiterschüttet, wird die Landstraße bald überspült sein, dann können Sie unmöglich nach Basondo zurückfahren.«

Ich öffnete die Tür, und der Regen peitschte herein. Eine Windbö wirbelte einen Haufen Blätter um meine Stiefel herum.

»Ich werde heute Abend nicht nach Basondo zurückfahren. Ich habe die Absicht, hier zu übernachten, in diesem Haus, ich glaube, dass es wirklich verhext ist, weil ich immer wieder zurückkehre. Das Haus hat den Sog eines kräftigen Magneten, in diesen Wänden steckt etwas Besonderes, ich kriege es nicht aus dem Kopf.« Villa drehte seine Mütze in den Händen und kam ganz langsam auf mich zu. Er wusste, dass ich nirgendwohin gehen würde. »Ich glaube nicht, dass Ihre Halbschwester und Ihr ausländischer Geliebter nach Bilbao gefahren sind. Sie wollen das Land verlassen, deshalb sind Sie mit den Kindern mitten in einem Unwetter fort, und deshalb befindet sich fast nichts Wertvolles mehr in den Zimmern. Sie haben alles, was in Ihre Koffer passt, eingepackt, weil Sie nie wieder nach Basondo zurückkehren werden.«

Ein Donnerschlag ließ die Fensterscheiben klirren und das Haus erbeben.

»Ich weiß nicht, wovon Sie reden«, sagte ich ernst. »Aber es ist schon spät, und ich kann Ihnen versichern, dass ich Ihnen kein Abendessen zubereiten werde, Hauptmann, also holen Sie, was Sie gesucht haben, und verschwinden Sie verdammt nochmal endlich aus meinem Haus!«

Das Heulen des schwarzen Wolfes klang näher. Ich wagte es nicht, mich umzublicken, aber ich wusste, dass er am Waldrand stand. Er war mir gefolgt.

»Egal, wohin Sie auch gehen und wo Sie sich auch verstecken, vor mir werden Sie nie sicher sein.« Villa beugte sich vor und flüsterte: »Uns gehört die halbe Welt, und schon bald werden wir auch den Rest erobert haben. Selbst wenn es Ihnen gelingen sollte, heute Nacht zu fliehen – ich werde Sie persönlich aufspüren und hierher zurückholen, in den Hinterhof mit der Ziegelmauer, vor dem Sie so große Angst haben.«

Bei diesem finsteren Versprechen aus Villas Mund lief mir ein Schauer über den Rücken.

»So ist es, ich weiß das. Ich habe es in Ihren Augen gesehen, als ich Sie in die Kaserne bringen ließ. Ich sah Ihre Angst davor, wie die Frau des Vorarbeiters in dieser stinkenden Zelle zu enden«, fuhr er fort. »Ich weiß auch, dass Sie hinter meinem Rücken mit den Partisanen gesprochen haben, denn sogleich war der Streik zu Ende: Sie haben das mit Ihrem Freund, diesem feigen republikanischen Priester, der jetzt verschwunden ist, ausgehandelt. Ich hätte Sie viele Male festnehmen lassen können, Señora Marquise, Sie und Ihre Familie aus Bastarden und Betrügern.«

»Und warum haben Sie es nicht getan?«, fragte ich diesmal mit schwacher Stimme, wofür ich mich hasste.

Villa lächelte, und wieder überraschte mich, dass dieser Mann so reizend lächeln konnte.

»Anfangs, weil ich sehen wollte, ob Sie wirklich was Besonderes sind; ich weiß, dass Sie ein außergewöhnliches Wesen sind, das man nur im tiefsten Wald jagen kann, wo es sich in Sicherheit fühlt. Dann wurde mir klar, dass ich Ihr Bergwerk und Ihr Wolfram haben wollte.«

»Und mein Haus«, fügte ich hinzu.

»Und Ihr Haus.«

Als ich das hörte, verwandelte sich die Angst plötzlich in ein heißes, zähflüssiges Feuer unter meiner Haut. Ich lachte, zuerst leise und dann schallend, worauf Villa überrascht ein paar Schritte zurückwich.

»Worüber lachen Sie?«

Aber ich lachte weiter, bevor ich antwortete:

»Ach, Hauptmann, ich habe viele Männer in meinem Leben kennengelernt, den Marquis, Soldaten, Botschafter, Priester, Cowboys, Großgrundbesitzer und sogar Clark Gable, und ausnahmslos alle glaubten, etwas Besseres zu sein als ich, aber ich war immer schlauer als sie alle zusammen, deshalb bin ich noch am Leben.« Villa sah mich verständnislos an. »Und Sie, Hauptmann, habe ich auch kommen sehen. Das Wolfram ist weg. Es ist verschwunden, dafür habe ich gesorgt.«

Ich sah, wie sein Kinn zitterte und blinder Zorn in ihm aufloderte, als er mich am Mantelkragen packte.

»Nein, das ist unmöglich. Was soll das heißen, es ist weg?« Seine Zähne mahlten beim Reden. »Was haben Sie damit gemacht? Haben Sie es den Briten verkauft? Reden Sie!«

Ich hatte die Hände frei, also schubste ich ihn mit all meiner Kraft von mir.

»Fassen Sie mich nicht an!« Meine Handflächen brannten genauso wie an dem Abend, als ich den Marquis in Flammen setzte. »Ihr Wolfram ist weg, ich habe es auf dieselbe Weise verschwinden lassen, wie ich es in die Grube geholt habe. Sie ist leer.«

Villa schüttelte ungläubig den Kopf, als könne er nicht begreifen, was er hörte.

»Es ist nichts mehr da, Hauptmann. In diesem Loch gibt es nichts mehr von Wert, weder für Sie noch für Ihre deutschen Freunde.«

Am Tag zuvor hatte ich gewartet, bis die Bergarbeiter nach Hause gegangen waren, war anschließend mit Catalina in die Grube hinabgestiegen und hatte das glänzende graue Mineral wieder in die Erde zurückgeschickt.

»Und was wird jetzt aus dem Dorf, wenn das Bergwerk wieder geschlossen ist?«, hatte Catalina mich gefragt, die mich stützte, während ich nach diesem Gewaltakt wieder zu Kräften kam.

»Basondo wird auch ohne das Bergwerk und ohne uns existieren. Vielleicht geht es dem Dorf ohne die Zuloagas besser. Außerdem habe ich nur das verdammte Wolfram verschwinden lassen, das Erz ist noch da, aber ich werde es Villa und seinen deutschen Freunden nicht überlassen. Mich bestiehlt niemand.«

»Sie lügen. Was Sie sagen, ist unmöglich«, sagte Villa, aber ich sah in seinen Augen die große Angst, dass ich doch die Wahrheit sagen könnte. »Das vermag kein Mensch.«

»Sie natürlich nicht, Sie sind nur ein Wahnsinniger, der seine eigenen Spinnereien glaubt«, entgegnete ich verächtlich. Jetzt musste ich mich nicht mehr verstellen, keiner von uns beiden. »Aber ich bin besser als Sie.«

»Wissen Sie, was man früher mit Hexen gemacht hat?«, drohte Villa plötzlich. »Sie wurden eingefangen und auf dem Scheiterhaufen verbrannt, gar nicht weit von hier. Zuerst wurden sie tagelang gefoltert, bis sie ihre Sünden gestanden. Man brach ihnen sämtliche Knochen, steckte in sämtliche Körperöffnungen glühende Eisen und schnitt ihnen die Zunge heraus, damit sie nach ihrem Tod niemanden mehr verfluchen konnten.«

»Solche Geschichten höre ich schon mein Leben lang, sie haben mir nie Angst eingejagt.«

Aber Villa leckte sich über die Lippen, bevor er hinzufügte:

»Hexen waren nicht leicht zu finden, denn sie gaben sich als normale Frauen aus und mischten sich unter die anderen, aber irgendwann wurden sie mit Netzen und Fallen im Wald eingefangen.«

»Mich werden Sie nicht fangen können.«

Ich wusste, wenn ich noch länger fernblieb, würden Liam oder Catalina mich holen kommen. Das Schiff von Liams Freund hatte bestimmt schon angelegt.

»Das werden wir noch sehen. Kann sein, dass es kein Wolfram mehr gibt, aber jetzt habe ich etwas viel Wertvolleres, das ich meinen deutschen Partnern verkaufen kann: Sie. Wenn Sie das wirklich können, dann braucht es keine Gruben oder armselige Bergarbeiter mehr, dann brauchen wir nur Sie.« Villa lächelte überheblich wie immer, wenn er einen Trumpf in der Hand hatte. »Und wenn

Sie nichts mehr hergeben, machen wir mit Ihrer Schwester, Ihrer Tochter und Ihrer Nichte weiter. Ich wette, sie sind ebenfalls Hexen, schließlich sind sie Zuloagas. Wir werden die drei schon finden, egal, wo sie sich verstecken.«

Ich machte einen weiteren Schritt auf die offene Tür zu und sah plötzlich ein gelbes und ein grünes Auge vor der Tür funkeln.

»Seien Sie vorsichtig, Hauptmann. Sie kennen doch das Sprichwort: Manchmal ist der Wolf der Gejagte ...«

Ich hatte noch nicht zu Ende gesprochen, als der Wolf ins Haus kam. Er lief dicht an mir vorbei, streifte meinen Wollmantel, und ich fuhr ihm über das schwarze Fell. Es fühlte sich rau und flauschig zugleich an und roch wie damals der Wald, als Alma und ich auf unserer Lichtung im Gras lagen und in den Himmel schauten.

»... und manchmal der Jäger«.

Klack-klack-klack. Seine mächtigen Pfoten kratzten auf den Fliesen, als er auf Villa zulief, der langsam zurückwich, ohne das Tier aus den Augen zu lassen. Der Wolf drängte ihn zur Marmortreppe.

»Zurück!«, brüllte Villa, und zum ersten Mal zitterte seine Stimme.

Der Wolf hob die Schnauze und bleckte die schimmernden Zähne. Trotz des prasselnden Regens hörte ich ihn keuchen. Villa ließ langsam den Arm sinken und tastete nach der Astra 400 an seinem Gürtel. Der bronzefarbene Griff blitzte kurz auf, und ich erkannte das Wappen der Falange. Villa streckte ganz langsam den Arm aus und zielte mit der Waffe auf den Schädel des Tieres.

»Es ist nur ein Wolf, es ist nur ein Wolf«, flüsterte er, aber ich sah, wie die Astra in seiner Hand zitterte. »Am Ende des Märchens tötet der gute Jäger den Wolf, der das ganze Dorf in Angst und Schrecken versetzt hat.«

Langsam und mit angehaltenem Atem entsicherte Villa die Waffe, es folgte ein Klicken.

»Aber dieses Märchen endet anders«, sagte ich.

Villa starrte mich überrascht an, es war nur ein winziger Moment, den ich nutzte, um das Feuer entweichen zu lassen, das mir unter den Nägeln brannte. Genau wie beim Marquis in der Bibliothek schoss es aus meinen Fingerspitzen und verbreitete sich mit rasender Geschwindigkeit über die tapezierten Wände des Vestibüls.

»Nein, das ist unmöglich …«, stammelte er und blickte sich um.

Die hellen Flammen leckten über die Wände und bahnten sich ihren Weg in die anderen Räume, sie verschlangen alles, sie züngelten zur Decke hoch und bildeten dort ein Meer aus orangefarbenen Wellen. Da erinnerte ich mich wieder an den Traum in Madrid, kurz bevor ich Villa kennenlernte.

»Adios, Hauptmann.«

Ich drehte mich um und verließ das Haus. Villa riss seinen Arm hoch und zielte auf mich, aber bevor er abdrücken konnte, sprang der Wolf ihn an und warf ihn zu Boden. Das Knistern der lodernden Flammen erstickte Villas Schreie, als der Wolf ihn verschlang.

Ich spürte die Hitze im Rücken und lief durch das hohe Gras zur Klippe. Jetzt regnete es in Strömen, aber Liam, Catalina und die Mädchen warteten auf mich. Im brandenden Meer schaukelte ein Schiff und gab Leuchtzeichen.

Wir fuhren mit dem Eisenkorb des Lastenkrans nach unten. Der Anleger war nass und glitschig, und die Wellen schwappten darüber, als wollten sie ihn verschlingen.

»Kommt schon, es gibt eine kleine Kajüte, da seid ihr vor dem Gewitter geschützt. Morgen um diese Zeit werden wir in Durness in Sicherheit sein. Es ist vorbei!«, brüllte Liam über das tosende Meer hinweg.

Ich drückte kurz seine Hand.

»Es ist vorbei. Geh schon, ich komme gleich«, sagte ich. »Ich muss noch einmal das Haus sehen.«

Liam protestierte nicht, sondern ging mit Catalina und den Mädchen an Bord des Schiffs, und sie verschwanden in seinem Innern.

Ich drehte mich um und sah zur Felswand hinauf. Über der

Klippe zuckte der Feuerschein der lichterloh brennenden Villa Soledad und wirkte wie ein finsterer Leuchtturm, der die Schiffe anlockte, damit sie an den Klippen zerschellten, und in der Ferne heulte ein schwarzer Wolf, bevor er wieder im tiefen Wald verschwand.

Danksagung

Es gab eine Zeit, da glaubte ich, dieser Moment würde nie kommen, aber jetzt ist es so weit.

Ohne meine liebe Agentin Justyna Rzewuska wäre dieses Buch nicht möglich gewesen. Danke für deine Ratschläge, deine Unterstützung und deine engagierte Arbeit. Du machst das Unmögliche möglich! Wir werden weitermachen!

Danke an die fabelhafte Verlegerin (und Schriftstellerin) Carmen Romero für deine ansteckende Leidenschaft für die Literatur und deine Professionalität, danke für das Herzblut, das du in meine Geschichte gesteckt hast, und für deine grenzenlose Geduld mit mir. Ohne dich wäre diese Reise nicht so lustig gewesen.

Danke, Berta Noy, für dein Vertrauen und dein Lachen, das bei unseren gemeinsamen Essen meine Nervosität aufgelöst hat.

Danke, Covadonga D'lom, du hast meine Worte zum Leuchten gebracht.

Danke an das wunderbare Team von Ediciones B, das immer an diese Geschichte geglaubt und unermüdlich mitgearbeitet hat, was mir das Gefühl gab, sehr gut aufgehoben zu sein.

Auch möchte ich die Lektoren der ausländischen Verlage nicht vergessen, die auf diese unbekannte Autorin gesetzt haben und schon bald mein erstes Buch in ihren jeweiligen Sprachen veröffentlichen werden.

Mein Dank gilt desgleichen allen Estrellas, Catalinas, Valentinas, Almas und Carmens, die ich in diesen Jahren kennenlernen durfte. Ihr habt mir geholfen zu begreifen, welch große Künstlerinnen in uns stecken.

Nicht zu vergessen meine beiden Katzen, die (mehr oder weniger) stoisch die vielen Stunden ertragen haben, in denen ihr Frauchen geschrieben hat, ohne ihnen Aufmerksamkeit zu schenken. Danke auch an Lana Del Rey für ihr Lied »Born to Die«, das mich bis ans Ziel begleitete.

Und danke meinem Mann, der nie den Glauben an mich verloren hat.

Und danke dir, liebe Leserin und lieber Leser, dass du bis hierher mitgekommen bist. Wenn du mir erzählen willst, wie dir das Buch gefallen hat, dann schreibe mir eine Mail an folgende Adresse:

alaitzleceaga@gmail.com